U0039203

海峽兩岸
訴訟法制之理論與實務

鄭正忠 著

臺灣商務印書館 發行

序　言

　　以現階段兩岸關係而言，台灣與大陸同屬一個中國，兩岸人民有血濃於水的關係，惟自抗戰勝利後，歷經長期內戰，國民政府於民國三十八年播遷台灣，中共在大陸另建立中華人民共和國，兩岸「分裂分治」之事實於焉形成。五十年來，由於不同意識形態所造成的信仰、價值與政經關係之差異，造成了台灣與大陸地區存在著兩種不同的社會、政治和法律制度，以致於當民國七十六年十一月二日我政府宣布開放一般民眾赴大陸探親，而中共當局亦採取部分放寬措施，從此突破對立與隔絕，帶動兩岸民間社會、文教、法學及經貿等各方面的交流，將兩岸關係推入新紀元之際，兩岸因過去數十年隔離所產生之法律衝突與矛盾，亦相繼凸顯出來。因此，在兩岸交往日趨頻繁之今日，確實瞭解彼此之法律制度，研究和解決兩岸關係發展中的各種法律問題，已成為兩岸法學界人士共同面臨的一項急迫性時代任務。為此本書研究之目的，在於試圖就兩岸民、刑訴訟法制、司法制度之具體內容，加以分析比較，但期有助於台灣與大陸間之法學交流，增進民間對兩岸法律環境之相互瞭解、認識，提供司法、學術相關部門，圖謀改革之參考。

　　作者任職法曹，從事民、刑事審判實務工作，已逾十年；利用公餘之暇兼及大學法律系訴訟法之教學；在多年教學與研究過程中，經常參考大陸法系日、德等國之民、刑事訴訟法規。民國八十一年間在已故楊建華大法官之指導下，開始鑽研大陸之司法制度與訴訟法學；在多次參加兩岸學術研討會中，與大陸中國法學會兩岸法律問題研究會王世強秘書長、中國人民大學賈午光、敬大力教授、復旦大學楊鴻訓教授、中國政法大學鄭靜仁副教授、中國法學會理事林中梁等人交流座談、交換研究心得，而能從理論與實務方面，更知悉大陸法制之最新發展趨勢。本於所學自民國八十二年起，即不斷嘗試就兩岸之民、刑審判制度、上訴和再審制度、檢察制度、調解制度、律師制度乃至於兩岸之法學教育、兩岸司法改革之方向與展望等議題，分別在《法令月刊》、《法律評論》、《法學叢刊》、《刑事法雜誌》、《軍法專刊》、《

司法周刊》、《法務通訊》、《東吳法律學報》等發表近二十篇相關論文，總計達五十萬字以上。為期更有系統研究兩岸之訴訟法制，乃撰寫本書，除導論外，分就兩岸之司法制度、民事訴訟制度、刑事訴訟制度三方面，加以分析比較；書末結論中，並就兩岸司法改革之未來取向與作法，提出前瞻意見；同時對於台灣地區在民國八十八年七月間所舉辦之全國司法改革會議之召開，議題內容及其成效，從法律人觀點，予以評析，以供兩岸法學界、司法部門之參酌。

　　另為確實瞭解大陸法制，檢討比較現階段司法制度設置情況，民國八十七年三月經司法院核准赴大陸期間，在中國法學會、最高人民法院、江蘇省海峽兩岸關係研究會以及北京大學等著名學府之協助安排下，除參觀各級人民法院、多所律師事務所，以瞭解其司法實務運作過程外，並訪問北京大學、中國人民大學、中國政法大學、南京大學、復旦大學、揚州大學等學校，藉由交流、座談、和多日資料蒐集，知悉其法學教育及對司法人員在職訓練之培訓情形；再者最高人民法院審判員，兼國家法官學院周道鸞教授提供其親自草擬中共法官法之經驗；上海市高級人民法院李昌道副院長，偕同上海法官培訓中心副主任陳全國法官，簡介上海各級人民法院民、刑審判實務、法官在職訓練等情，並惠贈多份判決書；北京市第二中級人民法院副院長（前北京大學法律系副主任）武樹臣博士，親自說明審判委員會之組織、職權運作及大陸司法演進過程；南京市玄武區基層法院楊太蘭院長召集庭長、法官多人，舉辦座談會，使深入瞭解中共司法機關訴訟程序、審判獨立、人員編制、法官待遇等具體內容；中國人民大學博士研究生導師，兼中國訴訟法研究會理事程榮斌教授，剖析中共西元1996年修正刑事訴訟法之緣由及立法精神；該校法學院曾憲義院長介紹大陸法學教育落實狀況；副院長趙秉志博士，提供中國人民大學所出版之相關刊物、書籍；江偉教授，詳細分析大陸《民事訴訟法》的實施經驗與未來展望；甄貞副教授，親自介紹大陸新刑事訴訟法修正及刑事審判實務；北京大學潘劍鋒、王以真教授分別從民、刑事訴訟觀點，惠知中共目前審判方式及司法改革之重點；中國政法大學陳桂明博士，提示大陸訴訟程序應如何公正和優化之具體內容；同校楊榮新教授從民事調解立場，分析大陸調解制度發達之原因；南京大學法學院范健院長，

以著名之中德經濟法研究所長身分，協同德國歌廷根大學教授 Dr. Fikentscher, Dr. W. Henccel 等人，介紹其中、德法學教育交流之現況和成果；此外尚有許多位教授、律師、檢察員、審判員之建言，凡此諸多寶貴意見，以及惠賜最新與兩岸訴訟法制相關之著作，對本書之充實助益良多，爰一併致上謝意。

　　關於本書體例，應特別說明者，依我《中央法規標準法》第二條規定，法律得定名為法、律、條例或通則；同法第三條將命令，依其性質稱為規程、規則、細則、辦法、綱要、標準或準則。大陸地區，對於法規並無定義條文，參照其《憲法》第五條第二款、第六十二條第三項、第六十七條第二項、第八十九條第一項、第一百條及第一百十六條之規定，大陸地區現行法規名稱，則可區分為法、通則、條例及細則、規則、規定、辦法及決定等。在法條內容上，依我《中央法規標準法》第八條規定，於條文號次之下，尚設有項、款、目之分，而大陸地區之法規條文，在條次之下有段落可分者，首先為「款」，其次為「項」，雖與吾人慣用者有異，為期本研究適於兩岸學者共同討論，故仍從其體例，讀者應予注意。又大陸地區之法律用語，頗多與我不同之處，如人民對於行政機關有所請求時，我方均以「申請」稱之，倘向司法機關為請求，則謂「聲請」，而大陸地區則一概以「申請」稱之。另大陸法律條文稱「可以」，即為我方之「得」；稱「應為」即為我方之「應」；稱「被告人」即為我方之「被告」；稱「生效判決」，即為我方之「確定判決」；稱「審判監督程序」，即為我方之「再審程序」，類此情形甚多，為尊重其法律原文，均直接援用，未加更動。目前大陸地區沿用西曆，為行文便利，論及大陸地區法規施行日期或其他事項時，使用西元年份，以免年次換算之繁複，至台灣地區，則仍以民國年份計算併予敘明。

　　本書之出版，承蒙臺灣商務印書館長期堅持重視學術之理念，使本書許多兩岸訴訟法制最新之資料及見解，能流布學界，深入社會，在此，作者以最誠摯之心情，表示感謝。

　　致力司法工作多年，作者深感法學淵博如海，日久愈覺己身之不足，雖盡全力完成本書，但掛漏之處，尚祈先進能不吝給予批評、指正。

法學博士

鄭正忠 謹誌　民國89年1月11日

目　錄

導　　論

　　兩岸關係之發展，不僅影響台灣與大陸地區之民主法治，亞太地區之安全穩定，尤其關係著中國之未來，為全體中國人關心之焦點。探究兩岸關係之由來，實肇因於中國分裂，民國三十四年抗戰勝利後，國共歷經長期內戰，國民政府於三十八年播遷來台，中共在大陸另建立中華人民共和國，兩岸「分裂分治」之事實於焉形成。回顧五十年來之兩岸關係，歷經多次重要轉變，大致可分為四個時期，

　　一、民國三十八年至六十七年間為「軍事衝突時期」，雙方處於戰爭狀態，國民政府誓言收復大陸；中共方面則以「武力解放台灣」相恫嚇，其間接連發生古寧頭、八二三等重大戰役，情勢緊張，俟五十年代以後，兩岸軍事衝突始逐漸減少①。

　　二、民國六十八年至七十六年十月為「冷戰對峙時期」，此際中共與美國建交後，其全國人民代表大會常務委員會發表〈告台灣同胞書〉，提出「和平統一」口號，及兩岸通郵、通航、通商之三通主張，但事實上並未放棄武力對台，並展開高密集之對台統戰；台灣方面則加速政治民主化與經濟自由化建設，同時對大陸同胞提出「以三民主義統一中國」為號召，且以「不接觸、不談判、不妥協」的三不政策化解其統戰攻勢，開展兩岸和平對峙局面②。

　　三、民國七十六年十一月至八十年為「民間交流時期」，隨著台灣地區政治社會日益民主，以及兩岸情勢之快速變遷，我政府毅然於七十六年十一月二日，宣布開放一般民眾赴大陸探親，開啟兩岸關係之新頁。七十七年八月行政院設置「大陸工作會報」，協調處理各部會有關大陸事務；七十九年九月，總統府設置「國家統一委員會」，成為國家統一大政方針之諮詢與研究機構。八十年元月，行政院將「大陸工作會報」與「港澳小組」合併為「大陸委員會」，成為統籌台灣、大陸及港澳工作之專責機構。八十年二月，財團法人海峽交流基金會正式獲准設立，成為政府唯一授權處理涉及公權力之兩岸事務之民間中介團體。而中共當局亦採取部分放寬措施，從此突破對立與隔絕，帶動兩岸民間社會、文教、法學及經貿等各方面之交流，將兩岸關係推入新

的紀元③。

　　四、民國八十年五月以後迄今，為「和平統一時期」，八十年五月一日，我政府再宣佈終止動員戡亂時期，回歸憲政體制，放棄以武力解決兩岸問題，希望以和平方式，達到統一目的④。而大陸方面，基於種種考量，於八十年底，亦籌組海峽兩岸關係協會，以促進海峽兩岸交往，發展兩岸關係，並可接受委託協商兩岸交流有關問題簽署協議，使兩岸終在隔離四十餘年後，建立聯繫管道，透過事務性協商，達成民間交流與國家和平統一目標。

　　惟由於不同意識形態所造成的信仰、價值與政經關係之差異，造成了台灣與大陸地區存在著兩種不同的社會、政治和法律制度，隨著民間社會、文教、法學及經貿等各方面之交流，兩岸因過去數十年隔離所產生之法律衝突與矛盾，亦相繼凸顯出來。因此，在兩岸交往日趨頻繁之今日，確實瞭解彼此之法律制度，研究和解決兩岸關係發展中的各種法律問題，已成為兩岸法學界人士共同面臨的一項急迫性時代任務，為此本書研究之動機，在於試圖就兩岸司法制度、民、刑事訴訟法制之內容，加以分析比較，但期有助於台灣與大陸間之法學交流，增進民間對兩岸法律環境之相互瞭解、認識，提供司法、學術相關部門，圖謀改革之參考。

　　在研究目的方面，因兩岸在訴訟法制設計上，確實存在許多差異，如何以宏觀立場，客觀、整體的檢視台灣地區五權憲法體制與大陸社會主義體制下之司法組織體系、審判獨立制度，民、刑事訴訟制度、偵查制度乃至於調解制度及法學教育等內容，使瞭解彼此訴訟法制之變革和特色，以提供政府大陸政策之重要依據，使能有效、妥適地建立兩岸交往之法律制度，保護台商和民眾權益；同時亦可使大陸官方或學界，明白台灣地區多年來實行民主法治，加速司法改革之成果，透過接觸溝通，消除隔閡，增進互信與共識，促成兩岸關係之和平發展，共同走向雙贏局面，乃為本書研究之首要目的。其次，兩岸關係，所以能從軍事對峙走向緩和與發展，係以兩岸民間貿易為前導，它推動了台灣民眾赴大陸探親旅遊、投資設廠，以及兩岸半官方機構人員的協商和互訪，因此在缺乏完善之法律機制以全面規範兩岸間各種交往活動之際，從司法層面，為學理與實務之研究，必能降低兩岸因法律不同所衍生之衝突，減少歧見，共同確保人民之權益。再者，司法本身是一廣泛而

永恆之問題，時代演進，則問題隨之發生，世無一成不變之法，韓非曰：「治民無常，唯法為治；法與時轉則治，治與世宜則有功」⑤；美國名法官卡度若(Benjamin Nathan Cardozo)亦云：「法律須固定，但亦不可呆滯」(Law must be stable and yet can't stand still)⑥，我們相信，透過對兩岸訴訟法制之評估、比較優劣得失與瞻望未來發展，必能相互借鏡，使得司法權之發展，能適應時代要求，在安定中不失進步，進步中不失穩健，此亦為吾人亟盼達成之目標。

對於研究方法而言，因論文研究首重方法之確立，而方法之運用端視主題性質而有不同，唯有正確運用方法，方能洞見真實。為此，本書在研究方法上，除先採用文獻探討法(Literature Survey Method)，為瞭解兩岸訴訟法制之法理基礎，將學者有關之專書論著、研究報告、期刊論文及報紙專論等相關資料，加以廣泛蒐集研讀及旁徵博引、求證取捨，藉以建立本書之研究架構外；繼而，利用歷史研究法(Historical Research Method)，探求兩岸司法制度、民刑事審判制度、偵查制度、調解制度等之沿革、發展，以徹底瞭解其演進背景，檢視其歷史脈動，提供未來努力之方向。對於兩岸在不同意識形態下，所代表的資本主義法制和社會主義法制，暨司法組織之運作和程序法規定，輔以比較研究法(Comparative Research Method)，以期說明其訴訟法制度共通之處，抑或各別具備之特色，比較利弊得失，俾供改進司法制度及修法之依據；在兩岸民、刑事審判制度、調解制度等實際案例，就國內外相關論著，及法院或法律授權機構所為之司法裁判等資料，以統計歸納法(Statistical Inductive Method)加以收集整理與分析，並歸納出各個制度之性質、特徵、內容與司法實踐之結果，以明確數據，發掘其司法工作之經驗和制度設計優劣，用供借鏡；又於闡述理論與方法等過程時，佐以事證舉例法(Case Evidence Method)，透過實際案例之舉證，加深印象，作為強化本書研究之憑藉，以利援用。另為求確實瞭解兩岸司法制度之現況，庶免資料過於陳舊，無法深入精髓，再以田野研究法(Interviewing Research Method)除積極參加兩岸相關學術研討會外，並親自參觀、訪問兩岸之法院、檢察機關、律師機構、法官培育中心等，使本書言之有物，能適切提供未來兩岸司法交流之有效對策。上開數種方法，相互兼用，對兩岸目前訴訟法制之運作過程及所遭遇問題，作深

入探討，期結合學理和實務，在兩岸分裂分治之現況中，促進制度合流，減少經貿糾紛，避免法律衝突，使司法確能發揮保障兩岸人民之鵠的。

關於本書之研究範圍，因訴訟法制本身即為國家司法制度之一環，內容有偵查、檢察、審判和執行等處理訴訟案件所應遵循之制度，及公證、仲裁、調解、律師、監所等非訟制度，包羅甚廣，其中民、刑事審判制度、管轄制度、偵查制度、調解制度、審判獨立制度等，乃司法權運作之核心，為國家設置司法機關保護人民、預防犯罪、解決糾紛之目的所在，故本書以上開司法程序制度與司法組織制度，作為研究對象。又鑒於教育是國家建設之根本，法學教育尤為民主國家法治發展之重要關鍵[7]，乃一併就兩岸司法制度之根源——法學教育與法官養成訓練之內容，加以分析比較。

全書除導論與結論外，計分三編，共十四章，在第一編海峽兩岸之司法制度第一章中，旨在界定司法權之意涵，說明司法權之範圍，強調司法權獨立性、中立性、被動性、公正性及權威性等特質[8]，並由其中歸納司法權之任務及介紹未來發展趨勢。第二章以歷史研究觀點，尋本溯源，使明悉司法制度之歷史源流，及兩岸分裂分治後，各個階段之演進歷程，不僅知其然，而且知其所以然，如此方能對各該制度之內容，有更為透澈認識，作為進一步批判得失之基礎。第三章就現階段兩岸司法制度之差異，探究其形成背景，檢討雙方在政治制度、經濟體制、社會結構、法律文化及理論基礎不同情況下，對於司法制度之形成構成何種影響，對未來兩岸司法合作，是否產生嚴重障礙。第四章從整個司法機關之組織及職能上，介紹台灣地區之司法機關，包括司法院、司法院大法官會議、各級法院、行政法院、公務員懲戒委員會暨法務部和所屬檢察、調查局等機關；大陸地區之司法體系，則由人民法院、人民檢察院、國務院之公安部、司法部、國家安全部所構成，各機關之組織、編制、任務與職權範圍[9]。第五章鑒於審判獨立(Judicial Independence)，為現代法治國家普遍承認和確立之基本法律準則，為國家審判制度和訴訟程序之基礎[10]，為此就審判獨立之概念、堅持審判獨立之理由、國際司法獨立宣言(Universal Declaration on the Independence of Justice)之內容及兩岸審判獨立制度之現況，作完整比較，以相互借鏡。第六章強調法學教育在民主國家法治發展之重要性，目前兩岸在法學教育方面，各有何基礎教育和深

造教育，對於一般法律教育、社會教育，有無需要加強之處；另在法官之養成教育上，台灣地區長期以來即由法務部司法官訓練所負責規劃，成效良好，與大陸地區近年來在法官培育工作上之進展情況，分析比較。

在第二編海峽兩岸之民事審判制度第七章中，說明兩岸民事訴訟之目的、法律依據、立法原則，及民事公開審理、迴避、獨任或合議制度、陪審制度和審級制度之內容。第八章探討兩岸民事第一審訴訟制度之現況，法院之組織、管轄制度、證據調查、辯論及裁判等程序。第九章就兩岸民事上訴及再審制度加以評析及比較，同時根據作者任職法曹逾十年之實務經驗，對民事訴訟制度之完善，其具體作法提供建議，以供參考。第十章接續民事訴訟制度之後，針對兩岸民事調解制度之種類、實踐情形作一完整說明，比較其適用範圍、內容、效力等，並嘗試提出檢討和改進意見。

至第三編海峽兩岸之刑事訴訟制度第十一章中，先論述兩岸刑事訴訟之目的、法律依據及立法原則。第十二章闡明兩岸之刑事管轄制度，除將台灣與大陸地區之審級管轄、土地管轄、合併管轄、專門管轄、指定與移送管轄制度之規範內容予以區別外，就現階段兩岸對刑事管轄爭議之起因及解決途徑等，為務實之建言，期能促進兩岸司法協助，共同打擊犯罪⑪。第十三章依據現行刑事訴訟法等相關規定，簡介兩岸偵查之目的、偵查之主體、檢警機關之組織、職權，及偵查之程序。第十四章比較兩岸刑事審判之法院組織、迴避制度、證據制度、第一審程序、上訴與審判監督等刑事訴訟規定，評析優劣缺失，最後再就刑事審判制度之優化，研擬有效方案，供兩岸改革之參考。另在結論中，將兩岸五十年來推動司法改革所作之努力，綜合檢討，並深入探究兩岸司法機關對司法改革之意願與未來取向，尤其台灣地區在八十八年七月間所舉行之全國司法會議，所揭櫫之司法改革三大方向「建立公正廉能、親和而有效率、兼顧人權與社會安全之司法」，與大陸地區國家主席江澤民在其黨的十五大報告中所強調「依法治國，發展社會主義民主政治」、「發揚民主，健全法制，建設社會主義法制國家」、「堅持有法可依、有法必依、執法必嚴、違法必究，是黨和國家事業順利發展的必然要求」、「推進司法改革，從制度上保證司法機關依法獨立公正地行使審判權和檢察權，建立冤案、錯案責任追究制度，加強執法

和司法隊伍建設」⑫，這些重要指示，對司法改革之推展，造成何種影響；而兩岸在推向二十一世紀之際，其訴訟法制究應如何配合修正、減少衝突、確保兩岸人民之權益，凡此，均提出意見，前後連貫，體例分明，以供參酌。

註釋：

① 馬英九，《兩岸關係的回顧與前瞻》，（台北：行政院大陸委員會，民國81年2月），頁2～3。

② 許惠祐，〈兩岸交流法制之建立〉，《中國大陸法制研究》，第6輯，（台北：司法院，民國85年6月），頁372。

③ 李後政，〈涉及台灣地區與大陸地區之民事事件準據法之決定〉，《中國大陸法制研究》，第6輯（台北：司法院，民國85年6月），頁99。

④ 高孔廉，《國統綱領與兩岸關係》，（台北：行政院大陸委員會，民國81年11月），頁4～5。

⑤ 陳奇猷，《韓非子集釋》，（台北：河洛圖書出版社，民國63年9月），頁1135。

⑥ Paul Sayre, Interpretations of Modern legal philosophies, in *Essays in Honor of Roscoe Pound*, (New York：Oxford University Press, 1947), pp. 8-14.

⑦ 成永裕，〈淺談當前台灣地區專門法學教育〉，《中國法制比較研究論文集》，（台北：東吳大學法律研究所，民國82年8月），第一屆海峽兩岸學術研討會，頁9。

⑧ 劉清波，《社會主義國家法制》，（台北：黎明文化事業公司，民國81年2月），頁2～4。

⑨ 程遠，〈大陸司法制度簡介〉，《司法周刊》，第672期，（台北：司法院，民國83年5月11日），第3版。

⑩ 陳瑞華，《刑事審判原理論》，（北京：北京大學出版社，1997年2月），頁163～164。

⑪ 薛景元主編，《海峽兩岸法律制度比較—訴訟法》，（福建：廈門大學出版社，1994年11月），頁252～253。

⑫ 江澤民，〈高舉鄧小平理論偉大旗幟，把建設有中國特色的社會主義事全面推向二十一世紀〉，載於孫琬鍾主編，《1998年中國法律年鑑》，(北京：中國法律年鑑出版社，1998年8月)，頁6～14。

第一編　海峽兩岸之司法制度

第一章　司法權之概念與發展趨勢

第一節　司法權之意涵

　　司法制度是維護社會秩序，保障人民權益之長城，亦為衡量國力之指標，舉凡民主、法治先進國家莫不以司法之良窳，作為國家現代化程度之判斷標準，故各國恆以提昇司法功能，擴大司法權之適用範圍，以及戮力司法改革作為國家建設之重要指標[①]。基此，吾人不得不推崇司法工作，是國家安全、社會安定、人民安康的最後保障，使命極為重大，司法如果發揮功能，法治就會健全，人民權益即會獲得屏障，因此美國著名法學家賴威爾(William Rawle)說道：「國家絕不可缺少一個有確定權利，懲罰罪惡，裁判是非，保護無辜者不受侵害的司法機關。」而肯脫(John Kent)則謂：「在沒有司法機關解釋法律，執行法律，裁判爭執，使權利得以行使的國家，其政府如不因自身的腐敗而歸消滅，則政府其他各部門必將為滿足統治慾望而篡奪權利，使人民自由歸於消滅。」[②]益見國家設置司法部門，健全司法制度之重要性。

　　至於推動司法制度所行使之權能，一般稱之為司法權(Judicial power)，其與立法權或行政權為相對觀念，對於司法權之意涵，有形式意義和實質意義之分。形式意義之司法權，是指國家司法機關所行使之權限，此係從憲法規定內容，探求司法權之範圍，如舊普魯士《憲法》第八十六條規定，將司法權稱為「法官之權力」；另美國《聯邦憲法》第三章第一條謂「聯邦之司法權，應賦予最高法院，及依國會法律規定，而隨時設置之下級法院」[③]。至實質意義之司法權又有廣狹二義，廣義之司法權是指國家機關在法律規範之下為民事、刑事所行使之一切權限，即除狹義審判權外，還包括司法行政權在內。狹義之司法權則指民事及刑事案件之審判權，所謂審判權，乃通過國家審判機關之審理判斷，而實現司法權作用之權能，在理論上審判應以社會關係之糾紛為對象，由有拘束力之法院依照法律規範加以判定[④]。本書對司法權之實

質意義，採廣義說觀點，而認「司法權乃是國家機關依據法律，行使審判民、刑事訴訟、行政訴訟之權力⑤」。

　　考司法權之所以能成為國家權力運作之一環，與行政權、立法權共同建構成立憲國家之三大職能⑥，主要導源於政治學上之分權理論(The Separation of Power)。早在亞里斯多德時代(Aristotle, 384-322 B.C.)，渠即認為政府組織，應由討論機關(Deliberation Organ)、執行機關(Administration Organ)和司法機關(Judical Organ)共同組成，其中討論機關之盛衰，與政體性質最具密切關係。至十七世紀英國學者洛克(John Locke, 1632-1704)，因深受當時歐陸正在發展之自由主義(Liberalism)思想影響，在所著「民主政府論兩篇」(Two Treaties of Civil Government，1690)時，認為國家設立目的在於保障人民之生命、自由和財產，國家為達此目的，至少要擁有立法權(Legislative Power)、執行權(Executive Power)和聯盟權(外交權)(Federative Power)三種，其聯盟權實際上可涵蓋於廣義執行權之中，而對違反法律者加以審判之司法工作，尚未由執行權中分立，故洛克所提倡之分權學說，僅可視為立法權與執行權兩權分立論。至十八世紀法國學者孟德斯鳩(Charles de Montesquieu, 1689-1755)在所著「法意」(*The Spirit of Laws*,1748)乙書中，認為要達到保障個人自由，使具有法律安全感，務須從三權分立作起，所謂三權乃立法權、行政權及司法權，這三種權力應分屬三個機關行使，各自獨立不得互相干涉，為保障各部門相對地獨立，應使用權力制衡原理(Principles of Checks and Balances)，使相互牽制。在「法意」第十一卷中，孟氏明確表示：「司法權者，為處罰犯罪審斷個人間爭訟之權也」⑦，亦即法院對於具體民、刑事案件，適用法律，加以處理或審判之作用。近代歐美各國，咸受孟氏三權分立說之影響，均以司法權為審判權，而由法院行使，如美國獨立革命後，依孟氏分權理論，制定聯邦憲法，成為舉世第一部三權分立之成文憲法；又德國《威瑪憲法》第一○二條規定：「法官獨立而僅服從法律」，其《法院組織法》第一條則規定：「司法權由法院依據法律而獨立行使」，均係從實質意義中狹義說觀點，將司法權界定於民、刑法上之司法，而以審判權作為司法權之核心，雖孟氏之學說，首將司法權自行政權中析出，使三權分立之體系確定，並側重於審判權之不受干涉，影響深遠；惟以今日國家職能擴大，為求司法權之完整，除傳統憲法、民、刑事訴訟法、行

政法之審判權外，更應兼及一切司法行政、懲戒權等在內，故本書認為司法權之意義，務須從廣義觀點加以釐清，使司法權包括審判權與司法行政權在內，以利國家司法工作之推展。

第二節　司法權之範圍

　　如前所述，司法權乃國家司法機關所行使之權能，其權利之行使，不宜漫無標準，是以基於保障人權觀點，國家司法權之行使宜有一定之範圍。目前我台灣地區之司法制度，係採廣義司法權之見解，此因 國父在創立五權憲法時，有鑑於三權憲法，立法干擾行政，使行政處於無能；行政牽制司法，使審判無法獨立，遂將治權分而為五，使五權分工而合作，將審判權與司法行政權納入司法權中，不惟有合於機能一致之原則，抑且無悖於完整司法權之意涵。此完整統一之原則(The Principle of Integration)，乃五權劃分之根據⑧，足見五權憲法下之司法權，係包括審判權與司法行政、法務等權限；現行《憲法》第七十七條亦規定：「司法院為國家最高司法機關，掌理民事、刑事、行政訴訟之審判及公務員之懲戒」，除說明司法制度涵蓋之範圍外，更明列出我台灣地區除普通法院負責民、刑案件審判外，另設有行政法院掌理行政訴訟之審判；八十三年八月一日修正公布之《憲法增修條文》第四條第二項復明定「司法院大法官，除依憲法第七十八條之規定外，並組成憲法法庭審理政黨違憲之解散事項」，故我國司法制度係採大陸法系體制，與英美法系國家司法體制有別，即在司法制度之基本架構上，除普通法院職司民事及刑事案件之審判外，並設有行政法院、公務員懲戒委員會和司法院大法官會議，分別掌理行政訴訟之審判、公務員之懲戒及憲法與法令之統一解釋。此與英美各級法院對於私法事件、公法事件均有審判權，而其最高法院並有解釋憲法及統一解釋法令之權責不同，應加以區別。

　　在大陸地區，立法上罕有「司法權」概念，其憲法、人民法院組織法等，均無司法權之規定，惟實務上，依上海辭書出版社發行之「法學詞典」中，對司法權解釋為「國家行使的審判和監督法律實施之權力。……我國法律對各種國家機關的職權範圍作了明確規定，現行法規定司法權統一由各級人民法院和人民檢察院行使」⑨，迄今為止，在各類法學教材，如章武生、左衛民的「

中國司法制度導論」、熊先覺的「中國司法制度」、陳瑞華的「刑事審判原理論」、劉學斌的「中華人民共和國刑事訴訟法理論與適用」等著作中，常從廣義司法權觀點，使司法制度涵蓋審判權、檢察權、偵查權和司法行政權⑩。這四項具體司法權，分別由人民法院、人民檢察院、公安機關和司法行政機關執掌，其中最高人民法院並有司法解釋權(人民法院組織法第三十三條)，從而形成分工負責的國家司法機關之組織體系。在分工負責之前提下，使各司法機關緊密配合，相互協助，互相監督，從各自職能之角度，共同完成司法制度在維護社會主義經濟基礎和政治制度，保護國家及人民利益之任務。

第三節　司法權之特性

　　由於司法權，係立於憲法及法律之下，由司法機關就具體個案為法律適用、判斷與執行之權力，透過司法程序，不僅可審查和裁決立法權和行政權是否違憲；並可維護法律制度之尊嚴及不可破壞性，以健全法制，貫徹法治精神。是故以司法權機能為重心之司法制度，其運作結果已凸顯與立法權、行政權迥然不同之特質，茲述明如下：

第一項　司法權之獨立性

　　所謂獨立性，指法官在審判案件時，不受任何干涉或壓迫，而僅依據法律獨立審判之謂。易言之，即法官在裁判過程中，祇須服從主權代表之立法者所制定之法律而為決定，對於案件事實之認定和法律適用，不受行政權、立法權之干涉，也不受上級法院或權威勢力之影響。在十七、八世紀三權分立制度未明確建立前，許多民主國家成立之初，一般均將人權之維護交由行政權來行使，然根據歷史經驗，行政權代表國家追求公共利益，往往容易忽略個人利益，為確保個人權利不受侵犯，人民逐漸將其自由、權利之維護，託由議會來保障，在此時期人民對國會是比較信賴的。但第二次世界大戰以後，此種觀念已有一些修正，因為人民過度信賴的民意機關，竟造成出賣人民之結果，尤其在1933年德國《威瑪憲法》時代，希特勒根據該憲法第四十八條獲得國會充分授權後，反而實施集權專制，過度擴張軍國主義結果，釀成大戰，此種痛苦經驗，使許多國家體認到國會不一定可靠，人民為保障其權

利，乃將目標轉移到司法權，透過健全司法制度，以保障憲法所規定人民之自由和權利，所以現代民主國家，率皆採行司法審判獨立制度(Judicial Decision Independence System)。英國科克法官(Sir Edward Coke)曾謂：「人民權利之保障，繫於法院之能獨立」⑪；美國著名法政學者Henry T. Lummis則稱：「為維護國民之自由，司法獨立有其絕對之必要性。若法官不能獨立，則無人能謂其已擁有權利。蓋公平正義之形象將遭受扭曲，法官將為以眾暴寡者、富人、強權或假藉公平正義之名而遂行其統治之魔神及陰謀家而效力」⑫。是對於司法獨立審判與避免干涉，已成為各國法學家不斷深入探究之課題。

第二項　司法權之中立性

司法機關職司審判，須就訟爭案件，判明是非曲直，以實現法律正義，但法官在裁判過程中，雖得主持公道，但無權決定公道之內容，此與從前專制時代，帝王同時握有立法及司法大權，由其一人好惡來作決定大不相同。近代公道標準，即是國家法律，必須由代表民意之立法機關制定，法院非特不能置喙，亦不容予以曲解。故法院之於法律，祇有適用問題，法官對於法律之態度，是客觀而中立的，不得以法律之不完善為藉口而拒絕適用⑬。蓋法律之正當與否，乃屬於立法權之範圍，非司法者所宜過問，否則有悖於立法、司法分立之體制；況法律之訂立，是否適當、完善，究無一定客觀標準，如允許法官有審查法律之權限，則國家法律之效力，任由法官個人取捨，不但失去效力，甚至造成剛愎專橫，單憑一己好惡裁判案件之結果，所以除法律形式違憲得拒絕適用外，凡未經宣布無效之法律，一般法官均不得拒絕適用。英國著名法官韋利斯(George Willes)曾謂：「我人承認巴力門所通過之法案乃我國法律，我人坐此席，實為女王陛下及立法者之臣僕。若巴力門之法案不甚適當，惟立法者可予糾正及予以撤銷。法律在其仍為法律之日，法院就祇有服從」⑭，此正代表英國對司法制度之共同態度。所以法律之制定、公布是否週全、妥適，輿論可以批判，立法者可以修正，學者可以加以探究，但法官之職責，祇在執行法律、適用法律，不得否定法律之效力，而拒絕適用，致違背司法裁判是非，定分止爭之功能。故職司審判工作之人員，務須自我期許，堅守「僅主持公道而不決定公道內容」之防線，妥當適用

法律，以彰顯司法制度內「司法權中立性」之特質。

第三項 司法權之被動性

司法權之發動與行政權之積極主動有極大差別，此因行政是追求國家利益的作用，除了要具備合法性之外，還要兼具合目的性，以執行公務，實現法律規定的任務；而司法所追求之目的，為「正確為法的判斷」，以保障人民權益，基此，行政應依職權、主動適用法令，不必等待人民之申請⑥，而法官則要嚴守不告不理原則，消極被動行使職權，所以從其作用來看，司法制度之另一明顯特質，即其被動性，只有在被請求時，才發揮作用，亦即「無訴即無裁判」。所謂被動行使職權，表現在下列幾個方面，㈠無論民事或刑事案件，非經當事人提起訴訟，法院不能自動審理，係採取不干涉主義。㈡當事人除須自行起訴外，有關的證據資料及訴之聲明等均須由當事人自行主張，除有特別規定外，法院不得就未聲明之事項而為判決⑥，㈢對於法令之解釋，非經聲請，則無提供解釋之義務。蓋司法機關並不能主動地適用或解釋法律，惟有法律爭訟事件提出於法院，法院方得加以審理，此在民事訴訟「不告不理」原則下，固無論矣；在刑事訴訟上，法院固可依職權調查證據，以期發現真實，但審判程序之進行，仍須以自訴人提起自訴或檢察官提起公訴為前提；至於法令的解釋方面，縱如台灣地區設有大法官會議，職司憲法之解釋，並有統一解釋法律及命令之權(憲法第七十八、七十九條第二項)，然亦非有其他機關或人民依法定程序提出聲請，則不予解釋。

第四項 司法權之公正性

司法制度之第四個特質，乃司法權運作過程之公正性，而公正(Justice)一詞，本具有公平、正義、正當的意思。通常以訴訟作為解決爭議之方法，實際上也就是在當事人間合理地分配程序性和實體性權利和義務之過程，它本質上應以實現公平、正義作為最高價值。訴訟的進行，係以權利和義務發生爭議為基礎的，此種爭議之存在，即意味著當事人間權利義務關係的扭曲和混亂，訴訟旨在對其加以矯正，為了實現此一目的，該矯正手段，當然應具備公正性，只有公正的裁判，才能體現法律正義的內涵，解決當事人爭議。

為達司法運作之公正性，所以要有訴訟法作詳細的程序規定，以保證公開審理、公開辯論、詳實證據調查及給予當事人充分發表意見之機會；法官在裁判時，應本吾心如秤之態度，超然於原告與被告之外，依法而為客觀審理，評斷是非曲直，以維繫司法之公正[⑰]；對於裁判之結果，更應設有審級制度，以保護人民權益及法院認事用法之正確性，庶免人為疏失影響司法之公正和客觀。綜上可見，公正價值對於司法制度而言，尤屬重要，不公正的訴訟過程，無法貫徹實體法之規定及其所彰顯法律正義之實現，會弱化公眾的守法意識，使人民不信賴司法，最終在社會上增添更多不良示範，所以我們可以說確保訴訟公正與程序保障，厥為司法運作之靈魂和生命[⑱]。

第五項　司法權之權威性

司法乃是對所有案件，就法之認識、決定所宣告何者為正當之作用，故在法的標準下，法官皆有其審查案件可能性，該項審查具有「最後拘束性」，其他國家權力機關不得加以變更[⑲]。是以，本於三權分立原則，對於具體法律問題，司法機關是最後一道防線，其所作成的裁判或解釋是最後的、最權威的。在講求私法自治之現代社會中，人民在進入司法程序尋求保障個人權益時，常先利用其他救濟程序，如民事調解、調處程序、仲裁程序、和解程序；對於行政事件，更有訴願或再訴願等程序，以解決私人間或私人與公法人間之爭議，但不可否認的，上開行政機關或法律授權之機關，雖可本於職權，作成決定，但最後仍可能被司法機關或其上級機關加以撤銷。然而司法機關之決定，除司法機關本身之審級救濟等制度外，原則上不被其他機關所變更；換言之，憲法保障關於法律問題，司法機關獨有說最後一句話的權限[⑳]，亦即作最後決定之權限，具有最高的權威性。

第四節　司法權之任務

司法擔任正義的維護者，負責摘奸發伏，平亭曲直工作，在現代民主法治國家中具有舉足輕重地位；尤其第二次世界大戰後，司法不僅係單純之聽訟決獄，確保社會秩序所必須之設施而已，在司法權強化其對行政權與立法權之制衡、積極推動司法權自主化、民主化趨勢下，以及違憲審查制度盛行

之結果,使得司法更兼負起保障基本人權,維護憲政秩序與國家安寧之神聖使命,角色益形重要[20],基此立場,茲就司法權之國家任務,分述如後:

第一項 維護憲政體制

國家依憲法規定所建立之重要政治制度,謂為憲政體制,我國依據 國父遺教,以五權憲法為現行憲法之立法依據,將行政、立法、司法、考試、監察五權分別獨立,相互分工,司法機關在此一意義下,發揮了實質監督與制衡之功能。其次,憲法為國家之構成法,人民權利之保障書,當憲政之推行遭遇困難,不易透過修憲加以解決時,運用司法機關釋憲方式,不僅有助於釐清憲法精神,更能維護憲政體制之順利推行。例如司法院大法官會議所作釋字第三十一號解釋,認為立法委員、監察委員之任期屆滿,事實上不能依法辦理次屆選舉時,仍由第一屆立法委員、監察委員繼續行使其職權,以免陷於停頓,即透過大法官會議所作解釋,維護憲政體制,使民意機關能繼續行使職權,避免憲政中斷[22]。另如司法院釋字第二五〇號關於現役軍人不得兼任文官之解釋,釋字第二五九及二六〇號關於地方自治法制之解釋,釋字第三〇七號關於警察制度及省警政與縣警政之中央與地方權限劃分問題之解釋,尤其釋字第二六一號關於第一屆資深中央民意代表限期停止行使職權之解釋,使得國會全面改選,國家逐步走上民主道路,均為維護憲政體制之典型案例[23]。

第二項 保障人民權益

司法權,是維繫與伸張社會正義之關鍵,司法之使命,尤在於安定社會秩序與保障人民權益,所謂「法之保護強過人之保護」(The custody of the law is stronger than that of man),而「法官之職責,在對於一切尋求正義之人,使其正義實現」(It is the duty of justices to render justice to everyone seeking from them)[24],所以法治以保障人民權益,追求正義為重要考量,在良好的司法體系中,各級司法機關,均應以此為依歸。在台灣地區,法院已成為伸張正義,護衛人權,保障人民權益的地方;而司法院大法官會議,多次尊重人權,所作出之解釋,不但展現其火車頭功能,更迫使政府袪除某些危害人權之障礙規

定，如民國六十九年，作出釋字第一六六號解釋，宣示「違警罰法由警察官署裁決之拘留、罰役，係關於人民身體自由所為之處罰，應迅改由法院依法定程序為之，以符《憲法》第八條第一項之意旨」，惟行政機關於解釋後卻長期不配合改正，乃復於七十九年以釋字第二五一號補充解釋，宣示上開違警罰法的規定，「至遲於中華民國八十年七月一日起失其效力，並應於此期限前修訂相關法律」，終而使行政、立法機關不得不加速立法，通過《社會秩序維護法》，取代《違警罰法》，使拘留、罰役之處罰權回歸法院㉕。又如八十四年作出釋字第三九二號解釋，強調刑事訴訟法原來賦予檢察官羈押被告、撤銷羈押、停止羈押、再執行羈押、繼續羈押暨其他有關羈押被告各項處分權規定，以及《提審法》第一條以「非法逮捕拘禁」為聲請提審條件之規定，均屬違憲，應至遲於解釋滿二年時失其效力；最近立法院於八十六年十二月及八十七年一月大幅修正通過之《刑事訴訟法》，不但依該解釋，使羈押權回歸法院，且明文賦予被告緘默權(刑訴第九十五條)、禁止疲勞訊問(刑訴第九十八條)及不得夜間訊問(刑訴第一百條之三)外，更增設智能障礙者(刑訴第二十七條第三項、第三十一條第一項、第三十五條第三項)和被害人保護等規定(刑訴第二百四十八條之一)，凡此均彰顯我司法制度對人權保障之重視㉖。

第三項　解決當事人爭議

司法權之另一功能，即在於解決當事人間之爭議，處於法治社會，其揭櫫之首要原則，即在於排除個人之武裝自力救濟，並要求所有不能自行和平解決之爭端，申告於法院，由法院裁判是非。惟訴諸法院解決之爭端，種類繁多，於民事爭議，法院必須決定當事人私法上之權利義務，以裁判形式，命令錯誤之一方恢復原狀或給予對方損害賠償；於刑事爭議，法院應裁判被告是否違犯檢察官或被害人指控之罪名，如有，並應根據法律加以處罰，使刑罰法規具體化㉗；即使對於具有非訟性質事件，如收養子女、本票裁定、分配受委託之資產或遺產、公司解散清算、法人及夫妻財產制契約之登記、監護、繼承及財產管理等，因與人民私法上權益息息相關，亦應由國家司法機關(法院)依聲請或職權，為必要之干預，以防患未然，避免日後發生爭議㉘。

第四項　安定法律秩序

自法儒孟德斯鳩在其1748年所著「法意」(*The Spirit of the Laws*)書中，力倡三權分立說以降，各立憲國家類皆將其國家權力分屬行政、立法與司法，使之分別行使職權，相互約束，以保障人民自由，限制政府權力[29]。我國實施五權憲法，於行政、立法、與司法三權之外，復設考試與監察二權，並依據權能區分之理論，來調整權力的分配與運用，使政府有能，人民有權，架構出萬能政府。其中行政權之作用，在於依法執行任務；立法權之作用，在於制定法律；考試權之作用，為依法選拔真才；監察權之作用，為糾彈官吏之違法失職；而司法權之作用，則以裁判民刑事案件為其主要任務，然其功能端在於維繫法律秩序，使法治國家法律保障原則得以實現，所以美國前聯邦最高法院首席大法官馬歇爾(John Marshall)，曾認為「司法權之行使，絕非為實現法官之意志，而是為實現法律(或立法者)之意志而已」[30]。可見司法之目的在於去除「法的不確定性」，即以中立第三者所為具有最後拘束力之決定，而法官則在維護法秩序，避免法之疑問、爭議及適用上之障礙。是以就司法權之靜態或消極面觀察，司法之功能，乃在為「實體法之最後確定」而努力。

第五項　統一解釋法令

解釋憲法及統一解釋法律、命令之權，通稱為解釋權，解釋之目的，在於避免法令抵觸，以解決法律上爭議。實務上在具體案件中，司法機關(法院)除調查相關事證資料，以期發現真實外，對該特定事實有無相關個別條文之適用，須本於自由心證，作出公允、合理之解釋，所以於裁判過程中，各該司法機關所為之法律見解，如最高法院判例、民刑庭總會決議、行政法院判例、公務員懲戒委員會決議書等，均經常為各機關及法院判決所援引，對於法令統一解釋有相當助益；另依《憲法》第七十八條、第七十九條規定，大法官會議，雖不直接掌理民事、刑事、行政訴訟之審判，但有解釋憲法和統一解釋法律及命令之權，利用該解釋權，不但可以闡釋法文疑義，補充法律不備，積極推陳出新，使能適應國家社會之須要，而發揮與一般有權解釋機關共通之功能外，更有排除違憲之法律、命令與自治法規，以維護憲法之最高

性，使立法機關不得通過違憲之法律；行政機關，不得制定違憲之命令，以更易國家體制，損害人民權利；且使地方自治團體，不得制定違憲之地方自治法規，中央立法、行政機關，亦不得違反憲法劃分中央與地方權限之規定，以侵害地方自治權力之作用[31]，而達成維護憲政秩序，解決各機關間爭議等功能。

第六項　促進法治發展

先總統　蔣公在歷屆司法節訓詞中曾表示：「司法為五種治權之一，用以達成法治功能，保障人民權益」、「司法之功用，乃是推行法治，保障人權，實現民主政治之主要力量」，事實上，現代法治國家莫不講求民主、法治，而人民對政府之要求也與日俱增，一方面期待政府能為人民謀取更多福利，另一方面則希望政府嚴守依法行政原則，使人民權益不致受到侵害，所以司法權在各國推動法治過程中，務須堅守法律制度最後防線角色，藉由司法救濟，以保障人民權益，確保國家行政權之合法行使，及促進法治發展。誠如名政治學者蒲萊斯(James Bryce)所謂的「司法機關不僅不可減少，而且司法制度之效率，還是判斷各國政府優劣高下之最好標準，因為對於一般公民的幸福安寧，最有密切關係的，就是他們自信有個迅速確實主持公道的司法機關」，也惟有透過司法體系，才能落實法律所賦予人民之權利、義務，體現公平正義之法治社會。

第五節　司法權之發展趨勢

司法本身是一個廣泛而永恆之問題，時代演進，問題發生，法律修正，則司法制度亦隨之而改變。誠如美國名法官卡度若(Benjamin Nathan Cardozo)所謂：「法律須固定，但亦不可呆滯」[32]，其意在此。在第二次大戰後，西方國家乃至整個國際社會，司法改革的呼聲和實踐始終在持續著，啟動西方國家司法改革運動的背景，首先是基本人權思想之高漲，自聯合國之人權宣言以及地域性之人權公約公布後，使保障人權成為各國之主要任務，作為維護人權之司法機關、審判制度，面臨大量新的更高之訴求，訴訟質量與日俱增；其次，面臨此種挑戰，固有之司法權理論與審判制度、訴訟制度等由於自身

之侷限性，無法有效滿足新的社會需求，呈現出機制陳舊、呆滯現象；加以公法上行政訴訟與憲法訴訟發達，各國逐漸放棄傳統見解，修正法律，成立憲法法庭，賦予法院違憲審查權，使司法權強化其對行政和立法機關之制衡，透過宣告法律違憲而拒絕適用，迫使立法機關必須儘速摒除傳統法律意識或法律制度，重組或更新立法，其法律修正結果，亦直接、間接影響或落實在司法制度或審判制度中，是以，吾人可以說司法改革，反應著現代法制本身之重組和變革，兩者相互衝擊，帶動司法改革步伐不斷加速㉝。

　　當前世界司法改革之方式主要集中在兩個方面：一是通過前述法律、制度之修正和變更來改革及完善司法或審判制度，其中以修改《民事訴訟法》、《刑事訴訟法》、《行政訴訟法》的方式最為普遍。例如德國戰後多次修改《民事訴訟法》，西元1976年實施《簡化並加快訴訟程序法》。義大利在1988年和1989年對《刑事訴訟法》進行兩度修正，其最大之變革，在於引進英美法系當事人主義之對抗式訴訟制度，使得法庭審理以當事人為主展開，各方當事人都要在法庭提出證據，交叉詢問，以保護被告權益㉞。在戰後之日本，曾於1960年代發生「司法危機」現象，按照日本學者之解釋，所謂司法危機主要是指司法機關內部對法官行使職權的種種干涉現象㉟，當時日本政府擔心下級法院中特別是年輕法官，不受內部規制作出不當判決，便策劃全面修改司法制度，企圖強化對法官之官僚統治，為此日本政府還曾於1962年設置「臨時司法制度調查會」，使司法民主化轉向「官僚司法化」，至1975年以後，司法對外獨立得到相當明確保障，對內干涉，亦有逐漸淡化情形；對於訴訟體制之改革上，日本亦於1995年完成《民事訴訟法》的修改。在美國從1976年開始實施全面修改後之《民事訴訟法》，採行對抗制(Adversary System)之訴訟體制，由當事人雙方通過在法庭上的辯論和詢問證人澄清事實，故又稱「當事人主義訴訟」或「辯論式訴訟」㊱；1991年布希政府制定了《民事司法改革實施法令》，以仿照德國模式，加強法官的訴訟指揮權為中心的改革方案；與此同時，英國及其他法治國家亦同樣醞釀或進行同樣改革。台灣在民國八十六年十二月十九日、八十七年一月二十一日、八十八年二月三日、八十八年三月三十四度修正《刑事訴訟法》，大陸在1996年3月17日通過修正《刑事訴訟法》，亦均屬於此一方面之司法改革㊲。

至於另一層面之司法改革，則是試圖通過增加或開發新的代替性糾紛解決機制，來減輕訴訟或司法機關之壓力，促進糾紛解決體制之合理化、多元化，在這方面各國實踐發展尤其迅速，不僅傳統的仲裁、調解制度受到重視，在消費者糾紛爭議、公害糾紛、勞動糾紛、交通、醫療事故處理乃至一般商事糾紛，新型的調解、仲裁機構不斷出現，在訴訟大國如美國等，通過訴訟外體制解決之糾紛，以及以和解終結訴訟之案件，已占民事訴訟絕大多數；在日本民事終結事件中，調解結案的約占60%，即使在大陸地區，以1995年為例，在當年度透過人民調解委員會調解成立之民間糾紛即達6,028,481件，幾為當年度所有民事案件之2.2倍，足見其績效確實相當良好[38]。總括戰後西方社會司法改革之潮流和趨勢，有下列四點值得注意：

第一項　司法權之地位強化

從社會、政治體制來觀察，司法權之地位提高，權限不斷擴大，透過司法審查權之行使，造成立法權限相對地有所萎縮；尤其是通過憲法法庭宣告法律違憲，拒絕適用，以及法官造法功能得到相當程度之承認，使得司法審判權之行使，更具創造性、靈活性[39]。

第二項　司法保障之程序化

從司法運行機制來看，由於近代司法之公平性、裁判之正當性等理念，雖仍為司法制度之目標，但該理念已逐步讓位於現實主義之法理念，對司法效率性、經濟性要求，反而成為司法改革之主要因素或動力；許多人對現行訴訟程序、審判制度的批評，主要集中於訴訟之遲延，造成訟累，所謂「遲來之正義，等於正義之否定」[40]其意在此。再者，由於訴訟費用龐大，特別是律師費用昂貴，導致司法資源利用上之不平等、不公平，所以在目前許多司法改革之重點，均集中在「達成迅速而經濟之裁判程序保障」，要求加強法官訴訟指揮權，迅速開庭，逾時提出攻擊防禦方法之摒棄，落實集中審理制度，合理制定民事訴訟費用法，對無資力人予以訴訟救助、簡化訴訟程序、採行集體訴訟或選定當事人等訴訟制度。

第三項　紛爭解決之多元化

司法為法律之最後一道防線，故其改革之目標，除在於促成新的排解糾紛機構的形成和發展外，國家司法機關亦應與其保持某種程度之聯繫或牽制，共同達成當事人紛爭解決之多元化和法律化。是以，對於各種代替性專門機關之解決糾紛結果，應盡可能送請法院核定，以產生法律效力，疏減訟源；同時訴訟或審判制度本身應朝多元化方向發展，如擴大簡易案件適用範圍、採行小額訴訟制度、提倡認罪協商制度，加強民事程序之法院和解或調解功能等。

第四項　司法機關之自主化

為求司法權之獨立，不但使司法預算不受行政機關監控，同時保障法官身分、職位之獨立，訂立「法官法」，使法官與一般公務員有別，不屬於公務員法之體系，且除非法官有違法或其他法定原因，始得加以免職、停職或減俸，不得因個人嫌隙，而於事實上剝奪法官職權。此外，採行司法自治化，意即由法官自己管理法院內部之事務，而法官之事務，不受法官以外的人管理。在過去司法行政權之設置，主要在於管制或監督法官，但是現在的趨勢，法官行政不以管制法官為主要任務，而在於提供更好之物質條件，以便利法官開庭和制作裁判，維護公平正義，所以戰後司法權之潮流，已從以往司法行政權在司法權之上，改變成為司法權在司法行政權之上④，凡此均值吾人注意。

註釋：

① 謝騰和，《提昇司法審判品質之研究》，(台北：司法院，民國87年6月)，頁88。
② John Kent, Commentargies, Lect, XIV,轉引自董翔飛，《中國憲法與政府》，
　(台北：先鋒打字印刷公司，民國80年4月)，頁372〜374。
③ 曾繁康，〈略論司法權之意義與特點及國人對司法應有之認識〉，《法律評論》，
　第39卷第9期，(台北：朝陽大學法律評論社，民國62年9月)，頁2。
④ 佐藤幸治，《現代國家と司法權》，(日本：有斐閣株式會社，平成二年二月)，

頁10～11。

⑤ 鄭正忠，〈海峽兩岸司法制度之意涵與任務比較研究〉，《法令月刊》，第49卷第9期，(台北：法令月刊社，民國87年9月)，頁23。

⑥ Gerald Gunther, *Cases and Materials on Constitution Law*, tenth edition, (Mineola, N.Y :The Fundation Press, Inc., 1980), pp.384-386.

⑦ Basia Carolyn Miller and Harold Samuel Stone, *The Spirit of the Laws*, Book 11, (Cambridge University Press, 1989), Chapter 6, pp.157-160.

⑧ 張鏡影，《比較憲法(下冊)》，(台北：黎明文化事業公司，民國72年7月)，頁619。

⑨ 宋爐安，〈司法權辯析—法律監督是司法權？〉，《研究生法學》，1996年第3期，(北京：中國政法大學研究生院，1996年9月)，頁10～12；及王琤，〈中國司法解釋發展之回顧〉，《人民司法》，1998年第3期，(北京：人民法院出版社，1998年3月5日)，頁18～19。

⑩ 章武生、左衛民，《中國司法制度導論》，(北京：法律出版社，1994年11月)，頁1～2。

⑪ 轉引自林朝榮，《檢察制度民主化之研究》，(台北：政治大學法研所博士論文，民國82年6月)，頁303。

⑫ Theodore L. Becker, *Comparative Judicial Politics*, (Chicago, Rand Mcnally & Company, 1970). p.164.

⑬ 鄒文海《政治學》，(台北：三民書局，民國81年7月14日)，頁364～365。

⑭ 轉引自董翔飛，《中國憲法與政府》，前揭書，頁373。

⑮ 積極主動為行政之本質，此與司法之不告不理成為對比，我國實施審檢分隸時，檢察系統保留於行政體系內，檢察官應主動偵查犯罪，富有行政之色彩，可能是其中一個原因。

⑯ 韓忠謨，《法學緒論》，(台北：國立台灣大學法律系，民國80年11月)，頁80～81。

⑰ 劉清波，《中國大陸司法制度》，(台北：華泰書局，民國84年4月)，頁3。

⑱ 陳桂明，《訴訟公正與程序保障》，(北京：中國法制出版社，1996年6月)，頁1～4。

⑲ 張鋃盛，《從權力分立論司法對行政行為之審查密度》，(台北：中興大學法律研究所碩士論文，民國85年7月)，頁59～60。

⑳ 翁岳生，〈司法權發展之趨勢〉，載於所著《法治國家之行政法與司法》，(台北：月旦出版社，民國86年4月)，頁4～5。

㉑ 許志雄，〈憲法與司法〉，載於黃宗樂主編，《民間司法改革白皮書》，(台北：業強出版社，民國86年7月)，頁16。

㉒ 管歐，〈司法院解釋權的探討〉，載於《司法院大法官釋憲四十週年紀念論文集》，(台北：司法院秘書處，民國77年9月)，頁36。

㉓ 翁岳生，〈大法官功能演變之探討〉，載於所著《法治國家之行政法與司法》，前揭書，頁429～431。

㉔ 鄭玉波譯解，《法諺(一)》，(台北：三民書局，民國73年8月)，頁3、134。

㉕ 鄭正忠，《社會秩序維護法》，(台北：書泉出版社，民國86年12月)，頁7～10。

㉖ 范光群，〈司法應提昇保障人權的功能〉，《全國律師》，1998年1月號，(台北：中華民國律師公會全國聯合會，民國87年1月15日)，頁2～4。

㉗ Shimon Shetreet, *The Administration of Justice: Practical Problems, Value Conflicts and Changing Concepts,* (University of British Columbia Law Review, 1979), pp. 52~56.

㉘ 鄭正忠，〈海峽兩岸審判制度之比較研究〉，《司法周刊》，第824期，(台北：司法院，民國86年4月30日)，第3版。葛義才，《非訟事件處理法》，(台北：三民書局，民國82年元月)，頁10。

㉙ 許志雄，〈權力分立之理論〉，《憲政時代》，第8卷第2期，(台北：中國憲法學會，民國71年10月)，頁61～62。

㉚ 轉引自程春益，《法官之職務獨立與職務監督》，(台北：政治大學法律研究所碩士論文，民國77年6月)，頁31。

㉛ 林紀東，《中華民國憲法釋論》，(台北：大中國圖書公司，民國81年10月)，頁259～262。

㉜ 轉引自桂裕，《司法制度之檢討及改進》，(台北：中國國民黨中央委員會設計考核委員會，民國51年6月20日)，頁1。

㉝ 翁岳生，〈司法權發展之趨勢〉，載於所著《法治國家之行政法與司法》，前揭書，頁6～9。

㉞ 黃風譯，《義大利刑事訴訟法典》，(北京：中國政法大學出版社，1994年11月)，頁1～6。

㉟ 小島武司編，《現代審判法》，(日本：三嶺書房，1987年8月)，頁60。另壟刃韌，《現代日本法透視》，(北京：世界知識出版社，1993年3月)，頁23～25。

㊱ 林聰賢、由嶸，《外國法制史》，(台北：五南圖書出版公司，民國82年10月)，頁616～618。

㊲ 周道鸞，《刑事訴訟法的修改與適用》，(北京：人民法院出版社，1996年6月)，頁1～3。

㊳ 孫琬鍾主編，《1996年中國法律年鑑》，(北京：中國法律年鑑出版社，1996年8月)，頁977。

㊴ 范愉，〈世界司法改革的潮流、趨勢與中國的民事審判方式改革〉，《法學家》，1998年第2期，(北京：法學家雜誌社，1998年4月)，頁110～112。

㊵ 邱聯恭，《司法之現代化與程序法》，(台北：台灣大學法律系法學叢書編輯委員會，民國81年4月)，頁125～128。

㊶ Mauro Cappelletti and William Cohen, *Comparative Constitutional Law* , (Indianapolis： Bobbs Merrill Company, Inc. , 1979), pp. 320~321.

第二章　兩岸司法制度之演進歷程

第一節　司法制度歷史研究之重要性

司法制度是國家制度之一個重要組成部分，伴隨著國家產生、政治制度之變異不斷發展演進，所以正確認識兩岸司法制度之沿革，深入瞭解司法組織、結構、各項訴訟制度之歷史變遷是十分必要的；亦即用歷史方法，不僅靜態的認識各階段司法制度設置之事實，並由過去之事實中，動態察其因果之跡，稽其成敗之理，及其對現代之影響，此為本書研究之主旨所在。國內名法學家林紀東先生曾謂：「歷史的研究，是社會科學的基礎，沒有歷史的觀點，不作歷史的研究，不足以談社會科學的研究。」[1]我們深信，對於司法制度作歷史的研究，可以使我們尋本溯源，明悉兩岸司法制度之歷史源流，以及兩岸分裂分治後，各個階段之演進歷程，不僅知其然，而且知其所以然，如此方能對各該制度之內容，有較為透澈認識，作為進一步批判得失之基礎；其次，從歷史角度觀察，可使我們藉由推究古今興衰過程，記取教訓，分析利弊得失，以作為未來改進司法制度之參考，所謂「前事之不忘，後事之師也」，又如「以古為鑑，可知興替」，皆在表現此種效用[2]。再者，利用歷史方法，培養我們進化觀點，知道社會現象時常在變革中，一切國家制度，都跟著社會的更迭而改變，沒有行於百世而不悖的制度，舊日之司法制度，雖可供參考，先哲之思想，固值得敬崇，但因時移勢轉之結果，我們務須主動抉擇，不宜盲目遵循，以免與現代情勢不合。凡上所述，如能總結經驗，以垂直式思考架構，藉由歷史演變，探究兩岸司法制度之趨勢，及中國司法革新之方向，以完善司法制度，期不負於學人治學之本義。

第二節　我國近代司法制度之沿革

中國是人類文化的重要發祥地，為世界最著名的文明古國之一，具有五千年悠久歷史，文物制度燦然備至，法制典章尤具規模，在古代五大法系，即中國法系、印度法系、回回法系、羅馬法系、英吉利法系中，自成體系，最具特色[3]。惟歷代司法制度之遞變，史料浩繁，其中對兩岸現行司法組織與

訴訟制度影響最為深遠者，厥為近代清朝末年鴉片戰爭以後之司法制度，茲說明如後。

西元1644年清朝入關，定都北京後，逐漸形成一套完整之司法制度。中央司法機關，猶如明制，有大理寺、都察院和刑部，這三個機關亦稱為「三法司」。大理寺權力比明朝更小，主要職責是複核死刑案件，平反冤獄，參與會審，如發現刑部定罪量刑有誤，可以駁回。都察院負責監察百官，參與會審，並可受理官民冤獄。刑部則執掌全國刑獄政令、審定法律，是清朝政府中央六大部門(其餘為吏部、戶部、禮部、兵部、工部)中，編制最大之一個部，所屬機構主要有十七省區清吏司、追捕人犯之督捕司、辦理秋審之秋審處、負責大赦事務之減等處、羈押罪犯之提牢廳及修訂法律之律例館等，可以說在「三法司」機構中，刑部起著主導作用④。清朝地方司法機關分四級，由行政長官兼理司法，州縣為第一審級，有權決定笞杖、徒刑案件，流刑以上案件須轉上級決定；府為第二審級，受理州縣上級之徒刑以上案件，提出擬罪意見，再上報省。省按察司為第三級，負責複審府上報之徒刑案件及死刑案件。總督、巡撫為第四審級，對徒刑案件有最後決定權，並複審充軍、流刑和死刑案件，複核後均應咨送刑部再複核，以求慎重。

西元1840年鴉片戰爭以後，外國資本主義入侵中國，使中國由一個封建社會逐漸淪為半殖民地半封建社會，為了對抗帝國主義之軍事、經濟侵略，抵制日益興起之民主革命運動，維持岌岌可危之封建政權，清朝統治者不得不下詔變法，修訂法律，開辦法律學堂，設置修訂法律館，分別起草民刑律、訴訟律；西元1906年實行官制改革時，將刑部改為法部，掌理全國司法行政工作；改大理寺為大理院，專掌最高審判工作，配以總檢察廳，置總檢察官長一人及檢察官若干人，辦理檢察事務，各省刑名，劃歸大理院覆判，都察院不再參與會審，而廢除三法司。另訴訟制度上，仿日本規定，定四級三審制，在各省城設高等審判廳、高等檢察廳，配置高等分廳；各府治設地方審判廳、地方檢察廳；各縣設初級審判廳、初級檢察廳，初級管轄案件，以初級廳為第一審，地方廳為第二審，高等廳為第三審。地方管轄案件，以地方廳為第一審，高等廳為第二審，大理院為第三審。初級廳採獨任制，地方廳兼採獨任與合議制，高等廳及大理院採合議制⑤。此外，清末在司法組織、訴

訟和審判制度上均有相當重大之變革，為中華民國建立後之司法制度，奠定基礎。

第三節　民國初年司法制度之變遷

西元1911年10月10日武昌起義，革命成功，推翻滿清王朝，建立民主共和之南京臨時政府，正式宣告中華民國成立。南京臨時政府成立後，旋於1912年3月11日公布《中華民國臨時約法》，分總綱、人民、參議院、臨時大總統副總統、國務員、法院、附則等七章，全文五十六條，在國會制定之憲法未施行以前，約法之效力與憲法相等。臨時約法根據三權分立之原則，確定政治制度，參議院為行使立法權之機關，由各地方選派之參議員組成；臨時大總統、副總統和國務員是行使行政權之機關。而法院則是行使司法權之機關，由臨時大總統及司法總長分別任命法官組成中央裁判所(法院)，行使最高審判權，依法審判民、刑事案件；而府縣等地方司法權，則仍掌握在清朝舊官吏手中。另在行政各部門中，由中央之司法部取代清朝之法部，省設司法司，主管民、刑事訴訟事件、戶籍、監獄及其他一切司法事務，並可監督法官。南京臨時政府之成立時間雖不到一年，旋於民國元年四月，由袁世凱為首之北洋政府所取代，但其在民國建立初期，確立法官獨立審判[6]、公開審判[7]、陪審、辯護和法官終身制[8]等原則和制度，卻是值得肯定之貢獻。

辛亥革命所建立之中華民國南京臨時政府，於民國元年為袁世凱所取代後，迄民國十七年全國統一為止，中國歷經長達十餘年之北洋軍閥統治，此階段在軍閥勢力消長更替下，軍事利益高於一切，法制建設並不彰顯。大抵沿襲清末之司法制度，設司法部掌管司法行政事宜，以大理院和地方各級審判廳，負責審判工作，相對應地設置各級檢察廳，負責檢察工作。民國三年四月，袁世凱為復辟帝制作準備時，為加強總統權力，曾撤銷全國三分之二地方審判廳和檢察廳、全部初級審判廳和檢察廳，由縣知事兼理司法，在特別區域則由審判處審理案件，實為司法體制下一大退步。民國五年袁世凱面對全國人民強烈反對其復辟帝制，不得不恢復地方審判廳和檢察廳，但增設了大理院分院、高等審判分廳和地方審判分廳，目的仍在加強司法鎮壓。袁世凱於民國五年六月死後，北洋軍閥在不同帝國主義支持和操縱下，各自為

政，亟圖控制北京政府，在軍事統治時期，法制建設並無太多建樹。總括而言，在此十餘年混亂中，中央通常仍設有大理院，地方則以高等審判廳、地方審判廳和初級審判廳，負責審判工作，採行四級三審制。與各級審判廳相對應，則設有總檢察廳、高等檢察廳、地方檢察廳和初級檢察廳，獨立行使檢察權，對刑事案件實施偵查、提起公訴、並監察判決之執行。此外，並設有平政院，受理行政訴訟案件；特別法院，主要有陸海軍軍事審判機關和新疆、熱河、哈爾濱等特別區之法院⑨。

　　由於北洋政府各軍閥長期之混戰，激起全國人民之反抗，隨著革命形勢之發展，民國十四年七月，國民政府於廣州成立，設司法行政委員會，採用委員制，不久改為司法部，承國民政府命令，管理全國司法行政，並指揮監督省司法行政。在審判方面，中央設大理院行使審判權，總檢察廳行使檢察權；在地方則分設高等、地方、初等審判廳和檢察廳。民國十六年四月，在北伐取得重大勝利後，國民政府奠都南京，實行五權分立之五院制，設行政院、立法院、司法院、考試院、監察院。在行政院下設司法行政部，主管司法行政事宜，下設民事、刑事、監獄、總務等司。司法院為最高司法機關，設最高法院、行政法院和公務員懲戒委員會等機構⑩。民國二十一年頒布法院組織法，將法院分為地方法院、高等法院和最高法院，並仿照德、法司法體制，採三級三審制；在審理時，高等法院、最高法院以三人或五人合議行之，地方法院則除重大案件外，一般採獨任審判制。又南京國民政府檢察機關之設置，實行「審檢合署」制，將檢察機關配置於各級法院內，獨立行使職權，即在最高法院內設檢察署，置檢察官若干人，以一人為檢察長；高等法院和地方法院及其分院設檢察處，置檢察官若干人，以一人為首席檢察官⑪。檢察機關採行垂直領導之「檢察一體」，使下級檢察官在執行職務時應服從上級之監督命令，且檢察長或首席檢察官，依法得親自處理所屬檢察官之事務，並得將所屬事務移交由其他檢察官處理⑫。

　　關於各縣地方法院之籌設，初於民國十八年編擬訓政時期工作分配表，訂有六年普設法院計畫，惟以當時司法經費，仍賴各省自給，以致甚少成效。二十五年乃訂頒縣司法處組織暫行條例，將縣長兼理司法之各縣，分期改設司法處，由審判官獨立行使審判職務，而以縣長兼攝檢察事務。至抗戰

開始，計全國共有最高法院1所、高等法院24所、高等法院分院91所、地方法院302所、縣司法處872所。此外，關於司法人事制度之建立、司法人員考試及訓練之加強、監獄看守所之改進等亦著有績效。至於法制，則自立法院成立後，即積極編纂各項法典，民法、刑法、民刑事訴訟法、土地法及各項勞工法、商事法等，均先後頒行，使我國法制燦然大備，司法功能亦與日增進。

第四節　抗戰時期司法制度之發展

民國二十六年七月，抗戰爆發，先總統 蔣公確立抗戰建國同時並進之決策，故雖在艱苦抗戰中，仍積極致力建設，對司法亦多革新。其重要建樹，如司法經費由三十年起，統由國庫負擔，並擬具五年計劃，以期能普設各縣法院。司法院為適應戰時交通情況，二十七年起，在戰區各省推行巡迴審判，由高等法院及分院派推事至各地巡迴審判其管轄案件；並公布最高法院設置分庭條例，於必要地區設立分庭以應戰區需要。為簡化訴訟程序，先後成立碧山及重慶實驗法院，試行結果，頗著成效，乃於三十四年修訂民刑訴訟法，以作進一步之改革。此外，在法院設公證處及提存所，以推行公證及提存制度；設置公設辯護人及詢問處，並督導律師公會推行平民法律扶助，以擴大法律服務；制定律師法，建立律師考試制度，並加強對其執行職務之監督。至三十五年，全國計有最高法院1所、高等法院37所、高等法院分院119所、地方法院782所、縣司法處1,318所，除新疆外，已無縣長兼理司法之現象。凡此，俱見在抗戰期間，司法業務仍多進步，顯示政府逐步完成現代司法建制之決心。

另值得說明者，我國自南京條約予英國領事裁判權後，各國相率效尤，且變本加厲，創設觀審、會審等惡例，使我國司法權失其完整性，損害國家主權至大。國民政府統一全國後，即宣示收回法權之決心，同時積極從事司法建設，不因抗戰而稍懈。過去外國藉口我司法法典不完備、新式法院監所太少、司法經費無保障、軍人干涉司法等缺點，經悉予革除，更由於我國對日抗戰之英勇表現，使我國際地位日見增高，政府更採取積極步驟，與各國商訂平等新約。三十二年一月十一日，首與美英兩國簽訂新約，廢除領事裁判權及其他有關特權。其餘各國，亦陸續與我國簽訂新約，至三十六年，各

國在華領事裁判權，均告取消，我國司法權復歸完整。

在政府收回法權後，隨即採取各項措施，如廢除管轄在華外國人實施條例、規定涉外事件之管轄、在外僑眾多之地方法院增設通譯等，以資配合，並致力改進司法業務，加強司法工作。如於三十三年頒行保障人民身體自由辦法，三十五年頒行提審法，以加強保障人身自由；三十三年制頒特種刑事案件訴訟條例，將原歸軍法審判之菸毒等案件，移歸司法審判；三十五年制頒監獄條例、看守所條例、監獄行刑法、羈押法及行刑累進處遇條例等監所基本法規，以徹底改進獄政。同時並擇要修建各地法院監所及充實其設備。又於三十五年延聘美國法學家龐德來華任司法行政部顧問，以協助我國規劃革新司法。迨抗戰勝利，政府更依照預擬之司法復員工作計畫，迅即恢復各地法院監所，並接收光復地區之敵偽法院監所，予以改組，迅速完成復員工作。而對戰後戰爭罪犯之處置，漢奸之懲治，及辦理大赦、減刑要政，亦均能迅速謹慎處理，如期辦結，充分發揮司法之功能[⑧]。

第五節　行憲時期司法制度之建立

我國自開始訓政，即依據 國父遺教，積極籌劃實施憲政，民國二十五年五月已擬定憲法草案，籌備召開國民大會，制定憲法。惟以翌年抗戰爆發制憲工作乃告展延。至抗戰勝利，政府為求憲政之順利實現，乃召開政治協商會議，與各黨派及社會賢達代表協商，共同籌備憲政。民國三十五年十一月召開國民大會，制定《中華民國憲法》，於三十六年元月公布，自三十六年十二月二十五日起施行。國家由是進入憲政時期，司法亦隨憲政體制之建立而展開新頁。

中華民國憲法之中央體制，仍採五權分立，司法方面，以司法院為國家最高司法機關，掌理民事、刑事、行政訴訟之審判及公務員之懲戒。司法院設大法官組成大法官會議，掌理解釋憲法及統一解釋法律命令之職權，院長、副院長及大法官均由總統提名，經監察院同意任命。《憲法》並於第八十條、第八十一條對法官之獨立審判及其身分之保障，為明確之規定。

憲法公布後不久，司法院於三十七年七月改組成立，除大法官會議外，原擬分設民事庭、刑事庭、行政裁判庭及公務員懲戒委員會，嗣決定仍設最

高法院、行政法院及公務員懲戒委員會，司法行政部亦仍歸屬行政院。故行憲後之司法院，以最高法院及行政法院分別審理民刑訴訟終審案件及行政訴訟案件，與行憲前同；至於公務員懲戒委員會部分，司法院原設有中央公務員懲戒委員會，並在各省分設地方公務員懲戒委員會，而政務官之懲戒則另由國民政府設政務官懲戒委員會掌理之。行憲後，政務官懲戒委員會及各省地方公務員懲戒委員會均予裁撤，而由公務員懲戒委員會掌管全國公務員之懲戒事宜，事權較前集中⑭。行憲後政府雖積極建立憲政體制之司法制度，惟民國三十八年底國共雙方大戰後，大陸撤守，政府遷台，乃在台灣戮力各項建設，其中司法制度，亦多成就，容於下節中敘明。

第六節　台灣地區司法制度之改革

國家之制度及其運作，猶如有機生命之成長，必須與時俱進，乃能生生不息，而司法為謀求全民福祉而改革，亦須兼顧國民現階段之期待與國家建設之發展。基此理念，政府五十年來，在司法制度方面，亦作了相當大之變革，本書試從司法機關之設置、法院業務之改進、行政訴訟與公務員懲戒之加強，大法官釋憲功能之發揮與司法行政業務之革新等方面，加以闡述：

第一項　司法機關之設置

台灣在日據時期，原設高等法院一所、地方法院五所及分部三所。監所則混合設置，稱刑務所，計設刑務所及其支所各四所。光復後，分別改組為台灣高等法院、各地方法院及監獄與看守所，並調整法院之管轄區域及監所之組織。而關於民刑案件之處理，則分別制定台灣法院接收民事事件、刑事案件處理條例，以為處理之依據。中央政府遷台後，隨著各項建設之進步，社會結構發生變化，訴訟案件因之增加，乃在台灣陸續增設各級法院，除最高法院已遷台外，高等法院原僅有台灣高等法院一所，經先後在台南、台中、花蓮增設三分院。地方法院除原設台北、花蓮、新竹、台中、台南、高雄等六所並將宜蘭、嘉義兩分院改設地方法院外，自民國三十八年十二月二十一日起，先後增設屏東、澎湖、台東、基隆、雲林、彰化、桃園、板橋、士林、南投、苗栗等地方法院，迄八十七年為止，各縣市之地方法院業已普

遍成立；而各法院視轄區及實際需要，分設簡易庭及普通庭，目前已有四十五所。至福建金門縣司法處，亦經改設地方法院，並先此恢復福建高等法院廈門分院，嗣又設立連江民事庭，劃歸金門地方法院管轄，而使馬組地區亦建立健全之司法機構。在監所方面，日據時期之刑務所，固多簡陋，受戰時毀損，更多殘破，且監所不分，對人犯亦備極凌虐。光復後乃徹底改革，將監所分立，並分別予以修建、擴建、改建及遷建，又先後增建監獄十七所、看守所十餘個，更創建開放性之外役監、綠島監獄、少年監獄、少年觀護所等。各監所之環境、建築、設備，固力求完善，對其教化、作業、衛生、戒護等，亦積極改進，以達成監所學校化、工廠化，醫院化、家庭化之目標⑤。

　　又我國自民國十七年建立五權體制以來，對司法行政權之歸屬，即有不同的主張，司法行政部究應隸屬司法院抑行政院？曾屢經更易。三十六年實施憲政後，司法院為國家最高司法機關，掌理民事、刑事、行政訴訟之審判及公務員之懲戒，為憲法第七十七條所明定，而掌理民刑訴訟審判之各級法院，其行政系統究應屬於司法院抑仍分屬司法院及司法行政部，仍滋疑義。嗣經大法官會議於四十九年八月十五日以釋字第八十六號解釋：「憲法第七十七條所定司法院為國家最高司法機關，掌理民事、刑事之審判，係指各級法院民事刑事訴訟之審判而言。高等法院以下各級法院既分掌民事刑事訴訟之審判，自亦應隸屬於司法院。」是高等以下各級法院應改隸於司法院，已告確定。惟以牽涉至廣，雖經行政、司法兩院多次會商，久未獲致定議。至六十八年底，政府為推動全面革新，乃決定實施審檢分隸，修訂有關法律，自六十九年七月，將高等以下各級法院改隸司法院，而行政院之司法行政部則改稱法務部，掌理檢察、監所、司法保護及行政院法律事務。自此，各級法院之行政事務，統由司法院主管，各級檢察行政，則統屬於法務部，司法權與行政權於是有更明確之劃分，審判與檢察因之益得分別發揮其功能⑥。自審檢分隸實施迄今，已完成各項改制工作，司法院並於六十九年起至八十八年七月為止，先後召開多次司法業務改進研究會及全國司法會議，擬訂多項司法業務改革方案，對於應興革事項規劃頗詳。此外，司法院新設人事審議委員會，以議決各級法院法官、行政法院評事、公務員懲戒委員會委員之任免、轉任、遷調、考核、獎懲等事項，以建立公正之人事制度；多次修正法院組

織法，以落實審檢制度；八十三年十月邀請學者專家、民意代表、法界先進成立司法改革委員會⑩，八十六年間司法預算獨立，順利入憲，凡此均在推動司法全面改革，維護憲政體制。

第二項　法院業務之改進

各級法院之業務，近年來亦多改進，民刑案件雖由於經濟發展，有大幅度之增加，經多方改進，充實人員，提高辦案績效，各級法院之結案比例，結案日數與正確性，均能維持標準，並趨進步。而民事除審判業務外，尚積極推廣鄉鎮調解及商務仲裁，宣導法律知識，以疏減訟源；推行公證及辦理非訟事件，以確保私權；加強民事執行及簡化提存程序，以保障債權；落實訴訟輔導，並採取各項措施，以資便民等，均著績效。刑事方面如自動檢舉與檢警聯繫之緊密結合，調查局之改組與司法調查功能之提昇，冤獄賠償制度、犯罪被害人保護法之實施，財務法庭、交通法庭等專業法庭之設置等，均為司法革新之進步措施。尤其少年事件處理法之修正、少年法院、少年觀護所之設置與更生保護法之頒行、司法保護事業之相互配合，更足顯示司法之與時俱進。

第三項　其他業務之加強

行政訴訟之審判及公務員懲戒事件之審議，亦多革新，行政法院按月舉行各庭聯席會議，以求裁判之統一，並舉行言詞辯論及加強調查證據，以求裁判之正確；公務員懲戒委員會對懲戒案件之審議，亦力求迅速適當。而對弘揚憲政有顯著貢獻者，則為大法官會議之解釋，關於法律之解釋，在北京政府時期，由大理院行使解釋法律之權，訓政時期，由司法院統一解釋法令，先後經統一解釋法令會議議決之解釋達四千零九十七號。行憲後，司法院設大法官會議，掌理解釋憲法及統一解釋法律命令，自三十七年成立以來，其會議規則，初由大法官會議自定，四十九年起，則依大法官會議法行使職權，雖由於對解釋之聲請與決議，規定較嚴，五十年來僅議決解釋四百八十餘號，惟其中對憲法之解釋，均極重要，充分展現其維護憲法尊嚴，同時能守經達變，作成妥適解釋，以闡明憲法及法律適用之疑異。尤其民國八

十一年五月憲法法庭之成立，更能發揮保護人權，及促進憲法審判制度之持續成長⑱，以恢宏憲政之功能。

第四項　司法行政業務之革新

在司法行政方面，政府遷台後，即致力培育司法人才，提高司法人員素質，厲行考試用人，各級司法人員均須經考試及格，而司法官之訓練，司法行政部初係設班辦理，四十四年起成立司法官訓練所，訓練司法官考試及格人員，並舉辦司法官在職訓練及調訓各級司法人員，對司法人員素質之提高，頗具成效。民國七十八年十二月制定司法人員人事條例，對司法人員之任用、待遇、考核、遷調、保障等，逐年有所改進，未來法官法通過後，必能更完善司法人事制度。對各地方法院房舍之整建、法庭之增建與佈置之改進、辦案設備之充實等，年來亦多所致力，有助於司法功能之提高。此外，司法行政檢討會議之按年舉行、各項業務檢討與專案座談之經常召開，八十四年起法官守則之訂定⑲、送閱制度之廢除及法官辦案成績考查辦法之廢除⑳、法官評鑑制度之試行等，均有助於未來司法行政業務之革新。

第七節　大陸地區司法制度之演進

西元1848年2月馬克思(Karl Marx, 1818~1883)和恩格斯(Friedrich Engels, 1820~1895)發表〈共產黨宣言〉㉑，宣言發布後約70年，世界第一個共產黨政權終於在1917年10月建立在俄國，由列寧取得政權，組織蘇維埃政府，實行無產階級專政。1921年7月中國共產黨正式成立，自此以後中共在中國大陸各地發展㉒，自1921年起至1949年中共在北京組織人民政府為止，其間經過近三十年，為其司法制度之萌芽時期；其後歷經司法制度創建時期(1949年10月~1956年)，由發展至停滯時期(1957~1965年)，嚴重破壞時期(1966年5月~1976年)和法制重建時期(1977年迄今)五個時期。茲依其發展順序，加以論述。

第一項　司法制度萌芽時期

在中共北京政權成立前，其司法制度已有相當的發展，依時間順序可分為工農民主政權時期、抗日民主政權時期和人民民主政權時期：

第一款 工農民主政權時期(西元1921~1937)

中國共產黨自西元1921年成立後,為徹底實現黨的革命綱領,在工農運動中建立許多革命組織,如「省港罷工委員會」、「農民協會」等,以開展革命鬥爭。隨著這些革命政權雛形之出現,人民司法制度也就孕育而生,如1925年6月成立之前開「省港罷工委員會」,就曾設有糾察隊、軍法處、會審處特別法庭和監獄等司法機關。在農民運動中,「農民協會」也建立自己之司法機關,如公斷處、仲裁部、新型法庭、監獄和懲治土豪、劣紳、禁止差役敲詐、公審等人民司法制度,充分顯示中共早期司法制度之萌芽。1927年國民政府全面清共,毛澤東等人潛往江西省寧岡縣之井崗山,1930年於江西瑞金建立「蘇維埃政府」,1931年11月7日,在瑞金召開第一次全國工農兵大會,通過《中華蘇維埃共和國憲法大綱》,公布實施。1931年12月13日中共中央通過《處理反革命案件和建立司法機關暫行程序》(即第六號訓令)。翌年2月1日頒布《中華蘇維埃共和國軍事裁判所暫行組織條例》,同年6月9日頒布《裁判部暫行組織及裁判條例》。1934年4月8日公布《中央蘇維埃組織法》,同時公布《中華蘇維埃共和國司法程序》[23]。中共在瑞金盤踞七年期間,中央執行委員會是全國蘇維埃代表大會閉幕時之最高權力機關,下設人民委員會和最高法院(最初稱為臨時最高法庭),人民委員會是最高行政機關,內部設有司法人民委員會(即司法部),專管司法行政業務。最高法院則是最高審判機關,負責審判工作及解釋法律、審查下級法院之判決;在地方於省、縣、區各級政府設有裁判部,紅軍設軍事裁判所,各級裁判部負責司法審判工作。但審判機關之外,其「政治保衛局」和「肅反委員會」,亦得職司審判工作,此為特例。在法庭設置上,「最高法院」設院長一人,副院長二人,由中央執行委員會主席團任命;其下設有刑事法庭、民事法庭和軍事法庭。各級裁判部設置刑事法庭、民事法庭,必要時尚可組織巡迴法庭。而審檢合一制是當時司法機關的一大特色,檢察機關附設於審判機關內,此應係緣於當時在革命暴動地區,一切機關之設置必須從簡之故。在審判制度上,該階段實行四級兩審、公開審判、迴避制度、合議制度、陪審制度、上訴制度與死刑複核制度,並允許辯護,必要時設巡迴法庭。在審訊時,廢止刑訊逼供和專憑口供定案之辦案方法等[24]。

第二款 抗日民主政權時期(西元1937~1945)

民國二十五年十二月十二日，中共與張學良等人發動西安事變後，國軍停止剿共，中共遵循共產國際第七次大會決議，以組織「抗日統一戰線」為名，由毛澤東等電呈國民政府，表示輸誠，取消紅軍及蘇維埃政府，共赴國難。於是中共紅軍被編入八路軍，蘇維埃政府改為邊區政府，而於民國二十六年九月成立「陝甘寧邊區政府」，受國民政府領導。在八年抗戰期間，中共亦全力於全國各地及被日軍佔領地區發展組織，建立十餘處根據地，以擴展該「陝甘寧邊區政府」之組織。

在陝甘寧邊區政府，取代中華蘇維埃政府後，原司法人民委員會和各級裁判部也隨即被撤銷。民國二十八年中共制定法院組織條例，設置邊區高等法院，名義上受中央最高法院管轄，實際上則獨立行使司法權；行政上則受邊區參議會之監督與邊區政府之領導，院長由邊區參議會選舉產生，呈請國民政府任命㉕。邊區高等法院依該條例規定，設有檢察處、民事法庭、刑事法庭、書記處、看守所等機構，並得設置巡迴法庭及感化院。另在邊區高等法院下，各縣設司法處(最初稱裁判處)，延安設地方法院，縣司法處即相當於地方法院。1943年3月在各分區設置高等法院分庭，裁判處亦於此時改為司法處。初行二級二審制，但1942年8月，邊區政府設審判委員會，形同最高法院，此時改為三級三審。1944年3月，審判委員會撤銷，恢復二級二審。這個時期的審判制度，大都沿襲前開時期之制度，諸如上訴制度、辯護制度、死刑複核和人民陪審制度均受到沿用。至於其他如公開審理、審判監督、調解制度、巡迴審判制度、馬錫五審判方式等，則不盡相同，茲說明如後：

一、公開審理制度

除涉及重大秘密和個人隱私案件外，對其他一切刑事、民事案件一律公開審理，允許群眾旁聽，並公開宣判。在公開審判的基礎上，部分邊區還創設公審制度，即對有重大影響的民、刑事案件在群眾大會上公開審判。公審可以設置公審法庭，也可不設，但均應有人民代表參加。公審的意義主要在於教育群眾，宣傳政策法令，公開支持群眾鬥爭㉖。

二、審判監督制度

依《陝甘寧邊區刑事訴訟條例草案》規定，被告及其親屬、自訴案件的自訴人、原審機關及其上級法院如發現原已生效的判決，確有錯誤或處刑失當

時，可以提起再審。原告(自訴人)請求再審須在判決確定後兩年內進行，而對其他人和機關則無期間限制。

三、調解制度

從西元1941年開始，各邊區政府在總結實踐經驗的基礎上，先後制定並頒布了一系列有關調解工作的法規。如1941年4月的《山東省調解委員會暫行組織條例》，1942年3月的《晉西北村調解暫行辦法》，1942年4月的《晉察冀邊區行政村調解工作條例》，1943年6月的《陝甘寧邊區民刑事案件調解條例》等，使人民調解工作進一步法律化、制度化。其主要內容有：

(一)確立調解之基本原則：為「自願、合法及調解不是訴訟必經程序」等三大原則。

(二)調解之案件範圍：民事糾紛除法律另有規定以外，均可實行調解；輕微的刑事案件也可進行調解。

(三)調解之組織形式：調解之組織形式主要有三種(1)民間調解，這一類調解通常由雙方當事人邀請鄉鄰、親友或群眾團體，評議曲直，提出調解方案，勸導雙方息爭。(2)政府調解，基層人民政府有主持調解之職能，陝甘寧邊區基層政府雖未設執行調解職能的專門機構，但其他大多數邊區則於村、區兩級設立專門之調解委員會或民政委員會主持調解。(3)司法調解，凡起訴到司法機關之民刑事案件，如屬法律規定調解之案件範圍，由司法機關主持調解[20]。

(四)此外法律還規定調解人資格、調解人迴避條件、調解程序和調解紀律等。

四、巡迴審判制度

為適應戰爭環境，方便群眾訴訟，各抗日邊區司法機關還建立巡迴審判制度。巡迴審判之組織型態，一是由各級司法機關指派審判人員，定期深入基層，巡迴審判各自轄區內的刑事案件；另則由政府或法院設立專門巡迴法庭或流動法庭，代表該級政府或法院外出巡迴審判，如陝甘寧、晉冀魯豫、淮海、蘇中等邊區，即設有上開巡迴法庭。巡迴審判制度是當時中共抗日邊區司法工作民主化、群眾化的具體表現。

五、馬錫五審判方式

該審判方式即係前述巡迴審判制度實踐中創造出來的，此種審判方式由陝甘寧邊區隴東專區專員兼高等法院隴東分庭庭長馬錫五所創設，其特點為：

(一)深入農村，實地調查案情，以掌握案件之真實情況，以便作出正確裁判。

(二)密切聯繫群眾，吸收群眾中有威望和有能力人士直接參與案件之審理，使當事人服從裁判，同時也教育群眾，將人情與國法在審判中得以充分契合發揮。

(三)從方便群眾觀點出發，靈活運用巡迴審判特點，攜卷下鄉，定期巡迴所屬各縣，就地審判，即時判決；在法律許可範圍內，簡化訴訟程序，採納民間風俗習慣，注重調解，以利人民團結。

藉由馬錫五審判方式的開創和推廣，使邊區司法更加適應抗戰時期需要，進一步推動邊區、農村司法民主化，豐富和發展抗日民主政權時期之審判制度[28]。

第三款　人民民主政權時期（西元1945~1949）

西元1945年抗戰勝利後，國共爆發激烈內戰，中共取得勝利，佔領區不斷擴大，但在解放戰爭初期，並無具體司法制度之建立。迨1948年，中共華北人民政府成立後，頒布《為統一各行署司法機關名稱恢復各縣原有司法組織及審級的規定》通令，規定各行署原有的司法機關，一律改稱人民法院，直轄市的司法機關稱為市人民法院，縣司法機關亦改稱為縣人民法院，形成「大行政區」、「行署和直轄市」及「縣」三級人民法院，下設民事組、刑事組，採取三級兩審和三級三審並行制。

除人民法院外，在解放區內為保證土地改革運動之勝利完成，各解放區內另設立人民法庭，作為專門審判有關土地改革案件之臨時司法機關，和司法工作貫徹群眾路線之一種組織形式[29]。該法庭設審判委員會，有權判處罰金、勞役、徒刑、死刑等刑罰；但判處死刑須經省或縣政府批准才得執行。在實施軍事管制的區域，於軍事委員會下設軍事法庭；其任務是審判重要的反革命案件、鎮壓反革命破壞、維持其革命秩序。故所謂軍事法庭，其意義並不同於今日的軍事法院，其審判對象為反革命人士，而非限於軍人。

　　至於檢察機關，仍不專設，實行「審檢合署」，在各級人民法院設檢察人員，以一人為首席檢察員；各級人民政府均設公安機關，如華北人民政府設公安部，在直轄市設公安局，縣設公安局或分局。各大行政區則設司法部，主管司法行政事宜，在省市以下則實行審判與司法行政合一制，由人民法院兼管司法行政事務。

　　在人民民主政權時期之審判制度，大體上仍沿襲前期之制度，惟根據新形勢發展需要，作了必要調整和補充，分述如下：

一、確立公安機關和司法機關相互配合、相互制約關係

　　西元1948年11月，華北人民政府發布《關於縣市公安機關與司法機關處理刑事案件權責的規定》，明定公安機關對漢奸、特務及內戰罪犯等案件，行使偵查權及向司法機關提起公訴權，司法機關行使審判權，不得互相干涉；對普通刑事案件，公安機關知有犯罪嫌疑時，在必要時得採取緊急措施，但必須移交司法機關處理。1946年陝甘寧邊區政府發布《關於統一行使司法權的指令》則作了更嚴格規定，除違警案件以外的其他人犯，公安機關必須於二十四小時內移交司法機關審理[30]。

二、完善偵審訴訟制度

　　在犯罪偵審方面，依照中共華北人民政府頒布的《關於縣市公安機關與司法機關處理刑事案件權責的規定》，除公安和司法機關外，禁止任何機關、團體、學校、工廠、商店有扣押、搜查、拘捕、審訊、沒收、處罰等行為，違者以侵犯人權論處。區、村政府除現行犯外，不得自行拘捕人犯，以建立起較完善之偵訊、拘捕手續。

三、便利羣衆訴訟，取消訴訟費用

　　西元1948年11月，華北人民政府發布《關於估定囚糧額數，取消訟費及區村介紹起訴制度的通令》，宣布一律取消訴訟費用和起訴須經區、村介紹始得受理之制度。

四、發布解放區司法原則

　　西元1949年2月，中共中央發布《關於廢除國民黨的六法全書與確定解放區的司法原則的指示》(以下簡稱指示)。其基本內容主要確定以下三個基本方針：

(一)宣布廢除國民黨之六法全書及一切反動法律。

(二)確立解放區的司法原則，該「指示」要求，目前在人民法律還不完備情況下，司法機關的辦事原則應該是「有綱領、法律、命令、條例、決議規定者，從綱領、法律、命令、條例、決議之規定；無綱領、法律、命令、條例、決議之規定者，從新民主主義政策」[31]。

(三)要求對司法幹部進行教育和改造。該「指示」要求司法機關蔑視和批判國民黨政府及歐、美、日等資本主義國家的一切反動法律，以馬列主義、毛澤東思想的國家觀、法律觀和新民主主義政策、綱領、命令、條例、決議來教育及改造司法幹部。該指示對建國後人民司法制度之創立，具有重要之指導意義和深遠影響。

第二項　司法制度創建時期

西元1949年10月1日，中共宣布建立「中華人民共和國」，以北京為首都，朝向社會主義法制建設邁進，根據1949年9月制定的《中國人民政治協商會議共同綱領》第十七條規定：「廢除國民黨反動政府一切壓迫人民的法律、法令和司法制度，制定保護人民的法律、法令，建立人民的司法制度」[32]。同年10月訂定《中央人民政府組織法》，第五條規定：「在中央設立最高人民法院、最高人民檢察署、公安部和司法部，分別行使國家審判、檢察、偵查和司法行政的職權」。並自上而下相繼建立地方各級人民法院，地方各級檢察署。在新解放區建立人民法院以前，由當地軍事委員會軍法處代行職權；在尚未建立人民檢察署的地區，由當地公安機關代行職權。其司法機關如下：

一、各級人民法院

西元1951年9月中共人民政府公布《人民法院暫行組織條例》，該條例規定，最高人民法院，是全國最高審判機關，領導監督全國審判工作，為第三審法院。省級人民法院及其分院分庭，為第二審法院。縣級人民法院為第一審法院。實行「三級二審」終審制，地方各級人民法院受上級和同級人民政府的「雙重領導監督」；各級人民法院均設審判委員會，內部分設民事審判庭和刑事審判庭。

二、人民法庭

　　中共政務院於西元1950年7月20日，頒布《人民法庭組織通則》，其設置以縣(市)為單位，是一種臨時性的審判機構，任務完畢，則撤銷之。根據「通則」規定，人民法庭的任務為「運用司法程序，懲治危害人民與國家利益、陰謀暴亂、破壞社會治安的惡霸、土匪、特務、反革命分子及違抗土地改革法令的罪犯，以鞏固人民民主專政，順利完成土地改革」，其後在1952年3月間，又成立「三反」、「五反」人民法庭㉝，專門審理三反、五反運動中之案件，審判長由人民法院院長兼任，審判員由運動中積極分子擔任，該兩種特殊人民法庭，於同年10月運動結束後，即分別被撤銷。除上開「通則」規定的人民法庭外，中共尚設置有「工礦法庭」、「鐵路專門法庭」、「巡迴法庭」、「選舉法庭」等等，以保障社會主義改造之實現。

三、檢察機關

　　依西元1949年12月中央人民政府制定公布《最高人民檢察署試行組織條例》，1951年9月3日公布《中央人民政府最高人民檢察署暫行組織條例》和《地方各級人民檢察署組織通則》等規定，最高人民檢察署設在中央、分署設在大行政區；省、直轄市設人民檢察署，專區設分署；縣、市設人民檢察署，實施受上級和同級政府的「雙重領導」。最高人民檢察署是全國最高檢察機關，受中央人民政府委員會直接監督，領導下級檢察署，對政府機關、公務人員和全國國民之遵守法律，負最高檢察責任。各級人民檢察署的職權是：(一)檢察各級政府機關、公務人員和國民是否嚴格遵守『共同綱領』、人民政府的政策和法律、法令；(二)對反革命及其他刑事案件，實行檢察，提起公訴；(三)對各級審判機關之違法或不當裁判，提起抗訴；(四)檢察監所及犯人勞動改造機構之違法措施；(五)處理人民不服下級檢察署不起訴處分之聲請複議案件；(六)代表國家公益，參與有關社會和勞動人民利益之重要民事案件及行政訴訟。各級人民檢察署設立檢察委員會，議決有關檢察工作的方針政策及其他重要事項㉞。

四、公安機關

　　依《中央人民政府公安部試行組織條例》規定，公安部主管全國公安事宜，對於刑事案件方面的職權，主要是負責「關於國內與國際特務、間諜、盜匪及一切危害人民共和國的反革命分子之偵緝、訊問、檢舉等工作之組織與

領導事項」。

五、司法行政機關

依《中央人民政府司法部試行組織條例》規定，司法部主持全國司法行政事宜。其主要任務是：(1)建立與健全各地的司法機構；(2)訓練與培養調配幹部；(3)督導各地對犯人的管制與改造工作；(4)進行法治的宣教工作，教育國民忠於祖國，遵守法律及勞動紀律，愛護公共財產並履行國民義務；(5)建立、推行新的律師工作與公證工作；(6)對各地司法機關其司法行政業務之督導與檢查；(7)其他有關司法行政工作事宜。

西元1954年9月20日，中華人民共和國第一屆代表大會第一次會議，制定通過首部社會主義《憲法》，其中第二章第六節規定，設「最高人民法院、地方各級人民法院和專門人民法院為審判機」(同法八一條)。同時，由本次「人代會」通過的《人民法院組織法》，規定人民法院為四級二審終結制。又於《人民檢察院組織法》，規定人民檢察為四級制，一律在最高人民檢察院統一領導下，推行工作。亦即對各級人民檢察院直接領導，獨立行使職權，不受任何機關之干涉，從而確立「人民法院」和「人民檢察院」之法定地位，與公安部、司法部共同積極推展各項人民司法制度建設[66]。

在憲法與人民法院組織法、人民檢察院組織法陸續施行後，其司法工作基本原則和制度上，明白要求國家之審判權、檢察權、偵查權，只能由人民法院、人民檢察院和公安機關行使，其他任何機關、團體和個人都無權行使。其次各級人民檢察院、人民法院均應依法獨立行使檢察或審判，不受地方國家機關之干涉。此外，法律之前人人平等原則、陪審制度、合議制度、公開審判制度、迴避、辯護、死刑複核以及審判監督等制度，均已於法律中加以明定，對民、刑事訴訟程序，產生指導作用，整個司法制度自1954年起已大致建立，並迅速地往前發展。

第三項　司法制度停滯時期

隨著農業、手工業、資本主義工商業三大社會主義改造的基本完成，中國共產黨領導大陸全國人民開始轉入大規模之社會主義建設。西元1956年，中國共產黨第八次全國代表大會提出加強人民民主法制，保障社會主義建設事

業之任務。司法機關據此亦全面推行司法制度建設，進展快速，成效良好。
惟因中共發動「大鳴大放」、「百花齊放」運動，鼓勵人民批評司法制度之弊
端，詎料此舉引發1957年夏季之「反右派運動」，將批評者全部打為右派，應
予肅清。由於極左思潮和法律虛無主義影響，輕視法律和司法制度之思想盛
行，導致憲法、人民法院組織法和人民檢察院組織法所規定之司法原則和制
度，如「一切公民在適用法律上一律平等」、「人民法院獨立進行審判，只服
從法律」以及辯護、律師、公證等制度，皆遭批判。自1958年生產大躍進運動
起，人民司法工作進一步受到干擾，法定之訴訟制度和程序受到不同之破
壞，律師制度式微，公證制度遭廢除，人民調解組織癱瘓，甚至推行「聯合辦
案制度」，即某地區之案件，可由公安局長、檢察長、法院院長任何一人主
持，其除負責本職工作外，還可代行其他兩長之職權，稱為「一長代三長」；
與此同時，公安局之預審員，檢察院之檢察員、法院之審判員，也可以彼此
代行職權，稱為「一員頂一員」[38]。許多地方專區和縣兩級公、檢、法機關合
併為「政法公安部」，有的檢察機關遭合併為公安機關下轄之法制室或檢察
科，實際上已名存實亡；在審判機關中，各地還逐步撤銷鐵路和水路等專門
人民法院。

　　此一階段司法制度衰落之另一重要現象是，1959年4月撤銷建國初期所建
立之司法部和監察部，將其原主管之工作，分別交由最高人民法院和有關國
家機關負責管理。隨著司法部、國務院法制局之撤銷，各省、自治區、直轄
市之司法廳(局)，也相繼被撤銷，司法行政工作由人民法院兼管，從中央到地
方，實行審判與司法行政合一制。而公安機關在「治安管理處罰條例」之授權
下，有拘留人民15日以下之權限，使得其權力凌駕法院、檢察機關之上，把憲
法對於人民之保障，視為具文[39]。

　　從西元1957年到1966年，文化大革命前之十年，由於左傾思想之錯誤領
導，使司法制度經歷一段曲折發展之過程，雖1962年以後，通過糾「左」和整
頓，審判、檢察工作恢復正常之工作秩序，人民調解、公證等制度也有所恢
復，司法工作開始有了新的起色，但1966年5月開始的文化大革命，卻使司法
制度受到更嚴重之破壞，造成社會主義法制歷史上之災難。

第四項　司法制度破壞時期

中共司法制度自西元1957年後遭受挫折，處於停頓狀態，已如前述，不久文化大革命接踵而至。1966年12月18日，江青接見紅衛兵時公開指稱：「公安部、檢察院、最高人民法院，都是資本主義國家搬來的，是凌駕於黨政之上的官僚機構，幾年來一直是同毛主席對抗」。1967年6月7日，公安部長謝富治根據江青的講話，正式拋出了「徹底砸爛公安、檢察、法院」的反革命口號，對公、檢、法機關，「要從政治、思想、理論、組織上徹底砸爛」；在江青、謝富治等人煽動下，衝擊、破壞司法制度之行動迅速蔓延到全國。1967年初，人民法院即已陷入癱瘓狀態，同年12月，中共中央對公、檢、法機關實施「軍管」，人民法院成為公安機關軍管會下屬的「審判組」，許多司法人員遭到迫害，由其「革命委員會」主導審判工作。到1968年上半年，全國各級政法機關，更受到嚴重破壞，大批政法幹部被揪鬥，組織上陷於癱瘓，思想上極為混亂。1968年12月，謝富治再授意最高人民檢察院、最高人民法院、內務部代表和公安部領導小組聯合提出「關於撤銷高檢院、內務部、內務辦三個單位，公安部、高法院留下少數人的請示報告」，經由毛澤東批准後，於1969年間撤銷全部檢察機關，使檢察制度蕩然無存⑳。

又文革小組的四人幫，利用權力頒布《公安六條》，作為整肅其所謂「反動分子」的工具，依此審判刑事案件，審理過程不論究犯罪構成要件，不分析行為動機與目的，不區分故意或過失，也不探討行為和結果的因果關係，竟承認群眾組織可進行大審判，審訊案件經常秘密進行，刑訊逼供，或動輒召開數萬人的公審大會，批鬥罪犯，宣判執行，甚至將罪犯遊街示眾。凡此，不經任何司法程序，亂搜、亂查、亂捕、亂押、亂沒收現象，使全國陷入無法無天之混亂境域。

西元1970年3月起中共政治局組成憲法修改小組，在修憲中確立不再設立檢察機關，由公安機關行使檢察院職權，取消人民法院依法獨立審判、公開審判、辯護制度等重要原則；在1975年通過之新憲法中，將1954年《憲法》原有一〇六個條文，大幅減少為三十個條文，其中司法機關僅有一條(第二十五條)，規定：「最高人民法院、地方各級人民法院和專門人民法院行使審判

權。各級人民法院對本級人民代表大會和它的常設機關負責並報告工作。各級人民法院院長由本級人民代表大會的常設機關任免。檢察機關的職權由各級公安機關行使。檢察和審理案件，都必須實行群眾路線。對於重大的反革命刑事案件，要發動群眾討論和批判」。

　　該條文取消一切獨立審判、辯護制度，而且規定各級人民法院院長由本級人大常委會任免，表明了人民法院地位的下降，同時也說明地方常委會的集權；取消檢察機關，改由國家行政體系中的公安機關行使檢察權，其結果是取消了法律的監督和批捕權，這是大陸地區社會主義司法制度史上的一個倒退時期[39]。文革期間，人民法院雖未被取消，但在審判機關成為革命鬥爭工具的狀態下，製造了大批冤假錯案。據統計，十年期間共判處刑事案件126萬件，其中反革命案件28萬件，普通刑事案件98萬件，經文革後複查結果，冤假錯案達251,000多件，其中反革命案件的冤假錯案比例約佔64％，有些地區達70％或80％；普通刑案冤假錯案約佔9％[40]，可見當時混亂之程度，其蹂躪人權，實為空前浩劫。

第五項　司法制度重建時期

　　西元1976年10月，四人幫垮台，文化大革命結束後，鄧小平復出。1978年12月，中共召開十一屆三中全會，標誌著新時代的來臨，會中決議以「農業、工業、國防、科技」等四個現代化為共產黨的政策，為謀「四個現代化」實施，必須維持安定的政治環境與經濟的持續發展。於是推動「社會主義民主和法制」的重建，強調「為了保障人民民主，必須加強社會主義法制，使民主制度化、法律化，做到有法可依，有法必依，執法必嚴，違法必究」[41]。逐步恢復在文革中被破壞殆盡之司法制度。

　　先就法院組織而言，中共在1979年重新制定《人民法院組織法》，規定人民法院是國家的審判機關，糾正文革期間公安機關執行審判工作的亂象。在各級人民法院之設置方面，恢復1954年《人民法院組織法》之建制，人民法院組織體系包括最高人民法院、地方各級人民法院和軍事法院等專門人民法院；地方各級人民法院又分為高級人民法院、中級人民法院和基層人民法院，它們同地方各級權力機關和行政機關設置相一致，如高級人民法院屬省

級，中級人民法院屬地區一級，基層人民法院屬縣(市)、自治縣和市轄區一級，在審判上仍採行四級二審制。在專門法院方面設置了軍事法院、鐵路運輸法院、海事法院和森林法院。其中森林法院設於1980年，不久即告撤銷，有關森林案件仍歸普通人民法院管轄。

至於文革期間遭廢除之檢察機關，在1978年憲法中予以恢復⑫，同年6月1日最高人民檢察院啟用印信，重新辦公，繼於1980年起修正《人民檢察院組織法》，規定人民檢察院是國家法律監督機關，其任務是通過行使檢察權，鎮壓一切叛國、分裂國家和其他反革命活動，打擊反革命分子和其他犯罪分子，以維護國家統一、無產階級專政制度和社會秩序，確保全民、勞動群眾集體、公民所有之合法權益，保障社會主義現代化建設之順利推行。至於人民檢察院的組織體系則包括最高人民檢察院、地方各級人民檢察院以及軍事檢察院等專門人民檢察院，其中地方各級人民檢察院分為省、自治區、直轄市人民檢察院，省、自治區、直轄市人民檢察院分院，自治州和省轄市人民檢察院，縣(市)、自治縣和市轄區人民檢察院。它們分別同高級、中級和基層三級人民法院設置併行。省、自治區人民檢察院分院設在該省、自治區所轄的各個地區，在它所管轄之區域內行使檢察權；直轄市人民檢察院分院則在本市範圍內行使職權，這些檢察院分院是為了與當地中級人民法院相對應而設置的。專門檢察院其中設置在中國人民解放軍系統的軍事檢察院，分為中國人民解放軍軍事檢察院，大軍區級軍事檢察院和基層軍事檢察院三級；此外，還設有鐵路檢察院⑬。

在其他司法機關之重建方面，西元1997年9月，第五屆全國人大常委會第十一次會議決定，為了適應社會主義法制建設的需要，加強司法行政工作，恢復設立司法部，同年10月，中共國務院發出「關於迅速建立地方司法行政機構的通知」，1980年7月，國務院批准司法部「關於加強政法工作的指示」，要求農村區、公社(鄉)、鎮設立司法助理員；1982年《憲法》規定，國務院領導和管理「司法行政」工作，確定司法行政工作的法律地位。為了擴大司法部之業務範圍，1983年4月，中共國務院決定把公安部管理的監獄、勞改、勞教工作，劃回司法部管理；同年6月第六屆全國人民代表大會第一次會議決定，在「國務院」成立「國家安全部」，承擔原公安機關主管的對外情報、間諜案件的

偵查工作，從司法機關組織的體制上，加強社會主義法制的建設㊹。除健全司法機關外，中共於1980年9月成立最高人民檢察院特別檢察廳和最高人民法院特別法庭，對林彪、江青反革命集團加以審判㊺，並積極推行律師、公證、仲裁和調解制度，注重審判制度、偵查和檢察制度，施行至今，成為大陸地區現行司法制度之基礎。

註釋：

① 林紀東，《中華民國憲法釋論》，(台北：大中國圖書公司，民國81年10月)，頁36～37。

② 林咏榮，《中國法制史》，(台北：三民書局，民國80年9月)，頁2～3。

③ 鄭玉波，《法學緒論》，(台北：三民書局，民國84年3月)，頁189～190。

④ Derk Bodde and Clarence Morris , *Law in Imperial China* , (Cambridge, Mass.: Harvard University Press, 1973.) , 朱勇譯，《中華帝國之法律》，(江蘇：江蘇人民出版社，1995年8月)，頁119～127。

⑤ 廖與人，《中華民國現行司法制度(上)》，(台北：黎明文化事業公司，民國71年1月)，頁15～16。

⑥ 中華民國臨時約法第五十一條：「法官獨立審判，不受上級官廳之干涉」。

⑦ 中華民國臨時約法第五十條：「法官之審判，須公開之；但認有妨害秩序者，得秘密之」。

⑧ 中華民國臨時約法第五十二條：「法官在任中不得減俸或轉職，非依法律受刑罰宣告，或應免職之懲戒處分，不得解職」。

⑨ 徐矛，《中華民國政治制度史》，(上海：上海人民出版社，1992年7月)，頁132～134。

⑩ 展恆舉，《中國近代法制史》，(台北：台灣商務印書館，民國62年7月)，頁219～220。

⑪ 肖永清主編，《中國法制史教程》，(北京：法律出版社，1996年9月)，頁330～335。

⑫ 鍾兆民，《中華民國現行法院組織法》，(台北：中國文化大學出版部，民國72年4月)，頁26～27。

⑬ 黃少谷，〈建國七十年來之司法〉，民國70年10月10日司法集會講詞。

⑭ 徐矛，《中華民國政治制度史》，前揭書，頁378～379。

⑮ 台灣高等法院編，《台灣司法二十年》，(台北：宏德印刷廠，民國54年12月)，頁11～14。

⑯ 呂丁旺，《法院組織法論》，(台北：月旦出版社，民國83年10月)，頁259～

260。

⑰ 蔣次寧,〈司法改革的方向與實踐〉,載於《司法改革委員會會議實錄(上輯)》,(台北:司法院大法官書記處,民國85年5月),頁29~32。

⑱ 翁岳生,〈憲法法庭設立之經過及其意義〉,《司法周刊》,第644期,(台北:司法院,民國82年10月22日),第11版。

⑲ 司法院司法改革委員會於第十次會議中通過該會第三研究小組所擬定之「法官守則」,並經該院於84年8月22日以院台廳司一字第一六四0五號函檢送所屬各機關在案,該法官守則共八則,內容如下:

(一)法官應保持高尚品格,維護司法信譽。

(二)法官應依據憲法及法律,本於良知、超然獨立、公正篤實執行職務,不受及不為任何關說、干涉。

(三)法官處理案件,應潔己奉公,發揮耐力、毅力,懇切和藹問案,予當事人充分陳述機會,周詳調查證據,裁判書類應認真制作,務求定奪合宜、執法平允,使人信服。

(四)法官言行舉止應端正謹慎,令人敬重,日常生活應嚴守分際,知所檢點,避免不當或外觀上易被認為不當之行為,務須不損司法形象。

(五)法官不得參加任何政黨或其他政治團體之活動,並不得從事足以影響獨立審判或法官倫理、尊嚴不相容之事務或活動。

(六)法官應嚴守職務上知悉之事項,並不得探詢不應知悉之事項。

(七)法官應精研法理,溝通彼此法律見解,提高裁判品質,維護司法公信。

(八)司法應隨時汲取新知,掌握時代脈動,充實辦案智能,並應勤研法學理論及瞭解外國司法制度,促進司法進步。

⑳ 為公平考查法院法官之辦案成績,司法院於民國70年3月6日訂定「法院法官辦案成績考查實施要點」,施行迄今十餘年,其中經過五次修正,規定共二十六條,就法官辦案成績之計算方式,規定甚為詳盡。惟因各法官主觀態度及案件區域性之差別,尚無法透過法官的辦案成績而正確反應出法官的辦案品質,以達到本要點訂定之目的。是司法院於民國86年7月4日起先予取消法官考績甲等之限制,回歸考績法之規定,並訂定「司法院所屬各級法院法官86年度年終考績(成)評定參考要點」。又於86年12月16日發布廢除「法院法官辦案成績考查實施要點」,並合理放寬法官管考制度。

㉑ 馬克思、恩格斯,〈共產黨宣言〉,載於《馬克思恩格斯全集》,第四卷(北京:人民出版社,1965年10月),頁504。

㉒ 朱言明,《共產主義在中國及其變革》,(台北:黎明文化事業公司,民國85年3月),頁24~25。

㉓ 熊先覺主編,《中國司法制度》,(北京、中國政法大學出版社,1986年12月),頁41~42。

㉔ 雷金書,《中共人民法院審判制度之研究─以初審為中心》,(台北:文化大學中

國大陸研究所碩士論文，民國84年6月），頁9～10。

㉕ 劉清波，《中共司法論》，(台北：三民書局，民國63年3月)，頁263～264。

㉖ 楊和鈺，《中國法制史教程》，(北京：中國政法大學出版社，1992年12月)，頁368。

㉗ 吳磊，《中國司法制度》，(北京：中國人民大學出版社，1997年5月)，頁20～21。

㉘ 楊一凡、陳寒楓主編，《中華人民共和國法制史》，(黑龍江省：黑龍江出版社，1997年1月)，頁756。

㉙ 曾蘭淑，《論海峽兩岸的法院制度》，(台北：政治大學中山人文社會科學研究所碩士論文，民國84年6月)，頁115～116。

㉚ 楊和鈺，《中國法制史教程》，前揭書，頁374。

㉛ 所謂新民主主義政策，可參閱朱言明，〈毛澤東新民主主義之研究〉，《中國大陸研究》，(台北：政治大學國際關係研究中心，民國86年10月)，頁14～35。

㉜ 張鑫，《中國法律─解說與實務》，(香港：中文大學出版社，1994年6月)，頁297。

㉝ 所謂三反，是指在「黨」和「國家機關」的內部，展開反貪污、反浪費、反官僚主義的運動。所謂五反，是指在資本主義工商業者中，展開反行賄、反偷漏稅、反盜騙國家財產、反偷工減料、反盜取經濟情報的運動而言。

㉞ 吳磊，《中國司法制度》，前揭書，頁30。

㉟ 劉清波，〈中國大陸法制發展概觀〉，載於政大新聞所主編《透視大陸》，(台北：東大圖書公司，民國79年4月)，頁72～74。

㊱ 楊一凡、陳寒楓主編，《中華人民共和國法制史》，前揭書，頁780。

㊲ 谷春德主編，《中國法律制度》，(香港：中港法律研究股份有限公司，1988年10月)，頁12。

㊳ Victor Li , *Law without Lawyers A Comparative View of Law in China and the United States* , The Journal of Asian Studies (Vol. 39, No. 4 , 1980) , p.803, Stanford Alumni Association.

㊴ 許崇德主編，《中國憲法》，(北京：中國人民大學出版社，1994年2月)，頁100～101。

㊵ 1980年9月2日前中共最高人民法院院長江華，在第五屆全國人民代表大會第三次會議的工作報告，參見《中華人民共和國第五屆全國人民代表大會第三次會議文件》，(北京：人民出版社，1980年12月)，頁110～111。

㊶ 劉清波，《社會主義國家法制》，(台北：黎明文化事業公司，民國81年2月)，頁182。

㊷ 中共1978年憲法第四十三條第三項規定：「最高人民檢察院對全國人代會負責，並報告工作，地方各級人民檢察院對本級人代會負責，並報告工作」。

㊸ 張文政，《海峽兩岸檢察制度之比較研究》，(台北：士林地方法院檢察署研究報告，民國82年7月)，頁9～11。
㊹ 劉清波，《中國大陸司法制度》，(台北：華泰書局，民國84年4月)，頁62。
㊺ 楊一凡、陳寒楓主編，《中華人民共和國法制史》，前揭書，頁788～789。

第三章　兩岸司法制度之差異與形成背景

第一節　現階段兩岸司法制度之比較

　　台灣與大陸原屬於一個中國，兩岸人民有血濃於水的關係，惟自抗戰勝利後，國共歷經長期內戰，國民政府於民國三十八年播遷台灣，中共在大陸，另建立中華人民共和國，兩岸「分裂分治」之事實於焉形成。五十年來，由於不同意識形態所造成的信仰、價值與政經關係之差異，造成了台灣與大陸地區存在著兩種不同的社會、政治和法律制度，以致於當民國七十六年十一月二日政府宣布開放一般民眾赴大陸探親①，而中共當局亦採取部分放寬措施，從此突破對立與隔絕，帶動兩岸民間社會、文教、法學及經貿等各方面之交流，將兩岸關係推入新紀元之際，兩岸因過去數十年隔離所產生之法律衝突與矛盾，亦相繼凸顯出來②。因此，在兩岸交往日趨頻繁之今日，確實瞭解彼此之法律制度，研究和解決兩岸關係發展中的各種法律問題，已成為兩岸法學界人士共同面臨的一項急迫性時代任務。

　　盱衡世界，西方國家採三權分立，將國家權力分屬行政、立法、司法三機關，使之分別行使職權，相互約束，以保障人民自由，限制政府權力。中共是實施有中國特色的社會主義國家，自西元1949年建立「北京政府」之後，各項制度和立法，大抵以蘇聯法制為其法源，並認為西方資產階級的民主，專指政體(民主抑或專制)，而其社會主義的民主是既包括政體，又包括國體(共和國抑或君主國)，強調自己是民主政體外，絕不容許君主存在。中共的政體是民主集中制的人民代表大會制，國體是人民民主專政。話雖如此，其國家權力是由中央人民政府(指國務院，見憲法第八十五條)行使國家行政權；全國人大與人大常委會行使國家之立法權(同法第五十八條)；最高人民法院與最高人民檢察院則行使類似或相當於西方國家之司法權(同法第一百二十七條、第一百三十二條)③。其中行政權之作用，在於依法執行法規；立法權之作用，在於制定法律；司法權之作用，則在依據法規，發揮法規解釋適用於具體案件之功能。據此，所謂司法，乃就具體爭訟事件適用法令予以裁判，解決紛爭之國家作用。而司法制度，則指國家規範司法機關的性質、任務、組

織體系、訴訟程序和司法行政工作等制度的總稱,也是一種國家制度④。具體來說,司法制度之內容,包括司法組織制度和司法程序制度兩方面,前者係關於司法機關在整個國家體制中之性質、地位,司法機關之組織、編制、種類,司法機關職權以及行使職權之原則等問題之制度;後者則為司法機關依法定程序,在適用各種實體法、程序法,以處理訴訟案件或非訟事件所應遵循之某些制度,如民、刑審判制度、檢察制度和仲裁、調解、律師、監所等制度⑤。我國禮記月令篇有云:「命有司,修法制,繕囹圄,具桎梏」由是而知,自古迄今,治國者莫不以司法制度,規範社會之秩序,納萬民於軌物之中。是故司法制度為統治者安邦定國所倚重之工具,對保障人民私權,維護社會治安,確保民主法治,影響深遠。在採行權力分立之國家,將之視為對人民權利義務、違法適法裁判審酌之準則;在共產國家,雖認為司法制度是階級社會產物,性質上屬於階級社會上層建築之主要構成部分,但亦不否認其確為維護社會主義國家和廣大人民根本利益之重要制度。

以兩岸之司法制度而言,台灣地區之司法制度奠基於民國初年,仿行孟德斯鳩(Charler de Montesquieu, 1689-1755)三權分立制度,在中央設司法部,各省設高等審判廳,各府治之首縣,設地方審判廳,各縣設初級審判廳,並於各級審判廳所在分設同級檢察廳,以對於同級審判廳獨立行使其職權。國民政府成立後,依 國父遺教,實行五權分立制度,設司法院為全國最高司法機關,以大理院與總檢察廳為最高檢察機關,其下設高等、地方及初級審、檢廳,建立四級三審制度;訓政時期國民政府,制定法院組織法,將審判機關改為最高法院、高等法院及地方法院,行三級三審制;民國三十六年頒布憲法,明定司法院為全國最高司法機關,掌理民事、刑事、行政訴訟之審判及公務員之懲戒,使司法體系完整統一於最高司法機關—司法院之下,而司法獨立之精神,終獲得確切保障⑥;民國六十九年七月,將高等法院以下各級法院改隸司法院,使法院之審判與司行政,統一歸司法院指導監督;至檢察、監所系統,則仍由法務部負責掌理、監督⑦。

大陸地區其司法制度之雛型,則始於西元1931年起之「蘇區司法制度」,至1949年廢除原國民政府公布之法律,另立新制,進入發展時期;其後在十年文革期間,司法制度慘遭破壞,司法機關之職能被「群眾專政指揮部」、「革

命委員會保衛組」所取代⑧，直至1978年12月中共十一屆三中全會後，鄧小平在黨內取得領導優勢，為謀「四個現代化」實行，必須維護經濟持續發展，而急需一個有秩序的、安全的政治環境，使人民從事勞動生產，於是積極推行社會主義法制，重建司法制度，除於憲法恢復檢察制度外，陸續修訂人民法院組織法、人民檢察院組織法、律師暫行條例等，使大陸地區之司法制度逐步建立⑨，誠如十一屆三中全會公報所說：「為了保障人民民主，必須加強社會主義法制，使民主制度化、法律化，使這種制度和法律具有穩定性、連續性和極大的權威，做到有法可依，有法必依，執法必嚴，違法必究」之地步⑩。時至今日，吾人論及其司法制度時，常認其司法權有四項內容，即審判權、檢察權、偵查權和司法行政權，依中共現行憲法和法律相關規定，人民法院是國家審判機關，行使國家的審判權；人民檢察院是國家法律監督機關，行使國家的檢察權；公安機關和國家安全機關是國家的治安、保障機關，行使國家的偵查權；司法行政機關主管監獄、勞動改造、公證、律師等司法行政事宜，行使國家的司法行政權，各該司法機關分工負責，相互配合，互相制約，從而形成緊密結合的司法體系⑪。

　　由上開分析可知，兩岸在司法制度設計上，確存在許多差異，如何以宏觀之立場，客觀、整體的檢視台灣地區五權憲法體制與大陸社會主義體制下之司法體系、偵審制度，乃至於調解制度、法學教育等內容，使瞭解彼此訴訟法制之變革和特色，以提供政府作為對大陸政策之重要依據和參考，使能有效、妥適地建立兩岸交往之法律制度，運用法律手段保護台商和民眾權益；同時亦可使大陸官方或學界，明白台灣地區多年來實行民主法治，加速司法改革之成果，透過接觸溝通，化解敵意，消除隔閡，增進互信與共識，促成兩岸關係之和平發展，共同走向雙贏局面，乃為本書研究之目的所在。

第二節　兩岸司法制度之形成背景

第一項　政治制度之不同

　　海峽兩岸現階段最根本之差異，是政治制度之不同。台灣地區在建構政治制度時，採行 國父五權分立體制，為達成「人民有權，政府有能」目標，將人民參政權分為選舉、罷免、創制及複決等四權；將政府之職能，分為行政、立

法、司法、考試與監察等五權，由人民之四個參政權，直接管理政府之五個職能；但在政府設立之初，因中國地大人多，故在中央另設置國民大會代替人民行使四個政權，以管理政府；而在政府五個部門上，設立「總統」，以統領治權，居五個部門之間，發揮其調節功能⑩。

惟近年來之發展趨勢，國民大會雖名義上是政權機關，但經過四次修憲後，其職權主要為補選副總統、罷免總統、副總統，修憲和對總統提名司法院、考試院、監察院長、副院長、大法官、考試委員、監察委員之行使同意權，漸不具政權機關之實質；反之，立法院由選民選舉產生之立法委員，擁有立法權、預算權、監督權、任命權及國家其他重要事項之權能，因此學者專家常認為台灣地區之立法院比國民大會，更能扮演著西方國會的角色。

至於大陸地區實行社會主義制度，依其《憲法》第一條規定：「中華人民共和國是工人階級領導的，以工農聯盟為基礎的人民民主專政的社會主義國家。社會主義制度是中華人民共和國的根本制度，禁止任何組織或者個人破壞社會主義制度」。同時在中共標榜一切權力屬於人民之基礎下，採用人民代表大會制度，根據該制度，大陸地區由選舉產生之地方各級人民代表大會和全國人民代表大會，分別組成各級地方國家權力機關以及最高國家權力機關；人民經由人民代表大會行使國家權力。人民代表大會決定國家和地方之一切重大事務，國家和地方之行政機關、司法機關都由人民代表大會產生，向人民代表大會負責並接受其監督。易言之，全國人民代表大會是國家立法機關，它通過行使立法權修改憲法、制定民、刑事、國家機構之基本法律和其他權力，決定國家之各種制度和重大事務⑩。

第二項　經濟體制之不同

台灣地區近年來各項建設中，以經濟方面之成就最為顯著，學者常認為主要導源於政府施行民生主義之「計劃性自由經濟政策」，首先從農業發展著手，實施三七五減租、耕者有其田政策，推行各項農業改進措施，並為發展工業奠定基礎，在整個經濟體制中不僅准許私營企業，個人擁有土地所有權，且農工並重，輕、重工業循序並進；甚至全面克服資源不足與國內市場狹小的發展瓶頸，解決經濟發展過程中，屢屢發生之通貨膨脹、失業、貧富

不均、財政赤字等難題；在朝野積極努力下，國民生活水準大幅提高，已從一個傳統落後的農業經濟，發展至目前以工業、高科技為主之新興工業化國家⑭，為此，國際間常以「經濟發展之奇蹟」讚譽台灣，使成為其他開發中國家經濟發展之範例。

大陸地區在西元1949年10月，中共政權成立後，首先實施集權計劃經濟體制，採取中央高度集權，透過經濟計劃，以行政系統指令式來管理經濟。在該制度設計下，基層單位或企業機構沒有任何決策能力，完全按照上層之計劃或命令來執行經濟工作，致缺乏市場機制。其具體之作法，如沒收官僚資本，建立國營經濟，進行土地改革，策動三反及五反運動⑮，以達成生產資料公有制。從1953年起，中共開始實施五年經濟計劃，其目的在為國家工業化打下基礎，以鞏固國防、提高人民物質與生活水平，並保證國家經濟向社會主義前進，迄1995年為止，中共已實行八個五年經濟計劃。惟由於中共長期限制個體經濟和私營經濟之發展，對外貿易採取「獨立自主、自力更生」之閉關政策，加以文化大革命之十年動亂，造成中國大陸經濟成長之停滯及經濟體制下之破壞，反映在經濟形勢上，則是勞動生產率低落、企業虧損嚴重、工廠設備殘破、投資效率低落等現象，致其國民經濟在1970年代瀕臨崩潰之邊緣⑯。

中共為恢復大陸經濟和發展生產，自西元1976年底起，召開一連串農業、鐵路、工業、財貿、煤電等生產建設方面之工作會議，同時恢復和制定相關規章及政策，強調要「按照經濟規律辦事，加快實現四個現代化」。1978年12月中共十一屆三中全會，除檢討文化大革命左傾思想之錯誤外，在經濟層面上，更決定將工作之重點移到社會主義現代化建設，並強調要按經濟規律辦事，把民主集中制運用到科學管理軌道上，以加強科技發展，並積極引進國外先進技術，利用國外資金進入國際市場。1984年10月，十二屆三中全會又制定《中共中央關於經濟體制改革之決定》，明確其經濟改革要在公有制基礎上實行計劃經濟，允許對於部分產品之生產和流通不作計劃，由市場來調節，以實踐計劃經濟為主，市場調解為輔之原則。1992年10月，中共召開十四大，決定其經濟體制改革之目標是建立「社會主義市場經濟」體制，亦即在堅持社會主義公有制基本原則下，用資本主義之市場經濟來取代計劃經濟，借鑑資

本主義之管理方式，用以整頓企業，提昇國營企業之經濟效率[⑰]。目前為調整經濟結構，加強經濟效益，拉近經濟水平之差異，中共計劃繼續推進市場取向之改革，如開放三資、個體企業與私營經濟，將國營企業變成自主營業、自負盈虧之獨立商品生產者；建立競爭性市場體系，包括商品市場、資金、勞動、外匯市場；減少國家主控之程度，形成國家調控市場，市場引導企業之宏觀調解體系，此外要求發揮地區優勢、改變地區工業結構趨同化狀況、積極進行城市及農村改革、恢復私有財產制等，與台灣地區之民生主義經濟政策，在法理與實踐上確有許多不謀而合之處。

第三項　社會結構之不同

從社會結構來看，台灣目前已成為一個以工商經濟為主體之現代化國家，雖在經濟發展過程中，亦形成(一)農民階級，約占總人口20%，在工業發展中，其人口比例逐年萎縮。(二)工人階級。(三)中產階級：包括中小企業主管、負責人、科技人才、學者、專家、公務員、地方士紳、民意代表等，在社會上占有舉足輕重之力量，人口正逐漸增加中。(四)大資產階級：指企業、財團、私營銀行負責人，人數雖不多，但因其擁有鉅額資本或多筆土地，因而常影響台灣之經濟決策，甚且掌握許多政策資源。

大陸地區歷年來通說，把社會成員主要區分為工人階級，農民階級、知識分子等基本階級。其中工人階級是人民民主專政的領導力量，依其憲法學者王向明、許崇德等人之看法，認為「工人階級對國家的領導，是人民民主專政的首要標誌，也是人民民主專政實質上即無產階級專政的主要依據；只有工人階級的領導，才能體現無產階級專政的國家本質，才能保證社會主義；沒有工人階級的領導，不可能有社會主義」[⑱]。除工人階級外，中共亦極為重視工農聯盟，如毛澤東在《論人民民主專政》中一再指出人民民主專政的基礎是工人階級、農民階級和城市小資產階級的聯盟，而主要是工人和農民的聯盟，因為這二個階級占了中國人口的80%~90%。從西元1979年後中共將工作重點轉移至社會主義現代化建設方面，並開始進行經濟體制改革，農村面貌迅速改變，現行工農聯盟已進入為實現黨在社會主義初級階段的基本路線，把建設國家現代化、文明化作為新的努力方向。

　　至於知識分子，依其憲法序言所謂：「社會主義的建設事業，必須依靠工人、農民和知識分子，團結一切可以團結的力量」，在中國共產黨十二大報告中亦曾指出：「我們努力落實黨的知識分子政策，使全黨和全社會認識知識分子同工人、農民一樣，是我們建設社會主義的依靠力量，並且決心盡可能創造條件，使廣大知識分子能夠心情舒暢，精神振奮地為人民貢獻力量」。惟事實上，在50年代後期，在左傾思想指導下，大陸知識分子受到嚴重干擾，特別在十年文化大革命期間，四人幫推行愚民政策，把知識分子打入資產階級，列為迫害之對象。俟西元1978年12月中共十一屆三中全會後，體認到強大的知識分子隊伍，是社會主義建設不可或缺之力量後，始加緊落實知識分子政策，肯定知識分子與工人、農民相同，均為社會主義事業之主要支柱[19]。

　　就兩岸社會階級結構觀察，大陸之經濟發展水平仍然不高，農民階級占人口之絕大多數，約有五成以上；台灣的農村人口則不到二成，在高度工商發展中，正逐漸減少中。對於工人階級方面，大陸是工人階級領導，以工農聯盟為基礎的人民民主專政國家，因此工人階級、農民階級是國家政治生活中之基本力量，尤其工人階級更是國家的領導來源。在台灣地區，工人、農民階級尚非經濟強者，只能透過組織、選票對政治施予一定之影響力，其效果相當有限。另中產階級方面，台灣地區業已形成，且在政、經舞台上相當活躍，對台灣政權本土化、政策多元化，甚至司法革新之推動，均起著重要作用；至大陸地區其中產階級雖尚未形成，惟許多學者均看好未來勢必形成以知識分子為主的中產階級，該中產階級將包括管理階層、企業家階層、各種專業技術人員，個體工商業者、中小企業主、律師和工人文化素質較高之智力工人；同時也將出現由私營企業主群體轉化而成的資產階級，屆時可能形成工人階級、農民階級、中產階級以及有限制的資本家階級等各種社會集團互相依賴、互相制衡的社會結構[20]。上開社會結構的改變，以及知識分子尤其大量律師、法官、學者專家之投入司法工作，相信對其司法運作亦將造成相當重大之衝擊。

第四項 法律文化之不同

台灣自古就是中國領土的一部分，台灣人民在語言、文字、民族性格、民族傳統、民族風情等民族文化上，大都與大陸保持相似性，但自西元1949年兩岸分裂分治，各自發展其政經情況下，使得雙方在文化方面有了較明顯的差異。以政治文化而言，大陸學者陳孔立認為「當前大陸的文化基本上由中國傳統文化、近代西方文化和社會主義文化三個部分構成，在政治文化方面也是如此；即以中國特色的社會主義政治文化為主導，但傳統的、近代西方的政治文化仍然存在並發生一定影響」，對於台灣文化，則認為「基本上由中國傳統文化、日本文化和西方文化三部分構成；在政治文化方面，明顯的以西方政治文化為主導，屬於資本主義政治文化範疇」[20]，其立論雖因片面從大陸立場考量，而非十分週延，但不難看出學者亟圖就兩岸現存政治文化之差異原因，由文化之本質及其主導力量加以探究之用心。惟依作者之看法，兩岸在政治文化方面之差異，與台灣奉行三民主義，大陸實踐社會主義有著本質上之關係；其次，在政治態度方面，大陸人民普遍擁護社會主義、維護國家的統一和團結；但在台灣地區多數人固贊同國家政治體制朝民主政治體制前進，但因言論自由，以致於島內存在許多不同之聲音，尤其在修正刑法一百條後，少數主張支持共產主義，強調台灣獨立、倡議獨立建國運動之政治態度，只要言論不過於偏激，亦獲得當局之尊重而未予取締。

在法律文化上，大陸地區因歷經法治停滯時期，及文革十年之空窗期，以致於法制建設相當薄弱；與台灣地區法律體系較為完備，注重法律之規範作用，人民法律涵養較高等，究不能同日而語。對於權利意識，大陸地區在社會主義公有制下，許多人不知道法律所賦予之權利，人民欠缺權利主體意識，往往依附於單位，或習慣於服從權威，而不去考慮其是否合法，當權利受侵害時，因法律知識不足，常無法妥適維護自己之利益[22]。反觀台灣地區，採行民生主義市場經濟體制，准許土地私有，人民得保有其私有財產，故長期以來，已經樹立了相對應之權利意識，人民普遍瞭解權利、義務之內涵，及義務之違反需受責任之制裁；在權利受害時，更能以民、刑事訴訟程序，或行政訴訟出面維護其權利，益見兩岸在文化本質之差異，對於司法制度之

形成，確有相當程度之影響，值得吾人重視。

第五項　理論基礎之不同

司法制度，從廣義方面觀察，雖包括司法機關之組織、職權行使之原則以及訴訟制度，但各國司法組織之構成，與訴訟制度之確立，恆根源其指導思想，司法制度之指導思想，就是司法制度之理論基礎，是以，司法制度是法律思想的結晶，而法律思想則是構成司法制度之依據。又因司法制度是一個複雜、不斷發展之構成物，當時代變動，思想變遷，便促使司法制度之成長和改變，所以不同的時代，不同的國家，有不同的思想，所援用之司法制度亦不相同；各國之司法政策，祇不過是遵循其法律思想，自司法機關和訴訟程序，將國家之施政方針具體實現而已，茲就兩岸司法制度之理論基礎，說明如後。

第一款　台灣地區司法制度之理論基礎

一、五權憲法之理論

中華民國《憲法》前言：「國民大會，受全體國民之託付，依據孫中山先生創立中華民國之遺教，為鞏固國權，保障民權，奠定社會安寧，增進人民福利，制定本憲法，頒行全國，永矢咸遵」，故知我憲法所規範之司法制度，是以　國父孫中山先生思想為理論基礎。在　國父遺教中，三民主義博大精深，為革命建國之最高指導原則，而五權憲法則為建國之基本大法及實行三民主義之工具，故　國父時常以「三民主義」與「五權憲法」並稱，如在演講或發表宣言時曾謂：「余之革命主義內容賅括言之，三民主義、五權憲法是已」[22]、「國民政府本革命之三民主義、五權憲法以建設中華民國」[24]、「乃以三民主義為立國之本源，五權憲法為制度之綱領」[25]、「若實行三民主義，五權憲法，可使世世利食無窮，人人飲食居處均極豐贍，無貧困轉徙之慮」[26]。由上所述，三民主義雖為　國父思想之核心，而五權憲法尤為因襲我國固有思想，規撫歐美學說事蹟，參酌中國現代之國情與需要而構成之政治理論與制度，係　國父思想之精華，亦為現行司法權之基本理論與實踐方針。

五權憲法理論之具體化，便是實現　國父五權分立之中央政府制度，以國民大會為政權機關，由每縣推選一人為代表，參加此一政權機構，行使政

權；至於五院中之司法院，係基於五權分立與權能區分的設計，為政府的治權之一。廣義司法權的內容，主要是審判權、檢察權、司法行政權，外加解釋權和懲戒權，比傳統三權分立下之司法權範圍較廣。審判權為司法權的基本內容，國父在五權憲法演講中說「司法人員就是裁判官」，即係就狹義司法權觀點而言，又如《建國大綱》第十九條規定，司法院為實行司法權之機關，殆無疑異；而民國二十五年五月五日之《五五憲草》第七十六條規定：「司法院為中央政府行使司法權之最高機關，掌理民事、刑事、行政訴訟之審判及司法行政」，使司法院之職權，包括審判及一切司法行政業務在內，確符合司法制度之完整統一要求。惟在現行《憲法》第七十七條則規定：「司法院為國家最高司法機關，掌理民事、刑事、行政訴訟之審判及公務員之懲戒」，未將司法行政列入司法院之職權內，以致民國六十九年七月一日審檢分隸前，將審理民事、刑事訴訟的高等及地方法院兩級，隸屬於行政院管轄，即與 國父五權分立之遺教不盡相符。幸經司法院大法官會議釋字第八十六號解釋後，終將高等法院以下各級法院改隸司法院，至此各級法院之審判及行政監督合而為一，成為獨立完整之司法權[27]。

二、權力分立之思想

現行司法制度，有別於古代中國行政、立法、司法三者集中於君權的意識形態，從清末司法改革以來，除 國父五權憲法理論外，更深受西方國家權力分立思想之影響。權力分立之發展，自古希臘以來，始終環繞在立法權與執行權分野上，縱其間偶有論及司法權，仍祇不過是附屬於執行權中之一部分而已。即使在孟德斯鳩時代，雖提倡三權分立，但司法的地位，仍僅限於「無意志之法律傳言人」，在其所倡導權力制衡下，僅指行政權和立法權間之制衡而已，司法權在制衡過程中，並不存在。然而隨著二次大戰以後，行政訴訟與憲法訴訟之發達，司法權不再是一個在權力制衡中缺席的國家權力，尤其政黨政治形成後，立法與行政權常沆瀣一氣，對於人民個別權利之保障，司法在面對行政權與立法權，除貫徹司法權獨立外，尤扮演了其比往昔更為重要之制衡角色[28]。

權力分立之內涵，通常包括權力之區別、權力機關之設置、權限之分配與權力之制衡四者，其中權限分配與權力制衡，更是權力分立之理論核心。

對於權限分配而言，本書認為應「符合權力功能性之組織結構」原則，即依其內部結構、機關人員、工作方式及應遵循之程序，將權力分配予最可能為正確決定之機關，使其達成國家所負託之任務；而權力制衡，則是藉由權力機關(被分配而有權力作成決定之機關)以外之其他不同機關，賦予監督或協力之權力，以期控制及監督該權力，進而防止濫權，保障人民之權益㉙。

　　以司法權為例，依現行《憲法》第七十七條及第七十八條規定，司法院掌理「民事、刑事、行政訴訟之審判及公務員之懲戒」、及「解釋憲法並有統一解釋法律及命令之權」，故就形式上觀察，對於具體案件之審判權、懲戒權及解釋權乃憲法分配予司法之權限，以使司法機關能履行維護憲政體制、安定法律秩序、解決當事人爭議、保障人民權益、促進法治發展等目標。至於司法權之限制，最明顯的乃為立法權，蓋依《憲法》第八十條規定，法官依據法律獨立審判，不受干涉。所以法院應以立法院所通過之法律作為審判之依據，各種法律為司法權行使之界限，法官不得違背法律而為審判，甚至在裁判確定後，立法機關得依《憲法》第四十條，議決大赦案以補司法功能不足，由此，立法權即為司法權之限制權力。除立法權外，在現行體制下，監察院對司法院所屬人員之違法失職，得提出糾舉案、彈劾案，司法院法官及所屬公務員之考用、銓敘應經考試院發揮其考試權與人事銓衡權，以配合匡正，凡此均為限制司法權行使之權力。應注意者，當立法權作為司法權之限制權力時，就權力分立之觀點，其行使不得侵犯「司法審判」及「為法的最後確定」權限，若立法者立法由他機關代為審判，或授權行政機關有法的最後決定權力，即違反權力分立原則，任何代替司法排除其合法性審查權，都有違憲之可能，立法機關均不得為之。

三、民主憲政之精神

　　從司法制度之沿革來看，台灣地區現行之司法制度，主要溯源自清朝時期的改革變法，由過去行政機關兼理司法，到有獨立的司法組織和各項訴訟制度；從儒家和法家之人治、禮治觀念，到以法治為施政之準則，其最主要的改變，乃是吸收許多外國民主憲政精神所致。

　　考西方民主國家，在制定憲法或設置司法機關，訂立相關訴訟或非訟程序條文時，無可避免的隱含著某些立國精神和原則，例如法國大革命後，於

西元1791年制定歐洲大陸第一部成文憲法,便將1789年8月26日發布之「人權與公民權宣言」,簡稱「人權宣告」,之精義列為憲法前言,揭示:「國民大會願基於已宣布之人權宣言制定本憲法,徹底廢除損害自由、平等之政治制度」,嗣後法國第四共和憲法、第五共和憲法都揭示尊重人權宣言之精神。在西德憲法上之基本原則為代議共和、政黨民主、法治國、社會國及聯邦國等五項;奧國學者Siehe H. Schaeffer綜合學說上之見解及憲法法院之判決,認為該國現行憲法之綱領或原則有民主主義、聯邦國主義、共和主義、法治國主義、議會主義、自由主義(即承認人民基本自由及權利存在)、公法裁判權存在(指憲法所保障之權利受侵害時,經由憲法法院的裁判獲得保障之設計)⑳;美國法治基於實用之精神,較少像歐陸國家以主義相標榜,但其聯邦憲法之制憲精神,至少亦包括下列幾項:法律在人人之上(The Law is Above Men)、政府的制衡(Government of Checks and Balances)、聯邦分權(Federal System Division of Powers)以及代表而非代理(Representatives but not Agents)等原則㉛,這些綱領或原則都是在實現制憲之最終目的。日本學者對於戰後新憲法與明治憲法在基本原則之區別,亦強調新憲法包含國民主權主義、基本人權尊重、永久和平主義,此與明治憲法之天皇專主原則、民主及自由主義原則,顯然並不相同㉜。

我國憲法固以五權憲法為架構,但在內容上仍參酌歐美代議民主政治之憲政原則,如《憲法》第一條規定「中華民國基於三民主義為民有民治民享之民主共和國」,即採納「民主主義」,由人民治理政府(Government by the People)原則;第二條明定「中華民國之主權屬於國民全體」,此為「主權在民」、「直接民權」原則之體現;憲法增修條文第五條,要求司法院院長、副院長、大法官由總統提名,經國民大會同意,則為「多數決原則」之落實,此外憲法尚有平等原則、法治主義、經濟的干涉主義等原則規定。

在憲政制度採行上開原則之作用下,司法制度之建立,亦深受該民主憲政精神之影響,如注重人民在法律上之平等,尊重個人之自由及其權利,規定人民爭議之解決,司法有最後決定之權限,以及法律優越、法律保留原則、審判獨立原則、一事不再理原則、不得拒絕審判原則、罪刑法定主義、強制辯護主義等,均已成為司法制度應遵循之基本法則。

四、保障人權之理念

　　人權保障之理念，在國際上是一個重要思潮，早在西元1215年英國〈大憲章〉(Grande Charter)時代，即規定人民申請調查人命或傷害案件時，政府不得拒絕；任何人民非經本國法院或當地貴族合法審判者外，不得加以逮捕、監禁、沒收其財產、加以傷害或將其放逐，由此可見其對人民之生命、身體及財產等基本人權之保障。1628年〈權利請願書〉(The Petition of Rights)，關於釋放或審判被拘禁者之規定，依據國王所發的人身保護狀，法院應依法予以審判，更重視司法保護㉝。在美國《州憲法》及《聯邦憲法》，對於人民生命、財產、身體等自由權利之規定，尤為週詳，如賦予刑事被告有獲悉其被控罪名和理由的權利(憲法第六條修正案)；不得強迫犯罪者自認其罪，人民非經大陪審團提起公訴，不受犯罪審判(憲法第三條第二項第三款)；審判程序必須公正，刑事被告有權要求由罪案發生地之法院，予以迅速及公開審判；准予被告和原告、證人對質，及有要求法庭強制對被告有利之證人出庭作證權利；被告有權獲得律師辯護協助；且一罪不二罰(憲法第五條修正案)㉞。時至今日，從國際組織之人權宣言，到區域性人權組織的成立，使人權保障理念，已成為二十世紀後期憲法追求之方向，我國《憲法》亦深受此理念影響，而於第七條至第二十四條，以直接保障主義，對於個人基本權利加以保護；同時為維持憲法之實效性及優越性，而另設專門之司法機關，依據客觀的法律條文，依法裁判，使人民自由與權利不受政治權力之咨意破壞。

　　關於人權保障在司法制度實際運作之情況，本書茲列舉平等權來說明。按一切基本人權皆以平等為基礎，現行《憲法》第七條要求人民無分男女、宗教、種族、階級、黨派、在法律上應享有平等權，以打破階級專政、職業世襲及「刑不上大夫」等觀念。基此，司法為貫徹保障平等權、訴訟權，使人民均有平等接近、使用法院，以請求司法救濟之機會，對於已經提起訴訟於法院主張正當權利之民事案件，應儘可能使起訴者有補正程序上瑕疵，以獲得本案實體裁判之機會，不應動輒以欠缺訴訟要件加以駁回；在刑事案件，應強調當事人對等主義，使被告有辯護人為其辯護；至對於尚未提起訴訟之人，應給予必要支援，如健全法律扶助、訴訟救助、法律諮詢等服務，以協助不諳法律或資力較弱人民，亦有主張權利，請求司法救濟之機會。

　　其次在人身自由權方面，我國《憲法》第八條規定：「人民身體之自由，

應予保障，除現行犯之逮捕由法律另定外，非經司法或警察機關依法定程序，不得逮捕拘禁。非由法院依法定程序，不得審問處罰。非依法定程序之逮捕、拘禁、審問、處罰，得拒絕之。人民因犯罪嫌疑被逮捕拘禁時，其逮捕拘禁機關，應將逮捕拘禁原因，以書面告知本人及本人指定之親友，並至遲於二十四小時內移送該管法院審問。本人或他人亦得聲稱該管法院於二十四小時內向逮捕之機關提審。法院對於前項聲請，不得拒絕，並不得先令逮捕拘禁之機關查覆。逮捕拘禁之機關，對於法院之提審，不得拒絕或遲延。人民遭受任何機關非法逮捕或拘禁時，其本人或他人得向法院聲請追究，法院不得拒絕，並應於二十四小時內，向逮捕拘禁之機關追究，依法處理」。以上是我國憲法對「人身自由」之直接保障，另外尚靠刑事訴訟法、提審法、以及冤獄賠償法之配合，除規定逮捕、拘禁、審問、處罰之法定程序外，兼及提審制度，以及非法逮捕、拘禁之法律責任。在罪刑法定主義下，完全採「司法一元主義」；即除「法院」外，其他任何機關，不得非法對人民濫施逮捕、拘禁、審問、處罰；且如警察機關(包括憲兵隊、調查局站等)之逮捕、拘禁、查問，亦應於二十四小時以內移送法院，逾時即屬違法[38]。所以過去違警罰法之罰役、拘留及矯正處分，係由警察機關逕行裁決顯與憲法第八條抵觸，已由大法官會議作成釋字第一六六號解釋，改由代替違警罰法之社會秩序維護法規範，對於拘留與勒令歇業一律由法院之簡易法庭裁處，以體現司法制度之精神。

　　此外，基於人權保障之理念，《憲法》第十六條賦予人民有訴訟之權利，即為司法上之受益權。依現行法制，訴訟權可分為民、刑訴訟及行政訴訟，民事訴訟以保護私權為主，於當事人間私法上權利有紛爭時，得請求司法機關加以裁判；刑事訴訟以實行國家刑罰權為目的，由法院確認事實，根據犯罪被害人或檢察官之請求，使刑罰法規具體化之程序；行政訴訟則係行政人員執行職務，違法侵害人民權益時，被害人得提起行政訴訟並向國家請求賠償之程序。無論何種訴訟，法院均應把握公正、客觀、迅速之要求，所謂：「遲來之正義，為正義之否定」(Justice delay, justice deny)其意在此。至於在民、刑事審判程序或偵查程序進行中，應制定一套保障人權之訴訟體系，審判過程應公開，裁判後並有審級及訴訟救濟制度，使人民能確實獲得訴訟權之保

障。所以本書認為一切司法改革，無不基於人權保障理念而來，以尊重人性尊嚴，肯定國民法律主體性，以建立溫暖而富有人性之司法制度為目標。

第二款　大陸地區司法制度之指導思想

一、馬、列、毛澤東思想

中國大陸人民司法工作的指導思想，就是司法制度的理論基礎，它是統治階級的意志和利益在司法上集中體現，早在西元1954年9月15日，毛澤東於第一屆全國人民代表大會第一次會議，即公開宣稱：「領導我們事業的核心力量是中國共產黨，指導我們思想的理論基礎是馬克思、列寧主義」[38]。觀察大陸《憲法》前言，及《刑法》、舊《刑事訴訟法》第一條，都明定「以馬克思列寧主義、毛澤東思想為指針」。可見馬克思、列寧主義、毛澤東思想，不僅係中共國家和黨的指導思想，也是人民司法制度的理論基礎。許多大陸學者常認為馬克思法學之貢獻，在於提出諸如「市民社會決定國家」、「法的關係根源於物質的生活關係」、「階級鬥爭」、「資本集積論」、「剩餘價值說」、「經濟基礎決定上層建築」和「唯物史觀」、「唯物辯証法」等理論[37]；他將社會結構分為上層建築和下層基礎，法律為上層建築的組成部分，係在一定歷史條件下所產生，發生於階段矛盾不可調和的時候，如果階級消滅，作為階級鬥爭工具的法律，也將隨著剝削的階級而消滅，所以依馬克思的法律觀點，隨著共產社會的到來，法律應隨國家而消亡。但西元1917年10月蘇維埃政府成立，列寧當選為人民委員會議主席後，發現法律不能自社會主義國家中消失，而必須成為社會主義過渡到共產主義社會的基本制度，乃將馬克思對國家工具論的分析延伸到法律，使法律成為無產階級國家行使獨裁統治和實現共產主義的工具。在中共政權成立後，全面移植社會主義，奉馬克思、列寧理論為圭臬，其中影響中共司法制度最深者，主要有法律為階級工具理論、人民民主專政理論、歷史唯物理論、階級鬥爭理論、法律消亡理論等，分述如後。

二、法律爲階級工具理論

馬克思主義的法學理論，以階級性為法律觀之中心思想，認為法是上升為國家意志的統治階級的意志，經過國家制定和認可，用強制力量保證執行，體現統治階級意志的行為規範。準此以觀，法律實際上就是代表統治階

級的意志和利益，被用來維持對統治階級完全有利的社會、政治、經濟等方面秩序，如同列寧所說的「法律就是取得勝利，掌握國家政權的階級的意志表現」⑱。至於與司法相關之法制，是伴隨著國家的產生而出現，用為實現社會主義國家意志的重要手段，充分顯示司法是階級社會的一種現象，馬克思認為一國的司法制度，是為保護該國統治者的利益而設，而所謂的國家，則是「一個階級用以壓迫另一個階級的有組織的暴力」⑲；毛澤東也附和著說：「軍隊、警察、法庭等國家機器，是階級壓迫階級的工具，對於敵對的階級，它是壓迫的工具，它是暴力，並不是什麼仁慈的東西」⑳，中共前法制局副局長杜佩珊在其遺作〈談談我國的法制工作〉中，曾表示：「大家知道，法律是經濟基礎的上層建築，是統治階級掌握政權管理國家的一種重要工具」㉑，可見法律乃中共等社會主義國家階級專政之工具，也是無產階級用以壓迫資產階級之工具。

為貫徹法律為階級工具理論，中共於西元1949年在《中國人民政治協商會議共同綱領》第一條規定：「中華人民共和國為…人民民主專政」；1954年《憲法》第十九條規定：「保衛人民民主制度，鎮壓反革命活動，懲辦反革命分子」；1970年《憲法修正草案》序言：「中華人民共和國成立，開闢中國社會主義革命和無產階級專政的新時代。….我們必須堅持無產階級專政，堅持無產階級專政下的繼續革命。」；1978年《憲法》序言：「全國人民在新時期的總任務是：堅持無產階級專政下的繼續革命，開展階級鬥爭」，同法第一條規定：「以工農聯盟為基礎的無產階級專政的社會主義國家」；1982年《憲法》第一條規定：「中華人民共和國是工人階級領導的，以工農聯盟為基礎的人民民主專政的社會主義國家」，同條後段亦明定：「禁止任何組織或者個人破壞社會主義制度。」司法機關則是實行階級專政的工具，現行《人民法院組織法》第三條第一款規定：「人民法院的任務是審判刑事案件和民事案件，並在通過審判活動，懲辦一切犯罪分子，解決民事糾紛，以保衛無產階級制度，維護社會主義法制和社會秩序….，以保障國家的社會主義革命和社會主義建設事業順利進行」。

三、人民民主專政理論

中共人民民主專政理論係由無產階級專政理論而來，馬克思(Karl Marx,

1818~1883)和恩格斯(Friedrich Engels, 1820~1895)在《共產黨宣言》曾說過：「無產階級在反資產階級的鬥爭中，一定要團結成為階級，藉實現革命來把自己變成為統治階級」，又說「無產階級將利用自己的政治統治，一步一步地奪取資產階級的全部資本，把一切生產工具集中在國家，即組織成為統治階級的無產階級手裡，並儘可能迅速地增加生產力總量」[42]，故無產階級的革命專政時期，即馬克思所架構在資本主義社會與共產主義社會間之政治過渡時期。嗣後列寧認為：「無產階級的革命專政是由無產階級對資產階級採用暴力手段來獲得和維持的政權，是不受任何法律約束的政權」[43]。根據上述意義解釋，所謂「無產階級專政」，就是無產階級得到政權，自己變為統治階級之後，轉而對其他階級所實施的鎮壓與統治。

以毛澤東為首的中國共產黨員，把馬克思主義與中國革命實踐相結合，提出人民民主專政的理論。原本在西方法治觀念裡，專政與民主似是兩個對立的概念，但是在中國大陸，人民民主與專政則被視為是一體的兩面，專政是針對資產階級講的，雖然所謂人民民主革命成功之後，大陸社會內部不應再有所謂的資產階級存在，但許多學者則強調只要國際資產階級存在，它便會用盡一切海內外力量，扶植反動團體進行資產階級自由化，從而創造出人民內部的敵我矛盾。更具體的來說，如同毛澤東所說的「對人民內部的民主方面和對反動派的專政方面，互相結合起來，就是人民民主專政」[44]，所以人民民主專政是無產階級專政的一種形式，其中民主是專政的基礎，專政是民主的保證，只有加強對敵人的專政，才能有效地保護人民的民主權利；也只有充分保護人民的民主權利，才能有效地對敵人實行專政。人民司法制度是保護人民民主權利的利器，也是對敵人實行專政的工具，二者是統一而不可分割的整體，故中共要求其人民司法制度必須為鞏固人民民主專政和國家的長治久安服務。

四、歷史唯物理論

歷史唯物理論，乃共產主義法制意識形態之核心，其唯物史觀是以物質為基礎，來解釋社會發展與進步的歷史定律。馬克思認為「推動歷史向前邁進的動力，是潛存在人群社會中的經濟勢力，因此每個時代的政治史、思想史，都是以該時期經濟生產與社會結構為基礎所發展出來的，歷史便是社會

結構的變遷史」⑱。在某一特定的歷史階段中，社會的下層基礎與相屬的上層
建築的總和，便構成該時期經濟社會結構，也就是說社會結構是由下層基礎
和上層建築所組成的。

　　凡一切關於基礎建設上之事務，統稱為上層建築，上層建築分為兩大部
分，其一為國家及其所屬機關，如法院、公安機關、監獄、學校等為屬於社
會政治之上層建築，其二為宗教、文化、文藝、倫理、科學等，為屬於意識
形態之上層建築；意識形態之上層建築，係被社會政治之上層建築所決定。
至下層基礎(又名經濟基礎)是指生產方式而言，包括生產力和生產關係，生產
力就狹義觀點而言，是指勞動力，為勞動者生產過程中發揮生產工具與技術
設備之效率，以推動技術革新；生產關係則是致力於生產勞動的人群關係，
包括生產者與雇傭者間之關係，生產力與生產關係，兩者間相互制約，並決
定上層建築；當生產關係與生產力互相適應時，生產力便不斷推進；如果生
產關係不能適應生產力時，生產力便停滯不前，並進而發生新的生產關係，
下層基礎一旦發生變化，上層建築亦將隨之改變，於是整個社會發生變遷現
象。所以，馬克思、恩格斯把人類歷史進程劃分為原始共產社會、奴隸社
會、封建社會、資本主義社會、社會主義社會、共產主義社會六個不同的歷
史階段，如前所述，社會的下層基礎支配上層建築，故這六個社會的演進，
皆根源於人類物質生活的改變，作為社會上層建築的法律自亦受其牽制。

　　從歷史唯物理論觀點來看，法律既是階級社會的上層建築，則由一定經
濟基礎所決定，因此在不同的經濟基礎上，就有不同的法律、司法制度。法
律的產生、性質和作用，都受到社會經濟關係之制約，法律始終要反映經濟
基礎的要求和特性，並積極為它服務。中共建國後，除認同司法制度為政治
之上層建築外，並承認其由經濟基礎所決定，隨著下層基礎的改變而發展，
所以司法是階級社會的產物，係隨著國家的產生而出現，是統治階級為保證
法律執行，實現國家意志的主要手段。中共在十一屆三中全會中提出「有法可
依、有法必依、執法必嚴、違法必究」目標後，已進入社會主義法制時期，在
綜合馬列主義、毛澤東思想為指導方針，以建設具有中國特色之社會法制
下，其司法實務及法學界大抵認為人民司法制度既為社會主義上層建築的重
要組成部分，它必須為保障和促進社會主義經濟基礎的鞏固和發展服務，各

司法活動由國家機關分頭進行，有的負責偵查、有的負責檢察、有的負責審判、有的負責執行，以為社會主義四個現代化建設服務；且人民司法制度應當隨著經濟體制的改革而進一步自我完善，大力推動社會生產力的發展，決不應對生產力的發展起妨礙或破壞等反作用。

五、階級鬥爭理論

依據馬克思的唯物史觀，人類歷史發展，自然導引出階級鬥爭，馬克思和恩格斯在《共產黨宣言》中曾云：「至今一切社會的歷史，都是階級鬥爭的歷史」，即「自由與奴隸，貴族與平民，地主與農奴，行會師傅與幫工，總說一句，壓迫者與被壓迫者，始終立於敵對地位，進行不斷的、有時隱蔽、有時公開的鬥爭，而每一次鬥爭的結局，都是整個社會受到革命改造或者鬥爭的各階級同歸於盡」⑯。其後毛澤東賡續馬列主義理論，將中國社會之結構劃分為(1)地主階級和買辦階級；(2)中產階級(民族資產階級)；(3)小資產階級；(4)半無產階級；(5)無產階級⑰。西元1949年中共政權甫成立，即以馬列主義所強調的「法與階級和階級鬥爭共存亡」之理論為依據，於其《憲法》明定以建立工人階級領導的無產階級專政為目標，並以階級鬥爭為取得政體之手段。

國父對共產主義階級鬥爭理論，不以為然，他批評說：「馬克思認定要有階級戰(鬥)爭，社會才有進化，階級戰爭是社會進化的原動力，這是以階級戰爭為因，社會進化為果」；「人類求生存，才是社會進化的原因。階級戰爭不是社會進化的原因，階級戰爭是社會當進化的時候，所發生的一種病症」；「馬克思……只是見到社會進化的毛病，沒有見到社會進化的原理，所以，馬克思只可以說是一個社會病理家，不能說是一個社會生理家」⑱。然則觀察馬克思之階級鬥爭論，在分析社會及研究社會結構時，有其一定之意義，但以之解釋人與人間之關係與活動，以及歷史社會的全貌時，則顯然不週，此一現象不宜全部均解釋為階級鬥爭。蓋人與人間之關係與活動的動力，以及社會之進步，互助合作應為重要因素，共產黨所倡導之階級鬥爭，事實上往往成為煽動或破壞非共產社會之工具。近年來由於中共宣稱剝削階級已經不存在，階級鬥爭已不是當前的矛盾，故1978年底，中共十一屆三中全會已宣布停止階級鬥爭，雖如此，但在法的階級觀念仍存在下，掌握國家政權之階級，運用法律作為鎮壓激烈鬥爭工具，甚至以司法機關來打擊反革命分子，來為

無產階級服務,卻仍為常見之現象。

六、法律消亡理論

馬克思、恩格斯另在前述〈共產黨宣言〉中曾謂:「假如無產階級通過革命,使自己變為統治階級的地位,用強力掃除了舊的生產關係,那麼,它在消滅這種生產關係的同時,也就消滅了階級對立的存在條件,以及階級本身的存在條件,從而消滅了它自己這個階級的統治」,「當……階級的分野消失了,公眾的權力將失去其政治的性質」[49]。西元1884年,恩格斯在〈家庭、私有制和國家的起源〉一文中亦謂:「階級將不可避免地歸於消逝,正如他們從前不可避免的產生出來一樣。階級一經消逝,國家也就會不可避免地歸於消逝」[50]。這就是共產主義所謂的「國家消亡論」。馬克思認為國家是統治階級壓迫被統治階級工具,因此,他主張要消滅階級必先廢國家。如何廢除國家呢?他說:「先由被壓迫的無產階級取得政權,然後再由無產階級專政,過渡到無階級的社會,到那時,國家便自行萎謝」[51]。

依據國家消亡論的推演,法律與國家同為上層建築的構成部分,法律也是在一定歷史條件下產生,發生於階級矛盾不可調和的時候,如果階級消滅了,作為階級鬥爭工具的法律,也將隨著剝削的階級而消滅,這也就是中共的法律消亡論。毛澤東在〈論人民民主專政〉中提到:「階級消滅了,作為階級鬥爭工具的一切東西,政黨和國家機器,將因其喪失作用,沒有需要,逐步的衰亡下去,完結自己的歷史使命,而走到更高級的人類社會」[52],因此,他認為走到未來的共產主義社會,作為社會控制的法律將會逐漸消亡,並最終消失。

但這個理論,在實證中證明是行不通的,以蘇聯情況,史達林雖然早就聲稱階級已經消滅,但實際上國家並未萎謝,各共產國家的組織與權力,反而較諸以往時代更為龐大,可見所謂國家萎謝論或法律消亡論,與事實不相符合。目前中共以辯證法強調法律到了共產社會必然會消亡,而在消亡前必然會有一段相當長的過渡時期,如同史達林所謂「法律存在於後資本主義社會(或過渡時期)」[53],所以法律乃又成為社會主義社會的本質部分,將馬克思主義對於法律消亡之理論,推延至社會主義階段完成,進入共產主義社會才能實行的理論,以今日觀點視之,實已將該理論束之高閣。

第三節　兩岸間之差異及於司法制度之影響

第一項　台灣地區司法制度之特質

　　兩岸間在政治制度、經濟體制、社會結構、法律文化乃至理論基礎上，長期存在之差異，致使雙方在法律之制定、司法組織及訴訟制度之設計上，勢必產生不同之結果。在台灣地區，認為司法制度為國家憲政體制之一環，司法權在運作上固然與行政權同為執行立法機關所通過之法律，但事實上在分權制衡原則下，司法機關之設置，已能逐漸獨立於行政權及立法權，並對立法機關及行政機關之運作予以適度之制衡。在制衡過程中，司法制度業已具備司法審判獨立性、審判機關中立性、司法程序被動性、司法運作正確性、司法決定權威性等特質；而其功能則在維護憲政體制、保障人民權益、解決當事人爭議、安定法律秩序、統一解釋法令、法治發展，俾落實法律所賦予人民之權利義務，體現公平正義之精神。

第二項　大陸地區司法制度之作用

　　西元1949年中國共產黨取得政權，即以蘇維埃社會主義共和國的法制為背景，在中國大陸建立「社會主義法制」，其司法制度係以馬克斯主義、毛澤東思想關於國家和法的理論為指導，以憲法為根據，從中國實際情況出發，保護人民，打擊敵人，懲罰犯罪，鞏固發展人民民主專政和社會主義市場經濟的工具[54]。為此，中國人民大學吳磊教授即認為，大陸地區之司法，是「階級社會的一種現象，是伴隨著國家的產生而出現的一種用以實現國家意志的手段」[55]。自1978年改革開放以來，中共雖不斷尋求與民主國家相同，朝向司法審判之獨立性、訴訟程序之被動性、司法運作之公正性，以及司法決定之權威性等目標邁進，但因其制度本身是在社會主義公有制基礎上，汲取經驗，逐步發展，故仍具有下列特徵與作用，值得注意：

一、司法制度是上層建築的重要組成部分

　　大陸地區採行社會主義的結果，使其司法制度，和民主國家有著本質上區別，社會主義國家認為司法制度是國家重要的法律制度，是階級社會的產物，是上層建築的重要組成部分。依馬克斯主義關於經濟基礎與上層建築的

關係理論，認為上層建築由經濟基礎所決定，為經濟基礎服務，並反作用於
經濟基礎。當司法制度和經濟基礎相適應時，它就保障和促進經濟的發展，
推動社會前進；而當司法制度和經濟基礎不相適應時，它就妨礙和破壞經濟
的發展，阻礙社會進步。司法制度對經濟基礎的反作用最為直接和明顯，要
發展新的生產關係就必須破除舊的司法制度，建立新的司法制度。而司法制
度與上層建築中其他組成部分間之關係來看，司法制度具有強制力，是國家
權力的象徵，它不但可以調整一定的社會關係，而且還可以成為上層建築其
他組成部分的後盾，具有保障作用，為此，大陸研究司法作用學者常認其司
法制度，是「保護人民，鎮壓階級敵人，依法制裁違法犯罪分子，調整社會關
係，維護社會秩序，促進社會主義物質和精神文明建設之有力武器」[69]。

二、司法制度為國體所決定，是政體的表現

　　司法制度是國家重要的法律制度，受國體、政體制約，為國體所決定，
是政體的表現。所謂國體，就是國家的性質，即社會各階級在國家中的地
位，通常在一個主權國家中，何種階級居於統治地位，掌握國家地位，何種
階級則處於被統治和壓迫的地位，都由國體來決定，不同類型國家，有不同
的國體形態，而大陸地區之司法制度，雖自我標榜係代表廣大群眾之利益，
為社會主義革命和社會主義建設事業進行服務，是無產階級專政此一國家本
質之體現[67]；惟經深入觀察，目前大陸除中國共產黨外固然尚有中國國民黨革
命委員會(簡稱民革)、中國民主同盟(簡稱民盟)、中國民主建國會(簡稱民
建)、中國民主促進會(簡稱民進)、中國農工民主黨(簡稱農工黨)、中國致公黨
(簡稱致公黨)、九三學社、台灣民主自治同盟(簡稱台盟)等八個政黨，但上開
政黨並無如民主國家之政黨，有在政治上從事平等競爭，取得執政之機會，
所以在實際運作上仍然是中國共產黨所領導的「一黨專政」。

　　其次，所謂政體，是指國家政權的組織形式，社會主義國家認為國體是
國家的階級本質，政體是國體的表現形式，沒有適當形式的政權機關，就不
能代表國家。政體與國體相適應，司法制度是政體的具體表現，不同類型的
國家有不同的政體，而同一類型的國家也可以有不同的政體。如奴隸制國家
其政體有君主專制、貴族共和制、民主共和制；資本主義國家的政體主要有
民主共和制、君主立憲制；在採行「三權分立」的政權體制，其政府制度又有

內閣制、總統制、委員制三種類型，其司法制度也有很大差異。社會主義國家由於經濟政治之發展，歷史文化傳統，民權關係差異，也有著蘇維埃制、社會主義自治民主制、人民代表大會制等不同的政體，從而社會主義司法制度亦不盡相同㊳。大陸地區目前採行人民代表大會制，由全國人民代表大會和各級人民代表大會，作為行使國家權力的機關，所有國家行政機關、審判機關、檢察機關之首長，都由人民代表大會產生，對其負責，受其監督，在此種政治體制下，司法機關為國家權力的一個不可分割組成部分，均掌握在人民手中，在此基礎上建立之整套司法制度，也都完全由人民代表大會加以決定。

三、司法制度是階級專政的主要支柱

　　司法制度之本質，是指它的階級性質，如前所述，司法制度受經濟基礎、國體和政體的制約。不同社會、不同國家、不同時期的司法制度，在其性質、內容和形式等方面是有變化的；但是，不論其如何變化，它始終是反映統治階級的意志，為鞏固統治秩序，維護統治階級的利益，實現階級專政的重要工具。我們可以說大陸司法制度組織體系的形成，是在「總結無產階級專政的經驗基礎上建立起來」。其中負責民事、刑事案件審判的機關，是人民法院。負責維持社會治安、保護國家安全、從事刑事案件的偵查和預審者，是人民公安機關和國家安全機關。負責批捕、起訴、進行監督法律的機關，是人民檢察院。負責公證、律師、調解等行政管理的機關，是各級政府中的司法行政機構。此外，還有一系列仲裁、調解組織、公證組織、律師組織以及治安保衛組織等，皆在各該有關部門分別領導下，從事其法律事務性工作。此一龐大的司法體系，即依馬克思主義的法學原理，與中共統治中國大陸五十年以來的具體經驗相結合產物，既是組成社會主義的主要部分，又是人民民主專政的重要支柱㊴。

註釋：

① 許惠祐，〈兩岸交流法制之建立〉，《中國大陸法制研究》，第六輯，（台北：司法院，民國85年6月），頁372。

② 李後政，〈涉及台灣地區與大陸地區之民事事件準據法之決定〉，《中國大陸法

制研究》，第六輯（台北：司法院，民國85年6月），頁99~100。

③ Albert P. Melone, *Judicial indepence in contemporary China*, Judicature, *The Journal of the America Judicature Society*, Vol. 81, No. 6, pp.257-261.

④ 袁紅兵、孫曉寧，《中國司法制度》，（北京：北京大學出版社，1988年12月），頁1。

⑤ 海棠小組主編，《大陸司法制度》，（台北：博遠出版有限公司，民國80年11月），頁1～4。

⑥ 蔡蔭恩，《中美司法制度之比較》，（台北：華岡書局，民國60年4月），頁21～22。

⑦ 廖與人，《中華民國現行司法制度(上)》，（台北：黎明文化事業公司，民國71年1月），頁45。

⑧ New Ministry of Justice Interviewed, *Beijing Review*, Vol. 22, No.42, Oct.19, 1979, pp. 3-4.

⑨ 朱石炎，〈大陸司法制度之研究〉，《兩岸法律論文集第一輯》，（台北：財團法人海峽交流基金會，1994年10月），頁22～27。

⑩ 藍全普編，《三十年來我國法規沿革概況》，（北京：群眾出版社，1980年），頁8。

⑪ 吳磊主編，《中國司法制度》，（北京：中國人民大學出版社，1988年7月），頁64。

⑫ 黃城，《五院相互關係之研究》，（台北：正中書局，民國76年1月），頁15～16。

⑬ 谷春德主編，《中國法律制度》，（香港：中港法律研究股份有限公司，1988年3月），頁18～19。

⑭ 林詩輝，《孫中山先生與中國現代化之研究》，（台北：正中書局，民國81年5月），頁657～659。

⑮ 所謂三反，指中共自1951年12月起，在黨和政府內部開展之「反貪污、反浪費、反官僚主義」之運動。所謂五反，為中共在1952年2月起，在大陸各城市私營工商中開展之「反行賄、反偷稅漏稅、反盜騙國家財產、反偷工減料、反盜竊國家經濟情報」之運動。

⑯ 楊開煌、魏艾，《中國大陸研究概論》，（台北：國立空中大學，民國84年6月），頁299～304。

⑰ 朱言明，《中共改革開放與民生主義》，（台北：黎明文化事業公司，民國83年7月），頁91～94。

⑱ 王向明、許崇德編，《中國憲法教程》，（北京：中國人民大學出版社，1992年2月），頁131～135。

⑲ 許崇德編，《中國憲法》，（北京：中國人民大學出版社，1994年2月），頁115～116。

⑳ 陳安主編，《海峽兩岸交往中的法律問題研究》，（北京：北京大學出版社，1997

年6月），頁10～11。

㉑ 陳孔立，〈兩岸交流中的政治文化問題〉，《台灣研究集刊》，1993年第二期，頁14～17。

㉒ 陳安主編，《海峽兩岸交往中的法律問題研究》，前揭書，頁15～16。

㉓ 孫文，〈中國革命史〉，《國父全集》，第二冊，(台北：近代中國出版社，民國78年11月24日)，頁356。

㉔ 孫文，〈國民政府建國大綱〉第一條。

㉕ 孫文，〈中國國民黨宣言〉，《國父全集》，第二冊，前揭書，頁110。

㉖ 孫文，〈關於黨務進行之訓示〉，《國父全集》，第二冊，前揭書，頁584。

㉗ 林國賢，《五權憲法與現行憲法》，(台北：文笙書局，民國75年7月)，頁141～142。

㉘ 翁岳生，〈司法權發展之趨勢〉，載於《法治國家之行政法與司法》，(台北：月旦出版有限公司，民國86年4月)，頁336～337。

㉙ 張錕盛，《從權力分立論司法對行政行為之審查密度》，(台北：中興大學法律研究所碩士論文，民國85年7月)，頁87～90。

㉚ H. Schaeffer. *Verfassungsinterpretation in Oesterrich*, Wien 1971, S.75 ，轉引自吳庚，〈論憲法之基本精神〉，載於《司法院大法官釋憲四十週年紀念論文集》，(台北：司法院秘書處，民國79年9月)，頁157。

㉛ 陳毓鈞，〈美國憲法與美國的民主〉，《華岡法科學報》，第九期，(台北：文化大學法學院，民國78年7月)，頁6～7。

㉜ 吳庚，〈論憲法之基本精神〉，前揭文，頁158。

㉝ 林東昌，《我國憲法上人身自由之保障及其界限》，(台北：台灣大學法律研究所碩士論文，民國68年6月)，頁11。

㉞ 荊知仁，《美國憲法與憲政》，(台北：三民書局，民國73年8月)，頁118～149。

㉟ 耿雲卿，〈中美憲法關於人權自由保障之比較〉，《華岡法科學報》，第三期，(台北：文化大學法學院，民國69年7月)，頁59～70。

㊱ 毛澤東，〈為建設一個偉大的社會主義國家而奮鬥〉，《毛澤東選輯》，第五卷，(北京：人民出版社，1977年4月)，頁132～133。

㊲ 蔣立山，〈馬克思的法學思想〉，《法學月刊》，1994年第七期，(北京：中國人民大學，1994年7月)，頁13～15。

㊳ 列寧，〈社會民主黨在俄國第一次革命中的土地綱領〉，《列寧全集》，第十三卷，(北京：人民出版社，1963年9月)，頁30。

㊴ 馬克思、恩格斯，〈共產黨宣言〉，《馬克思、恩格斯選集》，第一卷，(北京：人民出版社，1995年6月)，頁294。

㊵ 毛澤東，〈論人民民主專政〉，《毛澤東選集》，第四卷，(北京：人民出版社，1966年9月)，頁1413。

㊶ 杜佩珊，〈談談我國的法制工作〉，《政法研究》，1958年第一期，(北京：法律出

版社，1958年1月)，頁54～56。
㊷ 馬克思、恩格斯，〈共產黨宣言〉，前揭書，頁293。
㊸ 列寧，《列寧全集》，第三卷，(北京：人民出版社，1961年3月)，頁622。
㊹ 毛澤東，〈論人民民主專政〉，前揭文，頁1412。
㊺ 紀登斯著，簡惠美譯，《資本主義與現代社會理論：馬克思、涂爾幹、韋伯》，
    (台北：遠流出版事業公司，民國80年11月)，頁47。
㊻ 馬克思、恩格斯，〈共產黨宣言〉，前揭書，頁272。
㊼ 毛澤東，〈中國社會各階級的分析〉，《毛澤東選集》，第一卷，(北京：人民出版
    社，1966年9月)，頁3～11。
㊽ 孫文，〈民生主義〉第一講，《國父全集》，第一冊，(台北：近代中國出版社，民
    國78年11月24日)，頁135～139。
㊾ 馬克思、恩格斯，〈共產黨宣言〉，前揭書，頁294。
㊿ 恩格斯，〈家庭、私有制和國家的起源〉，《馬克思、恩格斯選集》，第四卷，(北
    京：人民出版社，1995年6月)，頁174。
○51 蔣一安等著，《國父思想教本》，(台北：文化大學出版部，民國73年9月)，頁
    355～356。
○52 毛澤東，〈論人民民主專政〉，前揭文，頁1405。
○53 盧永鴻，《中國法律觀和法制的演進》，(香港：天地圖書公司，1994年10月)，
    頁54。
○54 雷萬來，《中共司法制度之研究》，(台北：興大法學叢書編輯委員會，民國78
    年11月)，頁47～50。
○55 吳磊主編，《中國司法制度》，(北京：中國人民大學出版社，1997年5月)，第二
    版，頁1～2。
○56 熊先覺主編，《中國司法制度簡史》，(北京：人民出版社，1986年5月)，頁7～
    8。
○57 袁紅兵、孫曉寧，《中國司法制度》，(北京：北京大學出版社，1988年12月)，
    頁6～7。
○58 魯明健主編，《中國司法制度教程》，(北京：人民法院出版社，1995年4月)，頁
    10～11。
○59 吳磊，《中國司法制度》，前揭書，頁64～65。

第四章 兩岸司法機關之組織與職權

第一節 司法機關之意義

　　司法機關之定義，通常有廣狹二義，狹義的司法機關指負責審判案件之機關；廣義的司法機關，除審判機關之外，兼指負責檢察、懲戒及司法行政之機關①，本書所稱司法機關係採廣義說。司法機關之成為國家裁判是非、保障人權之專屬國家機構，還是近世的事。在古代不論是中國或西方國家，往往司法與行政不分，審判權均歸行政機關行使，尤其君權高於一切，帝王不僅是立法者，更是最高司法機關，可以任意出入人罪。即使到十八世紀中葉，孟德斯鳩在其所著「法意」(*The Spirit of Laws*, 1748)乙書中，提倡三權分立和相互制衡理念②，但他認為司法僅是案件發生後，事後解釋法律、適用法律之作用，與行政或立法是積極從事國家政務之主動作用不同，故司法權為國家權力中較弱之一環，無法制衡行政或立法機關，所以其所倡導的制衡，實際上是指行政和立法機關間之制衡，而非司法機關對其行政或立法機關之制衡，就制衡此一觀點，司法究難發揮關鍵作用。在資本主義制度興起後，經過長期憲政演變，人們慢慢發現司法比行政或立法機關值得信賴，因而把司法權延伸到行政權領域，已成為時代趨勢，影響所及，在英、美、法等國採行「三權分立」理論下，兼行「分權制衡」原則，除建立獨立體系之司法機關外，並賦予司法審查權，以與行政、立法機關相互抗衡③。

　　在台灣地區採行五權憲法體制，中央政府設行政院、立法院、司法院、考試院、監察院等五院，行使五權，其中司法院為國家最高司法機關，掌理民事、刑事、行政訴訟之審判及公務員之懲戒④。根據 國父五權憲法思想，五院雖各自獨立，相互間之關係卻非常密切，藉由分工合作，以建立萬能政府。在現行立法與司法關係上，司法院雖應受立法院所制定法律之拘束，但司法機關亦有提案及違憲審查權，以發揮制衡作用；在行政與司法關係上，行政不能藉由人事、預算以干涉司法，而司法除應尊重行政權之作用外，對於行政訴訟爭議之案件，亦有權加以審查，以維護人民權益。又就司法權力分配而言，我國為單一國家，國家司法權由中央統一行使，法官由中央政府

任命，為統一的司法體系，此種情形與歐美部分複合國採行聯邦制，除聯邦設置法院外，並將司法權交由各邦分別行使、自成系統者不同⑤，依《憲法》第一百零七條第四款規定，司法制度由中央立法並執行之，此處所指之司法制度，自包括司法機關之組織及職權。關於我國司法機關之組織、編制和職權內容，自應就憲法及司法院組織法、司法院大法官審理案件法、法院組織法、行政法院組織法、公務員懲戒委員會組織法等相關規定，加以研究。

　　大陸地區採行社會主義，在統一而不可分割之國家權力機關，即全國人民代表大會及其常務委員會監督下，實行國家機關職能分工原則，由行政機關和司法機關分別執掌行政權和司法權⑥。根據中共《憲法》第二條第一、二款及第三條規定，國家的一切權力屬於人民，人民行使國家權力的機關為全國人民代表大會和地方各級人民代表大會。全國人民代表大會和其常務委員會行使國家立法權，國家行政機關、審判機關和檢察機關都由人民代表大會選舉產生，對人民負責，受人民監督。在中央國家機關中，國務院執掌國家行政權，是最高國家行政機關；最高人民法院執掌國家審判權，是最高審判機關；最高人民檢察院執掌國家法律監督權，是最高檢察機關，國務院、最高人民法院、最高人民檢察院三機關互不統屬，具有平行之憲法地位⑦。

　　另在國務院內所設之公安部，除承擔公安行政管理任務之外，還承擔刑事案件的偵查、拘留、預審工作，是國家的偵查機關；國家安全機關，主管國家安全工作，負責偵破間諜、特務案件，在國家安全工作中依法行使偵查、拘留、預審、執行逮捕以及法律規定的其他職權，亦為國家之偵查機關⑧；另司法部，主管監獄、勞動改造、勞動教養、公證、律師管理等工作，為國家之司法行政機關⑨。根據以上說明我們可以具體認為人民法院、人民檢察院、公安機關、國家安全機關及司法部，都是大陸地區之司法機關。

第二節　台灣地區司法機關之組織與職權
第一項　司法院暨所屬機關

　　依《憲法》第七十七條規定：「司法院為最高司法機關，掌理民事、刑事、行政訴訟之審判及公務員之懲戒」，可見司法院乃國家最高司法機關。條文所謂最高司法機關，係指司法院之上，更無其他任何行使司法權之機關而

言，至於掌理行政訴訟案件之行政法院，掌理公務員懲戒事宜之公務員懲戒委員會，雖與職司民、刑審判業務之各級法院有別，但其職掌事項，仍為司法院之業務範圍，而為司法院之所屬機關⑩。

第一款　司法院之組織與職權

司法院之組織，依憲法、司法院組織法、法院組織法、司法院大法官審理案件法等相關規定，司法院設院長、副院長各一人，為全國最高司法機關之首長。置秘書長、副秘書長各一人，為司法院之正副行政幕僚首長。依中華民國《憲法增修條文》第五條第一項規定，司法院院長、副院長由總統提名後，經國民大會同意後任命。院長除綜理院務，監督所屬機關外，並為大法官會議主席、省自治法施行障礙所召開院際會議主席(憲法第一百十五條)、參與總統調解院與院間爭執之會商(憲法第四十四條)，擔任總統、副總統就職宣誓之監誓人(總統宣誓條例第四條)。至於副院長之職掌，則為院長因故不能視事時，代理其職務⑪，並可代為大法官會議之主席(司法院大法官會議法第十五條)。至於司法院院本部之行政組織，則設有秘書處、大法官書記處、民事廳、刑事廳、行政訴訟及懲戒廳、司法行政廳、資訊管理處、人事處、會計處、統計處、政風處等幕僚單位⑫，以及人事審議委員會、司法院變更判例會議、司法院法規研究委員會、司法院解釋判例編輯委員會、司法院史實紀要編輯委員會等。

在司法院之職權方面，依前述《憲法》第七十七條規定：「司法院為最高司法機關，掌理民事、刑事、行政訴訟之審判及公務員之懲戒」，第七十八條規定：「司法院解釋憲法，並有統一解釋法律及命令之權」。上述兩條文為有關司法院性質及職權之規定，台灣地區在五權憲法體制下，司法院與歐美各國最高法院或聯邦最高法院最大之不同，在於司法院雖係最高司法機關，但並非國家最高審判機關，凡司法審判業務，係由各級法院與行政法院掌理，司法院不能干涉其職權之行使。惟因各該所屬機關，既仍屬於司法院之一部分，故其獨立行使職權之內容，當亦屬於司法院職掌範圍，茲就司法院主要職權說明如下：

一、民、刑事訴訟審判權

凡確定私權關係存在與否之訴訟為民事訴訟；確認被告是否犯罪，國家

有無刑罰權之訴訟為刑事訴訟，均屬於司法權之範圍；即使因公職選舉而發生之訴訟，亦應歸由司法審判(參見憲法第一百三十二條)。

二、行政訴訟審判權

凡人民因中央或地方行政機關之違法行政處分，認為損害其權利，經依訴願法提起再訴願而不服其決定，或提起再訴願逾三個月不為決定或延長再訴願決定期間逾二個月不為決定者，得向行政法院提起行政訴訟，以審查原處分或原決定之適法與否[⑬]。關於行政訴訟之審判權，由司法院所設之高等或最高行政法院行使之。

三、公務員之懲戒權

為維持官紀，對於違法、廢弛職務或其他失職之公務員所加之懲戒與處罰。公務員懲戒制度與監察院之彈劾權相輔相成，以貫徹保障公務員之本意，同時加強公務員之警覺，俾不至因受有身分保障之故，泄沓因循，延誤公務。

四、憲法及法律命令解釋權

依《憲法》第七十八條規定，司法院有解釋憲法，和統一解釋法律及命令之權，同法第一百七十一條：「法律與憲法牴觸者無效，法律與憲法有無牴觸發生疑義時，由司法院解釋之」，可見我國司法院除了解釋憲法外，尚有統一解釋法律與命令之權，以消除同一法律與命令間之歧異，避免人民之權利，因不同之解釋，遭受侵害[⑭]。

五、提出法案權

現行《憲法》第七章並未賦予司法院如同考試院依第八十七條規定，就其所掌事項，有向立法院提出法案權；致使各項法律案，均須先送行政院審議後，再由行政院提出，滋生不便。迨七十一年五月間，司法院大法官會議作成釋字第一七五號解釋，認為「司法院為國家最高司法機關，基於五權分治，彼此相維之憲政體制，就其所掌有關司法機關之組織及司法權行使之事項，得向立法院提出法案權」，此一解釋作成後，有關民、刑事訴訟法、法院組織法、司法人員任用條例等，均由司法院次第完成修正草案後，提交立法院完成審議，修正施行[⑮]。

六、宣布省自治法違憲條文無效權

依《憲法》第一百十四條規定：「省自治法制定後，須送司法院，司法院如認為有違憲之處，應將違憲條文宣布無效」，故司法院有省自治法之司法審查權。

七、宣布政黨違憲解散權

依八十六年七月中華民國《憲法增修條文》第五條第四、五項規定，凡政黨之目的或其行為，危害中華民國之存在或自由民主之憲政秩序者為違憲，對於政黨違憲之解散事項，由司法院大法官組成憲法法庭來加以審理。

第二款　大法官會議

我國《憲法》於民國三十六年一月一日公布時，即於第七十八條規定：「司法院解釋憲法，並有統一解釋法律及命令之權」、第七十九條第二項規定：「司法院設大法官若干人，掌理本憲法第七十八條規定之事項，由總統提名，經監察院同意任命之」，由上述條文可知，我國憲法係採「大法官釋憲制度」，以大法官十七人組成大法官會議，行使解釋憲法及統一解釋法律與命令之職權。目前大法官由總統提名，改經國民大會同意後任命，任期九年⑯，其產生程序與司法院院長、副院長相同，足見大法官地位之崇高。

在大法官會議之組織方面，依《司法院組織法》第四條規定，大法官應具有下列資格之一：(一)曾任最高法院法官十年以上而成績卓著者。(二)曾任立法委員九年以上而有特殊貢獻者。(三)曾任大學法律主要科目教授十年以上而有專門著作者。(四)曾任國際法庭法官或有公法學或比較法學之權威著作者。(五)研究法學，富有政治經驗，聲譽卓著者。大法官會議之職權，依前開憲法及司法院組織法、司法院大法官審理案件法之規定，主要有解釋憲法和法律及命令之統一解釋兩項：

一、解釋憲法

依《司法院大法官審理案件法》第四條規定，各機關在適用憲法時，遇有適用憲法發生疑義之事項；關於法律或命令，有無牴觸憲法之事項；關於省自治法、縣自治法、省法規章及縣規章有無牴觸憲法之事項，而產生疑義時，均得聲請大法官會議解釋。大法官會議解釋憲法，可分為自動解釋與被動解釋，前者如《憲法》第一百十四條規定：「省自治法制定後即須送司法院，司法院認為有違憲之處，應將違憲條文宣布無效」，此為我國釋憲制度

中，唯一屬於自動解釋者[⑰]，其餘由機關、人民、法人、政黨或立法委員向司法院大法官會議聲請解釋憲法者，均屬被動解釋。依《司法院大法官審理案件法》第五條規定，有下列情形之一者，得聲請被動解釋憲法：

(一)中央或地方機關，於其行使職權，適用憲法發生疑義，或因行使職權與其他機關之職權，發生適用憲法之爭議，或適用法律與命令發生有牴觸憲法之疑義者。

(二)人民、法人或政黨於其憲法上所保障之權利，遭受不法侵害，經依法定程序提起訴訟，對於確定終局裁判所適用之法律或命令發生有牴觸憲法之疑義者。

(三)依立法委員現有總額三分之一以上之聲請，就其行使職權，適用憲法發生疑義或適用法律發生有牴觸憲法之疑義者。

(四)最高法院或行政法院就其受理之案件，對其所適用之法律或命令，確信有牴觸憲法之疑義時，得以裁定停止訴訟程序，聲請大法官解釋。

(五)各級法院法官在審理案件時，對於應適用之法律，認為有牴觸憲法疑異者，可聲請解釋憲法，以求解決。[⑱]

二、法律和命令之統一解釋

大法官會議除解釋憲法外並有權統一解釋法令，其解釋之方式均係被動解釋，依《司法院大法官審理案件法》第七條規定，有下列情形之一者，得聲請統一解釋法令：

(一)中央或地方機關，就其職權上適用法律或命令所持見解，與本機關或他機關適用同一法律或命令時所已表示之見解有異者。但該機關依法應受本機關或其他機關見解之拘束，或得變更其見解者，不在此限。

(二)人民、法人或政黨於其權利遭受不法侵害，認確定終局裁判適用法律或命令所表示之見解，與其他審判機關之確定終局裁判，適用同一法律或命令時所已表示之見解有異者。但得依法定程序聲明不服，或後裁判已變更前裁判之見解者，不在此限。

大法官解釋憲法和統一解釋法令事項，係由司法院院長為主席，以會議方式進行合議審理，經決議作成解釋文，附具理由書，連同協同意見書或不同意見書，一併由司法院公布之(司法院組織法第三條第二項，司法院大法官

審理案件法第二條、第十七條第二項)。大法官解釋憲法，應有大法官現有總額三分之二出席，及出席三分之二同意。但宣告命令牴觸憲法時，以出席人數過半數同意行之。統一解釋法律及命令，應有大法官現有總額過半數之出席，及出席人數過半數同意方可通過(司法院大法官審理案件法第十四條)。從民國三十六年行憲至民國八十八年十二月為止，大法官會議作成之解釋，計有480餘件，對於憲政之順利推行，與人民權利之保障，貢獻卓著。

第三款　憲法法庭

我國制憲之初，僅賦予司法院大法官有解釋憲法及統一解釋法律與命令之權，而於違憲政黨處分之審理，尚付闕如[19]，民國七十六年政府解除戒嚴、黨禁以來，各種政治組織與政黨有如雨後春筍般紛紛成立。因此，民國七十八年立法院修正《動員戡亂時期人民團體法》，將政治組織與政黨納入規範，除於該法第二條規定：「人民團體之組織與活動，不得違背憲法或主張共產主義，或主張分裂國土」，並於第五十二條、第五十八條規定政黨違反法令、章程或妨害公益情事者，由行政院設置政黨審議委員會予以警告或解散處分。是為我國審理政治團體違法之肇始[20]。

民國八十年十月，民進黨將「台獨條款」列入其黨綱之中，有無違反當時動員戡亂時期人民團體法第二條之規定，一時眾議分陳，群情疑慮。對此行政院乃正式成立專案小組，有意經由上述人團法之修改，將政黨處分之權限由行政院，移由司法系統審理。起初認為應移由高等法院審理，受處分之政黨若不服判決，尚得上訴最高法院。惟此項設計仍無法平息爭議，有人以高等法院之層次在行政系統上約等於省、院轄市，由其審理全國性政黨之違法性，有欠妥當等為理由，加以反對，於是由大法官負責此項任務之主張逐漸受到重視。然大法官之職權，憲法載有明文，對其權限之增減，應有憲法上之依據；同時釋憲機關不宜處理政黨之一般性違法事件，必須政黨構成違憲，應予解散時，釋憲機關始有介入之必要[21]。又政黨違憲之構成要件如何？易滋爭議，憲法應予明確規定，遂有民國八十二年五月《憲法增修條文》第十三條第二項規定：「司法院大法官，除依憲法第七十八條之規定外，並組成憲法法庭審理政黨違憲之解散事項」[22]。又政黨之解散處分，應以違憲事由為限，爰參照德國《基本法》第二十一條第二項立法例，於第十三條增訂第三

項，明定「政黨之目的或其行為，危害中華民國之存在或自由民主之憲政秩序者為違憲」[20]，上開修正案經國民大會於八十一年五月二十七日完成三讀程序後，翌日經總統公布施行，我國之憲法法庭因而誕生。

依八十六年七月二十一日第四次《憲法增修條文》第五條第四項、《司法院組織法》第三條及《司法院大法官審理案件法》第二條均明定，憲法法庭之職權為審理政黨違憲之解散事項。又《憲法增修條文》第五條第五項規定：「政黨之目的或其行為，危害中華民國之存在或自由民主之憲政秩序者為違憲」。所謂危害，解釋上應包括威脅在內，並不以發生實害為已足，凡政黨之目的或黨員之行為「有危害自由民主之憲政秩序者」或「危害中華民國存在的危險時」即為違憲。違反憲政秩序或危害國家存在，是兩種選擇性的條件，而不是併存的條件。至於政黨的宗旨以及黨員自身的行為是否違憲有無認識，則非所問。這種違憲的目的或行為必須表現在政黨黨綱、或黨章，在黨的通告、集會時之宣言，或黨員的實際行為足認為黨的方針與目的有違憲時，始得宣告解散。

政黨如依其目的或其行為，經憲法法庭審理結果，確認有危害中華民國之存在或自由民主之憲政秩序者，應即宣告違憲，此種宣告之結果，非僅在確認政黨違憲，且有使其發生解散的形成效力。故一個政黨縱使事實上有危害自由民主的憲政秩序之行為，但在未受憲法法庭宣告為違憲而應予解散以前，仍得繼續其政治活動。必俟法庭判決宣告違憲解散後，有關機關始得據以採取必要的法律手段加以禁止。依司法院新修訂之《司法院大法官審理案件法》及《司法院大法官審理案件法施行細則》等相關規定，憲法法庭審理政黨違憲解散之程序如下：

一、聲請

政黨之目的或其行為，危害中華民國之存在或自由民主之憲政秩序者，主管機關(內政部)得聲請司法院憲法法庭解散之(司法院大法官審理案件法第十九條)，提出聲請後憲法法庭應指定期間，令該政黨之負責人提出答辯。

二、審理

憲法法庭審理案件，以參與審理之資深大法官充任審判長；資同以年長者充之。憲法法庭應本於言詞辯論而為裁判，但駁回聲請而認無行言詞辯論

之必要者，不在此限。言詞辯論，如委任訴訟代理人者，其受任人以律師或法學教授為限，其人數不得超過三人，惟代理人應先經憲法法庭之許可。又憲法法庭為發見真實之必要，得囑託檢察官或調度司法警察為搜索、扣押。其搜索、扣押及調度司法警察，得準用刑事訴訟法及調度司法警察條例有關規定行之。

三、裁判

政黨之解散，事關民主法治之發展，與憲政秩序之維繫，故應極為慎重處理。依《司法院大法官審理案件法》第二條規定，政黨違憲解散案件之審理係採合議制，並應本於言詞辯論而為裁判。憲法法庭舉行言詞辯論時，須由大法官現有總額四分之三以上之出席，始得為之，未參與辯論之大法官不得參與評議。憲法法庭對於政黨違憲解散案件之評議，應經參與言詞辯論大法官三分之二以上同意決定之，評議未獲三分之二同意時，應為不予解散之判決。

四、解散

憲法法庭認為聲請有理由者，應以判決宣示被聲請解散之政黨違憲，應予解散；認為聲請無理由者，應以判決駁回其聲請。對於憲法法庭之裁判，不得聲明不服。又被宣告解散之政黨，應即停止一切活動，並不得成立目的相同之代替組織，其依政黨比例方式產生之民意代表，自判決生效時起，喪失資格。憲法法庭之判決，各關係機關應即為實現判決內容之必要處置；政黨解散後，其財產之清算，準用民法法人有關之規定辦理[24]。

五、活動停止

憲法法庭審理政黨違憲解散案件，如認該政黨之行為足以危害國家安全或社會秩序，而有必要時，於判決前得依聲請機關之請求，以裁定命被聲請政黨停止全部或一部之活動。

第四款　各級法院

司法正義，恆藉由法院的審判程序予以實現，故法院為國家行使審判權之惟一機關[25]，負責定分止爭，審判民刑和非訟等事件，茲就台灣地區法院之組織及職權，分述如下：

一、法院之組織

依我國《法院組織法》第一條、第八條、第三十一條和第四十七條規定，法院分為下列三級：

(一)地方法院：

直轄市或縣(市)各設地方法院，但得視其地理環境及案件多寡，增設地方法院分院，或合設地方法院；或將其轄區之一部劃歸其他地方法院或其分院，不受行政區劃分限制。目前台灣地區計有台北、士林、板橋、基隆、桃園、新竹、苗栗、台中、南投、彰化、雲林、嘉義、台南、高雄、屏東、台東、花蓮、宜蘭、澎湖、金門等地方法院，及高雄少年法院計二十一所。

(二)高等法院：

省、直轄市或特別區域各設高等法院，但得視其地理環境及案件多寡，增設高等法院分院；或合設高等法院，或將其轄區之一部劃歸其他高等法院或其分院，不受行政區劃分之限制。台灣地區現有高等法院一所，台中、台南、高雄、花蓮各有高等法院分院。

(三)最高法院：

設於中央政府所在地，即台北市。

二、法院之職權

依《法院組織法》第二條規定，法院審判民事、刑事及其他法律規定訴訟案件，並依法管轄非訟事件，可見我國法院的職權為：

(一)審判民事案件，解決私權紛爭：

民事訴訟者，乃為保護私法上權利，於當事人間私法上權利有紛爭時，得請求國家司法機關確定其私法上權利存在，以達維持私法秩序之程序也。易言之，凡人民相互間私權之爭執，即屬司法權範圍，當然應受該管轄法院之審判[20]，如票據借款之訴請履行、房地被占之訴請返還、經界糾紛之確認、離婚之訴訟等是。

(二)審判刑事案件，懲處犯罪被告：

刑事訴訟者，乃以實行國家刑罰權為目的，由法院確認事實，根據犯罪被害人、檢察官或自訴人之請求，參酌相關證據，懲罰被告，使刑罰法規具體化之程序也。例如對於貪污罪之公務員、竊盜罪之行為人、強姦罪之加害人判處自由刑等是。

(三)其他法律規定之訴訟案，如：

1.選舉訴訟的審理：

我國《憲法》第一百三十二條規定：「選舉應嚴禁威脅利誘，選舉訴訟由法院審判之」。基此《公職人員選舉罷免法》遂於第六章規定「選舉罷免訴訟」，其典型訴訟種類有：

(1)第一百零一條之選舉或罷免無效之訴：「選舉委員會辦理選舉、罷免違法，足以影響選舉或罷免結果，檢察官、候選人、被罷免人或罷免案提議人得自當選人名單或罷免投票結果公告之日起十五日內，以各該選舉委員會為被告，向管轄法院提起選舉或罷免無效之訴」。

(2)第一百零三條之當選無效之訴：「當選人有下列情事之一者，選舉委員會、檢察官或同一選舉區之候選人得以當選人為被告，自公告當選人名單之日起十五日內，向該管轄法院提起當選無效之訴：

A.當選票數不實，足認有影響選舉結果之虞者。

B.對於候選人、有投票權人或選務人員，以強暴、脅迫或其他非法之方法，妨害他人競選、自由行使投票權或執行職務者。

C.有第八十九條、第九十一條第一款、《刑法》第一百四十六條第一項之行為者。

D.有第九十條之一第一項之行為，足認有影響選舉結果之虞者。

(3)第一百零三條之一資格不合當選無效之訴：「當選人有第三十六條各款規定情事之一者，選舉委員會、檢察官或同一選區之候選人得以當選人為被告，於其任期或規定之日期屆滿前，向該管轄法院提起當選無效之訴」。

由上述規定可知，選舉訴訟與傳統民、刑事訴訟程序有別，現行法仍使其歸由普通法院審理並準用民事訴訟程序，值得注意。

2.交通違法事件聲明異議之審：

依《道路交通管理處罰條例》第八十七條規定：「受處分人不服第八條主管機關所為之處罰，得於接到裁決之翌日起十五日內，向管轄地方法院聲明異議」，故普通法院對於交通行政主管機關之裁決，於受處分人聲明異議後，可為異議駁回或受處分人不罰之裁定；至於因駕車肇事所發生之過失傷害、過失致死案件，本身即屬刑事案件範疇，由各地方法院交通法庭審理，自不待

言。

　　3.財稅違法處罰之強制執行：

　　對於違反財稅法律之案件，國稅局或稅捐稽徵主管機關依法作成補稅之處分後，如受處分人仍拒不繳納，可移送法院強制執行[22]。

　　(四)非訟事件之處理：

　　非訟事件者，謂國家為保護人民私法上之權益，對私權關係之創設、變更、消滅於形成中依聲請或職權，由國家司法機關為必要干預之程序也。其目的在預防日後發生爭執，以維社會安定。此與民事訴訟，旨在解決發生爭執之民事糾紛，以確定私權者不同[23]。譬如：子女收養、本票裁定、分配受委託之資產或遺產、公司解散清算、法人及夫妻財產制契約之登記、監護、繼承及財產管理等。

第五款　行政法院

　　行政訴訟應由何種機關受理有英美制與大陸制之別，英美制採取司法一元主義，將行政訴訟之審判，交由普通法院掌理，不另設行政訴訟審判機關，採此制之國家，有英、美等國。大陸制採司法二元主義，將法律分為普通法與行政法，民、刑事案件受普通法院之拘束，其以公務員資格所造成之行為，則受行政法拘束，將行政訴訟之審判，另設審判機關掌理。我台灣地區因採大陸法系，故於普通法院之外，另設行政法院，以掌理全國行政訴訟審判事務，而行政法院即隸屬於司法院。行政法院分為高等行政法院與最高行政法院，均置院長一人，綜理全院行政事務，並任法官。各級行政法院均分庭審判，各庭置庭長一人，除由院長兼任者外，餘就法官中遴兼之，監督各該庭事務。關於高等行政法院法官，依《行政法院組織法》第十七條第一項規定，應就具有下列資格之一，經遴選或甄試審查訓練合格者任用之：(一)曾任行政法院評事、最高行政法院法官或高等行政法院法官者。(二)曾任薦任或簡任司法官二年以上，或曾任薦任或簡任司法官並任薦任或薦任公務人員合計二年以上者。(三)曾任教育部審定合格之大學或獨立學院之教授、副教授，講授憲法、行政法、租稅法、商標法、專利法、土地法、公平交易法、政府採購法或其他主要行政法課程八年以上，具有薦任或簡任職任用資格者。(四)曾任中央研究院研究員、副研究員合計八年以上，有憲法、行政法之

專門著作，並具有薦任或簡任職任用資格者。(五)曾在公立或經立案之私立大學、獨立學院法律、政治、行政學系或其研究所畢業，任薦任或簡任公務人員，辦理機關之訴願或法制業務八年以上者。(六)經律師考試及格，並有執行行政訴訟律師業務經驗八年以上，具有薦任或簡任職任用資格者。

　　至於最高行政法院法官，依同法第十八條第一項規定，應就具有下列資格之一，經遴選或甄試審查訓練合格者任用之：(一)曾任行政法院評事或最高行政法院法官者。(二)、曾任最高法院法官、最高法院檢察署檢察官、高等行政法院法官、高等法院或其分院法官、高等法院或其分院檢察署檢察官四年以上，成績優良，具有簡任職任用資格者。(三)曾任高等行政法院法官、高等法院或其分院法官、高等法院或其分院檢察署檢察官，並任地方法院或其分院兼任院長之法官、地方法院或其分院檢察署檢察長合計四年以上，成績優良，具有簡任職任用資格者。(四)曾任教育部審定合格之大學或獨立學院之教授、講授憲法、行政法、租稅法、商標法、專利法、土地法、公平交易法、政府採購法或其他主要行政課程五年以上，具有簡任職任用資格者。(五)曾任中央研究院研究員五年以上，有憲法、行政法之專門著作，並具有簡任職任用資格者。(六)曾在公立或經立案之私立大學、獨立學院法律、政治、行政學系或其研究所畢業，任簡任公務人員任內辦理機關之訴願或法制業務六年以上者。(七)經律師考試及格，並有執行行政訴訟律師業務經驗十二以上，具有簡任職任用資格者。

　　關於行政法院之職權，在《行政法院組織法》第一條規定：「行政法院掌理行政訴訟審判事務」，依該條文可知，行政法院之職權，為掌理行政訴訟之審判。又依《行政訴訟法》第四條第一項規定：「人民因中央或地方機關之違法行政處分，認為損害其權利或法律上之利益，經依訴願法提起再訴願而不服其決定，或提起再訴願逾三個月不為決定，或延長再訴願期間逾二個月不為決定者，得向高等行政法院提起撤銷訴訟」，由此可知，行政訴訟是對中央或地方機關之違法行政處分提起之訴訟，其起訴之前提，必須因行政處分之結果，損害人民之權益；且提起之時機，應已經過再訴願程序，或提起再訴願逾三個月不為決定，或延長再訴願期限逾二個月不為決定者，始得提起。另同法第五條規定：「人民因中央或地方機關對其依法申請之案件，於法令所

定期間內應作為而不作為，認為其權利或法律上利益受損害者，經依訴願程序後，得向高等行政法院提起請求該機關應為行政處分或應為特定內容之行政處分之訴訟。人民因中央或地方機關對其依法申請之案件，予以駁回，認為其權利或法律上利益受違法損害者，經依訴願程序後，得向高等行政法院提起請求該機關應為行政處分或應為特定內容之行政處分之訴訟」。行政法院可謂為關於行政訴訟案件之惟一審判機關，採「二審終結」制，此與一般之民事、刑事訴訟案件之「三級三審」原則有別。又行政法院之職權，除前開掌理行政訴訟案件之審判外，選編判例、變更判例及統一法令見解，亦為其重要之職權內容。

第六款　公務員懲戒委員會

　　公務員服官任職，對國家負有忠勤服務關係，如違反其義務，國家將本於公法上特別權力關係，加以處罰，是為懲戒罰，公務員懲戒制度，即本此目的而為創設。關於公務員之懲戒，各國法制不同，有屬於行政機關者，有屬於司法機關者，有屬於特設機關者。《憲法》第七十七條規定，司法院為全國最高司法機關，掌理公務員之懲戒。故在我國，公務員之懲戒，係由司法院設公務員懲戒委員會，掌理全國公務員懲戒事宜，該委員會置委員長一人，特任，委員九至十五人，亦具有法官身分。依《公務員懲戒委員會組織法》第三條規定，公務員懲戒委員會委員，應就具有下列資格之一者，任用之：(一)曾任公務員懲戒委員會委員者。(二)曾任簡任司法官、行政法院簡任評事八年以上；或曾任簡任司法官、行政法院簡任評事，並任簡任行政官合計八年以上者。(三)曾任教育部審定合格之大學教授，講授法律主要科目八年以上，具有簡任公務員任用資格者。

　　在公務員懲戒委員會之職權內容上，國內名政治學者張金鑑先生認為公務員有執行職務、服從命令、忠誠、嚴守秘密、保持品格、不為一定行為等義務[24]。公務員違反義務或有其他違法失職行為時，應由司法院公務員懲戒委員會加以懲戒。其懲戒之程序如下：

一、懲戒之對象

　　《公務員懲戒法》第一條規定：「公務員非依本法，不受懲戒，但法律另有規定者，從其規定。」故懲戒之對象為公務員，凡具有公務員身分者，無論

其為中央或地方公務員，政務官或事務官均屬懲戒對象，並不以正式任用人員為限；惟軍人不適用公務員懲戒法，有關軍人之懲戒，目前係由軍事機關依陸海空軍懲罰行使之。至於民意代表，依大法官會議釋字第十四號解釋文說明中：「立法委員、國大代表及省縣議員，均非監察權行使之對象，不為懲戒之對象，倘有違法失職情事，由原選舉區之選民罷免之」。

二、懲戒之程序

懲戒案件之提出，除九職等以下公務員之記過及申誡之懲戒得由主管長官逕行為之外，各類懲戒程序得由監察院提出彈劾，並移送懲戒機關審議；亦可由主管長官，依公務員之職等處置，或直接移送公懲會審議，或先送監察院審查，再移送公懲會審議(懲戒法第九條、第十八條、第十九條)。公務員懲戒委員會審理懲戒案件，採用書面審理主義，通知被懲戒人提出申辯書，必要時得通知被懲戒人到場申辯。在懲戒前，公務員懲戒委員會對於受移送之懲戒案件，認為情節重大，有先行停止職務之必要者，得通知該管主管長官，先行停止被懲戒人之職務(懲戒法第四條第一項)；主管長官對於所屬公務員，依第十九條規定送請監察院審查或公務員懲戒委員會審議而認為情節重大者，亦得依職權先行停止其職務(懲戒法第四條第二項)。公務員懲戒委員會審議案件，應以委員總額過半數之出席及出席委員過半數同意議決之(懲戒法第二十七條第一項)。該議決書應送達移送機關、被付懲戒人及其主管長官，並函報司法院及通知銓敘機關；前項議決書，主管長官應送登公報，並即為執行(懲戒法第二十八條)。

三、懲戒之種類

(一)撤職：即將被懲戒之公務員撤除其現職，使消滅公務員身分。撤職，除撤其現職外，並於一定期間停止任用，其期間至少為一年，最長期間則無限制(懲戒法第十一條)。停止任用期滿，亦非當然復任原職，或依原職敘俸，而係不得再擔任公務員。

(二)休職：即將被懲戒之公務員休其現職。休職期間，停其薪給，並不得在其他機關任職，其期間為六個月以上，休職期滿，許其復職。自復職之日起，二年內不得晉敘、升職或調任主管職務，(懲戒法第十二條)。

(三)降級：即將被懲戒之公務員俸給降級改敘。降級，依其現職之俸給降

一級或二級改敘，自改敘之日起，二年內不得晉敘、升職或調任主管職務。受降級處分而無級可降者，按每級差額減其月俸，其期間為二年(懲戒法第十三條)。

(四)減俸：即將被懲戒之公務員之月俸減少支給。減俸，依其現職之月俸減10%或20%支給，其期間為六個月以上、一年以下。自減俸之日起，一年內不得晉敘、升職或調任主管職務(懲戒法第十四條)。

(五)記過：自記過之日起，一年內不得晉敘、升職或調任主管職務。一年內記過三次者，依其現職之俸級降一級改敘，無級可降者，準用第十三條第二項之規定(懲戒法第十五條)。

(六)申誡：以書面為之(懲戒法第十六條)。

第二項　法務部暨所屬機關

第一款　法務部之組織與職權

在台灣地區，廣義之司法機關，除司法院暨所屬大法官會議、各級法院、行政法院和公務員懲戒委員會外，尚包括法務部及其所屬之檢察暨調查機關。法務部前身為司法行政部，依民國十七年十月公布之《司法院組織法》，最先係隸屬於司法院。至二十年十二月《國民政府組織法》修正公布，其二十四條第五款規定：「司法院設最高法院、行政法院和公務員懲戒委員會」，因之司法行政部乃改隸於行政院；三十六年元旦，《憲法》頒布，第七十七條規定司法院為國家最高司法機關，掌理民事、刑事、行政訴訟之審理及公務員懲戒，並未明定兼掌司法行政，是以司法行政部仍隸屬於行政院。民國六十九年六月二十九日總統公布修改《司法行政部組織法》為《法務部組織法》，實施審檢分隸，正式將司法行政部改組為法務部，仍隸屬於行政院。

依八十六年五月二十八日修正公布之《法務部組織法》第一條規定：「法務部主管檢察、矯正、司法保護之行政事務及行政院之法律事務」，該條文即為法務部職權之主要規定。此外，法務部對於各地方最高級行政長官執行本部主管事務，有指示、監督之責。法務部就主管事務，對於各地方最高級行政長官之命令或處分，認為有違背法令或逾越權限者，得報請行政院予以撤銷、變更、廢止或停止其執行。

　　法務部之組織，置部長一人，特任，綜理部務，指揮、監督所屬職員及機關；另置政務次長一人，常務次長二人，輔助處理部務。法務部內部組織，主要設有法律事務司、檢察司、矯正司、保護司、政風司、總務司、資訊處、秘書室、人事處、會計處、統計處等幕僚單位，以及法規委員會、訴願審議委員會、人事審議委員會等。

　　另在法務部所屬機關方面，有下列機關：

　　一、最高法院檢察署、司法官訓練所、調查局。

　　二、台灣、福建金門高等法院檢察署及其花蓮、台中、台南、高雄等分署六個單位。

　　三、台北、士林、板橋、桃園、新竹、苗栗、台中、南投、彰化、雲林、嘉義、台南、高雄、屏東、台東、花蓮、宜蘭、基隆、澎湖、金門等地方法院檢察署計二十個單位。

　　四、台北、桃園、新竹、台中、雲林、嘉義、台南、高雄、屏東、台東、綠島(外役監)、武陵、花蓮、宜蘭、基隆、澎湖、金門等監獄十七所；桃園女子監獄一所。

　　五、台北、桃園、新竹、台中、彰化、雲林、嘉義、台南、高雄、屏東、花蓮、基隆等十餘個看守所。

　　六、台北、台中、台南、高雄等地方法院少年觀護所。

　　七、桃園、彰化、高雄等少年輔育院。

　　八、新竹誠正、高雄明陽兩所少年矯正學校。其中誠正中學專收受少年感訓處分者；明陽中學則專收少年受刑人。

第二款　檢察機關

　　檢察機關有廣狹兩義，廣義的檢察機關，指最高法院檢察署、各級法院檢察署，包括檢察總長、檢察長以及檢察官全體之總稱，代表國家為訴訟原告以實施訴訟行為之機關，此種意義的檢察機關兼有檢察權與司法行政權。狹義的檢察機關指訴訟法上之檢察官，代表國家行使檢察權，檢察官行使職權時一般均以檢察官一人為之，與法院審判採獨任制或合議制者不同。我國憲法上並未就檢察機關設有規定，僅在《法院組織法》第五章中設「檢察機關」之專章，並於第五十八條至第六十六條規定有關檢察署之配

置、組織，檢察官之職權、人事、職等及檢察總長、檢察長之指揮介入、移轉等司法行政監督等事項，另就檢察官之任用、訓練、進修、保障及給與等具體內容，則制定「司法人員人事條例」，詳為規範。

依《法務部組織法》，法務部主管全國檢察事務，故我國檢察機關係隸屬於法務部，而配置於各級法院及分院(法院組織法第五十八條)，以實施偵查、提起公訴、實行公訴及指揮刑事裁判之執行，為其最主要之職權，其職權性質上屬司法行政事項之範圍，因此學者間有認檢察機關為司法行政機關，屬廣義之司法機關⑩。關於台灣地區檢察機關之組織、職權內容，分述如下：

一、檢察機關之組織

依《法院組織法》第五十八條，參照同法第一條、第八條、第三十一條及第四十七條規定，台灣地區檢察機關設置之情形如下：

(一)地方法院檢察署：直轄市或縣(市)各設地方法院，但得視其地理環境及案件之多寡，增設地方法院分院，或合設地方法院；或將其轄區之一部劃歸其他地方法院或分院，不受行政區劃之限制；在設有地方法院或分院之條件下，相對設立檢察署。

(二)高等法院檢察署：省、直轄市或特別區域各設高等法院，但得視其地理環境及案件之多寡，增設高等法院分院，或合設高等法院；或將其轄區之一部劃歸其他高等法院或分院，不受行政區劃分之限制；在設有高等法院或分院之條件下，相對設立檢察署。

(三)最高法院檢察署：設於中央政府所在地。

應注意者，依《法院組織法》第六十一條規定，我國檢察官對於法院，獨立行使職權，不受法院之干涉及指揮監督，惟基於檢察一體原則，檢察官應服從監督長官之命令，故檢察總長、檢察長得親自處理其所指揮監督之檢察官之事務，並得將該事務移轉於其所指揮監督之其他檢察官處理⑪。此為台灣地區檢察制度之一大特色，也由於上級檢察首長有該職務監督與職務移轉權限，往往會造成不當干涉或檢察官辦案之壓力，致引起八十七年五月間全國檢察機關要求改革之浪潮。

二、檢察機關之職權

　　我國係以檢察官為偵查機關，司法警察機關則為偵查之輔助機關，檢察官因告訴、告發、請求、自首或其他情事知有犯罪嫌疑者，應即開始偵查(參見刑事訴訟法第二百二十八條第一項)，且一經受理後，即應分偵字或他字案進行偵查，對司法警察機關移送或報告之案件，如認有必要，不僅得指揮偵查，並得退回要求補充偵查。

　　又我國檢察制度中，檢察官之職權除實施偵查、提起公訴及實行公訴外，並有通緝被告、拘提證人、協助自訴、擔當自訴、指揮刑事裁判之執行，遇有非病死或可疑為非病死者，進行相驗，以及聲請宣告死亡、宣告禁治產、宣告法人解散、指定遺囑執行人、監督律師業務和協助國家賠償之法律諮詢等職權，以上均與中共檢察機關之職權不盡相符。

第三款　法務部調查局

　　法務部調查局，因掌理有關危害國家安全與違反國家利益之調查、保防事項，且依《刑事訴訟法》第二百三十條第一項第三款、第二百三十一條第一項第三款規定，為依法令關於特定事項，得行使司法警察官或司法警察職權之機關，故亦為廣義之司法機關。對此《法務部調查局組織條例》亦明文賦予調查人員就一定範圍內之事項，賦予司法權，如第二十三條規定，調查局局長、副局長及主管業務單位薦任職以上人員，於執行犯罪調查職務時，分別視同《刑事訴訟法》第二百二十九條之司法警察官；本局所屬省(市)縣(市)調查、保防機構主管及主辦業務之薦任職以上人員，於執行犯罪調查職務時，分別視同《刑事訴訟法》第二百二十九條、第二百三十條之司法警察官；本局委任職人員，負有特定調查、保防任務者，於執行犯罪調查職務時，視同《刑事訴訟法》第二百三十一條之司法警察，以便協助檢察官偵查犯罪或聽命檢察官指揮偵查犯罪。

　　調查局之成立，係源於民國十五年北伐時，先總統　蔣公為免共黨組織滲透，曾責令國民革命軍總司令部機要科兼負對中共之調查任務，積極予以防制，此為我國調查工作之創始。民國三十七年十二月內政部調查局組織條例公布，將調查局隸屬於內政部，並於三十八年四月一日在廣州正式成立。四十五年五月，鑒於現代民主國家之國內調查工作機構，多隸屬於司法行政系統，為期統一事權，且促使調查與檢察系統緊密配合，遂將調查局由內政

部改隸於司法行政部，六十九年審檢分隸後，仍為法務部之所屬機關(法務部組織法第五條)。

法務部調查局現編制有局長一人，綜理局務；副局長二人，襄理局務，下設第一至第七處，分別負責調查案件、保防情報蒐集、偵防事件之佈置、電訊之偵測與監察、罪犯之檢驗與鑑定(如DNA之比對)等工作。至於其職權具體內容，依行政院核定，調查局之職掌共為十一項：

一、內亂事項。

二、外患事項。

三、洩漏國家機密事項。

四、妨害國家總動員事項。

五、貪污瀆職事項。

六、肅清煙毒事項。

七、妨害國幣事項。

八、妨害戰時交通設備及器材防護事項。

九、妨害違反電信管理事項。

十、上級機關特交之調查保防事項。

十一、漏稅查緝事項。

此項職掌，依《法務部調查局組織條例》第二條第二項之規定，行政院得隨時視事實之須要，以命令更定之，如現階段有關重大經濟犯罪或掃毒工作，該局亦得調查[22]。根據上列職務內容，調查局已成為我國司法權中執行特定刑事案件之重要調查機構，為避免與其他司法機關有所牴觸，在執行職務時，允宜由各地警察機關指派員警協助，如涉及人民權益時，更應依有關法律辦理(參見法務部調查局組織條例第二十四條、第二十五條)，以期協調合作，打擊犯罪，共同維護治安。

第三節　大陸地區司法機關之組織與職權

中國大陸是社會主義國家，採人民代表大會制度，其權力集中於全國人民代表大會和其常務委員會，不分權，但職能分工，即在全國人大和常務委員會下設有若干部門，直接對全國人民代表大會負責[23]，以司法體系而言，根

據中共憲法及相關法律規定，主要包括人民法院、人民檢察院及國務院底下設立的公安部、國家安全部、司法部等機構，各該機構分別行使部分國家司法權力，分工負責，互相配合共同構成大陸司法機關之整個架構體系。

第一項　人民法院

依中共《憲法》第一百二十三條規定，人民法院是國家的審判機關，依法獨立行使國家審判權，它與人民政府、人民檢察院是平行的國家機關，同由人民代表大會產生，並對其負責，受其監督。茲就大陸地區人民法院之組織及職權，分述如下：

一、人民法院之組織

依中共《人民法院組織法》第四十九條規定，人民法院設地方各級人民法院、專門人民法院及最高人民法院；地方各級人民法院根據行政區劃設置，分為基層人民法院、中級人民法院和高級人民法院。專門人民法院則依據特定組織系統或審理特定案件之須要而設置，茲就大陸地區目前所設各級人民法院說明如下：

(一)基層人民法院：基層人民法院設於縣級行政區，包括縣人民法院、市人民法院、自治縣人民法院、市轄區人民法院。又基層人民法院可根據地區、人口和案件情況，設立若干人民法庭，該法庭之判決和裁定，即為基層人民法院之判決和裁定。

(二)中級人民法院：中級人民法院設於省、自治區等行政區，包括在省、自治區內按地區設立之中級人民法院，在直轄市內設立之中級人民法院，以及省、自治區轄市、自治州中級人民法院。

(三)高級人民法院：高級人民法院設於省、自治區、直轄市等行政區，包括省高級人民法院、自治區高級人民法院、直轄市高級人民法院。

(四)最高人民法院：設於北京，為大陸最高審判機關，並監督地方各級人民法院及專門人民法院之審判工作[34]。

(五)專門人民法院：目前大陸地區設有下列三種專門人民法院：

1.軍事法院：分為兵團(軍)級軍事法院、大軍區軍事法院、中國人民解放軍軍事法院三級，其職權主要是審判現役軍人和軍隊在編制內職工犯罪的刑

事案件；軍事法院的最高審級為最高人民法院，審判實行四級二審終審制。

2.海事法院：海事法院是審理海事、海商案件的專門法院，其管轄區域按水域劃分，不受陸地行政區域限制，截至1994年為止，已設立上海、廣州、青島、天津、大連等九個與中級人民法院平行層級的海事法院。

3.鐵路運輸法院：按鐵路系統分設鐵路運輸基層法院、鐵路運輸中級法院、鐵路運輸高級法院，其職權為審判與鐵路運輸有關之刑事案件。

二、人民法院之職權

大陸地區人民法院之任務，在於審判民、刑事案件，並且通過審判活動，懲辦一切犯罪分子，解決民事糾紛，以保障民主專政制度，維護社會主義法制及人民權益；而且依《人民法院組織法》第二條規定，人民法院還要以其全部活動，教育人民忠於社會主義祖國，自覺地遵守憲法和法律，可見人民法院尚有政治性、教育性任務。現就其統一行使國家審判權之具體職權，分析如下：

(一)審判民事案件，處理民事糾紛：

對於婚姻、家庭糾紛、繼承、財產權益糾紛(如債務、房屋、宅基地、損害賠償等糾紛)、勞動案件或涉外民事案件，人民法院應根據民法通則、婚姻法、繼承法和民事訴訟法等規定，查明案件事實，分清責任，確認當事人之間的民事權利義務關係，制裁民事違法行為，維護社會主義公有制，保護當事人的合法權益，增進人民內部團結，促進家庭和睦，以利社會經濟秩序的穩定及發展。

(二)審判刑事案件，追究犯罪分子的刑事責任:

對於人民檢察院代表國家向人民法院提起公訴之案件，和自訴人自訴的刑事案件，人民法院應根據刑法和刑事訴訟法等相關規定，作到犯罪事實調查清楚，正確定罪量刑，程序完全合法，以期適時適切地懲罰罪犯，保護無辜㉟。

(三)審判經濟糾紛案件，調整經濟法律關係：

經濟糾紛案件主要有經濟合同糾紛、經濟損害賠償糾紛、勞動糾紛、農村承包合同糾紛、涉外經濟糾紛等案件。人民法院應通過審判經濟糾紛案件，運用法律手段處理商品流通領域內的各類經濟糾紛，調節社會主義經濟

關係和經濟活動，維護社會經濟秩序，保護國家、集體和個人的合法利益，為社會主義經濟建設服務。

(四)審判行政案件，對行政機關的具體行政行為進行司法審查：

依中共《行政訴訟法》第二條規定：「公民、法人或者其他組織認為行政機關和行政機關工作人員的具體行政行為侵犯其合法權益，有權依照本法向人民法院提起訴訟」，由上開規定人民法院可以根據行政法律、法規和行政訴訟法的規定，對具體行政行為是否合法進行審查，保護公民、法人和其他組織的合法權益，維護和監督行政機關依法行使行政職權。

第二項　人民檢察院

中共人民檢察院係與人民政府、人民法院平行之國家機關，不屬於國務院，在國家體系中擁有獨立之地位，代表國家行使法律監督之職權，以法律監督工作為專職及專責，除針對國家工作人員(即公務員)及公民違犯法律達到犯罪程度者，進行追究責任外，並對偵查、審判、勞改等機關之活動是否合法，實行監督，如有違誤即予糾正㊲。具體來說，其監督之種類，包括法紀監督、偵查監督、審判監督和勞改監督；就實踐而言，中共要求檢察機關務須作到有法必依、執法必嚴、違法必究，以維護法律的統一和正確實施,加強社會主義法制，因此《憲法》第一百二十九條將其定位為「國家之法律監督機關」。茲就大陸地區人民檢察院之組織和職權內容，敘明如下：

一、人民檢察院之組織

依中共《憲法》第一百二十九條及《人民檢察院組織法》第二條規定，其檢察機關設置之情形如下：

(一)地方各級人民檢察院，又可分為：

1.省、自治區、直轄市人民檢察院。

2.省、自治區、直轄市人民檢察院分院、自治州和省轄市人民檢察院。

3.縣、市、自治縣和市轄區人民檢察院。

此外，省及縣級人民檢察院為保障該等區域之經濟建設，維護當地之社會秩序及法律秩序，根據工作須要，得提請省或縣級人民代表大會常務委員會批准，在工礦區、農墾區、林區等區域設置人民檢察院，作為派出機構，

或在重點地區之鄉鎮設立檢察室，在其本院領導下工作。

(二)最高人民檢察院：設於北京，為中共最高檢察機關，其地位與國務院及最高人民法院平行。

(三)專門人民檢察院：為依專業須要而設置之檢察機關，目前所設置者有下列二種：

1. 軍事檢察院：

軍事檢察院設立在中國人民解放軍軍事系統。軍事檢察院的機構設置目前分為三級：即中國人民解放軍軍事檢察院；大軍區、海軍、空軍、中央軍委總直屬隊軍事檢察院；軍或兵團級單位檢察院。軍事檢察院受最高人民檢察院領導，對與軍事有密切關係並涉及軍人犯罪的案件行使檢察權，實行法律監督職能。軍事檢察院對現役軍人和軍中編制內職工犯罪案件，依法向軍事法院提起公訴，並出庭實行公訴，對軍事法院的審判活動是否合法，實行法律監督。由於軍事檢察院的活動具有其獨特性，因此，有關軍事檢察院的設置、組織和職權均由全國人民代表大會常務委員會另行頒布軍事檢察院組織法予以規定㊲。

2. 鐵路運輸檢察院：

鐵路運輸檢察院是設立在中共鐵路系統的專門檢察機關，受最高人民檢察院的領導，對與鐵路運輸有密切關係的案件行使檢察權，實施法律監督職能；同時與鐵路公安、人民法院互相配合，共同維護鐵路運輸正常的治安秩序。該專門人民檢察院之層級原分為全國鐵路運輸檢察院、鐵路運輸檢察院分院、基層鐵路運輸檢察院三級，分別設於北平、各鐵路局、分局所在地。西元1987年4月15日，全國鐵路運輸檢察院被撤銷，另設最高人民檢察院鐵路運輸檢察廳，原鐵路運輸檢察院分院即改由所在之省、自治區、直轄市人民檢察院領導，檢察機關名稱改省(市、自治區)人民檢察院鐵路運輸分院，而在鐵路分局，則仍設基層鐵路運輸檢察院㊳。

此外，在大陸地區還可專為檢察特殊重大案件而設立特別檢察機構，其任務完成後即行撤銷。例如，為檢察起訴林彪、江青反革命集團案，根據最高人民檢察院的建議，西元1980年9月29日，第五屆全國人民代表大會常務委員會第十六次會議曾通過決議，成立最高人民檢察院特別檢察廳，負責對林

彪、江青反革命集團案的實施偵查、提起公訴和出席最高人民法院特別法庭支持公訴。特別檢察廳在完成任務後，1981年3月6日第五屆全國人民代表大會常務委員會通過決議，予以撤銷，類此均與我台灣地區之檢察制度不同。

二、人民檢察院之職權

中共之人民檢察院及公安機關雖均為偵查機關，人民檢察院直接受理偵查案件之具體範圍，依大陸地區《刑事訴訟法》第十三條規定，告訴才處理和其他不須要進行偵查之輕微案件，由人民法院直接受理；貪污罪、侵犯公民民主權利罪(如非法拘禁、非法搜索、非法侵入他人住宅、非法剝奪宗教信仰自由等)、瀆職罪以及人民檢察院認為須要自己直接受理的其他案件㉚，始由人民檢察院受理偵查。人民檢察院受理案件後，須先進行審查，經立案後，始進入偵查程序。又人民檢察院對公安機關偵查終結移送起訴及免予起訴之案件，係立於審查地位，決定是否起訴、免予起訴或不起訴，對於主要犯罪事實不清、證據不足的，可以將案件退回公安機關命補充偵查；在監督過程，如發現公安機關的偵查活動有違法情況時，應當通知公安機關予以糾正。上開中共立案審查制度，不失為減輕檢察人員辦案負荷之有效途徑㊵。

在中共檢察制度中，各級人民檢察院可行使下列職權：

(一)對於叛國案、分裂國家案以及嚴重破壞國家的政策、法律、法令、政令統一實施的重大犯罪案件，行使檢察權。

(二)對於直接受理之刑事案件，進行偵查。

(三)對於公安機關偵查之案件，進行審查，決定是否逮捕、起訴或免予起訴。

(四)對於刑事案件提起公訴，對於人民法院之審判活動是否合法，實行監督。

(五)對於刑事案件提起公訴、裁定之執行及監獄、看守所、勞動改造機關之活動是否合法，實行監督㊶。

可見其職權內容，與我國檢察官之職權有相當大之不同。又在具體案件中，人民檢察院根據案件情況，對被告可以拘傳、取保候審或監視住居；對主要犯罪事實已經查清，可能判處徒刑以上刑罰之人犯，如採行取保候審、監視居住等方法，尚不足以防止發生社會危險性，而有逮捕必要者，應即依

法逮捕(參見大陸刑事訴訟法第一百三十四條規定)，逮捕後即予羈押，此與我國《刑事訴訟法》第一百零一條羈押要件之規定有別，另外對於被告之拘留、預審、對犯罪現場之履勘或檢查、解剖屍體，均由公安機關負責，人民檢察院只有在審查案件時，對公安機關的勘驗、檢查，認為須要複驗、複查時，才可以派檢察人員參與複驗工作㊷。

第三項　公安機關

在中共司法組織體系下，除最高人民法院，最高人民檢察院外，並於國務院底下設有許多部門，其中公安部、國家安全部及司法部等三個機構與司法制度有關，先說明公安部。

中國大陸的人民公安機關是政府的職能部門之一，受中共人民政府的領導，從其所承擔的司法任務立場來看，乃係國家專門的偵查部門，具有司法機關的性質。依現行體制，中共在國務院所設公安部，領導全國人民警察，組織和管理各地的公安工作，業務上，專職負責治安、保衛的工作，同時又兼具擔負司法地位，依中共《刑事訴訟法》第三條規定：「對刑事案件的偵查、拘留、預審由公安機關負責。批准逮捕和檢察、提起公訴，由人民檢察院負責……」，顯示公安機關在刑事訴訟程序上擁有與人民檢察院幾乎相同的偵查權。惟兩者仍有不同，按《刑事訴訟法》第十八條規定，除賄賂犯罪、瀆職等罪由人民檢察院進行偵查的刑事案件外，其他刑事案件的偵查皆由公安機關進行。而且，其權限在偵查階段，有偵查權、預審權、搜查權、拘留權、執行逮捕權；在執行階段，更有管制執行權、拘役執行權，對緩刑人犯考察權，對假釋犯的監督權，足見公安機關乃依照刑事案件之不同，在偵查程序中與人民檢察院立於平等地位之國家偵查機關㊸。茲就公安機關之組織和職權內容，分述如下：

一、公安機關之組織

大陸地區公安機關之組織，分為中央公安機關、地方公安機關及專門公安機關，分述如下：

(一)中央公安機關：中共於國務院下設公安部，為中央的公安機關，領導全國公安組織，掌理全國的公安事務，指揮各級公安機關的工作㊹，其內部設

有下列幕僚單位：

　　1.政治部：負責指導公安隊伍的思想、組織紀律作風建設，幹警的教育訓練、管理、考核工作及公安宣傳和體育工作。

　　2.辦公廳：主管文書處理、統計、檔案等秘書工作。

　　3.機關事務管理司：管理本部各機關部門之行政事務工作。

　　4.法制司：負責公安法制工作的規劃；審核並起草部分與公安工作有關的法律、法規草案和其他法律規範性文件。

　　5.科技司：負責公安科學技術工作的規劃、開發、協調和指導科技成果的鑑定及公安科技情報的蒐集研究工作。

　　6.計劃裝備司：負責制定公安被裝管理工作的政策、規章制度和統一的警服技術質量和供應標準。

　　7.計算機管理監察司：指導計算機安全監察工作，主管公安計算機應用。

　　8.政治保衛局：負責組織指導政治偵察工作，防範和打擊反革命及其他敵對分子，維護社會政治安定。

　　9.經濟文化保衛局：負責管理經濟文化系統的大中型企業事業單位、機關團體、大專院校和中專學校的安全保衛工作。

　　10.治安管理局：負責指導社會治安管理、槍枝彈藥與爆裂物管理。

　　11.刑事偵察局：掌握全國刑事犯罪情況，指導刑事偵察工作，對須要由公安部直接掌管的刑事案件之偵防工作。

　　12.警衛局：負責黨政領導人、來訪重要外賓和重大集會的安全警衛工作。

　　13.出入境管理局：負責出入境行政管理工作並研究相關之政策法規。

　　14.消防局：負責消防監督、火災預報和撲救工作，制定消防法規、技術規範和標準等。

　　15.預審局：負責指導全國公安機關的預審辦案和看守所管理等工作。

　　16.交通管理局：制定交通規則、辦法與技術規範等。

　　17.外事局：負責公安外事工作和對外合作事宜，開展與各國警方、國際警察組織的友好和業務、技術合作。

18.戶政管理局：負責戶籍與居民身分證管理等工作。

19.檔案局：又稱檔案館，於1994年9月1日成立。

20.邊防保衛局：負責機場、港口、火車站、公路站的邊防檢查及管理工作。

21.教育局：主管教育工作，負責指導公安幹警短期訓練，正規化輪訓和公安各級院校訓練教育工作。

(二)地方公安機關：在省、自治區設「公安廳」，在直轄市設「公安局」，在縣、市、自治縣設「公安局」，在城市區設公安分局，在城市街道和縣屬區、鄉、鎮設公安派出所或公安特派員；公安派出所是縣、自治縣公安局或城市區公安分局的派出機構。地方公安機關負責轄區內公安機關的各項業務，並可進行偵查、預審、保衛、消防、交通等具體工作，惟在執行職務上，均接受同級中共「黨委」和上級政府「公安機關」的雙重領導。

(三)專門公安機關：針對特殊任務須求，目前設有鐵路公安機關、交通公安機關、林業公安機關、民航公安機關；近年以來，中共亦在某些大型企業和大學內部設立公安處、公安科或公安分局、公安派出所，以維護公共秩序和社會治安。

二、公安機關之職權

依據中共《人民警察法》第二條規定：「人民警察的任務是依照維護國家安全，維護社會治安秩序，保護公民的人身安全、人身自由和合法財產，保護公共財產，預防、制止和懲治違法犯罪活動」，可見，具體而言，中共公安機關之任務，主要為公安行政管理和刑事偵查兩大要務㊺。至其職權內容，參照中共《人民警察法》第六條至第十九條及其他相關法令規定，主要有：

(一)對付犯罪行為人方面：

1.偵查權：對犯罪行為人施以各項必要的偵查，如訊問、搜索、通緝、查驗等。

2.刑事強制處分權：包括拘提、監視、逮捕等。

3.預審權：在審判前先行預審。

(二)執行刑罰權方面：如執行緩刑、假釋、拘役、沒收財產、槍決、剝奪政府權利等。

(三)在維持社會治安和公共秩序方面：

1. 治安行政管理權。

2. 治安管理處罰權：其內容有警告、罰款、拘留、驅逐出境等。

3. 勞動教養審批權。

4. 收容審查權。

5. 註銷城市戶口權。

(四)緊急處分權：

1. 使用武器和警械權。

2. 正當防衛權。

3. 武裝鎮壓權。

4. 其他權限。

第四項　國家安全機關

西元1983年6月，中共第六屆全國人大第一次會議決定國務院成立國家安全部，同年7月1日，國家安全部正式成立；1983年9月2日，第六屆全國人大常務委員會第二次會議通過了〈關於國家安全機關行使公安機關的偵查、拘留、預審和執行逮捕的職權決定〉，依此決定國家安全部在國務院領導下，承擔原來由公安機關主管的間諜、特務案件的偵查工作，同時並可行使憲法和法律規定的公安機關偵查、拘留、預審和執行逮捕等職權，故亦為中共司法組織體系之一環。關於國家安全機關之組織和職責內容，亦說明如下：

一、國家安全機關之組織

目前大陸在中央設立了國家安全部，同公安機關一樣是國務院職能部門之一，國家安全部主管全國之國家安全工作，其內部設有機要局(主管密碼、機要通訊)、國際情報局(國際戰略性情報之蒐集)、政經情報局(各國政、經、科技情報之蒐集)、台港澳局(對台港澳地區之情報工作)、情報分析通報局(情報分析通報、蒐情指導、情報研究)、業務指導局(對所轄各省級廳、局之業務指導)、反間諜偵查局(外國間諜之跟蹤、偵查、逮捕)、內保偵查局(涉外單位之防諜，以及境內反動組織及外國機構之監控)、外保偵查局(駐外機構人員及留學生之監控，以及境外反動組織活動之偵查)、情報資料中心(蒐集情報)、技

術偵查局(郵電、新聞、廣播、電視等之反間檢查)、綜合計劃局(設立情報據點之綜合計劃業務)、綜合情報分析局(綜合情報之分析、研判)、兩化企業局(管理該部所屬企業、公司等事業單位)，以及相關政治部、辦公廳等專門辦事機構。

　　在各省、自治區、直轄市人民政府設置國家安全廳(局)，各國家安全廳(局)設相應的業務處和辦事機構，它既受本級人民政府的領導，又接受國家安全部的監督。另外，根據實際須要，在若干省轄市一級的人民政府中，也設置了國家安全機關或國家安全人員。

　　國家安全部長和各級國家安全局局長的任免程序與公安部長和各級公安廳、局長的任免程序相同，即國家安全部長人選，經國務院總理提名，由全國人民代表大會決定，在全國人民代表大會閉會期間，經國務院總理提名，由全國人民代表大會常務委員會決定，部長之罷免權，亦屬於全國人民代表大會。至省一級國家安全廳(局)長之任免，由同級人民代表大會常務委員會決定，但必須報國務院核備。自治州、省轄市國家安全局或一級國家安全分局，均由本級人民代表大會常務委員會任免，並報上一級人民政府備案。

二、國家安全機關之職權

　　根據西元1993年2月22日中共第七屆全國人民代表大會常務委員會通過公布之《國家安全法》第二條規定，國家安全機關是國家安全之主管機關，負責辦理間諜、情報、特務等案件，以維護國家安全，保障改革開放和社會主義現代化的順利進行。國家安全法明定任何組織和個人如有進行危害中華人民共和國國家安全的行為時，都必須受到法律追究，至所謂「危害國家安全行為」，該法第四條第二款立法解釋為，係指境外機構、組織、個人或者指使、資助他人實施的，或境內組織、個人與境外機構、組織、個人相勾結實施的下列危害行為：

　　(一)陰謀顛覆政府，分裂國家，推翻社會主義制度行為。

　　(二)參加間諜組織，或者接受間諜組織及其代理人任務行為。

　　(三)竊取、刺探、收買、非法提供國家秘密行為。

　　(四)策動、勾引、收買國家工作人員叛變行為。

　　(五)進行危害國家安全的其他破壞活動行為[46]。

　　國家安全機關兼負與間諜、特務分子作鬥爭之任務，工作範圍不僅在國內，而且涉及到國外；工作的方式不僅要依靠群眾，深入組織細微地進行調查研究工作，而且還要採取一些秘密手段，為期順利進行上述職責，國家安全法另規定國家安全機關及其工作人員，在國家安全工作中之職權，包括：

　　(一)國家安全機關在國家安全工作中依法行使偵查、拘留、預審和執行逮捕以及法律規定的其他職權(國家安全法第六條)。

　　(二)國家安全機關的工作人員依法執行國家安全工作任務時，經出示相應證件，有權查驗中國公民或者境外人員的身分證明；向有關組織和人員調查、詢問有關情況(國家安全法第七條)。

　　(三)國家安全機關的工作人員依法執行國家安全工作任務時，經出示相應證件，可以進入有關場所；根據國家有關規定，經過批准，出示相應證件，可以進入限制進入的有關地區、場所、單位；查看或者調閱有關的檔案、資料、物品(國家安全法第八條)。

　　(四)國家安全機關的工作人員在依法執行緊急任務情況下，經出示相應證件，可以優先乘坐公共交通工具，遇交通阻礙時，優先通行。國家安全機關為維護國家安全的須要，必要時，按照國家有關規定可以優先使用機關、團體、企業事業組織和個人的交通工具、通信工具、場地和建築物，用後應當及時歸還，並支付適當費用；造成損失的，應當賠償(國家安全法第九條)。

　　(五)國家安全機關因偵察危害國家安全行為的須要，根據國家有關規定，經過嚴格的批准手續，可以採取技術偵察措施(國家安全法第十條)。

　　(六)國家安全機關因國家安全工作的須要，可以查驗組織和個人的電子通信工具、器材等設備、設施(國家安全法第十一條)。

　　(七)國家安全機關因國家安全工作的須要，根據國家有關規定，可以提請海關、邊防等檢查機關對有關人員和資料、器材免檢。有關檢查機關應當予以協助(國家安全法第十二條)。

第五項　司法行政機關

　　大陸官方認為，司法行政工作是國家法制建設中不可或缺的一項重要業務，係輔助國家司法職能實施的專門行政管理工作，性質上雖屬於行政管理

職能之國家機關，惟其因承擔著管理監獄、勞動改造工作，管理政法院校，培養法律人才，管理律師、公證業務，指導人民調解委員會運作，開展司法外事活動，以及其他司法行政等事宜，故亦屬於司法機關之範疇。關於司法行政機關之組織及職權內容，併說明如下：

一、司法行政機關之組織

　　文化大革命後，西元1979年7月1日，第五屆全國人民代表大會第二次會議，通過《人民法院組織法》，該法規定：「各級人民法院的司法行政工作，由司法行政機關管理」、「各級人民法院的設置、人員編制和辦公機構，由司法行政機關另外規定」。同年9月13日第五屆人大常委會第十一次會議決定，設立司法部；同年10月28日，中共國務院發出迅速建立地方司法行政機關的通知，逐步建立地方各級人民政府之司法行政機關，形成了從中央到地方的司法行政組織體系。

　　目前大陸司法行政組織，在中央由國務院設司法部，作為中央人民政府管理司法建設工作之職能部門。司法部設勞動改造工作管理局、勞動教養工作管理局、宣傳司、教育司、公證律師司、人民調解司、外事司、辦公廳、法律政策研究室、人事司、計劃財務司等機構。在地方，各省、自治區、直轄市人民政府設司法廳(局)；省和自治區轄市、自治州的人民政府以及省和自治區的地區行署設司法局；縣、自治縣、縣級市及市轄區的人民政府設司法局；縣、自治縣的鄉、鎮設司法助理員。各級地方司法行政機關分別負責管理本地方的司法行政工作。在領導體制上，各級司法行政機構都受同級人民政府的領導，司法部對全國司法機關進行行政領導，下級司法行政機關還要受上級司法行政機關領導，至司法行政部長和各級司法行政機關廳(局)長之任免程序，與前述國家安全部、公安部相同，不再贅述。

二、司法行政機關之職權

　　在大陸地區，其司法行政機關不單純是行政管理機關，而且還是執法機關，它在管理勞改、勞教、律師和公證工作中，與公安機關、檢察機關、人民法院分工負責，互相制約，保證準確有效地執行法律；同時，通過法制宣傳、律師工作、公證工作、人民調解工作，在解決民事糾紛和預防犯罪上，都發揮積極作用，綜合歸納，其職權主要在執行下列各項事宜：

(一)管理政法院校、培養法律人才：

大陸地區具有專業知識之法律人才還很缺乏，所以要推行社會主義法制，建立社會主義民主，實有賴於法學教育的普及與發展，目前司法行政機關，以鄧小平「教育要面向現代化、面向世界、面向未來」等三個面向為教育方針，通過政法院校之設立，迅速培育法律人才，並以主管機關立場，確定法學教育方向，督促貫徹黨的教育指示，編製全國法學教材，負責專業課程設計，招生和畢業生工作分配等計劃，以改革法學教育。

(二)加強在職司法幹部培訓工作：

司法幹部的思想水平和業務能力如何，直接關係到人民司法機關的工作質量和效能，依據1980年間中共官方統計資料顯示，其幹部隊伍的文化水平和法律水平，法院、檢察院、司法行政機關現有幹部中，具有初中以下文化程度的占到58.3%，受過大專法律教育的不過3%，從未受過任何法律專業訓練的有43%。由司法幹部的現況說明，加強對司法幹部的培訓，極其迫切。另鄧小平也曾表示：「現在我們能擔任司法工作的幹部，包括法官、律師、審判官、檢察官、專業警察，起碼缺一百萬。可以當律師的，當法官的，學過法律、懂得法律，而且執法公正、品德合格的專業幹部很少」[47]。因此透過各種途徑，培訓各級在職司法幹部，制訂培訓計劃，加強法學師資養成，編製法學教材，均為司法部之職責和任務。

(三)領導和管理監獄、勞動改造工作：

監獄和其他勞動改造機關，是對被判處死刑緩期二年執行、無期徒刑、有期徒刑等刑罰的罪犯執行場所。人民法院的判決只有通過執行才能產生實際效果，因此，於司法部設勞動改造管理局，貫徹執行國家勞動改造的方針政策，安排勞動改造工作任務，解決有關政策性、法律性問題，規劃制定獄政管理、教育改造、勞動生產、刑滿釋放、安置就業等方面的規章制度，省、自治區、直轄市司法廳(局)設勞動改造工作管理局(處)，負責組織和管理罪犯的工作，並管理監獄、勞動改造管理隊、少年犯管教所等勞動改造場所，以期改造罪犯，使成為自食其力之守法公民。

(四)管理勞動教養工作：

勞動教養機關是對於青少年或心神喪失、精神耗弱等不具備刑事責任之

違法行為，經判處勞動教養之人，實施行政性強制勞動教育之機關，透過中央、省、自治區、直轄市和其他大中城市之司法行政機關所設置勞動教養工作管理委員會，負責組織實施對勞動教養人員之管理、教育和改造工作，俾有利於挽救大批嚴重違反國家行政管理法規的人員和失足青少年，防止他們進一步走上犯罪的道路，從而有利於維護社會的治安管理秩序。

(五)管理律師工作：

律師是受過法律專業訓練，依法經過國家考試或檢覈，取得律師證書，為社會大眾提供法律服務之專業人員；而律師制度本身雖不屬於司法體系之一環，但與司法制度具有相當密切的關係，對於保護人民的合法權利，完善法治，具有相當重要意義，為此大陸地區在司法行政機關設立相應的律師管理機構，對律師工作進行管理，依法規定有關律師工作的方針和措施，審查律師機構的設置，組織律師資格的考核，對開業律師進行註冊登記，對律師進行有組織的培訓，監督檢查律師工作，保障律師工作有序進行。

(六)管理公證工作：

公證處是國家公證機關，公證制度之目的，在於證明法律行為、有法律意義之事實和文書之真實性、合法性。因此，做好公證工作對於保護國家利益、集體利益和公民個人的合法權益，預防糾紛，減少訴訟都有極為重要的意義。為了保障公證工作的有序進行，依《公證暫行條例》第五、六條規定，在直轄市、縣、自治縣、市設立公證處，經省、自治區、直轄市司法行政機關批准，市轄區也可設置公證處。公證處受司法行政機關管理、監督，而司法部是全國公證工作的最高管理機關。

(七)負責法制宣傳：

中共向來重視宣傳工作，過去在「土改」、「鎮反」、「三反」運動時，無不大張旗鼓將法律、政策大量宣傳。西元1978年十一屆三中全會後，更把法律宣傳，當作保障經濟體制改革和經濟建設的重要條件。法制的宣傳，由司法部負責，目前在各級行政機關設立宣傳機構，區、鄉設有司法助理員，各級學校、黨政、企業單位聘請法制宣傳員、報告員組成宣傳隊伍，宣導各項新公布之法律，同時由政府部門推動在各校開設法制教育課程、出版法律書籍，以普及全民法律知識。

(八)負責司法外事工作：

隨著國家改革開放步伐，對外司法交流日益增多，為此由司法部主導，司法外事工作事宜，統一司法外事活動，確定工作方針、範圍和方式，派代表赴國外考察和出席國際會議，接待外賓，以及宣傳社會主義法制等。

(九)指導人民調解委員會工作：

人民調解，是人民調解委員會依調解方式，解決一般民事糾紛和輕微刑事案件之一種非訟活動，它對於及時解決民間糾紛，進行法制宣傳，維護社會安定具有顯著作用。因此，指導人民調解委員會的工作具有很重要意義，司法行政機關主要是通過鄉(鎮)和城市街道辦事處的司法助理員開展工作，調查糾紛原因，宣傳社會主義法律和道德，以實現對人民調解委員會之指導工作。

(十)其他司法行政事項：

如參與立法工作，負責司法行政各項業務工作之法律、法規之起草修正，制定有關司法行政工作之規章制度；協助政府其他部門法律諮詢工作，指導法學理論研究等，可見其職責之繁重㊽。

第四節　兩岸司法機關之組織與職權比較評析

第一項　司法機關之定位

台灣地區依《憲法》第七十七條規定，司法院為國家最高司法機關，掌理民事、刑事、行政訴訟之審判及公務員之懲戒，惟現行制度下，司法院除大法官掌理解釋憲法、統一解釋法律及命令外，並未直接審理民事、刑事、行政訴訟之審判及公務員之懲戒，而係於司法院下設各級法院、行政法院、公務員懲戒委員會，處理各該業務，因而造成司法行政凌駕審判之現象，有損人民對審判獨立之信賴，同時也產生司法院究為審判機關或司法行政機關之爭議，甚至引發外界對目前司法院之組織設計是否符合憲法精神之質疑，凡此均涉及司法院之定位問題。

在國外立法例上，不論美國聯邦最高法院、德國憲法法庭、日本最高裁判所均定位為國家最高司法機關，因直接掌理審判工作，故亦為最高審判機構。在大陸地區，最高人民法院有權審判法律、法令規定由其管轄之第一審

案件，和審理對高級人民法院、專門人民法院之裁決、裁定上訴之案件和抗訴案件，故亦為國家之最高審判機關。反觀台灣地區，係以隸屬之最高法院、行政法院及公務員懲戒委員會分掌終審案件之審判，司法院內部僅大法官審理案件，其餘均屬行政行為範疇，司法院幾乎被認為是司法行政機關，所以基於加強司法功能實質面或實施民主法治形象上之考量，司法院定位問題亟待釐清。

對此問題，司法院為推動司法改革，已於民國八十三年十月間成立司法改革委員會，並提出五種改革方案❹，內容如下：

一、一元化多軌制（司法院最高審判機關化）

司法院內設各庭，行使釋憲權與審判權，其中大法官(憲法法庭)掌理釋憲權；現制最高法院、行政法院及公務員懲戒委員會併入司法院，司法院設民事訴訟庭、刑事訴訟庭、行政訴訟庭及公務員懲戒庭等，掌理民事、刑事、行政訴訟及公務員懲戒等審判權。大法官(憲法法庭)與其他各庭均為司法院之內部單位。

二、二元化雙軌制

合併最高法院、行政法院、公務員懲戒委員會為最高法院；另設憲法法院，不再有司法院或大法官制。憲法法院與最高法院為兩個獨立而不相隸屬的機關，分掌釋憲與審判權。

三、多元化多軌制

大法官會議憲法法院化，司法院仍保留。最高法院、行政法院、公務員懲戒委員會均維持現制，分別掌理民、刑事訴訟終審審判、行政訴訟終審審判及公務員懲戒。司法院現有之司法行政權仍由司法院掌理，並予淡化。

四、一元化單軌制（司法院最高審判機關化）

司法院設大法官13至15人，掌理民事、刑事、行政訴訟之審判、公務員之懲戒及憲法之解釋。並置助理大法官若干人，襄佐大法官。大法官由總統提名，經國會同意任命之，任期九年。並設秘書處，以統籌司法行政、支援審判工作。調整司法院人事審議委員會之組織結構，適度下放人事權。

五、現制改良案

維持現行審判權與解釋權之體系，且司法院仍定位為除行使有關憲法之

司法權外，以司法行政為主要職掌。關於司法院之決策組織，以常設的司法院會議為主要決策機關。調整司法行政業務重心，將裁判督導、法律問題研議業務完全交由審判體系自治，司法院則強化司法保護、研究發展與行政監督的功能。

上開五種方案，經過司法院定位研究委員會歷時多年之研究，於八十六年九月二十九日經與會委員投票後，以「現制改良案」作為研究結論，而成為司法院擬推行之政策㊿。不可否認的，該項決議以最低成本作務實的改革；保留司法院、最高法院、公懲會及行政法院現有編制，但將大法官會議憲法法庭化；司法院掌理行政權，但予以淡化，以司法院會議為決策中心，將裁判督導、法律問題研議業務交由審判體系自治，期減少審判干預之疑慮等，固有其可取之處。惟因過度遷就現行組織建制前提下，很難彰顯司法改革應有之決心與魄力，引發民間司法改革會對司法院過於「保守」之抨擊；其次司法院會議，憲法並無明文，必須配合修正，恐將延宕費時；尤其將司法院仍定位為除行使有關憲法之司法權外，以司法行政為主要職權，實值得商榷。因就我國司法傳統，國父五權憲法原理、國民政府組織法之先例，及制憲之精神來看，司法院應定位為我國最高審判機關，以符合世界民主憲政國家體制，避免造成行政影響司法，政治干涉審判之錯誤印象，在未來政府一再加速司法全面革新之際，應從制度上努力推動「司法院最高審判化」，徹底袪除司法行政凌駕審判之情形，以提昇司法威信，增加民眾對司法之信賴。甫於民國八十八年七月八日落幕之全國司法會議，依多數結論，通過「一元多軌制為近程目標，一元單軌制為終極目標」之革新方案，依大會結論設計之新法藍圖，目前的最高法院、行政法院都將併入司法院，改為民、刑事訴訟庭及行政訴訟庭，現行的大法官會議也將改為憲法法庭；待實施相當期間之後，再調整為司法院置大法官十三至十五人，掌理民、刑事、行政訴訟審判、公務員懲戒、憲法解釋及政黨違憲解散權，確實改造為「金字塔形」訴訟制度，對此結論，本書贊同之。

第二項　憲法及法律之解釋

台灣地區，在司法院設有大法官十七人(八十六年七月，第四次修憲後改

為十五人，自九十二年起實施)，專司審理解釋憲法及統一解釋法令案件，並組成憲法法庭，審理政黨違憲之解散事項，凡政黨之目的或其行為，危害中華民國之存在或自由民主之憲政秩序者為違憲，憲法法庭於審理後發現有上開情事時，依《司法院大法官審理案件法》第二十六條規定，應以判決宣示被聲請解散之政黨違憲，應予解散，不得再成立目的相同之代替組織，由此可見大法官獨立超然釋憲地位，已廣為國人信賴。另外在法律之解釋上，最高法院、行政法院就具體個別案件，亦得表示其法律上見解，雖非憲法賦予之解釋權，僅其表示之見解，如經司法院核定，被選編為判例者，在訴訟實務上具有相當強烈之拘束力，該項拘束力亦獲得司法院大法官會議釋字第一五四號解釋所承認，大致說來，台灣地區在憲法及法律解釋權上，比大陸地區進步很多，展現其保護人權之宏效，尤其憲法法庭之順利成立，更使司法院在處理憲法案件中，毫無爭議的被界定為最高司法機關，此為其優點。然國內自解除戒嚴以來，政治生態及社會環境快速變遷，各界對於大法官釋憲功能之加強更為期待，往後具體作法，司法院除應繼續藉由個案解釋，加強人權保障，解決機關爭議，以回應社會之殷切期盼外；另一方面應積極研修完成《司法院大法官審理案件法》部分修正草案，以擴大釋憲範圍、放寬聲請解釋要件、改進審理程序、明定解釋效力，期以健全之法制，促使釋憲功能再提昇。

　　大陸地區依其《憲法》第六十七條第一款、第四款、第七款、第八款規定，解釋憲法、監督憲法實施、解釋法律、撤銷國家權力機關所制定違憲及違法之行政法規、決定和命令等司法權，為全國人民代表大會常務委員會之職權，所以大陸地區並非如台灣地區設有大法官會議，亦非如歐陸國家置有憲法法院(庭)，與英美國家將違憲審查權交由法院行使亦有區別，而係將權限直接賦予全國人大常委會。對於憲法之解釋，如為關於適用憲法疑義之解釋，其效力位階應等同於憲法；如為法令有無牴觸憲法疑義之解釋，其效力應等同於法令，依此則全國人大常委會所為之憲法解釋，或具有憲法效力，或具有法令效力，其行使解釋權結果，將國務院、省、自治區、直轄市所為之行政法規命令宣告違憲，固無問題；將其本身所制定或修改之「一般法律」(如律師法、法官法等)，宣告違憲，理論上亦無不可；惟如將上級立法機關，

全國人民代表大會所制定或修改之「基本法律」(如民法、刑法等)[51]，亦宣告為違憲，雖憲法規定全國人民代表大會可以改變或撤銷其常委會不適當的決定，然此種由次級立法機關(全國人大常委會)宣告主要立法機關(全國人民代表大會)違憲之案例，恐將造成法位階之混亂；再者，立法機關兼為釋憲機關，掌有司法權，亦非法治國家應有之常態。

除全國人大常委會外，大陸地區之最高人民法院及最高人民檢察院亦有解釋權，如《人民法院組織法》第三十三條規定：「最高人民法院對於在審判過程中如何具體應用法律、法令的問題，進行解釋」，此種解釋稱為司法解釋，包括審判解釋和檢察解釋。

審判解釋，一種是最高人民法院之解釋，此種解釋帶有指導性，對各級人民法院之審判活動具有約束力，是辦案依據，在西元1996年最高人民法院即曾針對審判工作出現之新情況和如何具體應用法律，作出有關民、刑事、經濟糾紛、行政、國家賠償之解釋三十件，其中屬於刑事審判者有五件，如〈關於執行中華人民共和國刑事訴訟法若干問題的解釋〉、〈關於審理非法進口廢物刑事案件適用法律若干問題的解釋〉、〈關於審理融資租賃合同糾紛案件若干問題的規定〉等[52]。另一種是各級人民法院的審判人員，在審理具體案件過程中所為解釋，此種解釋雖亦有法律效力，但只對具體案件有效，而不具有普遍性。

檢察解釋只能由最高人民檢察院來行使，此種解釋，對各級人民檢察院具有普遍約束力，在1996年最高人民法院為因應中華人民共和國刑事訴訟法和刑法之修訂工作，檢討司法實踐中所反遭遇之問題，曾制發十四件司法解釋，如〈最高人民檢察院關於執行修正後中華人民共和國刑事訴訟法有關問題的通知〉、〈最高人民檢察院司法解釋工作暫行規定〉、〈人民檢察院立案偵查案件扣押物品管理規定〉等。近年來，為了加強審判機關和檢察機關之協調配合，加快辦案速度，最高人民法院和最高人民檢察院採取聯合發布法律文件之形式，對法律進行共同解釋。例如〈最高人民法院、最高人民檢察院關於開展實施修改後刑事訴訟法試行工作的通知〉、〈最高人民法院、最高人民檢察院、公安部關於對凍結、扣押企業、事業單位、機關團體在銀行、非銀行金融機構有存款的執法活動加強監督的通知〉[53]等。

第三項　法院之審判制度

綜觀大陸地區之審判制度，其訴訟採四級二審制，使案件能速審速結，不致因審級太多而拖延過久；且普設基層人民法院和人民法庭，截至1997年為止，基層人民法院共有3,000餘個，人民法庭則多達17,200餘個，以便利民眾訴訟；又各級人民法院按照須要，可以設助理審判員，以協助審判員辦案，助理審判員經審判委員會通過，可以臨時代行審判員職務，以減輕審判員之工作負荷(參見大陸人民法院組織法第三十七條規定)，反觀我國倡議「法官助理」多年，自民國八十八年七月雖已設立，但仍應加速落實；再者中共除各審級軍事法院外，還設有鐵路運輸法院、海事法院等多種專門法院，有助於審判專業案件之功能，上開符合現代民主國家法院組織精神之制度，深值我們借鏡。

惟從意識形態立場，我國將法院作為保障私權，維護社會秩序、確保民主法治的審判機關；而中共將法院制度界定為上層建築，認為是統治階級的意識形態，與維護其利益而設之機構，例如馬克思即認為一國之司法制度，是為保護該國統治階級的利益而設，甚至指出它是「一個階級用以壓迫另一個階級有組織的暴力」，而毛澤東亦謂：「軍隊、警察、法庭等多項國家機器，是階級壓迫階級的工具，對於敵對的階級，它是壓迫的工具，它是暴力，並不是什麼仁慈的東西」[54]，對此觀點，實值商榷。其次在審判獨立原則方面，由於人民法院係從屬於國家權力機關，並非獨立於議會之外，與一般三權分立觀念迥異，故人民法院之審判在基本上，仍須遵循集體領導及民主集中制，甚至服從黨的領導，對於審判員個人，無所謂獨立審判可言，此與西元1983年第一屆世界司法獨立會議通過〈世界司法獨立宣言〉所揭櫫之「法官審判獨立，應予保障」之目標[55]，仍相距甚遠。由於司法是社會中正義的最後一道防線，與人權的保障關係密切，大陸對於六四民運人士的審判，西方民主人士、相關人權組織皆認為未達人權標準，紛紛指謫其司法審判不獨立，未予被告充分辯論機會、證據認定過於寬鬆，對此，吾人相信若能從提高司法人員素質，落實審判獨立制度著手，必能有助於大陸司法制度之改善。

至於在審判委員會之組織方面，其原本係基於民主集中原則而來，主要

任務是總結審判經驗，討論重大的或疑難案件之審判問題，其優點雖有助於審判品質提昇及杜絕法官個人權力濫用；惟因審判委員會之委員，並不參與審判，所討論之集體意見，又應反映於判決書中，此種「審者不判，不審者判」之奇特現象⑯，不僅使開庭流於形式，更與直接審理主義有違，甚至為行政機關干預司法審判，預留很大空間，故弊多於利。關於合議制及人民陪審制度方面，因深受國情及社會結構影響，難有定論，而我國司法界討論多年，對陪審制度仍懸而未決；中共一向標榜人民群眾路線，認為實行人民陪審制度，是人民行使國家權力的一種形式，有助於案件質量的提昇，使人民監督審判，密切結合人民法院和群眾的關係，便於法制宣傳，所以人民法院一開始即實行人民陪審制度⑰，惟由於陪審員並非法律專業人員，欠缺法律素養，又缺辦案經驗，易受感情的支配和其他影響；在處理重大民、刑案件時，增加訴訟程序的複雜性，拖延辦案時間，另方面亦使當事人增添訴訟費用的負擔⑱，所以在西元1983年修正《人民法院組織法》時，已由強制人民陪審制，改採為任意陪審制，大幅度縮小陪審制度範圍，對此改變，我們除應積極注意外，並應深入了解其背景、原因，以作為未來我國試行「專家參審制」之參考。

第四項 行政訴訟制度

法治國思想係相對於專制國思想，是現代民主國家之基本理念。法治國思想乃指人民之自由或權利由法律保障之，人民之義務由法律規定之，任何國家機關非依法律不得侵害或限制人民權益，或漫課人民以義務，其目的即在保障人民權益。而上開法治國思想之貫徹，其方法固不止一端，惟其中最重要者，即須有健全之行政爭訟制度。台灣地區對於行政訴訟與民事訴訟採二元化制度，在修正《行政訴訟法》、《行政法院組織法》前，原於司法院之下另設與最高法院層級相同之行政法院，因只設一所，審級不足，所以像國家賠償案件、選舉訴訟案件、財務案件等行政爭訟色彩甚為濃厚之案件，劃規於普通法院民事庭審理，學理上非無爭議；其次其受理範圍，限於人民因中央或地方機關之違法行政處分，認為損害其權利，經依訴願法提起再訴願而不服其決定，或提起再訴願逾三個月不為決定，或延長再訴願決定期間逾

二個月不為決定之案件(《行政訴訟法》第一條)，其審判範圍過於狹隘，間接影響人民行政救濟機會。對於行政訴訟裁判，現行法採一審終結制，不得上訴或抗告，惟如有適用法規顯有錯誤、判決理由與主文矛盾、判決法院之組織不合法等法定原因時，則得提起再審之訴(同法第二十八條)。訴訟種類，僅有形成之訴，即行政法院認起訴為有理由者，應以判決撤銷或變更原處分或決定，認起訴為無理由者，則以判決駁回之。整個行政訴訟所準據之法規，僅有《行政法》三十四個條文，餘均準用民事訴訟法之規定，此種制度集初審、終審、法律審、事實審於同一法院，對人民權益之保護，顯不週詳，為此司法院於民國七十年組成行政訴訟法修正委員會，著手研修行政訴訟法相關條文，費時多年，終於在民國八十七年十月二十八日修正公布新《行政訴訟法》。其主要內容，如(一)增加行政訴訟之審級，由現行一審終結，改採二級二審與一級一審併行之雙軌制，即訴願人不服訴願決定者，可選擇向高等行政法院提起撤銷訴訟，不服地區行政法院之裁判者，得向最高行政法院提起上訴；亦可選擇向再訴願機關提起再訴願，不服再訴願決定者，再向最高行政法院提起撤銷訴訟。(二)擴大行政訴訟裁判之範圍，增加訴訟種類，除原有之撤銷訴訟外，增訂確認訴訟、一般給付訴訟，課以義務訴訟以及維護公益訴訟，舉凡公法上爭議事項，除法律另有規定外，均得提起行政訴訟，俾使人民權益普遍獲得司法保障。(三)訴願前置主義仍予維持，惟提起行政訴訟須先經訴願程序者，祇適用於撤銷訴訟及課以義務訴訟，若提起其他種類之訴訟，依其性質，不適用訴願前置主義。(四)限制當事人處分權，有關訴訟標的之處分，除當事人有處分權，並與公益無關者外，不得任意為之。(五)高等行政法院第一審訴訟程序採言詞審理主義為原則，俾當事人有充分陳述意見機會。(六)採用情況判決制度，規定行政法院受理撤銷訴訟，發現處分或決定雖係違法，但其撤銷或變更，於公益有重大損害時，得斟酌原告所受損害、賠償程度、防止方法及其他一切情事，認原處分或決定之撤銷或變更顯與公益相違背時，得諭知原告之訴駁回，但行政法院為此項判決時，應依原告之聲明，就其違法處分或決定所受損害，於判決內命被告機關賠償，以兼顧原告利益[59]。行政救濟三法之陸續修正，對於未來人民行政救濟機會與行政活動之合法性，均將大幅度強化，期待法院及相關單位能積極落實，以健

全我國行政救濟制度。

　　大陸地區，自文化大革命後，體認到有效健全社會主義法制，須先有一套完整之行政訴訟法律制度，為此在1982年11月1日起試行之《民事訴訟法》第二條第二項，即規定由人民法院審理行政案件；並於同法第三條第二項再明文規定，法院審理行政案件所適用之法律程序，此為其訴訟法承認行政訴訟制度之開始。1986年全國人大常委會法律委員會委託下，成立研究小組，負責研擬《行政訴訟法》，歷時三年，直至1989年4月日始通過《行政訴訟法》，全文計七十五條，並自1990年10月1日起施行。該法採一元化制度，由普通人民法院成立行政訴訟法庭，審理行政訴訟案件；依同法第六條規定，行政訴訟採二審終結制，依案件性質分別由基層人民法院、中級人民法院、高級人民法院及最高人民法院管轄。至於行政訴訟管轄之範圍，兼採列舉制與概括制，而於第十一條第一、二款規定，人民對下列具體行為不服，可提行政訴訟：

　　一、對拘留、罰款、吊銷許可證和執照，責令停產停業沒收財物等行政處罰不服者。

　　二、對限制人身自由或者對財產的查封、扣押、凍結等行政強制措施不服者。

　　三、認為行政機關侵犯法律規定的經營自主權者。

　　四、認為符合法定條件申請行政機關係頒發許可證和執照，行政機關拒絕頒發或者不予答覆者。

　　五、申請行政機關履行保護人身權、財產權的法定職責，行政機關拒絕履行或者不予答覆者。

　　六、認為行政機關沒有依法發給撫卹金者。

　　七、認為行政機關違法要求履行義務者。

　　八、認為行政機關侵犯其他人身權、財產權者。

　　九、依法律、法規可以提起訴訟的其他行政案件。

　　此外大陸《行政訴訟法》第十二條以列舉式規定，行政相對人就下列四類事項所提的訴訟，人民法院不予受理：

　　一、國防、外交等國家行為。

二、行政法規、規章或行政機關制定的具有普通約束力的決定、命令。

三、行政機關對行政機關工作人員的獎懲、任免等決定。

四、法律規定由行政機關最終裁決的具體行政行為等。

另依其《行政訴訟法》第一條規定：「為保證人民法院正確、及時審理行政案件，保護公民、法人和其他組織的合法權益，維護和監督行政機關依法行使行政職權，根據憲法制定本法」，該條文明白規定行政訴訟之立法目的、功能及定位，與前述相關具體條文，使我們深切感受到中共近年來已意識到行政訴訟對其民主和法制推行之重要性[60]，透過《行政訴訟法》、《國家賠償法》、《國家公務員暫行條例》等行政法之頒布施行，使其行政機關，朝向精簡機構、明確職責、實現領導班子四化(革命化、年輕化、知識化、專業化)，克服官僚主義，提高工作效率等目標，如與台灣地區相較，頗有迎頭趕上之趨勢。

第五項　公務員懲戒制度

依《公務員服務法》第二十四條規定，台灣地區公務員係受有俸給之文武職公務員及其他公營事業機關服務之人員，公務員既受有國家之俸給，自應負有忠實執行職務，奉公守法，保持品位，嚴守秘密等義務。如有違反其對國家所應負之責任，濫權失職，抑且損及國家、社會或人民權益時，自應予以懲戒[61]。我國之公務員懲戒，於司法院之下設獨立之公務員懲戒委員會掌理，屬司法權之一環。惟相較於同屬司法權之民、刑事案件，有嚴格之訴訟程序，使兩造立於平等地位為攻擊防禦，並行公開言詞審理程序者顯有不同，為加強保障公務員之司法人權，避免公務員懲戒委員會與監察院職權之爭議，對公務員懲戒制度實有積極改進之必要。

在日本、德國及法國之立法例，懲戒權之發動原則上由行政機關長官為之，司法機關除德國聯邦懲戒法院亦得為懲戒判決外，大都居於事後救濟之地位，審議懲戒案件採法庭化之制度。我國就公務員之懲戒，現行制度係以公務員懲戒委員會合議制，審議監察院提出之彈劾案及各主管長官移送之懲戒案件。因審議程序相關條文僅有《公務員懲戒法》第二十至第二十三條規定，內容簡略，且不採取法庭化審理、公開言詞辯論，以致現行公務員懲戒

委員會委員無法行使司法審判權之特色，對被付懲戒人之程序保障亦有欠缺，未來在審議程序修正時，可從下列幾點著手：

一、公務員懲戒案件朝法庭化及被付懲戒人得選任律師為辯護人之方向改進。

二、法庭化後，審議案件以書面審理為原則，惟關於足以改變公務員身分之懲戒案件、對於公務員有重大影響之懲戒案件、其他特殊之懲戒案件，得依職權或依被付懲戒人之聲請舉行言詞辯論。

三、懲戒案件為維護公務員之名譽，以不公開審議為原則。但經被付懲戒人聲請，得公開審理。

四、參考司法院大法官審理案件法第二十二條規定，得委任律師、法學教授或移送機關人員為訴訟代理人。

五、監察院彈劾移送之懲戒案件，由大法庭審議；情節輕微之案件得由小法庭審議。

六、聲請再審議事由酌予放寬，例如懲戒處分確有過重或誤認事實顯有影響原處分者，亦得聲請再審議。

此外，對於公務員懲戒委員會之隸屬與定位上，雖公懲會審議懲戒案件時，地位與各國懲戒案件之最後司法救濟機關相符，惟在審議彈劾案件時，其地位與上述各國由國會、聯邦憲法法院或最高裁判所等機關掌理相較，顯矮一截，而其審議負政治責任之特任政務官，亦有欠妥⑫，並常引發與監察院之權限爭議，未來是否將其提昇至與監察院對等之院級機關，譬如參照八十六年七月憲法修正條文第五條第一項，與大法官同歸入司法院，由司法院院長或副院長兼任委員會或公懲會會議主席，亦係值得考慮之處。又近年來監察院以監察功能不彰，曾有公懲會改隸監察院之提議，學者亦有從：(一) 國父曾主張監察權應獨立，而監察權包括彈劾權和制裁權，故懲戒權應為監察權之內涵⑬。(二)懲戒為對於被彈劾人之制裁，懲戒與彈劾相互為用，有如法院之檢察、審判關係，故懲戒以歸監察院掌理為宜⑭。(三)彈劾權與懲戒權合一，始足以發揮彈劾防腐功能⑮。惟依本書見解，鑒於公務員之懲戒權屬於審判性質，以歸司法院為宜；且監察院一方面彈劾，另方面又有懲戒權，此種糾問方式，有失平衡、難期公允；再者，參酌日、德立法例，外國鮮有由同

一機關兼行彈劾及懲戒之先例；況多年來由司法院掌理公務員懲戒迄今，尚未發現有何窒礙難行之處⑥，基於以上理由，在現階段並無將公務員懲戒委員會改隸監察院之必要。

在大陸地區並無類似我國公務員懲戒委員會之設置，對於國家公務員之懲戒處分，主要依據為1993年8月14日，由國務院發布之《國家公務員暫行條例》，依該條例第三十二條前段規定：「國家公務員有同條例第三十一條所列違紀行為，尚未構成犯罪的，或者雖然構成犯罪，但是依法不追究刑事責任的，應當給予行政處分」。其第三十一條則規定：國家公務員必須嚴格遵守紀律，不得有下列行為(亦即為懲戒原因)：

(一)散佈有損政府聲譽的言論，組織或者參加非法組織，組織或者參加旨在反對政府的集會、遊行、示威等活動，組織或者參加罷工。

(二)玩忽職守，貽誤工作。

(三)對抗上級決議和命令。

(四)壓制批評，打擊報復。

(五)弄虛作假，欺騙領導和群眾。

(六)貪污、盜竊、行賄、受賄或者利用職權為自己和他人謀取私利。

(七)揮霍公款，浪費國家資財。

(八)濫用職權，侵犯群眾利益，損害政府和人民群眾的關係。

(九)洩漏國家秘密和工作秘密。

(十)在外事活動中有損國家榮譽和利益。

(十一)參與或者支持色情、吸毒、迷信、賭博等活動。

(十二)違反社會公德，造成不良影響。

(十三)經商、經辦企業以及參與其他營利性的經營活動。

(十四)其他違反紀律的行為。

對於公務員之行政處分，依同條例第三十五條規定，分別由任免機關(人事部門)或行政監察機關決定；行政處分可分為警告、記過、記大過、降級、撤職和開除六種，凡受撤職處分者，同時降低級別和職務工資；如受開除處分者，應當報上級機關備案，縣以下國家行政機關開除國家公務員，必須報縣級人民政府批准。另依同條例第八十一條規定，國家公務員對涉及本人的

人事處理決定不服的，可以在接到處理決定之日起，三十日內向原處理機關申請複核，或者向同級人民政府人事部門申訴，其中對行政處分決定不服的，可以向行政監察機關申訴。可見對於公務人員涉及玩忽職守、怠誤工作、濫用職權、弄虛作假等違紀行為時，一般先由人事行政機關或行政監察機關處理，如有重大貪污、賄賂、嚴重怠忽職責之腐敗行為時，始由司法機關即人民檢察院加以有效監督和制約⑩，其對於廉政建設之預防與各國均不相同，惟因目前國家工作人員財產申報制度猶未建立，各項防腐敗法制尚不完備，官僚主義各地充斥，以致貪污、受賄、以權謀私、揮霍公款、腐化墮落、洩漏國家秘密等現象仍時有所聞，亟須各該權責機關，積極努力，予以改正。

第六項　司法機關之經費編列

台灣地區審判與檢察機關分別隸屬於司法院及行政院所屬之法務部，司法院與行政院為平行機關，最高法院、行政法院、公務員懲戒委員會等，則隸屬司法院，此與大陸地區採「一府二院」體制，使最高人民法院、最高人民檢察院均列為平行機關尚有不同。台灣地區司法機關全部經費預算，均由中央機關編列，與各級地方政府及議會無關，故各級地方議會開會，院、檢首長無庸列席，更不受其監督。

關於司法預算之編列，依《憲法》第五十八條第二項規定，應由行政院會議議決後，再依同法第五十九條規定，由行政院於會計年度開始三個月前，將下年度預算案提出於立法院，由於預算之編制權操諸行政院手中⑱，以致司法院歷年依其施政計劃核算編列之預算，於送交行政院時，均未獲全部編列，加上立法院之刪減，以致數十年來經費嚴重欠缺，無法符合司法運作之實際須求，硬體設備，因陋就簡，與歐美制度宏偉之法庭設備，無法相比；軟體方面，造成法官員額未能適當補足，司法人員之薪資結構無法合理化等現象，因此吾人以為今日我國司法威信之低落，其中司法預算受人箝制，未能獨立，應係重要因素之一。

根據司法院會計室之統計資料顯示，近十年來司法預算之金額與全國總預算之比例，依附表顯示每年幾乎在1%以下：

年　度	預算金額	與全國總預算之比例	年　度	預算金額	與全國總預算之比例
七十五	二二億	0.53%	八十一	一一六億	1.18%
七十六	二三億	0.54%	八十二	一四七億	1.28%
七十七	二五億	0.53%	八十三	九八億	0.92%
七十八	三五億	0.63%	八十四	七八億	0.75%
七十九	四〇億	0.59%	八十五	八五億	0.75%
八　十	七二億	0.87%			

從歷年來的預算金額及比例中，我們可以看出：

一、民國七十七年以前編列的預算均屬人事費及經常費，只是在維持基本的正常運作，對司法並未作任何投資。

二、民國八十年至八十三年大幅成長，係因林洋港院長任內大力爭取，並配合社會秩序維護法之施行，在各地成立四十五個簡易庭，興建大量的法官職務宿舍，以及實施司法業務電腦化的結果。

三、民國八十四年以後因行政院以國家財政困難，堅持零成長，因此採由上而下的分配式，按0.75%之比例編列[69]。

由於司法預算過低，且時時遭受行政機關之不當干涉，是以爭取司法預算獨立，乃成為關心司法人士所主張及追求之目標。至於司法預算獨立之方式，在歐美等國不外有下列三種方式：

一、司法預算由司法院自行依實際須要獨立編列，併同其他部會的預算由行政院提出。

二、司法預算獨立編列，行政院對司法預算仍具有審查權，惟應將刪減意見以附註方式隨預算案送立法院審議。

三、仿憲法對教科文預算保障之方式，於憲法中明定司法預算比例不得少於中央政府總預算某個固定百分比。

第一種方式，在完全無任何限額與干預情況下，由司法機關自行按實際須求擬編預算，優點是可彰顯司法預算完全獨立自主，但缺點則由於行政院未加審核，若立法院如數通過，其預算須要仍必須由行政院負擔籌措，屆時行政院又須為財政不足負起政治責任，故實務與理論有矛盾之處。至第三種

方式仿憲法教科文之規定定其下限，雖可以真正確保司法之獨立，既可不受行政機關之牽制，又可避免立法機關之任意刪減，但所涉修憲工程浩大，設定下限，缺乏彈性，可能造成預算浮濫，浪費國家資源，扭曲預算制度，則為其缺陷[20]。

　　民國八十六年七月二十一日國民大會修憲時，在兼具司法行政官身分之國代多人提案連署下，獲朝野認同，終使司法預算獨立入憲，並採第二種方案，而於《憲法增修條文》第五條第六項規定：「司法院所提之年度司法概算，行政院不得刪減，但得加註意見，編入中央政府總預算案送立法院審議」。在司法預算獨立後，司法機關務應善用司法經費，增加法官員額，設置法官助理，改善司法人員薪資結構、增建法庭及其他硬體設施，戮力司法改革，提昇司法公信力。

　　在大陸地區方面，自西元1980年以來，採取「分級管理分灶吃飯」為主要內容的財政體制。這種將中央與地方分開，地方各級間也分開的財政體制，雖會刺激各級地方政府發展地區經濟的積極性，減輕中央政府財政負擔，但在此同時也強化地方政府的獨立利益，削弱中央政府的財政能力。在財政「分灶吃飯」體制下，與現代法治國家相比，大陸的行政機關掌握整個國家財源，除各級立法機關的經費由各級政府決定外，各級司法機關的經費也必須由各級政府決定，這種體制顯不利於司法權的獨立與統一。另方面，司法機關在裝備、辦公條件、辦案經費等方面，會因各地方經濟發展及財政收入狀況不同而大相逕庭，使司法機關的財政與地方財政融為一體，造成地方司法機關傾向於從發展地方經濟角度去執行法律之後果，而非著眼於法制的統一性和嚴肅性。即使在1993年以後採分稅制的財政管理體制下，地方司法機關除在財政上依附地方政府外，在人事制度方面，不僅司法機關的司法行政職務由地方各級權力機關選舉、委任和罷免，且司法人員也由地方各級國家權力機關任免；在實踐中，地方黨委組織部門和地方政府人事部門擁有司法機關主要領導幹部的推荐權或指派權，實行地方黨委和地方人事部門，對地方司法機關人事的控制，使得地方司法機關無力抗衡地方政權的干預，其結果除破壞司法獨立外，還導致司法權的地方化[21]。面對此種缺失，有效地解決途徑，依作者見解認為亦應從司法預算獨立做起，其具體建議方案為全國所有法院的

經費由中央財政支付，預算編制由最高人民法院負責，預算草案送政府協調後(不得減少或推翻)，直接由立法機關審議、批准，由國務院和最高人民法院執行，如此必能使司法機關擺脫行政部門或地方單位之控制，真正實現審判獨立，以維護國家法制和司法權之統一。

第五節　結論

　　檢討司法制度存在之目的，相當清楚地係為建立一個公平之審判制度，給與人民公正判決，我們希望在一個健全之司法體制下，原告、被告立於同等之地位，並協助在法律專業上之對等，給予同等辯詰機會，由公正之法院在遵循「正當之法律程序」[72]，包括程序之正當程序(Procedural due process)及實體之正當程序(Substantive due process)，作出適當判決。簡賅言之，現代各國司法制度之新課題，即在司法權擴大之時代思潮中，為維護人性尊嚴，滿足最低程度公平正義理念，所發展出來的一套制度[73]。台灣地區之司法改革，亦本於此種立場，以「建立廉能公正之司法，實現公平正義之社會」為目標。

　　惟司法工作之推動，有賴於司法組織體系之健全，而司法組織之健全端視法律規範是否能夠步趨時代之須求，對於台灣地區司法組織體系之改革，除前節所述在司法院定位問題上，應朝司法院審判機關化，淡化司法院行政色彩，避免司法行政凌駕審判權之缺失外，應儘速研修大法官會議法[74]，放寬聲請條件及解釋憲法或統一解釋法令範圍，降低釋憲可決人數；維護司法獨立，完成修訂《法院組織法》，制定《法官法》、《檢察官法》，建立公平合理人事制度；積極進行《公務員懲戒委員會組織法》之修正，釐清公務員懲戒委員會與監察院之職權界限，使公務員懲戒委員會法庭化及懲戒程序改採一級二審制，並加強行政法院機能，擴大訴願審議委員會之組織編制，慎選各級行政法院法官、每年確實辦理在職進修，提昇國內行政法學研究水準，以保障人民行政訴訟之權利；善用司法預算，促進司法業務電腦化，加強司法機關硬體建設，增加法官員額，延攬優秀在野法曹進入司法體系，研擬非訟法務官法，選拔法律專業人員處理非訟案件，以減輕法官工作負荷，簡化非訟事件處理程序，提高工作績效。在司法行政工作上，務須司法決策公開化、法官調動民主化、建立完善法官制度，維護司法風紀[75]，以符人民對司法正義

之期盼。

　　至大陸地區近幾年來對於司法體制之改革，亦著力甚深，具體成效如重新設置檢察機關，建立新的專門人民法院，增置行政審判庭和告訴申訴庭、擴大法院審判權、取消黨委審批案件制度、制定《法官法》、《檢察官法》、改進司法人員任免程序，加強法官、律師之專業訓練[⑯]等等。不過繼續存在於司法組織體系之弊端仍然不少，歸納起來有三：

一、司法機制缺少科學性

　　大陸地區審判機構的設置，職能的規定，人員的配備及審判程序制度等，不是根據審判科學本身的規律來設定，基本上是行政模式的翻版，權力集中，管理落後，機構臃腫、人浮於事、效率不高，成為無法自我克服的組織上病症。

二、司法地位缺乏獨立性

　　由於司法機關對行政機關存在人事和財政依附關係，致使憲法和法律規定的獨立地位無法落實，由於司法沒有獨立地位，也就無法形成確保司法公正必須的抗干擾機制，地方保護主義、部門保護主義成為體制通病。

三、司法活動缺少公正性

　　由於地方保護主義和部門保護主義作祟，加上現行經費管理上的弊端，審判活動的價值取向乃帶有明顯功利化傾向，「利益驅動」成為另一無法自我克服的體制性弊病[⑰]。

　　以上缺失，在現階段已嚴重影響到司法之公正性，所以司法組織體系改革的呼聲，於中國共產黨十五大會議將建設社會主義法治國家確立為一項基本方針後，已提上議事日程，正積極展開，如同其國家主席江澤民所謂的「推展司法改革，要從制度上保證司法機關依法獨立公正地行使審判權和檢察權，提高依法辦案能力」[⑱]。至具體作法，綜合其學者意見，允宜從下列幾個方面作起：

一、確保司法機關獨立地位

　　司法獨立，為各國憲法普遍採行之原則，其基本含義，在於司法機關依法處理案件時不受外界干擾，以保證案件處理的客觀性和公正性，大陸《憲法》第一百二十六條、第一百二十九條雖均規定「人民法院、人民檢察院依照

法律規定，獨立行使審判權、檢察權，不受行政機關、社會團體和個人之干涉」，但因條文並未規定不受政黨干涉，以致在四個堅持理念下，其司法人員在執法過程中，常受黨之干涉，各級法院也存在由黨的組織領導情況[79]，未來應逐步改進，使政黨退出司法體系，不得決定、參與和干預具體案件之處理，俾司法機關能獨立、依法行使職權。

二、提高司法人員整體素質

提高司法隊伍整體素質，加強司法人員法律涵養，是司法改革過程中，要優先解決的問題，因為司法人員素質高低，決定司法品質好壞，故司法改革務須從提高司法人員素質下功夫，從制度上來保證司法隊伍有較高的素質，在這方面，可以從完善法學教育，合理訂立司法人員選拔、培訓制度作起。

三、落實司法預算獨立原則

將司法預算全部由中央機關支付，由最高人民法院或最高人民檢察院分別編列，交由立法機關審議後執行，可防止司法權力地方化[80]，保障司法機關公平行使司法權，已如前述，應值得儘速採行。

四、強化司法權力制約功能

司法權與其他權力相同，一方面要確保司法權之正常行使，不受非法干涉，另一方面，也要形成合理之制約機制和有效監督體制，對此，應可參酌刑事司法中公、檢、法三機關之權力制衡和相互監督機制，同時使司法機關廣受公民、新聞媒體、社會黨派之民主監督，應係防止司法權腐化之有效對策。

五、建立相關法制訴訟措施

在進行司法改革之際，推動有關配套改革，為司法提供一個良好之法制環境和物質條件，亦為不可忽視之環節，對此大陸地區已提出要建立冤案、錯案責任追究制度；要加強執法和司法隊伍建設；要深入開展普法教育，增強全民的法律知識，著重提高領導幹部的法制觀念和依法辦事能力；法制建設同精神文明建設必須緊密結合，同步推進等等要求，這些在司法改革中均需通盤考慮全面推進。

註釋：

① 郭介恆、雷萬來、那思陸，《司法制度概論》，(台北：國立空中大學，民國85年1月)，頁30。

② Leo Strauss and Joseph Cropsey, *History of Political Philosophy*, (Rand Mcnally & Company,1972)，pp.497～499,

③ 翁岳生，〈司法權發展之趨勢〉，載於所著《法治國家之行政法與司法》，(台北：月旦出版社，民國86年4月)，頁336～338。

④ 林國賢，《五權憲法與現行憲法》，(台北：文笙書局，民國75年7月)，頁286。

⑤ 張金鑑，《政治學概論》，(台北：三民書局，民國80年2月)，頁215。

⑥ 袁紅兵、孫曉寧，《中國司法制度》，(北京：北京大學出版社，1988年12月)，頁2。

⑦ 黃茂榮，《大陸地區財經法規之研究》，(台北：行政院大陸委員會，民國82年7月)，頁45～50。

⑧ 魯明健主編，《中國司法制度教程》，(北京：中國政法大學出版社，1996年3月)，頁172～176。

⑨ 吳磊，《中國司法制度》，(北京：中國人民大學出版社，1997年5月)，頁85。

⑩ 朱諶，《中華民國憲法理論與制度》，(台北：五南圖書出版公司，民國84年8月)，頁433～434。

⑪ 廖與人，《中華民國現行司法制度(上)》，(台北：黎明文化事業公司，民國71年1月)，頁62～64。

⑫ 司法院組織法第十一條至第十五條之一。

⑬ 行政訴訟法第四條。

⑭ 管歐，《中華民國憲法論》，(台北：三民書局，民國81年2月)，頁182～183。

⑮ 林國賢，《五權憲法與現行憲法》，前揭書，頁302。

⑯ 依民國86年7月21日中華民國憲法增修條文第五條第一、二項規定，自92年起，司法院改設大法官十五人，並以其中一人為院長，一人為副院長，由總統提名，經國民大會同意後任命，任期八年。

⑰ 林紀東，《中華民國憲法釋論》，(台北：大中國圖書公司，民國81年10月)，頁259。

⑱ 司法院大法官會議釋字第三七一號解釋認為：「法官在審理案件時，對於應適用之法律，依其合理之確信，認為有牴觸憲法之疑異者，自應許其先行聲請解釋憲法，以求解決」，可資參照。

⑲ 章瑞卿，〈我國司法院憲法法庭未來的角色(上)〉，《軍法專刊》，第三十九卷第十期，(台北：軍法專刊社，民國82年10月10日)，頁8。

⑳ 翁岳生，〈憲法法庭設立之經過及其意義〉，《司法周刊》，第六四四期，(台北：司法院，民國82年10月22日)，第十一版。

㉑ 李炳南，《憲政改革與國民大會》，(台北：月旦出版社，民國83年6月)，頁204

～209。

㉒ 湯德宗，〈對第二屆國民大會臨時會修憲之評價與展望〉，《法律評論》，第五十八卷第十期，(台北：朝陽大學法律評論社，民國83年3月)，頁31。

㉓ 該修正案之立法要旨如下：「有關政黨之解散，依動員戡亂時期人民團體法規定，原由行政院政黨審議委員會審議後，移由內政部據以處分，不服內政部之解散處分，可循訴願及行政訴訟程序救濟，最後並得依法聲請司法院大法官會議解散。惟各方對於行政機關解散政黨之規定，仍多爭議，而認為宜由司法院大法官組成憲法法庭審理之，較符憲政法理之要求，爰於第十三條增訂第二項之規定。又政黨之解散處分以違憲事由為限，爰參照德國《基本法》第二十一條第二項之立法例，於第十三條增訂第三項，明定政黨違憲之事由」。

㉔ 蘇嘉宏，《增修中華民國憲法要義》，(台北：東華書局，民國85年1月)，頁288～289。

㉕ 呂丁旺，《法院組織法論》，(台北：月旦出版社，民國83年10月)，頁45～46。

㉖ 管歐，《法院組織法論》，(台北：三民書局，民國82年12月)，頁43～44。另楊建華，《大陸民事訴訟法》，(台北：三民書局，民國80年7月)，頁1。

㉗ 蔣次寧編，《我們的法院》，(台北：司法行政部，民國68年10月)，頁205～207。

㉘ 曾蘭淑，《論海峽兩岸的法院制度》，(台北：政治大學中山人文社會科學研究所碩士論文，民國84年6月)，頁125。另葛義才，《非訟事件處理法》，(台北：三民書局，民國82年1月)，頁10。

㉙ 張金鑑，《中國現行人事行政制度》，(台北：台灣商務印書館，民國67年7月)，頁95～96。

㉚ 管歐，《法院組織法》，(台北：三民書局，民國82年12月)，頁188。

㉛ 參見 我國《法院組織法》第六十一條、第六十三條、第六十四條規定。

㉜ 褚劍鴻，《刑事訴訟法論》(上冊)，(台北：台灣商務印書館，民國84年4月)，頁299。

㉝ 程遠，〈大陸司法制度簡介〉，《司法周刊》，第六七二期，(台北：司法院，民國83年5月11日)，第三版。

㉞ 王樹鳴主編，《認識大陸司法環境》，(台北：永然文化出版股份有限公司，民國84年2月)，頁49～53。

㉟ 王振興，《中共刑法原理》(第一冊)，(台北：作者自行出版，民國80年6月)，頁110。

㊱ 魯明健、熊先覺、張慜編，《中國司法制度教程》，(北京：人民法院出版社，1991年8月)，頁151。

㊲ 中共全國人大常委會法制工作委員會刑法室、中國高級律師高級公證員培訓中心編，《中華人民共和國法律集注》，(北京：法律出版社，1994年3月)頁117。

㊳ 朱石炎，《中共檢察制度之研究》，刑事法第三類，(台北：法務部，民國80年

6月），頁259～260。

㊴ 中共人民檢察院認為須要自己直接受理的案件，主要是指人民檢察院組織法第五條規定的叛國案、分裂國家案以及嚴重破壞國家的政策、法律、法令、政令統一實施的重大犯罪案件。

㊵ 林山田等，《大陸地區刑事程序法規之研究》，（台北：行政院大陸委員會，民國82年7月），頁34～35。

㊶ 大陸地區《人民檢察院組織法》第五條之規定。

㊷ 大陸地區《刑事訴訟法》第一百零一條至第一百零八條規定。

㊸ 王樹鳴主編，《認識大陸司法環境》，前揭書，頁9～11。

㊹ 雷萬來，《中共司法制度之研究》，（台北：中興大學法學叢書編輯委員會，民國78年11月），頁99～100。

㊺ 楊錫銘，《中共公安工作研究—中共人民武裝警察部隊解析》，（台北：國立政治大學東亞研究所碩士論文，民國82年6月），頁11～14。

㊻ 吳磊主編，《中國司法制度》，前揭書，頁84～85。

㊼ 轉引自劉清波，《中國大陸司法制度》，(台北：華泰書局，民國84年10月)，頁309～310。

㊽ 楊建華等，《香港、澳門、大陸地區司法制度考察報告》，（台北：司法院行政廳，民國83年8月），頁35～37。

㊾ 蔣次寧，〈司法改革的方向與實踐〉，載於《司法改革委員會會議實錄(上輯)》，（台北：司法院大法官書記處，民國85年5月），頁39～40。

㊿ 中國時報，民國86年9月30日，第一版。

(51) 中共的法律，依據制定機關和調整對象不同，分為「基本法律」和「一般法律」，前者由全國人大制定和修改，後者由全國人大常委會制定和修改。

(52) 孫琬鍾主編，《1997年中國法律年鑑》，（北京：中國法律年鑑社，1997年8月），頁168。

(53) 孫琬鍾主編，《1997年中國法律年鑑》，前揭書，頁183。

(54) 馬克思、恩格斯，〈共產黨宣言〉，載於《馬克思、恩格斯選集》，第一卷，（北京：人民出版社，1972年5月），頁253；毛澤東，〈論人民民主專政〉，《毛澤東選集》，第四卷，（北京：人民出版社，1990年5月），頁1413。

(55) 李秋男，〈國會調查權、司法行政監督權與法官獨立審判權之關係及其分際〉，《輔仁法學》，第六期，(台北：輔仁大學法律系，民國76年12月)，頁96。

(56) 郝雙祿主編，《刑事訴訟法教程》，（北京：法律出版社，1988年10月），頁36。

(57) 許光泰，《中共法制論》，(台北：台灣商務印書館，民國78年3月)，頁132～133。

(58) 錢衛清，〈建議取消陪審制度〉，《法學雜誌》，第五期，（北京：法學雜誌社，1978年10月），頁21。

(59) 楊建華、陳月端，〈海峽兩岸司法制度比較與分析〉，《華岡社科學報》，第十二

期，（台北：文化大學法學院，民國86年8月），頁34。

⑥ 蔡志芳，〈海峽兩岸行政訴訟制度的比較研究〉，載於《中國法制比較研究論文集》，（台北：東吳大學法學院，民國84年9月），頁301～303。

⑥ 方庭諧，〈我國彈劾制度的結構、功能與改進〉，《公共行政學報》，第一期，（台北：政治大學公共行政系，民國74年11月），頁140。

⑥ 王廷懋，〈公懲制度改革重點〉，《司法周刊》，第八七〇期，（台北：司法院，民國87年3月25日），第一版。

⑥ 孫文，〈三民主義與中國民族之前途〉，《國父全集》，第三冊，（台北：近代中國出版社，民國78年11月），頁14。

⑥ 馬空群，〈我國現行彈劾制度尚待研究〉，《憲政思潮》，第三十八期，（台北：憲政思潮雜誌社，民國66年6月），頁111～115。

⑥ 王廷懋，〈公懲會是否改隸監察院〉，《司法周刊》，第八五六期，（台北：司法院，民國86年12月10日），第三版。

⑥ 吳天惠，《我國公務員懲戒制度之研究》，（台北：文化大學中山學術研究所博士論文，民國86年6月），頁34～35。

⑥ 朱慶芳、初尊賢主編，《公務員法概要》，（北京：法律出版社，1992年8月），頁229～231。

⑥ 程春益，《法官之職務獨立與職務監督》，（台北：政大法律研究所碩士論文，民國77年6月），頁170～172。

⑥ 白文漳，《司法革新與革心》，（台北：其澤有限公司，民國86年11月），頁124～126。

⑦ 白文漳，《司法革新與革心》，前揭書，頁133～134。

⑦ 蔣惠岭，〈司法權力地方化之利弊與改革〉，《人民司法》，1998年第二期，（北京：人民法院出版社，1998年2月），頁29～30。

⑦ Rogers M. Smith, *Liberalism and America Constitutional Law*, (1990),pp.67~71.

⑦ 林子儀，〈人身自由與檢察官之羈押權〉，《月旦法學》，第六期，（台北：月旦法學雜誌社，民國84年10月15日），頁35。

⑦ 林洋港，《司法革新實況簡報》，（台北：司法院，民國79年8月），頁1～2。

⑦ 施啟揚，〈建立廉能公正的司法〉，《司法院公報》，第四十卷第一期，（台北：司法院，民國87年1月），頁1～3。

⑦ 張鑫，《大陸法制之現狀問題》，（台北：蔚理法律出版社，民國77年11月），頁174～186。

⑦ 唐浩文，〈中國司法體制的症病何在〉，《中國律師》，1997年第一期，（北京：中華全國律師協會，1997年10月13日），頁34～35；沈德永，〈為中國司法體制問診切脈〉，《中國律師》，（北京：中華全國律師協會，1997年7月），頁19～20。

⑦ 轉引自吳炯，〈司法改革的思考〉，《法學家雜誌社》，1998年第一期，（北京：

中國人民大學法學院，1998年2月15日），頁107。

⑦ 王泰詮，《當前兩岸法律問題分析》，（台北：五南圖書出版公司，民國86年6月），頁42～43。

⑧ 馬俊駒，〈建設社會主義法治國家—中國司法制度改革〉，《法學家雜誌社》，1998年第一期，（北京：中國人民大學法學院，1998年2月15日），頁105～106。

第五章　兩岸之審判獨立制度

第一節　審判獨立之意涵

　　審判獨立，又稱司法獨立(Judicial Independence)，為現代法治國家普遍承認和確立之基本法律準則①，作為一項憲法原則，它調整著法治國家司法審判機關與立法、行政等其他職能部門之法律關係，確認司法權之專屬性和獨立性，為現代法治之基石。作為一項司法制度之最重要原則，它確保法院審判權之公正行使，防止法官在審判過程受到其他機關或外界之影響，使司法能真正成為伸張正義，保護人民權益最重要、也是最後的一道防線，沒有審判獨立，就沒有現代意義的審判制度和訴訟程序②。

　　近代各民主國家採三權分立制結果，司法權已與行政權、立法權形成三權鼎立之局面，同時以審判獨立作為司法獨立之核心，為求保障法官獨立行使職權，不受外界干涉，文明國家除於憲法明文規定法官具有獨立審判權外，其他有關身分、地位、任用、退休、撫恤等，均有特殊保障，以使法官能超出黨派，跳脫政治漩渦，依據法律獨立進行審判，達到定分止爭，維持社會生活之紀律與秩序目標。目前我國《憲法》亦於第八十條明定：「法官須超出黨派以外，依據法律獨立審判，不受任何干涉」，以期維護審判獨立之精神，民國七十八年十二月間制定公布之《司法人員人事條例》，更對法官身分、地位、任用、訓練、進修、保障等予以明文規定，使更能積極超出黨派，獨立進行審判，不受任何干涉。然則審判獨立之意義為由？精髓何在？有無行使之界線？兩岸目前遭受如何之障礙，應如何維護？凡此均為本章所應討論之重點。

　　所謂審判獨立，係指法官所為之裁判，除應依據法律為之者外，其在職務上完全獨立，關於訟爭之具體案件，不受訓令拘束，亦不受其他權威勢力影響。依英國學者Stephen教授之見解，認為「一個只根據法律實現正義，而不受政府政策和傾向性影響的司法機關，才是獨立的司法審判機關」③。芬蘭學者Taipale 教授則認為審判獨立之最基本要求，在於「司法機構只根據法律實現正義，只有法律才是影響其判決內容的唯一因素。其他任何政府機構，無論

其地位多崇高，都不能對司法機關所作之判決予以干涉。司法獨立是確保公民法律安全之一道屏障」[4]。上述學者之觀點雖指出，審判獨立原則之重心在於要求法院判決形成過程中，應抱持獨立自主之立場。此種意義之審判獨立原則儘管相當重要，但它只是司法獨立概念的一部分，即只是法院之實質獨立，而非審判獨立內涵之全部，如同美國學者Shimon Shetreet 教授所謂：「現代意義之審判應包括司法機關整體上之獨立。同樣審判獨立也不僅僅只在確保法官免受行政機關壓力，或立法機關干涉，它也應包括法院之內部獨立，即法官獨立於其同事或上級」[5]。根據西元1982年10月22日在印度新德里由國際法曹協會(The International Bar Association)，所通過之《司法獨立之最低標準法》(The International Bar Association Code of Minimum Standards of Judicial Independence)，認為完整之審判獨立概念，應當包括 四個不可分割之基本內涵，即實質獨立、身分獨立、內部獨立以及集體獨立。

　　實質獨立(Substantive Independence)，乃法官在履行審判職能以及制作司法判決過程中，只能服從法律之要求與其良心之干涉。對此前述《國際法曹協會司法獨立最低標準法》第一條第三項也揭示：「實質獨立指法官執行其司法職務時，除受法律及其良知之拘束外，不受任何干涉」(Substantive independence means that in the discharge of his judicial function, a judge is subject to nothing but the law and the commands of his conscience.)。法官只有具備實質獨立之觀念，才能在審判過程中保持一種中立地位和公正態度，並免受任何無關之外在壓力。因此，實質獨立在德國又稱為「職能獨立」，在美國則認為「裁判獨立」(Decisional Independence)。

　　法官之身分獨立(Personal Independence)，是指法官執行審判職務之任期和條件應當得到充分保障，以確保法官個人不受行政機關之控制 。《國際法曹協會司法獨立最低標準法》第一條第二項即規定：「身分獨立指法官職位之條件及任期之適當保障，以確保法官不受行政干涉」(Personal independence means that the term and conditions of judicial service are adequately secured, so as to ensure that individual judges are not subject to executive control.)。為實現法官之身分獨立，舉凡法官之調遷、薪俸、退休、紀律處分等與其任職有關事項，必須免受行政機關之控制，而由《法官法》或其他特別法直接規範，並由一個不受行

政機關控制之機構加以監督。

審判獨立之第三個內涵,是法官之內部獨立(Internal Independence)。所謂「內部獨立」,是指法官在執行審判職務過程中,應獨立於其同事和上級法院法官。《國際法曹協會司法獨立最低標準法》第四十七條亦規定:「法官在做成裁判過程中,應獨立於其同僚及其監督者」(In the decision-making process, a judge must be independence vis-à-vis his judicial colleagues and superiors.)。要實現法官之內部獨立,下級法院法官必須對其同事或上級保持實質獨立,即在作出司法裁判時不受他們控制和干涉,法官不僅擁有獨立認定事實和適用法律之權力,而且在運用訴訟程序規則和證據法則處理法庭審判中之程序事項方面,也具備不受其同事或上級干預之獨立性。惟法院之內部獨立,也有一定限制,學者通說認為法官對於裁判有關之分案、法庭配置、確定開庭日期、案件稽遲督導等行政事項,不能主張獨立,乃為眾人可接受之原則,且對促進司法行政效率亦有其必要,因此,《國際法曹協會司法獨立最低標準法》第三十二條亦明文規定:「法院之首長得監督法官之行政事項」(The head of the court may legitimately have supervisory powers to control judges on administrative matters.),可供參照⑥。

審判獨立之最後一個概念為集體獨立(Collective Independence),按審判獨立要求法官不僅免受行政機關之控制和其他政治壓力,而且也不能受到任何可能對其執行司法職能產生影響之經濟或財務方面之干涉或限制。故現代審判獨立概念,也應包括司法機關作為一個整體而展現出來之集體獨立,誠如《國際法曹協會司法獨立最低標準法》第二條所謂:「司法整體應享有自治及對於行政機關之集體獨立」(The judiciary as a whole should enjoy autonomy and collective independence vis-à-vis the executive.)。集體獨立要求擴大司法審判機關,參與其自身司法行政事務管理或監督之範圍、司法預算獨立、法官自治、自律等事項,對審判獨立制度之建立,有相當深遠之影響。

從整體來看,法官之實質獨立和身分獨立可統稱為法官之個體獨立(Independence of the Individual Judge),它們分別從法官制作裁判不受任何干涉,以及法官任期、報酬、退休金等身分獨立之保障等方面,來確保法官免受外界任何控制和干涉。至法官之內部獨立,嚴格來說也屬於法官個體獨立之範

疇，只是其對象在於強調法官獨立於其同僚及監督者而言。在過去人們常認為對法官個別之干涉，為對審判獨立構成最大之傷害，但實際上行政、立法機關或民意代表對司法院或各級法院之干涉，往往也會影響法官執行職務之獨立，所以建立集體獨立觀念，亦為加強審判獨立之最佳保證。可見，審判獨立由以上四個意涵所構成，缺少其中一項，必將影響審判獨立原則之真正實現[7]。

第二節　堅持審判獨立之理由

第一項　民主國家方面

現代的民主國家，為了勵行法治及保障人權，率皆採行司法審判獨立制度，德國名法學家Klaus Louven 曾謂：「有獨立法官處，始有公理正義在」[8]；英國科克法官(Sir Edward Coke)亦強調：「人民權利之保障，繫於法院之能獨立」[9]；美國著名法政學者Henry T. Lummis則稱：「為維護國民之自由，司法獨立有其絕對之必要性。若法官不能獨立，則無人能謂其已擁有權利，蓋公平正義之形象將遭受扭曲，法官將為以眾暴寡者、富人、強權或假藉公平正義之名而遂行其統治之魔神及陰謀家而效力」[10]。是對於司法獨立審判與避免干涉，已成為各國法學家不斷深入探究之課題。觀察各國堅持審判獨立之理由如下：

一、審判之所以獨立，乃因處於民主國家，法律代表社會成員之良知，而司法裁判係法官對於法律之解釋與適用，以追求個案公平正義之過程，其所涉者非單純機械性的運用法律條文，而必須是法官以其學養、智慧，觀察當前社會環境，審酌具體案件之情節所作之價值判斷，為使法官能全心投入此種包攝過程，並感受其所負責任，務使之具有獨立審判之權能，蓋惟有使法官不受任何外在、內在因素之干擾，與自己良知獨處時，始能有一寧靜地審判空間，繼而洞悉法律本質，體現正義，作出週延、適當之判決[11]。

二、其次，從權力分立觀點來看，按權力分立制度，原為現代法治國家中不可或缺之一環，其將國家之權力，依其性質分別由立法、行政及司法機關各自掌管制定法律、執行法律和職司審判等工作，彼此相互合作、監督與制衡，目的即在防止權力之過度集中。對司法而言，如法官不能客觀、中立

地依據法律獨立審判，扮演其解決紛爭之角色，而分屬於其他機關，恐將立即喪失分權之作用[12]。誠如法儒孟德斯鳩所云：「苟司法權不獨立於立法權及行政權之外，人民也無法獲得自由，因為司法權若與立法權結合，則法官同時就是立法者，人民的生存和自由將為擅斷的法律所蹂躪；司法權若與行政權結合，則法官同時就是行政官，更容易利用暴力，壓迫人民，要是一個人或一個團體兼握三種權力，則自由更掃地無存，不論握這權力的人是出身於貴族或平民」[13]，司法審判獨立之真諦，由此可見。

三、再從法治主義之精神察考，按法律之目的，在於提出一個客觀行為標準，使人們的行為有所遵循，以杜紛爭，而法官係國家所設置之爭端仲裁者，非由當事人任意選任，故需賦予法官獨立審判之權限，方能免於種種干涉，完全以法律為依據，對任何人都適用同一標準，達到《韓非子》所強調：「法不阿貴，繩不撓曲，智者弗能辭，勇者不敢爭，刑過不避大臣，賞罰不遺匹夫」之目標[14]。

如前所述，司法審判獨立不僅係權力分立之主要架構，亦為法治精神之重要指標，因此自十九世紀初期，普魯士王菲德烈威廉三世，即曾於西元1815年9月6日頒布命令：「茲確定法院在為判決時，不依據法律以外之規定」，將司法權從獨裁之君主手中，移至法院之手。迨二十世紀起，各國為保障人權，對審判獨立更大力推動，甚而於憲法中加以明文，以供依循。如1946年日本國《憲法》第七十六條第三項規定：「裁判官依其良心，獨立行使職權，僅受本憲法及法律之拘束」[15]；1948年義大利共和國《憲法》第十一條第二項規定：「法官僅服從法律」；1949年西德《基本法》第九十七條第一項規定：「法官獨立行使職權，只服從法律」；法國第五共和國《憲法》第八章第一項「司法權力」第六十四條規定「共和國總統保障司法權之獨立」[16]；而我國《憲法》於民國三十六年一月一日公布，同年十二月二十五日施行時，亦於第八十條明定：「法官須超出黨派以外，依據法律獨立審判，不受任何干涉」，凡此均足資證明，「審判獨立」已成為現代民主國家之基本原則。在1983年6月10日，於加拿大舉行之世界司法獨立會議，所通過之全球司法獨立宣言(Universal Declaration on the Independence of Justice)[17]，更引起舉世各國共鳴，使審判獨立蔚為世界之時代洪流。由於司法獨立宣言，對審判獨立有許多具體條文，深具啟發性，茲列述如後，以供參酌：

(一)第二條之一：司法之目標及職務應包括：

第一項：在人民間及人民與政府間公平執行法律。

第二項：在司法職務之適當限制下，促進人權之遵守及達成。

第三項：在法治之下確保所有人民平安的生活。

(The objective and functions of the judiciary shall include：

(a) to administer the law impartially between citizen and citizen, and between citizen and state;

(b) to promote, within the proter limits of the judicial function, the observance and the attainment of human right;

(c) to ensure that all peoples are able to live securely under the rule of law.)

(二)第二條之二：每一法官均應自由依據對於事實之判斷及法律之見解，公平裁判所繫屬之事務，不受任何地方及任何理由限制、影響、誘導、壓力、恐嚇或干涉，此亦為其義務。

(Judges individually shall be free, and it shall be their duty, to decide matters before them impartially, in accordance with their assessment of the facts and their understanding of the law without any restrictions, influences, inducements, pressures, threats or interferences, direct or indirect, from any quarter or for any reason)。

(三)第二條之三：法官在作成判決之過程中，應獨立於其同僚及監督者，任何司法體系或任何不同階層之組織，均無權干涉法官自由宣示其判決。

(In the decision-making process, judges shall be independence vis-à-vis their judicial colleagues and superiors. Any hierarchical organization of the judiciary and any difference in grade or rank shall in no way intergere with the right of the judge to pronounce his judgment freely)。

(四)第二條之四：司法機關應獨立於行政機關及立法機關。

(The judiciary shall be independence of the executive and legislative)。

(五)第二條之五：司法機關對於所有司法性質之爭議，應有直接、或經由

其審查之管轄權。

(The judiciary shall have jurisdiction, directly or by way or review, over all issues of a judicial nature)。

(六)第二條之六：

第一項：特別法庭不得設立。

第二項：任何人均有權在依法律已設立之普通法院或司法法庭前迅速接受審判，並受法院之審查。

第三項：在國家之存在受到威脅之緊急期間，得允許某些讓步，但必須在法律規定之條件下，且須嚴格遵照國際承認之最低標準內容，並受法院之審查。

第四項：在緊急期間：

　　第一款：人民受任何刑事犯罪之追訴，應受普通文職法院審理，擴充之普通文職法院應由其他資格之文職法官擔任。

　　第二款：無控訴罪名之羈押，經由人身保護狀或類似之程序，應受普通法院之審查，以確保羈押之合法性，及調查任何虐待之嫌疑。

第五項：軍事法庭之管轄權，應限於軍事人員違犯軍事罪名，通常並應有權上訴至有法定資格之上訴法院。

(a) No ad hoc tribunals shall be established;

(b) Everyone shall have the right to be tried expeditiously by the established ordinary courts or judicial tribunals under law, subject to review by the courts;

(c) Some derogations may be admitted in times of grave public emergency which threatens the life of the nation but only under conditions prescribed by law, and only to the extent strictly consistent with internationally recognized minimum standards and subject to review by the courts;

(d) In such time of emergency：

I. Civilians charged with criminal offences of any kind shall be tried by ordinary civilian courts, expanded where necessary by additional competent civilian judges;

II. Detention of presons administratively without charge shall be subject to review by ordinary courts by way of habeas corpus or similar procedures, so as to insure that the detention is lawful, as well as to inquire into allegations of illtreatment;

(e) The jurisdiction of military tribunals shall confined to military offences committed by military presonnel. There shall always be a right of appeal form such tribunals to a legally qualified appellate court.)

(七)第二條之七：

第一項：對於司法程序任何權力不得干涉。

第二項：行政機關對於司法職務不得監管。

第三項：行政機關不得關閉及停止法院之運作。

第四項：行政機關不得以任何作為或不作為搶先解決司法爭議事務，
亦不得拒絕法院判決之正確執行。

(a) No power shall be exercised so as to interfere with the judicial process.

(b)The executive shall not have control over judicial functions.

(c) The executive shall not have the power to close down or suspend the operation of the courts.

(d) The executive shall refrain from any act or omission which preempts the judicial resolution of a dispute or frustrates the proper execution of a court decision.)

(八)第二條之八：法律或行政規章不得溯及既往的改變特定法院之判決或法院之組織，以影響其作成判決。

(No legislation or executive decree shall attempt retroactively, to reverse specific court decisions, nor to change the composition of the court to affect its decision-making)。

(九)第二條之九：法官得採取集體行動以保護司法獨立。

(Judges may take collective action to protect their judicial independence)。

(十)第二條之十：法官應經常保有維護其職位尊嚴，司法公正及獨立之行

為，基此原則，法官應有信仰、言論、結社、集會之自由。

(Judges shall always conduct themselves in such a manner as to preserve the dignity of their office and the impartiality and Independence of the judiciary. Subject to this principle, judges shall be entitled to freedom of belief, expression, association and assembly)。

第二項　大陸地區方面

至於在大陸地區，近幾年來其學者在論及人民法院「獨立審判之條件與出路」時，亦強調當前主張審判獨立係基於下列四項需要：

一、依法治國之需要

獨立審判程度之高低，已經成為一個國家民主與法制水平衡量標準之一，如果實行獨立審判，則能保證出自審判機關對法律問題之結論接近予純粹之法律意志，可謂法治實現之最高水平。在中共建設社會主義法治國家過程中，獨立審判便成為司法制度乃至整個法制建設重要環節；審判職能之特殊性亦為獨立審判之主要理由，審判機關之職能和地位，決定了必須實行獨立審判，法院是各種法律糾紛裁判者，也是法律實施過程中最後一道關口，始終處於中立地位；如果審判不獨立，法院就可能受到種種因素影響而作出錯誤決定。這種對法律問題有最終決定權之司法機構和職能，如未能獨立，法律問提之解決，可能不再按法律規則進行，從而喪失立法之本旨。

二、政治之需要

政治需要是大陸遵從依法治國、法律至上，並實現此一方針之準則。其憲法確立了「任何人需在憲法和法律範圍內活動」、「法律面前人人平等」之原則；而審判機關在依法治國方略中有相當重要地位，因此憲法才賦予法院對法律問題之最終裁判權。目前，由於黨的干涉，使得與獨立審判原則相悖之現象不少，為實現法治理想，符合目前政治需要，務期以審判獨立原則之確立，改革司法體制，避免政治與黨之介入，以維護公民需要。

三、保護人民權利和樹立司法公信力之需要

在大陸地區，以往人們有爭議多找黨委、政府、單位幹部 解決，而在改革開放司法重建後，人們逐漸意識到法院在國家機構中之地位與職能，在自

己權利受到侵害時，更多人選擇請求法院裁判，應當說這是大陸法治進步之表徵；此時，法院只能公正、獨立地作出裁判，如果法院不獨立審判，而是依附其他權力，將無法發揮其定紛止爭，保護人民權益之作用，致人民對法院及司法失去信心。

四、經濟和社會發展之需要

大陸的經濟發展對獨立審判之需要十分迫切，由於審判員程度不高，經濟活動中之地方保護主義較為嚴重，甚至有的審判機關也涉入其中，這在一定程度上影響了經濟發展和文明進步。各國經驗證明，民主與法治是市場經濟的必備條件，建立市場經濟需要公平競爭、平等有償，特別是經濟發展過程中發生糾紛，必須有獨立之司法機構和人員作為裁判者，最終之表現就是獨立審判，沒有獨立審判之機制，公平之市場經濟就無法真正建立[18]。

第三節　審判獨立之限制

法官獨立行使職權不受干涉之「獨立審判」原則，雖已成為各國憲法揭櫫司法獨立之中心意旨，但法官在裁判過程中，仍需服從主權代表之立法者所制定之法律，此為權力分立所要求，亦為限制獨立審判之方法。蓋因法律為立法者根據人民意志所制定之公約，一則可以防止法官剛愎專橫，單憑一己之好惡，衝動適用法律，致違背法律之內在目的；另一則可以將法律之公平正義內涵，具體表現，以切合司法裁判之本質，深符主權在民之需要。是故，所謂審判獨立，並非謂法官除法律外不受其他之拘束為已足，基於憲法保障下，更應以積極實現法律之正常性為鵠的。

至於我國《憲法》第八十條所規定之法律，除成文法、習慣法、公法、私法及國際法之一般原則外，是否兼指行政機關所頒布之規章、釋示和訓令？對此學者意見不一，以往有些學者從《憲法》第一百七十五條所規定：「本憲法所稱之法律，謂經立法院通過，總統公布之法律」等觀點，而認為並不包括行政命令或省縣自治法規在內。惟司法院大法官會議釋字第三八號解釋則認為：「憲法第八十條之規定，旨在保障法官獨立審判，不受任何干涉。所謂依據法律者，係以法律為審判之依據，並非除法律以外，與憲法或法律不相抵觸之有效規章，均行排斥而不用」；另釋字第一三七號解釋則更明確指出：「

法官於審判案件時，對於各機關就其職掌所作有關法規釋示之行政命令，固未可逕行排斥而不用，但仍得依據法律表示其合法適合之見解」，準此本書認為審判所依據之法律，包括行政命令及其他有效規章，但在適用時，仍應審查該行政命令是否合法、有效，與法律有無抵觸？倘該命令、釋示與法律不符時，即得逕行排斥而不用，或另行為適當之解釋與適用。

另值得思考者，如立法者所制定之法律，有其不能預見之個案爭議，且對未來生活關係之改變有不可預見性，或其規定有不完全或不清楚之困難時，應如何使法院透過對法律原則具體化之裁判，創造規範，以濟其窮，此即所謂「法官造法」問題。我們認為當法官在撤銷違背憲法的法律或命令時，亦類似在行使立法權，只不過「形成社會中政治經濟原則的工作，是由具有民意的立法機關來完成，而法官則是具有公正義務，在法律訟爭的背後，平衡社會上各種不同的勢力」而已[19]。

關於法官造法之範圍，參酌瑞士民法第一條規定「法律問題，在文字上及解釋上，法律已有規定者，概適用法律」、「法律未規定者，依習慣法。無習慣法者，法院應遵照立法者所擬制之原則予以裁判」，條文所謂立法者所擬制之原則，即指法官造法時，應依據法理，受整個法律秩序體系所支配，非可自由創造，不受羈束，良以「法理乃法律之精神」(The reason of the law is the soul of the law)，係自法律規範之根本精神演繹而出，經學說或判例之長期經營，而已發展其存在態樣，如誠信原則、公平理念、平等思想等，凡此均為維持整個法律體系之基本要素，所有法律規章，莫不依此而為展開，立法者對此有所疏漏，法官自可居於立法者地位，予以補充，但法官在為創造性補充時，仍應以維持整個法律秩序體系性之基本要素為出發點，不能憑空創造[20]。目前司法院設大法官會議，負責解釋憲法及政黨違憲解散事宜。而法官之法規審查權，在實務上法官無須聲請司法院以解釋宣告法規違憲或違法，即得拒絕適用，但法官審查法律內容是否違憲之目的，僅在解決具體案件之法規適用問題，認為該案件應適用之法律為無效，但不能使該法律失其一般效力。至法官在憲法保障下，於權力分立理念中，亦享有解釋法規及變更判決先例等權限[21]，自不待言。

第四節　兩岸之審判獨立制度

第一項　台灣地區之審判獨立制度

　　早在　國父創立五權憲法體制時，即已確定法官審判獨立制度，在臨時約法中即明定：「法官獨立審判，不受上級官廳之干涉」；同時其所創立之中國國民黨，即以司法獨立為其基本政策之一。民國二年，國民黨公布之政見亦公開主張：「設法保持法官地位，俾司法得以獨立」[22]。我現行《憲法》第八十條規定，法官須超出黨派以外，依據法律，獨立審判，不受任何干涉，即是對審判獨立制度之明確規定。台灣地區之審判獨立制度，可分為對外獨立與對內獨立兩部分[23]，分述如後：

第一款　對外獨立

　　對外獨立，係指法官審判案件，不受任何機關干涉，我台灣地區採行五權憲法體制，司法權與行政、立法、考試、監察諸權對等存在，互相制衡，是審判獨立表現在憲政制度上之特質有六：

一、獨立於行政機關

　　行政權是國家執行法令和政策的一種職權，這種職權無論是中外古今的君主國、共和國、社會主義國家或民主政體，都是政治職權中不可缺少的一環，有些學者認為「政府的本質為行政」[24]，而　國父在論及五權憲法時，亦將其列為首位，足見行政權之重要性。至司法權則為國家司法機關在法律規範下，行使民、刑事訴訟、行政訴訟之權力，兩者雖同為執行國家法律，但性質不同。由權力分立觀點，司法是依據法律獨立行使職權，法官只隸屬於法律之下，而不接受上級司法機關或行政機關的命令；行政則為以上率下、層層節制的指揮系統機關，下級受上級的命令所拘束。其次，法院具有被動性，司法權行使，以訴之存在為前提，如不告不理原則、告訴乃論等；行政則考慮其所追求之目的，福利國家之需求，使其除應具備合法性外、兼有主動性、積極性。再者行政基於行政處分、行政契約、事實行為等法律關係，使當事人之一方，對於相對人存在特別權力關係；而司法在訴訟制度之設計，無論民、刑事程序，當事人不僅其機會相等，且其地位亦對等。

　　在司法權與行政權之關係上，自消極面觀之，兩者應分別釐清彼此之範

圍與職掌，以免行政牽制司法，或司法干涉行政。倘自積極面來看，司法權之行使，須賴行政為之支援，尤在以往我司法預算須經由行政院，送交立法院審議為然；而行政院為便於推行政令，亦須有司法運作以維護法的秩序和人民權益，何況司法院有其專屬定紛止爭，法律最高權威解釋權及法律問題最後決定權，因此，行政院適用憲法、法律或命令有疑義時，得聲請司法院為統一解釋，行政院及所屬行政機關如有違法之行政處分或決定，司法院所屬之行政法院得依行政訴訟法行使其訴訟審判權，對該判決結果，依法治國家先例，行政機關應尊重司法之裁判。

二、獨立於立法機關

審判獨立乃在保障法官免於受到具有審判權人以外之一切干涉，因此法官對於立法機關，亦享有職務獨立，自不待言。立法院依《憲法》第六十三條規定，有議決法律案、預算案、戒嚴案、大赦案、宣戰案、媾和案、條約案及國家其他重要事項之權限；然其所制定之法律，雖為法官審判案件之依據，但法律係普遍、抽象之規範，如何適用於個別、具體事件，應得何種結果，則為法官之職責所在，立法院不得出面干涉。茲再析論如下：

(一)立法院不得假藉預算審議權干涉審判

西方學者漢米爾敦(Hamilion)曾謂：「依一般人類之本質，控制一人之生計，即等於控制其意志」[20]，舉凡法院事務之處理，法庭之修繕，法官生計之維持，均需有經費支應，倘經費受人控制，其職務獨立難免會或多或少受到影響，故充裕之司法預算對於個別法官與整體司法，均所必要，立法機關雖手操預算審議大權，但不得以擱置或刪減各法院預算，威脅利誘法官，迫其作成特定之裁判，侵害其審判獨立。

(二)立法院不得假藉質詢干涉個案裁判

有些國家法官之職務監督，乃由對立法機關負責之行政機關(形式意義)行使，而立法機關對行政機關有質詢權，因此，不免有濫用質詢權，以圖經由行政機關之職務監督影響法官之個案裁判者。台灣地區除審議各法院預算外，司法首長並不列席立法院，故立法院藉由質詢權干涉個案裁判者，尚不多見。

(三)立法院不得假藉國會調查權干涉個案裁判

所謂國會調查權，乃立法機關為有效行使立法權、預算審議權與行政監

督權，而對於政府機關、官吏或人民為必要調查之權力㉖。按「權力制衡」之目的，在於限制權力使之不至於濫權，究非在剝奪或取代該權力，故司法權基於「合法性監督」之限制，不得代立法機關為政治決定，對行政處分為是否合目的性之審查。相對的，立法權具有一般性特徵，不得就個案立法，或制定排除司法審判、解釋權之法律；行政權則在執行法律，其或可制定法令規章，但仍應受法律優越、法律保留及授權明確性之限制，任何處分行為，不得取代法官之審判行為。而國會調查權之行使，乃為使立法機關有效行使職權所賦予之輔助權限，並非賦予調查全盤國政之權能。故調查對象倘為立法與行政事項時，自不生問題，惟若侵及司法行為之範疇，或有侵害之虞時，則非所許㉗。蓋《憲法》既將司法權託付法官行使，並保障法官之職務獨立，則立法機關對於司法審判即不具權限，是以國政調查權雖得對司法、法制為之，但若對具體之訴訟案件，就其裁判程序或結果加以調查，或假藉調查之名，行干涉之實，必侵犯法官之審判獨立㉘。

三、獨立於考試機關

司法機關依其所掌職權之性質而言，具有高度之專門性與學術性，故其人事制度之健全與否，實關係司法權之能否完全落實施行，而此則有賴考試院發揮其考試權與人事銓衡權，以配合匡正之㉙。依《憲法增修條文》第六條之規定，考試院為國家最高考試機關，掌理考試、公務人員之銓敘、保障、撫卹、退休、任免、考績、級俸、陞遷、褒獎等事項，故考試機關亦不得利用其所掌考試、銓敘等權利，干涉審判。

四、獨立於監察機關

我國採用五權憲法架構，除傳統行政、立法、司法三權外，再加上考試、監察兩權，合而為五權㉚，其中就監察制度部分，　國父曾特別指出：「中國古時有……監察的獨立制度，如滿清之御史及唐代之諫議大夫，都是很好的監察制度，舉凡此種制度之大權，即監察權，監察權就是彈劾，外國亦有此種制度，不過置之於立法機關中，不能獨立成一治權而已」㉛，可見　國父所獨創之監察權，乃兼採我國歷代傳統之諫議御史制度與西方三權分立國會彈劾制度之優點，綜合而成，迨《憲法》公布時，即於第九十條規定：「監察院為國家最高監察機關，行使同意、彈劾、糾舉及審計權」，因此，我國《

憲法》上之監察院係由西方三權分立中之立法權獨立而出，惟仍具有部分國會之性質[32]。故民國四十六年五月三日司法院大法官會議釋字第七十六號解釋即以：「國民大會代表全國國民行使政權，立法院為國家最高立法機關，監察院為國家最高監察機關，均由人民直接間接選舉之代表或委員所組成。其所分別行使之職權，亦為民主國家國會重要之職權。……但就憲法上之地位及職權之性質而言，應認國民大會、立法院、監察院共同相當於民主國家之國會」。

　　民國八十年五月一日國民大會雖曾就現行憲法增修部分條文，其中第三條，只就監察委員之產生方式、名額略作調整，於監察院之地位與權限並未作何修正。至八十一年五月二十七日，第二屆國民大會臨時會第二十七次大會再三讀通過《中華民國憲法增修條文》第十一條至第十八條，其中第十五條之增修條文，將監察院之體制作了重大變革；民國八十三年修憲時，國民大會再將上開增修條文，改置於第六條，綜觀其主要內容有三：(一)監察院不再適用《憲法》第九十條、第九十四條有關同意權之規定。(二)監察委員改由總統提名，經國民大會同意後任命之，不再由省市議會或蒙古、西藏地方議會及華僑團體選舉之。(三)監察委員不再享有《憲法》第一百零一條之言論免責權與第一百零二條除現行犯外，非經監察院許可，不得逮捕或拘禁之人身保障。由上開三項變革，使得我國監察院完全喪失三權憲法之國會本質，而有「準司法機關」之性質[33]，其後司法院大法官會議釋字第三二五號解釋，亦認為八十一年間所通過之《憲法增修條文》第十五條施行後，監察院已非中央民意機構，上開釋字第七十六號解釋，不再適用於監察院，雖如此，但因監察院仍為國家最高之監察機關，故其監察權之行使，並不因不再是民意機關而有所變更，對於司法權制衡之能力，亦未因而受影響[34]。

　　監察院對司法權之監督，可由監察權行使之內容上得知，按照《憲法增修條文》第六條第一項規定，監察院為國家最高監察機關，行使彈劾、糾舉及審計權[35]。依《憲法》第九十七條第一項規定，監察院經各該委員會之審查及決議，得提出糾正案移送行政院及其有關部會促其注意改善。又《憲法》第九十五條規定，監察院為行使監察權，得向行政院及其各部會調閱其所發布之命令及各種有關文件。《監察法》第二十條規定，監察院為行使監察職權，得由監察委員持監察證或派員持調查證，赴各機關部隊公私團體調查檔案冊籍及

其他有關文件，各該機關部隊或團體主管人員及其他關係人員不得拒絕。依《監察法》第三條規定，監察委員得分區巡迴監察；第四條規定，監察院及監察委員得收受人民書狀。又依《監試法》第一條規定，政府舉行考試時，除檢覈外，均由考試院考選機關分請監察院或監察委員行署派員監試⑯。依上所述，在現行體制下，監察院具有行使彈劾、糾舉及審計權，並得提出糾正案，以及收受人民書狀、巡迴監察、調查、監試、受理公職人員財產申報等職權。其中尤以彈劾權及調查權對司法權之影響最大，蓋調查權為其他監察權行使之基礎，而彈劾權則係經監察院調查結果，認為已有違法或失職之情事時，所採行之主要方式，亦可說是監察權對司法權制衡之主要手段⑰。

　　至於司法權，乃是國家司法機關依據法律行使審判民刑事訴訟、行政訴訟的權力；在現代民主國家中，人民的權利自由，受憲法與法律的保障，不但人民應守法，政府一切施政也應有法律依據，任何人均受法律的規範，以確保國家社會及人民的權益，所以司法是正義的最後一道防線，司法如果發揮功能，法治就會健全，人民權益就會得到保障。而發揮司法功能之道，我們深信除提高法官學識操守，加強法官待遇保障，確保司法獨立，排除外來干涉外，如何對於司法權予以制衡或監督，亦至為重要。惟我國《憲法》第八十條明定法官依據法律獨立審判，不受任何干涉，此不特為司法的基本精神所寄，亦為法治國家特徵所在，任何干涉，凡足以影響法官之自由意志，使不能為充分獨立審判者，均在排除之列⑱，職故，監察院對於司法權之制衡或監督，自不能妨害法官對具體案件之獨立審判。

五、獨立於政黨

　　法官審理案件，全憑其專業知識，本於良心，就客觀事實作公平認定，因之，黨政協商不得介入司法，黨務運作應退出司法，法官雖得參加政黨活動或加入政黨，但在審判具體案件時，應超出黨派之外，不受政黨之干涉。茲應審究者，厥為我《憲法》第八十條規定，法官應超出黨派以外，獨立審判，不受干涉，其所謂「超出黨派以外」，究係要求法官根本不得加入政黨，已加入者，於擔任法官後應退出⑲；或仍得加入政黨，但不得參加政黨活動；或並未禁止法官加入政黨與參加政黨活動，惟要求法官與審判具體案件時，不受政黨之干涉？本書鑒於《憲法》第十四條規定：「人民有集會及結社

之自由」，法官為人民之一種，自當與一般人民享有同樣權利，而《憲法》本身於第八十條亦只規定「法官應超出黨派以外，依據法律獨立審判，不受任何干涉」，並未如有些國家所明定之法官「不許入黨」，或「禁止參加政治活動」，可見我國《憲法》只是要求法官於裁判時，應自行超出黨派之外，以大公無私立場獨立審判，並未禁止法官加入政黨與從事政黨活動；其次，法官既被強調係「憲法之守護神」，倘法官本身反而不能享有憲法之基本人權，則何能體會人權之可貴，並戮力於人權之保障；是以憲法所謂須超出黨派以外者，應是指法官得參加政黨及其活動，惟於具體案件審判時，不受政黨等一切組織之影響而已，此為法官應有之人格與節操，否則法官縱不參加政黨，亦不能保證其獨立之地位，可見《憲法》第八十條所指稱之「黨派」，實為特予強調之例示規定而已⑩。

六、獨立於社會輿論

人性尊嚴為現代民主國家憲法之最高指導原則，秉持該理念，乃衍生出「國家為人民而存在」之概念，為求落實人性尊嚴，各國憲法大都訂有人民權利保護條款，賦予國民表現自由之基本權利；而其中之新聞自由(出版自由)更有民主政治守門神之美譽。傳播媒體依美國Karl, Hermann Flach 教授之見解，有資訊、批評與意見形成之公共機能，其報導法庭活動又有助於民眾了解法院之公正程序，增進國民對於司法與法官之信賴，故新聞媒體對於司法之批評實應加以容忍，並視之為必要不可缺⑪，對此《憲法》第十一條即規定：「人民有言論、講學、著作及出版之自由」，依據該條文內容，新聞、廣播等媒體，均有批評司法之權利。然則，表現自由並非煽惑或干涉法官裁判之特權，故對於尚在審理中之案件，允宜加以限制，禁止評論、登載，以維護司法審判獨立⑫。

第二款　對內獨立

對內獨立，是指審判案件，每位法官都是獨立個體，僅依據法律而為裁判；其具體內容，包括法官之職務與身分獨立。所謂職務獨立，是指審判案件，每位法官都是獨立個體，僅依據法律而為裁判。質言之，即法官就具體案件，以法律條文為大前提，事實為小前提，由此得出結論之裁判，不但職務監督長官不得干涉，即上級法院，亦不得有所指示。是故，在審理過程

中，每個法庭之審判各自獨立，上級法院對於下級法院之審判，只得於其裁判宣示或送達後，依上訴、抗告程序，變更其判決結果，在審理中絕對不得干涉，法諺有云：「裁判不知父亦不知母，只顧真理和正義」(Justice knows neither father nor mother, but regards truth alone)，其意在此。目前《憲法》第八十條規定，亦為職務獨立之具體落實規定；至《憲法》第八十一條所定「法官為終身職，非受刑事或懲戒處分或禁治產之宣告，不得免職，非依法律不得停職、轉任或減俸」，則為身分獨立之保障條文，對於法官職務和地位，提供確實週密之保護，有助於司法審判獨立之達成。

第二項　大陸地區之審判獨立制度

審判獨立與司法公正是緊密相關的，審判獨立之目的，在求得司法之公正，在中國古代人們認為「法」是公平與正義的化身；在當前則以司法作為保護公民權利，維護社會正義的最後一道防線，司法是否公正、清明，係一個國家民主、文明程度之重要標誌，為大多數國家所重視。惟司法是否公正，端賴司法機關本身能否獨立行使職權，是以司法之公正與審判獨立原則，乃亦成為大陸司法工作基本原則之一。依《人民法院組織法》第四條規定：「人民法院依照法律規定獨立行使審判權，不受行政機關、社會團體和個人的干涉」；另《人民檢察院組織法》第九條規定：「人民檢察院依照法律規定獨立行使檢察權，不受行政機關、社會團體和個人的干涉」，此即為獨立行使審判權、檢察權原則。為貫徹執行該原則，人民法院、人民檢察院行使審判權或檢察權時，具有獨立性，任何行政機關、社會團體或個人都不可對審判、檢察工作非法干擾，以樹立社會主義法制威信，保證司法工作之正確和有效執行。惟應注意者，大陸地區所強調司法機關依法獨立行使職權原則，與西方國家不同，民主國家標榜的司法獨立，有下列主要內容，一是依據三權分立原則，司法組織機關獨立，檢察機關則屬於行政系統；二是司法獨立表現為審判獨立，法官依自由心證行使審判權，其任職獲終身保障，非經彈劾，不得被免職、撤職或要求提前退休。大陸地區之司法獨立，其獨立審判權、檢察權是賦予人民法院、人民檢察院，而非審判員、檢察員個人[43]，並於司法機關內部實行民主集中原則，推展集體領導制度。而各機關所配置之審判人

員、檢察人員，是由同級的國家權力機關選舉或任免，不是終身制，此均為兩種法制不同之分野。

　　察考大陸審判獨立制度，所以與西方國家不同，主因在於其審判獨立原則，係建立在民主集中之人民代表大會制度基礎上；審判權、立法權、行政權等，都是國家權力統一而不可分割之組成部分；其次，最高人民法院、地方各級人民法院分別由全國人民代表大會和地方各級人民代表大會選舉產生，並向後者負責，接受其監督。再者，中共實行人民法院依法獨立行使審判權之制度，強調人民法院作為一個統一的整體，根據民主集中制原則從事司法審判活動。人民法院審判案件的組織形式有三種：獨任庭、合議庭和審判委員會。獨任審判庭和合議審判案件，均要由審判人員制作裁定和判決書，經院長或庭長審核後簽發；重大、疑難案件由院長提交審判委員會討論決定，但所有判決書、裁定書都要由審判人員署名，以人民法院名義發出。基於以上說明，如再深入探究其現行審判獨立制度，與前述《國際法曹協會司法獨立最低標準法》相較，吾人可客觀發現：

第一款　欠缺法官實質獨立與身分獨立之概念

　　按照前《國際法曹協會司法獨立最低標準法》規定，法官之實質獨立，指法官執行其司法職務時，除受法律及其良知之拘束外，不受任何干涉；而身分獨立，則指法官職位之條件及任期之適當保障，以確保法官不受行政干涉。在大陸地區，其獨立審判原則要求法院專門負責行使國家之司法審判權，在進行審判活動和制作司法裁判方面，具有獨立性和自主性，不受包括行政機關在內其他任何機關、團體、個人之干涉；法院在行使審判權時，只能服從憲法和法律之要求。從各項具體保障規則的立法宗旨來看，法律注重的是對法院整體獨立性保障，以防止其他機關、團體或個人對法院審判權之干涉和控制；所強調的是法院職能獨立或實質獨立，在這種理念指導下，法官在司法審判過程中並不享有個體獨立性，不但稱不上實質獨立，也不具有身分獨立[44]。

第二款　尚無確保內部司法獨立之規則

　　如前所述，中共之相關法律只確立法院整體獨立概念，而不承認法官個人之實質獨立和身分獨立，因而內部司法獨立自無從談起。大陸目前尚無完

整體系來調整法院上下級間，以及法院內部院長、庭長與法官間之關係，致確保內部司法獨立之各種規則仍未建立起來。不僅如此，在民、刑事審判過程，法官之裁判須經人民法院院長或審判庭庭長批准，下級法院對於重要案件，常須請示上級法院，故實際上存在院長、庭長審批和審判委員會討論案件之制度。除院長、庭長審批案件，破壞法官獨立審判原則外，審判委員會雖係在總結審判經驗，討論重大或疑難案件和其他有關審判工作之問題上，具有某種程度功能，在中共司法人員水平普遍較低情況下，無疑需要採取民主集中制方式來加以把關。惟深入檢討該制度之存在，仍有許多問題存在：(一)審判委員會之組織，在法律上有明顯缺陷，因《人民法院組織法》第十一條，僅簡單規定由院長提請同級人大常委會任免審判委員會委員，並主持委員會議，以致於委員之任免，操持在院長手中，使民主集中制不易切實貫徹。(二) 審判委員會之參與，造成承審法官不斷案、斷案者不審理現象，影響案件事實正確認定和法律之妥當適用。(三)容易造成「先定後審、先判後審」情事，使法庭審理成為表演場所，降低人民對司法之信賴。(四) 審判委員會成員，在不具體承辦案件情形，無庸適用迴避制度規定，但因其為案件最終結果之決定者，如與當事人有故舊恩怨或利害關係，恐難期其公正。(五) 審判委員會之設置使承辦法官減輕責任感，並為黨政部門干涉司法審判提供方便之門⑤。

第三款 法院集體獨立未能得到保障

　　大陸目前實行之法院獨立與《國際法曹協會司法獨立最低標準法》所確立的「集體獨立」概念在性質上有所不同。集體獨立要求法院在其中心層次的司法行政事務，如法院整個系統之人事編制、法院之經費預算、法院基礎設施之配備等方面有獨立自主之管理權。但在大陸各級法院之人事編制權由各級政府所屬人事部門行使，法院對法官及司法行政人員之任用需受行政部門控制。其次，各級法院院長需由同級人民代表大會選舉產生，副院長、正副庭長乃至審判員則由各同級人民代表大會常務委員會任免。這種法院行政領導和法官選任方式，難以保證司法機關在對法官遴選時擁有較大之參與權。加以大陸地區並未建立完善法官任職資格考試制度，因而在法官之選任方面，難以避免和擺脫行政機關、立法機關乃至某些社會團體之控制。再者，法院

之預算一般由各級人民代表大會批准和通過，經費和設施由各級人民政府具體負責提供和保障。這樣，法院之人事編制、法官之任免以及法院經費和設施之提供等事務，實際均控制在各級行政機關手中，法院在其中心層次之司法行政事務方面，並沒有獨立自主之處理權㊻。

第四款 迄未建立最低限度之法官行為標準

在《國際法曹協會司法獨立最低標準法》第三十六條規定：「法官在其任職期間，不得為行政機關之職務，如部長，亦不得為立法機關或市議會之議員，但因長期之歷史傳統已兼任此種職務者不在此限(Judges may not, during their of office, serve in executive functions, such as ministers of the government, not may they serves as members of the Legislature or of municipal counculs, unless by long historical traditions these functions are combined.)」，同法第三十八條規定：「法官不得在政黨中任職(Judges shall not hold positions in political parties.)」。惟在大陸地區，由於法律未明文承認法官個人在執行司法審判職能方面擁有獨立地位，因而許多為各國所普遍接受之法官行為標準未能在大陸獲得確定，例如，大陸法官可以廣泛而不受約束地參加各種形式之政治活動，如成為某一政黨高級領導人，積極參與黨的政治活動等。又如大陸沒有確立「司法豁免規則」，因而無法賦予法官特殊權利和地位，某些地方在試行「錯案追究制度」或「法官責任制度」過程中，甚至對那些因過失或無過失而造成誤判之法官仍要追究法律責任，以致於對法官之獨立審判產生某些消極性影響。再者，大陸迄無「對法官正在進行之審判禁止評論」之保障性規則，少數新聞媒體往往在其報導中，預先對具體案件之審理結果作出判斷和評論，以至於對法院正在進行之審判活動，製造出許多壓力和影響㊼。

第五節 影響審判獨立之因素

第一項 台灣地區審判獨立之障礙

以台灣現況言，可能影響審判獨立之因素很多，例如：在行政權方面，以往關於司法預算，司法院無直接向立法院提出之權，而須送請行政院審議後，始由行政院提出於立法院議決(憲法第五十九條參照)，倘行政院對此不予尊重，任意予以刪削，或以司法預算為要挾，使司法機關聽從其意欲，其影

響司法審判獨立之運作，不言可喻。幸民國八十六年七月二十一日國民大會修憲時，在兼具司法行政官身分之國代多人提案連署下，獲朝野認同，終使司法預算獨立入憲，並採第二種方案，而於《憲法增修條文》第五條第六項規定：「司法院所提之年度司法概算，行政院不得刪減，但得加註意見，編入中央政府總預算案送立法院審議」。在司法預算獨立後，希能逐漸減少行政機關對於司法審判獨立之干涉[48]。在立法權之干涉方面，邇來有少數立法委員，自我膨脹權限，因關切某繫屬法院之具體案件，未得要領，竟於預算審查時，要求法院首長列席，揚言杯葛或刪減預算，致使法院承受相當壓力。

　　就監察權之濫用而言，在我國憲政體制下，監察權係對司法權之一種制衡，妥適運用，除能避免司法權之不當行使外，更可發揮鞏固官箴等功能。然由於現行憲法及相關法律，就監察權與司法權行使之分際，未能釐清，致形成理論與實務上之多次爭議，如民國四十二年八月十六日，行政院飭令司法行政部轉令所屬司法官可以拒絕監察院調查，而引起之行政、司法、監察三院緊張關係事件；四十四年澎湖地檢署與監察委員因澎湖縣議會副議長許慶瑞竊盜及走私案，所引發之司法偵查權與監察院調查權競合案；七十四年三月二十七日監察院以判決內容漠視司法院大法官會議解釋，而彈劾最高法院五名法官案；八十年十一月九日，監察院以程序違反《刑事訴訟法》第三百二十三條規定，而提案彈劾台北地檢署檢察官案等，均造成司法權在行使中之齟齬，甚而有於刑案發生後，先行調查，將調查結果移送司法機關，藉以影響司法判斷等情事；至若因所圖未遂，任意提案糾舉、彈劾者，迄今仍難謂全無[49]。

　　在輿論干涉方面，按新聞媒體報導，是現代大眾傳播主要工具之一。其報導方式是否公正得體，以及其內容是否妥適，恰如其分，在在足以影響民心，報導失當動輒造成社會民眾之疑惑，依據廢止前之《出版法》第三十三條曾規定：「出版品對於尚在偵查或審判中之訴訟案件，或承辦該事件之司法人員，或與該事件有關之訴訟關係人，不得評論，並不得登載禁止公開訴訟事件之辯論」。然實際上各媒體為求時效、爭取讀者，常有超越此一禁令，而為主觀評論或現場Call in 等情事，甚或繪聲繪影，登載與真實不相符合之新聞，造成法官審判案件之困擾，增加被民眾質疑之後果。

除以上外在因素外，存在於內在之司法行政監督，如後補法官之裁判書送閱制度、法院之事務分配、法官人事之任免、轉任、遷調、考核、獎懲等等，均直接或間接影響法官審判權之獨立行使，值得注意。固然司法行政監督為防杜法官「自我干涉」之必要方法，在消極方面不僅可以防止法官自我干涉，使審判真正獨立；在積極方面亦可與法官獨特之身分保障，求其均衡，使法官之獨立審判獲得更具體落實，此為行政監督之目的所在。現行《法院組織法》第十一章第一百十條規定各級法院之行政監督體系，惟同法第一百十四條特別強調：「本章之規定，不影響審判權之行使」，足徵司法行政監督雖確有必要，但不得因而影響法官審判權之獨立行使[50]。

第二項　大陸地區審判未能獨立之原因

大陸最近一分「司法制度改革問卷調查」結果顯示，法官們對獨立審判制度在司法實現程度評價不高。在對288名法官之問卷中，當問及「你認為我國憲法規定之依法獨立行使審判權原則之實現程度如何」時，結果選擇「完全實現」的0人，選擇「基本實現」有164人，占56.9%；選擇「基本沒有實現」有98人；選擇「沒有實現」有26人，後兩項占43.1%[51]。從西元1954年大陸第一部憲法宣布「人民法院獨立進行審判，只服從法律」，到目前已歷經四十餘年，法官中還沒有一個人認為獨立審判已經完全實現，認為「基本實現」的人也只過半數，還有近一半的法官認為這一原則「基本沒有實現」或「沒有實現」，可見渠等對獨立審判實現程度評價之低。檢討其形成原因，有四：

第一款　黨對司法之領導

長期以來，堅持共產黨的領導，是大陸邁向社會主義法治國家的保證，賡續史達林(Joseph V. Stalin, 1879-1953)所謂「黨享有在政治上之最高權力」的傳統，摒棄三權分立體制，將一切政治權力，都實質的歸由黨來掌握和行使，誠如其《憲法》序言所明定「中國新民主主義革命的勝利和社會主義事業的成就，都是中國共產黨領導中國各族人民，在馬克思、列寧主義、毛澤東思想的指引下，堅持真理，修正錯誤，戰勝許多艱難險阻而取得的。今後國家的根本任務是集中力量進行社會主義現代化建設。中國各族人民將繼續在中國共產黨領導下，在馬克思、列寧主義、毛澤東思想指引下，堅持人民民

主專政，堅持社會主義道路，不斷完善社會主義的各項制度，發展社會主義民主，健全社會主義法制，自力更生，艱苦奮鬥，逐步實現工業、農業、國防和科學技術的現代化，把我國建設成為高度文明、高度民主的社會主義國家」，所以堅持共產黨的領導、貫徹執行黨的路線、方針和政策，教育黨員和幹部執行國家的憲法、法律和法規，即成為中共司法制度之基本原則，該項原則為大陸地區司法制度保持其社會主義性質，展現革命性、先進性、人民性，提供了根本的政治保障和思想路線保障，美國鑽研中共問題之學者Franz Schurman即指出：「黨實際上駕馭著司法制度，並以法律為工具」⑯，實為中共目前司法狀況之寫照。根據中共學者看法，黨對司法機關之領導可歸納為三方面：(一)思想上與路線上的領導；(二)黨為審判機關選拔一些優秀幹部；(三)黨經常檢查、監督司法機關嚴格執行國家法律情況⑯。更有甚者，中共法院在習慣上，於判決之際常有請示當地共黨組織，即使當地組織未積極干預，法院亦須向其請示。共產黨既控制法院之人事權，掌管法的解釋，又控制具體案件審判之結果，可見中共之司法審判獨立，只是表面文章而已。

第二款　民主集中原則之採行

　　中共《憲法》第三條第一款規定：「中華人民共和國的國家機構實行民主集中制的原則」，根據該規定，作為司法制度主體之司法機關，其組織結構也必須採行民主集中制原則。所謂民主集中制，即指「個人服從組織、少數服從多數，下級服從上級、全黨服從中央」，也就是在民主基礎上集中，在集中領導下發揚民主。該項原則是中共在長期革命歷程中，發展出來之結果，目前在各個司法機關的組織體系中得到充分實踐，並具有下列特點：(一)國家權力機關，是由廣大人民群眾在民主基礎上選舉產生，以保證全國人民代表大會和地方各級人民代表大會能始終代表民意，體現人民意志。(二)國家行政機關、軍事領導機關、審判機關、檢察機關，皆由國家權力機關的人民代表大會或人民代表大會常委會產生，在法律允許範圍內，自主行使職權，並向該權力機關負責。(三)在中央與地方國家機關間，以及上級與下級國家機關間，實行「地方服從中央，下級服從上級」原則，即地方和下級機關，須接受中央或上級機關之領導監督。(四)在國家機關內部，實行「少數服從多數」之法則，如人民法院中之審判委員會或人民檢察院中之檢察委員會之設立，都具

體顯現民主集中制原則的要求，有利於培養領導幹部的民主作風，集中多數人智慧，加強集體領導，使得重大案件和其他重大問題之解決更為客觀、正確，但也造成審判無法獨立之現象。

第三款　司法組織內部之干預

雖然中共《憲法》第一百二十六條規定：「人民法院依照法律規定獨立行使審判權，不受行政機關、社會團體和個人的干涉」。中共《人民法院組織法》第四條亦有類似規定。但就條文本身而言，其能獨立行使審判權者，唯有人民法院，而非法官本身。因此，中共之審判員於審判案件時，必須受其行政組織體系的制約；而且遇有重大疑難解決之案件，須提付審判委員會討論，還必須服從其決議；這些未參與審判之審判委員會委員都可參與決議，自無獨立審判可言。而中共之各級法院之院長，係由各級人民代表大會選舉，副院長、庭長、副庭長、審判員則由各級人代會常務委員會任免，因此於審判具體案件時，會受到人民代表大會或人民代表大會常務委員會之干涉，自不待言㊹。

第四款　審判員法學素養不足

大陸人民法院之審判人員，早期在初任職時並無考試制度，其人員來源有三：(一)為退役軍人轉業，(二)為大專法律系畢業，(三)為行政人員轉任，根據官方西元1987年統計資料，「法院、檢察院、司法行政機關現有幹部中，具有初中以下文化程度的約占58.3%，受過大專法律教育的不過3%，從未受過任何法律專業訓練的有43%」㊺，這些現象說明了大陸司法人員之素質和專業訓練之不足，以致於在審判過程中，常須接受上級的指導，甚至會有「先判後審」等情事發生，致使開庭流於形式，僅為宣布判決結果之程序而已。

第六節　維護審判獨立之對策

第一項　台灣地區方面

第一款　行政機關不得干涉司法審判

按法官負有中立的裁判爭端，與審酌行政處分是否合法適當之任務，而此種任務，惟有法官不受行政機關之干涉，方能圓滿達成，否則行政、司法權合而為一，司法制度必定破壞無遺。其次，從司法權之發展趨勢來看，在

三權分立中其原本是較弱之一環，因而時至今日，仍有許多行政首長要求法官之裁判，應配合政府掃黑、掃毒、查賄、肅貪、國土保持等政策，從嚴查辦經檢察官起訴之被告。茲應強調者，檢察官之任務與法官之任務顯不相同，法院之任務在於維持法秩序，而檢察官之任務，則在維護社會治安，兩者截然有別，是故法官之裁判，以法之安定性為指導原則，而檢察官之檢肅犯罪則以合目的性為主要考量⑯；基此，作者 認為在具體案件中，如有涉及行政機關公共政策之要求時，法官應依法律獨立審判，不得曲從政策，使行政權坐大，致司法成為政府(行政機關)施政方針之一環。此外，自行政行為之司法審查觀點言之，法官裁判不應配合政策，益發明顯。蓋司法審查行政行為之目的，乃在控制行政權行使之合憲性及合法性，倘法官應配合政策，則無異一概承認行政措施之妥當性，其有悖司法審查之制度設計，不言可喻。故法官不僅不應配合政策，更應積極地審查政策之合憲、合法性，以謀公平正義之實現⑰。

第二款　立法機關不宜干預司法審判

審判獨立制度，乃在保障法官免於遭受具有審判權人以外之一切干涉，因此法官對於立法機關，自亦享有職務獨立之權限。立法機關雖有權制定抽象之法律，而法官又應依據法律為裁判，惟於具體個案，究應如何適用法律以為處理，則非立法機關所得置喙。因此對立法權而言，立法機關雖或有法律制定、預算議決、行政質詢等權限，以制衡司法，但不得藉以直接或間接干涉法官對於具體個案之處理；尤其近年來，立法委員偶有涉及刑事案件時，一再以立法者自居，拒絕接受審判，甚有將法律問題泛政治化情形，為此我們希望為政者應公開宣示不再介入司法之決心，而立法委員亦應潔身自愛，對司法權予以必要尊重。

第三款　釐清監察權對司法監督之範圍

對監察權而言，為避免憲法所保障之審判獨立制度，最後成為司法專制，作者認為司法有必要接受其他國家權力，尤其是監察權之監督。然為使監察權所發揮之調查或彈劾功能，不致損害司法獨立或審判之公正，我們認為監察院在職權行使時，應斟酌下列各項：

一、對司法權發動監察權之時機

　　監察院對司法人員進行調查、彈劾之時機，應從何時開始？亦即對法官之疑似違法、失職行為，何時始能行使監察權，以免遭干預司法之批評？一般認為相關案件已判決確定後，自可行使監察權；至於經裁判尚未確定或仍繫屬中之案件，得否發動監察權，則有不同意見。為此在民國四十五年一月十日，由行政院、司法院、監察院共同會商，決議：「查法官依法獨立審判，監察院依法行使監察權，在憲法各有其依據。為求監察權之順利行使，兼能維護司法獨立精神，監察院自可儘量避免對於承辦人員在承辦期間實施調查。但如認承辦人員有枉法失職之重大情節，需要即加調查者，監察院自得斟酌情形實施調查」[⑧]。目前監察院訂頒有《監察院收受人民書狀及處理辦法》，依其第十二條規定：「下列案件，監察院不予調查，但如被訴人有瀆職或重大違法失職嫌疑需要即予調查者，仍應調查：(一)已進入行政訴願或訴訟程序者。(二)已進入司法或軍法審判者。(三)已分呈其上級機關或有關機關處理者。(四)以副本或匿名文字送院者」。又現行《監察法施行細則》第二十七條第二項亦規定：「偵查或審判中案件，承辦人員與該承辦案件有關事項，在承辦期間，應儘量避免實施調查，但如認為承辦人員有貪污、瀆職或侵犯人權情節重大，需要即加調查者，仍得斟酌情形，實施調查」。由上開三院協調決議，《監察院收受人民書狀處理辦法》與《監察法施行細則》等規定，已適度劃分出監察權對司法權在發動時機上行使之界限，值得吾人贊同。

二、監察院對司法權行使監察權原因之限制

　　我國現行《憲法》中有關行使監察權，尤其彈劾權原因之規定者，可見於《憲法》第九十七條第二項，監察院對於中央及地方公務人員，認為有失職或違法情事，得提出彈劾案，如涉及刑事，應移送法院辦理。《憲法》第九十九條規定，監察院對司法院或考試院人員失職或違法之彈劾，適用本《憲法》第九十五條、第九十七條及第九十八條之規定。《憲法增修條文》第六條第三項規定，監察院對於中央、地方公務人員及司法院、考試院人員之彈劾案，須經監察委員二人以上之提議，九人以上之審查及決定，始得提出，不受《憲法》第九十八條之限制；同條文第四項規定，監察院對於監察院人員失職或違法之彈劾，適用《憲法》第九十五條第九十七條第二項及前項之規定。《監察法》

第六條規定，監察委員對於公務人員認為有違法或失職行為者，應經二人以上之提議，向監察院提出彈劾案。由《憲法》及《監察法》上開規定可以得知，彈劾權行使之理由有二：即公務人員之「違法」及「失職」行為，對於所有受彈劾對象，原則都有此彈劾原因之適用(59)。故即使是對法官之彈劾，在原因上與其他公務員並無不同。

所謂違法，係指違反憲法及一切法規而言，至於是出於故意或過失，積極或消極地違法僅屬責任輕重之不同而已，並不影響違法行為之成立，以之作為對司法權監督、彈劾之理由，理論上較無爭議，實務上亦較易認定可行。至於失職，依《公務員懲戒法》第二條第二款規定，為「廢弛職務或其他失職行為」；因此，失職者，應指公務人員有不當怠忽職務或未盡職責之情事。觀察過去法官被彈劾之原因，可歸納為十三種(60)：

(一)法官依法應迴避而不迴避。

(二)裁判主文書寫錯誤。

(三)濫用職權羈押被告。

(四)積壓案件。

(五)未依法律規定核定訴訟費用及命補正。

(六)不法報領差費、浪費公帑。

(七)違法判處緩刑(61)。

(八)關說案件。

(九)酗酒失態。

(十)賭博。

(十一)對人暴行。

(十二)出言不遜。

(十三)交友不慎。

由上舉(九)至(十三)之案例中，可見均與法官職務之執行無關，可否即視為嚴重之失職行為，頗值斟酌，故憲法將「失職」行為列為彈劾之原因，雖或在使監察院之監督達到適法、適當及防止法官自由裁量權之濫用，維護法律尊嚴等目的。惟「失職」之範圍，難以界定，失職之判斷，主觀多於客觀，以此作為彈劾權行使之原因，並不十分恰當，且易成為濫權之藉口，故作者

贊同刪除或限縮以「失職行為」作為彈劾之理由，儘量以違法行為，作為彈劾、懲戒之原因[62]。

三、裁判內容得否作為調查、彈劾之理由

就具體案件之裁判內容有無違誤，得否作為調查、彈劾理由，因法律對此無明文規定，事實上監察院又曾以此理由來彈劾法官，因此爭執時起，綜合起來，主要分為下列二種意見：

（一）肯定說：認為對於法官之是否違法失職，往往就其裁判內容加以審酌，因此如果脫離了裁判內容，對於法官之是否違法失職，恐將失去重要依據，故裁判內容若有下列情事，監察委員自得就裁判內容加以審酌，並以之作為調查、彈劾之理由：

1. 裁判內容或審判行為有觸犯《刑法》第一百二十四條之故意不依法律規定之枉法裁判者。

2. 裁判內容或審判行為有觸犯《刑法》第一百二十五條第一項第三款，明知為無罪之人而使其受追訴或處罰，或明知為有罪之人而無故不使其受追訴或處罰者。

3. 裁判行為或審判內容有觸犯《刑法》第一百二十八條，明知不應受理而受理者。

4. 裁判內容或審判行為有違反訴訟法中之強制規定，情節重大者[63]。

（二）否定說：認為審判獨立為現代民主憲政國家所應絕對遵守之原則，而司法獨立以審判獨立為前提，若無審判獨立，則有何司法獨立之可言？審判獨立是憲法所尊重之精神，任何人均不得加以干涉，監察院只能彈劾法官貪污、瀆職之行為，而不應就裁判內容加以彈劾，裁判內容如有錯誤，法律設有上訴程序加以救濟，並有非常上訴及再審等規定，不須再由監察委員就裁判內容加以審查，監察院如能就法官所為之裁判內容再為審查，並以之作為彈劾理由，屆時恐將無審判獨立之可言[64]。

按司法裁判，乃對於法律之解釋與適用，以追求具體個案公平正義之過程，其所涉者，非單純機械性的運用法律條文，而必須是法官以其學養、智慧，體察當前社會環境，審酌具體個案之情節所作之價值判斷。故各國對於該判決之適用法律、量刑輕重、犯罪構成要件之認定、法律關係之判斷、證

據及證明力之分析取捨等，均認屬於法官職權範圍內之事項，所為之裁判，要非監察權行使之對象，其裁判內容，苟有違法或不當情事，可依上訴、再審或非常上訴及裁定更正、補充判決加以救濟，不宜遽而提起彈劾[66]；然如法官在承辦案件中，涉有貪污、瀆職等違法行為時，例外准許監察院加以彈劾[66]，否則如果一概賦予監察院對法官之裁判內容不滿，均得任意加以彈劾，此則不僅侵犯審判獨立，抑且違背五權分立之精神，故對於審判之內容，吾人以為原則上不可作為彈劾之理由。

四、法律見解不同可否作為調查、彈劾之理由

關於法律見解不同，可否作為調查、彈劾之理由，學者見解亦不同：

（一）肯定說：認為監察院為了調查法官之審判案件是否有違法失職之情事，當然必須注意該案件之事實經過、採證之根據及裁判之法律見解，才能判斷法官是否有違法失職之情事，而以之為彈劾之依據，否則豈非無所憑據？而且監察院對審判案件之調查與民、刑訴訟程序之審級救濟，就具體案件之審查，其性質與目的均不相同，審級救濟乃當事人對其爭點所為之判決結果，尚未折服，而向上一審級法院請求撤銷或廢棄改判之訴訟程序也，故上級審只就裁判內容對當事人的關係而為審查；監察院則是糾彈法官在審判過程中有無偏袒、徇私、示惠、納賄等不法行為，因此對其法律見解是有加以審查必要的[67]。

（二）否定說：認為法律見解之不同，不得作為彈劾法官之理由。因為法律條文有限，而人事變化無窮，欲以有限之法條來規範變化無窮之人事，在事實上頗為不易，所以不管法律之規定如何明確，仍有許多地方預留有解釋、裁量之餘地，此即為法律見解適用之範圍，對於某一法律條文其意涵，見仁見智各不相同，但只有法官之法律見解，在審判上具有效力，倘監察委員可對法官之法律見解加以彈劾，則對三審級中任何一審級之法律見解不滿時，均可提出彈劾，如此豈非使監察院越俎代庖，成為「第四審」，或「司法機關之上級審」，而從事原屬法院應判斷決定之事項，果真如此，則非但違背了設立審級制度之原意，且將形成監察權控制司法權之不正常現象[68]。

作者贊同否定說之見解，蓋五權分立之目的，即在使各權分立分工，當然亦有相互制衡之意味，不過制衡應循一定軌道，有其一定之分際，對於法

官在審判過程中之故意遲延訴訟、不當的訴訟指揮、顯著職權濫用與人權蹂躪、洩漏裁判評議內容等，此等行為自應受監察權之監督。然就處於裁判權之核心，尤其是基於本身之法律見解而適用法律行為，此等行為均係法官依其個人之智慧、經驗，反應時代對公平正義觀念之詮釋，是否恰當，於法是否有所違誤，似非他人所能置喙，故監察權在觸及此類問題時，應尊重司法之獨立性，不宜任意行使監察權，對於不合時宜之法律，或有爭議之法律問題，我們可以用判例、解釋來統一法律見解，可用立法來縮小甚至消滅法律見解，但不能企圖以彈劾或懲戒為手段，來拘束法官之法律見解[69]，本乎此，法律見解，實不可作為彈劾之理由，乃不言而喻。

五、法官職務外之行為可否監督、彈劾

依各國之情形，彈劾大多僅限於法官職務上之行為，但在德國及日本相關之規定及學者通說，卻認為法官在職務外之行為應亦得作為彈劾權行使之對象。在德國方面，因彈劾制度偏重於政治責任，所以法官違背憲法秩序，不以基於職務上之行為為必要，其職務行為以外，只要有違反「自由民主之基本秩序」者，即可被彈劾[70]。日本方面，依其平成三年所修正公布之《裁判官彈劾法》第二條之規定，作為法官彈劾之原因有二：（一）為違背職務上之義務，或有顯著怠忽職務之行為。（二）為顯著有失法官威信之非行，而不論職務之內外，皆可構成彈劾之原因[71]。上開對於法官職務外行為，亦可彈劾之規定，主要係強調法官身分之特殊性，其地位崇高，不問職務之內外，皆有保持其受人民敬仰與信賴之身分地位之義務，故縱使為個人私人之行為，若有違國民對其法官身分所為之尊敬及信賴時，即得受彈劾[72]。

反觀我國，雖有學者持與德國、日本規定相同之見解，認為「與職務上行為無關者，固僅屬於個人之行為，由於法官在社會上必須維持公正與尊嚴之形象，是以一切有損其公正與尊嚴形象之行為舉動，均可視為嚴重之違法失職行為」，而可成為受彈劾之事由[73]。惟本書則認為，目前《憲法》上規定彈劾原因之「違法」及「失職」行為，除另違反《公務員服務法》之規定外，應以「職務上之行為」為限。蓋因我國監察院對法官之彈劾，目前通說認為係著重在其法律責任，與德、日兩國強調法官之政治責任者有別，因此法官之身分固較為特殊，人民普遍亦對其有較高之期望，然其職務外之行為，若確有損及法

官之身分時，自有行政上之懲戒程序予以處理；若有純以私人身分所為之行為違法，而未辱及其品位者，普通人民均可向法院告發，有損害時亦可請求損害賠償，可見在我國現行體制下，所要求於法官者並不及於政治責任，故在法律無明文規定之下，此種額外之期望負擔，恐不宜經由彈劾之方式，由法官承擔。

第四款　黨政活動應退出司法

在政黨活動方面，我國雖行憲多年，但由於主、客觀因素，訓政心態迄未完全摒除，朝野人士每遇重大決策或法案修正，恆常透過黨政協商為之，即單純之法院函請同意拘提涉案之立法委員案件，亦需取得三黨之共識，對於此種與司法審判具體個案有關之黨政協商，應即停止。而司法首長及各級法官，亦應盡可能以法官為終身職，退出政黨，不參加政治活動，庶免政治與司法混淆，杜防流弊。又為確保法官超出黨派獨立審判，不受其所屬政黨之影響，以增進人民對司法的信賴，未來應將法官超出黨派之精神法制化，納入《法官法》草案中，明定「法官於任職期間不得參加政黨，任職前已參加者，應退出政黨」。目前在《法官法》完成制定前，為彰顯司法之獨立形象，全國最高司法行政首長應率先辭去執政黨之重要黨職，退出執政黨之決策核心，及辭去民意代表之職位，不參與一切政黨活動，以為全國法官之示範；而各級法院院長、庭長、法官不得於任職期間參加任何政黨活動。法官若有意參加公職人員選舉，不免因經營選舉相關事務或活動，而無心工作，致積壓、延宕承辦案件，影響人民權益及司法信譽，是以法官若決意參選，應先辦理退職或留職停薪，並應於各該公職人員任期或規定之日屆滿半年以前為之，庶免黨政活動影響司法之審判獨立制度。

第五款　社會輿論需謹守新聞評議之分際

在社會輿論方面，電視、廣播與新聞媒體等，可謂係現代大眾傳播之主要媒介，其報導方式是否適當，內容是否屬實，常常足以影響民眾對司法之信心。對於社會上最新發現之轟動新聞，大眾傳播媒體總喜歡在司法機關裁判前，成篇累牘地報導，使大眾產生先入為主之成見，增添法官承辦案件之壓力。為使法官能有獨立審判之空間，代表社會輿論之大眾傳播媒體，應嚴守出版法、廣播電視法等相關規定，對於尚在偵查或審判中之訴訟案件，或

承辦該事件之司法人員或有關之訴訟當事人，不得評論；即基於新聞人員之職責，應報導案情時，亦應堅守立場，客觀敘述，切勿偏頗，以維護讀者知的權利，避免影響審判獨立。

第六款　司法行政監督不得涉及具體案件

在行政監督方面，由司法行政權所派生之司法行政監督權，在消極上或可防止法官自我干涉，使審判真正獨立；而在積極上亦可確保裁判品質，使法官能妥適運用法律，無形中達到維護審判獨立之作用。然則司法行政監督之目的，原在協助法官維護審判獨立，而非藉口監督以干涉具體案件之審判，故如何加速司法革新、建立法官自治、廢除考績制度、暢通人事管道、制定法官法，以保障法官之身分、地位，均是吾等司法人員應同心戮力之處。

第七款　落實法官守則之踐履

就司法官本身而言，一個內在獨立之法官，必定具備堅定意志，對於一切外來之刺激、引誘，均能保持沉著；對於一切反對意見，能從容坦誠應對；至於企圖影響其裁判之行為，則能加以抗拒，故其裁判結果必甚公允。日前司法院司法改革委員會於第十次會議中通過該會第三研究小組所擬定之「法官守則」，並於民國八十四年八月二十二日以院台廳司一字第16405號函檢送所屬各機關在案，該法官守則共八則，內容如下：

一、法官應保持高尚品格，維護司法信譽。

二、法官應依據憲法及法律，本於良知、超然獨立、公正篤實執行職務，不受及不為任何關說、干涉。

三、法官處理案件，應潔己奉公，發揮耐心、毅力、親切和藹問案，予當事人充分陳述機會，周詳調查證據，裁判書類應認真制作，務求定奪合宜、執法平允，使人信服。

四、法官言行舉止應端正謹慎，令人敬重，日常生活應嚴守分際，知所檢點，避免不當或外觀上易被認為不當之行為，務須不損司法之形象。

五、法官不得參加任何政黨或其他政治團體之活動，並不得從事足以影響獨立審判或法官倫理、尊嚴不相容之事務或活動。

六、法官應嚴守職務上知悉之事項，並不得探詢不應知悉之事項。

七、法官應精研法理，溝通彼此法律見解，提高裁判品質，維護司法公

信。

八、法官應隨時汲取新知，掌握時代脈動，充實辦案智能，並應勤研法學理論及瞭解外國司法制度，促進司法進步。

觀察司法改革委員會訂立之此項守則之理由，係認為「身為法官者，在公私生活上，均應嚴守分際、知所檢點，不但處理案件要潔己奉公，使人信服，即使日常言行舉止，也要格外謹慎，令人敬重，務須不損公眾對於司法之信賴。」足見法官守則具有規範法官行為之性質，相信只要所有法官共同遵行，互相勉勵，必能正人正己，樹立司法新形象，無庸再由司法行政權或監察權介入，加以監督[24]。

第二項　大陸地區方面

第一款　維護司法機關獨立地位

司法權是國家司法機關之權力，現代民主國家之司法權，不但與立法、行政等權力不同，尤其標榜司法獨立，讓司法官在不受干擾情況下，自由而公正的行使其職權，俾能允當地適用法律，充分保障人權。所謂司法獨立，不僅指法官應依據法律作成裁判，不受當時政府政策及意願干涉之職務獨立；更包括法官職位之條件及任期之適當保障，以確保法官不受行政干涉之身分獨立(Personal Independence)，乃至於司法整體應享有自治及對於行政機關之集體獨立，俾使司法機關依法處理案件時不受外界干擾，以保證案件處理的客觀性和公正性。目前大陸《憲法》第一百二十六條、第一百二十九條雖均規定「人民法院、人民檢察院依照法律規定，獨立行使審判權、檢察權，不受行政機關、社會團體和個人之干涉」，但因條文並未規定不受政黨干涉，以致在四個堅持理念下，其司法人員在執法過程中，常受黨之干涉，各級法院也存在由黨的組織領導情況，未來應逐步改進，使政黨退出司法體系，不得決定、參與和干預具體案件之處理，使司法機關能獨立依法行使職權。

第二款　改進審判組織結構

民、刑事審判組織，即法院內部之獨任法官、合議庭、審判委員會，乃訴訟程序是否公正之重要前提，而前述大陸採行「法院獨立」原則，既有許多

弊病，在積極提高法官素質和水平前提下，應當儘速取消院長、庭長對具體案件之審批，以及審判委員會對具體案件之討論。關於行政監督方面，亦應儘量降低其干涉，但不妨加強公眾監督、法學家監督或輿論監督，使審判獨立與社會監督間，保持適當之制衡。在審判組織之人員編制上，大陸從事審判工作之審判員、助理審判員比例約占全院總人數之二分之一，但法官仍感到業務過重，對工作條件和生活待遇，並非十分滿意；至於非審判業務之人員，因工作不能納入《法官法》的調整系列，而感到若有所失，為解決此一矛盾，宜考慮改採台灣地區之分類管理制度，使法官按《法官法》實行專業分工，其他人員按照《公務員條例》實行業務類管理。兩類人員分別管理，互不調動，使法官在《法官法》規範中，有較高之工資待遇、保險福利和任職保障，相信對大陸審判獨立制度之建立，必產生相當大之助益。

第三款　落實司法預算獨立

長期以來，大陸地區採取「分級管理分灶吃飯」為主要內容之財政體制。這種將中央與地方分開，地方各級間也分開之財政體制，雖會刺激各級地方政府發展地區經濟之積極性，減輕中央政府財政負擔，但在此同時也強化地方政府之獨立利益，削弱中央政府之財政能力，造成地方司法機關傾向於從發展地方經濟角度去執行法律之後果，而非著眼於法制之統一性和嚴肅性。即使在西元1993年以後採分稅制之財政管理體制下，地方司法機關除在財政上依附地方政府外，在人事制度方面，不僅司法機關之司法行政職務由地方各級權力機關選舉、委任和罷免，且司法人員也由地方各級國家權力機關任免。在實踐中，地方黨委組織部門和地方政府人事部門，擁有對司法機關主要領導幹部之推荐權或指派權，實行地方黨委或人事部門對司法機關人事權之控制，使得地方司法機關無力抗衡地方政權之干預，其結果除破壞司法審判獨立外，還導致司法權之地方化。面對此種缺失，務需儘早從司法預算獨立做起，其具體作法為全國所有法院之經費由中央財政支付，預算編制由最高人民法院負責，預算草案送政府協調後，直接交人大或人大常委會審議、批准，由國務院和最高人民法院執行，如此必能使司法機關擺脫行政部門或地方單位之控制，真正實現審判獨立。

第四款　加速法官法之施行

　　西元1995年2月28日第八屆全國人大常委會第十二次會議審議通過《中華人民共和國法官法》，這部中共建國以來第一次全面、系統地規定法官制度之法律，是對大陸法官制度之重大改革。《法官法》最大特色，在於把審判人員從國家公務員中分離出來，建立單獨之法官任職條件、等級劃分、考核、培訓、獎勵、懲戒、薪俸、免職、退休等制度。這在一定程度上朝法官身分獨立邁進一大步。例如《法官法》第一條即明確規定：「為了保障人民法院依法獨立行使審判權，保障法官依法履行職責，提高法官的素質，實現對法官的科學管理，根據憲法，制定本法」。對於法官的條件，同法第九條第一款規定：「擔任法官必須具備下列條件：(一)具有中華人民共和國國籍；(二)年滿二十三歲；(三)擁護中華人民共和國憲法；(四)有良好的政治、業務素質和良好的品行；(五)身體健康；(六)高等院校法律專業畢業或者高等院校非法律專業畢業具有法律專業知識，工作滿二年的；或者獲得法律專業學士學位，工作滿一年的；獲得法律專業碩士學位、法律專業博士學位的，可以不受上述工作年限的限制」，已較以往法官任職之浮濫，有明顯改進。《法官法》同時建立法官考試制度，要求初任審判員、助理審判員採取公開考試、嚴格考核之辦法，按照德才兼備之準則，從具備法官條件之人員中擇優提出人選；在法官工資、退休及培訓制度方面，亦均有具體規定，以供遵行。就法官等級方面，《法官法》第十六條規定：「法官的級別分為十二級，最高人民法院院長為首席大法官，二至十二級法官分為大法官、高級法官、法 官」。再者，《法官法》首度於人民法院設置法官考評委員會，其職責是指導對法官之培訓、考核和評議工作；此外，最高人民法院法官考評委員會，依《法官法》第四十六條第三款規定還負有組織全國法官統一考試之職責⑥。

　　另應說明者，大陸《法官法》第三十條規定，法官不得有下列行為：

　　一、散布有損國家聲譽的言論，參加非法組織，參加旨在反對國家的集會、遊行、示威等活動，參加罷工。

　　二、貪污受賄。

　　三、徇私枉法。

　　四、刑訊逼供。

　　五、隱瞞證據或者偽造證據。

六、洩漏國家秘密或者審判工作秘密。

七、濫用職權，侵犯公民、法人或者其他組織的合法權益。

八、玩忽職守，造成錯案或者給當事人造成嚴重損失。

九、故意拖延辦案，貽誤工作。

十、利用職權為自己或者他人謀取私利。

十一、從事營利性的經營活動。

十二、私自會見當事人及其代理人，接受當事人及其代理人的請客送禮。

十三、其他違法亂紀的行為。

　　上開規定與台灣地區司法院所頒之《法官守則》類似，值得我們制定《法官法》時參酌。此外，其《法官法》第八條還規定，法官享有下列權利：「(一)履行法官職責應當具有的職權和工作條件；(二)依法審判案件不受行政機關、社會團體和個人的干涉；(三)非因法定事由、非經法定程序，不被免職、降職、辭退或者處分；(四)獲得勞動報酬，享受保險、福利待遇；(五)人身、財產和住所安全受法律保護；(六)參加培訓；(七)提出申訴或者控告；(八)辭職」。上開具體規定，未來如能貫徹執行，對其確保法官獨立自主地從事審判活動，排除外來之干涉和不當影響，完善審判獨立制度，必有相當幫助。

第五款　提高司法人員整體素質

　　提高司法隊伍整體素質，是大陸司法改革過程中，要優先解決之問題。對此作者 認為可以從完善法學教育，合理訂立司法人員選拔、培訓制度做起。近年中共已日益重視司法人員培訓計劃，西元1995年7月1日《法官法》和《檢察官法》分別公布施行後，其最高人民法院、最高人民檢察院已認真建立初任法官、檢察官教育制度；另為彌補裁判品質低落缺點，提高法院幹部素質，使更熟悉新頒布法規，中共已全面運用多種方法培訓法律專業人才，尤其在最高人民法院和國家教育委員會聯合創辦下，於1988年在北京成立中國高級法官培訓中心，該中心主要任務是培訓高級法官，使其具有較高的理論和專業知識水準，及較強的司法實務工作能力；必要時，培訓中心還承擔其他現職法官短期培訓工作，使能培養高級法官和其他高層次法律專門人才[⑩]，凡此，對於大陸地區司法人員整體素質之提高，應能產生具體效果。

註釋：

① 黃東熊，《刑事訴訟法論》，(台北：三民書局，民國84年2月)，頁76~77。

② 陳瑞華，《刑事審判原理論》，(北京：北京大學出版社，1997年2月)，頁163~164。

③ Mauro Coppelletti, Who Watches the Watchmen? A Comparative Study on Judicial Independence , in *Judicial Independence* (1985), by Martinus Nijhoff Publishers. pp. 550-557.

④ ibid.

⑤ Shimon Shetrect, *Judicial Independence : New Conceptual Dimensions and Contemporary Challenges*, in *Judicial Independence* (1985), by Martinus Nijhoff Publishers.pp. 559-562.

⑥ 黃一鑫，《法官人事制度之比較研究》，(台北：台灣高等法院78年度研究發展項目研究報告，民國78年7月)，頁36~37。

⑦ 陳瑞華，《刑事審判原理論》，前揭書，頁164~166。

⑧ 程春益，《法官之職務獨立與職務監督》，(台北：政治大學法律研究所碩士論文，民國77年6月)，頁49。

⑨ 林朝榮，《檢察制度民主化之研究》，(台北：政治大學法律研究所博士論文，民國82年6月)，頁303。

⑩ Theodore L. Becler, *Comparative Judicial Politics*, (Chicago, Rand Mcnally & Company, 1970). p.164.

⑪ 鄭正忠，〈審判獨立之真諦(上)〉，《法務通訊》，第1760期，(台北：法務部，民國85年1月11日)，第2版。

⑫ 邱聯恭，《司法之現代化與程序法》，(台北：台灣大學法律系法學叢書編輯委員會，民國81年4月)，頁45～46。

⑬ 李鴻禧，〈立憲主義與司法制度〉，《中國論壇》，第五卷第六期，(台北：中國論壇雜誌社，民國66年12月)，頁22。

⑭ 武樹臣、李力，《法家思想與法家精神》，(北京：中國廣播電視出版社，1998年3月)，頁99。

⑮ 參見日本國憲法第七十六條第三項原條文內容為「すべて裁判官は、その良心に從ひ獨立してその職權を行ひ、この憲法及び法律じのみ拘束される」。

⑯ 史尚寬，〈司法權與法官的涵意之演進〉，《法學叢刊》，(台北：法學叢刊社，民國57年7月)，頁8。

⑰ *The Universal Declaration on the Independence of Justic*, Unanimously adopted at the final plenary session of the First World Conference on the Independence of Justice held at Montreal (Quebec , Canada) of June tenth ,1983.

⑱ 蔣惠岭，〈我國實現獨立審判的條件與出路〉，《人民司法》，1998年第3期，(北京：人民法院出版社，1998年3月)，頁16~17。

⑲ W. Friedmann原著，楊日然等合譯，《法理學》，(台北：司法週刊社，民國76年10月)，頁475～477。

⑳ 楊仁壽，《法學方法論》，(台北：三民書局，民國75年11月)，頁192～194。

㉑ 參見司法院大法官釋字第九號解釋：「裁判如有違憲情形，在訴訟程序進行中，當事人自得於理由內指摘之」，而法官即須審查命令是否違憲，並於裁判理由中予以說明。另釋字第一三七號、第二一六號解釋，皆認為法官對行政機關適用同一法規所持見解，得審查其是否合法，而不必先聲請司法院統一解釋。

㉒ 鄭彥棻，〈對審判獨立的體認〉，《法論評論》，第29卷第10期，(台北：法論評論雜誌社，民國52年10月)，頁27。

㉓ 薩孟武，《中國憲法新論》，(台北：三民書局，民國78年10月)，頁278。

㉔ 林詩輝，《孫中山先生與中國現代化之研究》，(台北：正中書局，民國81年5月)，頁348～350。

㉕ 程春益，《法官之職務獨立與職務監督》，前揭書，頁105。

㉖ 林紀東，《比較憲法》，(台北：五南圖書出版公司，民國69年6月)，頁387。

㉗ 程春益，《法官之職務獨立與職務監督》，前揭書，頁57~58。

㉘ 李鴻禧，《違憲審查論》，(台北：作者自行出版，民國75年10月)，頁454。

㉙ 黃城，《五院相互關係之研究》，(台北：正中書局，民國76年1月)，頁135。

㉚ 孫文，〈採用五權憲法之必要〉演講詞，載《國父全書》，(台北：國防研究院出版，民國49年10月)，頁728。

㉛ 謝瀛洲，《中華民國憲法論》，(台北：作者自行出版，民國52年10月)，頁203。

㉜ 林世宗，〈監察權、立法權與司法權之爭議－兼論監察委員對司法人員之調查權〉，《憲政時代》，第20卷第1期，(台北：憲政時代雜誌社，民國83年7月)，頁41。

㉝ 準司法機關之說，參見陳水亮，〈準司法機關理論介述〉，《律師通訊》，第169期，(台北：台北律師公會，民國82年10月)，頁20；姚立明，〈修憲後之監察院〉，《中山社會科學季刊》，第7卷2期，(台北：中山大學，民國81年6月)，頁54；繆全吉，〈監察院的定位〉，《政治評論》，第591期，(台北：政治評論雜誌社，民國81年3月)，頁26；馬起華，〈監察院之定位及其調查權之研究〉，《法律評論》，第59卷第9、10期合訂本，(台北：朝陽法律評論雜誌社，民國82年10月)，頁37；胡經明，〈考試、監察兩院之定位論〉，《憲政評論》，第21卷第8期，(台北：憲政評論雜誌社，民國79年8月)，頁21~25。

㉞ 參見監察院編印，《監察院能為您做什麼事？》，(台北：監察院，民國83年6月)，頁20~21。

㉟ 涂懷瑩，〈憲法增修條文對我國憲政發展的析解及展望〉(下)，《法學叢刊》，第38卷第3期，(台北：法學叢刊雜誌社，民國82年7月)，頁8～9。

㊱ 參見監察院編印，《八十三年監察報告書》，(台北：監察院，民國84年2月)，頁

53。

㊲ 洪家殷，〈從監察院之地位，論監察權對司法權行使之界限－以彈劾權行使之原因為對象〉，《憲政時代》，第20卷第1期，(台北：憲政時代雜誌社，民國83年7月)，頁21。

㊳ 阮華國，〈監察權與司法權行使的分際與協調〉，《憲法論文選輯》，(台北：法學叢刊雜誌社，民國74年12月)，頁879~880。

㊴ 董良駿，〈法官黨籍與司法獨立之我見〉，《自立晚報》，民國69年8月6日，第4版。

㊵ 鄭彥棻，〈中華民國憲法第八十條析論〉，《法學叢刊》，(台北：法學叢刊雜誌社，民國63年4月)，頁2~5。

㊶ Shimon Shetreet, *The Administration of Justice：Practical Problems, Value Conflicts and Changing Concepts, University of British Columbia Law Review*, 1979, pp. 66-69.

㊷ 鄭正忠，〈審判獨立之真諦(上)〉，前揭文，第2版。

㊸ 吳磊，《中國司法制度》，(北京：中國人民大學出版社，1997年5月)，頁92~95。

㊹ 陳瑞華，《刑事審判原理論》，前揭書，頁177。

㊺ 張步文，〈審判委員會制度亟待改革〉，《中國律師》，第10期，(北京：中國律師月刊社，1997年10月)，頁36~38。

㊻ 陳瑞華，《刑事審判原理論》，前揭書，頁178~179。

㊼ 陳瑞華，《刑事審判原理論》，前揭書，頁179~180。

㊽ 白文漳，《司法革新與革心》，(台北：其澤有限公司，民國86年11月)，頁124~126。

㊾ 鄭正忠，〈監察權對司法權之監督與行使之分際(一)〉，《司法周刊》，第761期，(台北：司法院，民國85年1月31日)，第3版。

㊿ 謝騰和，《提昇司法審判品質之研究》，(台北：司法院秘書處，民國87年6月)，頁12。

51 蔣惠岭，〈我國實現獨立審判的條件與出路〉，前揭文，頁16。

52 Franz Schurmann, *Indeology and Organization in Communist China,* (Los Angeles: University of California Press, 1973), p.180.

53 廖光生，〈人民監督與司法審判〉，《中華人民共和國憲法論文集(續集)》，(香港：中文大學出版社，1987年10月)，頁241。

54 雷萬來，《中共司法制度之研究》，(台北：興大法學叢書編輯委員會，民國78年11月)，頁112~113。

55 楊建華，〈大陸的司法〉，《司法周刊》，第647期，(台北：司法院，民國82年11月10日)，第2版。

56 黃東熊，《刑事訴訟法論》，前揭書，頁98~99。

(57) 程春益，《法官之職務獨立與職務監督》，前揭書，頁54~56。
(58) 陶百川，《比較監察院制度》，(台北：三民書局，民國67年7月)，頁430~441。
(59) 陳啟清，《我國憲法上的彈劾權》，(台北：台大三民主義研究所碩士論文，民國79年12月)，頁102~103。
(60) 蔡墩銘，〈監察與司法之關係〉，《全民雜誌》，第1221期，(台北：全民雜誌社，民國79年12月)，頁39。
(61) 監察委員李伸一於民國84年8月，在監察院國父紀念月會之專題報告〈監察權與司法權〉一文。
(62) 傅啟學、賀凌虛、陳文仁、徐松珍、張劍寒、胡佛等合著《中華民國監察院之研究》，(台北：作者自行出版，民國56年9月)，頁717。
(63) 呂清池，《我國行憲後司法官彈劾案之研究》，(台北：台大政治研究所碩士論文，民國61年6月)，頁192。
(64) 呂清池，《我國行憲後司法官彈劾案之研究》，前揭書，頁193。
(65) 鍾鳳玲，《從西德法官法論我國法官身分保障應有之取向》，(台北：政治大學法研所碩士論文，民國78年6月)，頁211~212。
(66) 任卓宣，《五權憲法體系》，(台北：帕米爾書店，民國69年1月)，頁435~437。
(67) 鍾鳳玲，《從西德法官法論我國法官身分保障應有之取向》，前揭書，頁196。
(68) 李宗德，〈釐清司法權與監察權之分際〉，《聯合報》，民國77年2月8日，第2版。
(69) 耿雲卿，〈論國會調查權與司法審判權之分際〉，《憲法與法理學論叢》(上冊)，(台北：作者自行出版，民國72年10月)，頁177。
(70) 施啟揚，《西德聯邦憲法法院論》，(台北：台灣商務印書館出版，民國60年10月)，頁243。
(71) 日本學者宗方政，〈裁判官彈劾法解說〉，載於《法律新報》，第947號，頁15。
(72) 黃如流，〈日本法上法官彈劾制度之研究〉，《憲政時代》，第11卷第1期，(台北：憲政時代雜誌社，民國74年7月)，頁54。
(73) 蔡墩銘，〈監察與司法之關係〉，《全民雜誌》，第121期，(台北：全民雜誌社，民國79年12月)，頁38~39。
(74) 鄭正忠，〈審判獨立之真諦〉，《法務通訊》，第1760期，(台北：法務部，民國85年1月11日)，第2版。
(75) 陳瑞華，《刑事審判原理論》，前揭書，頁180~182。
(76) 楊建華，《香港、澳門、大陸地區司法制度考察報告》，(台北：司法行政廳，民國84年2月)，頁232~233。

第六章　兩岸之法學教育與法官養成訓練

　　教育是國家建設之根本，而法學教育尤為民主國家法治發展之重要關鍵，蓋因民主應以法治為本，法治則以人才為重，惟法律人才之培養，則須以法學教育為基礎，故法學教育之良窳，關係民主法治之推行至深且鉅[①]；其次，要建立一個理想的法治社會，除了要有優良的法律制度、維護公平正義的司法體系、尊重人民權利的行政部門外，也必須要有善良而知法的人民，知法然後能守法、守分，防紛爭於未然，弭禍患於無形，而「知法」又非從教育著手不可。美國著名法官Judge Story於西元1928年改任哈佛大學法學院院長時，曾針對法律教育之內涵，剴切表示：「普及法律知識及守法精神，乃為構成民主國家之必要條件，亦為民主國家國力產生之泉源」[②]。足見，法學教育乃是一個民主法治社會所不可或缺的一環。

　　至於法官，負責平亭曲直，受全體國民託付，代表國家執行法律，懲罰犯罪，遵守國家嚴明之紀律，保護人民合法之權益，故其在司法權行使過程中，不僅攸關人民生命、身體、財產、自由法益，甚且對於國家法治精神之落實，影響深遠[③]，誠如西方學者漢米爾敦(A. Hamilton)所言：「法官操行端正、得永保職位，乃近代政治最有價值之改革。其在君主國，此可阻遏君主之專制；在共和國，則可預防議會之越權與暴虐；且可以保障司法之安定、嚴正與公正無私」[④]，然欲法官在執行職務及裁判時，能具備堅定意志，對於一切外來之刺激引誘能保持沉著；對於一切相反意見，能從容坦然應對；對於企圖影響其裁判之干涉，更能加以抗拒，而為公正、妥適之裁判，此尤須從健全法學教育與法官養成訓練做起，從長遠來看，積極地發掘並培養足夠數量和優良素質的法律人才(含司法官)，實為建設現代化法治國家之磐石。

　　由於法學教育與司法官養成訓練，均為司法制度健全與否之根源，具有舉足輕重之地位，為此本書亦就兩岸目前之實施概況，加以分析比較，期能加強雙方之瞭解、認識，提供學校和司法相關部門，圖謀改革之參考。

第一節　兩岸法學教育之沿革

第一項　我國古代法學教育之演進

我國的法學教育，具有相當悠久的傳承，古《尚書》有謂「明刑弼教」，《史記》亦謂：「以法為教，以吏為師」，均在說明政府的官員教化民眾，係以法律為主，其他願修習律法者，則以官吏為師⑤。現試就古代法學教育之沿革（西元前1100年至西元1911年），分段略述之。

第一款　周朝時期之法學教育

周代教民，以讀法為本，據《周禮》所載：「正月之吉(初一)，始和布法於邦國都鄙，乃懸治眾之法於象巍，使萬民觀治象挾目而斂之」，又載「正月之吉，各屬其州之民而讀法，以考其德行道藝而勸之，以糾其過而戒之」、「以刑教中，則民不虣」，可見周代之法學教育，係經由公布法律及各級官吏之教授，來負起教民知法、守法之任務⑥。此種法學教育，沿襲至春秋戰國期間，因教育逐漸普及，終使法家輩出，如管仲、韓非、商鞅…等，都是非常傑出的法律人才⑦。

第二款　秦、漢及南北朝時期之法學教育

到了秦代，秦始皇雖焚書坑儒，但統一全國律令後，並不禁止人民研究法律；兩漢時期，由於長期的統一局面出現，社會比較穩定，經學、文學、史學、天文、曆法、法學等各方面都得到空前的發展，其以法學著述流傳萬古者，如蕭何之《九章律》⑧、孫叔通之《傍章》、董仲舒之《春秋折獄》，鄭玄之《法學章句》等；又其時以法律授徒者，亦屬不少，如郭躬、陳寵等，常有門生數百人，長杜鍾氏至千餘人，史載「漢來治律有家，子孫並世其業，聚徒講授，至數百人」，所言非虛。六朝崇尚釋老，輕視名法，以清談為高逸，以法律為俗務，致阻礙法學之發展，甚而在法制上少有建樹；唯北朝則狀況相反，北朝各國都比較重視法制建設，立法活動頻繁，法律思想活躍，法學教育發達，為隋唐時期封建法制的成熟和完備奠定了可大可久之根基⑨。

第三款　隋、唐時期之法學教育

隨著封建政治的高度發展，隋、唐時期，特別是唐朝的封建法律制度，達到中國古代法制的最高峰，隋代對於法學教育除承襲漢制外，在隋律中特

置「博士弟子員」，以培養法律人才。至於唐朝，在制定法律方面，首先集歷代立法與司法之經驗，完成《唐律》，該法典「依禮制刑、禮法合一」，且「規範詳備，科條簡要」、「中典治國，用刑持平」，實為當時封建法典之楷模；其在法學教育方面，除一般民間流傳之法學授課外，值得一提者為其在科舉制度中，設有明法一科，作為司法人員晉用之依據，同時在西都置有國子監，以八品、九品官員之子選俊彥者五十員為「律學生」，使學習法律⑩。

第四款　宋、元、明時期之法學教育

宋朝之法學教育，除依循唐朝體制外，在宋神宗時，為了挽救宋王朝危機，任命王安石為相，變法圖強，增訂法律，排除守舊勢力阻撓，貫徹改革措施，雖該變法活動不久即宣告失敗，但王安石在當時採行之「貢舉制度」，選人任子，必須考試律令始准出官，凡進士取才，皆悉試法，復於大學增置律學教授，供應各種刑書及朝廷新頒敕、令、格、式⑪，其對於法學教育之重視可見一斑；惟南宋以後，法學教育日漸式微。元朝蒙古人入主中原後，實行民族歧視和民族壓迫，在法律制度上保留了蒙古的習慣法，惟其游牧民族之天性，自不重視法學教育⑫。明王朝建立後，朱元璋以法律手段來維護君主專制的中央集權制度，強調「夫法度者，朝廷所以治天下也」，又說「立國之初，當先正綱紀」，故頒布《大明律》，作為調整國家各機關權力職責之行政法典和處罰依據；至其法學教育方面，大體遵從宋制，但以進士作為司法人員進階之途徑，將第二、三名進士，分發至刑部、都察院辦理刑事案件；至舉人、監生如表現良好，也有機會晉用為司法人員，對於司法人員之訓練、教育，明朝在當時可謂相當完備⑬。

第五款　清朝時期之法學教育

清朝是以滿人為主體所建立中國封建社會的末代王朝，其法律制度，承襲封建發展之源流，沿用明律而重加修訂，並在滿清舊律基礎上加以補充發展，曾陸續頒布《大清律令》、《康熙會典》、《苗律》等法案，早期對於傳統的法律教育並不重視，司法人員選用和一般文官並無差別。又清朝統治者重視修律，一切政事，除律例有特別規定者外，均須依舊例辦理。然條例浩繁，新官固屬茫然，即舊官亦難知其詳，致使粗諳法律之訟師、書吏(代書)，成為各封建官吏爭聘之對象，上開訟師等往往收容家鄉子弟，教授其學習清

律、刑名，法律私塾教育於焉形成⑭。迨鴉片戰爭後，西方資本主義國家用堅船利炮打開中國門戶，強迫清政府簽訂一系列不平等條約，根據這些不平等條約，西方國家從中國掠奪了大片領土，攫取暴利，嚴重侵犯我國之主權完整和民族利益，此時清政府為期振作，乃著手進行政府人才的培養計劃，採用西方學制，設立法律學堂，該學堂除開設一般法律課程之外，還開設萬國公法、國際私法等課程。光緒二十八年，設立法律館，派沈家本、伍廷芳等將一切現行律令，參酌各國法律，悉心考訂，務使中外通行，妥當公允；在沈家本等人主持下，修訂和起草了幾部嶄新的法規，如刑法、民法、商法、訴訟法等是⑮。俟光緒二十九年，依學堂章程規定，分大學堂為通儒院及大學本科，並附以大學堂預科，各省亦設置高等學堂。大學本科共設八科，其中「政法科」分政治與法律兩門，是為我國大學設有法律學科之始，凡大學本科畢業者，視為進士出身，大學預科或高等學堂畢業者，以舉人任用。光緒三十二年，制定京師法政學堂章程，明定本科三年，預科二年，本科分法律、政治及經濟三門，截至清朝末年，除京師大學堂法律科外，各地所設立之法政學堂，公立者三校，私立者二校，共計五校⑯。

第二項　民國以後法學教育之變遷

民國成立以後，以迄大陸淪陷前，法學教育之進展如下：

一、西元1911年10月10日武昌起義革命成功，中華民國誕生，一切典章制度仍在草創中，雖中央政府曾於民國六年頒布法政專門學校章程，以培育法律政治人才為宗旨，而分設法律、政治、經濟三科，修業年限為三年；至民國十一年，政府再令頒學校改革方案，延長法律科修業年限為五年，並鼓勵各地除大學外，普設法政專門學校，以培育法政專門人才；惜當時因政權未能統一，國家重要法典尚未完備，故成效不彰⑰。

二、民國十六年國民政府奠都南京後，陸續公布重要法典，法律教育之客觀環境雖已具備，但因日軍侵略，教育方針不得不偏重理科，輕忽法學，造成法學教育之低潮，及法律人才奇缺現象⑱。

三、民國十八年七月，國民政府公布大學組織法後，法律教育逐漸發達，依前開規定，大學分文、理、法、教育、農、工、商、醫各學院，下設

若干系，法律系學生入學資格，須經高級中學或同等學校畢業，或具有同等學力，並經入學考試及格為限，其修業年限由五年縮短為四年，總計至民國二十一年為止，我國設有法律系之公私立大學共有三十所[19]。

四、民國二十六年，抗戰爆發，我國高等教育遭受嚴重衝擊，法學教育亦同受相當之阻礙。民國二十七年以後，中央政府的教育政策，採取「均衡發展」原則，當局鑑於司法人才迫切須要，乃決定在大學法律系內增設司法組，擴大招收優秀青年從事司法工作。至民國三十二年，抗戰後期，政府為振興學校法律教育，曾在重慶由教育部創設法律教育委員會，延攬法律教育人才，定期討論，通過《法律教育綱領》，擬定中國法學教育之任務和目標，以造就優秀之司法人才、一般法律人才和外交法律人才[20]。

五、民國三十四年抗戰勝利後，各校迫於復原遷校，兼以共產黨勢力蔓延，社會極端不安，法學教育尚未能就序，惟政府仍排除萬難，公布大學法，使法學教育制度，有法可循；甚且為積極發展法律教育，特准在東吳大學、浙江大學及同濟大學等校的法學院，專設法律系，可見政府當時對法學教育的重視。總計至民國三十八年大陸淪陷前為止，我國設有法律學系之大學院校共有四十七所，比起抗戰前已有可觀之進展[21]。

第三項　大陸淪陷後海峽兩岸法學教育之演進

民國三十八年十二月，大陸淪陷，國民政府播遷來台，中國共產黨則建立中華人民共和國，統治大陸，四十多年來，兩岸對於法學教育之進展，各經歷了許多不同的歷程，分述如下：

第一款　台灣地區方面

一、中央政府遷台後，勵精圖治，起初僅有台灣大學設有法律系，民國四十三年元月，東吳大學奉准恢復法學院法律系之設立；四十四年政治大學在台北市木柵復校，五十年恢復法律系；五十二年輔仁大學法律系核准立案，同年中國文化學院亦設有法律學系；六十年台灣省立中興大學改制為國立，並設有法律學系，至目前為止，設有法律系之大學計有：台灣大學、政治大學、中興大學、東吳大學、輔仁大學、文化大學、東海大學、中原大學、逢甲大學、世新大學、銘傳大學，玄奘人文社會學院等十餘院校，培養

法律人才之學術機構，日漸增加，每年畢業人數，均達一千餘名以上。

二、在進階教育方面，各校法律學系於頗具規模之後，均陸續設立法律學研究所碩士班與博士班，在政府遷台前，原本僅有國立中央大學、國立北京大學、私立東吳大學、朝陽大學四校，設有法律學研究所，目前在台灣地區，設有法律學研究所碩士班者，有台灣大學、政治大學、中興大學、成功大學、東吳大學、輔仁大學、文化大學、東海大學、中原大學、中正大學、世新大學等校；設有博士班者，有台灣大學、政治大學、中興大學、東吳大學、輔仁大學等五校，每年所培養之法學碩、博士人才，約百名上下。

三、除一般大學院校外，國防部曾一度設立軍法學校，其後併入政治作戰學校法律學系；中央警官學校(已改制警察大學)，亦設有犯罪防治、監獄行政、法律等科系；海洋大學成立海洋法律研究所，精研海洋法、航運法等法律；東吳大學於民國八十一年成立法律系碩乙組，培養非主修法律系之大學優秀畢業人才，從事法務工作或跨領域工作⑫，此種法律教育專業化之措施，實為值得記取之進步趨向。

四、另在法學教材方面，近五十年來，大多數的法律學科，如憲法、民法、刑法、訴訟法、商法等科，均有數十種著作出版，較出名的出版社有三民書局、五南書局、商務印書館、正中書局、月旦出版社，其對台灣地區法學教育之發展，功不可沒。此外，目前各大學如台大、政大、中興、東吳、輔仁、東海、文化等校，紛紛出版各種法學叢書，而政府機關、公私立法人，如陸委會、海基會、比較法學會等，亦出版各種研究獎勵作品，供實務及法學研究之參考⑳。至於在法學期刊方面，著名之法令月刊、朝陽大學法律評論、法學叢刊、刑事法雜誌、軍法專刊、司法周刊等，均已出版數十年之久，提供法律人才學術研討之園地，對於法學資訊之累積和法律教育之演進，貢獻卓著。

第二款　大陸地區方面

過去五十年來，中共法學教育，先由初步發展，中經挫折和破壞，最後又得到迅速恢復和發展，變化很大，約可分為下列四個階段：

一、法學教育初步發展時期(西元1949年至1956年)

　　中共政權於西元1949年建立後，在經濟復甦、改革農地、鎮壓反革命勢力

和許多其他工作之同時，亦致力於法學教育之發展，首先由中央政府宣布，以「學習蘇聯法學教育之經驗，並配合中國之實際國情」，作為法學教育之最高指導原則，除先對舊有的北京大學、南京大學、復旦大學、武漢大學、四川大學等政法科系進行調整、改革教學制度、刪除國民黨制定之法律、採用更多蘇聯教材外，陸續自1952年起，新創北京政法學院(中國政法大學前身)㉔、華東政法學院㉕，西南政法學院㉖，中南政法學院㉗等四所專門政法學院，以培養法學人才。此一時期，績效顯著，七年間法律專業本科畢業生達12,705人，畢業研究生325人，目前大陸地區法學教育、研究開發和司法實務工作之骨幹力量，即是當時培養出來的。惟不可諱言的，過度學習蘇聯體制、盲目抄襲，致有流於教條主議和未注意與中國實際情況相結合，以突出中華民族之特性等缺失㉘，值得吾人記取該教訓和經驗。

二、法學教育停滯倒退時期(西元1957年至1965年)

西元1956至1957年間，中共發動「大鳴大放」、「百花齊放」運動，鼓勵人民批評國家法政制度之弊端，孰料司法人員及法學者大力抨擊中共法制不健全、有法不依、重政策輕法治和司法之沈痾弊病後，竟造成1957年夏天之「反右派運動」，將批評中共政權者，皆視為毒草，全部打為右派，應予肅清，緊接而來之「三面紅旗」運動㉙，更將全國帶至「左傾冒進」之歧路上，不但立法工作陷於停頓、司法工作亦受到波及，最顯著者，即法學教育之停滯與倒退現象。在此一階段，由於前開一連串之反右風運動，導致法學被認為是政治性和階級性極強之領域，成為反右派鬥爭之重災區，法學教授和講師被認為是反動的、錯誤的，因而漠視法律、否定法律制度、輕忽法學教育之「法律虛無主義」瀰漫全國各地㉚，使年輕人視研習法律為畏途，終而嚴重降低法學教育之品質，干擾法學教育之正常發展，是以政法院系招生人數一再下降，僅剩四院(北京政法學院、華東政法學院、西南政法學院、西北政法學院)、四系(北京大學、中國人民大學、吉林大學、湖北大學法律系)繼續招收法政科學生，每年招生名額不逾1,500名。在法律課程教學內容方面，由於社會主義法律理論遭到毀滅性之批判，法律研究範圍之禁區，不斷擴大，外國法和古代法之研究，全遭刪除，使法律教材，極端貧乏，俟西元1964年間，教室上課內容又完全被四清運動所取代(一個在政治、經濟、組織、思想四方面之革新運

動),使法律課程再遭取消之命運,故在近十年之法學教育中,不論法律人才培養、法學論著出版、法規資料彙編,均遠低於前七年第一階段初步發展時期[31]。

三、法學教育嚴重破壞時期(西元1966年至1976年)

從西元1966年5月至1976年10月,歷時十年的無產階級文化大革命,為中國大陸帶來空前浩劫,在響徹雲霄的口號中,高呼打倒一切,尤其在林彪、江青集團高喊「砸爛公、檢、法」情況下,使司法制度、審判工作,遭到全面破壞[32],法學教育和法律研究亦受到毀滅性之摧殘,所有高等政法院皆被封閉,僅剩一所名存實亡的北京大學法律系,和另所西南法政科學研究所延續著法學命脈。一些學有所成的法學專家、教授,被冠以「走資派」、「叛國賊」、「陰謀分子」或「反動學術權威」等罪名,頻受迫害;學校建築物全被查封,法學書籍和教材四處散佚,法學研究及法學專刊之出版,大都停頓,這場劫難,對中國大陸法學發展,造成了難以彌補的損失,也使得前兩階段所奠立的法律制度和法學教育根基,幾近蕩然無存[33]。

四、法學教育恢復發展時期(西元1977年迄今)

西元1976年10月四人幫垮台後,鄧小平復出;1978年12月,由鄧氏一手主導的中共十一屆三中全會,結束了1976年以來黨的工作在徘徊中前進之局面,開始全面認真糾正文化大革命及其以前之左傾錯誤;全會確定了解放思想、開動腦筋、實事求是、團結一致向前看的指導方針,要把全黨的工作重點轉移到現代化建設上來,以「農業、工業、國防、科技」等四個現代化為目標,進行經濟改革[34]。如同其他建設般,法學教育在經歷曲折發展的過程後,開始進入了一個新的重建恢復階段。

從法學教育的角度來觀察,中共國務院曾發布一系列重要指示,強調必須鞏固領導,充實司法隊伍,健全司法機關,加強基層建設,培養訓練司法幹部和法律人才,以保證國家法律的實施[35]。在黨與國家愈來愈重視法學教育之情況下,政法院系迅速恢復招生,到西元1988年為止,全國綜合性大學法律系即發展到三十六個,政法公安大專院校發展到二十九所,民族學院法律系、職業大學、專科學校發展到十六個以上,一些綜合性大學和政法院校成立了法學研究所,以培養高級法律人才[36];至於其他形式的高等法學教育也得

到蓬勃發展，設置分校，舉辦函授大學。在政府機關方面，各級公安、檢察、法院、司法行政機關也設立了比較健全的法學研究機構，緊密結合理論與實際，開展研究工作；在全國性法學學術團體方面，中國法學會、中國國際法學會、中國青少年犯罪研究會、中國檢察學會、中國法醫學會等，自1982年7月起相繼成立，帶動海內外學術交流；此外，積極進行普法教育，以掃除文盲㉜；改進教材課程，以擴大學生視野；鼓勵出版法律書刊，以累積法學資訊等等，都令人感受到大陸法學教育的春天已翩然來臨。

第二節　兩岸法學教育之現況

　　相隔五十年來，兩岸在不同的意識形態、不同的教學目標，乃至於不同的演進歷程、法律制度、教育制度、教學資源下，其法學教育之現況，有顯著不同，分述如下：

第一項　台灣地區之法學教育

　　目前台灣地區法學教育，可由下列五項加以探討：
第一款　大學專門法學教育
　　即通常所指大學法學院的法律學系（所），以傳授法律專業知識、技能為內容的專門教育㉝，依教育體制、階段性功能不同，又可分為法學基礎教育和深造教育：
一、法學基礎教育
　　我國近十餘年來教育事業發達，各大學增設法律系者，如雨後春筍，迄民國八十八年底為止，共計有十五所以上公私立大學院校設置有法律學系；為期造就不同法學專業人才，以適應時代潮流須要，各校針對其教學重心不同，將法律系細分為法學組、司法組，或財經法律組、比較法學組及法制等組，分組招生，各別授課。一般大學法律系，其修業年限，除東吳大學法律系為五年外，大都為四年制㉞。在修業年限內，課業相當緊湊，大約應修滿128至148學分左右，成績及格，始可畢業，以中興大學法律系司法組為例，學生除了在一、二年級要修習大學生共同必修之國文、英文、資料處理、國父思想、中國通史課程外，尚須修習法律系學生所必須研修之中華民國憲法、

民法總則、民法債篇、民法債篇各論、民法物權、民法親屬、民法繼承、刑法總則、刑法各論、國際公法、行政法、民事訴訟法、刑事訴訟法、公司法、票據法、海商法、保險法、強制執行法、破產法、國際私法、法理法、中國法制史、刑事訴訟實務、民事訴訟實務等課程；在選修課程方面，則分別開有法學緒論、政治學、社會學、經濟學、會計學、銀行法、消費者保護法、公平交易法、土地法、動產擔保交易法、工業所有權法、著作權法、商標法、勞動法、證據交易法、行政救濟法、擬制司法書類等科目[40]。由於教育部規定之必修科過多，致使學生選修之空間，頗為有限。另值得一提者，大多數學校法律系所均與中興大學法律系就課程安排，採同一立場，即凡律師、司法官必考之科目均列為必修，反之，則列為選修，以致於長久以來，法學教育偏重於與考試有關之課程，而輕忽許多基礎法學、專門法學，使法學教育僅淪為孕育司法官和律師的搖籃，而未能為國家、社會造就更多、更優秀的法學人才[41]。

二、法學深造教育

　　大學專門法學之深造教育，係由各大學法律研究所辦理，其教育宗旨，在於依各學生興趣及研究所課程規劃和發展方向，透過碩士班、博士班之進階教育，使鑽研更高深學問，以培養法律高級專門人才或法學教育師資[42]。法律研究所碩士班的招生對象，除東吳大學法研所碩乙組、海洋大學海洋法律研究所乙組以非主修法律學之優秀畢業生為對象外，主要以法律，或與法律相關之政治、公共行政、地政、市政等學系、中央警官學校各學系，得有學士學位者，或具有同等學力資格者為限。台灣地區已設有法律研究所碩士班者，已達12所以上，大學法律研究所修業年限為二至四年，修完24至36畢業學分(因各校而異)，提出論文，經碩士學位考試委員會考試通過者，授予碩士學位。在專長分組與課程內容方面，為配合台灣地區因經濟發展及對外貿易發展所須之法學人才，其專長分組，愈趨明顯，如台灣大學法律研究所依課程安排內容不同，而分為公法組(主要研究比較憲法、行政法、國際法等)、民商事法組(主要研究德國民法、日本民法、比較商事法等)、刑事法學組(主要研究德、日刑法、刑事訴訟法等)、基礎法學組(主要研究法律哲學、法制史、法學方法論等)。

　　至於法律研究所博士班之招生對象，原則上以法律學研究所畢業，得有碩士學位者為主，但八十三年四月二十七日《學位授予法》公布施行後，准許碩士班研究生修業一年以上，成績優異，由研究所教授推薦，所務會議審查通過，經校長核定並報請教育部備查後，亦得逕行修讀法律研究所博士班(學位授予法第九條第一項)，博士之修業年限通常為二至七年(各校不盡相同)。目前台灣地區法研所設博士班者，僅有臺灣大學、政治大學、中興大學、東吳大學、輔仁大學等五所學校；法律研究所博士班研究生，完成博士學位應修課程及通過博士學位候選人資格考試後，成為博士候選人，在提出論文，經博士學位考試委員會考試通過者，授予博士學位。

第二款　大學通識法學教育

　　法律教育為輔助法治及促進國家發展之要素，而法律人員又為推行法治之基幹，因此，現代各民主國家，莫不竭盡心力，加強學校法律教育之推行，造就法學專業人才，並普及法律知識，養成守法風氣，我國教育政策亦然。民國七十三年間，教育部即曾訂頒《大學通識教育選修科目實施要點》，希各大學院校在基本學術範疇外，開設選修課程，打破目前學系僵化的區隔，讓學生選修四至六學分通識課程，以拓展大學生之視野，使其有更寬廣的人生觀與世界觀。又大學通識教育實施不久，許多大學已感受到研習法律之重要性，遂於通識教育課程中列入中華民國憲法、法學緒論、民法概要、刑法概要……等法律科目，使非主修法律之學生，在短短的四年大學生活中，有機會接觸法律，瞭解國家法律規範之意義及其內容，俾有助於未來進入社會之權益保障。惟不可否認的，多年來，大學通識法學教育之課程，大抵為選修課，在美國曾有以背誦憲法條文為公民資格取得條件之案例，而德國《威瑪憲法》更有將憲法抽印本授與畢業學生之規定❸，是以在我國，未來是否能將《憲法》及《法學緒論》或《法學概要》課程列入必修科目，使一般大學生不論所學為何，均能對法治觀念，法律要旨，有所了解，確值得規劃。其次，在設計時應依各學院、系性質不同，分別酌設與其性質相關之法律課程，以增進其研習學科及將來業務上所須要之法律知識，如醫學院各系應開設醫療法規、法醫學等課程，有些並列入必修課，使確實瞭解醫師法、醫療法、優生保健法、解剖屍體條例、人體器官移植條例，甚至刑法業務過失致人於死

(或傷害)之規定，相信對於未來之執業必有幫助。同理，在工學院應列入工商法規、工業財產法；商學院應列入公司、票據、保險法等課程。又從事未來國民中、小學教學之師範大學(學院)，建議能加開其他法律課程，如少年事件處理法、刑法概要、民法概要、教育法規等課程，有些並可列入必修，以使其獲得豐富的法律知識，以備將來教學上之迫切須要。

第三款　大專一般法律教育

依《大學法》第八條、《大學規程》第四條及《私立學校法》第四十二條規定，公立或已立案之私立大學經教育部核准設法律系(所)並准其招生者，始得辦理大學專門法學教育，至於在專科學校方面，迄今尚無任何一所專科學校設有法律科，以教授法律專業知識。不過已有許多專科學校，在教授學生應用科學與技術，養成實用專業人才之目標下，已委請法律學者為各該系學生開設相關法律課程，如商科學生，設有票據、保險法課程；工科學生，設有工商法規、工業財產權等課程，使大專學生對於法律課程有概要性認識，甚而激發其對法律學之興趣，並與其主修課程，相輔相成、相互為用。

第四款　司法專業教育訓練

近代司法權之性質，與舊日大不相同，它不僅是消極被動的權力，而且是積極主動的權力；它不是機械的執行法律，而是機動的活用法律，所以時至今日，司法的主要任務，除定紛止爭和論罪科刑外，其進一步的目標，則在於徹底解決人民爭議，教育民眾，預防再犯㊹。由此可見，目前司法官所肩負的責任，遠較過去為大，是以對於司法官考試初試及格者，為適當之法學專業養成訓練；已任法官者，於一定期間後，予以在職訓練，以增進其法學涵養，實為司法專門法學教育之重點。依《法務部組織法》第六條規定，台灣地區已於台北市辛亥路上設有司法官訓練所，作為法學實務研習，培養高尚人格，孕育司法人才之基地。

第五款　法律社會教育

台灣地區的經濟建設成果，有目共睹，惟在民主、法治建設上，仍有許多失序現象，如黑金文化、金融舞弊、勞資爭議、經濟活動地下化等，在在顯示社會失序的現象，日趨嚴重。面對上開問題，雖率涉層面甚廣，非一朝一夕即可改正，但吾人相信，如能從法律社會教育著手，使民眾有法治觀

念，應係建設自由、民主、現代化中國的一帖良藥。以台灣法律社會教育之實施情況來看，早在民國六十八年將國民教育由原來的六年延長到九年時，一般國民中小學的法律教材，即已編列入公民與道德、生活與倫理或常識課本中；到了高中亦將法律知識排入公民課本或三民主義等教材，使其有學習法律概念之機會⑮。而在現行公務員高普特考錄取人員職前訓練中，憲法、民、刑法、行政法等也常列為必修科，以加強公務員的法律常識。另外政府、公益、財團法人經常開辦公聽會或法律講座，電視、廣播新聞媒體不斷作法律宣導，這些都是典型的法律社會教育，對於我國法律教育的發展前途，確有極大幫助。

第二項　大陸地區之法學教育

中共統治下的大陸地區，其法學教育亦可由下列幾個方面探討：

第一款　高等專業法學教育

西元1978年中共第十一屆三中全會，明確揭櫫促進社會主義民主及強化社會主義法制政策後，法學教育發展有了新的契機，1978年北京、西南、西北、華東等法政科學研究所復校開始招生；1979年7月以後，其他法律科學研究所及法律學系也開始招生⑯，截至1996年為止，已設有政法專業的高等學校達116所以上，其中司法部所屬的普通政法院校共有五所，即中國政法大學、西南政法學院、華東政法學院、中南政法學院、西北政法學院。以具體統計數字來看，大陸地區在1995年全國高等院校法學專業畢業研究生有244人、本科生4,718人；招收研究生364人，本科生5,145人；至1995年底在校研究生1,080人，本科生17,970人。另五所司法部部屬高等政法院校，在1995年畢業生合計有4,962人，招生5,509人，在校生合計19,050人⑰。

從法學教育體制來看，大陸分專科、本科、研究生三大類，專科修業年限為二至三年，本科四年，研究生分碩士與博士兩種學位，一般修業年限，碩士班為二年半，博士班則為三年左右(各校不盡相同)⑱。為因應國家建設之需求，及有效利用現有之客觀條件，法政科學研究所及大學法律系已設立下列之專長分組：一般法學、國際法、經濟法、犯罪偵查、法醫學、律師訓練、民法及其他組，新的分組將隨著現代化發展逐漸增加。以課程安排來

看，一般法學組學生，主要是研讀基礎法學理論、憲法、民法、刑法、民事訴訟法、刑事訴訟法、婚姻法、經濟法、環境法、犯罪偵查以及其他課程。國際法組之學生，則另外研讀國際公法、國際私法、國際經濟法、中共外交關係、國際組織法、外國語文及其他課程。另經濟法組學生，則開設企業法、勞動法、金融法、工業產權法、環境保護法、經濟合同法、財政稅收法、自然資源和能源法等課程，以供研習。

又大陸地區為了落實《中共中央關於教育體制改革的決定》，增強科學研究能力，培養高質量的專門人才，從西元1987年起，在法學領域建立了六個重點學科，包括(一)武漢大學的國際經濟法，(二)中國政法大學的法制史，(三)北京大學的國際法和法理學，(四)中國人民大學的民法學、刑法學。經過十多年來的不斷努力，這六個重點學科發展神速，譬如以中國人民大學的重點學科刑法學為例，該校自1978年至1993年，已培養了博士生11人，碩士生70多人，其中許多人畢業後成為國家教育、科技和法律實務部門的業務核心；同時該校並承擔國家和部委科研項目十五項，參與國家和部委科研項目十多項，出版刑法學專書五十餘部，教材、工具書七十多種，發表刑法學相關學術論文1,200餘篇，有十六本(篇)論著獲獎，其學術地位和科學研究貢獻上，在全國刑法學界均名列前茅，最近並與美國、日本、德國、英國、義大利、奧地利、澳大利亞、加拿大等國及台灣、香港、澳門地區建立廣泛的學術交流關係，成績斐然[49]，類此重點學科的設計，深值我各大學法律系(所)之借鏡。

在西元1995年中共國家教育委員會批准或備案的增設法學專業高等學校，其中一般法學類計有清華大學、浙江師範大學等九所，經濟法類計有華南理工大學、重慶建築大學、北京科技大學等十六所，國際法類有外交學院一所，國際經濟法類計有青島海洋大學、雲南大學等八所[50]，從其增設學科之狀況，可看出大陸地區法學教育有逐漸重視基礎法學和經濟法學等趨勢。

第二款 中等專業司法教育

為了培養中級法律專門人才，西元1956年，中共司法部在上海、重慶、濟南等地建立了兩年制的中等司法學校[51]，該校主要為法院、檢察、司法行政等部門造就全面發展的應用型法律專門人才，其招生對象為年齡二十三歲以下，具有高中畢業文化程度或同等學歷的未婚青年。自1990年起，中共為擴大

對司法學校的招生，先後提出「司法學校二年制教學方案的通知」及「司法學校招生工作有關問題的補充通知」，根據政法工作性質，對於品行端正、作風正派、組織紀律性強，能堅持四項基本原則的考生，實行擇優錄取的政策。經錄取的考生，在學校教育時注意貫徹理論連繫實務原則，重視其工作能力和專業技能的培養，以應日後司法工作之須要。迄1992年底為止，中共計有中等專業司法學校三十所，在校生9,961人，當年畢業生418人⑫。

第三款　成人法學專業教育

中共為積極培養社會主義事業的建設者和接班人，對於成人法學教育的推廣，亦著力甚多，其教育機構包括中央政法管理幹部學院，和各省、市、自治區的政法管理幹部學院等，學員主要是從政治幹部選拔入門的；另外尚有各種業餘教育中的法學教育，包括函授大學、職工業餘大學⑬、廣播電視大學⑭、夜間大學及自學考試形式等業餘大學。以中國政法大學成人教育學院而言，該學院雖於西元1996年1月始成立，但其前身中國政法大學成人教育部(函授部)，從1982年起即開始招收法律專業函授大專生，十多年來，辦學規模不斷擴大，學生人數逐年增多，截至1995年，共培養出法律及經濟法專業大專生6,444人，法學專科起點本科生1,323人，其中有68人獲得法學士學位，現在學生總數達5,000人。畢業生不少成為各地公、檢、法、司等機關之領導幹部、或擔任律師，或在法學領域上繼續鑽研，績效相當良好⑮。

第四款　少數民族法學教育

大陸地區於西元1982年公布施行的《憲法》第四條規定：「中華人民共和國各民族一律平等。國家保障各少數民族的合法權利和利益，維護和發展各民族的平等、團結、互助關係。禁止對任何民族的歧視和壓迫，禁止破壞民族團結和製造民族分裂的行為」、「國家根據各少數民族的特點和須要，幫助各少數民族地區加速經濟和文化的發展」，基此，加強少數民族之法學教育，招收少數民族和漢族高中畢業生，使接受高等法學專業教育，以為少數民族地區培養從事司法或其他企業部門的法律人才，亦為其教育政策之重點。例如直屬國家民族事務委員會領導的中南民族學院，是多學科綜合性民族高等學院，自1989年2月設立政治法律系，學制四年，至1993年，已畢業法學本科生51名，有3名考取了碩士班，現有在校法學本專科生304名；又為滿足中南、華

東、西南等民族地區對法律經濟專門人才的須要，自1994年起該學院增設經濟法學系，招收學制為三年的經濟法專科學生⑤。

第五款　律師專業教育

目前大陸地區在培訓律師方面，主要有下列二個機關：

一、德恆律師學院

德恆律師學院是由吉林大學與中國律師事務中心聯合創辦的大陸第一所律師學院，成立於西元1993年12月，學院的辦學宗旨是，適應社會主義市場經濟發展的須要，培養和造就大批懂法律、懂經濟、懂外語，會微機操作的律師，對已任和將任律師者進行職業強化訓練，該學院是一種自律性律師養成所，不占國家編制，不須國家經費補助。現有教授17名，副教授23名，講師26名，並聘請國內外知名法學教授、法官及律師專家等兼任講師⑰。

二、中國國際律師培訓中心

中國國際律師培訓中心，由中共司法部和國家外國專家局(國務院所屬機構)共同創建，西元1994年10月18日在上海華東政法學院正式成立。該培訓中心是為適應社會主義市場經濟的發展，加快大陸法制建設與國際接軌的步伐，培養跨世紀高級律師人才的專門機構，其宗旨在貫徹法學教育三個面向的方針(面向現代化、面向世界、面向未來)，按照「懂經濟、懂法律、懂外語」的培養標準，依憑上海的經濟地位，利用政法院校的優勢和潛力，以新思路、新體制、新機制為辦學的指導思想，造就具有紮實的法律專業基礎，較高的國際律師業務水平和較強的外語應用能力，俾能提供高質量國際法律服務中心的中國律師，以符國家需要。該中心主要業務有三：(一)對在職律師進行短期培訓；(二)學位培訓，即招收學士學位或同等學歷者參加碩士研究生入學考試，錄取後進入中心學習，畢業時授與法學碩士學位，符合法定條件經主管機關批准後，更可頒發中國律師資格證書；(三)對國外、境外律師進行培訓，為此最近一、二年來，培訓中心已擴大與美國、德國、日本、韓國、香港等展開密切合作⑱。

第六款　司法專業教育訓練

文革十年法學教育的停頓，使大陸的司法部人才短缺，素質低落⑲，誠如鄧小平所指的「現在我們能擔任司法工作的幹部，包括法官、律師、審判官、

檢察官、專業警察，起碼缺一百萬人。可以當律師的，當法官的，學過法律、懂得法律，而且執法公正、品德合格的專業幹部很少。」[60]，可見加強司法專業人才的培養和訓練，是中共法學教育工作中的重要環節。目前法官、檢察官的在職培訓工作由最高法院主管，最高法院設有高級法官培訓中心，並與大學合辦培訓工作。例如西元1988年2月由最高人民法院和國家教育委員會聯合創辦「中國高級法官培訓中心」，每年即挑選60至70名高級法院、中級法院法官接受訓練，除學習法律外，亦有外語訓練，以應付涉外事件之處理；另也辦理法官赴歐、美國家進修，每年選派五、六名法官出國接受比較法學教育，藉此提昇法官素質[61]。

第七款 普法教育

　　根據法制建設的需要，西元1985年11月22日，中共第六屆全國人大常委會十三次會議通過了「關於在公民中基本普及法律常識的決議」，使普法教育工作，成為國家機關的重要日程。根據該決議，從1986年起，爭取用五年左右時間，有計劃有步驟的在一切有接受教育能力的公民中，全面進行一次普及法律常識的教育，並且逐步做到制度化、經常化。普法教育的重點對象是各級幹部和青少年，使各級領導幹部，成為學法、守法、辦事的表率。普法教育的內容，以實體法為主，包括憲法、刑法、民法、民、刑事訴訟法、婚姻法、繼承法、治安管理處罰條例等基本法律，以及其他與廣大幹部和群眾有密切關係的法律常識。又普法教育的重要陣地—大學、中學、小學，以及其他各級學校，都要設置法治教育的課程，或在有關課程中增加法治教育的內容，列入教學計劃[62]。

　　第一個普法五年計劃(1986至1990年)，經實施後發現成效不彰，為加強推動改革開放之社會主義民主法制，從1991年起，進入第二個五年規劃時期(1991至1995年)，「二五普法工作」，教育重點擴及於各級領導幹部、執法幹部、宣傳教育工作者和學生，除不斷充實法學教育內容，改進法制教育，糾正司法、檢察、公安機關「有法不依，執法不嚴、違法不究」等現象。惟「二五普法工作」雖在「一五普法工作」的基礎上有所深入，但因工作不確實、機構不健全、經費欠缺等惡性循環下，不懂法、不守法、不依法，甚至踐踏法律尊嚴的行為，仍到處可見，為此自1996年起，中共又再積極進行「三五普法

工作」至其績效如何，吾人正在密切觀察中。

第三節　兩岸法學教育之比較

　　針對兩岸法學教育五十年來之發展、演進，以大學(高等)專業法學教育為比較核心，其差異主要有七：

第一項　法學教育之指導原則

　　我國法律有系統的整編，自民國十七年國民政府立法院成立 以後，始著手進行，是時 國父雖已逝世，立法院由胡漢民先生任院長，一切法律的制定，皆以 國父遺教為依歸[63]，此觀之民國三十六年十二月二十五日公布之《憲法》，「前言」中即明示《憲法》之制定，係「依據 孫中山先生創立中華民國之遺教」，第一條更明文規定「中華民國，基於三民主義，為民有、民治、民享之民主共和國」，迄今沿用的重要法律，如民法權利濫用之禁止、土地法照價增稅、漲價歸公，乃至於耕地三七五減租條例、耕者有其田條例、實施都市平均地權條例、國營事業管理法[64]、省縣自治法之省市長民選等，更是根據國父遺教而立法，可見台灣的教育理念，包括法學教育，多年來即係以三民主義思想為重要指導原則，來設計 國父思想、訓導及專業教育課程，以達到發展國民之民族意識、自治精神、國民道德與科學及生活智能之目標。大陸地區，則自中共取得政權後，即以馬列主義、毛澤東思想之「法律工具論」、「階級鬥爭論」、「暴力革命論」、「無產階級專政論」為其政府之指針，創建所謂之人民法治，故其法學教育之指導原則，亦係以上開理念，來設計政治理論、思想品德與專業課程，期能建設有中國特色之社會主義現代化目標。

第二項　法學教育之演進歷程

　　從法學教育的沿革來看，國民政府在民國三十八年遷台後，首由台灣大學創設法律系，實施大學法學教育，迄今已有十五所以上大學設有法律系或法學院，其中並有十二個大學院校設有法律學研究所碩士班，五個博士班，每年含日、夜間部均有一千餘名畢業生。至於大陸法學教育，則歷經一段曲折、挫折過程，尤其在文革十年中僅餘北京大學、西南法政科學研究所等二

校名義上保留法律系，西元1973年恢復招生後，至1975年在校法律本科生仍僅有269人⑥。進入改革開放，四個現代化建設新時期後，法學教育獲得前所未有的發展，據1995年的統計資料，大陸設有政法專業的高等學校達116所以上，司法部所屬高等政法院校5所，中等司法學校30所，每年培養之法學研究生200餘人，大學畢業生4,700餘人⑥。

第三項　法學教育之教學目標

在台灣地區，接受法律專業訓練之學生，本於學以致用原則，在其學成之後，往往以投身法律專業之法官、律師或法學研究者，以作為其人生規劃的主要選擇，而各院校法律系每年又以統計金榜題名法官或律師之人數多寡相標榜，長期下來，法學教育之目標，多以培養法曹、律師人才為重心，學校的課程，亦偏重於與國家考試有關的司法課程與實務演練，而忽略許多非考試科目之基礎法學，或與社會動脈息息相關之經濟、技術法規等課程⑥。至於大陸地區，早在西元1949年2月，中共中央即曾發布《關於廢除國民黨的六法全書與確定解放軍的司法原則的指示》，徹底以馬克斯、列寧思想，作為政法課程重點，其教育目標係經由高等教育來訓練學生擁有馬列主義法學理論之基本知識，熟諳黨關於政治、法律之政策與指導原則，具備社會主義之政治認知，熟練法律專業技術以及磨練擔任法律教學、研究及實務工作，近年來全力培養中級法律人才及以普法工作掃除文盲，亦為其戮力之教育目標⑥。

第四項　法學教育之體制規劃

台灣地區專業之法學教育，分大學之基礎教育與研究所之深造教育，專科尚無法律專業科系之設置，大學法律系修業年限，僅東吳大學為五年，其餘皆為四年；深造教育則由研究所設置碩、博士班，碩士班修業年限二年，但得再延長二年，博士班之修業年限則二至七年，由於各校之嚴格要求，目前之法研所博士班，非專心致力於高深法學研究，而於法學上有創見，並有相當外語(日、德、法或專業英文)能力，通常難於三、四年修得法律學博士學位。大陸地區的法學教育體制，則分為專科、本科、研究生三大類，專科修業年限為二至三年，本科四年，研究生分碩士與博士兩種學位，原則上修業

年限碩士班二年半，博士班則為三年。

第五項　法學教育之課程安排

　　台灣地區各大學法律系除均應修習共同必修之國文、英文、國父思想、中國通史等科目外，依據專長分組之不同，其課程之設計內容亦有差異，如法學組將法理學、法制史、英美法導論、法律哲學等列為必修科；司法組則將民、刑事訴訟實習、司法書類擬作等作為課程重點，其詳另可參見前節有關台灣地區大學專門法學教育之說明。至大陸地區各高等學校課程安排，由於師資及設備在質、量上之不同而不一致，但共同點在於它們通常皆係由三類科目所組成：(1)普通科目(如外交、體育、哲學、中共黨史、馬克斯、列寧主義等)，(2)基礎科目(如基礎法學理論、憲法、中國法制史、外國法制史、邏輯學等)，以及(3)專長科目(如民法通則、婚姻法、繼承法、刑法、經濟合同法等)，其中普通科目和基礎科目為必修科，專長科目依專長分組之不同而異⑥。

第六項　法學教育之教學方法

　　台灣地區自革新學制以來，法學教學方法，大抵沿襲傳統的講演法，即教師講授，學生聽記的灌輸教學方法，該教學方式雖能闡明法學原理、原則，法律意涵，但啟發學生自動思考之功能不足，尤其是創造性的思考能力，不見得很有效，幸近年來已加入實習法庭、案例演習和雙向溝通啟發式之教學方法，使學生逐漸有理性抉擇、判斷實際法律問題之能力⑩。大陸地區法學教育，亦採用課堂講授為主之方式，並輔以課堂討論、論文寫作、參加社會司法實踐、舉辦司法見習等活動，來加強教學成效。

第七項　法學教育之經費編列

　　我國《憲法》第一百六十四條規定：「教育、科學、文化之經費，在中央不得少於其預算總額百分之十五，在省不得少於其預算總額百分之二十五，在市縣不得少於其預算總額百分之三十五」，對於我國教育經費之籌措，具有相當程度之保障，近年來各級政府有關教育、科學、文化預算之編列，雖已

符合上開憲法的規定，惟根據教育部之統計資料，除民國八十三會計年度，政府教育經費占各級政府(含中央和地方政府)歲出比率曾達19.11%以外[⑪]，其餘如八十六年度僅占中央政府總預算15.1%，而八十七年度亦僅占15.3%[⑫]，政府對教育經費投資之不足，使得法學教育經費短缺，不但各校在教學設備、軟、硬體設施方面，遲遲無法作大幅度的更新，即圖書購買、師資增聘、學術研討的擴大舉辦上，也深受限制，甚至間接影響我國法學教育之發展。而中國大陸對於教育投資，早年並不重視，即使在西元1985年僅佔當年國民總產值之2.5%，排名世界第一四八名，但到了1991年則已提昇教育投資到七三一億元，佔國民總產值30%，其中財政撥款四八二億元，佔政府預算12.7%，略低於台灣地區[⑬]，雖教育經費已成長數倍，但對於大陸規模龐大之教育事業，仍差距甚遠，如何籌措教育經費，發展校辦產業，解決教職員工低薪問題，已成為各高等教育政法院校面題之課題[⑭]。

第四節　兩岸法學教育之評析與展望

第一項　台灣地區法學教育之檢討與建議

就台灣現階段法學教育之省思與建議來看，除法學教育之目標偏向於培養法官、律師為鵠的，法學課程之安排以「考試領導教育」，法律教育經費不足等情況外，其他如各校法律系欠缺特色，法律教育脫離現實需要，法律教學未能充分培養學生的語文能力，以及法律教育難以開拓學生的知識領域，使其於專精的法律學識以外，更具有充分的常識，俾使社會上任何事物具有判斷是非的能力[⑮]。為此，作者認為法學教育改進之道，可從下面幾點做起：

第一款　確立法學教育目標

法學教育應確立以培養具備法律專業知識之人才為目標，並非以養成司法官、律師等司法人才為限；所謂法律人才，不但應具備一般的法律知識、各種生活上的常識，現代社會日常有關的專業知識外，還需要有遠大的眼光、寬闊的胸襟、判斷是非以及良好的表達能力，如此才能使其在將來司法或法務工作中，將民主、法治理念予以紮根[⑯]。

第二款　改進法律教學方法

國內一般大學法律課程之講授，仍以「教授講，學生聽」為基本，且一班

多達四、五十人，採大班式教學，其優點可使學生被動瞭解法律的概念、條文的內涵，缺點則使學生欠缺批判能力，無法啟發其理性判斷能力，展現智慧的抉擇，改進之道，似可兼採「個案分析」及「雙向溝通啟發式」之綜合教學方法，使學生在教師之協助下，有機會去接觸或思考實際的法律問題。為求擴大教學效果，可要求學生參與習作，共同討論；指定問題，督促其利用圖書資料，尋找解答；對於民、刑訴訟等實務課程，應於適當階段，指導學生練習訴訟文書寫作，使明悉司法運作情形⑦。

第三款　擴充法學教育內涵

我國法學教育，因受光緒末年法律教育觀念的影響，認為法律教育就是司法教育，所以大學法律系課程設置，十之八、九屬於司法課程，雖然排有憲法、法制史、法理學、行政法、國際公法等課程，似屬陪襯性質，所占之比例甚少，且亦不甚重視。所注重者，厥為民法、刑法、民、刑事訴訟法、商法等司法法，然法學教育既不僅要培養優秀的法官、律師，使其能公正的裁判和盡力爭取當事人權益，同時應造就各行政機關之法務人才，使政府能做到「依法行政」，不致因違法裁量而損及人民利益；再者法律人才更應深入到各企業、團體，一方面領導守法，一方面也能提供法律服務，以共同促進社會發展⑱，基此，我們可以說法學教育，應為全面法律教育，非僅司法教育，為期達成法學全面教育之目標，作者認為可以從下列幾點來擴充法學教育內涵：(一)各大學法律系所，應加強道德課程，如倫理學等；亦可延請法學界公認品德高尚、資歷久深的人士，就個人經驗或名法家嘉言懿行，進行系列演講，或開設專課，使法律系學生盡早養成持身自守，不為利動，不為勢屈之操守。(二)各大學法律系所，應注意和法律相關之通識學科，使法律系學生除具備專業知識外，亦能掌握社會現況與時代脈動。西方學界常稱法律為「博學的學科」(a learned discipline)，其意在此。所以各法律系所如能加開社會學、哲學概論、政治學等課程，不但使法律人才將來有更寬廣的人生觀，而且也不會因與社會現實脫節，致引起社會各界對法律人或法律本身的厭煩或反彈⑲。(三)現在各大學法律系之課程內容，多數均為一個法科學生應具備的基礎知識，惟從社會快速變遷以來，隨之而起的法律問題也日新月異，如商標、專利、著作權等智慧財產權，公平交易、經濟犯罪、環境等問題，都

應修正或制定新法以資因應，因此法律系所開的課程，應隨之增加，並視各系所專長分組之不同，分別列入必修或選修課程，以充實教學內涵。

第四款　變更現行教育體制

我國現行學制，法律系通常是四年畢業，只有東吳大學法律系是五年制，究竟法律系修業年限應否延長至五年，學者曾有一番激辯[80]，因該項體制變更，滋事體大，影響深遠，應從長計議，非本書討論範圍。在此，僅就大學法學教育之招生對象與入學方式加以檢討，先就招生對象而言，數十年來台灣地區法律系每年招生對象以高中畢業生為主，但因目前高初中教學，在升學主義長期干擾下，無法正常發展，加以大學聯招偏重記憶性題目，使學生判斷力不足、知識領域不寬廣、品德教育偏低等現象，直接影響法律人之素質，為有效改進上開缺失，作者贊同學者所提仿效美國法學院的教育體制，即不再直接招收高中畢業生，而改招收大學(大專)畢業生，如此，可使修習法律的學生具有大學其他科系的專門知識，再集中三年時間攻讀法律課程[81]；如認此種變革阻力過大，那麼在不變動既有秩序下，於法令認可範圍內，調整入學層次，如東吳大學法律研究所成立碩士班乙組，招收「非主修法律學大學優秀畢業生」學士後入法研所研習法律，類此方式，深值推廣。另在修正入學方式上，由於大學法律系自招生入學起，在學生尚不十分瞭解其興趣前，即依聯招成績作專長分組(如法學組、司法組、財經法律組)，以致學生常有學非所用、學習興趣低落等情事，對此本書贊同入學暫不分組，但由學生依興趣選課之分班授課方式，使學生能依志趣作未來之生涯規劃。當然現有台灣地區法學教育應改進之處，不僅以上各點，其他如鼓勵大專院校增設法律學系、積極改善師資、加強法科學生之語文教學、重視實務演練、大量編輯教材、擴增教育經費等，均是我們法學界共同的課題。

第二項　大陸地區法學教育之改革與發展

由大陸法學教育之現況分析，我們發現其存在著多項特色，如採取多種形式辦學、多種層次教學，法學教育堅持理論與實踐相結合原則，專業設置細緻、注重應用學科，以及全力培養既懂法律、又懂外語、懂經濟的現代開放型人才。但不可否認的，法學教育在整個大陸教育鏈條中仍是薄弱的環

節，特別是在目前情勢下更面臨體制不順、投入不足、層次比例不合理等問題，嚴重制約大陸法學教育發展[82]。其次由於長期教育投資不足，教師待遇偏低，使得教學質量、教師素質無法提昇，在各校甚至普遍存在著因人設置專業課程等現象；再者中共現行教育體制，對於政法類普通高等學校本科生和專科生，採取統一考試、統一錄取方式，其教育費用大部分由國家負擔，畢業後由國家統一分發就業，此種由政府包辦學、包管理、包招生、包分配的制度，益使法學教育面臨缺乏動力、活力和適應力的結果。改進之道，似可從突破「雙包」(包招生、包分配)，建立「兩自」(學校自主招生、畢業生自選職業)體制做起，同時妥適轉變政府職能、擴大學校辦學自主權，重新研究專業課程之設置，大量編輯法學教材、充實學生通識能力，增加法學教育經費等等，或較能解決前述問題[83]。另外，應再說明者，自中國共產黨十四大及中共第八屆「全國人大會議」，提出建立社會主義市場經濟體制後，使大陸經濟、政治、科技和教育制度面臨根本性變革，此時更需要以健全的法制來規範、引導和推動，所以大陸法學面臨前所未有的極好發展機遇和嚴峻之挑戰，期盼在此波改革發展之關鍵時刻，能通過教學內容、課程設置、教學方法的改進，提昇教學品質、增強社會適應性，全面提高人才培養質量[84]。

第三項　兩岸法學教育未來之互動與展望

　　由前述比較可以看出，兩岸法學教育雖因現階段政治體制、意識形態之不同，而在教育目標、體制、課程設置上，存有相當差異，惟台灣與大陸地區原本即有同根同祖之關係，這種關係有利於未來法學教育之交流、互補和借鏡，展望未來，如何加強雙方學術合作，共同研討兩岸經貿往來、旅遊探親所衍生之大量法律衝突問題、培養兩岸優秀的法律人才，實為台灣與大陸法學界亟須努力之方向。

第五節　兩岸法官養成訓練之比較

第一項　台灣地區之法官養成訓練

　　依司法人員人事條例、法院組織法等相關規定，一位地方法院法官或檢察官的養成，除必須修習法律四年以上，畢業後更須經過考試、訓練方可任

用，以後積資晉升，初任法官須候補五年，高等法院法官至少須有六年以上地院法官的資歷；最高法院法官，至少須有四年以上高等法院法官的資歷，總括而言，自開始修習法律之時起算，一位最基層實任法官的養成，前後須歷時十年以上(大學肄業四年、受訓一年六月、候補五年，尚不包括大學畢業後準備應考之時間)，因此司法官在此養成教育漫長過程中，如何加強教育訓練、慎選師資、充實設備、注重品德、以造就學養兼備之司法人才，實為健全司法之根本㊵。關於台灣地區司法官養成訓練的種類有二：

第一款　職前訓練

我國司法官職前訓練機關，現由隸屬於法務部之司法官訓練所負責，該所本於「謀國忠、律己嚴、認事明、用法平」之要求，由司法院會同考試院及行政院設訓練委員會決定訓練方針、訓練計劃。使學員在訓練時深入研討法律理論，學習司法實務，充實一般知識，並養成高尚人格。其受訓期間為一年六月，訓練內容如下：

一、訓練課程：

訓練課程包括法律實務課程、法律理論課程、輔助課程及一般課程，茲分述於後：：

(一)法律實務課程：以第一審之檢察、審判及民刑事簡易案件之第二審實務為範圍，分民、刑、檢三部門，課程包括各項實務要領及經驗之傳授、書類之擬作與講評、相關法律問題研究報告之撰寫、各項實務運作之練習，務使學員就理論與實務得以融會貫通。

(二)法律理論課程：選擇實務上之重要問題，以案例研究方式，與學員共同討論，加強學員掌握重點之能力。

(三)輔助課程：國文課程之編排及學員在大學就讀時較少涉獵者，例如法醫知識、土地、財稅、經濟、勞工、環保等法規，均予安排講授。另酌列專題演講時數，供彈性運用，以補課程之不足；並安排至有關機關參觀，及赴國外訪問等項目，俾拓展學員之視野，增強其國際觀。

(四)一般課程：本課程包括司法的典故與體會、所長講話、導師時間、音樂、體育、法學電影欣賞、性向測驗等，著重於品德教養之陶冶及司法倫理觀念之灌輸。

二、實施步驟及方式：

訓練期間分為三個階段，依訓練計劃所訂步驟實施，其方式為：

(一)第一階段：學員在訓練所接受法律實務課程、法律理論課程、輔助課程、一般課程之施教。

1.法律實務課程係民、刑、檢三部門各有四位擔任講座，每部門互推一位召集人，開訓前各部門先行規劃其教學方式及各講座課程分配，以期課程之編排與講授能有系統且力求周延。各部門並有導師二人輔助教學事宜。書類之擬作安排於「自由研究」時間實施，學員可參閱書籍、範例，互相研討，並由導師從旁指導。擬作之書類，由導師詳加批改，送請講座核閱再由講座講評指導，導師亦得助講。

2.法律理論及輔助課程以授課或案例研究等方式實施。如發現有學員就某理論課程特須加強時，則由導師於課餘時間加以指導。

3.一般課程之實施，於開訓前一個月左右，即由各導師分別前往學員家中訪問。並辦理學員入所前健康檢查，開訓後，除有關司法倫理講話於課堂上實施外，其他性向測驗、導師時間、康樂活動、體育等課程，則由導師負責安排實施，期能於各種活動中，發揮潛移默化之功效。

(二)第二階段：學員分發至各地方法院及檢察署學習審判與檢察實務。選擇編制較大、案件類型較多之地方法院及檢察署數個為學習法院，並於各該法院聘請在職司法官數人兼任本所導師，輔導考核學員學習事宜，以提高學習效果。

(三)第三階段：學員返所，進行假法庭演習，接受民、刑事與檢察案件裁判講評及分科教育等。裁判書類講評、假法庭總結等課程，仍由法律實務課程之講座負責，以收前後一貫之效。學員於結訓前十日即先予分發，依其法官或檢察官之職務分成兩班，各施以數天之分科教育，加強其處理實務之能力，做到職前之準備。導師並對學員於第二階段中尚有疑慮之問題，及初任司法官之心理準備，加以適當輔導及鼓勵，期能勝任司法官之職務。

三、生活輔導：

藉各項活動，激發學員強固之國家民族意識，陶冶優良品德與情操，鍛鍊強健體魄及培養卓越才能，拓展視野及開闊胸襟，並使學員養成嚴謹之生

活習慣，結業分發後擔任司法官工作時，公正執法，敬業樂業，成為才德兼備之優秀司法官。輔導活動分為十項：(一)司法倫理教育。(二)生活教育。(三)口才及儀態訓練。(四)寫作教育。(五)體育及康樂活動。(六)身體健康檢查。(七)特長智能及性向調查。(八)導師輔導。(九)出國訪問。(十)其他活動[86]。

第二款　在職訓練

為因應社會變遷，使司法人員在平日案牘勞形之餘有研究進修機會，《司法人員人事條例》特別於第二十九條至三十一條規定，其在職期間，得視業務須要，施予在職訓練。成績優良，得因所任職務之須要，報經司法院或法務部核准，在國內或國外學術研究機構進修；且司法院或法務部因業務之須要，亦得遴派其所屬人員在國內或國外學術研究機構進修或考察，為此司法院設有司法人員研習所，以負責法官在職進修計劃之研擬與執行。而法務部法官訓練所自民國五十八年起，即以實務研討會方式，舉辦多次司法官在職訓練，以鬆弛身心，增進學識[87]。

第二項　大陸地區之法官養成訓練

中共人民法院的審判人員，早期並無考試制度，其人員來源有三：一為退役軍人轉業，二為大專法律系畢業，三為行政人員轉任，根據官方西元1987年統計資料，「法院、檢察院、司法行政機關現有幹部中，具有初中以下文化程度的約占58.3%，受過大專法律教育的不過3%，從未受過任何法律專業訓練的有43%」[88]，這些現象說明了加速提高司法人員之素質和專業訓練，極其迫切。茲就大陸地區之司法官養成訓練說明如後：

第一款　職前訓練

由於文化大革命對法學教育的破壞，使得中共司法人才嚴重不足，西元1978年中國共產黨十一屆三中全會結束後，各級黨組根據中央指示，從軍隊、中央和地方行政部門抽調大批幹部擔任審判人員或檢察員，以充實法院、檢察院和司法行政機關的員額，當時雖有所謂的「轉業訓練」，但因訓練時間過短，受訓人員法學涵養不一，課程安排又著重於政治課程，且師資、教材均欠缺下，效果並不十分顯著。近年中共已日益重視各幹部培訓計劃，1995年7

月1日《法官法》和《檢察官法》分別公布施行後,其最高人民法院、最高人民檢察院已認真建立初任法官、檢察官教育制度,在1995年,中共地方各級檢察機關教育培訓機構培訓初任檢察員(含助理檢察員)即有8,841人,書記員1,326人,培訓增編新進人員2,830人[⑧]。

第二款　在職訓練

為彌補裁判品質低落缺點,提高法院幹部素質,使更熟悉新頒布法規,中共已全面運用多種方法培訓法律專業人才,尤其在最高人民法院和國家教育委員會聯合創辦下,於西元1988年在北京成立中國高級法官培訓中心,該中心主要任務是培訓高級法官,使其具有較高的理論和專業知識水準,及較強的司法實務工作能力。必要時,培訓中心還承擔其他現職法官短期培訓工作,使能培養高級法官和其他高層次法律專門人才[⑨]。另外,為適應改革開放須要,中共亦實行「法律專業證書」教育制度,使中、高兩級人民法院沒有達到高等本科學歷的審判人員,進行大專起點法律教育;而各地中、高級人民法院亦舉辦各種形式短期培訓班,以加強各類司法專業人員的在職訓練。

第三項　兩岸法官養成訓練之評析與建議

就台灣地區目前所實施之初任司法人員之職前訓練與現任法官之在職訓練,其訓練方針、訓練課程、內容等,確值得肯定,惟職前訓練方面仍有下列幾點值得加強:

一、初任司法官之職前訓練,尤其第一階段之在所訓練,其法律課程允宜降低與法律系在校講授或司法官特考應試科目相同之比重,並應跨越司法領域,如安排心理學、哲學、社會學、資訊法、財經學等課程,使接觸新的社會知識。

二、訓練所在培養學員應用法律原則及能力方面,雖有績效,但在培養學員對法條分析與批判能力方面稍嫌薄弱,似可從講座之教學方法、課程安排等方面,尋求改進。

三、在第二階段之實習方面,現行作法僅選擇編制較大之地方法院、檢察署數個為學習法院,不若德國體制,能使實習司法官至司法機構以外之行政官署或經濟、社會、職業的自治法人機構,以及其他適合的訓練機構(如大

型律師事務所)實習[91]，類此值得參考研究。

四、依法務部司法官訓練所組織條例第五條及處務規程第十四條規定，法官訓練所設有訓導組，以考核受訓學員之品德、操守，其考核方法，或為無形考核(即印象考核)，或為有形考核(如請假次數、週記寫作好壞等)，惟無論何種考核，應盡量避免劃一瑣碎的紀律要求、減少精神講話，非萬不得已，不得以訓導成績之優劣，作為學習司法官受訓成績或是否退訓之參考。

至於在大陸地區之司法官養成訓練方面，如同前中共最高人民法院院長任建新所說的：「培養造就一支政治和業務素質優良的幹部隊伍，是搞好審判工作的重要保證……在此基礎上加強法律知識和審判業務的培訓教育，只有這樣，才能培養造就一支政治堅強、業務精通的高水平法官隊伍，完成憲法和法律賦予的審判任務。」[92]，可見大陸對法官之法律專業培訓已漸覺重要了。以中國高級法官培訓中心之資料顯示，在西元1995年培訓部舉辦的一年制高級法官資格班，即結業民法班60人，經濟法班60人；選修部舉辦的兩期經濟法高級法官選修班，共培訓經濟審判員121人。而全國各級法院所舉辦各類培訓班，有119,079人次參加，最高人民法院舉辦了二十五類短訓班，培訓各類人員九百餘人次，整個來看，其幹部教育培訓工作，可謂正蓬勃發展中[93]。然因中共在本質上採行社會主義法制，使共產黨居於最高領導地位，一切政治權力，集中於共產黨手中，其全國人民代表大會，位居國家機構之最高權力機關地位[94]，各級司法機關，須向各級人代會負責，法律之合憲性與否，不受司法部門監督，人民法院並無司法審查權，審判員獨立審判不被承認，法律最高解釋權歸由最高權力機關行使，黨不僅在形式上領導國家政策，更於實質上統治國家，致使公安部、人民檢察院、人民法院及司法部等一般習稱之公、檢、法、司等體系，均淪為統治者的工具[95]，而司法人員之教育培訓工作，不能倖免的亦將政治理論教育放在首要位置，多次要求中級法院院長以上幹部到中央黨校進修班學習，甚至最高法院機關黨委，按照中央國家機關工委的統一安排，還舉辦了「鄧小平文選」讀書班二十五期，各級幹部六百餘人參加，凡此黨政不分、黨監控司法、法學教育之情況，似非大陸廣大民眾之福。

誠然法學教育與司法官養成訓練，關係法治之推行甚大，亦為國家治亂

之所繫，值此兩岸關係進入新歷史階段，民間旅遊、探親、經貿日益頻繁之際，而法學交流卻仍停滯於單向交流的多，雙向的少；台灣學者到大陸的多，大陸學者到台灣的少；在教學研究中，各講各的多，合作研究的少等情形，為此本書嘗試以法學博士及現職實任法官之立場，綜合比較研析兩岸法學教育體制之利弊得失，期能擷取雙方優點，尋求改進，願能有助於未來雙方之學術交流、合作。

註釋：

① 成永裕，〈淺談當前台灣地區專門法學教育〉，《中國法制比較研究論文集》(台北：東吳大學法律研究所，民國82年8月)，第一屆海峽兩岸學術研討會，頁9。

② 蔡蔭恩，〈法律教育之研究發展〉，《司法通訊》第444期，(台北：司法院，民國59年5月1日)，第2版。

③ 鄭正忠，〈審判獨立之真諦(下)〉，《法務通訊》第1760期，(台北：法務部，民國85年1月11日)，第3版。

④ 林永謀，〈審判獨立之檢討〉，《改革司法》，(台北：財團法人張榮發基金會，民國79年4月10日)，頁44。

⑤ 鍾鳳玲，《從西德法官法論我國法官身分保障應有之取向》，(台北：政治大學法律研究所碩士論文，民國78年6月)，頁116。

⑥ 查良鑑，〈法律教育與法律生活化〉，《華岡法科學報》，(台北：文化大學法學院，民國71年11月)，頁2。

⑦ 阮毅成，〈中國古代之法律與法官〉，《法令月刊》，第34卷第11期，(台北：法令月刊社，民國72年11月)，頁3。

⑧ 秦最早有盜、賊、囚、捕、雜、具等六律，蕭何在秦律六篇的基礎上增加了戶律(主要規定戶籍、賦稅和婚姻之事)、興律(主要規定徵發、徭役、城防守備之事)，廄律(主要規定牛馬畜牧和驛傳之事)三章，合為九章。

⑨ 蒲堅主編，《中國法制史》，(北京：光明日報出版社，1992年12月)，頁117～120。

⑩ 謝冠生，〈法律教育研討會開會辭〉，《司法通訊》，第447期，(台北：司法院，民國59年5月22日)，第2版。

⑪ 據《宋史，刑法志》的解釋，凡有關罪與罰的規定叫「敕」，有關約束禁止的規定叫「令」，有關吏民等級及論等行賞的規定叫「格」，有關體制楷模的規定叫「式」。

⑫ 廖與人，《中華民國現行司法制度》(上)，(台北：黎明文化事業公司，民國71年

1月)，頁43。

⑬ 張鏡影，〈法律教育的芻議〉，《文藝復興》，第九期，(台北：文化復興月刊社，民國59年9月)，頁19～22。

⑭ 查良鑑，〈法律教育與法律生活化〉，前揭文，頁3。

⑮ 蒲堅主編，《中國法制史》，前揭書，頁234～237。

⑯ 蔡蔭恩，〈法律教育之研究發展〉，前揭文，第3版。

⑰ 劉清波，《現代法學思潮》，(台北：黎明文化事業公司，民國75年5月)，頁19。

⑱ 洪力生，〈我國法律教育的幾個重要問題〉，《司法通訊》，第444期，(台北：司法院，民國59年5月1日)，第3版。

⑲ 蔡蔭恩，〈法律教育之研究發展〉，前揭文，第3版。

⑳㉑　查良鑑，〈法律教育與法律生活化〉，前揭文，頁4～5。

㉒ 參見東吳大學86年度招考法律學研究所碩士班乙組研究生簡章，第一頁以下。

㉓ 作者亦曾獲得行政院大陸委員會獎助，於民國85年5月間由五南圖書出版公司，代為出版「劫機犯罪之研究」(上、下冊)二書。

㉔ 北京政法學院由原北京、清華、燕京、輔仁四所大學的政治、法律系與社會、民政等專業系所合併而成。1992年中共中央五號文件關於加強政法工作指示「抓緊籌辦中國政法大學，把它辦成政法教育中心」，故於1983年在該院基礎上籌建中國政法大學。

㉕ 華東政法學院由原復旦、南京、安徽、震旦、廈門五大學的法律系和上海、東吳法學院的法律系以及復旦、南京、滬江、聖約翰大學的政治系合併而成。

㉖ 西南政法學院由四川、重慶、雲南三所大學以及重慶財經學院、輔仁學院的法律系、政治系合併而成。

㉗ 中南政法學院以中原大學政治學系為基礎，與武漢、湖南、中山大學政治系、廣西大學政治、法律系及中山大學社會系民政組合併而成。

㉘ 張友漁主編，《中國法學四十年》，(上海：上海人民出版社，1989年8月)，頁2～5。

㉙ 反謂「三面紅旗」，指「大躍進」、「人民公社」和「社會主義總路線」。

㉚ 陳守一，〈新中國法學三十年的回顧〉，《法學研究》，1980年第一期，(北京：法學研究社，1980年2月)，頁2～5。

㉛ Prof.Han Depei and Stephen Kanter, *Legal Education in China*, *The America Journal of Comparative Law* (Vol. 32, 1984), pp.549～552.

㉜ 雷金書，《中共人民法院審判制度之研究─以初審程序為中心》，(台北：文化大學大陸研究所碩士論文，民國84年6月)，頁22～24。

㉝ Victor Li , *Law without Lawyers A Comparative View of Law in China and the United States* , *The Journal of Asian Studies* (Vol. 39, No.4 1980), p.803, Stanford Alumni Association.

㉞ 朱言明，《中共改革開放與民生主義》，(台北：黎明文化事業公司，民國83年7

　　月），頁62～63。

㉟ 熊先覺，《中國司法制度》，(北京：中國政法大學出版社，1986年12月)，頁78～80。

㊱ 劉德勳，〈大陸地區法學教育之現況研究〉，《中國大陸法制研究》，第六輯，(台北：司法院，民國85年6月)，頁363。

㊲ 許光泰，《中共法制論》，(台北：台灣商務印書館，民國78年3月)，頁232～324。

㊳ 成永裕，〈淺談當前台灣地區專門法學教育〉，前揭文，頁10。

㊴ 民國六十年間，曾修改大學法，將法律系修畢年限，自原定四年，延長為五年，惟實施數年後，即恢復舊制，目前僅餘東吳大學法律系仍維持五年之修業年限。關於法律系之修業年限應否延長，其利弊得失，可參見呂光，〈談目前我國法律教育的幾個問題〉，《中央日報》，民國68年6月12日，第二版。陶希聖，〈大學法律系五年制〉，《司法通訊》，第448期，(台北：司法院，民國59年5月29日)，第三版。

㊵ 參見中興大學法商學院，86年度第二學期，法律學系科目時間表，86年8月，教務分處課務課編印。

㊶ 馬漢寶，〈法律教育之前瞻與基礎法學〉，《律師通訊》，第160期，(台北：台北律師公會，民國82年1月5日)，頁16～19。

㊷ 成永裕，〈淺談當前台灣地區專門法學教育〉，前揭文，頁10～14。

㊸ 蔡蔭恩，〈法律教育之研究與發展〉，前揭文，第450期，第3版。

㊹ 林紀東，〈論司法官的訓練〉，《法律評論》，第49卷第12期，(台北：朝陽法律評論社，民國72年12月)，頁10～11。

㊺ 桂成，〈從大學聯招熱門科系論當前之法律教育〉，《法律評論》，第57卷第11期，(台北：朝陽法律評論社，民國82年11月)，頁22～23。

㊻ Prof. Han Depei and Stephen Kanter, *Legal Education in China* op. cit. , p.557.

㊼ 孫琬鍾主編，《1996年中國法律年鑑》，(北京：中國法律年鑑出版社，1996年8月)，頁974。

㊽ 陳光中，〈中國大陸的法學教育〉，《中國法制比較研究論文集》，(台北：東吳大學法律研究所，民國82年8月)，第一屆海峽兩岸學術研討會，頁5。

㊾ 孫琬鍾主編，《1994年中國法律年鑑》，(北京：中國法律年鑑出版社，1994年10月)，頁991～992。

㊿ 孫琬鍾主編，《1996年中國法律年鑑》，前揭書，頁924。

⑤ 吳磊主篇，《中國司法制度》，(北京：中國人民大學出版社，1988年7月)，頁230～231。

⑤ 孫琬鍾主編，《1993年中國法律年鑑》，(北京：中國法律年鑑出版社，1993年10月)，頁954。

⑤ 廣播電視大學(簡稱電大)是透過廣播電視的方式進行法學教育，1985年5月中央電大正式在全國招生，而早在1982年在地方即有電大開辦法律教育。其教學計劃是由國家教育委員會審批下達，實行「統一計劃，分級管理」的方式，即由中

央電大負責主要課程的教材編寫、節目製作和考試命題等項工作，地方電大負責本地區的教學、輔導、管理和組織的工作。

(54) 職工業餘大學是招收二年以上工齡和高中畢業文化程度的在職職工，接受法學專科的理論和專業知識教育。

(55) 孫琬鍾主編，《1996年中國法律年鑑》，前揭書，頁915。

(56) 孫琬鍾主編，《1994年中國法律年鑑》，前揭書，頁982。

(57) 孫琬鍾主編，《1994年中國法律年鑑》，前揭書，頁981。

(58) 孫琬鍾主編，《1995年中國法律年鑑》，(北京：中國法律年鑑出版社，1995年10月)，頁1019～1020。

(59) 郝克明，〈法學教育的層次結構應當適應我國法制建設的實際須要〉，《中國高等教育結構研究》，(北京：人民教育出版社，1987年1月)，頁66～68。

(60) 《鄧小平文選(1975～1982)》，(北京：人民出版社，1983年7月)，頁227。

(61) 楊建華等，《香港、澳門、大陸地區司法制度考察報告》，(台北：司法院行政廳，民國84年2月)，頁232～233。

(62) 吳磊，《中國司法制度》，前揭書，頁237～238。

(63) 鄭彥棻，〈國父法律思想的認識〉，《國父法律思想論集》，(台北：文化大學法律研究所，民國54年11月)，頁931。

(64) 涂懷瑩，〈國父法律思想的實踐〉，《國父法律思想論集》，(台北：文化大學法律研究所，民國54年11月)，頁337。

(65) 劉清波，〈中國大陸之法學教育〉，《政大法學評論》，第39期，民國78年6月，頁137～138。

(66) 孫琬鍾主編，《1996年中國法律年鑑》，前揭書，頁974；及《1993年中國法律年鑑》，前揭書，頁954。

(67) 王澤鑑，〈法學教育的目的及其改進之道〉，《中國論壇》，第16卷第1期，(台北：中國論壇月刊社，民國72年4月10日)，頁10～11。

(68) 林騰鷂，〈海峽兩岸之法律教育〉，《東海大學法學研究》，第7期，(台北：東海大學法律系，民國82年2月15日)，頁6。

(69) 許光泰，《中共法制論》，前揭書，頁311～313。

(70) 楊日然，〈法學教育現代角色的反省與展望〉，《中國論壇》，第16卷第1期，(台北：中國論壇月刊社，民國72年4月10日)，頁14。

(71) 教育部編，《中華民國教育報告書》，(台北：教育部，民國84年2月)，頁8～9。

(72) 參閱《中國時報》，民國86年3月5日，第4版。

(73) 劉勝驥，〈大陸高等教育之改革〉，《中國大陸研究》，第36卷第11期，(台北：中國大陸研究月刊社，民國82年11月)，頁46。

(74) 鐵映，《社會主義現代化建設的奠基工程》，(北京：人民日報，1993年3月3日)，第3版。

(75) 李模，〈法律教育現況論評〉，《律師通訊》，第160期，(台北：台北律師公會，

民國82年1月5日），頁22～23。

⑯ 朱柏松，〈日本之大學法學教育與司法考試〉，《法學叢刊》，第155期，(台北：民國83年7月)，頁70。

⑰ 王玉成，〈我國現行之法科教育與考用制度〉，《華岡法科學報》，第4期，(台北：文化大學法律系，民國70年11月)，頁55～56。

⑱ 管歐，〈積極培養法務人才加強現職專業訓練之研究〉，《法律評論》，第53卷第2期，(台北：法律評論月刊社，民國76年2月1日)，頁3～5。

⑲ 李模，〈法律教育的研究〉，《第二屆海峽兩岸法學學術研討會論文集》，(台北：東吳大學法學院，民國84年3月)，頁5。

⑳ 如學者謝冠生、陶希聖、薩孟武、洪力生贊成法律系改為五年制，參見陶希聖，〈大學法律系五年制〉，《司法通訊》，第448期，(台北：司法院，民國59年5月29日)，第3版。另陳顧遠、韓忠謨等則反對延長為五年，參見韓忠謨〈改進法律教育之管道〉，《司法通訊》，第449期，(台北：司法院，民國59年6月5日)，第3版

㉑ 馬漢寶，〈法律教育之前瞻與基礎法學〉，前揭文，頁21；及成永裕，〈法學教育之研究—學理與實用結合之大學法律教育〉，《第二屆海峽兩岸法學學術研討會論文集》，(台北：東吳大學法學院，民國84年3月)，頁30～31。

㉒ 劉德勳，〈大陸地區法學教育之現況研究〉，前揭文，頁375。

㉓ 參見中共1992年3月21日，《關於國家教委直屬高校深化改革，擴大辦學自主權的若干意見》。

㉔ 劉德勳，〈大陸地區法學教育之現況研究〉，前揭文，頁371～372。

㉕ 曾蘭淑，《論海峽兩岸的法院制度》，(台北：政治大學中山人文社會科學研究所碩士論文，民國84年6月)，頁354～355。

㉖ 參見法務部司法官訓練所簡介及學員手冊。

㉗ 林紀東，〈論司法官的訓練〉，前揭文，頁11～12。

㉘ 楊建華，〈大陸的司法〉，《司法周刊》，第647期，(台北：司法院，民國82年11月10日)，第2版。

㉙ 孫琬鍾主編，《1996年中國法律年鑑》，前揭書，頁147～148。

㉚ 楊建華等，《香港、澳門、大陸地區司法制度考察報告》，前揭書，頁232～233。

㉛ 蔡玉玲，《法官人事制度與司法預算》，(台北：台灣士林地方法院七十八年度研究報告，民國78年7月)，頁23～27。

㉜ 任建新，〈人民法院四十年〉，1989年中國法制建設四十年特載。

㉝ 孫琬鍾主編，《1996年中國法律年鑑》，前揭書，頁131。

㉞ 袁紅兵、孫曉寧，《中國司法制度》，(北京：中國人民大學出版社，1988年12月)，頁2。

㉟ 朱石炎，〈大陸司法制度之研究〉，《兩岸法律論文集》，第一輯(台北：海峽交流基金會，民國83年10月)，頁62～63。

第二編　海峽兩岸之民事訴訟制度
第七章　兩岸民事訴訟之概念與立法原則

第一節　民事訴訟之意義

　　民事訴訟者，國家司法機關為保護私法上權利，就私人間生活關係而生之訟爭事件，參與對立當事人間，適用法律，予以裁判解決之程序。在往昔國家權力未發達時，私人間權利之爭執，全賴自力救濟，其結果則為強凌弱、眾暴寡現象，致使人民正當之權利有時未能獲得保護；近代國家對於私人間權利之爭執，除有不得已之情形外，禁止自力救濟，私法之保護，概由司法機關以審判方式踐行一定程序，此即為民事訴訟制度[1]。

　　至「審判」之概念為何？在現有法學文獻中，國內學者很少從法哲學立場對該問題，進行分析；而西方英美法系學者，認為審判(adjudication)，係法院為解決特定爭議各方(parties)之間利益爭端之國家活動。英國著名的《布萊克維爾政治學百科全書》(*Blackwell Encyclopaedia of Political Thought & Blackwell Encyclopaedia of Political Institutions*)，認為審判係指「法院或法庭在訴訟案件中，對有關當事人之間權利分配問題，作出有拘束力之裁決；而這些經裁決之權利，被認為在原則上已為現行法律所確定」[2]；另美國學者Martin P. Golding則進一步指出，完整意義之審判，須同時具備六個要件：(一)存在著一種特定的爭議；(二)特定爭議有兩方或多方當事人捲入其中；(三)一個獨立於爭議雙方之第三人(法院或法庭)，參與並主持對爭端之解決；(四)舉行聽證，使雙方當事人能將有關證據和主張向第三人提出；(五)第三方宣布裁決結果，以解決爭議；(六)裁決須建立在實體法所確定的原則和規則基礎上，且顧及雙方在聽證時所提出之證據和主張[3]。時至今日，在英美法系國家中，常強調審判是法院以國家名義，對各方業已發生之爭議，作出最終、最具權威之決定；通過審判，使法院對民事權利義務進行分配，將刑事違法行為所應負擔之刑責加以確定，使該爭端在法律上獲得解決。所以上述有關審判之定義及

構成要件之分析，乃至於訴訟理念、運作方式等，均同時適用於民、刑事審判制度④。

惟在大陸法系國家，則認為刑事審判與民事審判間存在著很大差異，在民事訴訟中，法院之審判活動，係對於訴訟主體間之民事權利、義務或責任關係，進行審理和裁判之過程；與刑事審判由法院確認事實，根據國家追訴機關或被害人之請求，參酌相關證據，認定行為人犯罪是否成立，以及該罪行應如何處罰之程序，是以，民事審判所要解決的，為當事人權利、義務糾紛問題；而刑事審判所要解決的，則是國家追究犯罪的合法性和正當性問題，兩者應加以區別。

基上說明，得成為民事訴訟之對象者，限於私人對於相對人所為之權利主張；若就抽象的法律、命令等之效力或解釋所為之爭執，則不能成為民事訴訟之對象。再者，關於事實真偽之爭執，僅限於確認證書真偽，始得成為民事訴訟之對象。民事既係指由對等當事人間之生活關係所發生之事件，因此，雖為國家與私人間之紛爭，如係由對等關係而生者，亦得為民事訴訟之對象⑤。

第二節　兩岸民事訴訟之目的

關於民事訴訟之目的，學者意見不一，有採權利保護說，認為民事訴訟制度之目的在保護私權；有採紛爭解決說，強調民事訴訟制度主要在解決當事人民事之紛爭⑥；另採私法維持說者，則認為民事訴訟制度，係在經由法律之適用以解決紛爭，來達成維持民事法規實效性之國家法律任務⑦。我臺灣地區民事訴訟法學者，則認為國家設民事訴訟制度，其目的首先即在解決私人紛爭，以維持社會秩序；其次，在民事審判過程，法院必須適用國家制定之實體與程序法規，以確定當事人權利義務關係，故具有保障私法法規之實效性；再者當事人以私權被侵害為由，依民事訴訟程序請求法院審判，於獲得勝訴裁判時，其私權即受法院保護，故保護私權，亦為民事審判之重要目的⑧。

大陸地區實行社會主義，其經濟制度與自由經濟國家有別，早期他們否認公法與私法之區分，亦不使用私權用語，故上述之學說均不能完整說明大

陸民事訴訟制度之目的。依其《民事訴訟法》第二條規定：「中華人民共和國民事訴訟法之任務，是保護當事人行使訴訟權利，保證人民法院查明事實、分清是非，正確適用法律，及時審理民事案件，確認民事權利義務關係，制裁民事違法行為，保護當事人的合法權益，教育公民自覺遵守法律，維護社會秩序、經濟秩序，保障社會主義建設事業順利進行。」根據此一規定，大陸民事訴訟制度之目的可分析如下：

一、保護當事人行使訴訟權利

訴訟權利是《憲法》規定之公民基本權利，於民事訴訟程序中之體現，故大陸民事訴訟法賦予當事人行使訴訟權，除起訴和應訴外，還可以委請代理人代為訴訟、提供證據，請求人民法院進行調解，就案件爭執事項進行辯論等，民事訴訟法許多制度和原則，即為保護當事人行使上開訴訟權利而設⑨。

二、保證法院正確、合法及時審理民事案件

依據《民事訴訟法》，以保障民事實體法之貫徹實施，為大陸民事審判之目的。故法院在運用民事審判權時，應查明事實，分清是非，正確適用法律，及時審理民事案件，以確認當事人民事權利義務關係。為了保證人民法院查明真相，《民事訴訟法》確立「以事實為根據，以法律為準繩」原則，採行「當事人舉證，人民法院查核和必要情況下調查收集證據」之證據制度，兩審終結及合議制度，各該原則或制度均與訴訟程序相連接，使其落實在具體之民事審判過程中。又為及時審理民事案件，《民事訴訟法》第一百十二條及第一百十三條規定，依照普通程序人民法院收到起訴狀後，應當在七日內作出是否受理的決定，決定受理時，於七日內立案；決定不受理時，七日內通知起訴人，並說明理由。決定受理後，應當在五日內向被告送達起訴狀副本，要求被告在收到後十五日內提出答辯狀；被告提出答辯狀的，應當在收到之日起五日內將答辯狀副本送達原告，以期在法定期限內，及時審理案件，儘快確認訴訟當事人間之權益關係。

三、確認權利義務關係，制裁民事違法行為，保障國家集體和個人的合法權益

民事案件屬於民事權利義務之爭議，關係到公民、法人之合法權益行使和實現，在實行改革開放以後，社會主義商品經濟迅速發展，民事法律案件日益增多，且法律關係漸趨複雜，過去少見的肖像權、名譽權、著作權、商

標權、海商貿易等糾紛也開始起訴至法院，是以民事審判工作所調整婚姻家庭、財產、人身關係，均與社會生活、經濟生活息息相關，故應依法確認當事人民事權利義務內容，排除雙方法律關係之爭議；對於民事違法行為，加以制裁，強令其履行義務，以保護當事人合法權益⑩。

四、教育公民自覺遵守法律

人民法院通過審理民事案件，確認民事權利義務關係，制裁民事違法行為，不僅可以使當事人和其他訴訟參與人受到法律教育，而且可以通過公開審判以及報紙、電視等新聞媒體之傳播，使人民自覺地遵守憲法與法律，正確進行民事、經濟活動，享受權利，履行義務，從而能夠預防糾紛，減少訴訟，有利於維護社會和經濟秩序，促進社會主義市場經濟的建立和完善，促使社會主義生產建設事業之順利進行。

第三節　兩岸民事訴訟之法律依據

民事訴訟制度之法律依據，主要即為《民事訴訟法》。臺灣地區現行《民事訴訟法》，仿行德、法、日等國立法例，深受大陸法系影響。早在清光緒三十二年，修律大臣沈家本、伍廷芳，曾提出《民事訴訟法》草案，但當時尚民、刑不分。直至宣統二年十二月，《民事、刑事訴訟法》草案相繼完成，於是我國始有獨立之民事訴訟法規，但未公布施行，清朝即被推翻。迨民國十年由北京政府及廣東政府，先後頒行《民事訴訟條例》及《民事訴訟律》，是為首次施行之民事訴訟法規。北伐成功後，國民政府於十九年及二十年分兩次公布統一之《民事訴訟法》，二十一年五月二十日起施行，此即通稱之舊《民事訴訟法》。嗣復以該法頗有不合實用之處，遂於二十四年二月一日，另行修正全文，於同年七月一日施行，而為現行《民事訴訟法》，全文共計六百四十條⑪。抗戰勝利後政府為適應復員時期之特殊情況，曾於三十四年十二月十八日公布施行復員後辦理民事訴訟補充條例一種，與民事訴訟法相輔而行，嗣因施行期滿而失效；四十一年底立法院曾函請行政院將現行民事訴訟法全部檢討修正，行政院轉命司法行政部提出修正草案，經立法院十餘載之審查，於五十七年一月九日三讀通過，同年二月一日公布施行；至六十年十一月二日立法院又通過修正其中部分條文，同月十七日公布施行；七十二年

十一月九日為配合民法總則之修正，增訂檢察官參與民事訴訟有關訴訟費用事項；七十三年司法院為提高上訴第三審法院所得受之利益等項，函請立法院修正第四六六條等規定，經於同年六月十八日公布施行；七十五年四月二十五日為配合民法親屬編之修正，修訂婚姻事件特別審判籍，重婚無效訴訟當事人之適格及判決效力，並增修否認子女及認領子女之訴相關規定；七十九年八月二十日修正調解程序與簡易訴訟程序。八十五年九月二十五日修正第三百六十三條，使錄音、錄影等準文書，可用為證據方法，具有與文書相同之效用。民國八十八年二月三日再修正調解、簡易及人事訴訟程序，增訂新台幣十萬元以下之小額訴訟程序，對於財產權訴訟之第二審判決，如因上訴所得受之利益，修正為不逾60萬元者，不得上訴第三審等規定。由於《民事訴訟法》，為民事審判活動之準則，故本章在比較兩岸民事訴訟制度時，即以各該程序法之規定，作為立論根據，先予敘明。

　　大陸地區原不承認民事法律為私法上法律關係，認為「在經濟領域內一切全是公的」，且強調法院是上層建築，是國家機器重要組成部分，本質上是人民民主專政的工具，其作用在打擊敵人、懲罰犯罪，而有重刑輕民、重實體輕程序之觀念，故民事程序法，乃遲遲未能制定公布。雖法典形式之民事訴訟法迄未制定，但西元1942年2月，中共中央廢除我六法全書，確立解放區司法原則後，在1950年12月31日其法制委員會草擬《中華人民共和國訴訟程序通則(草案)》，1951年9月中央人民政府公布《中華人民共和國人民法院暫行組織條例》和《中華人民共和國人民檢察署暫行組織條例》，對審判之原則以及檢察署監督民事訴訟作出規定。1954年公布的《中華人民共和國憲法》、《中華人民共和國人民法院組織法》、《中華人民共和國人民檢察院組織法》，對人民法院和人民檢察院的組織原則和活動原則更作具體規定，確立民事訴訟之基本原則和行為規範。1956年12月，最高人民法院發出《關於各級人民法院民事案件審判程序總結》，通知各級法院按照《總結》規定辦理民事案件。1979年2月，最高人民法院發布施行《人民法院審判民事案件程序制度的規定》。《總結》和《規定》主要之內容有：案件管轄、起訴、審理前之準備、上訴、再審、執行、迴避等，以作為民事審判程序之依據。

　　直到西元1979年間，為突破經濟困境，對外開放、對內改革，加以法學逐

漸發達，領導者重新注意法制工作，乃於1979年9月間在全國人大法制委員會成立《民事訴訟法》起草小組，開始草擬《民事訴訟法》，於1981年第五屆全國人民代表大會四次會議批准，並授權常務委員會修改後公布「試行」，該法為大陸第一部完備之《民事訴訟法》。其後依據試行經驗，於1982年3月8日五屆全國人民代表大會常務委員會第二十二次會議通過修正《中華人民共和國民事訴訟法》(試行)，並定於同年10月1日起試行。試行九年後，再經第七屆全國人民代表大會四次會議通過修正為《中華人民共和國民事訴訟法》(以下稱為中共《民事訴訟法》)，於1991年4月9日公布施行，同時廢止《中華人民共和國民事訴訟法》(試行)，新法從原《民事訴訟法》(試行)之二百零五條增至二百七十條，全法共分四編二十九章，內容大為充實[12]。

第四節　兩岸民事訴訟之立法原則

民事訴訟之立法原則，是指在民事訴訟審理過程中，或在重要程序階段產生主導作用之基本準則，也是法院、當事人和其他訴訟參與人，進行民事訴訟程序應當遵守之原則。對於臺灣與大陸地區民事訴訟立法原則之研究，有助於我們對兩岸民事訴訟性質、審判進行、程序法之特殊規定，有更深一層瞭解；且能言之有物，知悉立法精神及各該制度之設立經過，庶能從比較中借鏡，截長補短，並尋找差異和衝突所在，為兩岸民事訴訟法律衝突之研究工作，確定立足點，以推動區際司法協助之開展。關於兩岸民事訴訟之立法原則，分就下列八項加以說明：

第一項　審判獨立原則

所謂審判獨立(Judicial Independence)，係指法官所為之裁判，除應依據法律為之者外，其在職務上完全獨立，關於訟爭之具體案件，不受訓令拘束，亦不受其他權威勢力影響，近世各民主國家採三權分立制度結果，司法權已與行政權、立法權形成三權鼎立之局面，同時以審判獨立作為司法獨立之核心，為求保障法官獨立行使職權，不受外界干涉，文明國家除於憲法明文規定法官具有獨立審判權外，其他有關身分、地位、任用、退休、撫恤等，均有特殊保障，以使法官能超出黨派，跳脫政治漩渦，依據法律，獨立

進行審判，達到定紛止爭，維持社會生活之紀律與秩序目標。目前我國《憲法》亦於第八十條明定：「法官須超出黨派以外，依據法律獨立審判，不受任何干涉」，以期維護審判獨立之精神，民國七十八年十二月間制定公布之《司法人員人事條例》，更對法官身分、地位、任用、訓練、進修、保障等予以明文規定，使更能積極超出黨派，獨立進行審判，不受任何干涉。

中共《民事訴訟法》第六條第二款規定：「人民法院依照法律規定對民事案件獨立進行審判，不受行政機關、社會團體和個人的干涉。」所謂「不受行政機關、社會團體和個人的干涉」，並不包括不受「黨」的干涉，中共即曾明白的指出：「法院、檢察院依法獨立行使審判權，不能理解為不要黨的領導」，「獨立審判原則正是為了服從並遵守在黨的領導下所制定的法律，也正是體現了黨對司法工作的領導」，所以中共的審判獨立，是指「人民法院」的審判獨立，而非審判人員的獨立審判制度；可見作為法院工作人員的審判員，在具體案件中，是無權獨立審判的，他們所作出的判決或裁定，必須經法院院長或審判庭庭長批准，該院長或庭長常是共產黨員，他們實際上是代表黨審批案件，這也是中共審判制度中無法如同西方國家司法獨立的重大關鍵[20]。

第二項　訴訟平等原則

所謂當事人「訴訟平等原則」，是指當事人在訴訟上之權利義務完全相等，沒有差別。民事訴訟主要是為求得公平裁判，因此台灣地區《民事訴訟法》採訴訟平等主義，使當事人在民事審判上，不論其為原告或被告，不設任何差別與等級，以顯示民事訴訟程序對原告和被告權利之同等保護。例如，《民事訴訟法》第一百八十九條規定：「當事人得以合意停止訴訟程序，但不變期間之進行，不受影響」；另外，同法第三百七十七條規定，法院不問訴訟達於何種程序，如認為有成立和解之望的，可以於言詞辯論時由受命法官或受託法官，試行和解。在訴訟程序進行中，賦予當事人以合意變更或消滅訴訟法律關係之效果，是台灣《民事訴訟法》貫徹當事人進行主義原則之表現，也是訴訟當事人雙方訴訟地位平等之體現。

至於大陸地區，則於《民事訴訟法》第八條規定：「民事訴訟當事人有平等的訴訟權利。人民法院審理民事案件，應當保障和便利當事人行使訴訟權

利。」該條即是對訴訟權利平等原則之規定，它包括兩層含意：(一)雙方當事人訴訟地位完全平等，訴訟權利義務也平等。例如，原告和被告都有委託代理人、申請迴避、收集和提供證據、進行辯論、請求調解、上訴等訴訟權利；原告和被告享有彼此對應之訴訟權利，原告享有起訴權，被告有反訴權；原告有變更或放棄訴訟請求權，被告有承認或反駁訴訟請求權等。(二)當事人訴訟權利平等，為《民事訴訟法》所賦予之權利，同時也要求人民法院切實保障和便利訴訟當事人能夠平等地行使訴訟權利。

第三項　處分自由原則

所謂處分自由原則，是指當事人有權在法律規定範圍內，自由處分其實體權利和訴訟權利。處分自由原則係本於「私法自治」而來，私法之權利義務理論上均得由當事人自主解決，尤其在財產法之權利義務，國家應盡可能不予干預，其欲藉訴訟程序以解決者，亦當本於同一原則。我《民事訴訟法》於民事審判程序採取此項原則，凡當事人未起訴，法院不得開始訴訟程序，請求裁判之範圍須依當事人聲明(第三百七十七條)；原告於判決確定前得撤回起訴(第二百六十二條)，於訴訟中得為訴訟標的之捨棄、認諾(第三百八十四條)，提起上訴與否及其範圍如何，均依當事人之意思行之(第四百四十二)。但於人事訴訟程序，因涉及身分事項，故處分權原則之適用，受有限制，如《民事訴訟法》第五百七十四條第一項規定：「關於認諾效力之規定，於婚姻事件不適用之」；第五百九十四條規定：「關於認諾及訴訟上自訴或不爭執事實之效力規定，於第五百八十九條(認領事件)及第五百九十二條(宣告停止親權事件)之訴，不適用之」。

大陸《民事訴訟法》第十三條則規定「當事人有權在法律規定之範圍內處分自己之民事實體權利和民事訴訟權利」，此亦為其民事訴訟採取處分原則之法律依據，故當事人可以處分之權利包括民事實體權利及民事訴訟權利，例如當事人可以放棄部分實體權利與對造自行和解或請求調解，原告亦可放棄訴訟權利，請求撤回起訴，或敗訴當事人可以放棄上訴權利等是。但當事人處分權利，必須完全出於自願，且必須在法律允許範圍，當事人之處分不得違背憲法及其他法律之規定，亦不得侵犯國家、集體、個人及社會利益，否

則國家應予干預。例如原告申請撤回起訴，是否准許，應由人民法院裁定(第一百三十一條)。原告如有違反法律行為，需要依法處理者，人民法院即可裁定不准撤回起訴(最高人民法院關於適用民事訴訟法意見第一六一條)。又如第二審人民法院判決宣告前，上訴人申請撤回上訴者，是否准許，應由第二審人民法院裁定(第一百五十六條)。此與我國民事訴訟制度，原告撤回起訴或上訴人撤回上訴，不需經由法院裁定准許，顯有差別，故其可認為係採「限制的處分原則」⑭。

第四項　言詞辯論原則

　　民事訴訟制度之「辯論原則」或「辯論主義」，是指法院之判決只能以當事人聲明範圍以及所提供訴訟資料為基礎，當事人未聲明之利益，不能歸當事人，當事人未提出之事實和證據，法院均不能加以斟酌⑮。我國《民事訴訟法》既採取處分權主義，自應以當事人主張之攻擊或防禦方法為裁判基礎，依第三百八十八條規定：「法院不得就當事人未聲明之事項而為裁判」，就是基於辯論主義所作規定。但在例外情形下，也有少部分是採職權調查主義而不採辯論主義，例如：關於訴訟費用裁判及假執行裁判，在特定情況下，法院都可以依職權來加以裁判。

　　大陸民事訴訟程序所指之辯論原則，與前述台灣之辯論主義不同，其《民事訴訟法》第十二條規定：「人民法院審理民事案件時，當事人有權進行辯論。」雙方當事人可以採取書面或口頭的形式，提出有利於自己之事實和理由，互相辯駁，以維護自己民事實體權利。可見其辯論原則，係著眼於當事人在訴訟上之權利，與台灣地區辯論主義，係限制法院關於事實認定，應以當事人主張為準之意義，尚非完全相同。

第五項　言詞審理原則

　　民事審判之「言詞審理主義」，與「書狀審理主義」為相對之概念，前者，乃法院依據當事人及其他訴訟關係人以言詞陳述之資料，作為審判基礎之主義；後者，乃法院本諸當事人及訴關係人之書面資料，作為裁判基礎之主義。兩者相較，自以言詞審理主義為優，因其較能使法院得到正確心證及公

開審理之目的。台灣地區目前以言詞審理主義為原則，故當事人之聲明及事實上陳述，均應於言詞辯論期日以言詞在法庭為陳述(民事訴訟法第二百二十一條、第一百九十二條以下)。

大陸《民事訴訟法》第十二條，強調在人民法院審理民事案件時，有權進行辯論；同法第一百二十四條規定於言詞審理時調查之程序，第一百二十七條規定言詞辯論之順序，均顯示言詞審理原則，在大陸地區也得到一定程度之確認。不過大陸《民事訴訟法》以發現真實為目標，一切證據，經查證屬實，才能作為定案根據；證據應當在法庭出示經當事人互相質證，如當事人拒絕陳述時，不影響人民法院根據證據認定案件事實。因此，大陸《民事訴訟法》言詞審理原則之意義，顯然不如台灣。

第六項　直接審理原則

由法院審判人員，直接以其耳聞目睹兩造之陳述及各項訴訟資料，作為裁判基礎並決定裁判結果，謂之直接審理原則，若由未直接參與審理人員，決定裁判結果，即與上述原則有違。我《民事訴訟法》採直接審理原則，依第二百二十一條第二項規定，法官非參與判決基礎之辯論者，不得參與判決；又參與言詞辯論之法官有變更者，依同法第二百十一條規定，當事人應陳述以前辯論之要領⑯。

對於直接審理原則，大陸《民事訴訟法》並未設有類似台灣地區之規定，只規定第一、二審民事案件以及再審案件必須組成合議庭，使個案審判人員固定化，體現直接審理些許精神。審判人員是代表人民法院行使審判權，但不能獨立審判民事案件。因依《人民法院組織法》第十一條第一項規定：「各級人民法院設立審判委員會，實行民主集中制；審判委員會的任務，是總結審判經驗，討論重大或疑難的案件和其他有關審判工作的問題」。西元1982年3月8日通過的《民事訴訟法》(試行)第三十九條曾規定：「重大、疑難的民事案件的處理，由院長提交審判委員會討論決定。審判委員會的決定，合議庭必須執行」。依此規定，各級人民法院審判委員會都有權對具體民事訴訟案件事實認定和法律適用問題作出決定，造成「審案的不判，判案的不審」等違反直接審理原則情形⑰。惟1991年4月新制定之《民事訴訟法》已將上述第三十九條

全文刪除，惜《人民法院組織法》尚未配合修正；又1995年7月法官法實施後，賦予法官審理案件不受干涉之權利，對於直接審理原則，未來必能更加落實。

第七項　支持起訴原則

台灣地區依《憲法》第十六條規定，人民有訴訟權。訴訟之種類包括民事訴訟、刑事訴訟、行政訴訟和選舉訴訟；惟人民是否向法院起訴，依其意思自行決定，如有不諳訴訟程序者，各法院均設有服務台接受民眾詢問；另法務部亦訂有《臺灣省律師公會辦理平民法律扶助事項督導辦法》，對於貧困人士，提供法律扶助，以解決其法律問題，但無支持起訴原則之明文。

大陸地區則於《民事訴訟法》第十五條規定：「機關、社會團體、企業事業單位對損害國家、集體或個人民事權益之行為，可以支持受損害之單位或個人向人民法院起訴」。民事訴訟係為解決私權爭執，保護個人權益之程序，本與當事人以外之他人無關，惟大陸係社會主義國家，故《民事訴訟法》中亦定有此一支持起訴之社會干預制度。支持起訴，通常指啟發、鼓勵或幫助受損害單位或個人起訴，包括提供物質和法律上之協助，但不得干涉審判。又支持受害者起訴，應當具備以下幾個條件：

(一)支持起訴之案件限於侵權行為引起之民事案件。

(二)有權支持起訴者，限於對權利主體負有保護責任之機關、團體、企事業單位。公民個人不能作為支持起訴之主體。支持起訴之機關、團體、企事業單位不能以自己名義起訴。

(三)必須是受害者沒有提起訴訟。

第八項　檢察監督原則

在台灣地區，檢察官除實施刑事訴訟及執行刑事裁判外，基於公益代表人身分，凡與公益有密切關係之民事事項，亦應使檢察官參與其間，以保護國家之利益。如《民法》第八條所定，為失蹤人向法院聲請為死亡之宣告；第十四條對於心神喪失或精神耗弱人，聲請為禁治產宣告；第三十六條因法人之目的或其行為，有違反法律或公序良俗時，請求法院宣告解散；第五十八

條遇社團之事務，無從依章程所定進行時，向法院聲請解散；第一千一百七十八條繼承開始時，繼承人之有無不明，聲請法院為保存遺產之必要處置等，均為其職權。又對於審判之監督，目前檢察官僅得對於刑事案件提起再審或非常上訴(《刑事訴訟法》第四百二十七條、第四百二十八條、第四百四十一條、第四百四十二條)，對於民事案件，則無類似明文⑱。

　　大陸地區則於《憲法》第一百二十九條規定：「人民檢察院是國家的法律監督機關」，《民事訴訟法》第十四條亦規定：「人民檢察院有權對民事審判活動實行法律監督」，此為檢察監督原則之法律依據。人民檢察院實行監督之內容，主要有兩方面，一是對審判人員在民事審判過程中，是否有貪贓枉法、徇私舞弊等違法行為進行監督；二是對人民法院作出已生效之裁判，依《民事訴訟法》第一百八十五條所規定：「最高人民檢察院對各級人民法院已經發生法律效力的判決、裁定，上級人民檢察院對下級人民法院已發生法律效力的判決、裁定，發現有下列情形之一的，應當按照審照審判監督程序提出抗訴：(一)原判決、裁定認定事實的主要證據不足的；(二)原判決、裁定適用法律確有錯誤的；(三)人民法院違反法定程序，可能影響案件正確判決、裁定的；(四)審理人員在審理該案件時有貪污受賄、徇私舞弊，枉法裁判行為的」、「地方各級人民檢察院對同級人民法院已經發生法律效力的判決、裁定，發現有前項各款規定情形之一的，應當提請上級人民檢察院按照審判監督程序提出抗訴」，對於人民檢察院提出抗訴之案件，人民法院應當再審。在實踐上，人民檢察院由於不參與民事審判程序，故其檢察機關監督民事訴訟之原則，成效還相當有限⑲。

第五節　兩岸民事訴訟之基本制度

第一項　公開審理制度

　　台灣地區法院開庭審理訴訟案件，所採用之方式有二，一為公開審理(Publicity of Trial)主義，一為秘密審理(Hearing in Camera)主義。所謂公開審理主義，即法院於行言詞辯論之際，准許當事人以外之任何人得以蒞庭旁聽之主義也。所謂秘密審理主義，即法院於開庭審判案件時，不許與訴訟無關者與聞之主義也。按公開審理制度，使法院執行職務，趨於公正，並使當事人

或其他利害關係人在法庭之陳述，多所顧忌，甚者如採用秘密審理主義，裁判縱屬公正，徒以外人不明究理，難免妄加臆測，橫生枝節，造成司法之傷害。英國法諺有云:「不僅要法官處理得公正，而且要人民看得到公正」(Justice must not only be done, but must be seen to be done)，其意在此。為此近世各國多採公開審理主義，日本甚至將其規範於憲法第八十二條第一項中[20]。我國法院組織法第八十六條規定:「訴訟之辯論及裁判之宣示，應公開法庭行之」，是採公開審理主義;惟法庭公開，「如有妨害國家安全、公共秩序或善良風俗之虞時，則得例外不予公開」，法庭不公開時，審判長應將不公開之理由宣告，以使大眾知悉，避免滋生誤會(參見法院組織法第八十九條)。

　　大陸法院組織法第七條規定，人民法院審理案件，除法律另有規定者外，一律公開進行。在公開審判中，當事人、辯護人、證人、鑑定人等都到庭公開陳述、作證、辯論，各自依法行使其訴訟權利。除法庭評議外，法庭活動都公開進行，同時允許群眾旁聽和新聞記者進行採訪、報導。其立法理由，認為公開審判是人民法院整個審判工作的重心，它把法庭審理置於人民群眾監督之下，加強審判人員的責任感，且有旁聽群眾在場，可能影響當事人的思想和情緒，不致提出不符實際的請求和辯解，同時可使旁聽群眾受到具體生動的法制教育。至於法律規定不公開審理的案件是指刑事訴訟中有關國家機密、個人隱私(不正當之有傷風化的事件)的案件和未成年人犯罪案件;民事訴訟中，人民法院依《民事訴訟法》第一百二十條規定，對以下三種情況不公開審理:

　　一、涉及國家秘密的案件。在民事案件中涉及的國家秘密，如有關國民經濟和社會發展中的秘密事項、科學技術中秘密事項以及其他經國家保密工作部門確定應當保密的國家秘密事項。

　　二、個人隱私案件。

　　三、離婚案件、涉及商業秘密的案件，當事人申請不公開審理的。商業秘密主要是指技術秘密、商業情報及信息等，如生產工藝、配方、貿易聯繫、購銷渠道等當事人不願公開之工商業秘密[21]。

第二項　迴避制度

　　迴避制度(Declinature System)是指司法人員在特定案件中，與本人有利害關係或其他特定關係，為防止其徇私舞弊或偏頗之虞，使其迴避不執行職務所設之制度。目的是保證訴訟的正常進行和對案件妥適、正確的處理，以維持裁判的公平⑳。迴避的對象即適用迴避的人員，在我國包括法官、書記官及通譯(民事訴訟法第三十九條)。

　　在迴避之程序上，自行迴避者，固不必當事人之聲請，亦無庸裁定。聲請迴避則由該法官所屬法院以合議庭裁定之；其因不足法定人數不能合議者，由院長裁定之；如院長被聲請迴避或其他原因，並不能由院長裁定者，由直接上級法院裁定之，此項裁定，被聲請迴避之法官不得參與(民事訴訟法第三十五條)。

　　至於迴避的原因，如我國《民事訴訟法》第三十二條規定，有下列情形之一者，法官應自行迴避：

　　一、法官或其配偶、前配偶或未婚配偶，為該訴訟事件當事人者；

　　二、法官為訴訟事件當事人八親等內之血親或五親等內之姻親或曾有此親屬關係者；

　　三、法官或其配偶、前配偶或未婚配偶，就該訴訟事件與當事人有共同權利人、共同義務人或償還義務人的關係者；

　　四、法官現或曾為該訴訟事件當事人之法定代理人或家長家屬者；

　　五、法官於該訴訟事件現為或曾為當事人之訴訟代理人或輔佐人者；

　　六、法官於該訴訟事件曾為證人或鑑定人者；

　　七、法官曾參與該訴訟事件之前審裁判、更審前之裁判或仲裁者。

　　當事人聲請法官迴避後，法官如確具有應自行迴避之原因或執行職務有偏頗之虞等情形時，應即停止訴訟程序(民事訴訟法第三十七條第一項前段)，如此始能達到迴避之效果；惟當事人聲請迴避如有聲請不合法，意圖延滯訴訟程序或有急迫情形時(如假扣押、假處分、證據保全等)，此時即無庸停止訴訟程序，仍可為必要之處分(民事訴訟法第三十七條第一項後段、第二項)。

　　中共人民法院，亦採行迴避制度，凡審判人員對本案有利害關係或者其

他關係可能影響公正審判的，應當迴避，不參加本案的審判工作。審判人員認為需要迴避的，由自己提出，當事人要求迴避的，以口頭或書面方式提出。迴避的規定，也適用於偵察人員、檢察人員、書記員、翻譯人員、鑑定人、勘驗人。審判人員的迴避，由院長或審判委員會決定；其他人員的迴避，由審判長決定。對於駁回申請的決定，當事人可以申請複議一次㉓。

實行迴避制度，其主要意義，一則可預防司法人員假公濟私、偏袒一方，以保證案件得到公平合理處理；再則可避免不必要嫌疑，使人民信賴法院裁判正確性，故應積極落實。至於迴避原因，參照中共《民事訴訟法》第四十條規定，下列情形審判人員應自行迴避：

一、是本案當事人或者當事人的近親屬；

二、與本案有利害關係；

三、與本案當事人有其他關係，可能影響對案件公正審理的。

依大陸民事訴訟法第四十六條第二項規定:「被申請迴避的人員，在人民法院作出是否迴避的決定前，應當暫停參與本案的工作，但案件需要採取緊急的措施的除外」，該迴避效力之規定，與上開我國民事訴訟法第三十七條之意旨相同。

第三項　獨任或合議制度

依法院審理方式來區分，凡以法官一人組織審判機關者為獨任制，以法官三人以上組織者為合議制(Collegial System)，前者，利在迅速，加強裁判官之責任感；後者，貴在慎重，並具綜合裁判官個性之優點㉔。台灣地區地方法院審判案件，以法官一人獨任或三人合議行之；高等法院審判案件，以法官三人合議行之；最高法院審判案件，以法官五人合議行之(參見法院組織法第三條規定)。

中共人民法院審判案件，除簡單的民事案件、輕微的刑事案件、自訴案件和法律另有規定的案件，可以由審判員一人獨任審判外，其他案件以實行合議制為原則㉕，至於合議庭庭員人數，現行《法院組織法》、《民事訴訟法》未有規定，而《刑事訴訟法》第一百四十七條第一、二、四款則規定如下：

一、基層人民法院、中級人民法院審判第一審案件，應當由審判員三人

或者由審判員和人民陪審員共三人組成合議庭進行，但是基層人民法院適用簡易程序的案件可以由審判員一人獨任審判。

　　二、高級人民法院、最高人民法院審判第一審案件，應當由審判員三人至七人，或者由審判員和人民陪審員三至七人組成合議庭進行。

　　三、人民法院審判上訴和抗訴案件，由審判員三人至五人組成合議庭進行。

　　可見合議庭的人數，必為單數，在實務上，高級人民法院、最高人民法院審判第一審案件的合議庭成員，比基層人民法院、中級人民法院審判第一審案件的合議庭成員為多；人民法院審判上訴和抗訴案件的合議庭成員應比審判第一審案件的合議庭成員為多，至少是相等的，即最少為三人。合議庭的審判長由院長或庭長指定審判員一人擔任，院長或庭長參加審判的，由院長或庭長擔任。助理審判員在臨時代行審判員職務時，與審判員有同等權利；在沒有審判員參加合議庭時，也可以被指定為審判長。人民陪審員不是專職審判人員，不能擔任審判長。但是在合議庭內執行職務時，與其他成員有同等權利。合議庭評議案件，實行少數服從多數方式，評議應當制作筆錄，由合議庭成員簽名，評議中的不同意見，必須據實記入筆錄。

　　又合議制或獨任制都是法院對於具體案件的臨時性組織審理方式，對於重大或疑難案件，合議庭無權決定，必須由院長交審判委員會決定，故審判委員會，在中共之法院制度中，為一常設機構，其任務在於總結審判工作經驗、討論重大或者疑難案件及其他有關審判工作問題。審判委員會雖非處理日常工作的機構，也不直接審理案件，但它有權討論、決定院長提交的合議庭審理的案件，它所作的決議，合議庭應予執行[80]。又審判委員會的委員，其產生方式，依《人民法院組織法》第十一條規定，最高人民法院審判委員會委員，由院長提送全國人民代表大會常務委員會任免；地方各級人民法院審判委員會委員，由各該院長提送本級人代常委會任免。審判委員會由法院院長主持，同級人民檢察院檢察長可到會列席，會議形式採民主集中制，按少數服從多數的原則決定問題。

第四項　陪審制度

陪審制度(Jury System)係由專業法官以外一定數額之人士，經合法選任及宣誓後，在主審法官指示下，參與訴訟案件之審判，並依合法證據反映審判上意見。目前台灣地區並未採行陪審制度，主因在於陪審制度起源於英美法系國家，其歷史背景與民族性與我國並不相同；且陪審制度程序複雜，容易拖延訴訟；加以陪審員法學素養不足，易徇情偏私，甚或貪瀆舞弊，故司法機關長期以來，仍認以暫不採行為宜。惟在八十三年間司法院曾完成《刑事參審試行條例草案》，其中曾考慮平民參審制度，吾人樂觀該條例之修正通過，使人民有擔任參審員的機會[27]，以期真正體現我國司法之民主化，提高人民對司法審判之信賴。

中共政權的人民陪審員制度是「作為人民群眾參加國家管理的一種方式」[28]，所以大陸地區在西元1978年所修正之《憲法》第九條即明文規定：「人民法院審判第一審案件，依據法律的規定，實行群眾代表陪審制度」，基此，大陸人民法院對於第一審行合議審判之案件，即係採用「人民陪審制」，由職業審判人員與非職業審判人員組成合議庭進行審判，非職業審判人員稱為「人民陪審員」，由年滿二十三歲，有選舉權和被選舉權及未被剝奪政治權利的公民，經選舉或邀請而產生。人民陪審員於執行職務時，與審判員有同等權限，如可直接審理、訊問當事人、參加案件評議、閱卷，對書記員工作的指導權等[29]，在其執行職務期間，由原工作單位照付工資，無工資收入者，由人民法院給予適當補助[30]。

以民事訴訟而言，大陸在實際運作中，承認並實行陪審制度，但亦有一定限制，主要包括以下各點：第一，陪審制度只適用於第一審案件，但法律並未要求第一審合議庭中必須有陪審員參加。第二，在審判員、陪審員共同組成的合議庭中，對二者之比例，沒有作限制性規定。第三，依照普通程序審理之民事案件、經濟糾紛案件，何種類型案件應由審判員、陪審員共同組成合議庭進行審理，法律也未作限制性規定，由法院根據案件具體情況決定。易言之，民事訴訟法對於陪審制，既採取肯定態度，又作較為靈活之規定，發揮陪審制度之作用[31]。

第五項　審級制度

台灣地區法院組織，採三級三審制，由下而上，計分地方法院、高等法院及最高法院三級。在判決程序，不服第一審之終局判決，得上訴於管轄第二審之法院，不服第二審之終局判決，得上訴於管轄第三審之法院[32]。一切訴訟，除法律別有規定外，必須循第一審、第二審及第三審程序，依次進行，未經第一審法院判決者，無由進入第二審程序，未經第二審法院判決者，不得進行第三審程序。審級井然有序，程序先後分明，當事人不得越級起訴或提起上訴[33]。

大陸地區的人民法院是採四級兩審終審制，所謂四級指基層人民法院、中級人民法院、高級人民法院、最高人民法院。所謂兩審則指，除由最高人民法院審理的第一審案件是一審終結外，其餘案件，不服基層人民法院所為第一審判決，可以上訴至中級人民法院；不服中級人民法院所為第一審判決，可以上訴至高級人民法院；不服高級人民法院所為第一審判決，可以上訴至最高人民法院，凡經兩審判決後，案件即告確定，不得再行上訴[34]。故中級人民法院、高級人民法院審判的第二審案件，即為終審法院，而最高人民法院直接審判的第一審案件或第二審案件，一律都是終審法院。凡終審判決或終審裁定，即為發生法律效力的判決和裁定。

需要指出的是，在大陸並非每個案件都要經過二審。根據《民事訴訟法》第一百四十一條規定，對地方各級法院第一審判決、裁定，當事人未在法定期限內上訴，則該判決、裁定發生法律效力。兩審終審也不影響對生效判決、裁定，按審判監督程序所進行之再審；案件雖經兩審終審，如果發現確有錯誤，仍然可以依法糾正。可見兩審終審制是大陸法定之審級制度，它由兩級法院分別獨立地完成第一審程序和第二審程序之任務。第二審法院對第一審法院是一種附條件之審級監督關係。即祇有第一審終結以後，由於上訴才能引起第二審法院對案件的參與，和對第一審裁判之審理。至最高法院則是大陸最高審理機關，他作出之一審判決和裁定，是終審的判決和裁定，不能再上訴。此外，法院依照特別程序審理案件，也是一審終結，總之，在民事、經濟案件審判中，二審終審是基本制度，一審終結是例外性補充規定，值得

注意㉟。

註釋：

① 王甲乙、楊建華、鄭健才，《民事訴訟法新論》，(台北：作者自行出版，民國86年9月)，頁1～2。

② David Miller and Vernon Bogdanor, *The Blackwell Encyclopaedia of Political Thought*，*The Blackwell Encyclopaedia of Political Institutions,* Basil Blackwell Ltd, 1987.鄧正來等譯，《布萊克維爾政治學百科全書》，(北京：中國政法大學出版社，1992年6月)，頁6。

③ Martin P. Golding, *Philosophy of Law*, Englewood Cliffs, (New York ：Prentice-Hall, 1975), pp. 10~12.

④ 陳瑞華，《刑事審判原理論》，(北京：北京大學出版社，1997年2月)，頁1～3。

⑤ 駱永家，《民事訴訟法》，(台北：作者自行出版，民國75年2月)，頁1。

⑥ 三ケ月章，《民事訴訟法》，(日本：株式會社有斐閣，昭和三十四年)，頁4；及兼子一，《新修民事訴訟法體系》，(日本：酒井書店，昭和四十年)，頁25。

⑦ 齊藤秀夫，《民事訴訟法概論》，(日本：株式會社有斐閣，昭和四十四年)，頁6。

⑧ 陳計男，《民事訴訟法論》，(台北：三民書局，民國83年9月)，頁4～5。

⑨ 韓象乾、鄭學林，《大陸六法精要(2)民事訴訟法》，(台北：月旦出版公司，民國83年2月)，頁1～2。

⑩ 王懷安主編，《中國民事訴訟法教程》，(北京：人民法院出版社，1992年12月)，頁21～22。

⑪ 劉俊麟、林家祺，《民事訴訟法》，(台北：書泉出版社，民國84年4月)，頁11～12。

⑫ 楊建華，《大陸民事訴訟法比較與評析》，(台北：作者自行出版，民國80年7月)，頁2～4。

⑬ 張友漁、王叔文，《法學基本知識講話》，(北京：中國青年出版社，1980年)，頁75；另參見朱石炎，〈大陸司法制度之研究〉，《兩岸法律論文集》，第一輯，(台北：海峽交流基金會，民國83年10月)，頁51。

⑭ 楊建華，〈海峽兩岸民事訴訟立法原則之比較〉，《華岡法科學報》，第十一期，(台北：中國文化大學法學院，民國84年12月)，頁65～66。

⑮ 坂原正夫，〈弁論主義〉，《法學教室》，第二〇八期，(日本：株式會社有斐閣，1998年1月)，頁12～15。

⑯ 楊建華主編，《海峽兩岸民事程序法論》，(台北：月旦出版公司，民國86年2月)，頁28。

⑰ 程榮斌主編，《海峽兩岸交往中的訴訟法律與實務》，（北京：中國工人出版社，1997年6月），頁42～44。

⑱ 曾有田，〈台灣檢察體系與制度之研究〉，《華岡法粹》，第二十四期，（台北：中國文化大學法律系，民國85年10月），頁261。

⑲ 劉家興主編，《民事訴訟法學教程》，（北京：北京大學出版社，1997年4月），頁74。

⑳ 參見日本憲法第八十二條第一項規定：「裁判之對審及判決，應於公開法庭行之」（裁判の對審及び判決は，公開法庭べんれを行ふ）。

㉑ 參見大陸最高人民法院《關於適用民事訴訟法若干問題的意見》，（最高法院審判委員會第五二八會議討論通過），第一百五十四條。

㉒ 戴炎輝，《中國法制史》，（台北：三民書局，民國58年7月），頁158。

㉓ 江平等編，《中國司法大辭典》，（長春：吉林人民出版社，1991年2月），頁242。

㉔ 陳樸生，《刑事訴訟法實務》，（台北：海天印刷廠，民國84年9月），頁12～13。

㉕ 大陸地區民事訴訟法第一百六十一條規定，適用民事特別程序案件，除選民資格案件或重大疑難案件外，行獨任審判。又刑事訴訟法第一百零五條第一項規定，自訴案件獨任審判，其他輕微案件亦同。

㉖ 劉清波，《中共司法論》，（台北：上海印刷廠，民國62年3月），頁296～297。

㉗ 虞舜，〈革新司法應實施陪審制度〉，《法令月刊》，第38卷第4期，（台北：法令月刊雜誌社，民國75年4月），頁19。

㉘ 婁必允主編，《人民陪審員辦案手冊》，（北京：人民法院出版社，1993年9月），頁2。

㉙ 文敬，《法院審判業務管理》，（北京：法律出版社，1992年2月），頁294。

㉚ 參見大陸地區人民法院組織法第三十八條、第三十九條規定；及唐瓊瑤主編，《中國法律十八講》，（香港：商務印書館，1995年3月），頁18～19。

㉛ 韓象乾、鄭學林，《大陸六法精要(2)民事訴訟法》，前揭書，頁37～39。

㉜ 鄭正忠，〈海峽兩案民事上訴及再審程序之比較研究（一）〉，《司法周刊》，第719期，（台北：司法院，民國84年4月12日），第3版。

㉝ 吳明軒、楊秉鉞，〈關於民事訴訟上訴制度之研究〉，《司法周刊》，第671期（台北：司法院，民國83年5月4日），第2版。

㉞ 參見劉瑞村，〈中共的人民法院〉，《中國大陸法制研究》，（台北：司法週刊雜誌社，民國80年8月），頁422。

㉟ 柴發邦主編，《民事訴訟法學》，（北京：法律出版社，1988年6月），頁74～75。

第八章　兩岸之民事第一審訴訟制度

第一節　民事第一審普通程序概說

依民事訴訟程序之種類區分，學者一般將第一審程序分為通常訴訟程序與簡易訴訟程序。所謂簡易訴訟程序，係指關於財產權之訴訟，其標的金額或價額在一定範圍(如台灣地區定為新台幣五十萬元以下)，或案件較為簡單應速審結之訴訟案件①。至通常訴訟程序，或稱為普通程序，為法院審理第一審民事案件通常適用之程序，具有廣泛適用性。海峽兩岸《民事訴訟法》都以普通程序作為全部審判程序之基礎，對該程序作詳盡規定，關於上訴審程序中法律未作特別規定事項，均準用普通程序規定。為此本章先就兩岸民事第一審訴訟制度，分就管轄制度、法院之組織、證據制度及第一審普通程序等方面加以說明；第九章再針對民事上訴及再審制度之內容，予以評析和比較，以供參酌。

第二節　民事訴訟之管轄制度

民事訴訟之管轄，即依法律規定，將一定訴訟事件，分配於各法院之標準，亦可謂係法院受理及裁判民事案件之分工與權限②。臺灣地區將管轄規定於《民事訴訟法》第一編第一章第一節，條文分別自第一條至第三十一條；大陸地區《民事訴訟法》則將管轄列在第一編第二章，分為三節，條文自第十八條至第四十條；以管轄之分類來看，兩岸雖均有審級管轄、土地管轄、專轄管轄、合意管轄、移送和指定管轄之設，但內容不盡相同，述明如後：

第一項　審級管轄制度

審級管轄是指根據案件性質、影響範圍以及繁簡程度，劃分上下級法院受理民事案件之權限，故又稱職務管轄或事務管轄。台灣地區現行《民事訴訟法》並無審級管轄之規定，僅於《法院組織法》第九條、第三十二條、第四十八條，分就三級法院管轄之事件，規定其範圍，第一審法院為地方法院及其分院，管轄第一審民事事件，因而又稱初審法院。第二審法院為高等法院及

其分院，管轄不服地方法院或其分院第一審裁判上訴或抗告事件，因而又稱為第二審上訴法院或抗告法院。但依簡易訴訟程序審理之案件，以作出第一審裁判之地方法院及其分院合議庭為第二審法院。第三審法院，為最高法院，管轄不服高等法院或其分院第二審裁判上訴或抗告、再抗告案件，以及當事人不服依簡易程序由地方法院合議庭第二審裁判而上訴或抗告之事件，通常最高法院為終審法院。

大陸地區之級別管轄與台灣所稱之審級管轄意義相同，其《民事訴訟法》將級別管轄分為四級，且每一級人民法院均得受理第一審民事訴訟，此點與我民事訴訟法，僅地方法院有受理第一審民事訴訟權限有極大差異。茲就其級別管轄之內容，說明如下：

一、基層人民法院

原則上大陸於每縣級行政區設基層人民法院，其《民事訴訟法》第十八條規定，基層人民法院管轄之第一審民事訴訟範圍極廣，除法律規定由其上級人民法院管轄之第一審民事訴訟外，其他民事訴訟均由其管轄。可見大陸民事訴訟之重點置於基層法院。其主因在於基層人民法院接近當事人所在地、案件發生地以及爭議財產所在地，為便於法院調查案情、蒐集證據，同時亦方便當事人參加訴訟③。

二、中級人民法院

中級人民法院於省自治區內按地區設立，依《民事訴訟法》第十九條規定，管轄(一)重大涉外案件；(二)在本轄區有重大影響的案件；(三)最高人民法院確定由中級人民法院管轄的案件。這裡的「重大涉外案件」，一般是指構成法律關係的主體複雜、身分特殊、訴訟標的數額巨大、權利義務涉及層面廣，甚至涉及不同國家的利益等；所謂「最高人民法院確定由中級人民法院管轄的案件」，主要指海事案件和海商案件而言④。

三、高級人民法院

高級人民法院設於省、自治區、直轄市等行政區，其主要職責除審理不服中級人民法院第一審裁判不服之上訴案件外，依《民事訴訟法》第二十條規定，應管轄在本轄區內有重大影響之第一審民事案件。從審判實踐看，需要由高級法院審理之第一審民事案件逐年有所增加，其中多數是案情複雜、牽

涉面廣且主體身分特殊之經濟案件。

四、最高人民法院

設於北京，依《民事訴訟法》第二十一條規定，最高人民法院管轄下列第一審民事案件：(一)是在全國有重大影響之案件，(二)是認為應當由本院審判之案件。後者主要是指涉及國與國之間利益、在國外有影響、對全國社會經濟發展具有重大影響之案件，或是需要進行類推解釋、法律沒有明確規定之重大案件。由最高人民法院管轄之案件為終審裁判，當事人不得上訴。

第二項　土地管轄制度

將全國劃分為若干管轄區域，各該區之法院如何分擔同種訴訟事件，謂之土地管轄，台灣地區以被告與法院管轄區域之關係為標準確定管轄的，為普通管轄法院；以訴訟標的為標準確定管轄的，則為特別管轄法院。

一、普通管轄法院

依《民事訴訟法》第一條規定：「訴訟，由被告住所地之法院管轄，被告住所地之法院，不能行使職權者，由其居所地之法院管轄。被告在中華民國現無住所或住所不明者，以其在中華民國之居所為其住所，無居所或居所不明者，以其在中華民國最後之住所，視為其住所。在外國享有治外法權之中華民國人，不能依上述之規定管轄法院者，以中央政府所在地視為其住所地」，同法第二條規定：「對於公法人之訴訟，由其公務所在地之法院管轄。對於私法人或其他得為訴訟當事人之團體之訴訟，由其主事務所或主營業所所在地之法院管轄。對於外國法人或其他得為訴訟當事人之團體之訴訟，由其中華民國之主事務所或主營業所所在地之法院管轄。因此，定自然人之普通管轄法院，以被告之住所地為原則，以其居所地為例外；在公法人以其公務所，私法人則以主事務所或主營業所，定其管轄法院。

二、特別管轄法院

除普通管轄法院外，《民事訴訟法》另於第三條至第十九條，分別針對(1)被告在中華民國現無住所或居所不明，因財產權涉訟者；(2)被告為生徒、受僱人或其他寄寓人，因財產權涉訟者；(3)被告為現役軍人或海員，因財產權涉訟者；(4)對於設有事務所或營業所之人，關於業務涉訟者；(5)對於船舶所

有人或利用人，因船舶或航行涉訟者；(6)因船舶債權或以船舶擔保之債權涉訟者；(7)因社員資格涉訟者；(8)因不動產涉訟者(但不動產之物權、分割或經界涉訟除外)；(9)擔保債權之不動產涉訟者；(10)因契約涉訟者；(11)本於票據有所請求涉訟者；(12)因財產管理涉訟者；(13)因侵權行為、船舶碰撞、海上或航空事件涉訟者；(14)因海難救助涉訟者；(15)因登記涉訟者；(16)因遺產、繼承涉訟者。本法規定特別審判法院之目的，原在兼顧兩造當事人權益，故除專屬管轄案件外，如被告之普通管轄法院與特別管轄法院競合時，原告仍得任擇其中某一法院起訴⑤。

大陸地區所稱地域管轄是指以法院轄區為標準，劃分同級人民法院間受理第一審民事案件之權限，根據中共《民事訴訟法》規定，地域管轄可分為一般地域管轄和特殊地域管轄：

一、一般地域管轄

依當事人所在地與法院轄區關係，以確定案件之管轄法院，稱為一般地域管轄，對此大陸《民事訴訟法》於第二十二條採「以原告就被告」原則，亦即由被告住所地人民法院管轄；被告住所地與經常居住地不一致時，由經常居住地人民法院管轄。對法人或其他組織提起民事訴訟，由法人住所地人民法院管轄。同一訴訟之共同被告住所地或經常居住地有兩個以上人民法院轄區者，各該人民法院均有管轄權。實行「以原告就被告」原則，不僅便於法院調查和收集證據，也便於被告參加訴訟及防止原告濫行起訴。

惟在某些特殊情況下，如果適用「以原告就被告」原則，反而不便於法院行使管轄權，甚至成為原告行使訴權之障礙。為此，大陸《民事訴訟法》第二十三條另作出特別規定：下列民事訴訟，由原告住所地或經常居住地人民法院管轄：(一)對不在中華人民共和國領域內居住之人提起有關身分關係之訴訟。(二)對下落不明或宣告失蹤人提起有關身分關係之訴訟。(三)對被勞動教養人提起之訴訟。(四)對被監禁人提起之訴訟等，均改採「以被告就原告」原則，以供適用⑥。

二、特殊地域管轄

特殊地域管轄是指以訴訟標的所在地或引起法律關係發生、變更、消滅之法律事實所在地為標準所確定之管轄。大陸《民事訴訟法》規定之特殊地域

管轄有以下種類：

(一)因合同糾紛提起之訴訟，依《民事訴訟法》第二十四條規定，由被告住所地或合同履行地人民法院管轄。合同履行地是指合同規定之履行義務地點，通常是合同標的物交付所在地。

(二)因保險合同糾紛提起之訴訟，依《民事訴訟法》第二十六條規定，由被告住所地或保險標的物所在地人民法院管轄。保險合同是投保人和保險人間關於人身保險或財產保險之協議；保險合同糾紛是指投保人和保險人間之糾紛。

(三)因票據糾紛提起之訴訟，依《民事訴訟法》第二十七條規定，由票據支付地或被告住所地人民法院管轄。大陸地區之票據一般也分為本票、匯票和支票三種。

(四)因鐵路、公路、水上、航空運輸和聯合運輸合同糾紛提起之訴訟，依《民事訴訟法》第二十八條規定，由運輸始發地、目的地或被告住所地人民法院管轄。

(五)因侵權行為提起之訴訟，依《民事訴訟法》第二十九條規定，由侵權行為地或被告住所地人民法院管轄。侵權行為地包括侵權行為實施地、侵權結果發生地等。

(六)因鐵路、公路、水上和航空事故請求損害賠償提起之訴訟，依《民事訴訟法》第三十條規定，由事故發生地或車輛、船舶最先到達地、航空器最先降落地或被告住所地人民法院管轄。「事故發生地」指事故開始發生和事故造成後果之地點。由事故發生地、車船最先到達地、航空器最先降落地法院管轄，便於法院清查事故發生原因、造成損害程度，易於分清事故責任[7]。

(七)因船舶碰撞或其他海事損害事故請求損害賠償提起之訴訟，依《民事訴訟法》第三十一條規定，由碰撞發生地、碰撞船舶最先到達地、加害船舶被扣留地或被告住所地人民法院管轄。海損事故包括船舶碰撞、船舶觸礁、觸岸、擱淺、失火、爆炸、沉沒、失蹤等事故。

(八)因海難救助費用提起之訴訟，依《民事訴訟法》第三十二條規定，由救助地或者被救助船舶最先到達地人民法院管轄。海難救助之對象主要是遭遇海上危險之人命、船舶、貨物和其他財產等。實施海難救助者有權依據救

助之實際效果請求給付救助費，因追索此項救助費而提起的訴訟，由救助地或被救助船舶最先到達地人民法院管轄。

(九)因共同海損提起之訴訟，依《民事訴訟法》第三十三條規定，由船舶最先到達地、共同海損理算地或者航程終止地人民法院管轄。共同海損是指因意外事件、自然災害等原因使船舶、貨物遭遇危險，為解除共同危險採取合理措施所引起的特殊損失和合理額外費用⑧。

第三項　專屬管轄制度

專屬管轄，指法律直接規定某類訴訟案件專屬某法院管轄；規定專屬管轄之目的，主要係為公益或便利調查證據，或為予當事人訴訟便利。台灣地區《民事訴訟法》在管轄一章中，並未系統規定專屬管轄範圍。有關專屬管轄規定分散於其他有關章節中，概括起來有以下幾類：(一)不動產案件：即因不動產物權或其分割或經界涉訟的，專屬於不動產所在地法院管轄(第十條)。(二)再審之訴：再審之訴專屬於作出判決之原法院管轄，若由於特殊原因，則專屬於原第二審法院管轄(第四百九十九條)。(三)支付命令：支付命令之聲請專屬債務人為被告時，依第一條、第二條或第六條規定有管轄權之法院管轄(第五百十條)。(四)婚姻事件：婚姻事件專屬夫妻之住所地或夫、妻死亡時住所地之法院管轄(第五百六十八條)。(五)收養關係案件：收養關係案件專屬養父母之住所地或其死亡時住所地之法院管轄(第五百八十三條)。(六)禁治產案件：聲請禁治產案件，專屬應禁治產人住所地的法院管轄(第五百九十七條)。(七)宣告死亡案件：聲請宣告死亡案件，專屬於失蹤人住所地法院管轄(第六百二十六條)。

至大陸地區依其《民事訴訟法》第三十四條規定，專屬管轄之案件有下列三類：(一)因不動產糾紛提起之訴訟，由不動產所在地人民法院管轄。(二)因港口作業中發生糾紛提起之訴訟，由港口所在地人民法院管轄。(三)因繼承遺產糾紛提起之訴訟，由被繼承人死亡時所在地或者主要遺產所在地人民法院管轄。值得注意的是，如果遺產屬於不動產時，案件管轄權仍然應當依照本款來確定，即應由被繼承人死亡時所在地或主要遺產所在地法院管轄，而不能由前項一般意義之不動產所在地法院管轄。

第四項　合意管轄制度

台灣地區《民事訴訟法》將合意管轄區分為一般之合意管轄與擬制合意管轄兩種：

一、合意管轄

合意管轄者，對於由一定法律關係而生之民事訴訟，除有專屬管轄外，當事人以合意定第一審法院之謂(民事訴訟法第二十四條)。當事人合意定管轄法院後，可使有管轄權法院之管轄消滅，及使原無管轄之法院，因當事人之合意，就該事件取得管轄權。其要件有四：(一)合意所定之法院須以第一審法院為限。(二)須關於由一定法律關係而生之訴訟。(三)須非專屬管轄之事件。(四)須以文書證明其合意。

二、擬制合意管轄

被告不抗辯法院無管轄權而為本案之言詞辯論者，以其法院為有管轄權之法院(民事訴訟法第一百一十五條)，為法定合意管轄，又稱為擬制合意管轄。其要件有三：(一)須原告已向第一審法院起訴，故如尚未起訴，不生是否抗辯問題。(二)須非專屬管轄之事件。(三)須被告不抗辯法院無管轄權而為本案言詞辯論，所謂本案之言詞辯論，指就訴訟標的之法律關係為實體爭執，加以辯論，例如原告訴請塗銷抵押權登記，被告就抵押權之確實存否為辯論。

大陸地區現行《民事訴訟法》第二十五條對協議管轄規定：「合同的雙方當事人可以在書面合同中協議選擇被告住所地、合同履行地、合同簽訂地、原告住所地、標的物所在地人民法院管轄，但不得違反本法對級別管轄和專屬管轄的規定」。可見適用協議管轄需具備以下要件：

一、合同之雙方當事人應以書面形式協議選擇管轄法院，至於達成之協議是糾紛前或糾紛後，在所不問。

二、協議管轄之範圍，限於被告住所地、合同履行地、合同簽訂地、原告住所地、標的物所在地人民法院。

三、不得違反民事訴訟法有關級別管轄和專屬管轄之規定。

四、協議管轄只適用於第一審合同類型糾紛引起之訴訟，而不能適用於

其他審級和其他類型之民事訴訟⑨。

第五項　指定管轄與移送管轄制度

第一款　指定管轄

指定管轄者，有管轄權之法院不能行使審判權，或無法辨別管轄法院，而由直接上級法院依聲請或請求，以裁定指定管轄之謂。台灣地區依《民事訴訟法》第二十三條規定，指定管轄原因有二：

一、有管轄權之法院因法律或事實不能行使審判權

所謂因法律不能行使審判權，指有管轄權法院之全體法官，均應迴避不能執行職務；所謂因事實不能行使審判權，指因天災、戰亂、疾病或其他事情，一時不能行使審判權。

二、因管轄區域境界不明，致不能辨別有管轄權之法院

境界不明，指管轄區域相毗連而不明其界線，難以辨別管轄法院之謂⑩。

在大陸地區，依《民事訴訟法》第三十七條規定：「有管轄權的人民法院由於特殊原因，不能行使管轄權的，由上級人民法院指定管轄；人民法院之間因管轄權發生爭議，由爭議雙方協商解決；協商解決不了的，報請它們的共同上級人民法院指定管轄」，可見，指定管轄有以下兩種情況：

一、有管轄權人民法院由於特殊原因，不能行使管轄權

所謂「特殊原因」，通常包括事實上和法律上兩方面原因，如地震、戰爭、颱風等為事實上原因；又如全體審判人員與案件有利害關係，因迴避而不能執行執務，此為法律上原因。

二、因管轄權發生爭議，而爭議雙方協議解決不成

管轄權爭議之表現形式有兩種：一種是積極爭議，即爭奪管轄權；一種是消極爭議，即相互推諉管轄。不管是何種爭議，雙方均必須先協商解決，無法協議時，再報請共同上級法院指定管轄⑪。

第二款　移送管轄

台灣地區依《民事訴訟法》第二十八條規定，訴訟之全部或一部，法院認為無管轄權者，依原告聲請或依職權，以裁定移送於其管轄法院；如原告移送訴訟之聲請被駁回時，不得聲明不服。移送訴訟前如有急迫情形，法院應

依當事人之聲請或依職權進行必要處分。

大陸地區則認為移送管轄，是指上下級人民法院之間相互轉移案件管轄權行為。依其《民事訴訟法》第三十九條規定：「上級人民法院有權審理下級人民法院管轄的第一審民事案件，也可以把本院管轄的第一審民事案件，認為需要由上級人民法院審理的，可以報請上級人民法院審理」，故管轄權轉移包括兩種情況：

一、下放性轉移

即上級人民法院把本院管轄之第一審民事案件交下級人民法院審理。這種情況多適用於上級法院工作繁重或認為不應由自己審理更為合適的場合。但下放之案件應與下級法院審判能力及客觀條件相適應。

二、上調性轉移

即上級人民法院審理自己提審或下級人民法院報請之第一審民事案件。它包括兩種情形：一種是上級人民法院認為案件應由自己審理較為合適，而提審本應由下級人民法院審理之案件；另一種是下級人民法院認為需由上級人民法院審理更為合適，而報請上級人民法院審理之案件。

第三節　民事訴訟之法院組織

在民事審判中，審判組織是指代表法院對民事案件行使審判權，進行審理和裁判之組織形式；換言之，國家賦予司法機關審判權，通過審判組織對民事案件之具體審判活動，才能獲得實現。兩岸在審判組織之形式上，均有獨任制、合議制之設置，大陸地區另有審判委員會，分述如下：

台灣地區法院之組織形式，凡以法官一人組織審判機關者為獨任制，以法官三人或五人組織者為合議制(Collegial System)，前者，利在迅速、加強裁判官之責任感，並可減少國家經費之負擔；後者，貴在慎重，並集思廣益，易得適當之判決，並具綜合裁判官個性之優點⑫。目前依《法院組織法》第三條第一項規定，地方法院審判案件，以法官一人獨任或三人合議行之，是地方法院之審判，以獨任制為原則，遇有重大案件，則例外採三人合議方式。同法條第二項規定，高等法院審判案件，以法官三人合議行之；是高等法院審判案件，無論為第一審或第二審，皆須行三人之合議，不過於言詞辯論前或

準備程序,以及調查證據,法院可使法官一人為之,以收便捷和節省勞費之效(民事訴訟法第二百七十條、第二百九十條)。同法條第三項規定,最高法院審判案件,以法官五人合議行之。

中共人民法院審判案件,依《民事訴訟法》第四十條第二款規定:「適用簡易程序審理的民事案件,由審判員一人獨任審判」,該規定說明獨任制法庭只適用於簡單的民事案件和一般非訟案件,上開案件或是事實清楚,爭議不大;或是權利義務關係較明確,所以由一個審判人員獨任審判即可。又獨任制法庭只在基層法院和其派出法庭適用,中級以上人民法院不適用之。此外,大陸《民事訴訟法》第一百六一條規定,適用特別程序審理之案件,除選民資格案件或者重大、疑難的案件應由審判員組成合議庭審理外,其他案件由審判員一人獨任審理。

除獨任制外,合議制度是大陸人民法院在民事訴訟中最常用之審判組織形式,依《民事訴訟法》之規定,第一審合議庭由審判員、陪審員共同組成或者由審判員組成,陪審員在執行職務時,與審判員有同等權利義務(第四十條第一、三款)。第二審一律採用合議制,由審判員組成合議庭(第四十一條第一款);發回重審案件,原審法院應當按照第一審程序另行組成合議庭(第四十一條第二款);審理再審案件,原來是第一審的,按照第一審程序另行組成合議庭;原來是第二審或者是上級法院提審的,按照第二審程序另行組成合議庭(第四十一條第三款)。在合議庭內部關係上,審判長由院長或庭長指定一人擔任,院長或庭長參與審判的,由院長或庭長擔任(第四十二條)。又合議庭評議案件,實行少數服從多數原則。評議應當製作筆錄,由合議庭成員簽名;評議中的不同意見,必須如實記入筆錄(第四十三條)。

又合議制或獨任制都是法院對於具體案件的臨時性組織審理方式,對於重大或疑難案件,合議庭無權決定,必須由院長交審判委員會決定,故審判委員會制度,在中共之民事訴訟中,為一常設機構,其任務在於總結審判工作經驗,討論重大或者疑難案件及其他有關審判工作問題。審判委員會雖並非處理日常工作之機構,也不直接審理案件,但它有權討論、決定院長提交合議庭審理之案件,所作成決議,合議庭應予執行⑯。又審判委員會委員,其產生方式,依《人民法院組織法》第十一條規定,最高人民法院審判委員會委

員，由院長提送全國人民代表大會常務委員會任免；地方各級人民法院審判委員會委員，由各該院長提送本級人大常委會任免。審判委員會由法院院長主持，同級人民檢察院檢察長可到會列席，會議形式採民主集中制，按少數服從多數的原則決定問題。

第四節　民事訴訟之證據制度

證據，係於民事審判上，為使法院認定當事人主張事實之真偽，以及獲得特別法規知識或經驗法則內容等一切資料之總稱。蓋民事訴訟之任務，乃在透過合法之程序，確定事實、適用法律，妥適裁判，以維護當事人之權益；惟如何使事實客觀化，以及使法院明瞭應適用之法規內容，則均有賴於證據，故在民事訴訟審判制度中，證據占極重要地位，以下分就海峽兩岸民事證據之種類、舉證責任、證據調查程序、證據保全等逐一比較。

第一項　證據種類

證據種類，自學理上劃分，有不同分類，如從有無舉證責任人所舉之證據觀察，可分為本證與反證，有舉證責任當事人，不論原告或被告所舉之證據，謂之本證；當事人為推翻他造主張，而提出與他造相反事實之證據，謂之反證。從與待證事實之關係觀察，有直接證據與間接證據，凡證據能直接證明待證事實者，為直接證據；證據不能直接證明事實，但能據以推認應證事實者，謂之間接證據[14]。若從證據方法觀察，則有人證、物證、書證、鑑定和勘驗，台灣現行《民事訴訟法》即採此種分類標準，除物證外其他均有明文，茲說明之：

一、人證

稱人證者，即以人之知識或經驗為證據之方法，但此非以人為證據，而係以其陳述之結果為證據，例如證人之證言。至證人者，為在他人訴訟中，依法院之命，陳述其見聞事實之第三人也，當事人及其法定代理人與共同訴訟人均不得為本案之證人。證人有到場、陳述及具結等義務，如有違反時，法院可以裁定罰鍰；受合法通知無正當理由不到場之當事人，經法院裁定罰鍰後仍不到場時，得予以拘提(民事訴訟法第三百零三條第一、二項)。

二、鑑定

有特別知識經驗之第三人，依法院之命，就特定事項陳述其判斷意見者，為鑑定人；而以鑑定人陳述之意見，為判斷之憑證者，謂為鑑定。鑑定人有到場、陳述及具結之義務，與證人同，故除特別規定之情形外，準用關於人證之規定(民事訴訟法第三百二十四條)。所謂特別規定者，如鑑定人不得拘提，此因鑑定人原得由他人代替之故。

三、書證

書證者，以文書之記載，供證明之用者，為書證；所謂文書，則為以文字或符號表示意思或思想之物，其種類有公文書與私文書、勘驗文書與報告文書、原本與正本、繕本等。當事人聲明書證，應提出文書為之；惟聲明書證，係使用他造所執之文書者，應聲請法院命他造提出。為此項聲請時，應表明下列事項：(一)應命其提出之文書，(二)依該文書應證之事實，(三)文書之內容，(四)文書為他造所執之事由，(五)他造有提出文書義務之原因。當事人無正當理由不從提出文書之命者，法院得認他造關於該文書之主張為正當。又當事人雖非直接拒絕，卻為妨礙他造使用，故意將文書隱匿、毀壞或致令不堪用者，法院得認他造關於該文書之主張為正當；第三人無正當理由不從提出文書之命者，法院得以裁定科五十元以下罰款，於必要時，並得為強制處分(民事訴訟法第三百四十五條、第三百四十九條)。

四、勘驗

勘驗者，法院依憑五官之感覺，勘察物體之形態及性質，以獲得證據資料之方法。勘驗之對象，人、物或文書固無限制，但須以勘驗物為真正且待證事項有關為限。聲請勘驗時，應表明勘驗之標的物及應勘驗之事項。受訴法院、受命法官或受託法官為求確切瞭解勘驗物之性質，於勘驗時，得命鑑定人參與。且必要時，應以圖畫或照片附於筆錄(民事訴訟法第三百六十四條至第三百六十六條)。

中共民事訴訟所適用之法定證據，依《民事訴訟法》第六十三條規定，共分為七項：

一、書證

書證是指以文字、符號、圖畫所表達思想內容來證明案件事實之證據。

書證最顯著特點在於，它是以思想內容來證明案件事實，因此，書證成為具有獨特個性、不可替代之證據種類。根據大陸《民事訴訟法》第六十八條規定，書證應當提交原件；但如果提交原件確有困難時，可以提交複製品、照片、副本，提交外文書證的，必須附有中文譯本。

二、物證

是指以物品自身形狀、結構、品質、數量等特徵來證明案件事實之證據。物證與書證之區別，在於物證不具有思想內容，其證明力係依據外部特徵來加以證明；書證則係反映一定的思想與內容，其證明作用之發揮，係依據其對待證事實所表達之一定思想與內容；其次物證不具法律規定之特定形式，而書證則必須具備一定法定形式和完成法定手續才具效力；再者物證不具有制作主體，書證通常具有制作主體，能表現制作人思想和行為內容[6]。

三、視聽資料

視聽資料，是指以錄音帶、錄影帶所反映之音響，圖像或以電子設備儲存資料及其他依信息保存手段記錄資料，來證明待證事實之證據。視聽資料作為民事審判證據，係隨著科技進步而來，其證明方式則以其音質和圖像來證明案件之某種法律事實是否存在。

四、證人證言

證人證言，是指證人以口頭或書面方式，向人民法院所作之陳述，來證明案件事實之證據。根據大陸《民事訴訟法》第七十條規定，凡是知道案件情況之單位和個人，都有出庭作證義務。有關單位負責人應當支持證人作證。證人一般應以口頭證言來作證，證人確有困難不能出庭時，經人民法院許可，得提交書面證言。

五、當事人陳述

當事人陳述，是指當事人就自己所經歷之案件事實向法院所作敘述。由於當事人是案件親身經歷者，可以揭示案件事實真相，且為案件裁判結果直接利害關係人，往往容易出於私利而作虛假或片面陳述，因此，法院應當對之認真審查和判斷。對此，大陸《民事訴訟法》第七十一條規定：「人民法院對當事人的陳述，應當結合本案的其他證據，審查確定能否作為認定事實的根據」。

六、鑑定結論

鑑定結論是指以人民法院指定或委託之鑑定部門，對民事訴訟中專門性問題所作分析和鑑定結論，來證明案件事實之證據。鑑定結論通常包括醫學鑑定結論、痕跡鑑定結論、文書鑑定結論、事故原因鑑定結論等。依《民事訴訟法》第七十二條規定：「人民法院對專門性問題認為需要鑑定的，應當交由法定部門鑑定。沒有法定鑑定部門的，由人民法院指定的部門鑑定」。

七、勘驗筆錄

勘驗筆錄是指根據勘驗人對案件現場或物證進行勘驗、檢驗所作書面記錄來證明案件事實之證據。除法院依職權進行勘驗外，還可以依當事人申請進行。根據大陸《民事訴訟法》第七十三條規定，勘驗物證或現場，勘驗人必須出示人民法院證件，並邀請當地基層組織或當事人所在單位派人參加；當事人或當事人成年家屬應當到場，拒不到場的，不影響勘驗進行。有關單位和個人根據人民法院通知，有義務保持現場，協助勘驗工作。勘驗應製作勘驗筆錄，由勘驗人、當事人和被邀參加人簽名或蓋章[16]。

第二項　舉證責任

舉證責任乃證明所主張事實為真實之責任，意即當事人主張有利於己之事實，如為他造所爭執者，應提出證據以證明其事實為真實者，稱為舉證責任。在台灣地區舉證責任究應如何分配，參照《民事訴訟法》第二百七十七條規定：「當事人主張有利於己之事實者，就其事實有舉證之責任」，其他並無詳細規定。依通說見解：

一、主張權利或其他法律關係存在者，就發生該權利效果或法律關係發生所須具備之特別要件，負舉證責任，關於權利變更或法律關係發生之一般要件欠缺，由他造負主張及舉證責任。

二、主張權利或法律關係變更或消滅之事實，就該權利或其他法律關係變更或消滅之特別要件，負舉證責任，關於權利或其他法律關係變更或消滅之一般要件之欠缺，由他造負主張及舉證責任。

三、舉證責任之例外，當事人就其有利之事實固應負舉證責任，但在下列情形，則無庸舉證：

(一)事實於法院已顯著或為其職務上所已知者。

(二)當事人主張之事實經他造自認者。

(三)法律上推定之事實無反證者⑦。

大陸地區則認為舉證責任，是指對需要證明之案件事實，提出證據加以證明之責任。舉證責任一般是針對當事人，因此，又稱當事人舉證責任。依現行《民事訴訟法》第六十四條第一款規定：「當事人對自己提出的主張，有責任提供證據」，這就是通常所說「誰主張，誰舉證」。惟中共民事審判不採當事人進行主義，亦不當然採職權進行主義，故在證據制度上，強調發揮當事人及法院兩方面之積極性，為此同條文第二、三款另規定，人民法院認為審理案件需要的證據，應當調查收集，並客觀地查證核實證據，以供適用。

又《民法》之「無過失責任主義」已成為時代潮流，隨著生產科技發展，亦造成一些特殊侵權行為，而受害者宥於專業知識、技術等限制下，往往舉證困難，法諺有云「舉證之所在，敗訴之所在」，強令被害人舉證之結果，往往導致求償無門，故有「無過失責任主義」之興起。在審判實務上，則表現為當事人舉證責任之轉換。大陸自經濟改革開放以來，面臨工業先進國家相同問題，故在民事案件審理上，亦兼採舉證責任轉換原則，而於《民法通則》第一百二十一條至第一百二十四條、第一百二十六條、第一百二十七條就公務員侵權責任、產品製造和銷售者侵權責任、從事危險作業者侵權責任、環境污染致人損害者侵權責任、擱置物和懸掛物致人損害者侵權責任、動物飼養人和管理人侵權責任，均規定適用舉證責任轉換原則⑧，使受害人在民事訴訟中，不需再證明相對人是否有故意或過失，即能獲得賠償。

第三項　證據調查之程序

在證據之收集與調查方面，台灣地區民事訴訟因採辯論主義，法院調查證據，原則上應本於當事人聲明進行，聲明證據之時期，一般應於言詞辯論時進行，但為使訴訟不致拖延起見，《民事訴訟法》第二百八十五條規定，聲明證據在言詞辯論期日前也可以進行。當事人聲明之證據，法院應當進行調查，但法院認為不必要的，則不需要調查(民事訴訟法第二百八十六條)。調查證據之途徑，依同法第二百九十條規定，應由審判法院為之，以符直接審理

原則，惟法院於認為適當時，得使庭員一人為受命法官調查證據。調查當事人聲明之證據，如法院不能得其心證或因其他情形認為必要時，得依職權調查，以瞭解真象。調查時，通常於管轄區域內為之，但受訴法院於必要時，得在管轄區域外調查證據。又法院認為適當時，得囑託他法院調查，受託法院受託後，如認應由他法院調查證據者，得代為囑託該法院，並應將該事由通知受訴法院及當事人；受託法院一般以轄區內調查證據為原則，但必要時，亦得在管轄區域外調查之。此外，法院得囑託機關、學校、商會、交易所或其他團體為必要之調查(民事訴訟法第二百八十九條、第二百九十二條、第二百九十三條)。調查證據應製作筆錄，將查證結果，曉諭當事人辯論；如有於受訴法院外調查證據者，當事人應於言詞辯論時陳述其調查之結果。但審判長得令庭員或書記官朗讀調查證據筆錄代之，否則其判決遽行採之，均為違法。

大陸地區人民法院對證據之收集與調查，是民事審判中證據之另一重要來源，前述舉證責任是為約束當事人而設，對抑制原告濫用訴權具有積極意義，但不能因此免除法院之查證責任。根據《民事訴訟法》第六十四條第二款規定，當事人及其訴訟代理人因客觀原因不能自行收集證據，或者人民法院認為審理案件需要之證據，人民法院應當調查收集。可見，法院之查證責任乃係出於履行審判職責，而不像當事人出於維護自己之權益。當事人舉證責任與法院查證責任相配合，為大陸民事審判制度，實行「當事人進行主義」與「法院職權主義」相結合之體現。關於人民法院調查收集證據之方法，除由人民法院自行為之外，必要時，亦得委託其他人民法院調查收集。委託調查必須提出明確項目和要求，受託法院得主動補充調查。受託法院之調查期限，應於收到委託書後三十日內完成。因故不能完成的，應當在上述期限內函告委託法院(民事訴訟法第一百一十八條)。

第四項　證據保全

證據保全者，法院於訴訟提起前或提起後未達調查證據之程度，基於法定原因，依聲請或職權，預行調查證據而保全其結果之程序。台灣地區依《民事訴訟法》第三百六十八條規定，「證據有滅失或礙難使用之虞，或經他造同

意者，得向法院聲請保全」。至本條所謂經他造同意者，乃指雖證據無滅失或礙難使用之虞，只須經他造同意者，仍得聲請保全[19]。保全證據之聲請，在起訴後向受訴法院為之，在起訴前，向受訊問人住居地或證物所在地之地方法院為之，遇有急迫情形時，於起訴後亦得向受訊問人住居地或證物所在地之地方法院，聲請保全證據(民事訴訟法第三百六十九條)。保全證據之聲請應表明下列事項：(一)他造當事人，如不能指定他造當事人者，其不能指定之理由。(二)應保全之證據。(三)依該證據應證之事實。(四)應保全證據之理由。對於不能指定他造當事人之理由及應保全證據，於必要時應釋明之(民事訴訟法第三百七十條)。法院認為必要時，得於訴訟繫屬中，依職權為保全證據之裁定。否則應依當事人之聲請，由受聲請之法院裁定之；如聲請為正當者，應為准許保全證據之裁定，且載明該證據及應證之事實。如聲請為不正當而駁回保全證據聲請之裁定，得為抗告，准許保全證據之裁定，不得聲請不服(民事訴訟法第三百七十一條)。

　　大陸《民事訴訟法》規定證據保全之目的，亦在防止證據滅失或減少將來取證之困難，依第七十四條規定：「在證據可能滅失或者以後難以取得的情況下，訴訟參加人可以向人民法院申請保全證據，人民法院也可以主動採取保全措施」。根據該規定，保全證據要件有二：一是證據必須有滅失的客觀可能性，如證人因年老而可能死亡、物品因久置而可能腐敗等；二是證據在將來可能難以取到，如證人將出國定居等。證據保全程序由訴訟參加人申請外，人民法院亦可依職權決定保全。關於證據保全之時間、方法以及保全證據效力等問題，大陸現行《民事訴訟法》雖無明文，但一般認為，保全時間應在訴訟開始後、查證開始前進行。而保全證據之效力，應與法院正常程序收集來之證據具有同等法律效力，並可免除當事人就該項證據之舉證責任。

第五節　民事第一審普通程序

第一項　起訴和受理

　　在台灣地區，稱訴訟者，乃原告對於被告向法院請求就其主張私法上之權利、義務或其他事項予以判決之行為；原告向法院提出請求，謂之起訴。被告在訴訟繫屬後對於原告提起之訴訟，謂之反訴。訴之要素有三：(一)為訴

之聲明,即原告以訴所為應受判決事項之聲明,(二)為訴訟標的,即請求法院判決之法律關係或其他事項,(三)為當事人,即原告與被告。訴之要素有一變更或追加,即為訴之變更追加。原告起訴必須具有訴權,訴權之存在,須具備訴訟成立要件和權利保護要件,前者,即法院審理訴訟事件時,應具備之條件,又稱為訴之合法要件,如訴訟事件應屬普通法院之權限,原告、被告均有當事人能力及訴訟能力,如無訴訟能力者,應經合法代理,需非同一案件等。後者即原告請求判決須具備之權利要件,其內容有三:

一、訴訟標的之要件:須原告主張之私法上請求權存在,始得提起給付之訴;須原告主張之法律關係存在或不存在,始得提起積極或消極確認之訴;須原告之形成權存在,始得提起形成之訴,此項要件之具備與否,以經當事人之主張為限。

二、法律利益之要件:現在給付之訴,須履行期到來而義務人尚未履行;將來給付之訴,須被告有到期不履行之虞(民事訴訟法第二百四十六條)。確認之訴,須原告有受確認判決之法律利益(民事訴訟法第二百四十七條)。形成之訴,須其形成權之行使,經形成判決始能獲致法律效果。此項要件之具備與否,應由法院依職權調查。

三、當事人適格之要件:乃就為訴訟標的之特定權利或法律關係,得為當事人而實施訴訟,具有受裁判之資格;若當事人適格有欠缺者,法院無庸為本案之辯論及判決,逕駁回原告之訴[20]。

原告起訴時,需以訴狀表明當事人及其法定代理人、訴訟標的、應受判決事項之聲明,此為起訴之法定程序,違反時法院應以裁定駁回,但其情形可以補正者,審判長應定期間命其補正。法院收到原告起訴狀,應依職權進行審查,其內容除前述起訴是否符合法定程序外,並應查明有無法定不予受理之情形,依《民事訴訟法》第二百四十九條第一項規定,原告之訴有下列情形之一者除可命限期補正者外,應裁定駁回:(1)訴訟事件不屬普通法院管轄;(2)訴訟事件不屬受訴法院管轄,且不能依法移送管轄法院;(3)原告或被告無當事人能力;(4)原告或被告無訴訟能力,未由法定代理人合法代理;(5)由訴訟代理人起訴,但其代理權限有欠缺;(6)案件在審理過程中,原告又重複起訴;(7)本案經終局判決後撤訴,原告又提起同一訴訟;(8)訴訟標的為確

定判決範圍所及。法院經審查決定受理者，應將訴狀和言詞辯論期日通知書一併送達被告。

原告訴狀送達被告後，原則上不得將原訴變更或增加他訴。但經被告同意或不妨礙被告之防禦和訴訟終結時，不在此限。被告在言詞辯論終結前有權向審理本案法院提起反訴。但被告在下列情況下不得提起反訴：(1)反訴之標的專屬其他法院管轄或與本訴之標的及其防禦方法不相牽連；(2)與本訴不屬於同一種訴訟程序；(3)當事人意圖延滯訴訟。原告對被告之反訴不得再行反訴，反訴不因本訴撤回而失去效力，並且在本訴撤回後，反訴撤回須得對造之同意(民事訴訟法第二百五十九條、第二百六十條、第二百六十三條、第二百六十四條)。訴經提起後，發生訴訟繫屬之效力，即在訴訟上產生管轄權恆定，當事人恆定、重複起訴之禁止和訴訟標的恆定等效果；在私法上並可作為中斷時效(民法第一百二十九條第一項)之事由。

至於大陸《民事訴訟法》之起訴，在程序上必須具備一定要件，稱為訴訟成立要件，依其《民事訴訟法》第一百零八條規定，起訴必須符合下列條件：

一、原告是與本案有直接利害關係之公民、法人和其他組織：此與台灣地區之當事人適格要件相當，條文作此規定，有兩個涵意，(一)是原告應為具有訴訟權利能力之公民、法人或其他組織；(二)是原告必須係取得訴權之民事糾紛當事人。

二、有明確被告：原告起訴，必須明確指出被告一方是誰，要說明是誰侵害其民事權益，或者是誰與他有民事權益爭議。否則，原告起訴將無人應訴，人民法院也無從進行訴訟活動或裁判。

三、有具體訴訟請求和事實、理由：原告起訴，必須提出具體訴訟請求，即必須明確向人民法院提出保護自己民事權益之具體內容，或其他爭議標的。其訴訟種類可分為提起給訴之訴、確認之訴、變更之訴㉒。

原告起訴時，依《民事訴訟法》第一百零九條規定，起訴應當向人民法院遞交起訴狀，並按照被告人數提出副本。書寫起訴狀確有困難的，可以口頭起訴，由人民法院記入筆錄，並告知對方當事人。又根據《民事訴訟法》第一百一十條規定，起訴狀應當包括下列內容：(1)當事人姓名、性別、年齡、民族、職業、工作單位和住所，法人或者其他組織名稱、住所和法定代表人或

者主要負責人姓名、職務；(2)訴訟請求和所根據之事實與理由；(3)證據和證據來源。

對於原告提起之訴訟，法院應儘速受理，審查是否符合起訴要件，有無重複起訴或違反依法在一定時期內起訴之規定，如發現有《民事訴訟法》第一百十一條規定之情形者，不予受理，但應作出必要處理：

一、依照《行政訴訟法》的規定，屬於行政訴訟受案範圍的，告知原告提起行政訴訟。

二、依照法律規定，雙方當事人對合同糾紛自願達成書面仲裁協議，向仲裁機構申請仲裁、不得向人民法院起訴的，告知原告向仲裁機構申請仲裁。

三、依照法律規定，應當由其他機關處理之爭議，告知原告向有關機關申請解決。

四、對不屬於本院管轄的案件，告知原告向有管轄權人民法院起訴。

五、對判決、裁定已經發生法律效力之案件，當事人又起訴的，告知原告按照申訴處理，但人民法院准許撤訴之裁定除外。

六、依照法律規定，在一定期限內不得起訴之案件，在不得起訴之期限內起訴的，不予受理。

七、判決不准離婚和調解和好之離婚案件，判決調解維持收養關係案件，沒有新情況、新理由，原告在六個月內又起訴的，不予受理。

人民法院審查起訴過程，也就是決定對案件是否受理過程，人民法院通過審查，對符合起訴條件的，根據《民事訴訟法》第一百一十二條規定，應當在七日內立案，並通知當事人；認為不符合起訴條件，應當在七日內裁定不予受理；原告對裁定不服的，可以提起上訴。人民法院經過審查起訴，對符合條件的，應作出受理決定，並告知當事人。案件一經受理，就產生確定當事人地位，使人民法院取得對該案件之審判權，以及訴訟時效中斷之效果[22]。

第二項　法庭審理

台灣地區民事訴訟採行言詞審理主義，法院根據當事人辯論所得之資料，作為對案件審判之基礎，沒有經過言詞辯論，均不得作為判決之根據，

因此法庭審理乃法院、當事人及其他訴訟關係人，於言詞辯論期日所為之一切訴訟行為。茲分就言詞辯論之準備及言詞辯論之程序，說明如下：

一、言詞辯論之準備

在前述民事審判採言詞辯論主義之下，當事人所有訴訟資料，通常均應於言詞辯論時提出，且只需在言詞辯論終結前提出即可，以致於當事人有企圖延滯訴訟，讓對造無從適當答辯之情形，故有言詞辯論前準備程序之設計，俾使所有訴訟資料，在言詞辯論前均已收集，嗣後僅為一次或二次之言詞辯論，即可終結訴訟程序。當事人因準備程序之必要，依《民事訴訟法》第二百六十五條規定，應以準備書狀記載其所使用之攻擊或防禦方法以及對相對人之聲明或防禦方法所作陳述，並將書狀提交法院，由法院送達對方當事人。被告因準備言詞辯論之書狀，至少應在不超過就審期間二分之一以前提出(民事訴訟法第二百六十五條、第二百六十六條)。為使辯論易於終結，法院在必要時可在言詞辯論前採取下列措施：(1)命令當事人或法定代理人本人到場；(2)命令當事人提出文書、物件；(3)通知證人或鑑定人以及調取或命令第三人提出文書、物件；(4)進行勘驗、鑑定或委託機關、團體進行調查；(5)委派受命法官或受託法官調查證據。在適用合議審判之案件，法院在必要時可委由庭員一人為受命法官，在言詞辯論前負責詳閱卷宗、熟悉訴訟關係和辯論之陳述方法。受命法官行準備程序，其任務至闡明訴訟關係為止[23]。

二、言詞辯論程序

言詞辯論在法院經朗讀案由後，以當事人聲明應受裁判之事項為始，依《民事訴訟法》第一百九十三條規定：「當事人應就訴訟關係為事實上及法律上之陳述，當事人不得引用文件以代言詞陳述，但以舉文件之辭句為必要時，得朗讀其必要之部分」。當事人對其提出之事實應作真實及完全的陳述，並提出有關證據。當事人對於違背訴訟程序的事項，得提出異議，但已表示無異議或明知其違背而不提出異議，並且進行本案辯論者，不在此限。審判長指揮言詞辯論，對於不服從其命令者，得禁止其發言，法院書記官應詳細制作言詞辯論筆錄，當事人或關係人可聲請閱覽筆錄，對於筆錄有異議，得請求法院書記官更正或補充記載。

至大陸之民事審判，在受理立案後，與台灣地區言詞辯論前之準備程序

相似，設有審理前之準備專章，經審判人員審核訴訟材料，調查收集必要證據後，即可進入開庭審理程序，分別敘明如後：

一、審理前之準備

法院應當在立案之日起五日內將訴狀副本發送被告，被告在收到之日起十五日內提出答辯狀；被告提出答辯狀時，法院應在收到之日起五日內將答辯狀副本發送原告；被告如不提出答辯狀的，不影響法院審理。法院受理案件後，應向當事人告知有關的訴訟權利義務。合議庭組成人員確定後，應在三日內告知當事人。審判人員必須認真審核訴訟材料，調查收集必要證據；必須共同進行訴訟之當事人，未參加訴訟時，法院應通知其參加訴訟[24]。

二、法院審理之程序

法院審理民事案件，除涉及國家秘密、個人隱私或法律另有規定以外，應當公開審理。離婚案件及涉及商業秘密案件，當事人申請不公開審理者，可以不公開審理；商業秘密主要是指技術秘密、商業情報及信息等。法院確定開庭日期後，應在開庭前三日通知當事人和其他訴訟參與人，對公開審理案件，應公告當事人姓名、案由和開庭的時間、地點；開庭審理前，書記員應查明當事人和其他訴訟參與人是否到庭，宣布法庭紀律；開庭審理時，由審判人員核對當事人是否到庭，宣布案由、審判人員、書記員名單，告知當事人有關訴訟權利和義務，詢問當事人是否提出迴避申請(民事訴訟法第一百二十至第一百二十三條)。大陸人民法院之開庭審理，包括法庭調查和法庭辯論兩個主要階段。法庭調查階段，乃在聽取當事人之陳述，將案件事實顯現於法庭，故其任務乃在通過法庭形式，進一步審查核對證據。依據中共《民事訴訟法》第一百二十四條規定，法庭調查依下列順序進行：(1)當事人陳述；(2)告知證人權利義務，證人作證，宣讀未到庭證人之證言；(3)出示書證、物證和視聽資料；(4)宣讀鑑定結果；(5)宣讀勘驗筆錄。當事人在法庭可以提出新證據，當事人經法庭許可，可向證人、鑑定人、勘驗人發問。當事人要求重新進行調查、鑑定或勘驗的，是否准許，由法庭決定，法庭調查終結，即轉入法庭辯論。

法庭辯論，係指在審判人員主持下，雙方當事人就法庭查明之事實與證據，提出看法、陳述意見，互為言詞辯論之訴訟活動，根據中共《民事訴訟

法》第一百二十七條規定，法庭辯論按下列順序進行：(1)原告及其訴訟代理人發言；(2)被告及其訴訟代理人答辯；(3)第三人及其訴訟代理人發言或答辯；(4)互相辯論。在自由順序原則下，法庭辯論中，當事人提出新事實和證據的，應當停止辯論，進行法庭調查，法庭辯論終結後，當事人雙方有最後陳述之權利，審判長應按照先原告後被告、第三人順序，分別徵詢各方最後意見(民事訴訟法第一百二十七條第二款)。法庭辯論終結時，由審判長按照原告、被告、第三人先後順序徵詢各方最後意見，如果能調解，則進行調解，調解不成者，應當及時判決。

第三項　訴訟程序之停止

　　訴訟程序之停止者，乃訴訟程序開始後，因某種事由發生而停止進行。在台灣地區，訴訟程序停止之情形有三：

一、當然停止

　　當然停止者，指法定原因之發生，不待聲請及裁判，當然使訴訟程序停止進行，其原因依《民事訴訟法》規定有下列有九種：

　　(一)當事人死亡者，訴訟程序在有繼承人、遺產管理人或其他依法令應續行訴訟之人承受其訴訟以前當然停止(第一百六十八條)。

　　(二)法人因合併而消滅者，訴訟程序在因合併而設立或合併後存續之法人，承受其訴訟以前當然停止。但其未依法定程序合併者，既不得以合併對抗債權人，自不生停止之效力(第一百六十九條)。

　　(三)當事人喪失訴訟能力，如受禁治產宣告，或法定代理人死亡或其代理權消滅者，訴訟程序在有法定代理人或取得訴訟能力之本人，承受其訴訟以前當然停止(第一百七十條)。

　　(四)受託人之信託任務終了者，訴訟程序在新受託人承受其訴訟前當然停止(第一百七十一條)。

　　(五)本於一定資格，以自己名義為他人任訴訟當事人之人，例如破產管理人、遺產管理人等，如其喪失資格或死亡者，訴訟程序在同一資格之人，承受其訴訟前當然停止(第一百七十二條第一項)。

　　(六)依第四十一條規定，被選為訴訟當事人之人，全體喪失其資格者，訴

訟程序在該有共同利益全體或新被選定為訴訟當事人之人,承受其訴訟前當然停止(第一百七十二條第二項)。

(七)當事人受破產之宣告者,關於破產財團之訴訟程序,在依破產法有承受訴訟人或破產程序終結前當然停止(第一百七十四條)。

(八)法院因天災或其他事故不能執行職務者,訴訟程序在法院公告執行職務前當然停止。但因戰事不能執行職務者,訴訟程序在法院公告執行職務屆滿六個月前當然停止(第一百八十條)。

(九)當事人因戰時與法院交通隔絕者,訴訟程序在障礙消滅屆滿三個月前當然停止(第一百八十一條第二項)。

二、裁定停止

裁定停止者,因法定原因之發生,由法院裁定停止訴訟程序之進行,其原因依《民事訴訟法》規定有下列有五種:

(一)當事人於戰時服兵役或因天災或其他事故,有停止訴訟程序之必要者,法院得依聲請或依職權在阻礙消滅前裁定停止訴訟程序(第一百八十一條第一項)。

(二)訴訟全部或一部之裁判,以他訴訟之法律關係是否成立為據者,法院得在他訴訟終結前,以裁定停止訴訟程序(第一百八十二條)。

(三)訴訟中有犯罪嫌疑牽涉其裁判者,有此情形,法院得在該刑事訴訟終結前,以裁定停止訴訟程序(第一百八十三條)。

(四)第三人依第五十四條之規定,提起主參加訴訟時,為防止主參加之訴與本訴判決互相牴觸,法院得在主參加之訴訟終結前,以裁定停止本訴訟程序(第一百八十四條)。

(五)依第六十五條之規定告知訴訟,法院如認受告知人能為參加者,得在受告知人參加前,以裁定停止訴訟程序(第一百八十五條)。

三、合意停止

合意停止者,當事人在訴訟程序中,以合意停止訴訟程序之進行,或因兩造當事人遲誤言詞辯論期日,擬制的視為合意停止訴訟程序。明示合意停止,由兩造向受訴法院陳明即可;當事人自陳明合意時起,如於四個月內不續行訴訟者,視同撤回其訴或上訴;續行訴訟而再以合意停止訴訟程序者,

以一次為限(民事訴訟法第一百九十條)。對於擬制合意停止，法院於認為必要時，得依職權續行訴訟，如無正當理由兩造仍遲誤不到者，視為撤回其訴或上訴。

在大陸地區訴訟程序開始後，理應儘速進行，並在規定期限內終結，不得任意停止，以免延滯訴訟，惟在訴訟程序進行中，如有特殊情形，致訴訟不能或難以進行時，允宜停止訴訟之進行，故台灣地區如前述有「訴訟程序停止」專節，並區分為當然停止、裁定停止及合意停止三種。大陸則於《民事訴訟法》第十二章第四節設有「訴訟中止和終結」，內容如下：

一、訴訟中止

指人民法院在審理過程中因出現法定原因，須暫時停止訴訟程序的一種法律制度，依同法第一百三十六條規定，其情形有以下六種：

(一)一方當事人死亡，需等待繼承人表明是否參加訴訟的。

(二)一方當事人喪失訴訟行為能力，尚未確定法定代理人的。

(三)作為一方當事人的法人或者其他組織終止，尚未確定權利義務承受人的。

(四)一方當事人因不可抗拒之事由，不能參加訴訟的。

(五)本案必須以另一案的審理結果為依據，而另一案尚未審結的。

(六)其它應當中止訴訟情形。

二、訴訟終結

指人民法院在案件審理過程中，因出現某種原因，使訴訟程序不可能繼續進行，或繼續進行也沒意義時，非正常結束訴訟程序的一項法律制度。依同法第一百三十七條規定，有下列情形之一時，終結訴訟：

(一)原告死亡，沒有繼承人或繼承人放棄訴訟權利的。

(二)被告死亡，沒有遺產，也沒有應當承擔義務的人的。

(三)離婚案件一方當事人死亡的。

(四)追索贍養費、扶養費、撫育費以及解除收養關係案件的一方當事人死亡的。

訴訟終結應由人民法院作出裁定，裁定一經送達，本案訴訟程序即告結束，當事人不得就同一訴訟再行起訴，人民法院也不得再行受理本案而恢復

訴訟。

第四項　民事判決和裁定

　　法院於訴訟程序中，就某事項以意思表示所為之判斷，謂之裁判。原則上法院對於當事人，就實體上爭點，所為之意思表示稱為判決；就非實體之程序事項所為判斷，則為裁定。判決就範圍而言，可分為全部判決、一部判決；以能否終結訴訟而言，可分為終局判決及中間判決；就判決內容區分，有給付判決、確認判決、形成判決。關於判決，依台灣地區《民事訴訟法》第二百二十一條第一項規定，除法律別有規定外，應本於當事人之言詞辯論為之；且法官沒有參與作為判決基礎之言詞辯論者，不得參與判決；法官在作出判決時，應斟酌全部辯論意旨及調查證據結果，依自由心證判斷事實之真偽㉘，自由心證理由，應記明在判決書上(民事訴訟法第二百二十二條)。

　　判決書應記載當事人基本情況、主文、事實、理由、法院。事實中應記載言詞辯論時當事人聲明，及其提出之攻擊或防禦方法。理由中應記載關於攻擊或防禦方法之意見以及法律上意見。判決正本應送達當事人(民事訴訟法第二百二十六條、第二百二十九條)。判決如有誤寫、誤算或其他類似顯然錯誤的，可以隨時或依聲請以裁定更正。訴訟標的一部或訴訟費用之裁判有脫漏的，法院應依聲請為補充判決(民事訴訟法第二百三十二條)。判決確定後，產生羈束力、確定力及既判力，凡訴訟標的之法律關係，於確定終局判決經裁判者，當事人不得就該法律關係更行起訴，且於其他訴訟用作攻擊或防禦方法，亦不得為與確定判決意旨相反之主張㉙。裁定是基於書面審理或言詞辯論，對於當事人或其他訴訟關係人所作關於訴訟程序之爭點，由法院或審判長、受命法官、受託法官所作意思表示。裁定可分為實體權利裁定和訴訟程序裁定、有關指揮訴訟裁定和無關指揮訴訟裁定等。對於裁定，除法律別有規定外，得為抗告，以為救濟(第四百八十二條)。

　　大陸地區人民法院受理民事案件，經過法庭審理，根據查明和認定案件事實，正確適用法律，以國家審判機關名義，作出解決案件爭議之權威性判定，稱為判決；如對程序上應解決事項，所作出之職務上判定，則為裁定。大陸民事判決，自解決爭議範圍分類，有全部判決和部分判決；就內容及性

質，有給付判決、確認判決和變更判決；依當事人是否皆出庭訴訟，可分為對席判決和缺席判決。民事判決書之製作，根據中共《民事訴訟法》第一百三十八條規定，應當：

一、寫明案由、訴訟請求、爭議的事實和理由。

二、寫明判決認定的事實、理由和適用的法律依據。

三、寫明判決結果和訴訟費用的負擔。

四、寫明上訴期間和上訴的法院。

判決書應由審判人員、書記員署名，加蓋人民法院印章。法院對於公開審理或不公開審理案件，一律公開宣告判決。當庭宣判的，應在十日內送達判決書；定期宣判的，宣判後立即發給判決書。宣告判決時，必須告知當事人上訴權利、上訴期限和上訴法院。宣告離婚判決，必須告知當事人在判決發生法律效力前不得另行結婚。民事判決生效後，在法律上產生既判力和執行力，既判力又分為形式既判力和實質既判力，前者指判決一經生效，當事人不得以同一訴訟標的和理由再行起訴或上訴，法院非依法定程序不得再次審理此案；後者指判決一經生效，當事人就判決確定之權利義務關係，不得再生爭執，法院非依法定程序不得改變生效判決內容。執行力僅指給付判決之強制執行效力而言。惟判決離婚案件，無新理由，在半年內重新提起，法院固不應受理；但半年後重新起訴者，法院仍應受理，原判決失其效力⑩此為既判力之例外規定。

裁定適用於下列事項：(一)不予受理。(二)對管轄權有異議的。(三)駁回起訴。(四)財產保全和先予執行。(五)准許或不准許撤訴。(六)中止或終結訴訟。(七)補正判決書中的筆誤。(八)中止或終結執行。(九)不予執行仲裁裁決。(十)不予執行公證機關賦予強制執行效力的債權文書。(十一)其他需要裁定解決的事項。對上述(一)、(二)、(三)項裁定，可以上訴。裁定書由審判人員、書記員署名，加蓋法院印章，口頭裁定的，應記入筆錄(民事訴訟法第一百四十條)。

第六節　兩岸民事第一審訴訟制度之比較與評析

第一項　民事訴訟之管轄制度

民事訴訟之管轄,是指法院之間受理及裁判第一審民事案件的分工和權限,兩岸《民事訴訟法》對管轄均作了具體規定。其中在審級管轄(或級別管轄)之規定,差異甚大。在台灣實行三級三審終結制,故只有地方法院才有權審理第一審案件;而大陸地區因實行四級兩審終結制,故四級人民法院均有權依法審理民事第一審案件。在台灣土地管轄和大陸地域管轄之規定上,有許多相類似之處,如均採行「以原告就被告」原則,以被告住所或居所為標準,確定管轄法院,且均係以訴訟標的(法律關係)為標準,確定其特別審判法院或特殊地域管轄。惟兩岸在土地管轄(或地域管轄)之區別,除管轄之種類、範圍並不一致外,對不動產糾紛和繼承遺產糾紛,兩岸實行不同管轄制度。大陸《民事訴訟法》對因不動產糾紛和繼承遺產糾紛提起之訴訟,實行專屬管轄制度。台灣則對於因不動產物權或其分割或經界涉訟的,實行專屬管轄制度,對於其他因不動產糾紛涉訟,或因遺產繼承糾紛引起之訴訟,則只實行特殊審判籍管轄制度。

關於專屬管轄範圍,大陸《民事訴訟法》只對不動產糾紛訴訟、港口作業糾紛訴訟、繼承遺產糾紛訴訟,實行專屬管轄。台灣《民事訴訟法》規定之專屬管轄範圍比大陸廣,主要包括有關不動產物權、分割、經界涉訟案件、再審之訴案件、支付命令申請案件、撤銷除權判決案件、婚姻案件、收養關係案件、禁治產案件、宣告死亡等案件,可見除不動產糾紛案件外,台灣實行專屬管轄之案件範圍較大陸地區為廣。至於合意管轄方面,台灣地區《民事訴訟法》對涉外合意管轄未另作規定,其範圍較廣。大陸地區《民事訴訟法》則將國內協議管轄與涉外協議管轄分別規定,且使用範圍限於合同糾紛案件和財產權益糾紛案件,範圍較窄;在默示協議管轄,只適用於涉外民事訴訟,不如台灣地區《民事訴訟法》第二十五條之擬制合意管轄來得妥適。

第二項　民事審判之內部組織

法院為國家行使審判權之惟一機關,然審判程序之進行,須由具有專

業、智慧、理性並有良好品德修養之職業法官為主體組成審判庭，並輔以檢察官、律師及其他相關司法人員(如書記官、執達員、庭丁、法警)共同建構整個法庭圖像，以指揮、維持及進行訴訟程序，其以法官一人組成審判庭者，為獨任制，以法官三人或五人組成審判庭者，為合議制。又法律的規範效果無不施加於全體國民，為避免訴訟案件過度專業化、複雜化，並排除職業法官的剛愎自用、濫用職權或有主張在審判程序中，使一般民眾能共見共聞，甚而參與該審判過程，以提昇民眾對裁判的充分信任，因而陸續產生了公開審理、陪審制度及參審制度，此種促進司法現代化和民主化之制度，與其他審判獨立、迴避制度、辯護制度、審級制度，共同構成現階段審判制度之內容。

　　在台灣民事審判之內部組織，係由獨任制法官或合議庭法官依據法律獨立行使審判權，法院院長或其他行政主管，無權對法官審判工作加以干預。但在大陸地區則不同，法官的裁判須經人民法院院長或審判庭庭長批准，下級法院對於重要案件，常須請示上級法院，故實際上存在院長、庭長審批和審判委員會討論案件之制度。除院長、庭長審批案件，破壞法官獨立審判原則外，審判委員會雖係在總結審判經驗，討論重大或疑難案件和其他有關審判工作之問題上，具有某種程度功能，在中共司法人員水平普遍較低情況下，無疑需要採取民主集中制方式來加以把關。惟深入檢討該制度之存在，仍有許多問題存在：(一)審判委員會之組織，在法律上有明顯缺陷，因《人民法院組織法》第十一條，僅簡單規定由院長提請同級人大常委會任免審判委員會委員，並主持委員會議，以致於委員之任免，操持在院長手中，使民主集中制不易切實貫徹。(二)審判委員會之參與，造成承審法官不斷案，斷案者不審理現象，影響案件事實正確認定和法律之妥當適用。(三)容易造成「先定後審、先判後審」情事，使法庭審理成為表演場所，降低人民對司法之信賴。(四)審判委員會成員，在不具體承辦案件情形，無庸適用迴避制度規定，但因其為案件最終結果之決定者，如與當事人有故舊恩怨或利害關係，恐難期其公正。(五)審判委員會之設置使承辦法官淡化責任心，並為黨政部門干涉司法審判提供方便之門㉘。其根本解決之道，應在法官考核和任免制度健全條件下，逐步改革甚至廢除審判委員會組織。

第三項　證據制度之舉證責任

關於舉證責任，兩岸《民事訴訟法》之規定存在著顯著差異。台灣《民事訴訟法》第一百七十七條規定「當事人主張有利於己之事實者，就其事實有舉證責任」，可見，在台灣當事人所負之舉證責任，其範圍僅包括對自己有利之事實部分，而不包括對自己不利事實部分。大陸《民事訴訟法》第六十四條第一款則規定「當事人對自己提出的主張，有責任提供證據」。根據該規定，當事人只要提出訴訟主張，不論其主張是否於己有利，均必須負舉證責任。再者，大陸《民事訴訟法》第五十條將「提供證據」作為當事人之一項訴訟權利，第六十四條又將其作為當事人之一種責任，致使舉證責任兼具訴訟權利與責任雙重性質㉙，而在台灣舉證責任之本質，既非訴訟上權利(或義務)，亦非訴訟責任，而是敗訴之危險負擔。

第四項　第一審普通程序

第一審普通程序為民事審判最主要和最基本之程序，它充分反映整個民事訴訟程序之特點，概括而言，兩岸對於該程序均劃分為起訴和受理，準備程序(或審理前之準備)、言詞辯論(或開庭審理)以至於最後作出裁判等階段。惟在起訴方面，台灣地區規定應提出書狀，通常程序不得以口頭起訴，大陸地區則以訴狀為主，口頭起訴為輔；在受理案件程序上，大陸民事法庭收到訴狀或口頭起訴後，經審查認為符合起訴條件者，應在七日內立案，通知雙方當事人，如認為不符起訴條件者，則在七日內裁定不予受理，對該裁定原告可以上訴；台灣地區法院對於起訴之合法要件，亦於《民事訴訟法》第二百四十九條第一項規定，法院應進行審查，訴訟要件有欠缺時審判長可定期間，先命補正，逾期不補正，則裁定駁回；對於起訴合於法定程式者，法院應依法受理，由審判長速定庭期。

對於法庭審理，台灣地區因採辯論主義原則，故稱為言詞辯論程序，言詞辯論期日由審判長指揮，當事人雙方進行辯論，對此大陸則較為繁複，除前述法庭調查外，《民事訴訟法》第一百二十四條、第一百二十七條尚有法庭調查、法庭辯論和最後陳述等階段。關於訴訟程序之停止，台灣地區將其分

為當然停止、裁定停止和合意停止三類，遇有法定原因，不待聲請及裁定，當然使訴訟程序停止者，為當然停止；裁定停止，則應由法院認定是否確有法定原因，而具體裁定停止訴訟程序；至於合意停止則再區分為明示合意停止和擬制合意停止兩類，對於明示合意停止，逾四個月未續行者，視為撤回其訴或上訴。大陸地區則於第十二章第四節設有訴訟中止和終結制度，前者以當事人死亡、喪失訴訟能力或當事人因不可抗拒事由，無法參加訴訟等情形；後者指人民法院在審理過程中，發生當事人之一方死亡，沒有繼承人或遺產，也沒有應當承擔權利義務之人，使訴訟程序無法進行或進行無意義時，非正常結束訴訟程序之一項審判制度，對此台灣雖無通則性規定，但《民事訴訟法》第五百八十條規定「夫或妻於判決確定前死亡者，關於本案視為訴訟終結」，第五百九十六條第一項親子關係事件，亦有類似規定⑳。

　　另在民事案件之裁判上，台灣分為判決及裁定，凡就實體上爭點所為意思表示為裁判；就非實體程序所為判斷，則為裁定，此與大陸《民事訴訟法》第一百三十八條至第一百四十一條之規定相同，惟應注意者，其人民法院為保證訴訟程序之順利進行，對訴訟中特殊事項尚有以「決定」方式處理，此為中共民事審判制度較特殊之一環；民事決定可採書面，亦可口頭為之，其決定書之記載與格式，依《民事訴訟法》規定大致與判決或裁定相同，主要適用在申請迴避(第四十八條)、當事人申請順延訴訟期間(第七十六條)、對妨害民事訴訟行為採取強制措施(第一百零五條)、關於當事人提出訴訟費用之緩交、減交或免交之申請書㉑。對申請迴避或罰鍰、拘留之決定不服，可申請複議。就大陸上開民事應行決定之事項觀之，均屬非實體程序所為判斷，在立法上應可逕以裁定行之即可，無需另以決定為之，增添繁複和爭議。

第七節　兩岸民事訴訟制度之改革方向

　　審判為司法工作之重心，審判最終目的，在於實現法律正義，保障人民合法權益，此惟有賴高品質之裁判，以及完善訴訟制度始能達成。然台灣地區多年來在民事審判工作最大問題，為法院受理案件每年激增，法官工作負荷過重，依司法院訂頒之「法官每月辦案標準表」所示，地方法院法官民事案件每月結案合理標準為30件，高等法院16件，最高法院10件。但實際上根據司

法院之統計，近十年來(民國七十七年至八十五年)，台灣各地方法院法官每位每月平均結案折計件數為94至172件，上訴維持率為75％至81％；高等法院法官每月結案為19件至21件，上訴維持率是66％至77％；最高法院法官每月結案為22件至24件㉚。

　　由上開資料顯示地方法院法官實際工作量已在合理標準三倍以上，但是約有五分之一判決遭廢棄；高等法院法官工作量為一倍多，而其判決被推翻者，則更達四分之一，令人有量過多而質欠佳之印象，此與大多數國人期盼「司法應質量並重」者，顯然並不相同，所以如何改進訴訟制度，疏減訟源，有效分配司法資源，提昇裁判品質，實為我司法人應努力之方向。其具體作法可從減輕法官負荷，推廣鄉鎮調解功能，落實民間公證及仲裁制度，加強民事第一、二審功能，採行民事集中審理制度，擴大簡易案件適用範圍尋求改善，期能確實保障人民訴訟權能，提高司法公信力。

　　中共建國後因制定民事訴訟法較遲，加以國人法制觀念不足，以致法院在辦案時，形成一套「先談話、次調查、再調解、最後才開庭」之模式，即法官收到當事人起訴狀後不即時開庭，第一步先找兩造溝通，瞭解案情，而原、被告也千方百計找法官陳述，爭取法官對其事實之理解，和法律主張之支持；第二步包攬調查，四方奔走搜集證據；第三步，想盡辦法調解，背靠背的兩頭勸、兩邊壓；如果還調解不成，第四步則向領導匯報請示，擬定判決方案；最後才是開庭審理和宣判。此種審判模式之特質，是「先定後審」、「先清後審」，即基本上先查清案件事實、分清是非責任，經調解無法達成協議，才於確定判決結果後開庭，以致於開庭審理幾乎流於形式。雖然此種審理方式，在當時歷史背景形式下，確曾審結許多案件；惟該方式既不符法律規定，效率又低，不但未能保障當事人訴權之行使，且難以保證裁判之公正，為此，加速改革和完善民事審理方式，已為當務之急㉝。西元1996年7月15日最高人民法院在北京召開全國法院審判方式改革工作會議時，曾提出下列「三個強化」，如能貫徹執行，相信必有利於提高辦案品質，保證裁判公正。

一、強化庭審功能

　　以公開審判為重心，強化庭審功能，改變「先定後審」為「先審後定」方式，將訴訟活動的重心移到法庭上，把以往大量庭外活動轉向法庭審判，讓

當事人「有舉證在法庭，有話說在法庭，有理講在法庭」，事實查證在法庭，是非責任分清在法庭，為法官的公正裁判提供程序保障。

二、強化當事人舉證責任

舉證責任為民事審判所應確立之重要原則，凡當事人主張有利於己之事實時，均應負舉證責任。法官的職責不是在全面性收集證據，而是在庭審中指揮雙方當事人及其訴訟代理人進行質證，對於當事人不能自行收集或人民法院認為審理案件有需要時，始依職權蒐集。在前述庭審中，法官於引導當事人舉證時，要注意焦點鮮明，突出重點、分清層次。在原、被告宣讀起訴狀和答辯狀後，由審判長歸納出雙方無爭議和有爭議之事實。對雙方當事人均無爭議之事實，法庭不必調查即可直接予以確認；對雙方有爭議之事實，應引導當事人舉證，並進行法庭調查。當事人舉證後又申請撤回的，視為未舉證，法庭不再對此進行調查，但對雙方當事人提出相同證據或人民法院認為其撤回不當者除外；人民法院依職權調查收集的證據，審判員當庭宣讀後，由當事人進行辯論、質證[24]。

三、強化合議庭職責

大陸之民事審判，其合議庭是審理案件之審判組織，係審理除簡單民事案件、輕微刑事案件和法律另有規定以外案件之審判組織。為強化合議庭職能，可朝二方面進行，一方面強化合議庭合議案件制度，建立並完善合議庭成員在審理案件中之分工負責制度。使審判長在合議庭工作中不僅主持召開庭前預審會、檢查、督促開庭前之各項準備工作，並負責庭審活動和合議庭評議、審核、簽發授權範圍內司法文書等事務；主辦案件之審判人員對所審理之案件要仔細閱讀案卷材料、收集證據，做好開庭前各項準備工作，擬訂庭審方案，合議庭評議時，提出擬處意見，制作結案報告和裁判文書等。合議庭其他成員務須詳閱案卷材料，掌握案情，協助主辦案件之審判人員調查取證，做好開庭前各項準備工作。另方面適當放權到合議庭，根據目前審判情況，合議庭對下列案件可自行作出處理：調解案件、准許當事人撤訴案件、管轄異議案件、合議庭意見一致應予判決案件、駁回起訴案件。適當放權以強化合議庭職能，使合議庭「又審又判」，有利於提高辦案效率，保證辦案質量。

　　此外，在大陸民事審判上，仍存在許多亟待解決之問題，如民事訴訟宜朝當事人地位平等原則、辯論原則、處分原則等方向立法，管轄制度應儘速改進，以克服地方保護主義色彩，取消法院對撤訴之許可規定，以及對於第一、二審和再審程序之遲延規範等㊿，均為現階段建立具有中國特色民事訴訟制度之改革重點。

註釋：

① 姚瑞光，《民事訴訟法論》，（台北：作者自行出版，民國84年7月），頁5～6。

② 王甲乙、楊建華、鄭健才，《民事訴訟法新論》，（台北：三民書局，民國86年9月），頁10～11。

③ 駱永家主持，《大陸民事訴訟法之研究》，（台北：行政院大陸委員會，民國82年10月），頁17～18。

④ 薛景元主編，《海峽兩岸法律制度比較─訴訟法》，（福建：廈門大學出版社，1994年11月），頁13～14。

⑤ 王甲乙、楊建華、鄭健才，《民事訴訟法新論》，前揭書，頁25～27。

⑥ 宋峻主編，《我國大陸與台灣三大訴訟法律制度比較》，（北京：中國紡織出版社，1994年5月），頁19～20。

⑦ 蔡彥敏主編，《民事訴訟法學》，（廣州：中山大學出版社，1994年10月），頁134。

⑧ 劉家興，《民事訴訟原理與實務》，（北京：北京大學出版社，1996年12月），頁103。

⑨ 楊榮新，《民事訴訟法學》，（北京：中國政法大學出版社，1997年11月），頁135～136。

⑩ 駱永家，《民事訴訟法》，（台北：作者自行出版，民國81年2月），頁23～24。

⑪ 韓象乾，鄭學林，《大陸六法精要(2)─民事訴訟法》，（台北：月旦出版公司，民國83年2月），頁61～62。

⑫ 陳樸生，《刑事訴訟法實務》，（台北：作者自行出版，民國69年9月），頁12～13。

⑬ 劉清波，《中共司法論》，（台北：作者自行出版，民國62年3月），頁296～297。

⑭ 姚瑞光，《民事訴訟法論》，前揭書，頁355～356。

⑮ 王懷安主編，《中國民事訴訟法教程》，（北京：人民法院出版社，1992年12月），頁140。

⑯ 張晉紅主編，《中國民事訴訟法》，（北京：中國政法大學出版社，1996年8月），

頁157～158。

⑰ 郭介恆、雷萬來、那思陸，《司法制度概論》，(台北：國立空中大學，民國85年1月)，頁182～184。

⑱ 雷金書，《中共人民法院審判制度之研究—以初審程序為中心》，(台北：文化大學中國大陸研究所碩士論文，民國84年6月)，頁112～114。

⑲ 陳世雄、林勝木、吳光陸，《民刑事訴訟法大意》，(台北：五南圖書公司，民國82年8月)，頁114～115。

⑳ 王甲乙、楊建華、鄭健才，《民事訴訟法新論》，前揭書，頁232～238。

㉑ 常怡，《民事訴訟法學》，(北京：中國政法大學出版社，1994年3月)，頁235～237。

㉒ 參見中共《民法通則》，第一百四十條規定，原告起訴後，訴訟時效即告中斷。

㉓ 姚瑞光，《民事訴訟法論》，前揭書，頁345～350。

㉔ 張晉紅主編，《中國民事訴訟法》，前揭書，頁236～241。

㉕ 三井誠，〈自由心證主義〉，《法學教室》，第212期，(日本：株式會社有斐閣，1998年5月)，頁114～116。

㉖ 駱永家，《既判力之研究》，(台北：台灣大學法學叢書編輯委員會，民國82年4月)，頁1～6。

㉗ 王榮發，《中國民事審判學》，(北京：法律出版社，1992年8月)，頁437。

㉘ 張步文，〈審判委員會制度亟待改革〉，《中國律師》，第10期，(北京：中國律師月刊，1997年10月)，頁36～38。

㉙ 薛景元主編，《海峽兩岸法律制度比較—訴訟法》，前揭書，頁59～60。

㉚ 姚瑞光，《民事訴訟法論》，前揭書，頁595。

㉛ 周道鸞主編，《民事訴訟法教程》，(北京：法律出版社，1988年6月)，頁241。

㉜ 司法院司法行政廳主編，《司法業務年報—案件分析》，(台北：司法院秘書處，民國86年6月)，頁143～150。

㉝ 王懷安，〈審判方式改革是我國民主和法制建設在審判領域的重大發展〉，《走向法庭》，(北京：法律出版社，1997年12月)，頁23～24。

㉞ 何文燕，〈關於民事訴訟模式選擇與審判方式改革〉，《訴訟法理論與實踐》，(北京：中國政法大學出版社，1997年10月)，頁377～382。

㉟ 王宗玉，〈關於民事及經濟訴訟制度改革的幾個問題〉，《法學家》，(北京：中國人民大學法學院，1998年4月)，1998年第2期，頁105～107。

第九章　兩岸之民事上訴及再審制度

第一節　民事上訴及再審制度概説

　　法院之裁判，乃法官適用法律於認定之事實所為之意思表示。民事訴訟案件，一經裁判，為維持裁判之威信，保護當事人之利益，固不容任意加以變更；惟裁判之最終目的，在謀裁判本身之正確，及法律解釋之統一①。然事實上裁判違誤，在所難免，此項違誤，有由於法官對事實之誤認者，有因適用法令錯誤者；而裁判係本於公權力而解決一定之法律關係，為樹立裁判之權威，確保當事人之利益，自應求其符合具體的妥當性，並建立法的安定性。事實之誤認，固有害於具體的妥當性；適用法令之錯誤，則有損法的安定性。前者重在保護當事人之利益；後者，重在法令解釋之統一。為調和具體的妥當性與基於裁判之法的安定性，力求認定事實正確，適用法律無誤，乃有審級制度之設②，許當事人對於未確定之裁判利用上訴審請求救濟，其方法有二，即上訴與抗告制度。

　　所謂上訴，乃受不利終局判決之當事人或訴訟關係人於該判決未確定前，向上級審法院聲明不服，求其廢棄或變更之訴訟行為也③。台灣地區民事訴訟，為求裁判之確當，採三級三審制，並於《法院組織法》第二條、第九條、第三十二條、第四十八條明定其管轄之案件。在判決程序，不服第二審之終局判決，得上訴於管轄第三審之法院。一切訴訟，除法律別有規定外，必須循第一審、第二審及第三審程序，依次進行，未經第一審法院判決者，無由進入第二審程序，未經第二審法院判決者，不得進行第三審程序。審級井然有序，程序先後分明，當事人不得越級起訴或提起上訴④。

　　大陸民事訴訟法採兩審終審制度，任何民事訴訟，不論其訴訟標的為何，訴訟標的金額(價額)若干，均為兩審終結⑤，故第二審案件的法院為中級以上各級人民法院，究為中級人民法院、高級人民法院還是最高人民法院，應視一審法院為何級人民法院而定。惟不論何級法院審理二審案件，所適用程序完全相同，均適用第二審程序，合先敘明。

　　至於再審，乃當事人對於確定之終局判決聲明不服，請求法院再為審判

之行為。原本判決一經確定，即生既判力，法院與當事人應尊重其效力，不宜任意推翻，惟確定判決之訴訟程序、訴訟資料或判決之基礎有重大瑕疵者，於判決確定後始行發現，若概置之不理，有違正義公平，殊非保護正當權利之道；但若一切確定終局判局，均許再審，無異否認確定判決之效力，故法律僅於一定事由之範圍內，認許再審制度⑥，關於再審程序，大陸《民事訴訟法》稱為審判監督程序，亦有稱為監督和再審程序。對於再審程序在兩岸民事審判中不惟名稱有別，其內容也有諸多不同。在台灣《民事訴訟法》中，再審僅由原確定判決之當事人，或該確定判決既判力所及之人為原告或被告而提起，且稱為再審之訴；在大陸《民事訴訟法》中，再審程序不僅可因當事人申請再審而開始，亦可因法院行使審判監督權或檢察機關行使檢察監督權(抗訴)而開始，大陸《民事訴訟法》之規定，表現國家對民事訴訟之干預，故該程序稱為審判監督程序蓋源於此。

第二節　兩岸之民事上訴制度

第一項　上訴之對象

　　台灣地區《民事訴訟法》第四百三十七條規定「對於第一審之終局判決得上訴於管轄第二審之法院」，即明言得對之提起第二審上訴之判決，以第一審之終局判決為限，但此非謂凡第一審之終局判決，皆可對之上訴。下列裁判，雖為第一審終局判決，仍不得對之提起上訴，如訴訟費用之裁判(第八十八條)、除權判決(第五百五十一條)、宣告死亡之判決(第六百二十五條)、非不利於該當事人之判決⑦。又《民事訴訟法》第四百六十四條規定，對於第二審之終局判決除別有規定外，得上訴於管轄第三審之法院。此為原則，所謂別有規定，係指同法第四百六十五條、四百六十六條第一項、第二項、四百五十八條等情形⑧。

　　大陸地區上訴之對象指當事人依法行使上訴權，請求上一級人民法院予以廢棄或變更之判決、裁定。依照大陸《民事訴訟法》第一百四十七條規定：「當事人不服地方人民法院第一審判決的，有權在判決書送達之日起十五日內向上一級人民法院提起上訴。當事人不服地方人民法院第一審裁定的，有權在裁定書送達之日起十日內向上一級人民法院提起上訴」，分述如下：

一、得作為上訴對象者

(一)地方人民法院適用普通程序或簡易程序審理之第一審民事案件而作出之未發生確定效力之判決及裁定⑨。

(二)地方人民法院對重審案件所作之判決或裁定,視同第一審程序之判決與裁定(第一百五十三條第二款)。

二、不得作為上訴對象者

(一)適用特別程序審理之案件所做成之判決。即選民資格案件、宣告失蹤或宣告死亡案件、認定公民無民事行為能力或限制民事行為能力案件和認定財產無主案件,皆屬一審終審制,人民法院判決書一經送達,即發生法律(即確定)效力,不允許上訴⑩。

(二)關於財產保全和先予執行之裁定、准許或不准許撤訴之裁定、中止或終結訴訟之裁定、補正判決書中之筆誤裁定,依《民事訴訟法》第一百四十條第一款第四至第七項及第二款之規定,不得提起上訴。

(三)最高人民法院之第一審及第二審之判決、裁定,一經為裁判,即發生法律(即確定)效力,不得再上訴(第一百四十一條)。

(四)其他各級人民法院所為第二審之判決、裁定,因採二審終審制,故亦不得再行上訴(第一百五十八條)。

第二項　上訴之程序要件

第一款　上訴之主體

台灣地區得提起上訴者,須為享有上訴權之人,第一、二審判決之當事人以及於判決後依法承受訴訟等事由而接充當事人者,均為有上訴權之人。參加人並非當事人,不得以自己名義提起上訴。若欲為其所輔助之當事人提起上訴者,應將其所輔助之一造列為上訴人。但其提起上訴之行為,若與所輔助當事人之行為牴觸者(如當事人已捨棄上訴權),依《民事訴訟法》第六十一條但書規定,應不生上訴效力。訴訟代理人以有受同法第七十條第一項但書規定之特別委任者為限,始得代為提起上訴。至於得為被上訴人者,須為第一、二審判決之他造當事人,或於判決後依法承受訴訟而接充當事人之人。又兩造均提起上訴者,互以他造為被上訴人。另在必要共同訴訟,僅由

共同訴訟人中之一提起合法之上訴，其餘未提起上訴之他共同訴訟人，雖未記載於上訴狀，仍應視為上訴人[⑪]。

在大陸地區提起上訴之主體須為享有上訴權人或可依法行使上訴權之人。享有上訴權人，包括第一審程序中之原告、被告、共同訴訟人、有獨立請求權之第三人以及判決其承擔民事責任無獨立請求權第三人；可依法行使上訴權人，包括法定代理人、指定代理人及經過特別授權之委託代理人，法人之法定代表人、其他組織之主要負責人。訴訟代表人既為享有上訴權人，亦為可依法行使上訴權人。除訴訟代表人外，其他可依法行使上訴權人本身並不享有上訴權，只是可依法代理他人行使上訴權而已[⑫]。

至於訴訟當事人一方為多數人之共同訴訟，因每一共同訴訟人皆為當事人，在法律上皆有上訴權。惟由於共同訴訟之種類不同，上訴形式亦相異，在必要共同訴訟，共同訴訟人間對訴訟標的有共同權利義務關係，其中一人提起上訴，經其他共同訴訟人承認時，固然對全體發生效力，又未經其他共同訴訟人承認時，亦視為全體共同訴訟人提起上訴，而為共同上訴人，以解決實務上之困難[⑬]。他造當事人對於訴訟標的有共同權利義務關係之共同訴訟人中一人提起上訴，其效力學者採肯定意見，認為及於全體共同訴訟人[⑭]。另在普通共同訴訟，共同訴訟人間對訴訟標的並無共同權利義務關係，每個當事人皆有權單獨提起上訴，惟各上訴人所為之上訴，對其他共同訴訟人並不發生效力，自不待言。又大陸《民事訴訟法》第五十六條所稱有獨立請求權人參加訴訟，乃係類似台灣《民事訴訟法》第五十四條之主參加訴訟，本身即為當事人，對其不利之判決，自有權提起上訴，或因他造之上訴而為被上訴人。無獨立請求之第三人，依大陸《民事訴訟法》第五十六條第二款後段規定，法院既可判決其承擔民事責任，於法院對之為判決時，即有當事人權利義務，自得對其不利之判決提起上訴；惟如法院未對無獨立請求權人為判決，該無獨立請求權人，應為單純之第三人，不生列為上訴人或被上訴人之問題[⑮]。

第二款　上訴之期間

台灣地區提起第二審民事上訴，應於第一審判決書送達後二十日之不變期間內為之，但宣示後送達前之上訴，依《民事訴訟法》第四百四十條規定，

亦有效力。提起第三審上訴,應於第二審判決送達後二十日之不變期間為之(第四百八十一條、四百四十條)。上訴期間,自判決書送達後起算,判決送達時間不一致者,各別起算其上訴期間;又判決送達不合法者,上訴期間不開始進行⑯。

大陸《民事訴訟法》第一百四十七條就不服裁判之上訴期間規定,對判決提起上訴之期限為十五日,對裁定提起上訴之期限為十日,從判決書、裁定書送達當事人之日起算(第一百四十七條)。第一審判決書和得上訴之裁定書不能同時送達雙方當事人的,上訴期間從各自收到判決書、裁定書之日起計算。在上訴期間,當事人因不可抗拒之事由或其他正當理由耽誤上訴期限者,在障礙消除後十日內,可以申請順延期限,是否准許,由人民法院決定(第七十六條)。又大陸《民事訴訟法》第七十五條第四款雖有:「期間不包括在途時間」之規定,但僅係為「訴訟文書在期滿前交郵的,不算過期」而設,亦即郵遞上訴狀,可以郵戳為憑,並無類於我《民事訴訟法》第一百六十二條第二項授權司法行政最高機關訂定在途期間表之規定。

第三款　上訴狀之程式

台灣地區提起第二審上訴,依《民事訴訟法》第四百四十一條第一項規定,應以上訴狀表明下列各款情事,提出於原第一審法院為之:

一、當事人及法定代理人。

二、第一審判決及對該判決上訴之陳述。

三、對於第一審判決不服之程度及應如何廢棄或變更之聲明。

又第二審續行第一審之辯論,當事人得提出新攻擊防禦方法,故上訴狀內宜記載新事實及證據,並其他準備言詞辯論之事實(第四百四十一條第二項)。如提起第三審上訴,應以上訴狀提出於原第二審法院為之(第四百七十條第一項);上訴狀內應表明上訴理由,並添具關於上訴理由之必要證據。未表明理由者,法院毋庸命其補正,於逾二十日之補提上訴理由期間後,由原審法院以裁定駁回。

大陸《民事訴訟法》第一百四十八條規定,當事人提起上訴,應遞交上訴狀,此項上訴行為,不得以言詞為之⑰。未在法庭上訴期間內遞交上訴狀的,視為未提出上訴;又上訴狀之內容,應記載下列事項:

一、當事人姓名，法人名稱及其法定代表人之姓名或其他組織之名稱及其主要負責人之姓名。

二、原審法院名稱，案件的編號和案由。

三、上訴之請求理由。上訴請求是上訴人通過上訴欲達到之目的，即要求將原判決全部變更或部分變更。由於《民事訴訟法》第一百五十一條規定「第二審人民法院應當對上訴請求的有關事實和適用法律進行審查」，當事人在上訴狀中記明之上訴請求即為第二審裁判之範圍，故上訴之請求理由對第二審程序極為重要，應於上訴狀中詳細載明。

第四款　上訴之裁判費

台灣地區關於第二、三審上訴裁判費，依《民事訴訟費用法》第十八條規定：「民事向第二審或第三審法院上訴，依第二條及第十六條規定，加徵裁判費十分之五，發回或發交更審再行上訴者免徵」，可見係依第一審裁判費1％，加徵十分之五，並按照訴訟標的之金額或價額計算。

大陸地區其案件受理費(即裁判費)之徵收標準，雖係依照財產權與非財產權之訴訟分別徵收，財產案件，並按爭議財產的價額或金額，規定收費比例，實行依率遞減原則；惟依《人民法院訴訟收費辦法》之規定，其上訴受理費繳納之標準，與初審相同。目前大陸地區案件受理費分為財產案件受理費和非財產案件受理費兩種：

一、財產案件受理費

財產案件，是指因財產權益發生爭執而提起訴訟之案件。財產案件之受理費，按爭議財產之價額或金額，規定收費比例，實行依率遞減原則。具體計算標準為：

(一)不滿 1千元的，每件交50元。

(二)超過 1千元至 5萬元的部分，按4％繳納。

(三)超過 5萬元至10萬元的部分，按3％繳納。

(四)超過10萬元至20萬元的部分，按2％繳納。

(五)超過20萬元至50萬元的部分，按1.5％繳納。

(六)超過50萬元至100萬元的部分，按1％繳納。

(七)超過100萬元的部分，按0.5％繳納。

二、非財產案件受理費

非財產案件，是指因人身關係或者人身非財產關係發生爭議而提起訴訟之案件。根據《人民法院訴訟收費辦法》規定，非財產案件按一定幅度，實行按件徵收：

(一)離婚案件，每件繳納10元至50元，涉及財產分割者，財產總額不超過1萬元者，不另收費；超過1萬元的，超過部分按1％繳納。

(二)侵害姓名權、名稱權、肖像權、名譽權、榮譽權之案件，每件繳納50元至100元。

(三)侵害專利權、著作權、商標權案件，每件交50元至100元；有爭議金額，按財產案件之收費標準繳納。

(四)勞動爭議案件，每件繳納30元至50元。

(五)其他非財產案件，每件繳納10元至50元。

第三項 原審法院之處理

台灣地區依《民事訴訟法》第四百四十二條規定：「提起上訴，如逾上訴期間或係對於不得上訴之判決而上訴者，原第一審法院應以裁定駁回之。上訴有應繳而未繳裁判費或當事人訴訟能力或代理權有欠缺者，原第一審法院應定期間命其補正，如不於期間內補正，原第一審法院應以裁定駁回之。上訴有其他顯不合法之情形而可以補正者，原第一審法院應定期間命其補正，如不於期間內補正，可認為係意圖延滯訴訟者，應依他造聲請，以裁定就原判決宣告假執行，並得酌量情形依職權宣告之」。同法第四百四十三條另規定「上訴未經依前條第一項及第二項之規定駁回者，第一審法院應速將上訴狀送達被上訴人。各當事人均提起上訴，或其他各當事人之上訴期間已滿後，第一審法院應速將該訴訟卷宗連同上訴狀及其他有關文件送交第二審法院」；又依《民事訴訟法》第四百八十一條準用第四百四十二條、第四百四十三條之規定，在第三審上訴，其原第二審法院之處置與前述情形相同。

大陸地區上訴狀係向為判決之原審人民法院提出，如有不合程式之情形，得否由原審法院命為補正?大陸法律並未規定，但通說均認為得命補正，惟於不補正時，原審法院得否以上訴不合程式駁回上訴，法律亦無規定，似

不如我《民事訴訟法》規定來得明確。關於原審法院之處理，大陸《民事訴訟法》第一百五十條規定：「原審人民法院收到上訴狀，應當在五日內將上訴狀副本送達對方當事人。對方當事人在收到之日起十五日內提出答辯狀。人民法院應當在收到答辯狀之日起五日內將副本送達上訴人。對方當事人不提出答辯狀的，不影響人民法院審理」，又「原審人民法院收到上訴狀、答辯狀，應當在五日內連同全部案卷和證據，報送第二審人民法院。」依此規定，乃係由原審法院先將當事人擬在上訴程序所為事實及法律上主張，以書狀為陳述，分別送達他造當事人，此與我《民事訴訟法》第四百七十一條所規定之準備書狀效果，頗相類似，值得參照。

第四項　上訴案件之審理

台灣地區依《民事訴訟法》第四百四十四條之規定，上訴不合程式或已逾期間或法律不應准許者，第二審法院應以裁定駁回其上訴，但其情形可以補正者，審判長應定期間先命補正。又依第四百八十一條規定，上開規定，於第三審程序準用之。

一、第二審法院

(一)審理之範圍：第二審言詞辯論，應於上訴聲明之範圍內為之(第四百四十五條)，不在上訴聲明範圍內之事項，原判決縱有不當，第二審法院亦無庸加以辯論。

(二)採續審制：即續行第一審之言詞辯論，當事人在第一審所為之訴訟行為，於第二審亦有效力，同時並得在第二審提出新攻擊或防禦方法之制度。因之當事人在第一審未經提出或提出而未經斟酌之事實及證據，均得在第二審提出⑱。

(三)訴之變更、追加及反訴：在第二審為訴之變更、追加或提起反訴，較在第一審之限制尤嚴。原則上非經他造同意不得為之(第四百四十六條第一項)。他造當事人未明示同意，而對於訴之變更或追加無異議而為本案之言詞辯論，視為同意變更或追加。

(四)可以提起附帶上訴(第四百六十條)。

二、第三審法院

(一)審理之範圍：第三審法院調查第二審判決有無違背法令，應於上訴聲明之範圍內為之(第四百七十五條第一項)。不得逾越上訴聲明之範圍，使有利於上訴人，亦不得使上訴人更不利。

(二)採事後審主義。

(三)當事人在第三審不得為訴之變更、追加或提起反訴。

(四)因第三審上訴之聲明不許變更或擴張，則被上訴人自亦不得在第三審為附帶上訴(第四百七十三第二項)。

大陸地區當事人之上訴狀向原審法院提出以後，原審法院應就前述上訴之程序要件予以審查，如上訴確有不合法情形，第一審法院是否得逕以裁定駁回，大陸《民事訴訟法》尚乏明確規定，惟學者認為若上訴要件有欠缺者，可責令予以補正，逾期不補正者，裁定駁回上訴●。其上訴案件之審理程序如下：

一、審理前之準備

(一)組成合議庭：依照大陸《民事訴訟法》第一百五十二條第一款規定，第二審人民法院審理上訴案件，應當由審判員組成合議庭進行審理，既不能由審判員獨任審判，亦不能由一個審判員、兩個陪審員組成合議庭審判。合議庭審判長，由院長或庭長指定審判員一人擔任，院長或庭長參加審判的，由院長或庭長擔任。

(二)查閱案卷：第二審上訴法院審理上訴案件係在第一審案件之基礎上進行，因此，合議庭應先查閱全部卷宗資料，包括當事人起訴是否符合法定要件，上訴人認為原審人民法院裁判在認定事實及適用法律上有何錯誤，上訴之主要理由、具體請求及被上訴人之答辯，雙方上訴爭執之重點等等，以進行必要之調查。

(三)詢問當事人：第二審上訴法院就案卷全部查閱清楚後，應即依據上訴案件之具體情況，由承辦審判員一人，先依序詢問當事人以便為開庭審理或逕行判決作好必要準備，此與我《民事訴訟法》第二百七十條所規定之準備程序，相當類似。

二、開庭審理

(一)審理方式：依據大陸《民事訴訟法》第一百五十二條第一款規定，第

二審人民法院審理上訴案件，係以開庭審理之後裁判為原則，逕行裁判為例外[27]。

(二)審理地點：大陸《民事訴訟法》第一百五十二條第二款規定：「第二審人民法院審判上訴案件，可以在本院進行，也可以到案件發生地或者原審人民法院所在地進行」此一規定，乃民事訴訟法「兩便原則」在上訴審程序中之體現，該原則一方面可以便利當事人進行訴訟，同時有助於人民法院深入案件發生地及當事人所在地，查清案件事實真相，及時解決糾紛，俾有利於判決或裁定之執行。

(三)審理範圍：大陸《民事訴訟法》第一百五十一條規定：「第二審人民法院應當對上訴請求的有關事實和適用法律進行審查」，此即關於第二審法院審理範圍之規定。依此規定，第二審法院應僅就上訴狀中載明之請求事項進行審查，對上訴狀中沒有提到的問題，第二審法院即不予審理或不主動進行審理。

(四)事實及法律一併審理：大陸民事訴訟，係採兩審終結制，受理第二審民事訴訟之法院，原則上為中級人民法院，惟有重大影響的案件，亦可能由高級人民法院或最高人民法院為上訴之審理，任何第二審法院所為之裁判，依大陸《民事訴訟法》第一百五十八條規定，均為終審裁判，故無事實審及法律審之區別。又參諸前述《民事訴訟法》第一百五十一條之規定，任一受理上訴之法院，既要審查上訴請求之有關事實，亦要審查一審判決中所適用之法律，可見第二審程序，既為法律審，亦為事實審[28]。

(五)採續審制：按一切訴訟資料，均以第一審原有之資料為依據，不許提出新訴訟資料者，為事後審主義。大陸《民事訴訟法》第一百五十二條第一款雖有「在事實核對清楚後，合議庭認為不需要開庭審理的，可以逕行判決」之規定，如係核對第一審判決認定之事實，與卷內資料是否相符後，即可不開庭審理，固有事後審主義之精神，但就第一百五十三條各項規定，第二審法院可以為撤銷「原判決認定事實錯誤」之判決，「查清事實改判」之判決；以及再三強調「實事求是，有錯必糾」，與兼為事實審之情形下得提出新攻擊、防禦方法觀之，應認係採續審主義[29]。

第五項　上訴權之捨棄與撤回

在台灣地區當事人對於第一審判決，表示不聲明不服之意思，謂之捨棄上訴權，依《民事訴訟法》第四百三十九條第一項規定，其捨棄須於第一審判決宣示或送達後為之，於事前表示捨棄者，不生訴訟法上捨棄上訴權效力；上訴權經捨棄後，即生喪失上訴權之效果。至於當事人提起上訴後，向第二審法院表示不求判決之意思，謂之撤回上訴。撤回上訴須於終局判決前為之，被上訴人已為附帶上訴者，應得其同意(第四百五十九條)。又當事人在第三審程序亦得撤回上訴，無需得被上訴人同意㉒。上訴經撤回後，該當事人喪失其上訴權。

大陸民事審判程序中，並無捨棄上訴權之規定，參酌其《民事訴訟法》第一百五十六條，就撤回上訴採限制的處分主義原則下，認採否定說為當。至撤回上訴權方面，依同法第一百五十六條規定：「第二審人民法院判決宣告前，上訴人申請撤回上訴的，是否准許，由第二審人民法院裁定」，可見撤回上訴，雖為當事人之訴訟處分權，但必須經人民法院審查，由法院作准許與否之裁定，此因在大陸地區，立法者認為處分權非屬絕對性權利，不能違背國家之法律與政策，亦不得有損國家、團體及他人之利益。是以第二審人民法院接獲撤回上訴狀後，應先審查上訴人有無故意逃避法律制裁等不應准許撤回情形；然後在確保雙方當事人合法權益前提下，裁定准許撤回上訴，該裁定為終審裁定，亦為第一審判決發生法律效力之依據，故應當制作書面裁定；裁定書由合議庭組成人員、書記員簽名，加蓋人民法院印章，在裁定中除表明准許撤回上訴之意旨外，並應說明：「雙方均按原審人民法院判決執行」。至於不准撤回上訴之裁定，僅係駁回當事人之撤回上訴請求，訴訟程序仍繼續進行，因此得以言詞裁定之方式行之，惟應記明筆錄。再者，第二審人民法院裁定不許撤回上訴時，上訴程序當然繼續進行，第二審人民法院裁定准許撤回上訴，上訴程序即告結束，並發生下列法律效力：

一、撤回上訴人不得再行提起上訴，即上訴人於請求撤回上訴時，即喪失上訴之權利。

二、第一審人民法院之裁判即發生法律效力，因第二審人民法院准許撤

回上訴之裁定，為終審裁定㉔。

第六項　上訴審法院之裁判

台灣地區第二審法院對於合法之上訴，經審查後依《民事訴訟法》規定，可以為下列判決：

一、上訴為無理由之判決(第四百四十九條)。

二、變更之判決(第四百五十條)。

三、發回之判決(第四百五十一條)。

四、移送之判決(第四百五十二條)。

至於第三審法院即最高法院，其判決種類分為：

一、上訴為無理由之判決(第四百八十一條、第四百四十九條第一項)。

二、上訴為有理由之判決：第三審法院認上訴為有理由者，就該部分應廢棄原判決，經廢棄第二審判決時，第三審法院應為如下判決：

(一)發回或發交判決(第四百七十八條)。

(二)自為判決：下列各款情形，第三審法院就該事件自為判決：

1.因其於確定之事實，不適用法規或適用不當廢棄原判決，而事件已可依該事實為裁判者。

2.因事件不屬普通法院之權限，而廢棄原判決者(第四百七十九條)。

大陸地區依《民事訴訟法》規定，第二審法院之裁判，分為下列三種：

一、駁回上訴：第二審法院認為原第一審判決認定事實清楚，適用法律正確的，上訴請求不能成立，應判決駁回上訴，維持原判決。

二、自行改判：其情形有二：

(一)因適用法律錯誤而自行改判：原判決認定事實並無錯誤，僅適用法律錯誤者，第二審法院可自行依法改判，即改變原審法院適用法律不正確之處，更正所適用之法律。

(二)因查清事實後自行改判：原判決認定事實不清、或證據不足，經第二審法院查清事實後，亦得自行改判。

三、發回重審：第二審法院可將判決發回原審法院重審之情形有兩種：

(一)是原判決認定事實錯誤，或者原判決認定事實不清、證據不足的，第

二審法院可裁定撤銷原判決,發回原審法院重審(第一百五十三條第一款第三項);

(二)是原判決違反法定程序,可能影響案件正確判決的(第一百五十三條第一款第四項)。

至於何種情形屬原判決違反法定程序,可能影響案件正確裁判,《民事訴訟法》並無明文規定,為便於實務運作,大陸最高人民法院司法解釋認為下述情形屬違反法定程序,第二審法院應裁定撤銷原判決,發回原審法院重審:(1)是審理本案的審判人員、書記員應迴避未迴避的;(2)是未經開庭審理而作出判決的;(3)是適用普通程序審理案件當事人未經傳票傳喚而缺席判決的;(4)是其他嚴重違反法定程序的㉘。

第七項　對裁定之上訴

台灣地區《民事訴訟法》第四百八十二條規定,對於裁定,得為抗告,但別有不許抗告之規定者不在此限。有關抗告之程序,另規定於第四編中,與上訴審程序究有不同。

大陸民事審判對於判決與裁定均適用同一上訴程序,惟裁定之上訴,參照《民事訴訟法》第一百五十四條規定:「第二審人民法院對不服第一審人民法院裁定之上訴案件的處理,一律使用裁定。」而根據同法第一百四十條第一款第一至三項及第二款規定,第一審人民法院作出之裁定,只有不予受理之裁定,對管轄權有異議之裁定和駁回起訴之裁定准許上訴。第二審人民法院對不服第一審人民法院裁定提起上訴之案件,應查明原審裁定認定事實是否清楚,適用法律是否正確,依其情形之不同分別處理。經過審理後,如認原裁定認定事實清楚、證據充分,適用法律正確,應裁定駁回上訴,維持原裁定;如認原裁定認定事實不清,證據不足,適用法律有錯誤,應撤銷原裁定,自行裁定。裁定之上訴期間為十日,因多屬程序事項,不需開庭審理之情形較多;又第二審人民法院審理裁定之上訴案件,亦得適用於第一審普通程序。

第八項　簡易案件之上訴

台灣地區《民事訴訟法》於民國七十九月八月二十日及八十八年二月三日

就簡易訴訟程序修正後，對簡易程序獨任法官所為之裁判，除該章有特別規定外，準用第二審程序(第四百三十六條之一第三項)，對簡易程序第二審裁判上訴，則準用第三審程序(第四百三十六條之二第二項)，其餘重要規定，參見同法第四百三十六條之一、之二、之三、之四等規定㊱。

大陸地區對於簡易程序之規定，依《民事訴訟法》第一百四十一條至第一百四十六條，僅有五個條文，對於簡易案件之上訴，並未另設專章規定，自應適用第二篇第十四章之第二審程序。

第三節　兩岸之民事再審制度

第一項　再審程序之開始

台灣地區再審程序之開始，須本於再審之訴之提起，得提起再審之訴者，僅前訴訟程序當事人或得承受訴訟接替當事人之人。從參加人僅在輔助當事人參與訴訟，不得為其所輔助之當事人提起再審之訴㊲。惟《民事訴訟法》所定獨立之參加人，訴訟標的對於參加人及其所輔助之當事人必須合一確定，並準用第五十六條之規定，應認其有為當事人提起再審之訴之權限。輔佐人僅得於期日偕同當事人或訴訴訟代理人到場為訴訟行為，其不得為當事人提起再審之訴，自不待言㊳。訴訟代理人非受本法第七十條第一項但書所定之特別委任，不得提起再審之訴。

大陸民事再審程序之開始，有基於法院職權而開始，亦有基於當事人申請或人民檢察院之抗訴而再審，情形如下：

一、基於法院職權而開始

(一)原法院提起再審：大陸《民事訴訟法》第一百七十七條第一款規定：「各級人民法院院長對本院已經發生法律效力的判決、裁定發現確有錯誤，認為需要再審的，應當提交審判委員會討論決定。」就上述法律規定觀察，人民法院院長僅有再審提交權，並無決定權，應否再審，仍由審判委員會決定㊴。

(二)最高人民法院或其他上級人民法院提起再審：同法第一百七十七條第二款規定：「最高人民法院對地方各級人民法院已經發生法律效力的判決、裁定，上級人民法院對下級人民法院已經發生法律效力的判決、裁定，發現確有錯誤的，有權提審或者指令下級人民法院再審。」惟最高人民法院或上級人

民法院決定提審或再審時應以裁定為之。

二、基於當事人申請決定再審

大陸《民事訴訟法》第一百七十八條規定:「當事人對已經發生法律效力的判決、裁定,認為有錯誤的,可以向原審人民法院或者上一級人民法院申請再審,但不停止判決、裁定的執行」,可見申請再審是當事人重要訴訟權利,其立法目的,在於糾正法院確有錯誤之生效裁判,維護當事人合法權益。

三、基於人民檢察院之抗訴而再審

大陸《民事訴訟法》第一百八十五條規定:「最高人民檢察院對各級人民法院已經發生法律效力的判決、裁定,上級人民檢察院對下級人民法院已經發生法律效力的判決、裁定,發現有下列情形之一的,應當按照審判監督程序提出抗訴:(一)原判決、裁定認定事實的主要證據不足的;(二)原判決、裁定適用法律確有錯誤的;(三)人民法院違反法定程序,可能影響案件正確判決、裁定的;(四)審判人員在審理該案件時有貪污受賄、徇私舞弊、枉法裁判行為的。地方各級人民檢察院對同級人民法院已經發生法律效力的判決、裁定,發現有前款規定情形之一的,應當提請上級人民檢察院按照審判監督程序提出抗訴。」考大陸之所以有上開規定,或係基於其《憲法》第一百二十九條所規定「人民檢察院是國家法律的監督機關」[30],及民事訴訟法第十四條「人民檢察院有權對民事審判活動實行法律監督」所致。

第二項　再審之原因

台灣地區依《民事訴訟法》第四百九十六條第一項及第四百九十七條、四百九十八條規定,提起再審之訴,須主張有上列法條各款情形之一,始得為之。

在大陸地區依其《民事訴訟法》第一百七十九條第一款規定,當事人申請再審符合下列情形之一者,人民法院應當再審:

一、有新的證據,足以推翻原判決、裁定的:所謂新證據,是指在原訴訟中未知曉及未收集之證據,而非在案件審結後新發生和制作之證據;是當事人原來應提供而不能提供,或者原來不知道之證據。新證據還必須有足夠

證明能力，能推翻原裁判所認定之事實根據[31]。

　　二、原判決、裁定認定事實之主要證據不足的：主要證據乃認定案件事實之關鍵性證據，只有主要證據齊全才能揭示案件客觀真實性；如果裁判認定之事實缺乏主要證據，即應通過再審，予以查明。

　　三、原判決、裁定適用法律確有錯誤的：正確裁判，不僅要將事實認定清楚，而且要法律適用正確。因此，適用法律如確有錯誤，不論是該適用之法律條款未適用，或者不該適用之法律條款加以適用，均會造成裁判錯誤，自應准當事人提起再審。

　　四、人民法院違反法定程序，可能影響案件正確裁判的：法定程序是人民法院辦案準則，違反法定程序，主要是指違反《民事訴訟法》規定之審判程序，或者是未以法定程序為依據，自行其事。

　　五、審判人員在審理該案件時有貪污受賄，徇私舞弊，枉法裁判行為的：審判人員是國家司法人員，辦案時應秉公執法，保證審判的客觀、公正性。如果在執行職務承辦案件時有貪污受賄，徇私舞弊行為，就可能作出枉法裁判，違反社會主義法制，損害當事人合法權益，案件務需進行再審，以作出正確裁判[32]。

　　另值得注意者，再審係因原確定判決可能發生錯誤之救濟程序，只要具備上開原因，本應不論其訴訟性質均加以適用。惟大陸《民事訴訟法》第一百八十一條另規定：「當事人對已經發生法律效力的解除婚姻關係的判決，不得申請再審」，其規定意旨，係因在解除婚姻關係之判決發生法律效力後，原婚姻關係雙方當事人有可能與他人建立新婚姻關係，為保持新合法婚姻關係的穩定性，必須排除對原解除婚姻關係的判決作出變更可能性[33]。又上開規定，理論上在法院依審判監督程序或檢察官抗訴而再審時，應均得適用[34]。

第三項　提起再審之程式

　　台灣地區《民事訴訟法》第五百零一條規定，再審之訴，應以訴狀表明下列各款事項提出於管轄法院為之：(一)當事人及法定代理人。(二)聲明不服之判決及提起再審之訴之陳述。(三)應於如何程度廢棄原判決及就本案如何判決之聲明。(四)再審理由及關於再審理由並遵守不變期間之證據。又再審訴狀

內，宜記載準備本案言詞辯論之事項。

至大陸地區提起再審之程式，可分就下列四方面討論：

一、本法院提起再審

各級人民法院院長依《民事訴訟法》第一百七十七條第一款規定，認為需要再審時，應提交審判委員會，組成合議庭，討論決定後，以該法院名義作出對案件進行再審之裁定，由院長署名，加蓋人民法院院章。

二、最高人民法院和上級人民法院提起再審

(一)最高人民法院和上級人民法院指令下級人民法院再審，應向有關下級人民法院發出再審指令。下級人民法院收到指令後，應另行組成合議庭，作出裁定中止原判決之執行，對案件進行再審。指令再審是最高人民法院和上級人民法院對下級人民法院審判上之監督，指令乃指導性命令，接受指令之人民法院，為案件再審法院，決定再審之裁定應由再審法院作出[⑧]。

(二)最高人民法院或上級人民法院決定提審時，應先作出提審決定，通知審結案件之原審人民法院；其次應作出對案件再審之裁定，通知案件雙方當事人；接著再按照第二審程序組成合議庭，進行審理。

三、當事人申請再審

當事人申請再審，應向人民法院提交申請書及按照對方當事人人數提供副本。申請書是申請人民法院對案件進行再審之訴訟文書，應述明申請再審之事實和理由，便於法院審查並決定是否再審。申請書副本是由法院送達對方當事人之訴訟文書，以此告知對方當事人參加訴訟。申請書內容，法律雖未作具體規定，但可根據客觀實際需要，參考上訴狀有關內容，結合申請再審要件自行制作。

四、檢察機關對案件抗訴之再審

應由人民檢察院向人民法院提交抗訴書。抗訴書是人民檢察院對人民法院生效裁判提出抗訴之法律文書，亦為引起案件再審之法律文書。抗訴書內容法律雖未作具體規定，但其內容應表明：提出抗訴之人民檢察院和接受抗訴之人民法院、抗訴之案件及其生效裁判、抗訴之事實和理由、提出抗訴時間，在事實和理由中，應明確指出生效裁判內容之錯誤與違法情形。

第四項　再審之期間

台灣地區再審期間，依《民事訴訟法》第五百條規定：「再審之訴，應於三十日之不變期間內提起，前項期間，自判決確定時起算。但再審之理由知悉在後者，自知悉時起算。再審之訴，自判決確定時起，其再審之理由發生於判決確定後者，自發生時起，如已逾五年者，不得提起，但以第四百九十六條第一項第五款、第六款或第十二款情形為再審之理由者，不在此限」，可供參考。

大陸地區當事人申請再審時，依《民事訴訟法》第一百八十二條規定，應在判決、裁定發生法律效力後二年內提出。當事人對已經發生法律效力之調解書申請再審，適用前開條文之規定，亦應在調解書生效後二年內提出㊱。又《民事訴訟法》第一百八十二條規定之二年，為不變期間，自判決、裁定發生法律效力之次日起計算，不適用時效中止、中斷規定。對《民事訴訟法》施行前已生效之法律文書，當事人申請再審之期限，一律從西元1991年4月9日起算㊲。再者，前開二年期間，僅指當事人申請再審應遵守之期限，人民法院依審判監督程序決定再審，或人民檢察院依審判監督程序提出抗訴，均不受兩年期限之限制。

第五項　再審之管轄

台灣地區《民事訴訟法》第四百九十九條規定，再審之訴，專屬為判決之原法院管轄；如有下列各款情形之一者，專屬原第二審法院管轄：

一、對於同一事件之第一審及第二審判決同時聲明不服者。

二、對於第三審法院之判決，本於同法第四百九十六條第一項第九款至第十三款事由，聲明不服者。

依大陸《民事訴訟法》第一百八十四條第一款之規定：「人民法院按照審判監督程序再審的案件，發生法律效力的判決、裁定是由第一審法院作出的，按照第一審程序審理，所作的判決、裁定，是發生法律效力的判決、裁定。上級人民法院按照審判監督程序提審的，按照第二審程序審理，所作的判決、裁定是發生法律效力的判決、裁定。」依此規定：

一、再審案件原則上由原為確定判決之人民法院審理；但由上級人民法院提審的再審案件，則由上級法院審理。

二、由第一審人民法院審理者，適用第一審程序；由上級人民法院審理者，適用第二審程序。

三、由第一審人民法院審理者，對其裁判仍得依法定程序提起上訴，由第二審人民法院審理裁判者，其裁判即行確定，不得再行上訴。

第六項　再審提起之法律效果

台灣地區再審之訴，其目的雖係變更已確定之判決，但確定判決之效力，並非一經提起再審之訴即受影響，必俟再審判決諭示廢棄原確定判決確定後，原確定判決，始失其效力。《強制執行法》第十八條亦明示此項原則，即提起再審之訴時，強制執行不因而停止，仍得繼續執行。即使當事人(再審被告)於提起再審之訴後，始聲請強制執行者，法院亦不得以業經提起再審之訴，而不為執行或停止執行。

大陸地區當事人申請再審，是否確實具有法定再審原因，仍須經由法院審查認定，自不因其申請而停止原裁判之執行，對此大陸《民事訴訟法》第一百七十八條但書特予明文規定。其認當事人申請有理由決定再審，或由審判委員會或上級法院決定再審之案件，依同法第一百八十三條規定：「按照審判監督程序決定再審的案件，裁定中止原判決的執行。裁定由院長署名，加蓋人民法院印章。」經檢察機關抗訴而再審之案件，解釋上亦應依此規定停止原判決執行。實務上最高人民法院對地方各級人民法院已經發生法律效力之判決、裁定，上級法院對下級法院已經發生法律效力之判決、裁定，如果發現確有錯誤，應在提審或指令下級法院再審之裁定中，同時寫明中止原裁判之執行；情況急迫者，得於口頭通知後十日內補發裁定書。

第七項　再審案件之審理及裁判

台灣地區再審之訴審理程序，可分為三階段，首應審查再審之訴是否合法，即其合法要件是否具備；次應審查有無理由，即其有效要件是否具備；如具備上述要件後，始得進而為本案之審理程序[38]。

大陸地區對於再審案件之審理及裁判，依下列程序進行：

一、組成合議庭

大陸《民事訴訟法》第四十一條第三款規定「審理再審案件，原來是第一審的，按照第一審程序另行組成合議庭，原來是第二審的或是上級法院提審的，按照第二審程序另行組成合議庭。」所謂另行組成合議庭，指原合議庭成員不得參加再審案件的審判。同法第一百八十四條第二款有相同規定，其目的均在防止審判人員先入為主觀念，同時也可以避免當事人之疑慮[39]。

二、程序上審查

當事人聲請再審者，法院應先作程序上審查，如認其申請已逾法定二年期間或有其他不合法情形時，應以裁定駁回再審申請。如申請程序無不合法情形，即應審查有無前述第一百七十九條第一款之法定再審原因，其不符合該款規定者，法院應以裁定駁回再審之聲請。另由原法院審判委員會決定再審、上級法院決定再審、因檢察機關之抗訴而再審，法院即應就該案件逕行再審，無庸再就有無再審原因加以斟酌。

三、分別適用第一審程序和第二審程序

法院按照審判監督程序再審之案件，發生法律效力之判決、裁定是由第一審法院作出者，按照第一審程序審理，所作判決、裁定，當事人可以上訴；發生法律效力之判決、裁定是由第二審法院作出者，按照第二審程序審理，所作判決、裁定，是發生法律效力之判決、裁定[40]。

四、再審判決

(一)法院認為裁判認定事實清楚、適用法律正確時，應維持原裁判。

(二)若原裁判認定事實或適用法律有問題時，應分別情況處理：適用第一審程序再審者，依法部分改判或全部改判；適用第二審程序再審者，依《民事訴訟法》第一百五十三條作出處理；如果原第一審裁判正確，第二審裁判錯誤時，判決撤銷第二審裁判，維持第一審裁判。

(三)法院提審或按照第二審程序再審之案件，在審理中發現原一、二審判決違反法定程序者，分別情況處理：

1.認為不符合《民事訴訟法》規定之受理條件時，裁定撤銷一、二審判決，駁回起訴。

2.具有最高人民法院《關於適用民事訴訟法若干問題的意見》第一百八十一條規定之違反法定程序情況，可能影響案件正確判決、裁定者，裁定撤銷一、二審判決，發回原審法院重審。

第八項　再審判決之效力

台灣地區再審之訴無再審理由或雖有再審理由，而法院認為原判決正當仍以判決駁回再審原告之訴者，不發生再審之訴判決效力問題。若認為再審之訴有理由，廢棄原判決之全部或一部者，則該項判決之效力，當然溯及既往發生效力，而非自再審之訴判決確定時發生效力。但於前判決確定後，已經判決確定之權利，可能已移轉於第三人，若無特別規定，該第三人有受意外損害之虞。故《民事訴訟法》第五百零六條再規定，再審之訴之判決，於第三人在提起前以善意取得之權利無影響，以利援用。

大陸《民事訴訟法》對於再審程序變更原裁判以前，因信賴已發生法律上效力之確定判決而取得權利之善意第三人，是否因裁判而受影響，並未如我《民事訴訟法》第五百零六條定有明文，適用上非無爭議。

第九項　裁定之再審

台灣地區裁定已確定者，有時亦有再審原因，依《民事訴訟法》第五百零七條規定，裁定已經確定，而有本法第四百九十六條第一項或第四百九十七條之情形者，得準用本篇之規定，聲請再審。學者亦稱之為準再審。

大陸地區凡已發生效力(確定)之裁定，即得聲請再審，並準用再審之規定，其內容包括：

一、法律規定不准當事人提起上訴之裁定，例如對財產保全或先予執行之裁定、准許或者不許撤訴之裁定，依大陸《民事訴訟法》第一百四十條規定，不准上訴。

二、准許上訴之裁定，在上訴期限內未上訴，或雖於上訴期限內提起上訴，但當事人撤回上訴並經二審人民法院允許者(第一百四十一條、第一百四十七條及第一百五十六條)。

三、第二審人民法院所為之裁定(第一百五十八條)。

四、最高人民法院所為之裁定(第一百四十一條)。

第四節　兩岸民事上訴及再審制度之比較與評析

兩岸在上訴程序方面，其目的均在利用訴訟救濟途徑，求得法院裁判之正確，維護法律適用之統一。惟在具體程序上，因大陸實行兩審終結制，第二審法院之判決、裁定為終審裁判，當事人不得對之提起上訴。台灣實行三審終結制，對於第二審法院之判決不服，其上訴利益需逾新台幣60萬元以上，始得提起第三審上訴；對於簡易程序上之第二審裁判，依第四百三十六條之二、之三規定，除應逾前開數額外，並須經原裁判法院之許可；該項許可，以訴訟事件所涉及之法律見解具有原則上之重要性者為限，該規定對疏減案件，確產生相當效果，為進步之立法。

台灣在《民事訴訟法》另外於第四編設有「抗告」程序，使當事人對於裁定不服，除法律另有規定外，得提起抗告；大陸《民事訴訟法》未設有抗告程序明文，對於當事人不服第一審判決或裁定，提起上訴之案件，統一適用第二審程序。又台灣《民事訴訟法》第四百三十九條有捨棄上訴之規定，大陸《民事訴訟法》則無，在審判實踐中，當事人在第一審宣判時以口頭表明不上訴，由法院記明筆錄，經當事人簽名後，當事人如在法定期間內又提起上訴，法院仍予准許，此種作法，雖與當事人進行主義有違，但大陸學者認係法院考慮到上訴權，本質上為當事人重要訴訟權能所致[41]。

至於再審程序方面，由於再審為對於確定終局裁判，再開始訴訟之程序，基於法律監督，和體現法院有錯必糾觀點，而為大陸社會主義國家所重視，故其《民事訴訟法》將再審程序發生之原因，區分為法院自行決定再審、當事人申請再審和檢察機關抗訴三種，與台灣地區僅規定當事人再審一種，顯較廣泛、週密。對於再審理由，大陸《民事訴訟法》第一百七十九條規定當事人申請之五種理由，不如台灣地區《民事訴訟法》第四百九十六條第一項、第四百九十七條、第四百九十八條規定來得明確，有必要加以修正。當法院依再審程序撤銷原判決，作出新判決時，新判決之效力該如何保護善意第三人之權益，以維護財產關係之穩定，對此台灣地區已於同法第五百零六條規定「再審之訴之判決，於第三人在起訴前以善意取得之權利不生影響」，大陸

《民事訴訟法》則尚未有類似明文，實屬立法上之欠缺。

第五節　兩岸民事訴訟制度之優化

第一項　台灣地區民事訴訟之完善

隨著國家民主法治的發展，司法問題近年來愈為舉國所重視，這個現象反映國民法律素養與權利意識日益提昇，為國家司法建設的前景創造了無限生機。惟不可否認的，長期以來法院的裁判未能充分獲得國人信任，因素固然很多，其重要癥結在於法官工作負荷過於繁重，在有限的時間內不易針對案情，深入詳實調查，以致影響裁判品質；其次司法預算不足，造成工作難以配合，間接影響審判業務，故沉重的案件壓力，常為司法同仁永遠的夢魘。因此，民事審判之改革，務需疏減訟源，使法官工作負荷合理化，以便有充裕時間、精力來集中審理相當件數之案件，達到速審速結目標。疏減訟源的途徑很多，例如推廣鄉鎮調解、公證、仲裁等制度，儘量依私法自治之精神解決人民之紛爭，減少法院受理案件之件數。此外，對於民事訴訟之優化，其具體作法，我們認為可從下列幾點尋求改善：

第一款　加強民事第一、二審功能

第一、二審均為事實審，但重複兩審之事實審，難免造成程序之浪費，實有加強第一審功能之必要，如在民事案件開庭時，儘量以律師為訴訟代理人；起訴狀要求應記載攻擊方法及所聲明之證據，法院可於兩造準備書狀送齊後，再定言詞辯論庭；採行以當事人訊問為證據方法之制度，以助發現真實；法官應加強闡明權及交互訊問證人。至民事第二審，宜逐漸改採事後審精神，就攻擊或防禦方法提出時期加以限制，避免當事人延滯訴訟之進行；最近司法院在修正民事訴訟法時，對第二審程序已改採嚴格限制之續審制，認為當事人於第二審程序，雖得提出新攻擊或防禦方法，但應為適當之限制，爰於第四百七十七條但書規定：「在第一審整理並協議簡化後已不得主張之爭點，或經第一審法院依第一百九十六條第二項裁定駁回，或經第一審法院依第二百六十八條定期間命提出而未提出，或因可歸責於當事人之事由未於第一審程序提出者，法院得裁定駁回」，將來立法院審議通過後，必能有助於民事第二審功能之加強。

第二款　落實民事集中審理制度

法官受理多數案件時，其審理之方式，在學說上有繼續審理與併行審理二種主義，繼續審理主義係指法官在一段期間內僅就一個事件或少數事件為集中之審理，至該事件判決後，始再進行其他案件，此種集中處理特定案件之方式，亦稱為集中審理主義；又若法院對其受理之多數訴訟事件，同時併行審理，於每一庭期指定多數事件為言詞辯論期日，何者達於可為裁判之程度，何者未達於可為裁判之程度，分別處理，謂之併行審理主義⑫。台灣地區民事訴訟審理程序，向來採取併行審理主義，其優點固可使案件立即進行不必等待，但因多數案件同時進行，法官無法集中精力專注於少數案件，致易淡忘案情，每一期日前須重新閱卷，枉費法官精力、時間；且因案件繁多，每一事件審理期日與期日間隔過長，法官無法得到新鮮心證，導致裁判違背直接及言詞審理之精神；尤其當事人常至言詞辯論期日始提出書狀，致法官往往無法就案件深入審理，而不得不一再改期開庭，不但造成程序浪費，且招致甚多民怨。為彌補此一缺憾，司法院廣徵各方意見，深入研究後，認為惟有酌採民事集中審理制度之精神，來改進現行制度，始能有所成效。因此，在未修正現行《民事訴訟法》前提下，司法院於民國八十六年七月八日訂頒「加強民事事件審理集中化參考要點」，採用書狀先行程序及整理爭點之方式，期使言詞辯論集中且有效率⑬。該要點內容如下：

一、法院辦理收受書狀人員，對於當事人遞送之書狀，有未使用司法狀紙、不合起訴程式、未於書狀內簽名或蓋章，或未添具必要之繕本者，應即加以指示令其補正。其有聲明人證而未於書狀載明證人姓名、居住所，或所提書狀附屬文件，未按他造人數提出繕本者，亦同。

二、當事人拒絕為前開補正時，收受書狀人員仍應收受書狀，並於狀面黏簽記明其事由，俾使法官注意。

三、法官受理事件後，應詳閱卷證，除因不合法可補正應先命補正，或立即可以裁定終結，或得不經言詞辯論逕行判決者外，得先將原告或上訴人所提出之書狀及附屬文件繕本送達對造，限期命其提出答辯狀及附屬文件，並將所提答辯狀及附屬文件繕本送達他造。俟兩造均於書狀為完全或必要之陳述，並提出必要之附屬文件，或命提出書狀及附屬文件期限屆滿後，再指

定期日。

四、當事人之期日通知書應註明當次期日係準備程序期日或辯論期日，如有應命當事人補正事項或應提出文書或附屬文件者，亦應於期日通知書上註明；如係準備程序期日或再開辯論期日，應併註明調查事項，俾當事人得以事先準備，以減少開庭次數。

五、法官指定期日，應斟酌案件之繁簡、當事人多寡，及是否訊問證人、鑑定人等情形，妥為分配間隔時間，除命合併辯論者外，不能就數案指定同一時間。

六、法官訊問證人、鑑定人應事先研究待證事實，如認聲明人所表明之待證事項有不明瞭或不完足者，應先命其敘明或補充之，如事實繁雜者，應預行擬妥訊問要旨，俾一次訊問完畢，以免一再通知證人，鑑定人到場。

七、當事人未依訴訟進行之程度，適時提出攻擊或防禦方法，並聲明證據者，法官得限期命其提出。其逾期提出者，法官應依《民事訴訟法》第一百九十六條第二項規定，審查有無意圖延滯訴訟，或因重大過失，逾時始行提出攻擊或防禦方法之情事，如有上開情事，宜駁回之。

八、法官於必要情形下，得通知兩造到場整理並協議簡化爭執要點，亦得限期命當事人自行整理或協議之，並將整理或協議之結果向法院陳明。前項整理或協議之結果應作為裁判之基礎。

九、合議事件由受命法官行準備程序，於調查完竣，已達可終結之程度，且經訊明當事人無其他主張後，宣告終結準備程序，並載明筆錄。當事人嗣後再為其他主張者，除有《民事訴訟法》第二百七十六條但書之情形外，應注意同條前段之規定，使生失權效果。

十、期日非一次能終結者，如依訴訟進行之狀況，得當庭指定下次期日者，宜當庭指定下次期日，其間隔以不逾二星期為宜。

不可否認，民事訴訟制度的改進，係司法改革中重要一環，而實施民事集中審理制度，則是目前最迫切且能立竿見影之一項改進，其用意在於減少無益開庭，便民利民，減輕法官工作負擔，進而達到提高裁判品質及提昇司法公信力之最終目標，值得法學界、司法官、律師共同參與，落實民事集中審理制度。

第三款 調整第三審上訴制度

上訴制度之設置，旨在使不服下級審之當事人有向上級審法院提起上訴，請求廢棄或變更，以為救濟機會。就《憲法》第十六條對人民訴訟權之保障而言，理論上似應予當事人得無限制上訴至第三審，惟第三審法院為全國惟一法律審之終審法院，其任務端在審查下級審法院適用法律有無錯誤，及統一法律見解，不宜使所有案件無論繁簡、不限理由，均得上訴第三審。所以在民事審判方面，除應調整上訴第三審訴訟標的金額或價額之限制，降低第三審廢棄原判決之比率外，未來更應從第一審法院發揮事實審功能，第二審法院健全事後審功能，第三審法院酌採國外許可上訴制等，以避免上訴之浮濫⑭，使最高法院確能發揮統一法律見解之成效；司法院現已依民事訴訟法第四百六十六條第二項之授權，於民國八十五年十二月二十四日以行政命令，提高得上訴第三審之金額為逾新台幣四十五萬元；在八十八年二月三日新修正之《民事訴訟法》第四百六十六條，更提高至新台幣60萬元以供適用。

第四款 擴大簡易案件適用範圍

儘速擴大簡易案件適用之範圍及增訂小額事件程序，以較迅速、簡易之程序，解決數額較小或事件性質較輕微之案件，讓法官得以集中精力審理較重大爭執之案件，俾能做到集中審理、速審速結之目標。司法院《民事訴訟法》研究修正委員會已完成簡易事件及小額事件之研修草案，將適用簡易程序之標的金額提高至新台幣50萬元(原草案為60萬元，立法院一讀降低10萬元)，並擴大適用簡易程序之事件種類，另增訂標的金額或價額在10萬元以下者，適用小額程序。該草案函請立法院審議並經該委員會三讀審查通過，甫於八十八年二月三日完成立法程序，將來應可逐漸達到簡化訴訟程序、便利人民使用司法資源，及減輕法院工作負擔之功能。

第五款 採行律師訴訟主義

我國《民事訴訟法》立法當時，律師制度尚屬草創，且員額不足，所費不貲，乃不採律師訴訟主義，而許當事人自行任意為訴訟行為。但以專業分工立場，此種方式實乃今日司法效率未能提高關鍵之一。蓋對於當事人任意訴訟案件，法官除審判具體案件外，尚須利用非常有限之庭訊時間，解答當事人對訴訟上之疑問，或為法律服務，立場頗為尷尬。其次就民事訴訟標的之

主張、準備程序書狀之繕制，乃至攻擊或防禦方法之提出等，均為專門而富高度技術性之事務，殊非一般未受法律專業訓練當事人所能妥當運用，因此，不論是整理兩造爭執要點，或為順利審理集中化，乃至促成當事人間之和解，均有賴於律師訴訟制度之採行，誠如國內學者所言：「司法絕對是專家的工作」[45]，所以健全司法，務需建立律師制度，如此方能貫徹專業分工理念，確實保障人民訴訟權能。

第六款　建立非訟法務官等制度

近年來台灣地區工商發達，社會轉型，法院受理之訴訟事件與非訟事件逐年遞增，各地方法院辦理民事案件之法官，除超額辦理一般民事案件外，並長期負擔鉅額之非訟事件，龐大的工作負荷，不僅損耗法官精力，同時降低裁判品質。為期合理分配有限之司法資源，以落實憲法保障人民訴訟權意旨，參酌德、奧等國法務官制度，將民事非訟事件，如本票裁定、拍賣抵押物事件、督促程序案件、公示催告、聲請繼承、收養子女等，交由非訟法務官處理，可以減輕法官工作負擔，俾使法官能全力投入一般民事案件之審理，目前司法院已完成「法務官法」草案，於八十七年一月二日函請立法院審議中，將來立法通過，亦可減輕法官工作量。此外，分年增加法官員額，設置法官助理，簡化民事判決書格式等，均為疏減訟源，提高裁判品質之方法，亟需儘速推行。

第二項　大陸地區民事審判之改進

隨著大陸法制建設不斷加強，對於民事審判公正與訴訟程序優化之要求，亦不斷為人民和法律學者、實務家所重視，尤其在中共十四大提出「中華人民共和國經濟體制改革的目標是建立社會主義市場經濟體制」、「本世紀末初步建立適應社會主義經濟之法律體系」之任務；以及第八屆全國人大第四次會議明確指出「依法治國，建設社會主義法制國家」，會議通過「綱要」，強調「堅持改革開放和法制建設的統一……用法律引導、推進和保障社會主義市場經濟的健康發展」後[46]，更使其民事審判之改進，成為普遍共識，惟與一般民主國家比起來，仍嫌不足，未來作法可朝下列方向改進：

第一款　重新界定民事訴訟之目的

民事訴訟之目的，亦即民事審判制度設立之理由為何？一直是近代法治國家民事訴訟法學者探究之重點，通常認為民事訴訟之目的與當事人訴權有相當密切關係，傳統訴權理論存在著四種學說，即私權說、公權說、權利請求保護說以及司法行為請求說；與此相對立，關於民事訴訟目的學也提出權利保護說、私法維持說和糾紛解決說，前二種學說深為德國學者所提倡，而第三種學說則由日本著名民事訴訟法學者兼子一所提倡[47]。在台灣地區將民事訴訟之目的，界定為私權保護與民事紛爭之解決，因此整個訴訟體制、審判機能採取當事人進行主義、辯論主義以及處分權原則。

大陸學者關於民事訴訟目的之理論，並未直接與訴權探討發生關聯，諸如民事訴訟教科書中，涉及民事訴訟「目的」時，基本上是在解釋民事訴訟法之「任務」，始簡單觸及，即認為民事訴訟法有「四個任務，一個目的」，所謂四個任務即：(1)保護當事人行使訴訟權利；(2)保證人民法院正確審理案件；(3)確認權利義務關係，制裁民事違法行為、保護當事人的合法權益；(4)教育公民自覺地遵守法律。通過該四個任務之完成來實現一個目的，即維護社會秩序、經濟秩序、保障社會主義事業的順利進行。除此之外，論者並未對與任務相伴出現之民事訴訟目的加上合理註腳和詮釋。此觀點可以從其《民事訴訟法》第二條規定中找到根據，該條文規定：「中華人民共和國民事訴訟法之任務，是保護當事人行使訴訟權利，保證人民法院查明事實、分清是非，正確適用法律，及時審理民事案件，確認民事權利義務關係，制裁民事違法行為，保護當事人的合法權益，教育公民自覺遵守法律，維護社會秩序、經濟秩序，保障社會主義建設事業順利進行」。雖無明確指出民事訴訟法之目的，但從前後文義來看，亦可理解其中包含對民事訴訟法目的之規定。大陸許多民事訴訟法學界即以此為依據，指出民事訴訟法之目的就是「維護社會秩序、經濟秩序、保障社會主義事業的順利進行」，而該目的之實現即通過實現民事訴訟法之基本任務來完成[48]。

由於大陸在論述其民事訴訟之目的時，未從訴權理論加以考量，以致其民事訴訟結構，在強調維護社會秩序、經濟秩序、保障社會主義事業順利推行之情況下，民事審判以職權進行主義為基礎，堅持法院在訴訟過程之主導地位，將訴訟主體之當事人視為從屬性質；對當事人舉證責任之要求，常因

缺乏有效制度保障，而轉化為法院收集證據之職責，致淡化當事人之舉證責任，其他在直接審理制度、公開辯護以及處分權原則方面，均有相當缺漏。

事實上國家設立民事訴訟制度之最終目的，固然是為了完善司法制度和法律體系，據此實現國家之統治力，但是作為民事訴訟其最直接、具體之目的，應在於解決民事糾紛，發揮民事審判在解決當事人民事紛爭中，所具有之強制性和終局性特徵。基此觀點，對於民事糾紛，應由當事人將符合《民事訴訟法》規定之案件交付法院裁決時，法院始以國家強制力為後盾，經訴訟程序終局性的解決民事糾紛；另從當事人角度看，當事人之間發生糾紛時，並不一定將糾紛交付法院，他們可在法院外尋找同具有解決糾紛機能和目的之其他機關，以訴訟外方式來解決糾紛。所以是否起訴，有無和解或撤訴必要，當事人均應有權自行決定。是以，大陸民事訴訟從維護社會秩序立場，未顧及當事人訴權，過於強調職權進行主義和干涉主義，顯與民事訴訟之立法目的，不盡相符。在其市場體制逐漸建立之今日，單純的職權主義構造，利少弊多，允宜重新界定民事訴訟之目的，使在於確定私權，解決民事糾紛，據此由弱化職權主義，過渡至當事人進行主義，採行言詞辯論和處分權主義，使當事人之訴訟權利和人民法院審判權限作明確劃分，未來將更有利於公正、妥適和迅速解決民事糾紛⑭。

第二款　司法審判組織結構之優化

民事審判組織，即法院內部之獨任法官、合議庭、審判委員會，乃訴訟程序是否公正之重要前提，而前述大陸採行「法院獨立」原則，既有相當多弊病，在積極提高法官素質和水平前提下，應當儘速取消院長、庭長對具體案件之審批，以及審判委員會對具體案件之討論。關於黨政監督司法方面，亦應儘量降低其干涉，但不妨加強公眾監督、法學家監督或輿論監督，使審判獨立與社會監督間，保持適當之制衡。

在審判組織之人員編制上，大陸從事審判工作之審判員、助理審判員比例約占全院總人數之二分之一，但法官仍感到業務過重，對工作條件和薪資待遇，並非十分滿意；至於非審判業務之人員，因工作不能納入《法官法》的調整系列，而感到若有所失，為解決此一矛盾，宜考慮改採台灣地區之分類管理制度，使法官按《法官法》實行專業分工，其他人員按照《公務員條例》實

行業務類管理。兩類人員分別管理，互不調動，使法官在《法官法》規範中，有較高之工資待遇、保險福利和任職保障，相信對大陸司法制度推展，必產生相當大之貢獻。

第三款　淡化人民陪審制度

陪審制度(Jury System)係由專業法官以外一定數額之人士，經合法選任及宣誓後，在主審法官指示下，參與訴訟案件之審判，並依合法證據反映審判上意見。目前我國並未採行陪審制度，主因在於陪審制度起源於英美法系國家，其歷史背景和民族性與我國並不相同；且陪審制度程序複雜，容易拖延訴訟；加以陪審員法學素養不足，易徇情偏私，甚或貪瀆舞弊，故司法機關長期以來，仍認以暫不採行為宜。中共政權的人民陪審員制度是「作為人民群眾參加國家管理的一種方式」⑩，所以大陸地區在西元1978年所通過施行之《憲法》第九條即明文規定：「人民法院審判第一審案件，依據法律的規定，實行群眾代表陪審制度」，基此，大陸人民法院對於第一審行合議審判之案件，即係採用「人民陪審制」，由職業審判人員與非職業審判人員組成合議庭進行審判，非職業審判人員稱為「人民陪審員」，由年滿二十三歲，有選舉權和被選舉權及未被剝奪政治權利的公民，經選舉或邀請而產生。人民陪審員於執行職務時，與審判員有同等權限，如可直接審理、訊問當事人、參加案件評議、閱卷，對書記員工作的指導權等⑪，在其執行職務期間，由原工作單位照付工資，無工資收入者，由人民法院給予適當補助⑫。惟從實踐來看，現在有不少陪審員不是陪審某個具體案件才到人民法院執行職務，而是長期借調到法院工作，又沒有陪審職稱，此種作法主要為解決法院陪審人力不足而採取之變通方式，此與原來陪審意義已有相當區別；其次因陪審員大多缺乏法律素養，又乏辦案經驗，易受感情支配和受當事人影響；再者很多審判人員認為陪審員水準低，無法在審判中起作用，遂不與其詳介案情，亦不與之研究如何開庭，以致陪審制度有名無實，形同虛設；陪審制度既已難以發揮功能，未來修法時，應朝淡化並逐步取消民事陪審制度邁進，無需再宥於陪審制度所象徵之民主意義，而使改革卻步。

第四款　落實民事審判方式之改革

大陸地區自西元1996年7月以來，由最高人民法院推行之民事審判方式改

革，其目標依復旦大學教授兼上海市法學會副會長李昌道先生之看法，認為：「是建立與社會主義市場經濟體制相適應之公正、公開、高效的審判機制，建設具有中國特色的社會主義審判制度；這是不斷健全社會主義民主和法制的需要，也是切實貫徹民事訴訟法的需要」[61]。可見推行民事審判方式改革，不是突破法律，而是將某些不利於法律實踐之習慣做法和陳舊觀念予以改正，從而把法律之優越性真正發揮出來。至於其改革內容，則從強化庭審功能、強化當事人舉證責任，以及強化合議庭和獨任法官職責做起[62]。

第五款　研議修正民事上訴兩審終結制度

大陸之審級制度歷經相當發展過程，早在新民主主義革命時期，各地法院審級制度並不統一，有的實行兩審終審，有的實施三審終結制；西元1949年建國初期，原則上採用二審終審制，但對個別特殊案件，允許對第二審人民法院的裁判上訴至最高人民法院。1954年公布的《人民法院組織法》，明定二審終審制；1982年和1991年先後公布的《民事訴訟法》(試行)，和《民事訴訟法》，沿用兩審終審制，將兩審終結作為其訴訟法制之一項基本原則。

深入檢討大陸之兩審終結制，其採行基礎在於從國情出發，充分考慮審級制度之可行性，防止和避免多審級所造成的不便。由於大陸地域遼闊，不少地區交通不便，如果採行三審終審制，一個案件可以上訴兩次，將造成纏訟不休，勞民傷財及訴訟不經濟等結果；且實行兩審終審制，民事、經濟糾紛案件可以在各地人民法院就地審判，方便民眾訴訟，有利於法院辦案，並使最高人民法院可以擺脫審理較多具體案件的負擔，集中力量加強對地方各級人民法院的業務指導和監督。

惟兩審終審制雖有前開優點，但在現階段亦潛存許多弊端，以大陸地區司法體系而言，法院由基層人民法院、中級人民法院、高級人民法院和最高人民法院四級組成。根據民事訴訟法級別管轄規定，通常情況下基層人民法院管轄第一審民事案件，故絕大多數民事案件由基層人民法院第一審，其上訴審即終審法院為中級人民法院。由於審判員養成訓練不足，常有初任審判員甫就任，即於中級或高級人民法院負責審判業務，其審判水平相對較低，致使第一審不公正的裁判難以通過上訴審得以糾正。其次第一審法院與第二審法院之間通過經常業務聯絡，不可避免地導致兩級法院之間情感上親近，

上級法院在第二審程序中有可能從情感出發，先入為主地輕信原審法院之處理。而對予某些非原則性的錯誤更容易睜一只眼、閉一只眼。再者，終審法院所在地靠近案發地，法院與當事人之間存在各種聯繫，使訴訟難以避免諸多人情因素，影響司法公正性。另在適用法律方面，因終審法院級別較低，常常因地而異，不利法律之統一適用，凡此均為兩審終審制之缺陷所在[55]。

　　兩審終審制與三審終審制誰優誰劣，很難有絕對的答案，三審終審制比兩審終審制更能保障案件得到公正的處理，但與訴訟經濟原則不相符合；兩審終審制則恰好相反，二者各有長短。近年來大陸學者，如中國政法大學教授陳桂明等人，開始建議改採三審終審制，其理由認為在市場經濟的大背景之下，訴訟公正的價值目標被推到首要位置，即使以更多的人力、財物和時間作為代價，也必須充分保障訴訟的公正性，第三審程序的設置其必要性是無可置疑的。三審終審制使初審法院與終審法院之間保持一定距離，使最初審判者顧及後面兩個審級而謹慎從事，又使終審法院在訴訟中避免因審級之間距離太近，所形成法官間情感親近之弊；三審使終審法院的級別得以提高，使終審法院的專業水平容易得到保證，終審法院與當事人之間千絲萬縷的人情因素干擾得到抑制，地方保護主義頑症得以緩解，保證法律統一適用，也使較高級別法院有更多的機會實際接觸具體的案件，保證其在具有豐富臨床經驗之基礎上正確指導和監督下級法院的審判工作[56]。惟為疏減第三審上訴之訟源，在訴訟公正與裁判經濟之考量過程中，作者認為可借鑑西方國家與台灣地區之經驗，限制三審上訴之範圍，將第三審界定為法律審，其上訴理由以原判決違背法令者為限，始得提起上訴，對於上訴審與原審之關係，採取事後審理制，使上訴法院僅以原審法院所調查之訴訟資料為審理基礎，並以下級法院認定之事實為依據，上訴審中不得再提出新的訴訟資料，如此一來，將可減少第三審法院之工作負荷，同時兼顧人民權益之保障。

註釋：

① 王甲乙、楊建華、鄭健才，《民事訴訟法新論》，(台北：三民書局，民國86年9月)，頁515。

② 姚瑞光，《民事訴訟法論》，(台北：作者自行出版，民國84年7月)，頁473～

474。

③ 王甲乙、楊建華、鄭健才，《民事訴訟法新論》，前揭書，頁515、598。

④ 吳明軒、楊秉鉞著，〈關於民事訴訟上訴制度之研究〉，《司法周刊》，(台北：司法院，民國83年5月4日)，第二版。

⑤ 常怡主編，《民事訴訟法學》，(北京：中國政法大學出版社，1994年3月)，頁271。

⑥ 劉俊麟、林家祺，《民事訴訟法》，(台北：書泉出版社，民國84年4月)，頁722～724。

⑦ 此在法律雖無明文規定，然依《民事訴訟法》第四百四十一條第一項規定，提起上訴應表明對於第一審判決不服之程度及應如何廢棄或變更之聲明旨趣觀之，自可得當然之解釋。又我國最高法院二二年上字第三五七九號判例亦認，對於利己之判決如可上訴，則上訴時即無從為廢棄或變更原判決之聲明，可供參照。

⑧ 姚瑞光，《民事訴訟法論》，前揭書，頁496。

⑨ 大陸地區，當事人不服地方人民法院第一審裁定，得提起上訴的，限於《民事訴訟法》第一百四十條第一款所規定之(一)不予受理，(二)對管轄權有異議的，(三)駁回起訴等裁定。于紹元主編，《中國訴訟法學》，(北京：中國法制出版社，1994年9月)，頁344～345。

⑩ 參見《大陸民事訴訟法》第一百六十一條規定，及駱永家主持，《大陸民事訴訟法之研究》，(台北：行政院大陸委員會，民國82年10月)，頁238。

⑪ 吳明軒，《中國民事訴訟法》(下冊)，(台北：三民書局，民國80年7月)，頁1114。

⑫ 韓象乾、鄭學林，《大陸六法精要(2)民事訴訟法》，(台北：月旦出版公司，民國83年2月)，頁224。

⑬ 楊榮新主編，《民事訴訟法學》，(北京：中國政法大學出版社，1997年11月)，頁312。

⑭ 柴發邦主編，《民事訴訟法學》，(北京：，北京大學出版社，1994年4月)，頁268。

⑮ 參見大陸《民事訴訟法》第五十三條第二款規定；及楊建華，《大陸民事訴訟法比較與研析》，(台北：作者自行出版，民國80年7月)，頁143。

⑯ 參見最高法院十九年上字第一二七九號、二十九年抗字第五三四號判例。

⑰ 駱永家主持，《大陸民事訴訟法之研究》，前揭書，頁241。

⑱ 姚瑞光，《民事訴訟法論》，前揭書，頁484。

⑲ 常怡主編，《民事訴訟法學》，前揭書，頁279。

⑳ 法院審理二審案件，原則上應開庭審理，但認為可不開庭者，亦可逕行裁判。法院在閱卷、調查後，應根據具體案件情況決定是否開庭審理。但對下列上訴案件，可依《民事訴訟法》第一百五十二條之規定逕行判決、裁定：(一)第一審就不予受理、駁回起訴和管轄權異議作出裁定之案件；(二)當事人提出之上訴請求明顯不能成立之案件；(三)原審裁判認定事實清楚，但適用法律錯誤之案

件；(四)原判決違反法定程序，可能影響案件正確判決，需要發回重審之案件。參見駱永家主持，《大陸民事訴訟法之研究》，前揭書，頁245。

㉑ 楊建華，〈中共民事訴訟法之評析(一)〉，《中國大陸法制研究》(第一輯)，(台北：司法院，民國79年10月)，頁191～192。

㉒ 楊建華，《大陸民事訴訟法比較與研析》，前揭書，頁148。

㉓ 參見台灣《民事訴訟法》第四百八十一條，第四百五十九條。

㉔ 韓象乾、鄭學林，《大陸六法精要(2)民事訴訟法》，前揭書，頁231～233。

㉕ 參見中共最高人民法院，《關於適用民事訴訟法若干問題的意見》第一八一條。

㉖ 吳明軒，〈飛躍上訴之實例研究〉，《民事法律專題研究》(九)，(台北：司法院，民國82年2月)，頁385。

㉗ 參見最高法院六十八年台抗字第三九八號判例。

㉘ 吳明軒，《中國民事訴訟法》(下冊)，前揭書，頁1304。

㉚ 參見大陸《人民法院組織法》第十四條第一款規定。有關審判委員會之組織，參見程遠，〈大陸司法制度簡介〉，《司法周刊》，第672期，(台北：司法院，民國83年5月11日)，第三版。
李宏錦、廖平生，《中共憲法概論》，(台北：法務部，民國80年6月)，頁52。

㉛ 發現新證物或得使用該證物」，係指前訴訟程序事實審言詞辯論終結前已存在之證物，因當事人不知，致未經斟酌，現始知悉者而言，若在前訴訟程序事實審言詞辯論終結前，尚未存在之證物，則不得據為再審理由，且不包括發現證人在內(我最高法院四十二年台上字第一三〇六號、二十九年上字第一〇〇五號判例參照)，如此方能以維護確定判決之既判力與法律秩序之安定性。大陸新增上述規定，所謂「有新的證據」，如範圍過寬，包括以前得提出而未提出之證據，或判決後始作成之新證據，甚或包括證人在內，則對確定判決之既判力與安定性，必有相當影響；參見楊建華，《大陸民事訴訟法比較與研析》，前揭書，頁159。

㉜ 柴發邦主編，《民事訴訟法學》，前揭書，頁296。

㉝ 常怡主編，《民事訴訟法學》，前揭書，頁297。又當事人違反《民事訴訟法》第一百八十一條規定，聲請再審者，人民法院應當依法不予受理。

㉞ 楊建華，《大陸民事訴訟法比較與研析》，前揭書，頁156。

㉟ 朱錫森，《新民事訴訟法講話》，(北京：中國檢察出版社，1991年6月)，頁274。

㊱ 參見中共最高人民法院《關於適用民事訴訟法若干問題的意見》第二〇四條。

㊲ 按西元1991年4月9日，為中共第七屆全國人民代表大會第四次會議通過，公布《民事訴訟法》，並廢止前試行民事訴訟法之日。

㊳ 楊建華，《問題研析民事訴訟法(二)》，(台北：三民書局，民國76年5月)，頁336。

㊴ 劉芝祥、謝明智主編，《應用民事訴訟法學》，(北京：中國政法大學出版社，

1992年4月)，頁318。

㊵ 柴發邦主編，《民事訴訟法綱要》，(北京：中國人民公安大學出版社，1993年8月)，頁178～179。

㊶ 中共最高人民法院民事訴訟法培訓班編，《民事訴訟法講座》，(北京：法律出版社，1991年9月)，頁3～6。

㊷ 薛景元主編，《海峽兩岸法律制度比較—訴訟法》，(福建：廈門大學出版社，1994年11月)，頁135～136。

㊸ 廖宏明，〈加強民事案件集中審理之措施〉，《律師雜誌》，第224期，(台北：台北律師公會，民國87年5月)，頁18～23。

㊹ 張劍男，〈共同積極推動民事案件審理集中化〉，《司法周刊》，第867期，(台北：司法院，民國87年3月4日)，第二版。另鄭傑夫，〈司法院加強民事案件審理集中化例稿說明〉，《律師雜誌》，第224期，(台北：台北律師公會，民國87年5月)，頁28～37。

㊺ 王甲乙，〈訴訟制度之改進〉，《司法院司法改革委員會會議實錄(上輯)》，(台北：司法院大法官書記處，民國85年5月)，頁9～11。

㊻ 李復甸，〈論司法革新〉，《理論與政策》，第十二卷第一期，(台北：理論與政策雜誌社，民國85年10月31日)，頁135。

㊼ 唐德準，〈在全國法院民事、經濟審判方式改革試點工作座談會上的講話〉，載於《走向法庭》，(北京：法律出版社，1997年12月)，頁29～31。

㊽ 兼子一，《新修民事訴訟法體系》，(日本：酒井書店，昭和四十年)，頁25～26。

㊾ 楊榮新主編，《民事訴訟法學》，前揭書，頁79～83。

㊿ 劉榮軍，〈論民事訴訟法的目的〉，《訴訟法學、司法制度》，1998年第一期，(北京：中國人民大學書報資料中心，1998年2月)，頁56～67。

(51) 婁必允主編，《人民陪審員辦案手冊》，(北京：人民法院出版社，1993年9月)，頁2。

(52) 文敬，《法院審判業務管理》，(北京：法律出版社，1997年12月)，頁294。參見大陸《人民法院組織法》第三十八條、第三十九條規定。

(53) 李昌道，〈大陸地區民事訴訟法的頒布與實施〉，發表於1998年10月13日，由東吳大學與中華法學會主辦之《海峽兩岸法學交流研討會》。

(54) 王懷安，〈審判方式改革是我國民主和法制建設在審判領域的重大發展〉，載於《走向法庭》，(北京：法律出版社，1997年12月)，頁23～24。

(55) 陳桂明，《訴訟公正與程序保障》，(北京：中國法制出版社，1996年6月)，頁194～195。

(56) 陳桂明，〈民事訴訟上訴審程序改造論〉，《訴訟法理論與實踐》，(北京：中國政法大學出版社，1997年10月)，頁438～445。

第十章 兩岸之民事調解制度

第一節 民事調解制度概説

調解制度，是當事人以合意方式，針對爭議事項，共同提出雙方均能接受之解決方案，以代替法院之裁判，達到疏減訟源、息止民事糾紛的雙重功能，故素為兩岸民事程序法學者及司法實務所重視。惟兩岸因政經體制不同，台灣地區之司法制度，係建立於民國初年，逐步發展，以調解制度而言，早在民國十九年即曾頒布《民事調解法》一種，到了二十四年七月一日，《民事訴訟法》公布施行時，則將該民事調解法有關規定併入，以供適用[①]；四十四年一月二十二日，公布《鄉鎮調解條例》，使鄉鎮調解制度取得法律地位[②]；五十七年二月一日修正民事訴訟法時，鑒於調解程序併入簡易訴訟程序，在體例上未盡妥適，特將調解程序獨立為專章，並參考日本《民事調停法》有關規定，酌增強制調解等若干條文。其後，在七十九年間為擴大民事簡易事件之範圍，以地方法院簡易庭與合議庭為審判之重心，發揮輕微民事事件過濾作用，進而提高通常民事事件之裁制品質，就有關調解程序與簡易訴訟程序兩部分作重大修正，並於同年八月二十日公布施行[③]；近年來司法院為全面檢討修正民事訴訟法，亦不斷對調解程序，提出增修意見，尤其八十八年二月三日修正公布之民事訴訟法條文，更能落實保障私權，維護社會秩序之民事訴訟制度目標[④]。

大陸地區則於西元1949年廢除原國民政府公布之法律，參照早期蘇區經驗及前蘇聯體制，另立新制[⑤]，就調解制度之發展來看，首先於1954年頒布《人民調解委員會暫行組織通則》，確立其人民調解委員會之宗旨、任務、工作原則及調解之效力[⑥]。惟法院之調解制度，則始終無明確之民事訴訟程序法律，予以規定，其間因文化大革命之十年動亂，在法律虛無主義與砸爛公檢法之情形下，司法制度被徹底破壞，而人民調解委員會更被指控是「搞階級調和的工具」、「階級鬥爭熄滅論的產物」，所有正直、守法的調解人員，都難逃被批鬥命運，使大陸地區的調解工作全部陷於癱瘓。近十餘年來，在中共十一屆三中全會召開，確立「四個現代化」及改革開放政策方針後，已重建司法制

度，旋於1980年初，重新公布《人民調解委員會暫行組織通則》；1982年3月試行的《中華人民共和國民事訴訟法》公布施行，該法第十四條規定，人民調解委員會是在基層人民政府和基層人民法院指導下，調解民間糾紛的群眾性組織，應依照法律，根據自願原則，用說服教育的方法進行調解工作；至於法院的調解程序，則規定於第九十七條至第一百零二條中，至此，法院調解制度正式建立⑦。1989年6月，中共《人民調解委員會組織條例》公布施行，原《人民調解委員會暫行組織通則》同時廢止；1991年4月9日第七屆全國人民代表大會第四次會議通過《民事訴訟法》，原試行法廢除，在該新法中，將法院調解程序，由試行法第二編，第十章第一審普通程序之第四節，調整為總則篇之第八章，足見立法者對調解程序之重視⑧，值得吾人深入鑽研，相互借鏡。

　　本書擬就大陸人民調解制度、法院調解制度及其他調解制度予以探討，並進一步與台灣地區之鄉鎮市調解、法院調解及和解制度作分析、比較，希望藉此比較研究，對大陸的調解制度，有較為深刻的瞭解及認識，以期共同解決兩岸日益激增之民事暨貿易糾紛等法律問題。

第二節　台灣地區之民事調解制度

　　調解者，為法院或其他調解機關於兩造法律關係有爭議時，在未起訴前從中調停排解，使為一種合意，以避免訴訟之程序也。台灣地區之民事調解制度，乃起訴前之程序，本質上為非訟事件，目前除《民事訴訟法》規定之法院調解外，尚有《鄉鎮市調解條例》之調解、《耕地三七五減租條例》之調解、《勞資爭議處理法》之調解、《仲裁法》之調解、《消費者保護法》之調解、《土地法》之調解及《公害糾紛處理法》之調解等⑨。茲分別說明如下：

第一項　鄉鎮市調解條例之調解

　　依《鄉鎮市調解條例》第一條規定，台灣地區之鄉、鎮、市公所應設置「調解委員會」，辦理民事事件和告訴乃論之刑事事件。調解委員會通常由委員七人至十五人組織而成，並互選一人為主席；至調解委員會委員之產生，則由鄉、鎮、市長就鄉、鎮市內具有法律知識、信望素孚之公正人士推薦，並檢送其姓名、學歷、經歷及家庭狀況資料，送請鄉、鎮、市民代表會同意後

轉任,任期三年,並得連任,其因故解聘者,亦應送請原同意機關同意後為之。調解成立者,依同條例第二十四條規定:「調解經法院核定後,當事人就該案件不得再行起訴或自訴。經法院核定之民事調解,與民事確定判決有同一之效力」,第二十五條規定「民、刑事件已繫屬於第一審法院者,如調解成立,經法院核定後,視為撤回起訴、告訴或自訴」。由於鄉鎮市調解制度,除了具有法院判決之效力外,在本質上亦含有自治性、簡便性、合意性,且情理疏導重於法律適用,故素為國人所採用,以民國八十六年為例,地方法院辦理鄉鎮市調解事件,經法院准予核定無須再起訴者,即有61,148件之多⑩,績效良好,確能達到疏減訟源之效果。

第二項 耕地三七五減租條例之調解(調處)

依《耕地三七五減租條例》第三條規定,直轄市或縣(市)政府及鄉(鎮、市、區)公所,應分別設立耕地租佃委員會,以調解出租人與承租人因耕地租佃所發生之爭議,前項委員會佃農代表人數,不得少於地主與自耕農代表人數之總和,以確保耕地承租人之權益。又依同條例第二十六條規定,租佃爭議應先由當地鄉(鎮、市、區)公所耕地租佃委員會調解;調解不成立者,應由直轄市或縣(市)政府耕地租佃委員會調處,不服調處者,由直轄市或縣(市)政府耕地租佃委員會移送該管司法機關處理,並免收裁判費用;前項爭議案件,非經調解、調處,不得起訴,如逕行起訴,法院應依《民事訴訟法》第二百四十九條第一項第六款以起訴不備其他要件為理由,裁定駁回其訴⑪,經調解、調處成立者,由直轄市或縣(市)政府耕地租佃委員會給予書面證明。又依同條例第二十七條規定,前述爭議案件,經調解或調處成立者,當事人之一方不履行其義務時,他造當事人得逕向該管司法機關聲請強制執行,並免收執行費用。

第三項 勞資爭議處理法之調解

依《勞資爭議處理法》第九條規定,雇主或雇主團體與勞工或勞工團體,發生勞資爭議時,應向直轄市或縣(市)主管機關提出調解書,申請調解。主管機關應於接到當事人申請調解之日起七日內,組成勞資爭議調解委員會處

理；對於調解方案，應有調解委員過半數出席，經出席委員過半數同意，始得作成決議。勞資爭議經調解成立後，依同法第二十一條之規定，僅具一般契約之效力，當事人之一方於他方不履行調解協議時，只能向法院訴請履行該協議而已，並不具有與法院確定判決相同之效力。

第四項　仲裁法之調解

仲裁制度係基於契約自由原則，而設立之私法紛爭自主解決之制度，當事人就現在或將來之糾紛，以仲裁契約(或仲裁條款)方式，排除法院之管轄，而授權仲裁人經由仲裁程序之審理，作成於當事人間具有終局確定力、拘束力之仲裁判斷。由此可知，仲裁如同調解或法院判決，均係解決糾紛之方法。台灣地區關於商務仲裁制度之建立，早在民國四十四年即已成立中華民國商務仲裁協會，政府繼於民國五十年一月二十日公布《商務仲裁條例》，嗣於六十二年四月六日訂頒《商務仲裁協會組織及仲裁費用規則》，我國商務仲裁制度於焉確立®。《商務仲裁條例》自公布後，雖曾於七十一年及七十五年間修正，惟主要架構並未變動，致使仲裁實務之運作，尚嫌不足，從而為落實私法自治及符合國際仲裁潮流，經參考各國仲裁立法例後，於八十七年五月二十九日三讀通過新《仲裁法》，並於八十七年十二月二十四日正式施行。關於《仲裁法》之調解，依該法第四十五條第一項規定，未依本法訂立仲裁協議者，仲裁機構得依當事人之聲請，經他方同意後，由雙方選定仲裁人進行調解，調解成立者，即於當事人間與法院之確定判決有同一效力，故有形式上之確定力和實質上之確定力。惟其執行力方面，則與確定判決不同，即須先聲請法院為執行裁定後，方取得執行名義，可據以強制執行(同法第四十五條)。

第五項　消費者保護法之調解

依《消費者保護法》第四十三條規定，消費者與企業經營者因商品或服務發生消費爭議時，消費者得向企業經營者、消費者保護團體或消費者服務中心或其分中心申訴。企業經營者對於消費者之申訴，應於申訴之日起十五日內妥適處理之。如消費者之申訴未能獲得妥適處理時，依同法第四十四條規

定，得向直轄市或縣(市)消費爭議調解委員會申請調解。經調解成立者，應作成調解書。至調解成立之效力，依同法第四十六條第二項規定，準用鄉鎮市調解條例第二十四條至第二十六條之結果，凡調解經法院核定後，當事人就該事件即不得再提起民事訴訟，且該經核定之消費爭議調解，與民事確定判決有同一效力，可據以聲請強制執行⑬。

第六項　公害糾紛處理法之調處

因公害或有發生公害之虞所造成之民事糾紛，當事人得依《公害糾紛處理法》第十四條第一項之規定，以申請書向公害糾紛之原因或損害發生地之直轄市或縣(市)調處委員會申請調處。如調處不成立時，當事人得就同一事件，向省調處委員會申請再調處，以期公正、迅速有效處理公害糾紛，保障人民權益，增進社會和諧。調處成立者，應制作調處書，於調處成立之日起七日內，將調處書送請管轄法院審核；該調處經法院核定後，依同法第三十條第一項規定，與民事確定判決有同一之效力，當事人就該事件，不得再行起訴，其調處書得為強制執行名義。又經法院核定之調處，有無效或得撤銷之原因者，當事人得向原核定法院提起宣告調處無效或撤銷調處之訴，以為救濟(同法第三十一條)。

第七項　土地法之調解（調處）

依法得分割或為其他處分之共有土地或建築改良物，共有人不能自行協議分割或處分者，任何共有人得依《土地法》第三十四條之一第六項規定，聲請該管市、縣地政機關調解，調解不成立者，該管地政機關得依任何共有人之聲請，移送該管司法機關審理。又土地權利關係人，在《土地法》第五十八條所定公告期限內提出異議，而生土地權利爭執時，應由該管市縣地政機關予以調處，不服調處者，應於接到調處通知後十五日內，向司法機關訴請處理；逾期不起訴者，依原調處結果辦理⑭。另因房屋租用發生爭議時，依《土地法》第一百零一條規定，得由該管市縣地政機關予以調處，不服調處者，得向司法機關訴請處理。應注意者，地政機關之調解、調處，其性質與《耕地三七五減租條例》之強制調解、調處不同，故當事人對土地紛爭，未經地政機關

之調解或調處，即逕行起訴，仍難謂為違法(最高法院五十二年台上字第一二三號判例、六十八年台上字第一三四〇號判例)。

第八項 民事訴訟法之調解

民事訴訟法之調解，即法院之調解，係法官依當事人之聲請，於起訴前就有爭議之民事案件，勸諭雙方當事人杜息爭端，由當事人自行成立合意，以避免訴訟之程序。法院調解之事件，依性質之不同，可分為(一)強制調解事件：如《民事訴訟法》第四百零三條第一項所定之不動產相鄰關係、道路交通事故、醫療糾紛、金額或價額十萬元以下之案件，第五百七十七條之夫妻離婚、履行同居之訴，第五百八十七條之終止收養關係之訴。(二)任意調解事件：則指強制調解事件以外之案件，當事人亦得於起訴前聲請調解。調解經當事人合意而成立者，依該法第四百十六條第一項規定，與訴訟上之和解有同一之效力，即與確定判決有同一效力㊺，其內容適於強制執行者，並得據以為執行名義，聲請強制執行(強制執行法第四條第一項第三款)。

第三節 大陸地區之民事調解制度

大陸地區之調解，是指發生糾紛之雙方當事人，在第三者主持下，互相協商，自願達成協議，以解決糾紛之一種活動。所以其調解制度，通常具有三個特徵:(一)調解是在第三者主持下進行，該第三者，可以是人民調解委員會、人民法院，甚至行政機關㊻;(二)調解協議之達成，需出於雙方當事人自願;(三)調解是以說服教育方式，從旁疏導，排除爭端，而非強制裁決。調解制度是中共法律制度之重要組成部分，為司法制度之一個典型特色㊼，在其積極推動下，目前調解制度有人民調解委員會之調解、行政機關之調解、仲裁機關之調解及法院之調解四種，概述如後:

第一項 人民調解委員會之調解

人民調解委員會之調解，又稱人民調解，指由人民調解委員會主持調解，依法律政策、道德習俗，針對爭議問題在弄清事實之基礎上，評斷是非曲直，並對當事人進行說服工作，使互相讓步，協商解決糾紛。依《人民調解

委員會組織條例》第五條第一款規定，人民調解委員會主要任務為調解民間糾紛，並通過調解工作宣傳法律、法規、規章和政策，教育公民遵紀守法，尊重社會公德。在進行調解工作時，應遵守下列原則:(一)依據法律、法規、規章和政策進行調解，法律、法規、規章和政策沒有明顯規定的，依據社會公德進行調解;(二)在雙方當事人自願平等基礎上進行調解;(三)尊重當事人之訴訟權利，不得因未經調解或調解不成立，而阻止當事人向人民法院起訴。經人民調解委員會調解成立，並不具有強制性法律效力，是否履行調解協議，完全由當事人自行決定⑱。惟本於「調解不是訴訟的必經程序」精神，遇有不履行情事時，當事人可以據以向人民法院起訴。人民法院經審查結果，如認為原調解是正確的，可以判令執行;反之，如認為原調解不當，或有違反政策、法律情形時，應當予以糾正，不受該調解內容的約束⑲。

第二項　行政機關之調解

　　行政機關之調解，是指國家行政機關依照法律規定，調解解決特定糾紛的一種非訴訟活動，性質上雖為訴訟外調解，但與訴訟活動之關係密切，通常稱為政府調解或行政調解⑳。行政調解之種類，有下列四種:

第一款　基層人民政府之調解

　　調解民事糾紛和輕微刑事案件，一直是基層人民政府的一項職責，目前主要由設在農村區公所或鄉政府，以及城鎮街道辦事處之司法助理員或民政助理員負責。司法助理員是司法行政工作人員，其任務除指導人民調解委員會和進行法制宣傳外，還親自調解民事等糾紛。另民政助理員也負有調解民間糾紛之責任㉑。

第二款　國家合同管理機關之調解

　　根據大陸地區《經濟合同法》第四十八條規定:「經濟合同發生糾紛時，當事人應及時協商解決。協商不成時，任何一方均可向國家規定的合同管理機關申請調解或仲裁，也可以直接向人民法院起訴」。經濟合同糾紛，包括購銷合同糾紛、建設工程承包合同糾紛、加工承攬合同糾紛、貨物運輸合同糾紛、供用電合同糾紛、倉儲保管合同糾紛、財產租賃合同糾紛、借款合同糾紛、財產保險合同糾紛及科技協作合同糾紛等。國家規定的合同管理機關，

為國家工商行政管理局和地方各級工商行政管理局，其對法人間、個體戶與法人間之經濟合同糾紛有調解權，經調解成立者，當事人應當履行，從實踐的結果來看，行政機關達成的協議，絕大多數當事人均能自覺性的履行，在解決經濟合同糾紛上，發揮重要成效；惟因該調解書並不具有執行力，如一方當事人不自動履行時，他方亦無從據以申請法院強制執行[22]。

第三款　公安機關之調解

依西元1986年通過的大陸地區《治安管理處罰條例》第五條規定:「對於因民間糾紛引起的打架鬥毆或者損毀他人財物等違反治安管理行為，情節輕微的，公安機關可以調解處理」，即賦予公安機關在治安管理過程中，對於輕微案件，得本於行政職權，加以調解[23]，以解決人民糾紛。因其職權之行使，係履行國家的行政職能，故屬於行政調解之範疇。

第四款　其他行政機關之調解

在中共堅信調解制度是人民司法工作之優良傳統，是司法社會化、群體化表現，並標榜其所形成中國特有之調解體系，為「東方之經驗」下，大部分國家機關、社會團體、學校、企業事業單位之行政領導及其工作人員，對所屬成員間發生之糾紛，或所屬成員與其他單位成員間發生糾紛，均負有調解之責，這些調解均屬行政調解之一種，透過行政領導及其工作人員出面調解，必能有利於社會安定團結及單位工作績效[24]。又上開調解，亦應遵循自願、合法、不干涉當事人訴訟權利等原則，且所達成之協議，不得認為與法院判決有相同效力。

第三項　仲裁機關之調解

仲裁機關之調解，係指仲裁機關依據雙方當事人之協議或相關法律規定，對當事人雙方所發生之爭議，以第三者身分進行調解，以解決民事爭議之一種方式。仲裁調解雖亦為訴訟外調解，但其性質、任務、調解機關、活動原則等，均與行政調解或人民調解不同，值得注意[25]。早期仲裁調解之種類，亦可分為下列四種:

第一款　國內經濟合同仲裁機關之調解

大陸地區在各級工商行政管理局設有仲裁委員會，以解決國內經濟合同

糾紛，根據《經濟合同仲裁條例》第二十五條前段規定:「仲裁機關在處理案件時，應當先行調解」，此即所謂之「調解前置原則」，利用調解方式，解決合同糾紛，在查明事實，分清是非之基礎下，仲裁機關應通過說服教育，促使當事人互相諒解，達成協議㊱。凡調解成立者，應當作成調解書;未能達成協議或調解書送達前一方或雙方反悔時，仲裁庭應進行仲裁。又調解書送達後，雙方當事人均應依照規定期限履行，未定期限者，應立即履行。如一方逾期不履行時，另一方可向有管轄權的人民法院申請執行(經濟合同仲裁條例第三十五條)。

第二款　對外經濟貿易仲裁機關之調解

　　為解決對外經濟貿易所衍生之糾紛，大陸地區在中國國際貿易促進委員會下設有中國國際經濟貿易仲裁委員會(CIETAC)，受理中外經濟貿易、合資經營企業、合作生產、技術轉讓、涉外租賃、外國來華投資建廳、中外銀行相互信貸等各種對外經濟合作所發生之爭議㊲。如西元1979年7月1日通過之《中外合資經營企業法》第十四條規定:「合營各方發生糾紛，董事會不能協商解決時，由中國仲裁機構進行調解或仲裁，也可由合營各方在其他仲裁機構仲裁」，在同時通過的該法實施條例第一百零九條規定;「合營各方如在解釋或履行合營企業協議、合同、章程時發生爭議，應盡量通過友好協商或調解解決」。1988年4月13日公布施行之《中外合作經營企業法》第二十六條規定:「中外合作者履行合作企業合同、章程發生爭議時，應當通過協商或者調解解決。中外合作者不願通過協商調解解決的，或者協商調解不成的，可以依照合作企業合同中的仲裁條款，或者事後達成的書面仲裁協議，提交中國仲裁機構仲裁」，可見由中國國際經濟貿易仲裁委員會出面調解，係解決涉外經濟糾紛之一種方式㊳。又此種調解係由當事人任意為之，不具強制性;調解成立後，當事人應自動履行，如事後反悔或拒不履行，當事人有權向人民法院提起訴訟。

第三款　海事仲裁機構之調解

　　大陸的涉外仲裁機關，除前述中國國際經濟貿易仲裁委員會外，尚有海事仲裁委員會，上述二個仲裁委員會都設立在中國國際貿易促進委員會之內。海事仲裁委員會受理之案件，主要有下列三項內容:

一、關於海上船舶互相救助、海上船舶和內河船舶互相救助的報酬爭議。

二、關於海上船舶碰撞、海上船舶和內河船舶碰撞，或者海上船舶損壞港口建築物或設備所發生之爭議。

三、關於海上船舶租賃業務、海上船舶代理業務和根據業務運輸合同、提單或者其他運輸文件而辦理的海上運輸業務，以及海上保險等所發生之爭議㉙。

對於上開海事爭議案件，海事仲裁委員會在受理時，可以先進行調解，促使當事人互相諒解，達成協議，以解決紛爭。

第四款　中外仲裁機關之聯合調解

在涉外仲裁中，運用調解方式解決爭議，已出現一種更新的型態，即由大陸仲裁機關和有關國家的仲裁機構各派出仲裁員聯合來進行調解。如西元1977年至1979年間，有數起中美貿易合同糾紛，即由中國國際經濟貿易仲裁委員會和美國仲裁協會聯合進行調解，成效良好㉚。1980年，中國國際貿易促進委員會已和法國工業產權局簽訂〈關於解決中法工業產權貿易爭議的議定書〉，規定由雙方仲裁機構就工業產權貿易爭議進行聯合調解之條款；1981年中共再與義大利仲裁協會簽訂〈仲裁合作協議〉㉛，相信不久，此種中外仲裁機構之聯合調解方式，必能普遍為國際社會所採用。

應注意者，中共於西元1994年8月31日第八屆全國人民代表大會常務委員會第九次會議通過《中華人民共和國仲裁法》，自1995年9月1日起施行，正式以法律確立中共之仲裁制度，將過去零亂、分散之仲裁法規，以及「涉外仲裁」與「國內仲裁」，加以統一規定。《仲裁法》強調雙方當事人(一)自願協議原則，(二)根據事實、符合法律規定，公平解決糾紛原則，(三)依法獨立行使仲裁權原則，(四)一裁終局等原則。關於仲裁制度與和解之關係，依《仲裁法》第四十九條規定：「當事人在申請仲裁後，可以自行和解。達成和解協議的，可以請求仲裁庭根據和解協議作出裁決書，也可以撤回仲裁申請」。當事人達成和解協議，撤回仲裁申請後反悔的，可以根據仲裁協議申請仲裁，但請求仲裁庭根據和解協議作出裁決書的，不得再申請仲裁。

至於仲裁程序之調解，依《仲裁法》第五十一條規定：「在作出裁決前，

仲裁庭可以先行調解。當事人自願調解的,仲裁庭應當調解。調解不成的,應當及時作出裁決」,不得久調不決。調解達成協議的,仲裁庭應當制作調解書或者根據協議的結果制作裁決書。調解書與裁決書具有同等法律效力。調解書應當寫明仲裁請求和當事人協議的結果。調解書由仲裁員簽名加蓋仲裁委員會印章,送達雙方當事人。調解書經雙方當事人簽收後,即發生法律效力。在調解書簽收前當事人反悔的,仲裁庭應及時作出裁決。

第四項 法院之調解

　　法院之調解,是指當事人雙方在人民法院審判人員主持下,用平等協商辦法,解決民事權益爭議的訴訟活動和結案方式。一般認為法院調解在民事訴訟中有下列重要意義:(一)透過調解,有利於徹底解決糾紛,提高辦案效率;(二)調解程序簡易可行,並可疏解法院負擔;(三)審判人員主導調解過程,有利於加強法制教育,預防糾紛,減少訴訟[32]。法院進行調解,務須遵守查明事實、分清是非,自願及合法三大原則,在達成協議後,應制作調解書,調解書應當寫明訴訟請求、案件的事實和調解結果,由審判人員、書記員署名,加蓋人民法院印章,送達雙方當事人簽收後,即具有法律效力(大陸民事訴訟法第八十九條)。惟對於調解和好的離婚案件、調解維持收養關係的案件、能夠即時履行的案件,縱已達成協議,人民法院可以不制作調解書,僅記入筆錄,由雙方當事人、審判人員、書記員簽名或者蓋章後,即具有法律效力(同法第九十條)。調解未達成協議或者調解書送達前一方反悔的,人民法院應當及時判決。調解書生效後,與判決書有同等效力,如一方拒絕履行時,對方當事人有權申請法院強制執行;且因當事人間之爭議,已因調解成立而生效,故雙方當事人均不得對此法律關係再行起訴或提起上訴[33]。如當事人在調解協議後有反悔情事時,法院應根據不同情況,依法處理,即在調解書送達前反悔的,應視為調解不成立,法院應對該案件即時判決;調解書送達後始反悔的,由於調解書已生效力,此時應告知當事人依法可向法院申請再審[34]。

第四節　兩岸民事調解制度之比較

　　台灣地區與大陸地區在調解種類、內容與制度上，各不相同，已如前述，惟因兩岸本即同源同種，擁有相同之民族性及風俗傳統，故其訴訟法制固有差別，但如何在同中求異，異中求同，以尋其優點，提供兩岸未來立法或修法之參考，不失為促進兩岸今後法學進步之關鍵所在，而本書之討論，亦基於此一原則而努力。茲就兩岸之民事調解制度，舉其重要者，分為法院調解之比較，鄉鎮市調解與人民調解之比較二方面，加以說明。

第一項　法院調解制度之比較

　　法院調解，即在審判人員主持下，雙方當事人進行協商，相互讓步，達成解決爭端之協議，從而避免訴訟或終結訴訟之程序，由於兩岸素來即相當重視調解制度所發揮之功能，故於民事訴訟法內，對法院調解均定有專章以供適用，現就兩者之區別簡要比較如下：

第一款　法院調解之意義與性質

　　台灣地區《民事訴訟法》將調解程序規定於第二編第二章，認為法院調解者，係法院依當事人之聲請，於「起訴前」勸諭兩造止息爭執，以達成合意避免訴訟之程序，可知調解限於訴訟繫屬前，由第一審法院依聲請為之，性質上屬於非訟事件，調解時完全以當事人自治方式解決紛爭，法院不作事實認定，除違反禁止或強制規定外，亦不作法律上之判斷，僅為立法上之便利，而規定於民事訴訟法中，以供適用[35]。

　　在大陸地區則認為法院調解，是在審判人員參與下進行之訴訟活動，故又稱訴訟中調解。根據民事訴訟法之規定，法院調解除不適用於特別程序、督促程序、公示催告程序、企業法人破產還債程序處理之案件外，其他民事案件均可進行調解；所以法院調解，性質上屬於訴訟事件，其程序貫穿於民事審判活動之始終，不僅在第一審開庭前後、辯論終結時、判決前均可為之，甚至在第二審程序、審判監督程序亦可以進行調解[36]。

第二款　法院調解之適用範圍

　　台灣地區將法院調解之適用範圍，區分為強制調解事件和任意調解事件

兩種。所謂強制調解事件，即未經調解程序，就不得起訴之案件，依《民事訴訟法》第四百零三條第一項、第五百七十七條及第五百八十七條之規定，下列案件為強制調解事件：

一、不動產所有人或地上權人或其他利用不動產之人相互間因相鄰關係發生爭執者。

二、因定不動產之界線或設置界標發生爭執者。

三、不動產共有人間因共有物之管理、處分或分割發生爭執者。

四、建築物區分所有人或利用人相互間因建築物或其共同部分之管理發生爭執者。

五、因增加或減免不動產之租金或地租發生爭執者。

六、因定地上權之期間、範圍、地租發生爭執者。

七、因道路交通事故或醫療糾紛發生爭執者。

八、雇用人與受僱人間因僱傭契約發生爭執者。

九、合夥人間或隱名合夥人與出名營業人間因合夥發生爭執者。

十、配偶、直系親屬、四親等內之旁系血親、三親等內之旁系姻親、家長或家屬相互間因財產權發生爭執者。

十一、其他因財產權發生爭執，其標的之金額或價額在新台幣十萬元以下者。

十二、離婚及夫妻履行同居之訴。

十三、終止收養之訴。

雖為強制調解事件，但依法律關係之性質、當事人之狀況或其他情事可認為不能調解或調解顯無成立之望，或經法定其他調解機關調解未成立，或因票據涉訟，或係提起反訴，或送達於他造之通知書應為公示送達或於外國送達者，則無庸先經法院調解(第四百零六條)。至於任意調解事件，係指強制調解事件以外之事件，依民事訴訟法第四百零四條第一項規定，當事人可以在起訴前聲請調解，也可以逕行起訴。

大陸地區法院調解之範圍，包括人民法院受理之民事案件、經濟糾紛案件和輕微的刑事案件、自訴案件。以民事案件而言，凡是平等主體間之民事權利義務爭議，只要當事人自願，都可以適用調解，當事人一方或雙方堅持

不願調解的，不能強迫調解，應當及時判決，雖無如我台灣地區明顯有強制調解與任意調解事件之區別，惟依其《婚姻法》第二十五條第二款規定「人民法院審理離婚案件，應當進行調解」，將調解列為必經程序㉞，則頗類似我《民事訴訟法》第五百七十七條第一項之強制調解規定。

第三款　法院調解之程序

一、調解之聲請

　　台灣地區法院調解，依當事人之聲請行之(民事訴訟法第四百零五條第一項)，聲請調解，原則上應提出書狀，書狀內表明為調解標的之法律關係和爭議情形。有起訴前應先經法院調解之合意，而當事人逕行起訴者，經他造抗辯後，視其起訴為調解之聲請(民事訴訟法第四百零四條第二項)；又起訴前依第四百零三條之規定，應經法院調解之事件如逕向法院起訴者，宜於訴狀內表明其具有第四百零六條第一項所定事由，並添具釋明其事由之證據；其無該項所定事由而逕行起訴者，亦視為調解之聲請(民事訴訟法第四百二十四條第一項)。

　　大陸民事訴訟中，調解程序與審判程序相輔相成，融為一體，兩者不能分離，所以法院調解是人民法院受理案件的重要訴訟階段之一。通常法院受理案件後，當事人可以申請調解，審判人員也可依職權主動進行調解工作㉟，所謂依職權主動進行調解，乃審判人員有權主動提出採用調解方式解決糾紛，並徵得雙方當事人之同意，否則不得調解，本質上並無強制(強迫)調解之含義。

二、調解之進行

　　在台灣地區，調解之聲請有理由者，法院應速定調解期日，將聲請書狀或言詞聲請之筆錄與期日通知書，於調解期日前，一併送達於他造，有必要時，得命當事人或法定代理人本人於調解期日到場(民事訴訟法第四百零八條)。當事人無正當理由不於調解期日到場者，法院得以裁定處新台幣三千元以下之罰鍰；其有代理人到場而本人無正當理由不從前條之命者亦同；前項裁定得為抗告，抗告中應停止執行(民事訴訟法第四百零九條)。為達成調解目的之必要，法院得依當事人之聲請，禁止他造變更現狀、處分標的之物，或命為其他一定行為或不行為；於必要時，得命聲請人供擔保後行之(民事訴訟法

第四百十條第一項)。調解由法官選任調解委員一人至三人先行調解，俟至相當程度有成立之望或其他必要情形時，再報請法官到場；但兩造當事人合意或法官認為適當時，亦得逕由法官行之。當事人對於前項調解委員人選有異議或兩造合意選任其他適當之人者，法官得另行選任或依其合意選任之(民事訴訟法第四百零六條之一)。就調解事件有利害關係之第三人，經法官之許可，亦得參加調解，法院並得將事件通知之，命其參加(民事訴訟法第四百十二條)。調解程序由簡易庭法官主持，於法院內行之，不用開庭之形式時，得不公開；調解委員於其他適當處所行調解者，應經法官之許可。行調解時，為審究事件關係及兩造爭議之所在，得聽取當事人、具有專門知識經驗或知悉事件始末之人或其他關係人之陳述，察看現場或調解標的之狀況；於必要時，得由法官調查證據(民事訴訟法第四百十三條)。調解時應本和平懇切之態度，對當事人兩造為適當之勸導，就調解事件酌擬平允方案㊴，力謀雙方之和諧(民事訴訟法第四百十四條)。關於財產權爭議之調解，經兩造同意，得由調解委員酌定解決事件之調解條款。前項調解條款之酌定，除兩造另有約定外，以調解委員會過半數定之。調解委員不能依前項規定酌定調解條款時，法官得於徵詢兩造同意後，酌定調解條款，或另定調解期日，或視為調解不成立(民事訴訟法第四百十五條之一)。

　　至於大陸地區，人民法院進行調解，除基層人民法院及其所派出之人民法庭所處理簡單民事案件，可以由審判員一人主持外，大部分都組成合議庭，並儘可能就地進行；人民法院在調解時，為查明事實，分清是非，可以用簡便方法通知當事人、證人到庭或邀請有關單位和個人協助，以順利解決雙方當事人之爭議(民事訴訟法第八十六條、第八十七條)。調解開始後，首先審判員應聽取當事人有關本案事實和理由之陳述，對當事人提供之證據進行審查判斷，然後在查明事實之基礎上，適時向當事人宣傳有關之法律和政策，做好疏導工作，在必要時，審判員可以提供調解方案供雙方當事人參考，以引導當事人就其爭議進行具體協商㊵。

三、調解之終結

　　在台灣地區，調解程序因調解之成立或不成立及調解聲請之撤回而終結。詳言之，調解期日當事人兩造就爭執之法律關係達成合意者，其調解成

立；調解雖未完全合意，但已甚接近者，調解法官依《民事訴訟法》第四百十七條規定，得徵詢調解委員之意見，斟酌一切情況，求兩造利益之平衡，於不違反兩造當事人之主要意思範圍內，以職權提出解決事件之方案。當事人或利害關係人對於該方案，得於送達當事人翌日起，十日內提出異議，若當事人未於前項期間內提出異議者，視為已依該方案成立調解。惟當事人兩造於調解期日到場，不能成立合意，調解當然不成立；如於前開《民事訴訟法》第四百十八條所定期間內，當事人對解決事件之方案提出異議，亦視為調解不成立；此外當事人兩造或一造於期日不到場者，法院酌量情形，得視為調解不成立或另定調解期日。調解不成立者，法院應付與當事人證明書，俾當事人憑以起訴。

大陸地區，所稱調解之終結，包括兩種情況：一種是因調解成立而結束，即雙方當事人達成解決糾紛之協議，並經法院審查批准而結束調解程序；一種是因調解不成立而結束，即雙方當事人未達成解決糾紛之協議，或者雖達成協議，因違背調解自願原則、合法原則、查明事實分清是非等原則，致未被法院批准而結束調解程序[44]。對於調解不成立事件，依大陸《民事訴訟法》第九十一條規定，人民法院應即時判決。

第四款　調解筆錄之制作

台灣地區在調解期日，法院書記官應作調解筆錄，記載調解成立、不成立及訴訟之延展或訴訟辯論之內容；《民事訴訟法》第四百十七條之解決事件方案，經調解法官當場宣示者，應一併記載於筆錄；如調解成立者，應於十日內以筆錄正本，送達於當事人及參加調解之利害關係人，關於上開調解筆錄之制作，準用同法第二百十二條至第二百十九條有關言詞筆錄之規定(民事訴訟法第四百二十一條)。

大陸地區法院調解達成協議後，依其《民事訴訟法》第八十九條規定，人民法院應當制作調解書，調解書內應寫明訴訟請求、案件事實和調解結果；調解書由審判人員、書記員署名，加蓋人民法院印章，送達雙方當事人簽收後，即具有法律效力。調解書之作用，不僅是當事人間協商解決糾紛結果之記錄；而且是人民法院承認和批准調解協議之書面證明，亦為當事人行使處分權和人民法院行使審判權相結合之產物[45]。又對於調解和好之離婚案件、調

解維持收養關係之案件、能夠即時履行之案件、其他不需要制作調解書之案件，依《民事訴訟法》第九十條規定，即使調解達成協議，法院可以不制作調解書，僅以作成調解筆錄來替代；該調解筆錄，由雙方當事人、審判人員、書記員簽名或蓋章後，即具有法律效力，無庸再如台灣地區，將筆錄正本送達於當事人。

第五款　調解成立之效力

台灣地區調解經當事人合意而成立者，與訴訟上和解有同一之效力(民事訴訟法第四百十六條第一項)，而和解成立者，依《民事訴訟法》第三百八十條第一項規定，與確定判決有同一之效力，故調解成立者，有與確定判決相同之執行力與既判力[43]；且調解成立後，當事人不得再行起訴或為與調解成立內容相反之主張，而法院亦不得為與調解內容相牴觸之裁判[44]。

大陸地區，已生效之調解書或調解筆錄，其法律效力有四：

一、終結訴訟程序

調解與法院判決，同為人民法院行使審判權之具體表現，故一經調解成立，作出調解書或調解筆錄，並發生法律效力後，該案件之審理程序即告終結，不得再為審理或更行判決。

二、不得以同一事實和理由再行起訴

調解書和調解筆錄生效後，當事人間之民事法律關係，業經調解達成協議，得到法律上確認，此為實體法上確定力；又因其民事權益爭議，在訴訟上已獲最終解決，故當事人均不得再就同一事實和理由向法院再行起訴，此為程序上確定力，如有違反，人民法院應予裁定駁回，不再受理。但是法律規定允許重新起訴的案件，如調解和好的離婚案件、調解維持收養關係的案件等，依其《民事訴訟法》第一百十一條第七款規定，當事人遇有新理由或新情況時，原告仍然可以重行起訴[45]。

三、不得對調解書提起上訴

法院調解是在當事人自願基礎上進行的，調解協議也是雙方當事人在法院主持下，按法律規定達成的，況在調解書送達前，又給予相當時間考慮、反悔之機會，故對於生效之調解協議，不許當事人事後提起上訴。

四、具有申請強制執行之效力

　　調解協議生效後，如果負有義務之一方當事人，在調解書或調解筆錄確定期限內，無故拒不履行義務，享有權利之他方當事人有權向法院申請強制執行[46]。

第六款　調解之救濟

　　調解程序雖因當事人合意而成立，並與訴訟上和解有同一效力，惟若調解有無效或得撤銷等瑕疵情形時，在台灣地區，民國五十七年《民事訴訟法》修正以前，未設有規定，實用上常感困難，雖依司法院二十二年院字第八七○號解釋及最高法院四十三年台上字第七一五號判例，肯定當事人得另行提起，確認因調解成立所生或不認之法律關係存在或不存在之訴，以資解決，但究非妥適之立法。民國五十七年修正時，於第四百十六條第二項增訂「調解有無效或得撤銷之原因者，當事人得向原法院提起宣告調解無效或撤銷調解之訴」，此項訴訟並準用同法第五百條、第五百零二條及第五百零六條有關再審程序之規定。

　　大陸地區對於有瑕疵調解協議之救濟，如在調解書送達前發現，當事人可以反悔，拒絕簽收調解書，此時依其《民事訴訟法》第九十一條規定，應視為調解不成立，法院應對案件及時判決[47]。如調解書送達後始發現瑕疵情形時，由於調解書已生效，依同法第一百八十條規定：「當事人對已經發生法律效力之調解書，提出證據證明調解違反自願原則或者調解協議的內容違反法律的，可以申請再審。經人民法院審查屬實的，應當再審」，即係以再審程序，來推翻原調解協議，此亦與台灣地區之規定不同。

第二項　鄉鎮市調解與人民調解之比較

　　大陸地區人民調解委員會之調解與台灣地區鄉鎮市調解委員會之調解，都是根源於我國昔日民間之爭端，有由宗族、鄰里、親屬或地方有聲望人士，居中調解的習慣而來，其適當運用之結果，可以及時解決大量民間糾紛、預防和減少犯罪，發揮改善社會風氣，加強人民法治觀念，和疏減法院審理訴訟案件負擔等作用，故長期以來，均為兩岸司法工作之重要基礎，惟因兩岸法律體制不同，致其在法律性質、組織、調解事件之範圍、受理調解程序、效力等方面，均有相當之差異，分述如下：

第一款　調解委員會之性質

在台灣地區，鄉鎮調解制度是由鄉鎮市區公所，設置調解委員會，由地方公正人士，針對民間一定範圍之糾紛，勸解當事人雙方互相讓步，以息爭端或防止爭執，避免訴訟之制度。《鄉鎮市調解條例》之立法目的，在運用地方自治機構，排解糾紛，保障社會安寧，性質上為社會立法之一種，因其由地方人士擔任調解委員，其對該地方特有的民間習俗或處事態度較瞭解，與當事人容易溝通，有利於紛爭之解決，而表現出地方自治性[38]；又鄉鎮調解雖不若法院判決程序，由國家司法機關強制解決，但調解成立所作之調解書，經法院核定後與確定判決有同一效力，具有裁判之性質，故本質上亦可視為廣義司法制度中之非訟事件處理程序。

大陸地區之人民調解委員會，是由基層人民政府和基層人民法院指導的群眾性自治民間組織，依據其《人民調解委員會組織條例》第二條規定：「人民調解委員會是村民委員會和居民委員會下設調解民間糾紛的群眾性組織」，申言之，人民調解委員會之本質，是走群眾路線，要求司法工作與群眾結合，以解決地方基層的各種糾紛，藉以達成建設社會主義法制之目的；因其係群眾性的自治組織，故與國家行政機關有別，亦非屬司法審判機關，在調解程序中，既不能採取行政權的強制手段，也不能運用司法權的裁判方法，惟因其任務在於調解一般民間糾紛和輕微刑事案件，並通過調解進行政策法令之宣傳教育，故可認為係司法的輔助制度，共同建構大陸之司法制度。我們可以說，人民調解委員會之調解，是在人民調解員之主持下，雙方當事人自願協商，達成協議，解決糾紛的一種非訴訟活動。

第二款　調解事件之範圍

台灣地區鄉鎮市調解委員會調解事件之範圍有二：

一、民事事件：一般民事案件，原則上均可聲請調解，但依法律關係之性質或法律另有規定其調解機構者，均不得予以調解，例如:公示催告事件、督促程序事件、禁治產宣告事件，均須由法院依法裁判，不得聲請調解。

二、告訴乃論之刑事事件：民國七十一年十二月二十九日修正公布《鄉鎮市調解條例》時，將得聲請調解之刑事事件，擴及所有告訴乃論之罪，而不僅限於最重本刑在三年以下之刑事案件，以落實鄉鎮市調解之機能。

　　大陸地區人民調解委員會之調解範圍，依《人民調解委員會組織條例》第五條第一款規定：「人民調解委員會的任務為調解民事糾紛，並通過調解工作宣傳法律、法規、規章和政策，教育公民遵紀守法，尊重社會公德」，可見其調解之糾紛，為情節較簡單、問題較不嚴重、事實較清楚之「民間糾紛」。又所謂民間糾紛，大體上是指一般的民事糾紛及輕微刑事案件，前者:如婚姻、家庭、債務、贍養、房屋、宅基地、繼承等糾紛；後者，如輕微之傷害、侵占、打架鬥毆、詐欺、妨害信用等案件，應附帶說明者，由於大陸學者常將上開輕微之刑事事件，列為民事侵權行為，故亦為人民調解委員會調解「民間糾紛」之範疇⑭。

第三款　調解委員會之組織

　　台灣地區鄉鎮市區調解委員會，係由鄉鎮市公所設置，由委員七人至十五人組織而成，並互選一人為主席；調解委員會由鄉、鎮、市長就鄉鎮內具有法律知識、信望素孚之公正人士推薦，經鄉、鎮、市民代表會同意後聘任，任期三年，並得連選連任(鄉鎮市調解條例第二、三條)。惟鄉、鎮、市長、現職公務人員及現任國立大學專任教授，不得兼任調解委員；另民意代表雖得兼任調解委員，但其名額不得超過調解委員會人數三分之一。

　　大陸地區人民調解委員會，根據轄區大小、人口多少和工作需要不同，從方便群眾、便利群眾的原則出發，設置在基層農村村民委員會和城市居民委員會之中。人民調解委員會由委員三至九人組成，設主任一人，必要時得設副主任；調解委員除由村民委員會成員或居民委員會成員兼任外，由群眾選舉產生，每三年改選一次，可以連選連任；在多民族居住地區的人民調解委員會，應當有人數較少的民族成員(人民調解委員會組織條例第三條)。凡為人公正，聯繫群眾，熱心人民調解工作，並有一定法律知識和政策水平之成年公民，均可以當選為人民調解委員會委員；人民調解委員會委員不能任職時，由原選舉單位補選；有嚴重失職或者違法亂紀時，應由原選舉單位撤換⑮。除農村和城市可設人民調解委員會外，目前在較大的企業及廠礦等事業單位，亦得依需要設立人民調解委員會，以調解民間糾紛，維持社會安定，此與台灣地區，僅限於鄉鎮市公所始有調解委員會者，顯有不同。

第四款　調解委員會之管轄

對於鄉鎮市調解之管轄，在台灣地區，依《鄉鎮市調解條例》第十一條規定，雙方當事人均在同一鄉鎮市居住者，應向本鄉鎮市調解委員會聲請調解，其不在同一鄉鎮市居住者，依下列規定行之：

一、民事事件得向他造住所、居所、營業所、事務所所在地，刑事事件得向他造住所、居所、所在地或犯罪地之鄉鎮市調解委員會聲請調解。

二、經雙方當事人同意，得由任一鄉鎮市調解委員會調解。

大陸地區在調解委員會之管轄方面，其人民調解委員會組織條例內並無明文，在實踐上通常以雙方當事人的戶口所在地作為管轄權有無之標準，如兩造均在同一村民或居民委員會所設人民調解委員會之轄區內，由該調解委員會管轄，否則由糾紛發生地之調解委員會主動進行調解；如當事人戶口所在地與居所地不一致時，由居住地調解委員會管轄；又為考慮許多廠礦企業單位人員較多，居住集中，職工之間或職工家屬間不時發生糾紛，而它們又自成系統，居民、村民委員會之調解組織不易解決，因此在廠礦企業間亦逐步建立群眾性調解組織，使其取得管轄權，而能通過調解工作，宣傳法律、規章和政策，教育公民遵守法紀，消弭民間糾紛。

第五款　調解之程序

在台灣地區，鄉鎮市調解之受理，基於私法自治之精神，由當事人向鄉鎮市調解委員會以書面或言詞為之，言詞聲請者，應制作筆錄；書面聲請者，應按他造人數提出繕本。前項聲請，應表明調解事由及爭議情形；民、刑事案件已在第一審法院辯論終結者，不得聲請調解(鄉鎮市調解條例第九條)。調解委員會接受聲請後，應即決定調解期日，通知當事人或其代理人到場，並將聲請書狀或言詞聲請筆錄之繕本一併送達於他造。調解之進行，由調解委員會於當地鄉、鎮、市公所或其他適當之處所行之，得不公開；調解委員會應有調解委員三分之一以上出席者，始得開會，但經兩造當事人之同意者，得由調解委員一人逕行調解(鄉鎮市調解條例第六條)。在調解期日，當事人兩造各得推舉一人至三人列席調解委員會議，協同調解；就調解事件有利害關係之第三人經調解委員會之許可，得參加調解程序，調解委員會並得逕行通知其參加；前述有利害關係之第三人經雙方當事人及本人同意，得加入為當事人(鄉鎮市調解條例第十五條)。調解時應審究事實真相及兩造爭議之

所在，必要時得調查證據，或商請有關機關協助，力謀雙方之協和。

　　大陸地區人民調解委員會受理調解之程序有二：一種是由糾紛當事人之一方或雙方至調解委員會主動申請調解；另一種是調解委員會發現糾紛後，不待當事人聲請，主動及時前往調解，此種方式或與私法自治原則有違，但卻能迅速有效解決紛爭⑤。人民調解委員會調解糾紛可以由委員一人或數人進行，跨地區、單位之糾紛，可以由有關的各方調解組織共同調解；在調解過程中，可以邀請有關單位和個人參加，被邀請的單位和個人應當給予支持(人民調解委員會組織條例第七條)。又人民調解委員會調解糾紛，應當在查明事實、分清是非之基礎上，充分作好調查工作，聽取各方當事人陳述，防止偏聽、偏信，向糾紛關係人作調查、履勘現場、請專門機構協助；同時耐心疏導，清除隔閡，以糾紛事實為根據，以國家法律政策為準繩，幫助當事人達成協議。惟調解委員會在調解時，仍應遵守下列三項原則：

　　一、依據法律、法規、規章和政策進行調解，法律、法規、規章和政策沒有明顯規定的，依據社會公德進行調解。

　　二、在雙方當事人自願平等的基礎上進行調解。

　　三、尊重當事人之訴訟權利，不得因未經調解或調解不成立而阻止當事人向人民法院起訴。

第六款　調解之終結及其效力

　　在台灣地區，調解之終結及其效力，可分就調解成立與調解不成立兩方面說明如後：

　　一、調解成立：調解內容經當事人兩造同意後調解成立，依《鄉鎮市調解條例》第二十二條規定，調解委員會應作成調解筆錄，記載當事人姓名、住居所、出席調解委員姓名、調解事由及協議內容後，三日內報知鄉鎮市公所。鄉鎮市公所應於調解成立之日起七日內，將調解書送請管轄法院審核；前項調解書，法院應速審核，認其與法令無牴觸，調解內容合法、可能、確定時，應由法官簽名並蓋法院印信，除抽存一份外，發還鄉鎮市公所，送達當事人(鄉鎮市調解條例第二十三條、法院適用鄉鎮市調解條例應行注意事項第四項)。調解經法院核定後，當事人就該事件不得再行起訴、告訴或自訴；民、刑事案件已繫屬於第一審法院者，如調解成立，經法院核定後，視為撤

回起訴、告訴或自訴；經法院核定之民事調解，與民事確定判決有同一之效力(鄉鎮市調解條例第二十四、第二十五條)。

二、調解不成立：調解期日，當事人雙方意思不合致，或當事人無正當理由於調解期日不到場者，均為調解不成立。調解不成立者，依前開《鄉鎮市調解條例》第二十七條規定，當事人得聲請調解委員會給予調解不成立之證明書，作為向法院起訴之證明。在告訴乃論之刑事案件，經調解不成立者，鄉、鎮、市公所依被害人向調解委員會提出聲請，將調解事件移請該管檢察機關偵查，並視為於聲請調解時已經告訴(鄉鎮市調解條例第二十八條)。

大陸地區人民調解委員會調解糾紛之結果，可以下列三種方式終結：

一、當面和解：對於較為輕微之糾紛，如鄰居口角、家庭糾紛等，經過說服教育，一般都能做到當面和解，此時不需要制作調解書，祗將調解結果登記備查即可。

二、調解成立：對於較複雜之糾紛，特別是已經達成需要承擔一定法律責任、履行一定法律義務內容的協議，如損害賠償、贍養費、繼承等糾紛，應發給調解協議書。調解協議書應記載當事人姓名、居住所、調解時間、地點、爭執事實和調解內容，經當事人和調解人簽名，並加蓋人民調解委員會之印章後，交由當事人各執一份(人民調解委員會組織條例第八條第二項)。在調解成立之效力上，因大陸對調解協議書未設有經法院審核程序，性質上又屬訴訟外調解，所以經調解達成之協議，雖具有一定法律拘束力，當事人應當共同遵守，自覺履行，但理論上既與法院生效判決有別，自不具有強制執行力⑫

三、調解不成立：糾紛經過調解後，當事人意見不一，無法達成協議時，為調解不成立，此時調解委員會可將糾紛爭執之事實、調解過程、調解未成立原因等記錄後，連同有關資料移送基層人民法院處理。又在中共所標榜「人民調解並非起訴必經程序」之原則下，若爭議事項可為訴訟標的時，當事人亦得向有管轄權之人民法院提起訴訟，自不待言。

第七款　調解之救濟

調解成立後在法院核定前，發現民事調解有無效或得撤銷之原因時，在台灣地區，此際法院自可不予核定，將其理由連同調解書通知鄉、鎮、市區

公所，使該調解失去效力(法院適用鄉鎮市調解條例應行注意事項第六項)。如該民事調解書業經法院核定後始發現有無效或得撤銷之原因時，當事人得依《鄉鎮市調解條例》第二十六條之規定，在收受法院核定之調解書送達後三十日之不變期間內，向法院提起宣告調解無效或撤銷調解之訴，以為救濟。

大陸地區對於調解程序有無效或得撤銷之原因時，並無如台灣地區《鄉鎮市調解條例》第二十六條之相關規定，參酌其《人民調解委員會組織條例》第九條規定，任何一方當事人應可據以請求基層人民政府處理，或向人民法院起訴，以維護其權利。

第五節　台灣訴訟上和解與大陸法院調解之比較

大陸地區之法院調解又稱為訴訟內調解，並非起訴前之調解，而係起訴後訴訟繫屬中之調解，此與台灣地區《民事訴訟法》第三百七十七條訴訟上和解之規定相類似，而與我民事訴訟法起訴前之調解程序不同，雖因兩岸使用「訴訟上和解」或「法院調解」名詞，而常引起誤解，但實質上其意義原應相同，例如：兩者均係起訴後進行之程序，調解時有法官或審判員之參與，和(調)解成立時與確定判決有同一效力等特徵，至於兩者之差別，亦分析如下：

第一項　和(調)解之性質

在台灣地區，訴訟上和解，雖多因主持和解之法官，勸諭兩造讓步而達成，但若非當事人自願，和解亦難成立，故屬於自治解決民事紛爭之方法，與判決程序完全由法官依據法律，本於既存證據在自由心證下所作之裁判，自不相同，此為和解之特質。所以訴訟上和解，一方面發生實體法上效力，另方面亦生訴訟法效力，其性質乃私法上之和解行為與訴訟法上終結訴訟之合意並存；而後者之發生效力，以前者之有效為前提，兩者有依存關係，如私法上之和解，有無效或得撤銷之原因時，訴訟法上和解之效力，亦因而受影響[53]。

大陸地區一般認為民事訴訟法律關係，是法院和當事人、其他訴訟關係人之兩面關係，而不認兩造間或其他參與人間有民事訴訟法律關係，此與台灣地區之民事訴訟理論與實務上，多採三面關係者有別，故當事人在起訴後

訴訟進行中所達成之法院調解，往往被認為是法院裁判之另一種形式表現，而採訴訟行為說[54]。故對於有瑕疵調解協議之救濟，亦以提起再審之訴方式來解決，此與台灣地區不同。

第二項　和（調）解事件之範圍

　　台灣地區訴訟上和解，依《民法》第七百三十七條規定，有使當事人所拋棄之權利消滅及使當事人取得和解契約所訂明權利之效力，故在實體法上不許當事人自由處分之權利或法律關係，及在訴訟法上應依職權調查之事項，如婚姻事件、收養事件、認領事件、親權事件、撤銷禁治產宣告事件、撤銷死亡宣告等事件，因均與公益有關，解釋上應不得為訴訟上之和解。實務上離婚之訴，通說認屬形成之訴，其婚姻關係之消滅，必須由法院認定當事人形成權存在，直接以判決宣告之，始生形成力，故縱使雙方當事人在訴訟上成立和解，在未依《民法》第一千零五十條規定，向戶政機關為離婚登記前，其婚姻關係自未消滅，應解為僅具協議離婚之效力，不能與判決離婚同視。

　　大陸地區在「著重調解」原則影響下[55]，於民事訴訟程序中，予以廣泛適用，從案件性質而言，人民法院於審理民事案件時，除選民資格案件、宣告死亡案件、認定公民無行為能力案件等特別程序、督促程序、公示催告程序、企業法人破產還債程序等案件外，其他民事權益爭議案件，在當事人自願基礎上，審判人員都可以擔任調解事件之主持人，解決爭議，以終結訴訟程序，不似台灣地區訴訟上和解有範圍之限制。

第三項　和（調）解之程序

　　西諺有云：「瘦的和解勝於胖的訴訟」，可知依和解而終結訴訟，誠為解決民事糾紛之良好制度；在台灣地區訴訟繫屬後，法院不問訴訟程度如何，如認為有和解成立之望者，得於言詞辯論時或使受命法官、受託法官試行和解(民事訴訟法第三百七十七條)，訴訟若繫屬於第三審，除法院認有必要而行言詞辯論外，事實上無行和解之機會。試行和解，法院應於行言詞辯論時，受命法官、受託法官應於行準備程序或調查證據時，隨時相機為之，而無待於當事人之主動聲請。因試行和解，法院得命當事人或其法定代理人本人到

場，惟當事人或法定代理人不到場時，法院不得對之加以制裁，此與法院調解得科一千元以下罰鍰不同。和解因當事人就和解內容意思表示一致而成立，法院書記官應當場制作和解筆錄，關於和解筆錄記載之方法，準用《民事訴訟法》第二百十二條至第二百十九條有關言詞辯論筆錄之規定。又因和解筆錄，如以給付為內容者，尚得據以作為執行名義，聲請強制執行，故法律規定應於和解成立之日起，十日內以正本送達於當事人。

　　大陸地區之法院調解，可以根據當事人之申請，亦可由法院依職權主動開始，於審判實踐中，由法院依職權主動開始調解者居多，調解地點通常可在法院內進行，也可以就地進行。凡人民法院受理一切民事案件，從案件受理直到作出判決前，都可以進行調解，不僅第一審程序，即使簡易程序、第二審程序和審判監督程序中，均可適用法院調解㉞；但在執行程序中，因法院裁判已發生法律效力，非經審判監督程序，法院和當事人都無權變更生效裁判所確定之內容，故不適用法院調解。調解程序之進行，大致先由法院查清案件事實，通過調查研究，收集各種證據資料；繼而對當事人進行法制宣傳教育，耐心細微地做好當事人思想工作，消除對立情緒後，由審判員一人或合議庭主持，經過協商，在自願、合法等原則下，達成調解協議。調解達成協議後，除有大陸《民事訴訟法》第九十條得以筆錄取代者外，應制作調解書，載明訴訟請求、案件之事實及調解結果，於審判人員、書記員署名，加蓋人民法院印章後，送達雙方當事人。

第四項　和（調）解之效力

　　在台灣地區，訴訟上和解成立者，不僅有終結訴訟之效力，依《民事訴訟法》第三百八十條第一項規定，並與確定判決有同一效力，所謂與確定判決有同一效力，指和解成立，對法院言，發生羈束力，除和解筆錄有誤外，法院不得任意撤銷或變更；對當事人言，發生形式上確定力，當事人對之不得依上訴方法聲明不服；且訴訟標的之權利或法律關係，悉依和解內容，產生實質確認效果㉟，如和解內容適於強制執行者，亦與確定判決之執行力同，故一般說，均認和解成立者，與確定判決有相同之既判力。又和解之成立時期，在實務上係雙方當事人於法庭內達成和解後，由兩造於書記官制作之和解筆

錄內簽名後，即告成立，無任由當事人於和解筆錄正本送達前反悔之餘地。

　　大陸地區法院調解成立之調解書或調解筆錄，在法律上與生效判決具有同等效力，即當事人發生爭議之民事法律關係，業經得到法律上確認，其訴訟程序終結，雙方事後不得再為爭執，或就同一案件再行起訴或上訴，對具有給付內容之調解書，義務人不履行時，對方當事人有權申請法院強制執行。又法院調解，一經當事人達成協議，本應於協議時發生法律效力，惟大陸《民事訴訟法》第九十條第二款規定，未作調解書僅記入筆錄之協議，由當事人、審判人員、書記員簽名或蓋章後，即具有法律上之效力；但對於需作成調解書之案件，則依同法第八十九條第二款規定，需經雙方當事人簽收後，始生法律效力，在調解書送達前，尚未具有法律效力，此種立法，使當事人可於調解達成後反悔，不僅有違調解自願原則，並滋生事後爭議，似不足採。

第五項　和（調）解之救濟

　　訴訟上之和解有無效或得撤銷之原因時，應如何救濟，德、日《民事訴訟法》未設明文規定，故有學者主張和解有瑕疵時，得準用再審之規定，聲請再審(或再審之訴)；有主張於此情形得提起確認之訴者；更有主張得聲請指定期日續行訴訟者⑧，台灣地區現行《民事訴訟法》第三百八十條第二項，係採續行訴訟說，故明文規定和解有無效或得撤銷之原因者，當事人得請求繼續審判，惟其請求時應具備下列要件：

　　一、須由原當事人請求。

　　二、須遵守三十日之不變期間，此項期間應自和解成立之日起算，但請求繼續審判之理由知悉在後者，自知悉時起算。

　　三、請求繼續審判，應以書狀表明當事人及法定代理人姓名、住居所、請求繼續審判之和解內容及陳述，應於如何程度內請求繼續審判、請求繼續審判之原因並遵守不變期間之證據。

　　四、須向訴訟原繫屬之法院請求。

　　大陸地區之法院調解，雖無如我訴訟上和解，於發現無效或得撤銷原因時得請求繼續審判之規定，惟若已生效之調解書有違反自願原則或者調解協議內容違反法律時，依其《民事訴訟法》第一百八十條規定，當事人可依審判

監督程序申請再審，經人民法院審查屬實的，應當再審，以為救濟。

第六節　兩岸民事調解制度之評析與展望

　　大抵而言，台灣地區與大陸地區之民事調解制度，均本於同一源流，故有其共通之處，然因立法上指導思想之差異，致歷經五十年演變後有如前所述之不同，本節茲再就兩岸之調解制度之發展趨勢，與利弊得失作通盤之評析檢討，俾有助於兩岸民事糾紛之解決。

第一項　台灣地區方面

第一款　法院調解制度之檢討與改進

　　法院調解制度對疏解訟源，保障人民權益，確有其重要性，觀察台灣地區各地方法院十年來辦理民事調解事件終結情形，按年度區分，以八十五年之36,099件為最多，八十一年之2,929件為最少；調解成立件數占成立與不成立件數之百分比，以七十九年52.69%為最高，八十三年15.47%為最低；調解成立件數占調解終結件數之百分比，亦以七十九年41.69%為最高，八十二年11.80%為最低(參見表一)。

表一：民國七十六～八十六年台灣各地方法院辦理民事調解事件終結情形

年　別	調　解　事　件							
	終　結　件　數						調解成立件數占成立與不成立件數之百分比(%)	調解成立件數占調解終結件數之百分比(%)
	合　計	調　解		駁　回	撤　回	其　他		
		成　立	不成立					
七十六年	4,046	781	1,808	77	1,285	95	30.17	19.30
七十七年	3,792	660	1,992	90	1,026	24	24.89	17.47
七十八年	3,343	400	1,808	147	950	38	18.12	11.97
七十九年	6,330	2,639	2,370	213	1,069	39	52.69	41.69
八十年	3,371	501	1,753	137	948	32	22.23	14.86
八十一年	2,929	383	1,639	66	818	23	18.94	13.08
八十二年	4,383	517	2,661	65	1,076	64	16.27	11.80
八十三年	23,205	2,859	15,624	106	3,720	896	15.47	12.32
八十四年	27,572	3,915	17,665	193	4,302	1,497	18.14	14.20
八十五年	36,099	4,649	24,888	350	5,453	759	15.74	12.88
八十六年	45,456	5,588	32,795	124	6,136	813	14.56	12.29

依以上資料分析可知，七十八年以前，調解事件終結件數有逐年遞減之趨勢，至七十九年修正民事訴訟法提昇績效，而增至6,330件，八十年及八十一年減為3,371件及2,929件，八十二年再增為4,383件，八十三年司法院訂定〈法院加強辦理民事調解事件實施要點〉後，始驟增為23,205五件，至八十六年增為45,456件，惟整個數字，與第一審法院所辦理之民事案件受理件數，如八十五年為1,042,087件，八十四年為800,306件相比，仍不成比率⑲，和鄰近日本國家，每年調解事件，動輒18萬至20萬件，而民事終結事件中，調解約占60%情況，仍相距甚遠，分析其原因，有下列數點：

一、調解制度法律規範之缺失

民事訴訟之法院調解，雖依案件性質而有強制調解與任意調解之分，惟其所受理之案件，如不動產經界、房屋租賃、僱傭契約等糾紛，常屬複雜難決，或不易以鄉鎮市調解委員會、仲裁機構、耕地三七五租佃委員會、勞資爭議法等方式解決之事件，實行起來自然成效不彰；又民國八十八年二月三日修正前之民事訴訟法雖已將調解適用之範圍予以擴大，但其立法係逕以簡易事件作為決定標準，而不問事件性質或當事人關係如何，自有礙於調解功能之積極發揮。

在調解制度之建立上，現行條文雖定有當事人得合意推舉調解委員、法院亦得選任調解委員先行或協同調解等規定，但實務上該規定流於具文，通常於調解期日仍由審判工作繁重之法官單獨為之，致使調解功能難期提昇。另在調解之效力方面，如調解有民法上無效之原因者，乃當然、自始、絕對無效，殊不宜因民事訴訟法第五百條不變期間之經過而不得主張無效，類此均為調解制度令當事人裹足不前之原因。

二、法官存有排斥調解之心理

台灣地區，對調解事件之處理，常由法官主導，依職務分配原則，大致均交由民事庭法官兼辦，而民庭(簡易庭)法官審判業務繁忙，負擔甚為沉重，幾無暇專注於調解事件之處理，或酌定平允方案，力謀兩造之協和；加以法官養成訓練不足，在調解過程，不若大陸地區常邀請當事人所在之基層組織、工作單位、工會以及在當事人心目中有權威之人士參與協調，其績效自然不彰。

三、當事人對法院調解信心不足

　　鄉鎮市民事案件之調解，由地方人士具有法律知識、信望素孚之公正人士擔任調解委員，與當事人較易溝通，且彼等從事調解工作，多勸之以理，動之以情，疏導重於法律之適用，使當事人在心悅誠服情況下達成和解。但當事人向法院聲請調解時，往往認為調解效力不若判決有效，且懼怕若調解不成立時，其調解進行時之認諾、陳述，會影響法官心證，造成敗訴結果，而不願到場；或到場時不肯接受法院的勸諭，相互讓步，解決爭端。是以，如何促使人民對法院調解產生信心，進而普遍利用，實為調解制度改革之核心[60]。

　　面對上開法院調解制度所潛存之問題，我們企盼藉由甫修正之《民事訴訟法》中調解相關條文，業依事件性質及當事人間之關係，重新調整強制調解之範圍；建立調解人制度使能支領日費、旅費，及酌定調解條款，俾能有利於未來之適用；尤其增設第一審訴訟繫屬中，法院亦得移付調解，如調解成立，原告得於三十日內退還已繳裁判費二分之一之規定，相信將來應可逐漸成為民眾採為解決紛爭之有效途徑，以杜紛爭。至於在主持調解之法官方面，除在職訓練之加強外，鼓勵積極採行〈法院加強辦理民事調解事件實施要點〉[61]，擴大民間參與司法運作，導正當事人對法院處理調解事件之信心，未來必能有助於以調解消弭紛爭，減輕民事訟累之功效。

第二款　鄉鎮市調解之落實與建議

　　鄉鎮市調解業務為廣義之調解，為使調解制度發展達到完美境界，以及司法資源充分利用，自不得將鄉鎮市調解業務置之而不提。觀察台灣各地方法院十年來辦理民事鄉鎮調解事件審核之情形，按年別區分，以八十六年度之65,379件最多，七十八年之25,340件最少，調解事件准予核定占終結件數百分比，以八十六年93.68%為最高，七十六年87.99%為最低(參見表二)。

表二：民國七十六～八十六年台灣各地方法院辦理鄉鎮調解事件審核情形

年　別	合　計	予以核定	不予核定	撤　回	其　他	予以核定件數占終結件數之百分比
七十六年	25,718	22,628	2,954	7	129	87.99%
七十七年	29,141	26,353	2,747	12	29	90.43%
七十八年	25,340	22,894	2,368	35	43	90.35%
七十九年	25,892	22,887	2,816	13	176	88.39%
八十年	31,375	28,159	2,746	12	458	89.75%
八十一年	36,183	32,653	2,498	338	694	90.24%
八十二年	37,903	33,953	2,705	433	812	89.58%
八十三年	39,808	35,124	3,845	24	797	88.27%
八十四年	38,604	33,615	4,320	49	620	87.08%
八十五年	47,176	43,207	3,554	3	412	91.59%
八十六年	65,379	61,148	3,610	3	515	93.68%

　　依以上分析資料可知，自七十八年以後，申請鄉鎮市調解事件之案件有逐年增加之趨勢，尤其在八十六年更達65,379件；而終結准予核定件數占終結件數百分比平均達90%左右，可見鄉鎮市調解委員會辦理調解績效，愈來愈好，達到疏減訟源之效果。

　　不可諱言，在民國七十一年十二月二十九日《鄉鎮市調解條例》全面檢討修正前，由於宣傳經費短絀，調解委員會職員多由鄉鎮市公所民政課員兼任、調解委員教育程度不高、法律知識不足，加上民眾漠視鄉鎮市調解制度功能，以致當時鄉鎮調解效果不彰，每年均僅有數千件⑫。在修法之後，固然民眾聲請鄉鎮調解之案件及法院准予核定之案件，有逐漸增多趨勢，但相較於鄰近日本國家，每年之調解件數幾達20萬件左右，在民事終結事件中，調解約占百分之60%⑬，益見我國鄉鎮市調解程序，確未能充分發揮其應有功能。

　　檢討癥結所在，除前開缺失迄未完全改正外，我們發現審檢分隸前，鄉鎮調解業務之審核與監督均為管轄之地方法院或其分院，但七十一年修法後，依新修正之《鄉鎮市調解條例》第五條規定：「鄉、鎮、市公所應於聘任調解委員會委員並選定主席後十四日內，檢附第二條、第三條有關資料，分別報請縣(市)政府、地方法院檢察署或地方法院分院檢察署備案，並函知地方

法院或其分院及當地警察機關；其因故解聘調解委員時，亦同」。第二十九條
規定：「鄉、鎮、市公所應於每年一月及七月，將前半年辦理業務之概況，分
別報請縣(市)政府、地方法院檢察署或地方法院分院檢察署備查，並函知管轄
地方法院或其分院」。惟卻於第二十三條第一項規定：「鄉鎮市公所應於調解
成立之日起七日內，將調解書送管轄法院審核。」即鄉鎮調解業務之審核雖維
持不變，但其指導監督事項，則改由地方法院檢察署擔任，由於兩者間主管
機關不同，產生事權不統一及司法資源未能充分利用之弊病，加以鄉鎮調解
為自治單位，擔任委員應經地方首長推薦，難免有排除異己，滋生派系鬥爭
之傾向；而因其成員法律素質偏低，在法院從嚴審核下，使不予核定案件增
多，如八十四年即達4,320件，均使鄉鎮市調解迅速便捷之優點大打折扣。展
望未來，落實鄉鎮市調解績效，建立調解一元化制度，將鄉鎮市調解行政事
務之監督，改隸於法院，不受地方派系之左右，透過經費編列一元化(由法院
與民事訴訟調解程序一併編列)、業務一元化(無論監督、審核與執行，均由
管轄法院負責)、司法資源一元化方式，使鄉鎮市調解制度與民事訴訟法之調
解程序相互結合，相信必能有助於調解成效之提昇。

第二項　大陸地區方面

第一款　人民法院調解之功能與缺失

　　法院調解是大陸《民事訴訟法》的基本原則之一，在其「著重調解」之政策
推動下，人民法院依調解解決紛爭之案件成績斐然，以1995年為例，全年人民
法院受理之第一審民事案件有 2,718,533 件，結案 2,714,665 件，在結案件數
中，以調解終結案件者，達 1,544,258 件，其餘判決為 658,187 件，裁定為 498,
636件，移送案件的有 13,584 件，可見調解案件幾達所有結案件數中57% 左右
⑭，與台灣地區同年度調解件數僅 27,572 件，其中調解成立者，僅占所有調解
件數14% 相比，實不可同日而語。

　　觀察大陸地區人民法院調解結案之比率，能如此之高，應歸因於長期推
展而不斷完善調解制度之結果。早在抗戰初期，陝甘寧邊區和各個解放區人
民政權之司法機關即已建立了調解制度，將審判與調解工作緊密結合起來。
西元1949年以後，在繼承人民司法工作的優良傳統下，逐漸發展為「依靠群

眾，調查研究，就地解決，調解為主」的民事審判工作十六字方針。1982年3月頒布《民事訴訟法》(試行)時，第六條規定「人民法院審理民事案件，應當著重調解」，把「調解為主」，改為「著重調解」，以避免人民產生「審判為輔」之錯誤觀念。1991年4月公布施行之《民事訴訟法》，則將法院調解，提到總則編中，專列為第八章，對調解之原則、形式，調解書之制作、調解不成立如何處理等問題，均作詳盡規定，雖將《民事訴訟法》(試行)中「應當著重調解」之規定，修改為「應當根據自願和合法的原則進行調解」，但法理上並非意謂中共對法院調解之否定，亦非降低調解在民事訴訟之地位，而是將法院調解制度納入法規化、規範化之軌道中，亟盼發揮出更大功能。

　　事實上，在大陸地區貫徹執行法院調解過程中，確實存在一些問題，比如強迫調解、違法調解、片面追求調解率，以及久調不決等現象⑥，甚至「以判壓調」，致當事人失去自主權之情形。尤其在大量以調解協議結案情況下，不但調解書之制作，內容粗糙，不易執行；許多案件均係在人民法院未經查明事實真相，即以「和稀泥」方式，不作查證、判斷事證之工作，而向當事人「講道理」，進行思想教育和疏導工作，使民眾發現法院調解，與向人民調解委員會申請調解，並無多大差別，致降低法院所彰顯定紛止爭之公信力，亟需加以導正。

第二款　人民調解委員會之發揮與改革

　　中共在全國人民調解委員會之調解工作實踐上，截至西元1995年為止，全國建立了1,009,814個人民調解委員會，在人民政府和人民法院指導下，僅1995年，即調解民間糾紛6,028,481件，其中婚姻案件最多，達1,146,769件，其次為鄰里糾紛883,281件，房屋宅基地有641,074件⑥，均遠勝我台灣地區之鄉鎮市調解同年度僅38,604件相距甚大，對此統計結果，使吾人不得不承認其人民調解制度，對減少民間糾紛，維護地方秩序，確能發揮積極、正面之意義。

　　誠然大陸之人民調解制度，對調解糾紛、教育群眾、增強團結、促進革命根據地之鞏固上，貢獻鉅大，但相對地也潛存些許不良副作用，譬如從相關資料中發現，人民調解有些似已遭到濫用地步，雖《人民調解委員會組織條例》要求應遵守自願、合法原則，不得因未經調解或調解不成立，而阻止當事人向人民法院起訴等原則。惟事實上，該原則就是調解人員在調解時常犯之

毛病。又因人民調解委員會相當重視調解成績之評比，故反覆調解，不成功即不罷休之現象一再發生，而法律賦予人民調解委員主動調解權，更使當事人是否聲請調解或逕行起訴之意願，不受尊重。有些司法助理員，企圖將人民調解改變為訴訟前之必經程序，使調解協議亦具有強制執行名義，幸而此種意見未被立法者採納，然調解工作之弊端，確值人民政府和法院加以嚴格監督及改革。為改正上開缺失，依本書之見解，未來大陸地區對於人民調解工作，宜從下列四個方向尋求突破：

一、淡化黨委領導色彩

大陸法律學者，常認為人民調解工作是司法工作之第一道防線，是一種群眾性之政治思想工作，故需在黨和「人民政府」的領導下發展，始能取得顯著成績，影響所及，不但平時應堅持在實際工作中發揮積極主動精神，當好黨委參謀；對於調解工作之計劃安排、總結報告、重要活動和複雜糾紛，更要經常向黨委請示匯報⑰。此種過度將人民糾紛，介入黨派色彩，雖有其歷史淵源，惟究非現代民主國家常態，將來如能逐步淡化政治(黨政)目的色彩，相信必能使該種被中共譽為東方經驗之人民調解制度，普獲國際之重視和樂於借鏡。

二、充分發揮司法助理員作用

司法助理員是基層司法行政工作人員，擔負著指導人民調解工作和法制宣傳工作之任務，惟大陸地區自文化大革命以來，法律人才中斷，一時無法因應大量需求，如何謀求有效解決，並提昇人員素質，實為當務之急。有了優秀之司法助理員之後，應要求其針對各地區糾紛發生之原因、特色，規劃出切實可行之預防糾紛措施和調解工作計劃，隨時培訓調解人員，提高其學識涵養，開展法制宣傳，使民間糾紛能儘可能在基層即獲得解決，疏解法院訟源。

三、加強基層法院對調解業務之指導

依中共《人民法院組織法》第二十二條第二款規定，基層人民法院除審判案件外，亦辦理指導人民調解委員會之工作；另《人民調解委員會組織條例》第二條亦有相同規定，所以加強基層人民法院對調解組織之業務指導，實為推動調解工作不斷深入發展之關鍵，至其具體作法有四：

（一）為提高調解人員業務水平和工作能力，基層人民法院宜每年利用一定時間，定期或不定期召開調解工作會議，結合相關案例，對調解人員進行業務知識教育，講解國家相關法律制度，以作好調解工作。

（二）舉辦調解人員業務培訓班，使具有光榮感、責任感，養成正確、合法及時調解各類糾紛之本領；利用培訓機會，更可總結各地交流經驗，表彰先進，袪除弊病。

（三）落實「傳幫帶」措施，所謂傳幫帶，即基層人民法院民事審判人員，走到那裡辦案，即吸收那裡的調解人員參加，共同研商解決方法，作好當事人思想教育工作⑱。實踐證明，此種措施不僅能提高調解人員學習、分析問題、解決問題之能力，而且因其參與提供各地情況，剖析事實原委，有利於人民法院及時和正確處理案件。

（四）此外，基層人民法院審判人員，對調解委員會或調解人員，在調解過程遇有疑難和糾紛問題不易解決時，隨時提供法律諮詢，甚至到場協助，凡此均值得我台灣地區法院(或檢察署)處理鄉鎮市調解事件之參酌。

四、結合法制宣傳教育工作

大陸地區文盲過多，民眾的教育水準、法律知識和經濟能力均較為低落，因此調解工作不能只限於被動地解決紛爭，更應採取積極、主動地從開展法制教育著手，定期和不定期地利用各種形式，進行法制宣傳和道德風尚教育，使廣大群眾知法、懂法、守法，以扭轉社會風氣，預防糾紛，防止犯罪之發生。

第三款　仲裁調（和）解制度之完善與推廣

在大陸進行改革開放以來，經濟糾紛數量顯著增加，且解決難度增大，同時人們對糾紛的解決，更渴望高效率、低費用與意思自治，在此種情形下，依賴法院審判為主之司法解決糾紛模式，愈來越顯現其侷限性，為此拓展非訴訟或審判外的解決糾紛方式，已是大陸發展市場經濟進程中，刻不容緩之要務。西元1994年8月31日中共《仲裁法》之公佈後，以仲裁庭調解或和解方式，來解決爭議，不惟有利於增強當事人間之團結，更能徹底解決爭端，疏解訟源，值得廣泛推廣⑲。

第四款　行政調解制度之健全與監督

　　大陸地區行政調解不同於人民調解之主要特質，在於行政調解是國家行政機關對經濟生活和社會生活實行管理和監督之一種方式，其調解之糾紛，不僅限於公民間，即公民和法人間之糾紛亦涵蓋在內。然由於中共行政機關素質低落，所達成之調解協議不具強制執行效力，且該調解協議和國家行政權緊密結合，使當事人在觀念上有重要顧慮，為維護當事人權益，完善各調解組織，加強監督，要求行政調解務需遵守合法、自願、和保護當事人正當、合法利益原則，均為現階段改進行政調解之重點。

第三項　兩岸民事調解制度之交流與展望

　　民事糾紛是人類社會無法避免之現象，紛爭不能解決，社會秩序即難維持，關於解決紛爭之道，據文獻記載，在古時周朝即設有地官，掌理調和萬民仇怨，秦、漢及晉代的「鄉嗇夫」，亦具有排解糾紛職能，由此可知，我國自古以來即以和解、調解制度，為主要解決紛爭之方法，其功效或產生時期，均優於民事訴訟制度。自兩岸分治後，因政治體制之迥異，台灣地區承襲中華民國成立以來之法統基礎，予以發揚光大，使和、調解制度，除運用於民事訴訟程序外，更擴及於商務仲裁、消費者爭議、勞資爭議處理、土地調解、公害糾紛處理、租佃爭議及鄉鎮市調解等規定中。惟實施五十年來，由於法律規範之不盡完備、當事人信心不足、調解制度一元化理想猶未落實，以致於成效仍非十分顯著，為此本書從實務和學理立場，提出多項建議，期能有助於調解制度功能之提昇。

　　大陸地區在西元1949年發布《關於廢除國民黨的六法全書與確定解放區的司法原則的指示》後，以學習和掌握馬列主義、毛澤東思想的國家觀、法律觀，及新民主主義的政策、綱領，另立新制，其間因文化大革命之動亂，使司法制度被嚴重破壞，惟近二十餘年來重建司法制度，成長快速，在調解制度方面，包括法院調解、人民調解和行政調解，共同建構成一套完整之調解體系。雖其法院調解件數，每年動輒百萬件，達所有民事案件二分之一以上，而人民調解委員會，全國建立百萬個左右，每年約調解民間糾紛六百萬件以上，惟其過度濫用、強迫調解、未遵守調解原則，甚至以黨派、政治因素、思想改造等介入和、調解過程，妨礙人民訴訟權之行使等，亦有值得深

思和改進之處。面對未來，海峽兩岸同為中國人，相互作學術交流，彼此吸收經驗，加強合作，必能使其司法制度，日臻健全，此為吾人所厚望。

註釋：

① 王甲乙、楊建華、鄭健才，《民事訴訟法新論》，(台北：三民書局，民國86年9月)，頁495。

② 林樹埔，〈鄉鎮市調解條例之研究〉，載於《司法研究年報(第五輯下冊)》，(台北：司法院第四廳，民國74年3月)，頁448。

③ 陳計男，《民事訴訟法論(上)》，(台北：三民書局，民國83年9月)，頁19。

④ 參見司法院編，《民事訴訟法修正草案初稿條文暨說明》，(台北：司法院民事廳，民國81年12月)，頁383~395。

⑤ 朱石炎，〈大陸司法制度之研究〉，載於《兩岸法律論文集(第一輯)》，(台北：財團法人海峽交流基金會，民國83年10月)，頁22。及鄭正忠，〈海峽兩岸司法制度之比較研究〉，《空大行政學報》，第七期，(台北：國立空中大學公共行政學系，民國86年5月)，頁107。

⑥ 常怡主編，《中國調解制度》，(重慶：重慶出版社，1990年5月)，頁25~26。

⑦ 王懷安主編，《中國民事訴訟法教程》，(北京：人民法院出版社，1992年12月)，頁177。

⑧ 蔡彥敏主編，《民事訴訟法學》，(廣州：中山大學出版社，1994年10月)，頁184~194。

⑨ 楊建華、陳月端，〈海峽兩岸司法制度之比較與分析—以民刑及行政訴訟與調解制度為中心〉，(中國文化大學法學院主辦，海峽兩岸社會科學交流研討會發表論文)，民國86年5月13日，頁6~7。

⑩ 參見司法院，《八十六年度司法業務年報—案件分析》，(台北：司法院司法行政廳，民國87年6月)，頁329。

⑪ 吳啟賓，《租賃之理論與實務》，(台北：司法周刊社，民國8年9月)，頁194。

⑫ 范光群，〈大陸與台灣商務調解及仲裁制度之比較與研究〉，《中興法學》，第三十四期，(台北：國立中興大學法律學系，民國81年11月)，頁30~34。

⑬ 李伸一，《消費者保護法論》，(台北：凱侖出版社，民國84年4月)，頁341~343。

⑭ 陳計男，《民事訴訟法論(上)》，前揭書，頁7。

⑮ 楊建華，《民事訴訟法要論》，(台北：三民書局，民國83年4月)，頁340~341。

⑯ 江偉、楊榮新，《人民調解學概論》，(北京：法律出版社，1990年6月)，頁1~2。

⑰ 袁紅兵、孫曉寧，《中國司法制度》，(北京：北京大學出版社，1988年12月)，

頁235。

⑱ 楊榮新，《民事訴訟法教程》，(北京：中國政法大學出版社，1991年12月)，頁
478。

⑲ 吳磊，《中國司法制度》，(北京：中國人民大學出版社，1988年7月)，頁
322~323。

⑳ 劉志濤，《人民調解實用大全》，(吉林：吉林人民出版社，1990年2月)，頁
18~22。

㉑ 熊先覺，《中國司法制度》，(北京：中國政法大學出版社，1986年12月)，頁
370。

㉒ 徐杰，《經濟合同法與技術合同法教程》，(北京：法律出版社，1991年9月)，頁
170~171。

㉓ 參見海棠小組，《大陸司法制度》，(台北：博遠出版有限公司，民國80年11
月)，頁223。

㉔ 熊先覺，《中國司法制度》，前揭書，頁371。

㉕ 駱永家主持，《大陸民事訴訟法之研究》，(台北：行政院大陸委員會，民國82年
10月)，頁123。

㉖ 張廣興主編，《大陸與港台民事訴訟制度》，(北京：法律出版社，1993年9月)，
頁327~328。另參見陳煥文，〈海峽兩岸仲裁制度之比較與發展趨向〉，《軍法專
刊》，第三十八卷第二期，民國81年2月，頁17~19。

㉗ 章武生、左衛民，《司法制度導論》，(北京：法律出版社，1994年11月)，頁
193。

㉘ 肖永真，〈中國解決涉外經濟糾紛的法律根據及方式〉，《法學研究》，1991年第
2期，1991年4月23日，頁92。

㉙ 李光熹、李復甸，《中共經濟合同法之研究》，(台北：中國文化大學出版部，民
國82年4月)，頁66。

㉚ 林俊益，〈論中共之仲裁制度〉，《中國大陸法制研究(第一輯)》，(台北：司法院
第四廳，民國79年10月)，頁465~466。

㉛ 董有淦，〈中華人民共和國對外經濟、貿易和海事仲裁的現狀和發展〉，《中國
國際法年刊1983》，(北京：中國對外翻譯出版公司，1983年)，中國國際法學會
編，頁29。

㉜ 張晉紅，《中國民事訴訟法》，(北京：中國政法大學出版社，1996年8月)，頁
185。

㉝ 柴發邦，《民事訴訟法學》，(北京：北京大學出版社，1994年4月)，頁
206~207。

㉞ 依大陸民事訴訟法第一百八十條規定：「當事人對已發生法律效力的調解書，
提出證據證明調解違反自願原則或者調解協議的內容違反法律的，可以申請再
審，經人民法院審查屬實的，應當再審」，可資參照。

㉟ 楊建華，《大陸民事訴訟法比較與評析》，(台北：三民書局，民國80年7月)，頁83。
㊱ 宋峻主編，《我國大陸與台灣三大訴訟法律制度比較》，(北京：中國紡織出版社，1994年5月)，頁199~200。
㊲ 楊大文主編，《婚姻法學》，(北京：中國人民大學出版社，1991年3月)，頁248~249。
㊳ 曾蘭淑，《論海峽兩岸的法院制度》，(台北：政治大學中山人文社會科學研究所碩士論文，民國84年6月)，頁308~309。
㊴ 陳世雄、林勝木、吳光陸，《民刑事訴訟法大義》，(台北：五南圖書出版公司，民國75年8月)，頁134~135。
㊵ 江偉主編，《中國民事訴訟法教程》，(北京：中國人民大學出版社，1990年3月)，頁275。
㊶ 魯明健主編，《中國司法制度教程》，(北京：中國政法大學出版社，1996年3月)，頁254~255。
㊷ 蔡彥敏主編，《民事訴訟法學》，前揭書，頁191。
㊸ 蔡章麟，〈論調解制度〉，載於《民事訴訟法論文選輯(下)》，(台北：五南圖書出版公司，民國73年7月)，頁785~787。
㊹ 楊建華，《民事訴訟法問題研析(一)》，(台北：三民書局，民國74年5月)，頁343~344。
㊺ 章武生主編，《民事訴訟法學》，(河南：河南大學出版社，1991年8月)，頁215。
㊻ 張晉紅主編，《中國民事訴訟法》，前揭書，頁195。
㊼ 韓象乾、鄭學林，《大陸六法精要(二)—民事訴訟法》，(台北：月旦出版公司，1994年2月)，頁144。
㊽ 師連舫，〈論鄉鎮調解條例〉，《法律評論》，第二十一卷第五期，民國44年5月，頁9。
㊾ 林義全，〈新中國人民調解研究綜述〉，《法學研究》，(北京)，第五十四期，1988年1月，頁91。
㊿ 衛平，〈論人民調解委員會組織條例的立法依據及特點〉，《法學雜誌》，(上海)，第110期，1989年10月，頁12。
(51) 袁紅兵、孫曉寧，《中國司法制度》，前揭書，頁255。
(52) 賀劍強，〈人民調解協議書應具有法律效力〉，《法學雜誌》(北京)，第45期，1987年6月，頁49。
(53) 小室直人編，《民事訴訟法要義》，(日本：株式會社法律文化社，1990年3月20日)，頁158~159。
(54) 王亞新，〈中國の民事訴訟じずける職權探知方式とその變化(二)〉，《民商法雜誌》，(日本)，1991年，頁100。

⑤ 趙震江，《中國法制四十年》，(北京：北京大學出版社，1990年1月)，頁352~353。

⑤ 張廣興主編，《大陸與港台民事訴訟制度》，前揭書，頁95。

⑤ 菊井維大，《民事訴訟法(下)》，(日本：青林出版社，昭和35年9月)，頁375。

⑤ 楊建華，〈訴訟上和解之請求繼續審判〉，《法學叢刊》，第六卷第一期，民國50年1月，頁46。

⑤ 參見司法院，《八十六年度司法業務年報—案件分析》，前揭書，頁144~154。

⑥ 蔡文育，《調解制度之研究》，(台北：台大法律研究所碩士論文，民國83年6月)，頁169~171。

⑥ 「法院加強辦理民事調解事件實施要點」，於82年10月13日，由司法院以(八二)院台廳一字第一八七一八號函訂頒，其訂立目的，主要為加強法院民事調解功能，以建立祥和社會，全部共計十九點。

⑥ 林樹埔，〈鄉鎮市調解條例之研究〉，前揭書，頁567~570。

⑥ 參見司法院，《八十三年度司法案件分析》，(台北：司法院刑事廳，民國84年6月)，頁296~297。

⑥ 孫琬鍾主編，《1996年中國法律年鑑》，(北京：中國法律年鑑出版社，1996年8月)，頁958。

⑥ 唐德華，〈民事訴訟法修改情況介紹〉，載於《民事訴訟法講座》，(北京：最高人民法院民事訴訟法培訓班編，法律出版社，1991年9月)，頁120。

⑥ 孫琬鍾主編，《1996年中國法律年鑑》，前揭書，頁977。

⑥ 劉清波，《中國大陸司法制度》，(台北：華泰書局，民國84年10月)，頁372。

⑥ 吳磊，《中國司法制度》，前揭書，頁326。

⑥ 林建宏，《大陸地區仲裁制度之研究》，(台北：文化大學中國大陸研究所碩士論文，民國86年6月)，頁80~81。

第三編　海峽兩岸之刑事訴訟制度

第十一章　兩岸刑事訴訟之概念與立法原則

第一節　刑事訴訟之意義

犯罪為社會之產物，是以自有社會以來，犯罪問題不斷發生，國家為保護人民以免遭受侵害，除制定刑法以劃定國家刑罰權之範圍外，對於具體犯罪被告，應如何追訴、處罰、執行，均應依一定程序進行，俾確定其對犯人有無刑罰權，此稱為刑事訴訟程序①。通常就此程序可區分為廣義刑事訴訟程序和狹義刑事訴訟程序兩種，前者，指國家行使刑罰權為目的之全體程序而言，不僅包括審判程序，即審判前之偵查程序，審判後之執行程序，乃至於性質上原應不屬於刑事訴訟程序之附帶民事訴訟程序。至狹義之刑事訴訟程序，則專指刑事審判程序而言②。我台灣地區《刑事訴訟法》第一條第一項規定：「犯罪，非依本法 或其他法律所定之訴訟程序，不得追訴處罰」，雖係指狹義而言。惟刑事訴訟制度，既以實行國家刑罰權為依歸，由法院認定事實，根據犯罪被害人、檢察官或自訴人之請求，參酌相關證據，懲罰被告，使刑罰法規具體化之程序，與民事訴訟程序，僅在解決人民相互間私權之爭端者不同，故各國刑事訴訟法莫不規定廣義之刑事訴訟法程序，以供適用，我國《刑事訴訟法》第二編第一章第一節及第八編分別就偵查及執行程序，均定有明文，亦採廣義之刑事訴訟程序③。

第二節　兩岸刑事訴訟之目的

關於刑事訴訟之目的，在台灣地區《刑事訴訟法》雖無明文，但依學者見解，其目的無非在於發現真實與保障個人之自由與人權。蓋因刑事訴訟制度，既在決定國家刑罰權是否存在，則應以真正之事實為裁判依據，期對犯罪科以應得之刑罰，並避免罰及無辜，是以事實真相之發現，自被視為刑事訴訟之目的。惟從刑事訴訟之另一觀點，處罰犯罪行為人固有必要，但不能

因而害及被告之基本人權，否則為處罰犯罪而斲喪被告人權，名為實現正義，但事實上司法正義並未真正獲得實現，藉此以觀，公共福祉之維護固屬重要，惟基本人權之保障猶屬不可忽視④。故所謂刑事訴訟制度，乃在於發現真實與保障人權，以追求正義為目標。

　　大陸地區刑事審判之目的，依其《刑事訴訟法》第一條：「為了保證刑法的正確實施，懲罰犯罪，保護人民，保障國家安全和社會公共安全，維護社會主義社會秩序，根據憲法，制定本法」。根據此一規定，可見其刑事訴訟之目的有二：

一、保證刑法正確實施，以懲罰犯罪

　　此為刑事審判之直接目的，按刑法是規定犯罪行為構成要件和對犯罪如何適用刑罰之法律，惟如何對犯罪行為進行追究，則要通過立案、偵查、起訴、審判和執行等一系列訴訟程序才能進行。《刑事訴訟法》正是規定處理刑事案件訴訟程序之法律，也就是程序法。刑法和刑事訴訟法間是實體和程序法關係，兩者互相關聯，缺一不可。如果沒有刑法來規定什麼行為構成犯罪，定罪量刑就沒有標準；反之，如果沒有《刑事訴訟法》來規定由誰負責審判犯罪及如何進行審判程序，《刑法》關於定罪量刑之規定將成為具文。因此刑事審判之目的，在於保證《刑法》正確實施，進而懲罰犯罪，保護人民。

二、保障國家安全和社會公共安全

　　大陸是人民民主專政之社會主義國家，在馬、列主義、毛澤東思想指導下，標榜由人民掌握國家政權，對少數敵對分子實行專政。因此一小撮仇視人民民主專政分子，透過各種危害國家安全之犯罪，企圖推翻人民民主專政和社會主義制度時，國家應依法予以懲罰。又依其學者所稱，大陸現仍處於社會主義初級階段，不可避免地存在著強盜、搶劫、強姦、殺人、放火、盜竊等各種普通刑事犯罪活動，危害公共安全，破壞社會秩序，對他們必須予以嚴厲法律制裁。中共認為法律和司法機關是上層建築之一個重要部分，是同犯罪作鬥爭之有力武器，肩負著追究犯罪，懲罰犯罪重要使命。因此，刑事審判就是要通過刑事訴訟懲罰犯罪分子，達到保障國家安全和社會公共安全，維護社會主義社會秩序之廣泛目的⑤。

　　又大陸刑事訴訟之目的，與審判之任務是相繫的，依其《刑事訴訟法》第

二條規定：「中華人民共和國刑事訴訟法的任務，是保證準確、及時地查明犯罪事實，正確應用法律，懲罰犯罪分子，保障無罪的人不受刑事追究，教育公民自覺遵守法律，積極同犯罪行為作鬥爭，以維護社會主義法制，保護公民的人身權利、財產權利、民主權利和其他權利，保障社會主義建設事業的順利進行」。上開具體任務，均係為加強社會主義法制，保護公民人身財產權益，促進社會主義市場經濟體制之建立和發展而訂立，只有圓滿完成刑事訴訟之上開任務，才能體現刑事審判之根本目的。

第三節　兩岸刑事訴訟之法律依據

　　與刑事訴訟相關之法律，固有《法院組織法》、《刑事訴訟法》、《少年事件處理法》、《羈押法》、《提審法》等，但其中以《刑事訴訟法》為最主要依據。按國家為維持社會秩序，保護人民權益，制定《憲法》，命令吾人為其所應為，或禁止吾人為其所不應為，故其內容有為目的，有為手段，以《刑法》而言，乃係規定行為人犯罪及其處罰之法律，故為實體法、目的法；而《刑事訴訟法》則規定刑事偵查、起訴、審判及執行程序之法律，而為程序法、手段法。在刑事審判中，除注意被告犯罪事實之發現加以懲治外，對於程序之公正，亦不可輕忽，避免刑事目的與手段產生矛盾現象，故刑事審判務需以相關法律為依據，妥適進行，本書即以兩岸現行《刑事訴訟法》作為立論依據，核先敘明。

　　台灣地區現行《刑事訴訟法》，係源於民國九年十一月十四日國民政府頒佈的《刑事訴訟條例》，民國十七年國民政府在前開條例之基礎上，參仿日本大正十一年(西元1922年)之《刑事訴訟法》，擬定《刑事訴訟法草案》，同年七月二十八日由國民政府公佈，同年九月一日施行。二十二年六月，國民政府司法行政部在參酌「現今世界各國立法精神及司法機關經驗」基礎上，擬具《修正刑事訴訟法草案》，交行政院轉立法院審議通過。二十四年一月一日，國民政府頒佈該《刑事訴訟法》，並於同年七月一日施行。這部《刑事訴訟法》共九編五百十六條。該法頒佈後，在三十四年十二月十六日、五十六年一月二十八日、五十七年十二月五日、七十一年八月四日、七十九年八月三日、八十二年七月三十日和八十四年十月二十日分別作了七次修改，修正的主要內

容，是吸收英美《刑事訴訟法》所採行之當事人主義，增加當事人訴訟權利，加強辯護或代理制度，限制檢察官職權，充實證據規則。嗣為因應八十四年十二月二十二日司法院大法官會議釋字第三九二號解釋，立法院對《刑事訴訟法》有關羈押權之規定作了大幅度修正，並在八十六年十二月十二日三讀通過，於同年十二月十九日經總統公布施行；八十六年十二月十九日立法院又三讀修正通過《刑事訴訟法》第五十五條等六條條文，並於八十七年一月二十一日公布，其修正範圍除羈押權之相關規定外，尚包含被告或犯罪嫌疑人為智能障礙者之保護規定、於訊問被告或犯罪嫌疑人前應踐行告知權利事項之程序、禁止司法警察於夜間訊問犯罪嫌疑人、在簡易判決程序中納入「認罪協商制度」之精神、被害人於偵查中受訊問時得由其親屬、醫師或社工人員陪同在場陳述意見、審判期日應傳喚被害人或其家屬並予陳述意見之機會、訊問被告原則上應全程錄音，必要時應全程錄影、參與偵辦案件之檢察官或法官因該案件違法失職已受懲戒處分，足以影響原判決者，得為再審之理由等。整體而言，修正幅度之大，為民國二十四年《刑事訴訟法》公布施行以來所僅見⑥。又為保障人權，落實羈押、拘提、搜索、扣押等強制處分權，八十八年二月三日及八十八年三月三十日再修正第九十三條之一、第一百四十六條、第一百零一條和第一百四十七條等條文。

　　大陸《刑事訴訟法》與《刑法》不失為中共採行社會主義法制下的兩部大法，而且亦最能表現社會主義法制精神之法律。其中《刑事訴訟法典》的起草工作，自本世紀五十年代開始。西元1954年，中共人民政府法制委員會曾擬出《刑事訴訟法條例草案》。1957年5月，受全國人大常委會委託之最高人民法院，曾完成《中華人民共和國刑事訴訟法草案(草稿)》，共七編十六章三百二十五條。同年六月，對草案進行修訂，並更名為《中華人民共和國刑事訴訟法(初稿)》。由於受到政治等原因影響，上述草案和初稿均未正式頒布。現行《刑事訴訟法》是1979年7月1日正式通過，同年7月7日公佈，1980年1月1日起施行。在《刑事訴訟法》施行前，大陸的刑事訴訟主要根據1954年9月通過的《人民法院組織法》、《人民檢察院組織法》和同年12月公布的《逮捕拘留條例》以及最高人民法院、最高人民檢察院有關規定進行。1996年3月17日，第八屆全國人民代表大會第四次會議通過了《關於修改中華人民共和國刑事訴訟法的決

定》，對1979年的《刑事訴訟法》作一系列修改補充。修改後的《刑事訴訟法》於1997年1月1日起施行，成為現行《刑事訴訟法》。從立法淵源上來說，大陸《刑事訴訟法》是在總結人民政權同反革命犯罪分子，及一般刑事犯罪分子長期鬥爭之經驗教訓基礎上，借鑒吸收各國先進刑事訴訟立法經驗之情況下制定的⑦。

第四節　兩岸刑事訴訟之立法原則

　　刑事訴訟立法原則，是指審判人員在刑事訴訟過程中，必須遵循之基本行為準則；它貫穿於刑事審判活動中，對整個訴訟過程都具有普遍指導意義。吾人欲研究兩岸之刑事訴訟制度，必先瞭解各該地區刑事訴訟所採取之立法理論基礎，然後方能知悉法律所規定訴訟程序之精義所在。由於兩岸司法制度之理論基礎(意識形態)顯不一致，立法淵源互有差異，以致於在刑事審判原則方面，亦有很大不同，台灣《刑事訴訟法》屬大陸法系，從其沿革言，係由糾問制度，進而採訴訟制度，立法上較偏向西方民主國家採行之立法原則和制度，如彈劾主義、不告不理、當事人對等、自由心證、直接審理原則等。至於大陸《刑事訴訟法》是在否定一切舊法情況下，借鑒前蘇聯等社會主義國家刑事訴訟立法經驗，結合自己刑事訴訟實踐經驗制定的，屬於社會主義性質《刑事訴訟法》，它規定了一系列社會主義法律特有的原則和制度。例如，偵查權、檢察權和審判權由專門機關依法行使原則，依靠群眾原則，公、檢、法三機關分工負責、相互配合、互相制約原則，用民族語言文字進行訴訟等原則，茲分述如後。

第一項　台灣地區刑事審判之立法原則
第一款　不告不理原則

　　不告不理原則，乃法院對於犯罪之審判，必待有追訴權人之追訴，方得為之，亦即採彈劾制度(Accusatorial System)。在此原則下，訴訟關係為三方面，追訴之檢察官或自訴人立於原告地位，犯罪嫌疑人立於被告地位，法院則立於超然地位，公正行使其審判權。彈劾制度係針對糾問制度(Inguisitorial System)，由法院兼掌追訴與審判之不當而來。我現行刑事訴訟制度本此原則，

於《刑事訴訟法》第二百六十八條規定:「法院不得就未經起訴之犯罪審判」,且起訴之效力,不及於檢察官所指被告以外之人⑧。

第二款 當事人對等原則

當事人對等原則,又稱為當事人平等主義,即起訴之檢察官、自訴人與被告,從訴訟程序開始起,至終結為止,皆立於對等之地位,享有相同權利、義務,以求其均衡。台灣地區之刑事訴訟,雖源於糾問制度,但為確保被告在訴訟上之機會、地位對等,在《刑事訴訟法》第一百六十六條之詢問證人及覆問證人、鑑定人,第一百七十二條之聲明調查證據,第一百七十三條之審判長每調查一證據完畢,應詢問被告有無意見,第二百八十九條之言詞辯論,以及第三百四十四條第一項之上訴等,均採取當事人對等原則。

第三款 職權進行原則

職權進行原則與當事人進行原則相對立,前者,乃訴訟之進行及終結,不許當事人之自由變更,由法院依職權以為審判;後者,乃關於訴訟標的及訴訟關係,許當事人自由變更,法院應受其拘束而進行之原則。台灣地區民事審判,依通說以保護私權,解決民事糾紛為目的,自宜採用當事人進行主義。至刑事訴訟則在確定國家刑罰權之有無及其範圍,牽涉國家及社會公益,故現行法仍採職權進行原則。但為緩和過分之職權化,並藉以保護被告之利益,防止人權遭受國家不當侵害,而酌採當事人進行主義⑨,如《刑事訴訟法》第一百六十一條,明定檢察官就犯罪事實有舉證責任;第一百六十二條賦與當事人辯論證據證明力等,均為職權進行原則之例外。

第四款 實體真實發現原則

基於前述職權進行主義之精神,法院確定被告刑罰權之有無及其範圍,所為之審判,不以當事人所陳述之事實及提出之證據為判決依據,仍應調查其他證據,不受當事人意思之拘束,以期發現事實真相,此為實體真實發現原則。台灣之刑事審判,在此原則下,不採取英美之妥協主義,亦不認被告之自白與民事訴訟之認諾,具有同等效力,故於《刑事訴訟法》第一百五十六條第二項規定,被告之自白,不得作為有罪判決之惟一依據,仍應調查其他必要證據,以查其是否與事實相符,藉以確保實體之真實發現⑩。

第五款 審判公開原則

　　從歷史上觀察，秘密審理(Hearing in Camera)主義，為糾問主義下之產物，審判公開原則於大陸法系，在法國大革命後，成為必然要求，故現代無論採當事人進行主義或職權進行主義之國家，均採公開審理原則。按審判公開(Publicity of Trial)，可以使審判之經過為眾人所共見共聞，以擔保審判之公正、公平，增加人民對司法審判之信心，故刑事審判程序，採用審判公開原則，但如遇有妨害國家安全、公共秩序或善良風俗等情形時，則例外改採秘密審理原則[⑪]。

第六款　直接審理原則

　　直接審理原則，係指法院審理案件，須以親自調查證據、詢問當事人、證人後，就所取得之證據，以為裁判之基礎。與直接審理相配合者，為言詞審理原則，即法院對於裁判所依據之各種資料，須經言詞調查證據、詢問相關當事人後，始得採為證據[⑫]。台灣地區現行《刑事訴訟法》採行直接言詞審理原則，故審判期日，被告不到庭者，不得審判(第二百八十一條)；詢問證人、鑑定人應以言詞直接為之(第一百八十四條)、未提出於公判庭、經合法調查之證據不得作為裁判資料(第二百八十八條)等。

第七款　自由心證原則

　　對於證據之證明力，由法院依其心證自由判斷，法律上不予限制拘束者為自由心證主義；證據之種類及證據力之強弱，均以法律規定，非法院所能任意取捨者，乃法定證據主義。自由心證主義，使法官易於發現事實真象，但往往因法官見解不同，對於同一證據有取捨偏差情形，或運用不當，易使法官陷於專橫。法定證據主義，常因法律無法就證據之種類、證據價值或證明力，全部均加以規定，且如將證據法則預列等級，恐又使法官無裁量適用餘地，難以發現真實，兩者利弊互見。美國訴訟程序依英美法系，採行法定證據主義。台灣之刑事訴訟，則以自由心證主義為原則，法定主義為例外，證據之證明力，由法官自行判斷，除法定限制外，對於證據之價值，在法律上並無等差，取捨與否，悉依法官之心證。惟在現行制度下，有不明自由心證主義之當事人，以為證據之憑信力，完全由法官主觀判斷，得恣意而為。事實上，在現行自由心證主義下，法官並無任意判斷之權，在審判過程中，仍須受下列證據法則之支配：

一、須有證據資料存在。

二、必須符合經驗法則。

三、必須符合論理法則。

四、證據須經合法調查⑬。

第二項　大陸地區刑事審判之基本原則

《刑事訴訟法》是關於刑事訴訟程序之方式、手段、步驟之法律規範總稱；大陸《刑事訴訟法》從訴訟性質、司法機關職能以及具體進行刑事訴訟活動之工作需要出發，對刑事訴訟之基本原則作出系統規定，其具體條文自第三條至第十七條為止，分述如下：

第一款　司法機關依法行使職權原則

司法權是國家權力之重要組成部分，國家司法權之行使，直接影響人民權益、社會安定，以及國家法治統一和社會主義現代化建設事業之順利進行。中共鑑於在文化大革命十年動盪期間，全國至少產生25萬件以上之冤假錯案⑭，這些經糾正改判之冤錯案件，絕大部分是在「砸爛公檢法」後，司法機關遭受嚴重破壞的情況下發生的，為此本於歷史之經驗教訓，改革開放後要求司法權統一由司法機關行使，已成為大陸司法制度之首要原則。在該原則下，偵查權、檢察權、審判權，只能由司法機關行使，依《刑事訴訟法》第三條規定：「對刑事案件的偵查、拘留、執行逮捕、預審，由公安機關負責。檢察、批准逮捕、檢察機關直接受理案件的偵查、提起公訴，由人民檢察院負責。審判由人民法院負責。除法律特別規定以外，其他任何機關、團體和個人都無權行使這些權利。人民法院、人民檢察院和公安機關進行刑事訴訟，必須嚴格遵守本法和其他法律的有關規定」。上開規定確立偵查權由公安機關(含國家安全機關)和檢察機關行使，檢察權統一由人民檢察院行使，審判權則由人民法院行使原則。其他任何機關、社會團體和個人都無權行使這些權力，例如，國家行政監督部門依法享有對各級行政機關的行政監察權，工商、稅務、海關等行政機關享有對有關違法行為之調查權和處罰權，但這些權力均與司法權不同，如有私設公堂、搜查抄家、緝捕押人、限制人身自由和侵犯公民合法權益時，任何公民有權進行抵制、揭發控告，有關機關必須

依法予以肅清處理，直至追究其刑事責任為止。

第二款　公、檢、法三機關分工負責，相互制約原則

對國家權力加以適度制約與監督，是法治國家之基本要求，事實證明，當權力不受制約和監督，必將導致濫權和腐敗。為了避免上述權力之腐化，西方民主國家提出分權理論，以行政、立法、司法三權分立，相互牽制解決此一難題。大陸地區於總結和借鑑歷史經驗基礎上將國家一切權力屬於人民，其全國人民代表大會在國家權力配置上，實行合理分工，監督國家行政機關、司法機關業務之執行，以對人民負責；至國家行政機關、司法審判、檢察機關則要分工合作，相互配合及制約。依《憲法》第一百三十五條規定：「人民法院、人民檢察院和公安機關辦理刑事案件，應當分工負責，互相配合，互相制約，以保證準確有效地執行法律」，所謂分工負責，是指人民法院、人民檢察院、公安機關以及司法行政機關在肩負保護人民、懲治犯罪、服務四化之共同任務前提下，按照法律規定各有其具體職責，務需從各自職能之角度分工，完成司法所賦予之使命。其次，為求集思廣益，防止偏差，減少主觀和片面性，上述機關應密切協助，互相支持，以維護社會主義的經濟基礎和政治制度。又在相互配合時，各司法機關務需相互監督，修正錯誤，正確處理案件，例如人民檢察院對公安機關、國家安全機關逮捕人犯是否批准之決定；人民法院對檢察機關提起公訴之案件，審查是否應予處刑之裁判；司法行政機關在管理獄政和勞改工作中，發現人民法院之判決、裁定確有錯誤時，有權向檢察機關請求依法糾正之建議等[⑥]，均可看出相互制約原則在大陸司法制度之體現，為刑事訴訟工作重要之原則。

第三款　獨立行使審判權、檢察權原則

司法獨立與司法公正是緊密相關的，司法獨立之目的，在求得司法之公正，在中國古代人們認為「法」是公平與正義的化身；在當前則以司法作為保護公民權利，維護社會正義的最後一道防線，司法是否公正、清明，係一個國家民主、文明程度之重要標誌，為大多數國家所重視。然則司法公正與否，端賴司法機關本身能否獨立行使職權，是以司法之公正與獨立原則，乃亦成為大陸司法工作基本原則之一。依《人民法院組織法》第四條規定：「人民法院依照法律規定獨立行使審判權，不受行政機關、社會團體和個人的干

涉」；另《人民檢察院組織法》第九條規定：「人民檢察院依照法律規定獨立行使檢察權，不受行政機關、社會團體和個人的干涉」；另《刑事訴訟法》第五條亦規定：「人民法院依照法律規定獨立行使審判權，人民檢察院依照法律規定獨立行使檢察權，不受行政機關、社會團體和個人的干涉」，此即為獨立行使審判權、檢察權原則。為貫徹執行該原則，人民法院、人民檢察院行使審判權或檢察權時，具有獨立性，任何行政機關、社會團體或個人都不可對審判、檢察工作非法干擾，以樹立社會主義法制威信，保證司法工作之正確和有效執行。惟應注意者，大陸地區所強調司法機關依法獨立行使職權原則，與西方國家不同，民主國家標榜的司法獨立，有三個主要內容，一是依據三權分立原則，法院(司法)組織機關獨立，檢察機關則屬於行政系統；二是司法獨立表現為審判獨立，法官依自由心證行使審判權，其任職獲終身保障，非經彈劾，不得被免職、撤職或要求提前退休。大陸地區之司法獨立，其獨立審判權、檢察權是賦予人民法院、人民檢察院，而非審判員、檢察員個人[66]，並於司法機關內部實行民主集中原則，推展集體領導制度。而各機關所配置之審判人員、檢察人員，是由同級的國家權力機關選舉或任免，不是終身制，此均為兩種法制不同之分野。

第四款　以事實為依據，法律為準繩原則

　　司法求實原則，即堅持「以事實為依據，以法律為準繩」原則，乃中共對每一位司法工作者所提出之基本要求，西元1978年制定《刑事訴訟法》時，首先於第四條規定「人民法院、人民檢察院和公安機關進行刑事訴訟，必須依靠群眾，必須以事實為根據，以法律為準繩」，後1982年3月公布《民事訴訟法》時於第五條規定：「人民法院審理民事案件，必須以事實為根據，以法律為準繩」，均因該原則對於提高辦案質量、保障當事人合法權益，做到毋縱毋枉，起著重要作用，目前《刑事訴訟法》第六條，亦有相同規定。所謂「以事實為根據」，就是司法機關執行職務活動，只能以客觀事實為基礎，無論民、刑事案件，在認定事實過程中，辦案人員均應深入調查、收集證據，防止先入為主、偏聽、偏信之思想方法和作風，不輕信口供，堅持有錯必糾觀點，反對任何脫離實際，忽視客觀事實的唯心主義思考模式和辦案方法。至於「以法律為準繩」，就是嚴格遵守有關實體法和程序法規定，對被告定罪量刑，或對其

民事違法行為予以制裁，也就是「有法必依，執法必嚴」[⑰]，只有司法機關切實恪遵法律，處理各種訴訟或非訟案件，杜絕徇情枉法、營私舞弊，與法律背道而馳之處，才能有效地維護法律之權威性和社會主義法制之嚴肅性。

第五款　公民在適用法律上一律平等原則

中國大陸是建立在以公有制為經濟基礎之社會主義國家，故其所要求之平等，係通過憲法和法律來確認公民應享有平等之法律地位，使公民的權利受法律平等保護、任何人不得超越法律之外或享受任何特殊權利。其《憲法》第三十三條規定「中華人民共和國公民在法律面前一律平等」，即在說明國家權力機關集中人民群眾意志，按照國家法定程序所制定之法律，對全體公民都統一適用，不允許有特權、歧視或例外。根據《憲法》此一規定，《刑事訴訟法》乃於第六條後段再規定：「對於一切公民，在適用法律上一律平等，在法律面前，不允許有任何特權」，基此人民法院、人民檢察院和公安等機關在各自行使職權中，不論當事人屬於什麼民族及職業、出身、信仰、教育程度如何，也不管是國家工作人員還是普通公民，在適用法律時一律平等對待，不偏袒、不歧視，對民主權利和合法權益，都要依法予以保護，至於違法犯罪行為，則應依法予以追究，一切公民毫無例外地務須嚴格遵守法律，不允許有違反法律或不受法律約束之任何特殊公民[⑱]。

除公民在適用法律上一律平等原則外，由於大陸是一個多民族融合之地區，採行民族平等原則，能確實反應各民族之政治生活、社會經濟和文化生活等各方面，因而亦素為中共所重視，故《憲法》第四條明定「中華人民共和國各民族一律平等」、「禁止對任何民族歧視和壓迫」，此即為民族平等之主要規定，其在司法之具體體現，在於(一)司法機關之設置上，各民族自治地區也按省級、地區級、縣級設置三級司法機關，以人民法院為例，在民族自治區設置高級人民法院，民族自治州設中級人民法院，民族自治縣設置基層人民法院，且相應地設置人民檢察院、公安機關和司法行政機關。(二)各民族之公民，只要符合法律規定，都可當選或被任命為各該級司法工作人員。例如：依據《人民法院組織法》第三十五條第三款規定，只要符合規定要件在民族自治地方設立之地方各級人民法院院長，由民族自治地方各級人民代表大會選舉，副院長、庭長、副庭長和審判員由民族自治地方各級人民代表大會

常務委員會任免。(三)各民族的公民,適用法律上一律平等,對於司法活動,擁有平等的權利,不允許有任何歧視。(四)各民族的公民用本民族的語言文字進行訴訟,如《人民法院組織法》第六條規定,各民族公民都有用本民族語言文字進行訴訟的權利;人民法院對於不通曉當地通用語言文字的當事人,應當為他們翻譯;在少數民族聚居或者多數民族雜居地區,人民法院應用當地通用的語言進行審訊,用當地通用的文字發布判決書、布告和其他文件。不可否認的,各民族自治區亦為中共不可分離之領域部分,司法機關在辦理案件時,充分注意到少數民族地區之經濟情況和風俗習慣等特點,真正做到平等處理法律問題,是值得吾人稱許的。

第六款　依靠群眾原則

　　人民司法機關,是人民民主專政的重要組成部分,為達成艱巨而又複雜之司法任務,司法人員之努力是不夠的,必須與群眾相結合,加強群眾路線,依靠廣大人民群眾的力量,才能保障社會主義現代化建設之順利進行。對此早在西元1927年起之國內革命戰爭時期,在中國共產黨領導下之司法工作,即貫徹了依靠群眾辦案之思想。抗日戰爭階段,各級司法機關辦理案件,強調深入群眾和調查研究之工作方法,採用就地審判、巡迴審判等一連串走群眾路線之審判制度,深受廣大群眾之贊賞。解放戰爭時期,各解放區之司法機關,遵照黨的群眾肅反路線,有力打擊階級敵人和其他刑事犯罪分子之破壞活動,取得對敵戰爭之重大勝利。1949年中共建國後,依靠群眾處理案件,便利群眾訴訟的辦法,仍為人民司法工作積極採用和貫徹。1951年頒布的《中華人民共和國人民法院暫行組織條例》中,在總結司法工作群眾路線歷史經驗的基礎上,把群眾路線之訴訟制度、審判方法等都明文規定。1954年頒布《憲法》、《人民法院組織法》、《人民檢察院組織法》,均把司法工作群眾路線的訴訟原則、制度和方法規定下來。第五屆全國人民代表大會二次會議通過的《刑事訴訟法》、《人民法院組織法》、《人民檢察院組織法》均肯定司法工作群眾路線之訴訟程序、原則、制度和方法,使得司法工作群眾路線之優良傳統得到更大發揚⑩。目前,為進一步貫徹司法工作依靠群眾辦案原則,中共再要求司法人員必須樹立依靠群眾之觀念,堅持實事求是之調查研究作風,深入基層以取得人民群眾之支持和密切配合。其次,檢察機關以及

各專門機關，如人民調解委員會等應把相關司法活動置於人民群眾監督之下，認真聽取群眾意見，以減少錯誤，增強辦案人員之責任心，使案件能正確、合法、及時獲得解決。再者，司法機關還應設置舉報機構等，鼓勵群眾對司法工作之不當措施，提出具體批評，司法機關應就其舉報認真調查，及時處理群眾對有違法甚至犯罪司法人員之控告和揭發，以維護司法機關之威信，培養能有效聯繫群眾而又精通業務之專業隊伍。

第七款 檢察刑事監督原則

中共《憲法》第一百二十九條規定：「中華人民共和國人民檢察院是國家的法律監督機關」，新修正之《刑事訴訟法》第八條規定：「人民檢察院依法對刑事訴訟實行法律監督」；另在《人民檢察院組織法》，除第一條有與前述相同規定外，其第五條第四項後段尚規定，人民檢察院對於人民法院的審判活動是否合法，實行監督。人民檢察機關對刑事訴訟實行法律監督之意義，在於保障各司法機關依法進行刑事訴訟，保護訴訟參與人依法享有訴訟權利，以及維護國家法制尊嚴，防止出現錯案。至其監督方法可分為對審判活動實行監督，以及對人民所作出之裁判實行監督兩種。前者依《刑事訴訟法》第一百六十九條規定：「人民檢察院發現人民法院審理案件違反法律規定之訴訟程序，有權向人民法院提出糾正意見」，以要求人民法院遵守法律規定，為審判活動，任何違法之程序，檢察機關都有權監督、糾正。至對人民法院裁判之實行監督，其最常見方式為提起抗訴，抗訴可分為對尚未發生法律效力之判決、裁定在二審程序中提起抗訴，及對已發生效力之判決、裁定在審判監督程序所提起之抗訴，惟需以原審法院在認定事實或適用法律上確有錯誤始可提起。

第八款 使用民族語言原則

中共《刑事訴訟法》第九條規定：「各民族公民都有使用本民族語言文字進行訴訟的權利。人民法院、人民檢察院和公安機關對於不通曉當地通用的語言文字的訴訟參與人，應當為他們翻譯。在少數民族聚居或者多民族雜居的地區，應當用當地通用的語言進行審訊，用當地通用的文字發布判決書、佈告和其他文件。」這項原則尚見諸《憲法》第一百三十四條和《人民法院組織法》第六條，為公民有權使用本民族語言文字進行訴訟原則之法律依據，由條

文文義，該項原則應包含下列三層意義：(1)各民族公民都有用本民族語言文字進行訴訟之權利，不論他是作為原告還是被告，且在人民法院審判過程中，當事人可以使用自己本民族之語言回答審判員訊問，在法庭上證言或進行訴訟；(2)當事人不通曉法院當地語言時，人民法院應當為其提供翻譯；(3)在少數民族自治之地方或者多民族雜居地區，應用當地通用語言進行審判，用當地通用文字發布判決書、佈告和其他文件，對所送達之訴訟文書，儘可能以民族所通曉之文字，或聘請翻譯人員，代為翻譯訴訟文書之內容⑳。

第九款　實行兩審終結原則

兩審終結，是人民法院審判案件之一項重要審級制度，在此制度下，任何刑事案件，最多經過兩級人民法院審判即告終結。《人民法院組織法》第十二條、《刑事訴訟法》第十條皆明示此原則。大陸之法院分為最高人民法院、高級人民法院、中級人民法院和基層人民法院等四級，案件經二次審判便告終結，故亦可稱為「四級二審制」。中共採兩審終結制，有利於上級人民法院對下級人民法院之監督；同時亦可防止案件久拖不決，影響懲罰犯罪份子，及節省國家人民之時間浪費。

第十款　有權獲得辯護原則

該原則又稱為辯護制度，按辯護制度(Defence System)，為近代民主法治發展下產物，基於人權保護觀點，為維護被告之合法權益，以求審判公平，使之不受非法或錯誤刑事訴追之制度㉑。依我國現行《刑事訴訟法》第二十七條規定，刑事案件不論其罪質刑度如何，均得選任辯護人，且除被告或犯罪嫌疑人外，其法定代理人、配偶、直系或三等內旁系血親，或家長家屬亦得為選任權人，此為選任辯護制度。如被告所犯最輕本刑為三年以上有期徒刑之案件或最高法院管轄第一審之案件，於審判中若無選任辯護人，審判長應指定公設辯護人為其辯護(第三十一條第一項)，否則其逕行審判者，該判決當然為違背法令，此即為強制辯護制度。

在大陸地區之刑事審判制度中，依《刑事訴訟法》第十一條後段，亦認為被告有權獲得辯護，人民法院有義務保證被告獲得辯護。被告除在訴訟各個階段自行辯護外，還可以在審判階段委託律師、近親屬、監護人、經人民法院許可的公民等作為辯護人進行辯護。但外國律師、港澳律師、台灣律師，

不得以律師資格在大陸地區代理訴訟，或參與訴訟；港澳同胞、華僑、台商和外國人只得在大陸境內委任經省、自治區、直轄市司法廳(局)考核批准，發給律師證書，並經向司法部備案之大陸律師。又公訴人出庭公訴案件而被告人沒有委託辯護人的，被告人是聾、啞、未成年人或者外國籍公民而沒有委託辯護人的，人民法院可以指定辯護人為其辯護。對於指定辯護人，被告人可以拒絕，也可以另行委託辯護人辯護[22]。

辯護人的責任是根據事實和法律，提出證明被告無罪、罪輕或者減輕、免除刑事責任之材料和意見，維護被告合法權益。辯護律師可以查閱本案資料，了解案情，同在押被告會見和通信；律師進行前述活動時，有關單位，個人有責任給予支持。律師對於業務活動中接觸的國家機密和個人隱私，有保守秘密責任(大陸律師法第三十條)。又律師接受委託後，無正當理由，不得拒絕辯護或代理，但委託事項違法，或委託人利用律師提供之服務，從事違法活動或者委託人隱瞞事實者，律師有權拒絕辯護[23]。

第十一款　未經判決，不得確定有罪原則

中共《刑事訴訟法》第十二條規定：「未經人民法院依法判決，對任何人都不能確定有罪」，即為本原則之法律依據。此條文是西元1996年3月修正時新增條文，該條文對進入刑事訴訟之犯罪嫌疑人、被告之訴訟地位和合法權利，有相當重要保障。在過去犯罪嫌疑人只要被拘留、逮捕，法律上即稱為「人犯」，一般人民群眾認為進入公安局或成為刑事被告，就是「壞人」，在審判前已被認為是「有罪之人」，如此不但不利公正審判，也影響對人權保障，所以修正刑事訴訟法後，明確將提起公訴前稱為「犯罪嫌疑人」，提起公訴後才稱為「被告人」，只有在判決確定後，被判決有罪之被告，才是罪犯[24]。

又本條文尚具有兩個重要含義，一是強調只有人民法院才有權確定被告是否有罪，公安機關、檢察機關在刑事訴訟中，行使偵查權、檢察權，只能承擔控訴職權，惟有法院才能認定事實，依法審判被告。二是在人民法院確定被告有罪之裁判發生效力前，不得將其當罪犯看待，只應把他們視為特殊公民，雖可根據訴訟需要，剝奪其一部分人身自由權；但在沒有確實充分證據證明被告有罪前，法院只能作出被告無罪之判決。

第十二款　保障訴訟參與人訴訟權利原則

中共《刑事訴訟法》第十四條規定:「人民法院、人民檢察院和公安機關應當保障訴訟參與人依法享有的訴訟權利。對於不滿十八歲的未成年人犯罪的案件,在訊問和審判時,可以通知犯罪嫌疑人、被告人的法定代理人到場。訴訟參與人對於審判人員、檢察人員和偵查人員侵犯公民訴訟權利和人身侮辱的行為,有權提出控告」,該條文係保障訴訟參與人訴訟權利之法律依據。根據同法第八十二條第四項規定,訴訟參與人係指當事人、被害人、法定代理人、辯護人、證人、鑑定人和翻譯人員;當事人則包括自訴人、被害人和附帶民事訴訟原告與被告。上列人員參與刑事訴訟之權利,依法可獲得保障,在訴訟進行中,若遭受司法人員非法侵害,得對違法人員依《刑法》第八章瀆職罪等相關規定提出控告㉘。

針對未成年被告,中共並無特別之少年事件處理法加以規範,在《刑事訴訟法》僅有第十四條規定法定代理人到場權。法定代理人到場,可以幫忙或代理未成年被告行使迴避申請權,為其選任律師辯護,遇有審判人員侵犯其權利時,更可提出控告。此外,依《刑事訴訟法》第一百五十二條第二款另規定:「十四歲以上不滿十六歲未成年人犯罪的案件,一律不公開審理。十六歲以上不滿十八歲未成年人犯罪的案件,一律也不公開審理」,亦為保障未成年人訴訟權利之相關規定。

第十三款　依法不追訴原則

《刑事訴訟法》第十五條規定:「有下列情形之一的,不追究刑事責任,已經追究的,應當撤銷案件,或者不起訴,或者終止審理,或者宣告無罪:(一)情節顯著輕微、危害不大,不認為是犯罪的;(二)犯罪已過追訴時效期限的;(三)經特赦令免除刑罰的;(四)依照刑法告訴才處理的犯罪,沒有告訴或者撤回告訴的;(五)犯罪嫌疑人、被告人死亡的;(六)其他法院規定免予追究刑事責任的。」該條文即為依法不追訴原則之法律依據。司法機關在刑事訴訟中,遇有上述六種情形之一,為保障依法不應受刑事追究之人,不致於受到追訴或處罰,應分別作出處理:

(一)在偵查階段:發現案件有上開六種情形之一者,公安機關或人民檢察院應作出撤銷案件之決定。

(二)在審查起訴階段：人民檢察院應當作出不起訴決定，該決定是審查起訴階段終止訴訟之唯一措施。

(三)在審判階段：人民法院可以根據不同情形，採取不同措施，如對於情節顯著輕微、危害不大，不認為是犯罪的，應當作出無罪判決；對於告訴才處理之案件，被害人撤回告訴的，應當撤銷案件；對於被告死亡或有其他情形之案件，可以作出終止審理之裁定㉖。

第十四款　外國人犯罪適用中共法律原則

中共《刑事訴訟法》第十六條規定：「對於外國人犯罪應當追究刑事責任的，適用本法的規定。對於享有外交特權和豁免權的外國人犯罪應當追究刑事責任的，通過外交途徑解決」。該條文是追究外國人犯罪適用大陸《刑事訴訟法》原則之法律依據，此為國家主權原則在刑事訴訟程序中之體現。所謂外國人犯罪包括在中共領域內犯罪和領域外對中國人之犯罪。惟依照《中華人民共和國外交特權與豁免條例》，某些外國人享有外交特權和豁免權：來到中國訪問之外國元首、政府首腦、外交部長及具同等身分之官員，按照有關國際公約和國際組織之協議而享有外交特權與豁免權代表，聯合國及其專門機構官員，各國駐中國領事館的外交代表，使領館行政技術人員及其配偶未年子女等。通常涉及外國人之刑事訴訟程序，一方面有國家主權問題，另方面有外交關係問題，不僅要實現國家之刑事管轄權，國際互惠原則亦需顧及，因此對於享有外交特權和豁免權外國人犯罪事件，不能由人民法院、人民檢察院和公安機關按照《刑事訴訟法》立案追訴和審判，而是應當由外事部門通過外交途徑解決㉗。

第十五款　刑事司法協助原則

刑事司法協助，是指不同國家司法機關間，根據自己國家締結或者參加國際條約、多邊條約、協定或者互惠原則，彼此相互協作，為對方代為一定訴訟的行為。依大陸《刑事訴訟法》第十七條規定：「根據中華人民共和國締結或者參加的國際條約，或者按照互惠原則，我國司法機關和外國司法機關可以相互請求刑事司法協助」。該條約是西元1996年3月17日第八屆全國人民代表大會第四次會議通過《全國人民代表大會關於修改中華人民共和國刑事訴訟法的決定》第九條所規定。在修改《刑事訴訟法》時，考慮到中共已參加許

多國際公約，在承擔義務範圍內擔負著同國際犯罪作鬥爭之任務，且曾分別與俄羅斯聯邦、白俄羅斯、波蘭、蒙古、羅馬尼亞共和國、加拿大、烏克蘭、古巴、保加利亞共和國等國家簽定刑事司法協助雙邊條約。在認真總結執行刑事司法協助之經驗，和適應改革開放之新形勢，而增加本條規定。刑事訴訟法採行「刑事司法協助」原則，有利於加強與外國在刑事訴訟方面司法交流與合作，追究涉外刑事案件，共同打擊犯罪[28]。

第五節　兩岸刑事訴訟立法原則之相互借鏡

刑事訴訟是國家司法機關追究和懲罰犯罪之重要程序，由於犯罪現象已成為世界性、普遍性存在之問題，各國刑事訴訟法制都同樣肩負著懲罰犯罪與保障人權之雙重使命。儘管由於各國之政治、經濟體制不同，文化法律存在差異，致使各國刑事訴訟結構各具特色，但追求刑事訴訟制度更科學，更民主、更進步，已成為大家共同之目標。以海峽兩岸而言，雖因政權性質與立法淵源不同，致刑事訴訟法制和立法原則有相當差距，但無可否認的，在近幾年來兩岸各自努力推動其刑事訴訟法制，台灣在民國八十六年及八十七年間大幅修正《刑事訴訟法》，大陸地區亦甫於西元1996年3月17日審議通過《關於改革中華人民共和國刑事訴訟法的決定》，並公布修改後之《刑事訴訟法》，自1996年1月1日起開始施行，是兩岸未來在刑事訴訟上，相互學習、借鏡之處，必與日俱增。

以刑事訴訟之立法原則而言，台灣地區所採行之審判公開原則、不告不理原則、獨立行使審判原則、當事人對等原則，已為大陸地區所援用；而大陸地區《刑事訴訟法》所標榜之依法不追訴原則，與台灣地區《刑事訴訟法》第二百五十二條、第二百五十三條所規定，檢察官得為不起訴處分之條件，亦頗為類似；尤其在此次修法時，吸收「無罪推定」原則之合理成分，於《刑事訴訟法》第十二條增訂「未經人民法院依法判決，對任何人都不得確定有罪」原則[29]，是值得我們未來參酌之先進立法。

註釋：

① 蔡墩銘，《刑事訴訟法概要》，(台北：三民書局，民國87年4月)，頁1。

② 郭介恆、雷萬來、那思陸，《司法制度概論》，(台北：國立空中大學，民國85年1月)，頁251～252。

③ 陳樸生，《刑事訴訟法實務》，(台北：作者自行出版，民國82年9月)，頁1～2。

④ 蔡墩銘，《刑事訴訟法論》，(台北：五南圖書出版公司，民國81年6月)，頁19。

⑤ 劉學斌，《中華人民共和國刑事訴訟法理論與適用》，(北京：法律出版社，1996年5月)，頁15～17。

⑥ 蔡碧玉，〈新修正刑事訴訟法簡介〉，《法務通訊》，第1866期，(台北：司法院，民國87年2月12日)，第3版。

⑦ 趙秉志、王新清、甄貞，《大陸六法精要(4)刑事訴訟法》，(台北：月旦出版社，民國82年12月)，頁326～327。

⑧ 褚劍鴻，《刑事訴訟法論》(上冊)，(台北：台灣商務印書館，民國84年4月)，頁5～6。

⑨ 蔡墩銘，《刑事訴訟法論》，前揭書，頁16～17。

⑩ 曹競輝，《刑事訴訟法實務問題研究》，(台北：作者自行出版，民國76年6月)，頁39。

⑪ 參見《法院組織法》第八十六條規定：「訴訟之辯論及裁判之宣示，應公開法庭行之，但有妨害國家安全、公共秩序或善良風俗之虞時，法院得決定不予公開」。

⑫ 吳建勛，《刑事訴訟應否改採當事人主義之研究》，(台北：司法院，民國86年6月)，頁141～145。

⑬ 周靜，《自由心證與陪審制度》，(台北：天山出版社，民國78年8月)，頁25～29。

⑭ 參見最高人民法院院長江華1980年9月2日在第五屆全國人民代表大會第三次會議上所作《最高人民法院工作報告》。

⑮ 劉海年，〈略論社會主義法治原則〉，《中國法學》，第81期，(北京：中國法學會，1998年2月)，頁12～13。

⑯ 吳磊，《中國司法制度》，(北京：中國人民大學出版社，1997年5月)，頁92～95。

⑰ 熊先覺，《中國司法制度》，(北京：中國政法大學出版社，1986年12月)，頁104～106。

⑱ 海棠小組編，《大陸司法制度》，(台北：博遠出版有限公司，民國80年11月)，頁4。

⑲ 吳磊，《中國司法制度》，前揭書，頁100～101。

⑳ 薛景元主編，《海峽兩岸法律制度比較—訴訟法》，(福建：廈門大學出版社，1994年11月)，頁216～217。

㉑ 林國賢，〈刑事訴訟法之受告知選任辯護人〉，《法令月刊》，第37卷第8期，(台

北：法令月刊社，民國75年8月)，頁8。

㉒ 陳光中，《公證與律師制度》，(北京：北京大學出版社，1991年8月)，頁282。

㉓ 趙鋒、劉開玉，《律師法與律師實務》，(北京：中國檢察出版社，1998年1月)，頁76～78。

㉔ 陳建國主編，《刑事訴訟制度的改革與完善》，(北京：紅旗出版社，1997年2月)，頁8～17。

㉕ 郝雙祿主編，《刑事訴訟法教程》，(北京：法律出版社，1993年8月)，頁46～47。

㉖ 林山田主持，《大陸地區刑事程序法規之研究》，(台北：行政院大陸委員會，民國82年7月)，頁13～14。

㉗ 胡康生、李福成，《中華人民共和國刑事訴訟法釋義》，(北京：法律出版社，1997年10月)，頁20～21。

㉘ 趙永琛，《國際刑法與司法協助》，(北京：法律出版社，1994年7月)，頁174～176。

㉙ 趙秉志、甄貞，〈中國大陸新刑事訴訟法典述評〉，《華岡法粹》，第24期，(台北：文化大學法律系，民國85年10月)，頁55～57。

第十二章　兩岸之刑事管轄制度

第一節　刑事管轄制度之意義

　　法院之刑事管轄，係指審判機關依法律規定，就多數之刑事案件，各自行使裁判權之界限；易言之，刑事審判權依一定之標準而分配於各個法院，法院對於被分配審判權之界限內案件，有審判之權利①。足見，管轄權以先有審判權存在為前提，倘無審判權存在，自無管轄權可言。法院之管轄，是刑事訴訟中相當重要之制度，妥適合理劃分刑事案件之管轄，對於保證刑事訴訟程序之順利進行，具有十分重要意義，不但可使各同級或不同級法院明確界定各自受理刑事案件之職權範圍，防止互相推諉或爭執；並可便利當事人依照管轄規定，提起告訴、告發或自訴，以維護自己權利。至確立管轄權之原則，一般是根據刑事案件之性質、案情輕重、複雜程度、發生地點、當事人之便利及法院之事務負擔等因素而定之；同時鑑於案件發生後，始定管轄法院恐有影響審判公平因素發生，故各國刑事訴訟法，恆事先即對管轄制度為一般性規定，使其於案件發生後，即能自動決定審判該案件之法院。再者，法律所以對管轄為一般性規定，而不為具體性規定，乃為使管轄權之運用更具彈性，以免有窒礙難行之情事發生②。

第二節　兩岸刑事管轄制度之概況

　　海峽兩岸《刑事訴訟法》規定之管轄制度，有重大區別，大陸地區所謂「管轄」，是指人民法院、人民檢察院和公安機關依照法律規定立案受理刑事案件，以及人民法院審判第一審刑事案件之分工制度。因此將管轄分為立案管轄與審判管轄兩大類，立案管轄參照大陸《刑事訴訟法》第十八條規定，是解決公、檢、法三機關在立案受理刑事案件方面之分工；審判管轄是解決各級、各類、各人民法院在審判第一審刑事案件之分工。台灣《刑事訴訟法》規定之管轄，僅是解決各法院在第一審刑事案件方面之程序，其內容與大陸審判管轄相似，但無立案管轄之規定，顯示刑事訴訟採行「審判中心主義」精神③，為說明起見，本書即以兩岸之「審判管轄」為內容，加以比較討論。

第一項　審級管轄制度

一、台灣地區

審級管轄為法院按審級、案件性質之不同，而劃分上、下級法院受理刑事案件之管轄制度。依《法院組織法》第十條、第十七條、第二十二條規定，地方法院受理第一審案件，不服地方法院之第一審裁判者，得上訴於第二審高等法院；不服高等法院之第二審裁判者，得上訴於第三審最高法院，最高法院為終審法院，對其裁判，不得再行上訴，是採「三級三審」制。但依《刑事訴訟法》第四條規定，關於內亂、外患及妨害國交之刑事第一審案件，由高等法院為第一審，最高法院為終審法院；最重本刑為三年以下有期徒刑、拘役或專科罰金之罪及《刑法》第三百二十條、第三百二十一條之竊盜罪、第三百三十五條之侵占罪等案件，經第二審判決者，依《刑事訴訟法》第三百七十六條規定，不得上訴於最高法院④，均係採「三級二審」制，為「三級三審」之例外。茲將刑事訴訟之審級管轄，分述於後：

(一)地方法院管轄下列事件：

刑事第一審訴訟案件，但法律別有規定之內亂、外患及妨害國家等罪，不在此限。

(二)高等法院管轄下列事件：

1.關於內亂、外患及妨害國交之刑事第一審訴訟案件。

2.不服地方法院及其分院第一審判決而上訴刑事訴訟案件。

3.不服地方法院及其分院裁定而抗告之刑事案件。

(三)最高法院管轄下列事件：

1.不服高等法院及其分院第一審判決而上訴之刑事訴訟案件。

2.不服高等法院及其分院第二審判決而上訴之刑事訴訟案件。

3.不服高等法院及其分院裁定而抗告之案件。

4.非常上訴案件。

二、大陸地區

中共《刑事訴訟法》所規定之級別管轄，與台灣所稱之審級管轄相當，依照《人民法院組織法》第二十一條、第二十二條、第二十五條、第二十八條、

第三十二條、第三十三條規定，法院分為基層人民法院、中級人民法院、高等人民法院和最高人民法院四級，其級別管轄內容為：

(一)基層人民法院管轄下列事件：

1.審判刑事第一審案件，但法律、法令另有規定之案件除外。如基層人民法院在受理刑事案件時，認為案情重大，應當由上級人民法院審判時，可以請求移送上級人民法院審判。

2.處理不需要開庭審判之輕微刑事案件。

3.指導人民調解委員會之工作。

(二)中級人民法院管轄下列事件：

1.依法律、法令由該院管轄之第一審案件。此類案件依照大陸《刑訴訟法》第二十條規定，為反革命案件、危害國家安全案件，可能判處無期徒刑或死刑之普通刑事案件、外國人犯罪之刑事案件⑤。

2.基層人民法院移送審判之第一審刑事案件。

3.對基層人民法院刑事裁判之上訴及抗訴案件。

4.人民檢察院按照審判監督程序提出之刑事抗訴案件。

5.發現基層人民法院確定刑事裁判，顯有錯誤者，予以提審之案件。

(三)高級人民法院管轄下列事件：

1.依法律、法令規定由該院管轄之第一審刑事案件。依《刑事訴訟法》第二十一條規定，凡全省性(自治區、直轄市)之重大刑事案件，高等人民法院即具有管轄權。

2.下級人民法院移送審判之第一審刑事案件。

3.對下級人民法院刑事裁判之上訴及抗訴案件。

4.人民檢察院按照審判監督程序提出之刑事抗訴案件。

5.發現下級人民法院確定刑事裁判，顯有錯誤者，予以提審之案件。

(四)最高人民法院管轄下列事件：

1.依法律、法令由該院管轄，或該院自認為應由其審判之第一審刑事案件。依《刑事訴訟法》第二十二條規定，凡屬全國性之刑事案件，其案情重大或複雜者，最高人民法院即具有第一審管轄權。

2.對高級人民法院、專門人民法院刑事裁判之上訴及抗訴案件。

3.最高人民檢察院按照審判監督程序提出之刑事抗訴案件。

4.發現各級人民法院確定刑事裁判，顯有錯誤者，予以提審之案件。

第二項　土地管轄制度

一、台灣地區

以土地區域，定同級法院刑事案件之分配者，為土地管轄。依台灣《刑事訴訟法》第五條規定：「案件由犯罪地或被告之住所、居所或所在地之法院管轄。在中華民國領域外之中華民國船艦或航空機內犯罪者，船艦本籍地、航空機出發地或犯罪後停泊地之法院，亦有管轄權」，可見土地管轄權之取得原因有三：

(一)犯罪地，包括行為地及結果發生地。

(二)被告之住所、居所地或所在地。

(三)在中華民國領域外之中華民國船艦或航空機內犯罪者，船艦本籍地、航空機出發地或犯罪後停泊地。

二、大陸地區

大陸刑事訴訟之「地區管轄」，是指同級人民法院間對第一審刑事案件之分工，即從橫向解決同一級人民法院對第一審刑事案件管轄問題。《刑事訴訟法》第二十四條規定：「刑事案件由犯罪地之人民法院管轄。如果由被告居住地人民法院審判更為適宜，可以由被告人居住地之人民法院管轄」。換言之，大陸刑事訴訟中「地區管轄」，是實行以犯罪地(包括犯罪行為實施地和犯罪結果發生地)由人民法院管轄為主，被告居住地人民法院管轄為輔之原則。

第三項　合併管轄制度

一、台灣地區

案件因其土地管轄或事務管轄之不同，致有二個以上法院均有管轄權時，合併由其中一法院管轄者，稱為合併管轄。依《刑事訴訟法》第六至第八條規定，合併管轄可分為牽連管轄和競合管轄兩種：

(一)牽連管轄

依《刑事訴訟法》第七條規定，有下列情形之一者，為相牽連案件：(1)一

人犯數罪者；(2)數人共犯一罪或數罪者；(3)數人同時在同一處所各別犯罪者；(4)犯與本罪有關之藏匿人犯、湮滅證據、偽證、贓物各罪者。對於相牽連案件應合併管轄，至其合併管轄之方式，參照同法第六條第二、三項規定：

1.各案件已繫屬於數法院者，經各該法院之同意，得以裁定將其案件移送於一法院合併審判之。有不同意者，由共同之直接上級法院裁定之。

2.不同級法院管轄之案件相牽連者，得合併由其上級法院合併審理。但第七條第三款之情形，不在此限。

(二)競合管轄

亦稱多數管轄，即同一案件，數法院均有管轄，合併由其中一法院管轄之制度。按《刑事訴訟法》第八條規定：「同一案件繫屬於有管轄權之數法院者，由繫屬在先之法院審判之。但經共同之直接上級法院裁定，亦得由繫屬在後之法院審判」。

二、大陸地區

對於合併管轄，大陸《刑事訴訟法》未作具體規定，僅於《刑事訴訟法》第二十五條作出優先管轄規定，即「幾個同級人民法院都有權管轄之案件，由最初受理之人民法院審判。在必要時，可移送主要犯罪地之人民法院審判」，法律規定由最初受理之人民法院審判，是為避免有關人民法院間發生管轄爭議而拖延案件審判，故在司法實踐上，人民法院亦可以該條文處理類似競合管轄之問題⑥。

第四項　專門管轄制度

一、台灣地區

專門管轄，是指各種專門人民法院之間，以及與普通人民法院間，在審判第一審刑事案件之分工。台灣地區現行《刑事訴訟法》並無規定，而另於《軍事審判法》第一條規定：「現役軍人犯陸海空軍刑法或其特別法之罪，依本法之規定應追訴審判之。其在戰時犯陸海空軍刑法或其特別法以外之罪者亦同」；又《少年事件處理法》對於十二歲以上，十八歲未滿之人，有觸犯刑罰法律或虞犯情形，依同法第三、四條規定，由少年法院審判處罰，即使少年犯罪應受軍事審判者亦同⑦。

二、大陸地區

目前大陸設有軍事法院、鐵路運輸法院、海軍法院等專門人民法院，由於專門人民法院的設置與普通人民法院設置不同，確定管轄標準亦有所差異。因此《刑事訴訟法》第二十七條規定：「專門人民法院案件的管轄另行規定」，在司法實踐中，軍事法院管轄之刑事案件，主要是現役軍人和軍內在編職工，違反《刑法》第十章軍人違反職責罪之犯罪案件。鐵路運輸法院管轄之刑事案件，主要是鐵路運輸系統公安機關負責偵破之刑事案件，如危害、破壞鐵路交通、安全設施、在火車上發生之犯罪案件、鐵路職工違反規章制度、玩忽職守造成嚴重後果之犯罪案件等；至於海事法院，依西元1984年11月14日第六屆全國人大常委會第八次會議通過之《關於在沿海、港口和城市設立海事法院的決定》規定：「海事法院管轄第一審海事案件和海商案件，不受理刑事案件和其他民事案件」⑧。

第五項　指定管轄與移轉管轄制度

一、台灣地區

(一)指定管轄

在台灣刑事案件，因某種事故，不能辨別其管轄權之歸屬，而由直接上級法院，以裁定指定該案件之管轄者，為指定管轄，依《刑事訴訟法》第九條規定，指定管轄之原因有四：

1.數法院對於管轄權有爭議者。

2.有管轄權之法院，經確定裁判為無管轄權，而無他法院管轄該案件者。

3.因管轄區域境界不明者。

4.案件不能依前述三項情形及《刑事訴訟法》第五條所規定之犯罪地、被告住所地、居所地、所在地、船艦本籍地、航空機出發地或犯罪後停泊地之法院，定其管轄法院者，則由最高法院以裁定指定管轄法院⑨。

(二)移轉管轄

刑事案件之管轄，法院因事實或法律上原因不能行使審判權，或不便行使者，由其直接上級法院以裁定將該案件移轉於其管轄區域內與原法院同級之其他法院，並由其他法院行使管轄權，稱移轉管轄。依照《刑事訴訟法》第

十條規定，「有下列情形之一者，由直接上級法院，以裁定將案件移轉於其管轄區域內與原法院同級之他法院：(1)有管轄權之法院因法律或事實不能行使審判權者；(2)因特別情形由有管轄權之法院審判，恐影響公安或難期公平者。直接上級法院不能行使審判權時，前項裁定由再上級法院為之」。如案件有上述情形時，當事人得申請移轉管轄，但聲請時，應以書狀敘述理由向該法院為之。

二、大陸地區

(一)指定管轄

依大陸《刑事訴訟法》第二十六條規定：「上級人民法院可以指定下級人民法院審判管轄不明的案件，也可以指定下級人民法院將案件移送其他人民法院審判」，此為大陸指定管轄之規定。由條文可見其指定管轄一般適用於兩類刑事案件，一類為地區管轄不明之刑事案件，另一類為由於各種原因，致原來有管轄權法院不適宜或不能審判之刑事案件[⑩]。

(二)移轉管轄

大陸刑事訴訟之移轉管轄，是人民法院將不屬於自己管轄案件，或雖屬自己管轄，但是由另一法院審判更為適宜案件，移送其他法院審判，前述《刑事訴訟法》第二十五條規定，不僅為優先管轄規定，亦為移轉管轄之依據。

第三節　兩岸刑事管轄制度之比較與評析

海峽兩岸在刑事訴訟管轄制度設計上，明顯不同，在大陸地區因認為管轄是指司法機關在刑事案件受理範圍之分工，包括公、檢、法三機關在立案受理案件時之分工，以及人民法院組織系統內審判第一審刑事案件時之分工，這兩種分工和權限劃分，前者稱為立案管轄(或職能管轄)，後者為審判管轄。與台灣地區所稱管轄，為劃分各級法院審判範圍，僅限於審判管轄者，在管轄之種類上，並不相同[⑪]。

在審判管轄之具體規定上，兩岸雖均有審級管轄、土地管轄、合意管轄、指定管轄和移轉管轄等規定，大致來說，台灣規定得較為週延，尤其在一人犯數罪、數人共犯一罪或數罪等相牽連案件，台灣地區在《刑事訴訟法》第六條至第八條有牽連管轄、競合管轄規定，對於管轄權之爭議及其處理方

式,亦均有明文,避免可能引起之管轄爭議⑫,此等規定,可供大陸修法之參考。

　　至在審級管轄方面,縱觀世界各國級別管轄之劃分,有按法定刑、有按罪名、還有按刑法條文或者兼採上述幾個因素來劃分的。按法定刑來劃分級別管轄的主要為大陸法系國家,如法國、德國、日本和奧地利。按罪名兼顧法定刑來劃分級別管轄的主要為英美法系國家,如英國、美國等。按刑法條文來劃分級別管轄的主要為東歐等國家,如前蘇聯、羅馬尼亞等國。海峽兩岸關於審級管轄之劃分,大都是按罪名兼顧法定刑來劃分級別管轄,如大陸中級人民法院依《刑事訴訟法》第二十條規定,其所管轄者為反革命案件、危害國家安全案件,可能判處無期徒刑或死刑之普通刑事案件、外國人犯罪之刑事案件⑬。而台灣地區則除單純按照罪名來劃分外,並兼採法定刑及刑法條文等因素來劃分,如《刑事訴訟法》第四條規定,關於內亂、外患及妨害國交之刑事第一審案件,由高等法院為第一審,最高法院為終審法院;又同法第三百七十六條規定:「左列各罪之案件,經第二審判決者,不得上訴於第三審法院:一、最重本刑為三年以下有期徒刑、拘役或專科罰金之罪。二、刑法第三百二十條、第三百二十一條之竊盜罪。三、刑法第三百三十五條、第三百三十六條第二項之侵占罪。四、刑法第三百三十九條、第三百四十一條之詐欺罪。五、刑法第三百四十二條之背信罪。六、刑法第三百四十六條之恐嚇罪。七、刑法第三百四十九條第二項之贓物罪」,相較之下,台灣地區審級管轄制度之規定,應較大陸級別管轄制度為優。

　　對於土地管轄制度,兩岸大體相同,均以犯罪地、被告之住所、居所地為法院取得管轄權之原因,惟台灣地區《刑事訴訟法》第五條第一項另規定被告之所在地或逮捕地法院,亦有管轄權,在適用上較為便利。另關於在大陸領域外之飛機、船舶內犯罪案件的地區管轄問題,大陸《刑法》第三條第二款規定:「凡在中華人民共和國船舶或者飛機內犯罪的,也適用本法」,台灣《刑事訴訟法》第五條第二項則規定:「在中華民國領域外之中華民國船艦或航空機內犯罪者,船艦本籍地、航空機出發地或犯罪後停泊地之法院,亦有管轄權」,從兩岸上開規範內容可見,台灣立法上採列舉規定,大陸則以概括性規定為之,此亦為兩者間之不同⑭。

此外，台灣《刑事訴訟法》還對管轄錯誤之各種情況處理，以及法院對於無管轄權之刑事案件所進行之訴訟程序之效力，作了具體規定。而大陸對此則未有任何規定，此乃大陸刑事管轄立法不足之處。

第四節　兩岸刑事管轄爭議之處理

第一項　兩岸刑事管轄爭議之起因

民國八十二年四月六日以後，兩岸發生多起劫機事件，被劫持之民航客機之起飛地，均為大陸廣州、常州、北京、濟南、長春、青島等地，而實際降落地則為我台灣地區之桃園中正機場，因此，嚴格言之，無論就海峽兩岸任何一方之官方立場而言，均不屬其領域之外。依海牙公約第三條第三項之規定：「本公約僅適用於發生犯罪之航空器之起飛地，或實際降落地係在該航空器登記國以外者，而不論該航空器係從事國際或國內飛行」，亦即遭劫持航空器之「起飛地」或「實際降落地」在該航空器登記國領域以外者，始為國際劫機，而有公約之適用，故海牙公約理論上並不當然能適用於兩岸之劫機事件，除非海峽兩岸已默認雙方之領域僅限於其治權所及之範圍⑥。不過，無論如何，桃園為劫機行為之著陸地，台灣就該劫機事件，本於《刑事訴訟法》第五條第一項屬地主義及《台灣地區與大陸地區人民關係條例》第七十五條之規定，就該刑事案件有管轄權，無庸置疑。而大陸當局，為飛機之登記國，不管傳統理論或國際公約之規定，或其現行《刑事訴訟法》第二十四條、《刑法》第三條第一項之規定⑥，對劫機犯亦當然有刑事管轄權。

茲發生爭議者，緣由於中共相當堅持其司法主權原則，認為台灣不是一個國家，不享有國家主權，故其最高人民法院、最高人民檢察院曾向前去協商兩岸共同打擊犯罪的我方人員表示，台灣方面並無司法管轄權，近年來海峽兩岸經由中介團體海基會與大陸海協會接連舉辦之會談中，所涵蓋的部分協商議題，如劫機犯之處理、漁事糾紛之解決、非法入境人員之遣返等，均涉及海峽雙方之管轄權問題及其背後所隱含的「國家主權承認」的問題，故多次協議未能達成預期目標，癥結在此⑦。

第二項　解決兩岸刑事管轄爭議之途逕

　　從歷史淵源來看，大陸地區鑑於西元1840年鴉片戰爭以後，司法主權曾經部分喪失，外國侵略者在中國享有領事裁判權長達百年之久，直至抗日戰爭時期，簽訂新約始擁有完整國家主權，所以自中華人民共和國成立後，即強力堅持維護國家司法主權原則，要求在國家主權範圍內，外國人、無國籍人都必須遵守中國的法律、法規及有關規定；一切民事、刑事訴訟案件均由中國司法機關依法處理；外國當事人申請辦理仲裁、非訟等案件，也由中國法律所授權的專門組織來處理。依《憲法》第三十二條規定：「中華人民共和國保護在中國境內的外國人的合法權利和利益，在中國境內的外國人必須遵守中華人民共和國的法律」；《民事訴訟法》第四條規定：「凡在中華人民共和國領域內進行民事訴訟，必須遵守本法」；《刑事訴訟法》第十六條規定：「對於外國人犯罪應當追究刑事責任的，適用本法的規定。對於享有外交特權和豁免權的外國人犯罪應當追究刑事責任的，通過外交途徑解決」；《行政訴訟法》第七十條規定：「外國人、無國籍人、外國組織在中華人民共和國進行行政訴訟，適用本法。法律另有規定者除外」。此外，大陸司法機關辦理涉外訴訟案件，全面要求用中國通用的語言、文字，外國當事人起訴、應訴、委託律師代理訴訟的，必須委託中國的律師，外國當事人申請辦理非訟事件也是如此。對於公證事務，不能用外文寫成的文件上蓋章，必須將外文譯成中文，才予以公證，仲裁機構辦理涉外仲裁案件也是堅持獨立自主和尊重國際慣例等原則。以上這些規定，都是為了維護其作為一個主權國家的司法主權。在其積極強調主權原則，及否定台灣地區之刑事司法管轄權下，使兩岸司法合作及共同打擊犯罪之議題，長期未能獲得解決。

　　依學者通說見解，司法管轄權基本上，乃是由主權延伸而出之一種法律概念，因此兩岸間管轄權之範圍如何界定，事實上即涉及海峽雙方的主權與國家定位問題。自國際法觀點而言，國家的領域範圍即為其主權所及之範圍，領域一詞包括領土、領海與領空，而國家對於在其領域內犯罪之人，不論內國人或外國人皆可制定法律行使管轄，予以追訴或處罰，一般通稱為領域管轄(Territorial Jurisdiction)，原則上係一種絕對而排他之權利。例如我國現

行《刑法》第三條前段規定：「本法於在中華民國領域內犯罪者，適用之」此即領域管轄之典型例證；而大陸《刑法》亦有類似之規定，已如前述。如果將海峽雙方定位為兩個不同的國家，則兩岸間即必須共同面對「國界」與領域之問題，至於雙方主權與管轄之範圍，亦應依國際法之原則加以界定。然而目前海峽雙方均避免以「兩國兩府」作為兩岸相互定位之基礎，台灣方面主張「大陸與台灣均是中國的領土」[18]，而大陸當局則主張「台灣是中華人民共和國神聖領土的一部分」[19]，因此在海峽兩岸的官方認知中，雙方並無所謂國界問題，而兩岸間管轄權之範圍爭議，亦不能直接適用國際法的原則。

　　為規範兩岸間之相互往來，台灣方面已於民國八十一年制定台灣地區與大陸地區人民關係條例，該條例第二條第一款將「台灣地區」一詞界定為「台灣、澎湖、金門、馬祖及政府統治權所及之其他地區」，而依該條例施行細則第三條，所謂「大陸地區」，係包括「中共控制之地區」及外蒙古地區，由此可知，該條例並未直接觸及主權問題，而係以統治權或控制權所及之範圍，作為界定海峽兩岸處理雙方管轄權問題之基礎[20]，在該規定之下，吾人認為今日兩岸在共同處理民、刑事案件或管轄權上，為一個國家中不同法域所面臨及有待解決的司法問題，而非不同國家間的法律問題，本於此種理念，我中華民國政府既對台灣地區，具有實質統治之力量，從國際法上有效管轄原則(Principle of Effectiveness Jurisdiction)來看，我政府對該統治權所及之土地能獨立、自主、排他的貫徹權威，並獲得被統治者的支持和服從[21]。徵諸實際例證，在光華寮案例中，無論初審、複審、更審判決，日本法院對中華民國為訴訟當事人之資格問題，無不以事實存在，有效統治台灣地區為據，肯定我國的法律地位[22]；另外中美斷交後美國國會通過的台灣關係法(Taiwan Relation Act)，其中第四條規定，使我國在美國境內取得政治實體的地位[23]，不僅如此，在法案審議過程中，我國為一事實上政府，及具有不附屬於中共的主權地位，也為與會議員所認同並列入記錄[24]，因此，以有效管轄概念，來說明兩岸對其統治之土地，各自取得管轄權，是符合國際法原則與發展趨勢的。

　　基於以上認知，兩岸對具體案件既均取得管轄權，則中共當局一再否定我方之司法管轄權，除增添意識干擾阻礙，及使日後協商過程投入負面因素外，並無其他助益。因此在現今彼此承認一國兩區，而各區既各有其固定之

領域情形下，對於發生在各區之案件，實應各尊重其管轄權之行使，在協議共同打擊犯罪中，兩岸應放棄成見，暫時擱置主權及管轄權的爭議㉖。頃聞中共最高人民法院已於西元1998年1月15日由審判委員會第957次會議通過，1998年5月22日公布《最高人民法院關於人民法院認可台灣地區有關法院民事判決的規定》，明文承認台灣地區所制定之民事判決，即從法制上間接認可台灣之司法管轄權㉗，吾人樂觀其成。惟對於刑事司法管轄權，本書認為，兩岸應儘速藉由協議方式，確立行使管轄權之原則，突破主權爭議之障礙，從互不否認為對等政治實體之態度，透過刑事司法協助中之程度合作、資訊交換、執行判決、遣返等各層面的配合，必能有效打擊犯罪，徹底遏止任何危害國家、人民安全之犯行。

註釋：

① 蔡墩銘，《刑事訴訟法概要》，(台北：三民書局，民國87年4月)，頁46~47。
② 黃東熊，《刑事訴訟法論》，(台北：三民書局，民國84年2月)，頁83。
③ 陳樸生，《刑事訴訟法實務》，(台北：作者自行出版，民國82年9月)，頁25~26。
④ 參見《刑事訴訟法》法第三百七十六條規定，下列各罪之案件，經第二審判決者，不得上訴於第三審法院：
　　一、最重本刑為三年以下有期徒刑、拘役或專科罰金之罪。
　　二、刑法第三百二十條、第三百二十一條之竊盜罪。
　　三、刑法第三百三十五條、第三百三十六條第二項之侵占罪。
　　四、刑法第三百三十九條、第三百四十一條之詐欺罪。
　　五、刑法第三百四十二條之背信罪。
　　六、刑法第三百四十六條之恐嚇罪。
　　七、刑法第三百四十九條第二項之贓物罪。
⑤ 劉清波，《中國大陸司法制度》，(台北：華泰書局，民國84年4月)，頁259。
⑥ 宋峻，《我國大陸與台灣三大訴訟法律制度比較》，(北京：中國紡織出版社，1994年5月)，頁452。
⑦ 鄭正忠，《少年事件處理法》，(台北：書泉出版社，民國86年4月)，頁6～8。
⑧ 武延平，《中國刑事訴訟法教程》，(北京：中國政法大學出版社，1997年6月)，頁76～78。
⑨ 陳世雄、林勝木、吳光陸，《民刑事訴訟法大意》，(台北：五南圖書出版公司，

民國84年8月),頁206～207。

⑩ 崔敏主編,《新編刑事訴訟法教程》,(北京:中國人民公安大學出版社,1996年12月),頁104。

⑪ 曹競輝,《刑事訴訟法實務問題研究》,(台北:作者自行出版,民國76年6月),頁67～69。

⑫ 洪道德,〈管轄的修改與完善〉,《法學月刊》,第七期,(北京:中國人民大學書報資料中心,1995年7月),頁140～141。

⑬ 宋峻主編,《我國大陸與台灣三大訴訟法律制度比較》,前揭書,頁450~453。

⑭ 薛景元主編,《海峽兩岸法律制度比較—訴訟法》,(福建:廈門大學出版社,1994年11月),頁252～253。

⑮ 王志文,〈劫機案與國際法〉,《自立早報》,民國82年4月9日,第5版。

⑯ 大陸現行《刑法》第三條第一項規定:「凡在中華人民共和國領域內犯罪的,除法律有特別規定的以外,都適用本法」。

⑰ 王志文,〈管轄問題與國家主權宜分開看待〉,《中國時報》,民國80年11月5日,第3～4版。

⑱ 參見《國家統一綱領》 ,民國80年2月23日國家統一委員會第三次會議通過,民國80年3月14日行政院第2223次會議通過公布。

⑲ 參見大陸1982年《憲法》之序言部分。

⑳ 王志文,〈海峽兩岸之管轄界線〉,《法令月刊》,第45卷第3期,(台北:法令月刊雜誌社,民國83年3月1日),頁10。

㉑ 張麟徵〈務實外交的理論基礎—雙重承認理論之建構〉,《台灣經驗新階段—持續與創新》,(台北:公共政策研討會論文,民國79年2月),頁7。

㉒ 張聖斌,〈海峽兩岸對海上犯罪管轄權問題之研究〉,(台北:政治大學外交研究所碩士論文,民國83年6月),頁7。

㉓ 依該法條第四條(b)項第一款之規定"Whenever the law of the United States refer or related to foreign countries, nations, states, governments, or similar entites, such terms shall include and law shall apply with respect to Taiwan."

㉔ 李大維《台灣關係法立法過程—美國總統與國會間之制衡》,(台北:洞察出版社,民國77年7月10日),頁217～335。

㉕ 王志文,〈評析擱置主權爭議說〉,《自由時報》,民國82年12月6日,第6版。

㉖ 大陸「最高人民法院」於西元1998年5月22日公告之該院法釋(1998)第11號《最高人民法院關於人民法院認可台灣地區有關法院民事判決的規定》,主要內容為:

(一)為保障我國台灣地區和其他省、自治區、直轄市的訴訟當事人的民事權益與訴訟權利,特制定本規定(第一條)。

(二)申請由申請人住所地、經常居住地或者被執行財產所在地中級人民法院受理(第三條)。

㈢人民法院審查認可台灣地區有關法院民事判決的申請，由審判員組成合議庭進行（第七條）。

㈣台灣地區有關法院的民事判決具有下列情形之一的，裁定不予認可。

　1.申請認可的民事判決的效力未確定的；

　2.申請認可的民事判決，是在被告缺席又未經合法傳喚或者在被告無訴訟行為能力又未得到適當代理的情況下做出的；

　3.案件係人民法院專屬管轄的；

　4.案件的雙方當事人訂有仲裁協議的；

　5.案件係人民法院已作出判決，或者外國、境外地區法院做出判決或境外仲裁機構作出仲裁已為人民法院所承認的；

　6.申請認可的民事判決具有違反國家法律的基本原則，或者損害社會公共利益情形的（第九條）。

㈤對人民法院不予認可的民事判決，申請人不得再提出申請，但可以就同一案件事實向人民法院提起訴訟（第十五條）。

㈥人民法院作出民事判決前，一方當事人申請認可台灣地區有關法院就同一案件事實作出的判決的，應當中止訴訟，對申請進行審查。經審查，對符合認可條件的申請，予以認可，並終結訴訟；對不符合認可的，則恢復訴訟（第十六條）。

㈦申請認可台灣地區有關法院民事判決的，應當在該判決發生效力後一年內 提出（第十七條）。

㈧被認可的台灣地區有關法院民事判決需要執行的，依照《中華人民共和國民事訴訟法》規定的程序辦理（第十八條）。

第十三章 兩岸之刑事偵查制度

第一節 偵查制度之意義與目的

第一項 偵查制度之意義

所謂偵查(Ermittelung)，乃於犯罪發生或有犯罪所生之虞時，偵查機關為提起訴追或維持訴追而尋找或保全罪犯並搜集、保全證據之行為①。而偵查制度，則為國家規定關於偵查機關之性質、任務、職權、組織體系與活動原則等制度之總稱。在台灣地區之《刑事訴訟法》中，偵查程序規定於第二編第一審中，而被視為廣義刑事訴訟程序之一環，以實現國家刑罰權為主要目的；至偵查之主體，限於檢察官與警察人員，私人雖亦可逮捕現行犯或蒐集證據，但不稱為偵查，且僅有在公訴程序始有偵查，在自訴程序，法院或受命法官，依《刑事訴訟法》第三百二十六條第一項，雖得於第一次審判期日前訊問自訴人、被告及蒐集或調查證據，但因其為審判機關所為之發現犯人或蒐集證據之程序，非由偵查機關所為，故亦不得視為偵查②。

至大陸地區，將偵查又稱為刑事偵查或犯罪偵查，為刑事訴訟程序中之獨立階段，為起訴和審判活動基礎。依其《刑事訴訟法》第八十二條第一項規定:「偵查是指公安機關、人民檢察院在辦理案件過程中，依照法律進行的專門調查工作和有關的強制性措施」，從該條文規定，偵查至少包含下列三種涵義:

一、偵查是公安機關和人民檢察院之法定職權，在大陸地區偵查權屬於公安機關和人民檢察院，只有公安機關和人民檢察院才有權依法對犯罪案件進行偵查。任何其他機關、團體或者公民都無權實施偵查。如果其他機關、團體或者公民個人擅自行使偵查權，私設公堂，非法進行逮捕、羈押、搜查、抄家等，均為違法行為，應當追究法律責任③。

二、偵查之內容包括專門調查工作和有關的強制性措施。條文所稱之專門調查工作，是指《刑事訴訟法》第二編第二章規定之訊問被告人、訊問證人、勘驗、檢查、搜查、扣押書證、物證、鑑定、通緝等訴訟活動。而有關之強制性措施，是指《刑事訴訟法》規定之拘傳、取保候審、監視居住、逮捕

和拘留等限制公民人身自由之各種方法。這種專門調查工作和有關的強制性措施，一般統稱為偵查行為（或稱偵查活動）。

三、偵查是一種訴訟活動，須嚴格依照法律規定來進行，由於犯罪為社會之產物，是以自有社會以來，犯罪即不斷發生，國家為保護社會，以免其行為之危害，不能不處罰犯罪。而偵查程序又是一項法律性、政策性極強之工作，稍一不慎，往往侵犯公民人身和財產權益，因此，為保證及時、準確地查明案情，使其既不逃避國家法律之制裁，又不傷害無辜，保障無罪之人不受刑事追究，檢察機關和公安機關進行偵查時，必須樹立堅強法律觀念，嚴格依照各種法律、法令、條例規定之制度和程序進行④。

第二項　偵查制度之目的

在以往非法治國時代，法官身兼審判者與訴追者角色，但是此種糾問制度，卻是造成法官專擅的主要原因。因而在法治國體制下，為了要避免法官恣意之缺失，而有檢察制度之建立，亦即將追訴者與審判者分離，以保障人民之權益。本此理念，近代各國為實現刑事司法正義，除制頒刑事實體法規外，更訂定週延之刑事程序法作為實現國家刑罰權之準據。學者乃稱《刑法》以規範實現國家刑罰權為目的，《刑事訴訟法》則以發現真實，保障人權，尋求司法程序正義為依歸⑤。在刑事程序法中，普遍採行訴訟主義，本不告不理原則，苟未經公訴人提起刑事訴追，法官即不能加以裁判、實現司法正義。為期落實國家有效打擊犯罪，達成追訴犯罪任務，於是偵查及檢察制度乃應運而生，使刑事案件之提起，除私人追訴主義外，兼採國家追訴主義，由檢警機關代表國家為刑事訴訟之原告，主動積極實施偵查，提起公訴，以護衛社會國家之公益。以台灣地區之偵查制度而言，其目的在於調查犯人、搜集證據及保全證據，俾決定應否提起公訴，故偵查機關對於犯人及犯罪之事實證據，不問於其有利或不利各方面，均應調查蒐集，以決定應否起訴。在起訴後仍進行偵查，繼續搜集相關證據，以供審判之參考⑥。

大陸地區之偵查，作為刑事訴訟之獨立程序，有其特定任務，總括來說，即依照法定程序收集、審查各種證據材料，即時地查明犯罪事實，同時通過偵查活動，積極地同犯罪作鬥爭，預防和減少犯罪案件之發生，有效地

維護社會秩序，保護國家、集體利益和公民的合法權益。茲具體說明如下：

一、搜集犯罪證據

證據是查明案件事實真相、揭露犯罪之重要依據，司法機關從立案偵查、批捕起訴、直至最後定罪量刑，都離不開證據；只有掌握確實充分之證據，才能客觀全面地查明案情，對被告作出有罪或無罪判決。因此收集犯罪證據，是大陸偵查工作之首要任務，其內容包括發現證據、固定和提取證據、檢驗證據三方面。所謂發現證據，是指偵查人員在偵查破案過程中，採取之有效策略方法和技術手段，及時、準確地找到能夠證明案件真實情況之事實。所謂固定和提取證據，就是將已發現之事實材料，通過照相、繪圖、制作模型、制作筆錄以及錄音、錄影等方法，加以固定和提取下來，使它們在刑事訴訟中能夠具備證據作用。所謂檢驗證據，就是對已經提取到的各種材料進行檢驗和審查判斷，鑑別其真偽，確定其可靠程度，查明它們之間相互關係。各種證據只有經過查證屬實，才能作為定案之依據[7]。

二、查明案情真相

查明實情是處理刑事案件之礎石，也是偵查工作之基本任務。一般情況下，許多偵查活動，往往是先發現線索，逐步深入，在主、客觀因素影響下，常會有猜測、懷疑情形，均有待於偵查過程之釐清。查明案情之具體作法，除應先確定犯罪事實是否發生外，並應於確定後，就犯罪分子實施犯罪行為之時間、地點、手段、動機、目的、侵害對象所造成之危害後果，以及作案人實施犯罪行為時之年齡、精神狀態等，加以查證。易言之，凡是根據大陸《刑法》規定已構成犯罪，並且應當追究刑事責任之各種事實，都屬案件事實，在偵查過程中必須週密地進行調查[8]。

三、查緝犯罪分子

刑事犯罪分子，在實施違法行為後，大都千方百計地逃避法律制裁，因此刑事偵查之另一項目的，就是要即時查獲犯罪行為人。對於業經查獲之犯罪分子或有重大嫌疑之分子，可採取必要強制措施，以防止渠等逃避刑事責任和繼續犯案。惟偵查機關在決定是否採取強制措施和採取何種強制措施時，要考慮犯罪分子的罪行輕重，社會危險性大小，罪證是否確實充分，以及有無逃跑或繼續犯罪之可能等情況，務需防止不按法律規定隨意逮捕、拘

提等違法現象之發生。

四、追繳贓款贓物

有些案件，犯罪分子獲取大量非法所得，給國家、集體和人民群眾造成物質上損失，在偵查過程中，特別是在破案以後，應當採取搜集、扣押等有效措施，向罪犯追繳贓款贓物⑨。

五、進行法治教育

進行法制宣傳，教育公民自覺遵守法律，積極同犯罪行為作鬥爭，為大陸《刑事訴訟法》之任務，自亦為偵查工作之重要指標。所以偵查機關不僅要及時正確查明案情、逮捕罪犯，而且要通過偵查活動，教育公民增強法治觀念，提高警惕性，自覺遵守法律，積極主動地同犯罪行為作鬥爭。

第二節　兩岸刑事偵查之主體

第一項　偵查之機關

一、台灣地區

在偵查權之行使上，依《刑事訴訟法》第二百二十八條第一項規定：「檢察官因告訴、告發、自首或其他情事知有犯罪嫌疑者，應即開始偵查」，是以台灣地區偵查制度言，偵查機關為檢察官，司法警察官或司法警察僅處於輔助地位，協助檢察官或受檢察官之指揮命令實施偵查，但無終結偵查(起訴或不起訴)之權限；但在實際上，司法警察官係任第一線偵查責任，大多數刑事案件經司法警察調查後，始移送檢察官終結，故有謂司法警察官為實質之偵查機關，檢察官為形式之偵查機關⑩。惟警察之偵查，重在發現事實；而檢察官則兼及於起訴之可能性與必要性，故兩者之間，並非對立，應相互聯繫，依一般趨勢，偵查權宜歸於司法警察機關，公訴權屬於檢察官，並為保障個人自由，對於偵查權行使之方式，允宜以法律加以規定，如使警察機關無強制處分權，賦予犯罪嫌疑人緘默權等，應為較適當之做法。

二、大陸地區

中國大陸的人民公安機關是政府的職能部門之一，專職負責治安、保衛的工作，同時又兼具擔負司法地位，依《刑事訴訟法》第三條規定：「對刑事案件的偵查、拘留、預審由公安機關負責。批准逮捕和檢察、提起公訴，由

人民檢察院負責……」，顯示公安機關在刑事訴訟程序上擁有與人民檢察院幾乎相同的偵查權。惟兩者仍有不同，按《刑事訴訟法》第十八條規定，除自訴案件由人民法院直接受理，以及貪污、侵犯公民民主權利、瀆職、非法拘禁等罪由人民檢察院進行偵查外，其他刑事案件之偵查皆由公安機關進行。而且，其權限在偵查階段，更有訊問嫌疑人、勘驗、檢查、搜查、扣押證物及拘留、逮捕等權力，足見公安機關乃依照刑事案件之不同，在偵查程序中與人民檢察院立於平等地位之國家偵查機關[11]。

第二項　偵查機關之組織

第一款　檢察機關之組織

一、台灣地區

　　如前所述，我台灣地區現行《刑事訴訟法》以檢察官為偵查之主體，而司法警察僅為偵查之輔助機關，故對於偵查機關之組織，本書茲就檢察機關之組織與警察機關之組織分述如後。

　　依《法院組織法》第五十八條，參照同法第一條、第八條、第三十一條及第四十七條規定，檢察機關亦分為三級：

　　(一)地方法院檢察署：目前以縣、市為行政單位，司法之土地管轄區域因之，凡直轄市或縣(市)各得設立地方法院，相對配置檢察署。然以縣市區域大小不均、人口不一，故得視其地方環境及案件多寡，增設地方法院分院或合設地方法院，凡在增設地方法院或分院之同時，亦設立檢察署，以進行國家刑罰追訴權。

　　(二)高等法院檢察署：高等法院之土地管轄，以一省或一特別區為標準，即省或直轄市或特別區各設高等法院，相對設立高等法院檢察署。然省、直轄市與特別區廣狹不一，人口密度並不相同，亦得視其地理環境及案件多寡，增設高等法院分院檢察署，或合設高等法院檢察署，不受行政區域之限制[12]。為適應台灣地區案件不斷增加及審級事務管轄之職能分工，目前已設有台灣高等法院檢察署、福建金門高等法院檢察署及花蓮、台中、台南、高雄等六個檢察分署。

　　(三)最高法院檢察署：設於台北市。

二、大陸地區

大陸地區檢察機關，按照國家行政區劃和權力機關體系分別設置，依中共《憲法》第一百二十九條及《人民檢察院組織法》第二條規定，其檢察機關之設置情形如下：

(一)地方各級人民檢察院，又可分為三級：

1.省、自治區、直轄市人民檢察院。

2.省、自治區、直轄市人民檢察院分院、自治州和省轄市人民檢察院。

3.縣、市、自治縣和市轄區人民檢察院。

又省一級人民檢察院和縣一級人民檢察院，根據工作需要，提請本級人民代表大會常務委員會批准，可以在工礦區、農墾區、林區等地設立人民檢察院作為派出機構◎。這是因為隨著國家經濟建設的發展，需要建立各種經濟區域，因而相應地需要設置檢察機關以及其他政法機關，以維護當地之社會治安和法律秩序，該地區檢察機關受所派出之上級檢察機關直接領導，依法獨立行使檢察權。

(二)最高人民檢察院：設於北京，為大陸最高法律監督機關，其主要職責在於領導地方各級人民檢察院和專門人民檢察院的工作；對全國性的重大刑事案件行使檢察權；對各級人民檢察院已經發生法律效力的判決和裁定，如發現確有錯誤，按照審判監督程序提出抗訴；依法對監獄、勞動改造場所的活動實行監督；依法對民事訴訟、行政訴訟實行監督；對檢察工作中具體應用法律的問題進行司法解釋；制定檢察工作條例、細則和規定；管理和規定各級人民檢察院的人員編制。依據《人民檢察院組織法》第二十條規定，「最高人民檢察院根據需要，設立若干檢察廳和其他業務機構」，因此，最高人民檢察院內部設置有刑事檢察廳、經濟檢察廳、法紀檢察廳、監所檢察廳、控告申訴檢察廳、民事行政檢察廳、鐵路運輸檢察廳、監察局、人事廳等機構，分別承擔各項業務和行政工作。

(三)專門人民檢察院：主要有二、

1.軍事檢察院：

軍事檢察院是人民檢察院之重要組成部分，是國家設在人民解放系統中之專門法律監督機關，它和軍事法院、軍事保障機關共同構成軍隊中之執法

系統。軍事檢察院之設置與地方各級人民檢察院按行政區劃分者不同，乃係根據軍隊之實際情況決定，以適應軍事行動之需要為條件，採取按地區指揮系統設置相結合之原則自成體系，共分三級，(1)中國人民解放軍軍事檢察院；(2)大軍區、海軍、空軍、中央軍委總直屬隊軍事檢察院；(3)軍或兵團級單位軍事檢察院⑭。

2.鐵路運輸檢察院：

鐵路運輸檢察院是根據鐵路運輸工作需要，依法設置在鐵路運輸系統的專門法律監督機關。檢察機關重建以後，全國各級鐵路運輸檢察院逐步建立起來。目前在最高人民檢察院設置鐵路運輸檢察廳對全國鐵路運輸檢察業務工作進行指導；其下有哈爾濱、瀋陽、北京、呼和浩特、鄭州、濟南、上海、廣州、柳州、成都、蘭州、烏魯木齊等12個鐵路運輸分院，分別由所在省、自治區、直轄市人民檢察院領導；至設在鐵路分局或鐵路地區之基層鐵路運輸檢察院共59個，則受鐵路運輸分院之指導和監督⑮。

第二款　警察(公安)機關組織

一、台灣地區

現行警察組織，依《憲法》第一百零八條、第一百零九條、第一百十條及《警察法》第四條至第八條、第十五條規定，其設置情形如下：

(一)中央警察機關：即內政部警政署，執行全國警察行政事務，並掌理下列全國性警察業務：

1.關於拱衛中樞準備應變及協助地方治安之保安警察業務。

2.關於保護外僑及處理涉外案件之外事警察業務。

3.關於管理出入國境及警備邊疆之國境警察業務。

4.關於預防犯罪及協助偵查內亂、外患重大犯罪之刑事警察業務。

5.關於防護連跨數省河湖及警衛領海之水上警察業務。

6.關於防護國營鐵路、航空、工礦、漁鹽等事業設施之各種專業警察業務。

(二)省警察機關：凍省前台灣省政府下曾設警政廳，掌理全省警察行政與業務，並指導監督各縣(市)警衛之實施。

(三)直轄市、縣市警察機關：直轄市政府設市警察局，縣(市)政府設縣

(市)警察局(科)，掌理各該管區之警察行政及業務。

二、大陸地區

大陸地區公安機關之組織，則分為中央公安機關、地方公安機關及專門公安機關，分述如下：

(一)中央公安機關：中共於國務院下設公安部，為中央的公安機關，領導全國公安組織，掌理全國的公安事務，指揮各級公安機關的工作，其內部設有政治部、機關事務管理司、法制司、科技司、計劃裝備司、計算機管理監察司、政治保衛局、經濟文化保衛局、治安管理局、形事偵察局、警衛局、出入境管理局、消防局、預審局、交通管理局、外事局、戶政管理局、檔案局、邊防保衛局、教育局等幕僚單位。

(二)地方公安機關：在省、自治區設「公安廳」，在直轄市設「公安局」，在縣、市、自治區設「公安局」，在城市區設公安分局，在城市街道和縣屬區、鄉、鎮設公安派出所或公安特派員；公安派出所是縣、自治縣公安局或城市區公安分局的派出機構。地方公安機關負責轄區內公安機關的各項業務，並可進行偵查、預審、保衛、消防、交通等具體工作，惟在執行職務上，均接受同級中共「黨委」和上級政府「公安機關」的雙重領導。

(三)專門公安機關：針對特殊任務需求，目前設有鐵路公安機關、交通公安機關、林業公安機關、民航公安機關；近年以來，中共亦在某些大型企業和大學內部設立公安處、公安科或公安分局、公安派出所，以維護公共秩序和社會治安。

第三項　偵查機關之職權

第一款　檢察官之職權

一、台灣地區

依《法院組織法》、《刑事訴訟法》等相關法律規定，台灣地區檢察官之職權，有實施偵查、提起公訴、實行公訴、協助自訴、擔當自訴、指揮刑事裁判之執行、審判之監督及其他法令所定職務之執行，茲說明如下：

(一)實施偵查

偵查為檢察官就特定犯罪，為提起公訴，而調查犯罪嫌疑人及證據之程

序。偵查程序在審判程序之前，但並非審判程序前必須實施之程序，且檢察官提起公訴後，為實行公訴，仍得為必要之調查。刑事訴訟案件中，只有公訴案件，始有偵查程序；自訴案件，由被害人提起，並無所謂偵查程序。又依現行體制，發現犯罪嫌疑人及蒐集證據，既為偵查機關之職責，為便利檢察官偵查之進行，故《刑事訴訟法》第七十一條第四項、第七十一條之一第一項、第七十七條第三項、第八十五條第三項、第八十八條、第八十八條之一、第一百二十八條、第一百二十九條、第一百三十六條、第一百三十八條、第一百五十三條等規定，檢察官有傳訊、拘提、通緝、逮捕、搜索、扣押等強制處分權，但自司法院大法官釋字第三百九十二號解釋後，民國八十六年十二月十九日新修正之《刑事訴訟法》，已將檢察官之羈押權排除，歸由法院法官行使。

(二)提起公訴

台灣地區現行刑事訴訟兼採國家訴追主義與被害人訴追主義兩種，即將訴訟程序區分為公訴及自訴案件。在公訴案件，係由檢察官擔任原告，代表國家對被告提起公訴。由於檢察機關行使公訴權妥當與否，攸關刑事司法能否實現正義，獲得人民之信賴，在現行制度下，為免濫行起訴，檢察官依偵查所得之證據，需足認被告有犯罪嫌疑，又無《刑事訴訟法》第二百五十二條第一款至第九款及第二百五十五條第一項之其他法定事由者，始得提起公訴。如檢察官於起訴後，第一審辯論終結前，發現有應不起訴，或以不起訴為適當之情形者，得撤回其起訴。實務上提起公訴係以檢察署之函片，連同起訴書，檢附卷證，一併移送法院，起訴時，有被告在押者，應於函片內註明此事項，並由原檢察官簽發提票提出被告，移送法院。檢察官於第一審辯論終結前，得就與本案相牽連之犯罪或本罪之誣告罪，追加起訴(刑事訴訟法第二百六十五條)。起訴之效力，不及於檢察官所指被告以外之人(刑事訴訟法第二百六十五條)，檢察官就犯罪事實一部起訴者，其效力及於全部(刑事訴訟法第二百六十七條)。

(三)實行公訴

被告經提起公訴後，檢察官於審判階段，係代表國家立於原告之地位，除簡易程序外應於審判期日出庭，實行訴訟行為，但本於檢察一體原則，毋

庸同一人始終出庭，亦不限於原承辦檢察官出庭。審判期日法院訊問被告後，檢察官應陳述起訴之要旨(刑事訴訟法第二百六十六條)，並就被告犯罪事實，負有舉證責任(刑事訴訟法第一百六十一條)，法院應予檢察官以辯論證明力之適當機會(刑事訴訟法第一百六十二條)；檢察官並得請求法院調查證據，及於調查證據時詢問證人、鑑定人或被告(刑事訴訟法第一百六十三條)；在行合議審判之案件，對於審判長或受命法官之處分，得向法院聲明異議(刑事訴訟法第一百七十四條第一項)；於證據調查完畢後，就事實及法律辯論之(刑事訴訟法第二百八十九條)；對於判決，如有不服，並得提起上訴(刑事訴訟法第三百四十四條、第三百七十五條)。

(四)協助自訴

刑事訴訟之發動，由犯罪被害人提起者，為自訴，在自訴案件中，因一般民眾非深諳法律，如不予匡助，必致訴訟程序延滯，致影響本身權利，抑且自訴案件亦不乏涉及國家社會法益者，故有必要由檢察官協助自訴，依《刑事訴訟法》第三百三十條規定，法院應將自訴案件之審判期日通知檢察官，檢察官對於自訴案件，得於審判期日出庭陳述意見，但檢察官之出庭與否，並不影響審判程序之合法進行。

(五)擔當自訴

所謂擔當自訴，即由檢察官擔當自訴人在自訴程序中之地位，代自訴人為訴訟行為。由於此項取代自訴人地位，係由法律所規定，故為法定代理之一種，但擔當訴訟之檢察官仍非當事人，若擔當訴訟之原因消失時，自訴人仍得續行其訴訟行為，不因檢察官擔當訴訟，而喪失其為當事人之地位[⑯]。擔當自訴之原因，除告訴或請求乃論之罪外，如有下列情形，得由法院通知檢察官擔當自訴：

1.自訴人經合法傳喚無正當理由不到庭；

2.自訴人到庭而不為陳述；

3.自訴人到庭後未經許可而退庭；

4.自訴人於辯論終結前死亡或喪失行為能力，無承受訴訟之人或逾期不為承受時；

5.自訴人未委任代理人，於提起自訴後因兵役被徵入營無法傳喚到庭而不

能繼續其應為之訴訟行為時。

(六)審判之監督

在整個刑事訴訟程序中，檢察官雖為公訴案件之原告，但與自訴案件之自訴人不同，其提起公訴、實行公訴之目的，在於促成國家司法正義之實現，以維持社會秩序。故在公訴案件進行時，檢察官固應以原告立場，蒞庭論告；即使在自訴案件，亦得以公益代表人角色，出庭陳述意見，促使法院正確適用法律制裁犯罪行為人，以達成審判監督之功能。因此自訴案件之判決書，應送達於該管檢察官，以利審核，檢察官於接受自訴案件之判決書後，如有不服，得獨立上訴，其接受不受理或管轄錯誤之判決書後，認為應提起公訴者，並應即開始或續行偵查(刑事訴訟法第三百三十六條、第三百四十七條)；自訴人上訴者，非得檢察官之同意，不得撤回其上訴，否則不生撤回之效力(刑事訴訟法第三百五十七條)，均係從維護公益立場，以求對有罪被告追訴處罰。又為監督裁判品質，例如確定判決有事實上錯誤者，檢察官得依《刑事訴訟法》第四百二十七條、第四百二十八條，為受判決人之利益或不利益聲請再審。如於判決確定後，發現案件之審判係違背法令者，檢察官應依同法第四百四十二條、第四百四十三條規定，檢具非常上訴書，敘述理由，將該案卷宗及證物，送交最高法院檢察署檢察總長，以向最高法院提起非常上訴，糾正該確定判決之法律錯誤[⑰]。

(七)刑事裁判之執行

刑事裁判確定後，即有執行力，執行裁判應由為裁判法院所配置檢察署之檢察官指揮之；因駁回上訴、抗告之裁判，或因撤回上訴、抗告而應執行下級法院之裁判者，則由上級法院檢察署之檢察官指揮之。惟其卷宗在下級法院者，由該法院檢察署之檢察官指揮執行(刑事訴訟法第四百五十七條第一項前段、第二項及第三項)。是裁判應由上級法院檢察署之檢察官抑由下級法院檢察署之檢察官指揮，以卷宗是否在上級法院為準，並不以人犯是否在上級法院所在地為準。檢察官指揮執行，應以指揮書附具裁判書或筆錄之繕本或節本為之，但執行刑罰或保安處分以外之指揮(如罰鍰、扣押物之處分等)毋庸制作指揮書者，不在此限。諭知死刑之判決確定後，檢察官應速將該案卷宗送交法務部，經令准後三日內執行之，但執行檢察官發現案情確有合於再

審或非常上訴之理由者，得於三日內電請法務部再加審核；執行死刑應由檢察官蒞視，命書記官在場，制作筆錄，於監獄內執行之；關於徒刑及拘役之執行，則於監獄內分別拘禁，令服勞役。但受死刑之諭知者，如在心神喪失中，或受死刑諭知之婦女懷胎者，於生產前均應由法務部令准停止執行，於其痊癒或生產後，非有法務部之命令，不得執行；受徒刑或拘役之諭知而有心神喪失、懷胎五月以上、生產未滿二月、現罹疾病恐因執行而不能保有其生命等情形之一者，於其痊癒或該事故消滅前，停止執行⑧。凡此均指明檢察官之執行刑罰，應相當慎重，並顧及人道及公益原則。

(八)其他法令所定職務之執行

檢察官除實施刑事訴訟及執行刑事裁判外，基於公益代表人身分，凡與公益有密切關係之事項，亦應使檢察官參與其間，以保護國家之利益。如《民法》第八條所定，為失蹤人向法院聲請為死亡之宣告；第十四條對於心神喪失或精神耗弱人，聲請為禁治產宣告；第三十六條因法人之目的或其行為，有違反法律或公序良俗時，請求法院宣告解散；第五十八條遇社團之事務，無從依章程所定進行時，向法院聲請解散；第一千一百七十八條繼承開始時，繼承人之有無不明，聲請法院為保存遺產之必要處置。依《保安處分執行法》第六十四條，指揮保護管束業務。依《更生保護法》第三條第二項，執行更生保護業務。依《羈押法》第四條，視察看守所。依《監獄行刑法》第五條第二項，考核監獄業務。依《鄉鎮市調解條例》第五條及第二十九條，督導鄉鎮調解業務。依《律師法》第十條、第十五條、第十七條、第十九條、第四十條等規定，列席律師公會之會議、擔任律師懲戒委員會委員，監督律師業務。依《公職人員選舉罷免法》第一百條規定，自動查察、檢舉有關妨害選舉罷免之刑事案件；同法第一百零一條，以各該選舉委員會為被告，提起選舉或罷免無效之訴。依《人體器官移植條例》第七條規定，同意摘取非病死或可疑為非病死屍體器官事件；以及依《國家賠償法施行細則》第二十二條第二項規定，協助國家賠償業務等⑨，均為其職權。

二、大陸地區

大陸地區認為檢察權，係對於憲法、法律之實施進行檢察、監督之權力，所以檢察權為國家權力中，不可分割之組成部分，其職權之行使，須遵

守依法獨立行使、依靠群眾，以事實為根據、以法律為準繩，對於公民在適用法律上一律平等等原則，以期「檢察國家機關及其工作人員和公民違法的犯罪案件，代表國家提起公訴和支持公訴，對於公安機關之偵查活動、人民法院之審判活動以及監獄、看守所、勞動改造機關之活動是否合法，實行監督」[20]，茲參照中共《憲法》第一百二十九條及人民檢察院組織法、民刑事訴訟法等相關法律規定，說明各級人民檢察院行使之職權內容如下：

(一)對叛國等重大案件之檢察權

西元1975年第五屆全國人民代表大會第二次會議通過之《人民檢察院組織法》第五條第一項規定「對於叛國案、分裂國家以及嚴重破壞國家政策、法律、法令統一實施之重大犯罪案件，行使檢察權」，因這一類型之犯罪，案件為數雖不多，但危害程度嚴重，務需將其列為人民檢察院之首要職責。在文化大革命時期林彪、江青等反革命集團即為此類犯罪之典型案例，這類案件其犯罪主體和犯罪方式，通常不是普通公民之單獨犯罪，而是掌握國家某些權力者之共同犯罪，其所侵害之客體為國家安全和法律統一，故人民檢察機關應保持高度警惕，對該類犯罪行使檢察權，加以懲治。

(二)刑事案件之偵查權

偵查權是國家依法定程序、搜集罪證，查緝犯人之權力，是檢察權的一項重要內容[21]。根據《人民檢察院組織法》第五條第二項和《刑事訴訟法》有關規定，人民檢察院對刑事案件之偵查包括三個方面：

1.對於直接受理之刑事案件進行偵查：根據《刑事訴訟法》第十八條第二款及其他相關規定，此處所謂直接受理之案件，是指貪污罪、侵犯公民人身權利、民主權利罪、瀆職罪、危害公共安全及破壞社會主義經濟秩序等罪。因上開案件由檢察機關直接受理偵查更為妥適，能夠有效執行，所以給予檢察機關主動之偵查權。

2.參與偵查：除前述案件外，其他刑事案件，均由公安機關、國家安全機關負責偵查。依《刑事訴訟法》第一百零七條規定，「人民檢察院審查案件的時候，對公安機關的勘驗、檢查，認為需要複驗、複查時，可以要求公安機關複驗、複查，並且可以派檢察人員參加」，在刑事訴訟實踐中，檢察機關不僅參與複驗、複查，而且為熟悉案情，瞭解第一手材料，以利進行審查批捕

工作和審查起訴工作，在發生重大案件時，經常同公安人員一道至現場參與勘驗、檢查，必要時還參與公安機關之預審。

3.補充偵查：依《刑事訴訟法》第一百四十條第二款規定，「人民檢察院審查案件，對於需要補充偵查的，可以退回公安機關補充偵查，也可以自行偵查」，在實務上為正確處理案件，人民檢察院對於主要犯罪事實不清、證據不足，需要進行補充偵查者，得退回公安、國家安全機關補充偵查，有些案件則由檢察機關重新偵查[22]。

(三)偵查監督權

偵查監督，依《人民檢察院組織法》第五條第三項規定，係指人民檢察院對於「公安機關」刑事偵查案件，進行審查，決定是否批准逮捕、起訴或者免予起訴，並對於偵查活動是否合法所實行之監督。故偵查監督，乃是人民檢察院之一項重要職權，它包括審查批捕、審查起訴和對偵查活動之監督。

1.先就審查批捕而言，中共《憲法》第三十七條第二款規定「任何公民，非經人民檢察院批准或者決定或者人民法院決定，並由公安機關執行，不受逮捕」，此因逮捕是最嚴厲的一種刑事強制措施，直接關係到公民人身自由和人格尊嚴，不得任意加以侵犯[23]，如有公安機關或國家安全機關立案偵查之案件，需要逮捕人犯時，除人民法院之決定外，必須經人民檢察院之批准(人民檢察院組織法第十二條)。人民檢察院對於審查批准逮捕人犯案件由檢察長決定，重大案件並應提交檢察委員會討論決定(刑事訴訟法第六十七條、第六十八條)，審查結果認為符合刑事訴訟法規定，主要犯罪事實已經查清，可能判處徒刑以上刑罰之人犯，採取取保候審、監視居住等方法，尚不足以防止發生社會危險性，而有逮捕必要者，應即批准逮捕，並制作「逮捕決定書」，送還公安機關執行逮捕；審查結果認被告之行為尚未構成犯罪者，即應為不批准逮捕之決定，並制作「不批准逮捕決定書」，說明不逮捕理由，連同卷證送還公安機關；審查結果認主要犯罪事實不清、證據不足者，即應制作「補充偵查意見書」，退回公安機關補充偵查；如發現公安機關之逮捕過程有違法情事，並得予以糾正。

2.其次審查起訴工作，係指人民檢察院對於公安機關偵查終結之案件，認為需提起公訴或免予起訴者，進行審查，以決定是否將被告交付人民法院進

行審判之程序。依大陸地區《刑事訴訟法》第一百三十六條規定，凡需要提起公訴的案件，一律由人民檢察院審查決定。若發現公安機關在偵查中所為拘留、勘驗、搜查、扣押等手段違法時，應及時加以糾正。如果審查後認為犯罪事證明確，應當追究刑事責任的，即作出起訴決定，向人民法院提起公訴；對於依照刑法規定不需要判處刑罰或者免除刑罰的，人民檢察院可以決定免予起訴。

3.至於偵查活動之監督，則係指人民檢察院對公安機關在偵查活動過程中是否依法行事，進行監督。依大陸地區《刑事訴訟法》第七十六條規定「人民檢察院在審查批准逮捕工作中，如果發現公安機關的偵查活動有違法情況，應當通知公安機關予以糾正，公安機關應將糾正情況通知人民檢察院」，人民檢察院對於公安機關偵查活動實行監督之內容，主要係瞭解偵查活動中有無違反刑事訴訟法情事，如發現公安機關在立案、偵查、訊問被告、證人、蒐集證據等活動中，有違法情事，或公安人員在偵查活動中有刑訊逼供等行為，即應提出糾正；對於情節嚴重或多次違法而不服糾正者，得發出「糾正違法通知書」；對於重大之徇私、放縱罪犯之犯罪行為等，應立案偵查，追究刑責[24]。

(四)對刑事案件之公訴權和審判監督權

依《人民檢察院組織法》第五條第四項規定，「對於刑事案件提起公訴、支持公訴；對於人民法院的審判活動是否合法，實行監督」，所以人民檢察院之第四項職權，乃係對刑事案件之公訴權和審判監督權。按公訴權係人民檢察機關代表國家，請求審判機關對被告進行審判，追究刑事責任之權力，大陸刑事訴訟程序採行「公訴為主，自訴為輔」之原則，非告訴乃論和不需偵查之輕微案件由公民逕向人民法院起訴外，絕大部分刑事案件，都必須由人民檢察院審查決定是否起訴。經審查提起公訴後，在人民法院開庭審判時，人民檢察機關應派員以公訴人之身分出席法庭，進一步揭露犯罪行為，支持和維護自己之控訴，要求法庭依法追究被告之刑事責任。除提起公訴、支持公訴外，在整個審判活動過程中，人民檢察院還可實施下列審判監督：

1.出席法庭，支持公訴之檢察人員，對人民法院之審判活動，包括法庭組成、審理程序是否合法，當事人和其他訴訟參與人之訴訟權利是否依法律得

到保障,進行監督、如發現審判活動有違法情況時,有權向法庭提出糾正意見(刑事訴訟法第一百五十三條、第一百六十九條)。

2.對於未生效之第一審判決和裁定,人民檢察院認為確有錯誤的,有權在法定期間內,向原審法院的上一級法院提出抗訴,要求進行二審(刑事訴訟法第一百八十一條)。

3.最高人民檢察院對各級人民法院,上級人民檢察院對下級人民法院已經生效之判決和裁定,如發現確有錯誤,有權按照審判監督程序,提出抗訴,要求對案件重新進行審判(刑事訴訟法第二百零五條)。

(五)對刑事裁判執行的法律監督

判決和裁定的執行,在刑事訴訟中具有相當重要之作用,只有將生效判決和裁定交付執行,才能予犯罪分子以應得之懲罰和改造,實現刑事訴訟之任務和目標,是以,中共《人民檢察院組織法》第五條第五項前段,亦將其列為檢察機關之重要職權。目前刑事裁判執行監督之方法,可分為執行死刑判決之監督、對在監管場所執行刑罰之監督和對在社會上執行刑事裁判之監督。

對於判處死刑之罪犯,除有死刑緩期執行情形外,應立即執行死刑,在交付執行時,當地人民檢察院應派員到場監督,嚴格執行法律規定。在監管場所執行刑罰之監督上,人民檢察院查核判處徒刑應解送監獄、勞動改造機關之罪犯,是否及時依法解送,發現有拖延執行和枉法釋放時,迅速查明追究;同時妥適處理受刑人重新犯罪或申訴案件,對於服刑期滿之受刑人,檢查是否按時釋放,發現有逾期不放現象,立即提出糾正。此外,對受刑人確有悔改或立功表現之減刑或假釋,檢察機關有建議權,以上對於保障刑事裁判之執行,和促進犯罪行為人認罪服法,接受改造,都有積極意義和作用。至於在社會上執行刑事判決、裁定的各種罪犯考察教育,也在檢察機關監督範圍,對此各基層人民檢察院已建立定期檢查制度,發現執行中之違法措施,即予糾正,發現有新違法犯罪行為,即依法偵辦、起訴[㊳]。

(六)對各種監所之監督權

監所監督,係指人民檢察機關對監獄、看守所、勞動改造與勞動教養機關之執行過程是否合法,所實行之法律監督。人民檢察院行使這項職權,無

論對於維護人民法院裁判之嚴肅性和有效性，保證裁判之執行，還是對於保證勞改、勞教機關正確執行法律和政策，提高改造質量，把違法犯罪分子改造成為遵紀守法的公民，都具有重要效用。最高人民檢察院參照《人民檢察院組織法》和其他有關法律規定，總結三十多年的實踐經驗，於西元1981年、1983年分別制定《人民檢察院監所檢察工作試行辦法》、《人民檢察院勞教檢察試行辦法》。1987年7月，對這兩個試行辦法進行修訂，將《人民檢察院監所檢察工作試行辦法》，修改為《人民檢察院看守所檢察工作細則》(試行)、《人民檢察院勞改檢察工作細則》(試行)、《人民檢察院勞教檢察工作辦法》(試行)，這三個規範性文件所確定的人民檢察院監所監督和勞教監督的主要職責範圍是：

1.對看守所的活動是否合法進行監督，嚴格禁止違法關押公民，及時查處對人犯進行刑訊逼供或其他虐待人犯的違法行為，糾正對人犯管理不嚴的現象，防止人犯脫逃、串供等情況的發生，以保證偵查、預審等訴訟活動的順利進行。

2.對監獄、勞動改造場所的管理機關活動是否合法進行監督，保證國家對於犯罪分子的勞動改造方針得到確切實現。既要及時糾正虐待、體罰犯人等違背人道主義的缺失，且要導正對犯人放鬆管理的現象㉖。

3.對勞動教養機關的活動是否合法實行監督，包括監督勞動教養機關執行勞教工作的方針、政策是否正確，採取措施是否得當，以及糾正違法行為等。

4.辦理勞改犯人、勞教人員和強制留場就業人員再犯罪案件的審查批捕和審查起訴工作，向人民法院提起公訴；通知或會同有關部門處理看守所羈押人犯再犯罪案件。

5.受理勞改犯人、勞教人員及其家屬的申訴和控告，分別情況加以處理。

6.對看守所、監獄、勞改隊、勞教場所幹警人員執行職務時犯罪案件，進行偵查，斟酌是否提起公訴。

(七)對民事、行政審判之監督權

民事審判監督，是對人民法院之審判活動是否合法實行監督㉗。隨著大陸經濟發展和改革開放之深化，民事案件相對增多，通過人民檢察機關之審判

監督程序，使法院依照法律正確處理民事案件，對於經濟之發展，意義深遠。基於此項體認，大陸地區在西元1982年3月8日通過《刑事訴訟法》(試行)時，即於第十二條作出「人民檢察院有權對人民法院的民事審判活動實行法律監督」的原則規定。1991年4月通過的《刑事訴訟法》對此於第十四條重新規定，並在審判監督程序章內第一百八十五條規定：「最高人民檢察院對各級人民法院已經發生法律效力的判決、裁定，上級人民檢察院對下級人民法院已經發生法律效力的判決、裁定，發現有下列情形之一的，應當按照審判監督程序提出抗訴：(1)原判決、裁定認定事實的主要證據不足的；(2)原判決、裁定適用法律確有錯誤的；(3)人民法院違反法定程序，可能影響案件正確判決、裁定的；(4)審判人員在審理該案件時有貪污受賄、徇私舞弊、枉法裁判行為的。」第一百八十八條還規定：「人民檢察院提出抗訴的案件，人民法院再審時，應當通知人民檢察院派員出席法庭」。充分將人民檢察院對民事審判活動的法律監督進一步予以具體化。

　　另行政審判監督，則指人民檢察機關對人民法院行政審判活動是否合法，以及作出之判決、裁定的合法性進行監督[28]。依西元1989年4月通過之《行政訴訟法》第十條規定「人民檢察院有權對行政訴訟實行法律監督」。另在第六十四條中規定「人民檢察院對人民法院已經發生法律效力的判決、裁定，發現違反法律、法規規定的，有權按照審判監督程序提出抗訴」。為執行民事訴訟法和行政訴訟法對民事審判、行政訴訟進行法律監督的規定，最高人民法院、最高人民檢察院於1990年9月3日聯合發出《關於開展民事經濟行政訴訟法律監督試點工作的通知》規定在四川、河南進行民事訴訟法律監督試點；在天津、吉林進行經濟訴訟法律監督試點；在廣東、湖北進行行政訴訟法律監督試點。這六個省、直轄市可分別選定二至三個單位開展試點工作。在試點過程中，人民檢察院可以通過以下方式對民事、經濟、行政訴訟活動實行法律監督：(1)受理公民、法人和其他組織不服人民法院發生法律效力裁判的申訴；(2)檢察長列席同級人民法院的審判委員會；(3)對人民法院已經發生法律效力的行政案件的判決、裁定，發現違反法律、法規時，按照審判監督程序提出抗訴；(4)應人民法院邀請或當事人請求，派員參加對判決、裁定的強制執行，發現問題可向人民法院提出意見。另最高人民檢察院檢察委員會於1990

年10月29日通過《關於執行行政訴訟法第六十四條的暫行規定》,依該規定,地方各級人民檢察院發現同級人民法院已經發生法律效力的行政判決或裁定,違反法律規定的,應當建議上級人民檢察院按照審判監督程序提出抗訴;人民檢察院對提出抗訴的案件,應當派員出席法庭,對訴訟活動是否合法實行監督;上級人民檢察院認為下級人民檢察院抗訴不當的,有權撤銷下級人民檢察院的抗訴㉙。

第二款　警察(公安)機關之職權

一、台灣地區

台灣地區警察職權,依《警察法》第九條之規定為:「警察依法行使左列職權:(一)發布警察命令。(二)違警處分。(三)協助偵查犯罪。(四)執行搜索、扣押、拘提及逮捕。(五)行政執行。(六)使用警械。(七)有關警察業務之保安、正俗、交通、衛生、消防、救災、營業、建築、市容整理、戶口查察、外事處理等事項。(八)其他應執行法令事項。」同法施行細則第十條第一項規定:「本法第九條所稱依法行使職權之警察,為警察機關與警察人員之總稱,其職權行使如左:(一)發布警察命令,中央由內政部、省(市)由省(市)政府、縣(市)由縣(市)政府為之。(二)違警處分權之行使,依警察法令規定之程序為之。(三)協助偵查犯罪與執行搜索、扣押、拘提及逮捕,依刑事訴訟法及調度司法警察條例之規定行之。(四)行政執行依行政執行法之規定行之。(五)使用警械依警械使用條例之規定行之。(六)有關警察業務之保安、正俗、交通、衛生、消防、救災、營業、建築、市容整理、戶口查察、外事處理等事項,以警察組織法令規定之職掌為主;協助其他行政事項,除法律另有規定及第二條第二項規定外,應以經內政部同意之他種行政命令有規定者為限。(七)其他應執行法令事項,指其他有關警察業務。」上開規定對警察行使職權之範圍與依據,均有明文規定,惟如從學理上分析,目前警察機關之職權內容如下:

(一)基於行政權作用之警察行政行為:

1.抽象之警察行為:發布警察命令,乃各級主管警察行政機關,如內政部、省(市)縣(市)政府,為達成警察任務之行政立法作用,依其法定職權或基於法律授權,訂定具有強制力量之意思表示。

2.具體之警察行為:係依據法規以特定之具體社會事實為對象之行為。

除後列之輔助刑事司法作用之職權外，均為廣義之警察處分，屬於行政作用之行政處分，又可分為下列三項：

(1)各種警察業務之作為，乃達成警察任務，對人、事、物、地、時，實施保護、管理之活動。警察機關與警察人員一方面有單純之事實行為，如分析交通事故，宣傳防颱，對人民不直接發生法律拘束力；一方面對於行政客體應遵守法規所定之事項，有警察行政處分權，如警察下令、許可……等，常見之指揮交通，核發自衛槍枝執照，對人民均直接發生法律拘束力。

(2)行政執行法與使用警械，乃對行政客體將來實現警察義務之強制與排除目前急迫危害，維護人民生命、財產及公共秩序與社會安全之手段。

(3)違警處分，係科處警察罰之裁決，乃對行政客體過去違反警察義務之制裁⑳。

(二)基於輔助刑事司法權作用之輔助刑事司法行為：

即協助偵查犯罪與執行搜索、扣押、拘提、逮捕等，係依《刑事訴訟法》，《調度司法警察條例》之規定行之，屬於輔助刑事司法作用之範圍。

可見警察職權是國家基於統治權之作用，除授權主管警察行政機關發布警察命令外，賦予警察機關與警察人員之職責，對行政客體有行使警察處分、警察強制與違警裁決之權力，以達成警察任務之行政作用；並協助偵查犯罪，執行搜索、扣押、拘提、逮捕之輔助刑事司法作用㉛。

二、大陸地區

依據大陸於西元1995年2月28日公佈之《人民警察法》第二條規定：「人民警察的任務是維護國家安全、維護社會治安秩序，保護公民的人身安全、人身自由和合法財產，保護公共財產，預防、制止和懲治違法犯罪活動。人民警察包括公安機關、國家安全機關、監獄、勞動教養管理機關之人民警察和人民法院、人民警察院的司法警察」。至其職權內容，依同法第六條規定「公安機關的人民警察按照職責分工，依法履行下列職責：(一)預防、制止和偵查違反犯罪活動。(二)維護社會治安秩序，制止危害社會治安秩序之行為。(三)維護交通安全和交通秩序，處理交通事故。(四)組織、實施消防工作，實行消防監督。(五)管理槍枝彈藥、管制刀具和易燃易爆、劇毒、放射性等危險物品。(六)對法律、法規規定之特種行業進行管理。(七)警衛國家規

定之特定人員，守衛重要之場所和設施。(八)管理集會、遊行、示威活動。(九)管理戶政、國籍、入境出境事務和外國人在中國境內居留、旅行之有關事務。(十)維護國(邊)境地區之治安秩序。(十一)對被判處管制、拘役、剝奪政治權利的犯罪和監外執行之罪犯執行刑罰，對被宣告緩刑、假釋之罪犯實行監督、考察。(十二)監督管理計算機信息系統之安全保護工作。(十三)指導和監督國家機關、社會團體、企業事業組織和重點建設工程之治安保衛工作，指導治安保衛委員會等群眾性組織之治安防範工作。(十四)法律、法規規定的其他職責」。從上述所列舉之條文觀察，人民警察之職權是相當廣泛的。

另值得注意者，《人民警察法》另外賦與公安人員相當之權限，此與台灣地區不同，如第八條規定：「公安機關之人民警察對嚴重危害社會治安秩序或者威脅公共安全之人員，可以強行帶離現場、依法予以拘留或者採取法律規定之其他措施」；另第九條規定：「為維護社會治安秩序，公安機關之人民警察對有違法犯罪嫌疑之人員，經出示相應證件，可以當場盤問、檢查；經盤問、檢查，有下列情形之一的，可以將其帶至公安機關，經該公安機關批准，對其繼續盤問：(一)被指控有犯罪行為的；(二)有現場作案嫌疑的；(三)有作案嫌疑身分不明的；(四)攜帶的物品有可能是贓物的。對被盤問人之留置時間，自帶至公安機關之時起不超過24小時，在特殊情況下，經縣級以上公安機關批准，可以延長至48小時，並應當留有盤問紀錄。對予批准繼續盤問的，應當立即通知其家屬或者其所在單位。對予不批准繼續盤問的，應當立即釋放被盤問人」。由前開說明，足見中共公安機關之任務，主要為公安行政管理和刑事偵查兩大要務。至其職權內容，參照《人民警察法》及其他相關法令規定，可以歸納為下列四項：

(一)對付犯罪行為人方面：

1.偵查權：對犯罪行為人施以各項必要的偵查，如訊問、搜索、通緝、查驗等。

2.刑事強制處分權：包括拘提、監視、逮捕。

3.預審權：在審判前先行預審[28]。

(二)執行刑罰權方面：如執行緩刑、假釋、拘役、沒收財產、槍決、剝奪

政治權利等。

(三)在維持社會治安和公共秩序方面：

1.治安行政管理權。

2.治安管理處罰權：其內容有警告、罰款、拘留、驅逐出境等。

3.勞動教養審批權。

4.收容審查權。

5.註銷城市戶口權。

(四)緊急處分權：

1.使用武器和警械權。

2.正當防衛權。

3.武裝鎮壓權。

4.其他權限㉝。

第三節　兩岸刑事偵查之程序

第一項　偵查之開始

一、台灣地區

偵查為檢察官提起或實行公訴，調查犯罪人及證據之程序，依《刑事訴訟法》第二百二十八條第一項規定：「檢察官因告訴、告發、自首或其他情事知有犯罪嫌疑者，應即開始偵查」，故台灣地區偵查開始之原因有告訴、告發、自首或其他情事等，分述如下：

(一)告訴

告訴，乃犯罪被害人或其他法定告訴權人向偵查機關或輔助偵查機關報告犯罪事實，請求追訴之意思表示。刑事訴訟法規定，犯罪之被害人，得為告訴(刑事訴訟法第二百三十二條)，其所謂被害人，指因犯罪直接受有損害者而言，如係被害人，對於非告訴乃論之罪，均得具狀告訴或聲請再議或呈訴不服，與刑法分則所定章次無關(司法院二十四年院解字第一三二四號)。除犯罪被害人外，為期有效追訴告訴乃論之罪，擴大告訴權人之範圍，《刑事訴訟法》第二百三十三條至第二百三十五條，再分別規定被害人之代理人或配偶、被害人之一定親屬，亦有告訴權。如告訴乃論之罪，無得為告訴之人或

得為告訴之人不能行使告訴權時，則得由該管檢察官依利害關係人之聲請，或依職權指定代行告訴人，以為救濟。

(二)告發

告發，指被害人或第三人向偵查機關申告犯罪事實，而非有請求追訴之意思表示。依告發是否基於執行職務區分，可分為公之告發與私之告發。前者為公務員執行職務時，知有嫌疑而為之告發(刑事訴訟法法第二百四十一條)；後者則純粹由私人所為之告發。法律對於告發者不限制資格，即不但被害人，第三人亦可為之，而其所報告之事實為其親自目睹，抑或聞風而來，在所不問，故告發亦可由他人出面代行。至不親自露面或隱藏本人姓名而申告犯罪事實之密告，亦屬告發之一種。

(三)請求

《刑法》第一百十六條至第一百十八條之妨害國交罪，依同法第一百十九規定，須外國政府之請求乃論，其性質與告訴乃論相同。為此《刑事訴訟法》第二百四十三條規定，此項請求乃論之罪，外國政府之請求，得經外交部長函請司法行政最高長官令知該管檢察官。妨害國交罪之案件，其第一審管轄權屬於高等法院，是其所謂該管檢察官，應係指高等法院檢察署檢察官而言。

(四)自首

依《刑法》第六十二條之自首，乃犯人於犯罪未發覺前，向偵查機關報告自己犯罪之事實而言，至其方式雖不限於自行投案，即託人代理自首或向偵查機關請求轉送，亦無不可，但須有向該管司法機關自承犯罪而願接受裁判者，始生效力。犯人自首，偵查機關應即開始偵查，故其情形與被害人之告訴、告發同。自首向檢察官或司法警察官為之者，依其係以書狀或言詞為之，而準用告訴與告發之程式；即以言詞為之者，應制作筆錄，並準用《刑事訴訟法》訊問應制作筆錄之規定[24]。

(五)其他情事

所謂其他情事，乃指告訴、告發、自首以外之情事，足以引起檢察官犯罪偵查之動機而言，如檢察官自行發覺現行犯罪或準現行犯而逕行逮捕(刑事訴訟法八十八條)、緊急拘提(刑事訴訟法第八十八條之一)、相驗(刑事訴訟

法第二百十八條）、聽聞傳說、閱覽報章、司法警察官員之移送案件或收受自訴管轄錯誤之判決書均是。

二、大陸地區

根據大陸《刑事訴訟法》第八十三條規定，刑事訴訟活動是從立案階段開始，所謂立案係指公安機關或人民檢察院對於控告、檢舉及自首等資料，應先按照管轄範圍，進行審查，經立案後，始進行偵查；非謂一有控告、檢舉或自首，即行分案偵查，因此其偵查之開始為「立案」，至無疑義。只有立案，公安機關、人民檢察院及其他偵查部門才能依法偵查，否則偵查就失去法定根據。大陸學者認為依法偵查立案，可以防止任意對公民進行追究，切實保障公民之民主權利和其他合法權益不受侵害⑱。

公安機關、人民檢察院對於立案材料進行審查後，應分別情況，作如下處理：

(一)認為有犯罪事實、需要追究刑事責任的，應當作出立案之決定，並制作「立案決定書」。立案決定書內容主要包括：案由、立案之時間、立案之材料來源、立案之事實根據和法律根據、立案機關等項。

(二)經過審查認為沒有犯罪事實，或者犯罪事實顯屬輕微，不需要追究刑事責任的，應當作出不予立案之決定，並制作「不立案決定書」。不立案決定書內容主要包括：案件之材料來源、決定不立案之根據和理由、決定不立案之機關等項。經決定不予立案的，應當用「不立案通知書」形式，將不立案之原因和理由通知控告、檢舉單位或控告、檢舉人，控告、檢舉單位或控告、檢舉人如果不服，有權向不予立案之機關申請複議，受理複議機關應將複議結果通知申請人。

(三)經審查認為不具備立案之條件、但根據情況還有需由其他部門處理之問題時，公安機關、人民檢察官應將控告、檢舉材料移送該管部門處理，並通知控告、檢舉單位或控告、檢舉人⑲。

第二項　偵查之方法

一、台灣地區

在台灣地區偵查之方法，主要指強制處分而言，即在刑事訴訟中，為保

全證據，確保被訊問者到場，或證人、鑑定人之回答訊問，所為具有強制性質之處分，但並非其處分必須以強制方法執行。《刑事訴訟法》所規定之強制處分，因其對象不同，可分為對人強制處分及對物強制處分二種：前者之客體為人，例如被告之傳喚、訊問通知、拘提、通緝、逮捕或羈押等是。搜索如係對人實施者（刑事訴訴法第八十八條之一第三項）亦屬於對人之強制處分；又除被告外，強制證人到場所為之拘提（刑事訴訟法第一百七十八條），亦係對人之強制處分。強制處分之客體為物者，例如對物件及住宅或其他處所之搜索或實施扣押等是；此外為調查或保全證據而為之勘驗，性質上亦屬於對物之強制處分。依《刑事訴訟法》規定，檢察官及法院均有強制處分權，且為有權決定強制處分之機關，除搜索、扣押亦得親自實施外，其執行機關為司法警察官或司法警察，司法警察機關並無傳喚被告、簽發拘票及搜索票之權，僅在具有同法第七十一條之一第一項或第八十八條之一第一項之情形時，得使用通知書通知犯罪嫌疑人到場訊問，或逕行拘提犯罪嫌疑人，但仍應報請檢察官簽發拘票[37]。

二、大陸地區

　　中共之刑事訴訟制度，人民檢察院及公安機關同為偵查機關，進行偵查活動時，均有強制處分權，僅公安機關有逮捕人犯必要時，需移請人民檢察院審查批准。依《刑事訴訟法》第九十一條至第一百二十三條規定，其偵查方法包括：訊問犯罪嫌疑人、詢問證人、勘驗、檢查、搜查、扣押物證、書證、鑑定及通緝等，分述如下：

　　(一)訊問犯罪嫌疑人

　　訊問犯罪嫌疑人，是指偵查人員依照法定程序就案件事實對犯罪嫌疑人進行之審訊，其目的在於查明犯罪事實、犯罪之具體情節，擴大收集證據之線索，發現其他應當追究刑事責任之犯罪分子；另一方面在於聽取被害人之申辯，以保障無罪之人和其他依法不應追究之人不受刑事追究。可見，訊問被告人，作為收集和查核證據之一種方法，對查清案情有重要之意義。依《刑事訴訟法》第九十一條規定：「訊問犯罪嫌疑人必須由人民檢察院或者公安機關之偵查人員負責進行。訊問的時候，偵查人員不得少予二人」；又第九十三條規定：「偵查人員在訊問犯罪嫌疑人的時候，應當首先訊問犯罪嫌疑人是否

有犯罪行為，讓他陳述有罪的情節或者無罪之辯解，然後向他提出問題。犯罪嫌疑人對偵查人員的提問，應當如實回答，但是對與本案無關的問題，有拒絕回答之權利」。

(二)詢問證人

在刑事訴訟中，證人證言是最普遍之一種證據，幾乎任何案件之偵查，都要對證人進行詢問。所以，詢問證人就成為偵查工作中經常進行之重要偵查行為。訊問證人之目的，在於通過對證人詢問，取得能夠作為證據之證言，以查明證人所知道與案件有關之事實和情節，查明被告人有罪或無罪、無罪或罪輕等情節。為了確保詢問證人之正確、及時，《刑事訴訟法》第九十七至第一百條對訊問證人之程序作了明確規定⑳。

(三)勘驗、檢查

勘驗、檢查，是偵查人員對於與犯罪有關之場所、物品、屍體和人身進行觀察，藉以發現和收集犯罪活動所遺留下來之各種痕跡和物品之訴訟活動。關於勘驗、檢查之程序，在《刑事訴訟法》第一百零一條至第一百零八條有明確規定，概括來說，主要內容為：

1.偵查人員對於與犯罪有關之場所、物品人身、屍體應當進行勘驗或者檢查。在必要時，可以指派或者聘請具有專門知識之人，在偵查人員主持下進行勘驗、檢查(刑事訴訟法第一百零一條)。

2.任何單位和個人，都有義務保護犯罪現場，並且立即通知公安機關派員勘驗(刑事訴訟法第一百零二條)。

3.偵查人員執行勘驗、檢查，必須持有人民檢察院或者公安機關的證明文件(刑事訴訟法第一百零三條)。

4.對於死因不明之屍體，公安機關有權決定解剖，並且通知死者家屬到場(刑事訴訟法第一百零四條)。

5.為了確定被害人、犯罪嫌疑人的某些特徵、傷害情況或者生理狀態，可以對人身進行檢查。犯罪嫌疑人如果拒絕檢查，偵查人員認為必要時，可以強制檢查。檢查婦女的身體，應當由女工作人員或者醫師進行(刑事訴訟法第一百零五條)。

(四)搜查

搜查是指司法機關為了收集證據、查獲犯罪人而對被告人或關係人之人身以及可能隱藏犯罪分子或者罪證之物品、住處和其他處所進行搜索、檢查之訴訟活動。依《刑事訴訟法》第一百零九條至第一百十三條詳細規定搜查之具體程序，說明如下：

1.為了收集犯罪證據、查獲犯罪人，偵查人員可以對犯罪嫌疑人以及可能隱藏罪犯或者犯罪證據的人的身體、物品、住處和其他有關的地方進行搜查(刑事訴訟法第一百零九條)。

2.任何單位和個人，有義務按照人民檢察院和公安機關的要求，交出可以證明犯罪嫌疑人有罪或者無罪的物證、書證、視聽資料(刑事訴訟法第一百一十條)。

3.進行搜查，必須向被搜查人出示搜查證。在執行逮捕、拘留的時候，遇有緊急情況，不另用搜查證也可以進行搜查(刑事訴訟法第一百一十一條)。

4.在搜查的時候，應當有被搜查人或者他的家屬，鄰居或者其他見證人在場。搜查婦女的身體，應當由女工作人員進行(刑事訴訟法第一百一十二條)。

5.搜查的情況應當寫成筆錄，由偵查人員和被搜查人或者他的家屬，鄰居或者其他見證人簽名或者蓋章。如果被搜查人或者他的家屬在逃或者拒絕簽名、蓋章，應當在筆錄上註明(刑事訴訟第一百一十三條)。

(五)扣押物證、書證

扣押書證、物證是偵查機關依法強制扣留某人或某單位所占有或管理與案件有關物品和文件之一項偵查措施。扣押書證、物證之目的，在於發現和保全能夠證明被告人有罪或無罪、罪重或罪輕之物品和文件，以取得充分、確實證據，正確地認定案情。根據《刑事訴訟法》第一百一十四條規定，在勘驗、搜查中發現的可用以證明犯罪嫌疑人有罪或者無罪的各種物品和文件，應當扣押；與案件無關的物品、文件，不得扣押。對於扣押的物品、文件，要妥善保管或者封存，不得使用或者損毀。同法第一百一十五條規定：「對於扣押的物品和文件，應當會同在場見證人和被扣押物品持有人查點清楚，當場開列清單一式二份，由偵查人員、見證人和持有人簽名或者蓋章，一份交給持有人，另一份附卷備查」。同法第一百一十六條規定：「偵查人員認為需要扣押犯罪嫌疑人的郵件、電報的時候，經公安機關或者人民檢察院批准，

即可通知郵電機關將有關的郵件、電報檢交扣押。不需要繼續扣押的時候，應即通知郵電機關」。又同法第一百一十七條規定：「人民檢察院、公安機關根據偵查犯罪的需要，可以依照規定查詢、凍結犯罪嫌疑人的存款、匯款。犯罪嫌疑人的存款、匯款已被凍結的，不得重複凍結」。此外，第一百一十八條再規定：「對於扣押的物品、文件、郵件、電報或者凍結的存款、匯款，經查明確實與案件無關的，應當在三日以內解除扣押、凍結，退還原主或者原郵電機關」。需要查詢或者凍結被告人在銀行的存款，必須持縣以上公安機關的查詢公函或者停止支付通知書。凍結華僑、歸僑、僑眷之儲蓄存款，需事先徵求當地僑務、統戰部門意見，由地(市)以上公安機關負責人批准㉙。

(六)鑑定

鑑定是偵查機關用來解決案件中某些專門性問題，以準確地認定案件事實的一項措施。《刑事訴訟法》第一百一十九條規定：「為了查明案情，需要解決案件中某些專門性問題的時候，應當指派、聘請有專門知識的人進行鑑定」。同法第一百二十條規定：「鑑定人進行鑑定後，應當寫出鑑定結論，並且簽名。對人身傷害的醫學鑑定有爭議需要重新鑑定或者對精神病的醫學鑑定，由省級人民政府指定的醫院進行。鑑定人進行鑑定後，應當寫出鑑定結論，並且由鑑定人簽名，醫院加蓋公章。鑑定人故意作虛假鑑定的，應當承擔法律責任」。此外，偵查機關應當將用作證據的鑑定結論告知犯罪嫌疑人、被害人。如果犯罪嫌疑人、被告人提出申請，可以補充鑑定或者重新鑑定(刑事訴訟法第一百二十一條)。

(七)通緝

通緝是公安機關通報緝拿依法應當逮捕而在逃被告人之一種偵查措施，也是公安機關在偵查工作中通力協作之一種形式。《刑事訴訟法》第一百二十三條規定：「應當逮捕的犯罪嫌疑人如果在逃，公安機關可以發布通緝令，採取有效措施，追捕歸案。各級公安機關在自己管轄的地區以內，可以直接發布通緝令；超出自己管轄的地區，應當報請有權決定的上級機關發布」。

第三項　偵查之終結

一、台灣地區

偵查機關結束其偵查活動者，謂之偵查終結。此項偵查終結之權，專屬於檢察官，輔助檢察官之司法警察官，應將其偵查所得，移送檢察官處理，不得自行終結。對於偵查結果應分別為左列處分：

(一)移送管轄

檢察官實施偵查，雖適用檢察一體原則，但《刑事訴訟法》第二百五十條規定：「檢察官知有犯罪嫌疑而不屬其管轄或於開始偵查後，認為案件不屬其管轄者，應即分別通知或移送該管檢察官；但有急迫情形時，應為必要之處分」，例如羈押人犯、搜索證物等。又檢察官移送管轄，即應終結偵查，由被移送有管轄權之檢察官繼續偵查；移送時應將該案件之文書及證物一併移送該管檢察官，如有羈押被告亦應移送。

(二)提起公訴

檢察官依偵查所得之證據，足認被告有犯罪嫌疑者，應提起公訴。被告所在不明者，亦應提起公訴(刑事訴訟法第二百五十一條)。犯人不明者，除非有可認為不起訴處分之情形以前，不得終結偵查(刑事訴訟法第二百六十二條)。提起公訴，應由檢察官向管轄法院提出起訴書為之，起訴書應記載之事項為：

1.被告之姓名、性別、年齡、籍貫、職業、住所或居所或其他足資辨別之特徵。

2.犯罪事實及證據並所犯法條。

3.起訴時，並應將卷宗及證物一併送交法院(刑事訴訟法第二百六十四條)。

(三)不起訴處分

檢察官對於所辦理案件偵查之結果，除可提起公訴外，亦可為不起訴處分，以終結其所為之偵查。就我國《刑事訴訟法》所規定不起訴處分之事由以觀，不起訴處分可分為絕對與相對不起訴處分二種，分述於次：

1.絕對不起訴處分：在法律不能提起公訴時，應為不起訴之處分，稱為絕對不起訴處分，又可稱為狹義之不起訴處分，刑事訴訟法對於絕對不起訴處分，分別列舉其事由，即案件有左列情形之一者，應為不起訴之處分：

(1)曾經判決確定者。

(2)時效已完成者。

(3)曾經大赦者。

(4)犯罪後之法律已廢止其刑罰者。

(5)告訴或請求乃論之罪，其告訴或請求已經撤回或已逾告訴期間者。

(6)被告死亡者。

(7)法院對於被告無審判權者。

(8)行為不罰者。

(9)法律應免除其刑者。

(10)犯罪嫌疑不足者(刑事訴訟法第二百五十二條)。

2. 相對不起訴處分；在法律上非不能提起公訴，亦即是否提起公訴，任由檢察官判斷決定，如檢察官之決定為不提起公訴時，則為不起訴處分，此稱為相對不起訴處分，又可稱為廣義之不起訴處分。茲列舉相對不起訴處分之事由如後：

(1)《刑事訴訟法》第三百七十六條所規定之案件以不起訴為適當者：檢察官於《刑事訴訟法》第三百七十六條所規定之案件，參酌《刑法》第五十七條所列事項，認為以不起訴為適當者，得為不起訴之處分。檢察官為前項不起訴處分前，並得斟酌情形，經告訴人同意，命被告為左列各款事項：

①向被害人道歉。

②立悔過書。

③向被害人支付相當數額之慰撫金。

前項情形，應附記於不起訴處分書內。

第二項第三款並得為民事強制執行名義(刑事訴訟法第二百五十三條)。

(2)對於應執行之刑無重大關係之罪；被告犯數罪時，其一罪已受重刑之確定判決，檢察官認為他罪雖行起訴，於應執行之刑無重大關係者，得為不起訴之處分(刑事訴訟法第二百五十四條)。

二、大陸地區

偵查終結，是指公安機關或者人民檢察院對刑事案件進行一系列偵查活動後，根據已經查明之事實、證據和有關法律規定，足以作出犯罪嫌疑人是否有罪、犯什麼罪、犯罪情節輕重以及是否應當追究刑事責任之結論時，決

定結束偵查並對案件作出處理決定之訴訟活動。由於大陸之偵查程序，分別由不同偵查機關負責，故其偵查終結之程序也有差異，分述如下：

(一)公安機關之偵查終結

公安機關偵查之案件經過預審，認為已具備偵查終結之條件時，應分別作出下列處置：

1.移送人民檢察院提起公訴：公安機關偵查終結的案件，應當做到犯罪事實清楚，證據確實、充分，並且寫出起訴意見書，連同案卷材料、證據一併移送同級人民檢察院審查決定(刑事訴訟法第一百二十九條)。起訴意見書的內容包括：

(1)犯罪嫌疑人之基本情況：包括姓名、性別、年齡、籍貫、職業、住址等。

(2)犯罪嫌疑人之犯罪事實。

(3)起訴理由。

(4)附項。

2.撤銷案件：公安機關在偵查過程中，發現不應對犯罪嫌疑人追究刑事責任的，應當撤銷案件；犯罪嫌疑人已被逮捕的，應當立即釋放，發給釋放證明，並且通知原批准逮捕的人民檢察院(刑事訴訟法第一百三十條)。

(二)檢察機關之偵查終結

根據《刑事訴訟法》第一百三十五條規定：「人民檢察院偵查終結的案件，應當作出提起公訴、不起訴或者撤銷案件的決定」。在檢察實踐中，人民檢察院偵查終結之案件，應當提起公訴或者不起訴的，要由負責案件偵查之業務部門擬出提起公訴或者不起訴之意見，並連同案卷材料、證據一併移送刑事檢察部門審查，經刑事檢察部門審查後，根據案件情況，提出是否提起公訴或者不起訴之意見，報告檢察長或者檢察委員會決定；偵查終結，須撤銷案件的，亦應當由檢察長或檢察委員會決定⑩。茲就大陸地區之提起公訴與不起訴處分，說明如下：

1.提起公訴：大陸《刑事訴訟法》第一百四十一條規定：「人民檢察院認為犯罪嫌疑人的犯罪事實已經查清，證據確實、充分，依法應當追究刑事責任的，應當作出起訴決定，按照審判管轄的規定，向人民法院提起公訴」。

惟檢察機關在審查案件時，必須查明：

(1)犯罪事實、情節是否清楚，證據是否確實、充分，犯罪性質和罪名的認定是否正確。

(2)有無遺漏罪行和其他應當追究刑事責任的人。

(3)是否屬於不應追究刑事責任的。

(4)有無附帶民事訴訟。

(5)偵查活動是否合法(刑事訴訟法第一百三十七條)。

2.不起訴處分：大陸地區刑事訴訟法對於不起訴處分，再分為法定不起訴與酌定不起訴處分兩種：

(1)法定不起訴處分：依《刑事訴訟法》第一百四十二條第一款規定：「犯罪嫌疑人有本法第十五條規定的情形之一的，人民檢察院應當作出不起訴決定」。所謂第十五條規定，指下列情形而言：

①情節顯著輕微、危害不大，不認為是犯罪的。

②犯罪已過追訴時效期限的。

③經特赦令免除刑罰的。

④依照刑法告訴才處理的犯罪，沒有告訴或者撤回告訴的。

⑤犯罪嫌疑人、被告人死亡的。

⑥其他法律規定免予追究刑事責任的[41]。

(2)酌定不起訴處分：又可分為下列兩種情形：

①對於犯罪情節輕微，依照刑法規定不需要判處刑罰或者免除刑罰的，人民檢察院可以作出不起訴決定(刑事訴訟法第一百四十二條第二款)。

②對於補充偵查的案件，人民檢察院認為證據不足，不符合起訴條件的，可以作出不起訴的決定(刑事訴訟法第一百四十條第四款)。

3.撤銷案件：人民檢察院在偵查過程中，發現不應對被告人追究刑事責任者，即應撤銷案件。所謂不應追究刑事責任，包括被告人之行為不構成犯罪，及雖構成犯罪但不負刑責等情形[42]。

第四節　兩岸刑事偵查制度之比較與評析

第一項　偵查之主體不同

我國係以檢察官為偵查機關，已見前述，而司法警察官及司法警察僅居於檢察官之輔助機關地位，此顯與大陸公安機關本身就是偵查機關有所不同。再者，依我國《刑事訴訟法》第二百二十九至第二百三十一條規定，司法警察(官)有協助檢察官或接受檢察官之指揮或命令來偵查犯罪，例如，依強制處分一章之規定，關於拘提、執行羈押、搜索、扣押係在檢察官決定後由司法警察(官)執行之。換言之，檢察官是強制處分權行使與否之決定機關，司法警察(官)只是執行機關，其並不擁有強制處分權[43]。

中共之人民檢察院及公安機關則均為偵查機關，依《刑事訴訟法》第三條第一項規定：「對刑事案件的偵查、拘留、執行逮捕、預審，由公安機關負責。檢察、批准逮捕和檢察機關直接受理的案件的偵查、提起公訴，由人民檢察院負責。審判由人民法院負責。除法律特別規定的以外，其他任何機關、團體和個人都無權行使這些權力」。雖人民檢察院與公安機關均係得行使偵查權之機關，二者所實施之偵查，基本含義亦屬相同，但具體作法上仍有如下區別：

一、偵查案件之範圍和對象不同：公安機關係中共之治安、保衛機關，主要負責反革命案件、殺人、放火、爆炸、搶劫、強姦、流氓等直接危害社會治安之刑事案件的偵查，其犯罪主體係一般人民；人民檢察院係中共之法律監督機關，其負責偵查之案件，主要是法紀案件，以及在其他法律監督程序中發現的應由檢察機關偵查之案件，這些案件之犯罪主體主要是國家工作人員和少數侵犯公民民主權利之公民。

二、偵查之手段不同：公安機關進行偵查，除依中共《刑事訴訟法》採取專門調查工作和有關之強制性措施等公開措施外，尚得依有關之行政法規採取跟蹤守候、秘取竊聽、專案耳目等秘密偵查手段；相形之下，檢察機關的偵查活動則具有相對的公開性，原則上須按刑事訴訟法之規定進行，不得使用秘密偵查手段。

三、偵查分工不同：公安機關對於被告人須要拘留、逮捕之刑事案件，

其偵查工作分由偵查和預審兩個部門共同完成，偵查部門的工作是發現犯罪或犯罪線索後，通過採取必要的秘密偵查手段和公開的偵查措施，取得相當之證據，進而依法提請檢察機關批准逮捕或決定予以拘留；預審部門之工作則是對被拘留、逮捕之人犯，再進行審訊和調查，核實和補充證據，查請被告人之全部犯罪事實，然後將案件移送檢察機關審查起訴或免予起訴。而人民檢察院之偵查則沒有偵查和預審二個部門之分，查獲犯罪分子、訊問被告人、調查核實證據、查明案件事實等偵查工作，均由業務部門完成[㊹]。

第二項　偵查之任務不同

台灣地區，擔當公訴案件之原告為檢察官，如無檢察官，則難以進行公訴程序，故檢察官之任務，主要為偵查犯罪，起訴被告，促成刑事裁判正義之實現，以維持社會秩序，保障人民權益。而偵查之目的，則在於調查犯人，搜集證據及保全證據，以期國家對被告或犯罪嫌疑人之刑罰權能具體落實。

大陸地區偵查工作之主要任務，係依照法定程序收集、審查各種證據材料，及時地查明犯罪事實，同時，通過偵查活動，積極地同犯罪作鬥爭，預防和減少犯罪案件發生，有效地維護社會秩序，保衛國家、集體利益和公民的合法權益。具體地說，作為國家的法律監督機關，大陸地區人民檢察院的主要任務是，「通過行使檢察權，鎮壓一切叛國的、分裂國家的和其他反革命活動，打擊反革命分子和其他犯罪分子，維護國家的統一，維護無產階級專政制度，維護社會主義法制，維護社會秩序、生產秩序、工作秩序、教學科研秩序和人民群眾生活秩序，保護社會主義全民所有的財產和勞動群眾集體所有的財產，保護公民私人所有的合法財產，保護公民的人身權利、民主權利和其他權利，保衛社會主義現代化建設的順利進行」，同時「人民檢察院通過檢察活動，教育公民忠於國家，自覺地遵守憲法和法律，積極與違法行為作鬥爭」（參見人民檢察院組織法第四條）。上述人民檢察院的主要任務內容，除司法之刑事訴訟任務外，尚負有維護無產階級專政、社會主義法制，乃至法制宣傳教育功能，此種特殊任務，顯與台灣地區不同[㊺]。

至於公安機關方面，依大陸《人民警察法》第二條第一款規定：「人民警察的任務是維護國家安全，維護社會秩序，保護公民的人身安全和合法財

產，保護公共財產，預防、制止和懲治違法犯罪活動」，此與台灣地區之《警察法》第二條規定：「警察任務為依法維持公共秩序，保護社會安全，防止一切危害，促進人民福利。」另《警察法施行細則》第二條規定：「本法第二條規定之警察任務，區分如左：一、依法維持公共秩序、保護社會安全、防止一切危害，為警察的主要任務。二、依法促進人民福利，為警察之輔助任務。前項第二款之輔助任務，指協助行政機關，推行一般行政而言，其協助並應以遇有障礙，非警察協助不足以排除，或因障礙而有妨害安寧秩序時為限」，亦有明顯區別。台灣地區警察機關之偵查目的，著重於維護社會之公益，大陸地區則兼及其政法任務，從而凸顯其公安機關，在保護人民民主專政，及促進改革開放和社會主義現代化建設之順利進行之積極功能。

第三項　偵查機關之職權不同

台灣地區偵查犯罪之權屬於檢察官，警察機關和調查局人員則按其層級有協助或聽其指揮、命令偵查犯罪之責(刑事訴訟法第二百二十九條至第二百三十一條)，事實上多數案件均由檢察官移送，但在重大之刑事案件，則由檢察官直接指揮警察機關或具有司法警察身分之人員行之⑯。至大陸地區，除貪污、賄賂、刑訊逼供、報復陷害、瀆職等案件，由檢察機關進行審查，經立案後直接受理偵查外，大部分案件，均由公安機關或國家安全機關進行偵查；檢察機關對於公安機關偵查終結移送起訴或免予起訴之案件，係立於審查地位，如認為偵查未完備者，得將案件退回公安機關補充偵查，上開中共立案審查和審查起訴之制度，不失為減輕檢察人員辦案負荷之良方⑰，台灣地區有鑑於該制度之優點，在民國八十六年十二月十九日修訂《刑事訴訟法》時，增訂第一百三十一條之一，使檢察官對於司法警察機關移送或報告書，認為調查未完備者，得將卷證發回命補足，或發交其他司法機關調查，顯係符合需要之立法。

在檢察官職權之種類上，台灣地區檢察官有實施偵查、提起公訴、實行公訴、協助自訴、擔當自訴、指揮刑事裁判之執行以及其他法令所定職務之執行。在執行檢察權過程中，檢察官依照《刑事訴訟法》相關規定有傳訊、拘提、通緝、搜索、扣押等對人、對物之強制處分權，但無羈押權。大陸地

區，其檢察權之內容，為對叛國等重大案件之檢察權、刑事案件之偵查權、對公安機關之偵查監督權、提起公訴和審判監督權、刑事裁判執行和監所監督權、民事行政審判監督權等，職權範圍較台灣地區廣泛；而公安機關依前述《刑事訴訟法》第三條規定，在偵查程序中與人民檢察院立於平等之國家偵查機關地位，在職權行使上，舉凡偵查活動所得採用之措施、手段，例如進行訊問被告人、勘驗檢查、搜查、扣押、鑑定、通緝、或拘留、逮捕、監視住居、取保候審、傳拘等強制措施，公安機關皆有權為之；此外依其《人民警察法》第六條之規定：「公安機關之人民警察按照職責分工，依法履行下列職責：(一)預防、制止和偵查違法犯罪活動。(二)維護社會治安秩序，制止危害社會治安秩序之行為。(三)維護交通安全和交通秩序，處理交通事故。(四)組織、實施消防工作，實行消防監督。(五)管理槍枝彈藥、管制刀具和易燃易爆、劇毒、放射性等危險物品。(六)對法律、法規規定之特種行業進行管理。(七)警衛國家規定之特定人員，守衛重要之場所和設施。(八)管理集會、遊行、示威活動。(九)管理戶政、國籍、入境出境事務和外國人在中國境內拘留、旅行之有關事務。(十)維護國(邊)境地區之治安秩序。(十一)對被判處管制、拘役、剝奪政治權利犯罪和監外執行之罪犯執行刑罰，對被宣告緩刑、假釋之罪犯實行監督、考察。(十二)監督管理計算機信息系統安全保護工作。(十三)指導和監督國家機關、社會團體、企業事業組織和重點建設工程之治安保衛工作，指導治安保衛委員會等群眾性組織之治安防範工作。(十四)法律、法規規定的其他職責」，以上職權亦與台灣地區偵查之輔助機關警察人員之職權不同，應予注意。

第四項　偵查之開始不同

在台灣地區，偵查乃檢察官為提起或實行公訴，調查犯人及證據之程序，依《刑事訴訟法》第二百二十八條第一項規定，檢察官因告訴、請求、告發、自首或其他情事知有犯罪嫌疑時，即應開始偵查，並不以客觀事實是否存在為必要。所謂「其他情事」，例如司法警察機關之移送或報告、現行犯之逮捕、相驗、接受自訴案件不受理或管轄錯誤判決書、報章雜誌之登載等。至告訴乃論之罪，因告訴僅為訴追條件，並非偵查條件，故對於此種犯

罪，檢察官縱未經告訴，亦非不得開始偵查，在偵查案件之範圍方面，因檢察官既為偵查機關，原得受理所有之刑事案件進行偵查，惟因《刑事訴訟法》第四條規定內亂、外患及妨害國交罪之第一審管轄權屬於高等法院，故實務上此三種犯罪即由高等法院檢察署檢察官進行偵查。

依大陸《刑事訴訟法》第八十三條規定：「公安機關或者人民檢察院發現有犯罪事實或者犯罪嫌疑人，應當按照管轄範圍，立案偵查」；同法第八十四條另規定：「任何單位和個人發現有犯罪事實或者犯罪嫌疑人，有權利也有義務向公安機關、人民檢察院或者人民法院報案或者舉報。被害人對侵犯其人身、財產權利的犯罪事實或者犯罪嫌疑人，有權向公安機關、人民檢察院或者人民法院報案或者控告。公安機關、人民檢察院或者人民法院對於報案、控告、舉報都應當接受。對於不屬於自己管轄的，應當移送主管機關處理，並且通知報案人、控告人、舉報人；對於不屬於自己管轄而又必須採取緊急措施的，應當先採取緊急措施，然後移送主管機關。犯罪人向公安機關、人民檢察院或者人民法院自首的，適用第三款規定」。可見依現行體制，刑事訴訟活動是從立案階段開始，公安機關、人民檢察院對於控告、檢舉和自首之資料進行審查後，如認為犯罪事實發生，並需要追究刑事責任者，應先按照管轄範圍，進行審查，經立案後，始進行偵查；非謂一有控告、檢舉或自首，即行分案偵查。

第五項　偵查之方法不同

偵查之目的在調查人犯、搜集一切犯罪證據，查明犯罪事實，以決定有無犯罪嫌疑，及作為是否提起公訴之判斷標準，已如前述。而有關偵查措施，在台灣《刑事訴訟法》中，主要規定於第一編總則之第八章至第十三章。包含有被告之傳喚、拘提、訊問、羈押、通緝、搜索、扣押、鑑定；證人、鑑定人之傳喚、訊問、拘提等調查犯人及證據之一切措施。大陸地區則於《刑事訴訟法》第二編第二章偵查中第八十九條至第一百二十三條，就偵查方法區分為訊問犯罪嫌疑人、詢問證人、勘驗、檢查、搜查、扣押物證、書證、鑑定、通緝等。另應特別說明者，大陸刑事訴訟法對於強制措施方面，於第五十條規定：「人民法院、人民檢察院和公安機關根據案件情況，對犯罪嫌疑

人、被告人可以拘傳、取保候審或者監視居住」；同法第五十一條規定：「人民法院、人民檢察院和公安機關對於下列情形之一的犯罪嫌疑人、被告人，可以取保候審或者監視居住：(一)可能判處管制、拘役或者獨立適用附加刑的；(二)可能判處有期徒刑以上刑罰，採取取保候審、監視居住不致發生社會危險性的。取保候審、監視居住由公安機關執行」；同法第五十九條規定：「逮捕犯罪嫌疑人、被告人必須經過人民檢察院批准或者人民法院決定，由公安機關執行」；同法第六十條規定「對有證據證明有犯罪事實，可能判處徒刑以上刑罰的犯罪嫌疑人、被告人，採取取保候審、監視居住等方法，尚不足以防止發生社會危險性，而有逮捕必要的，應即依法逮捕。對應當逮捕的犯罪嫌疑人、被告人，如果患有嚴重疾病，或者是正在懷孕、哺乳自己嬰兒的婦女，可以採用取保候審或者監視居住的辦法」；第六十一條規定「公安機關對於現行犯或者重大嫌疑分子，如果有下列情形之一的，可以先行拘留：(一) 正在預備犯罪、實行犯罪或者在犯罪後即時被發現的；(二) 被害人或者在場親眼看見的人指認他犯罪的；(三)在身邊或者住處發現有犯罪證據的；(四)犯罪後企圖自殺、逃跑或者在逃的；(五)有毀滅、偽造證據或者串供可能的；(六)不講真實姓名、住址、身分不明的；(七) 有流竄作案、多次作案、結夥作案重大嫌疑的」，可見公安機關對被告或犯罪嫌疑人得執行拘傳、取保候審、監視住居、逮捕、拘留等強制處分權，在訴訟法上擁有廣泛偵查權限，幾乎與人民檢察院之偵查權範圍相當。

第六項　偵查之終結不同

偵查機關結束其偵查活動者，謂為偵查之終結。在台灣地區，偵查機關所以終結偵查，乃認為偵查已有結果；惟司法警察官或司法警察如認為偵查已有結果時，應將其偵查之結果移送該管檢察官，不宜逕行終結案件。至檢察官所為之偵查，如認為有予以終結之必要，對外每有一定之表示，如移送管轄、起訴或不起訴等。此外，檢察官所受理之案件，偵查終結，不能依前述各種方式結案，而以行政上之處理，簽報檢察長核定，准予將該案件終結，此種結案方式，並無《刑事訴訟法》之法律依據，實務上其他報結之情形如：被告係未滿十八歲之人時，報結後移送少年法庭處理(少年事件處理法第

十八條第一項、第八十五條之一第一項)；告訴乃論之罪，未據有告訴人合法告訴，逕予報結(大法官會議釋字第四十八號解釋參照)；偵查中知悉同一案件業經被害人提起自訴者，報結後移送自訴案件繫屬之法院併案審理；分「他」字之案件，經查無犯罪事實，或無結果者，逕予報結；及相驗案件，查無應負刑責之人，逕予報結等。

大陸地區之偵查終結係公安機關、人民檢察院對於已立案偵查之刑事案件，進行偵查後，根據已經查明之事實、證據，依照規定足以對案件作出起訴、免予起訴或撤銷案件之結論，乃決定不再繼續進行偵查，並對被告人作出處理之一種訴訟活動，此為偵查階段最後之一項程序®。依據中共刑事訴訟法和有關規定，偵查終結之程序主要有以下幾點：

一、對犯罪嫌疑人逮捕後的偵查羈押期限不得超過二個月。案情複雜、期限屆滿不能終結的案件，可以經上一級人民檢察院批准延長一個月(刑事訴訟法第一百二十四條)。

二、因為特殊原因，在較長時間內不宜交付審判的特別重大複雜的案件，由最高人民檢察院報請全國人民代表大會常務委員會批准延期審理(刑事訴訟法第一百二十五條)。

三、公安機關偵查終結的案件，應當做到犯罪事實清楚，證據確實、充分，並且寫出起訴意見書，連同案卷材料、證據一併移送同級人民檢察院審查決定(刑事訴訟法第一百二十九條)。

四、在偵查過程中，發現不應對犯罪嫌疑人追究刑事責任的，應當撤銷案件；犯罪嫌疑人已被逮捕的，應當立即釋放，發給釋放證明，並且通知原批准逮捕的人民檢察院(刑事訴訟法第一百三十條)。

五、人民檢察院偵查終結的案件，應當作出提起公訴，不起訴或者撤銷案件的決定(刑事訴訟法第一百三十五條)。

第五節　兩岸刑事偵查制度之優化

第一項　台灣地區偵查程序之改進

第一款　強化偵查組織體系

據內政部警政署刑事警察局歷年台灣刑案統計指出，台灣地區刑事案發

生率及暴力犯罪發生率等逐年升高，成為眾所矚目及關心的焦點。例如，在刑案發生數方面，從民國八十一年起，刑案總數突破十二萬大關，民國八十四年更因警政單位採取報案三聯單制度之影響，大幅升高至161,810件，八十五年之犯罪案件更高達189,308件，創下我國歷年來刑事案件之高峰。近年來，機車、汽車竊盜、搶奪、強盜、煙毒及對女性暴力等均有大幅攀升[49]。惟負責偵查任務之檢察機關人力及資源卻嚴重失衡，依照法務部統計，各級檢察機關八十八年度現有員額，檢察官（含主任檢察官）員額有695人、書記官員額有777人、錄事員額有456人、法警員額有460人。就地方法院檢察署案件收結情形而言，自八十三年至八十六年之新收案件，除八十四年比八十三年減少1.4%外，自八十五年後每年均呈6.6%至24%之成長幅度。自八十三年迄八十七年五月止，檢察官每月結案折計件數平均高達134.78件，顯屬超重之工作量[50]。將來刑事訴訟法如修正通過，為加強檢察官之舉證責任，勢將耗費更多檢察人力，對整體犯罪偵查能力必有重大影響，故須及早未雨綢繆，優先補充檢察人力，增加檢察官、書記官、法警員額，聘用檢察事務官，襄助檢察官處理業務，以建立高素質之檢察體系。

　　另在警力結構方面，截至八十七年二月底止，我國現有警察人數共有81,459人，扣除簡薦委文職人員5,594人，警察官共有75,865人，對照同年台灣地區總人口數為21,752,205人，則現有警民比例為1：287，與世界各民主國家相較，我國警力數目比日本（1:540）、英國（1:395）、美國（1:357）等國多，比法國（1:273）及義大利（1:253）為少。在現有警力分類上，保安警察有28,171人，佔所有警察人數的34.59%；而刑事警察人數則僅有5,320人，佔所有警察人數的6.53%，人數偏低[51]，為期打擊犯罪，加強基層治安工作，應依治安狀況精簡保安警力，調整刑事警力，對於警勤區及刑事責任區，尤須落實勤區查察工作，以預防犯罪發生。

第二款　重新調整檢警偵查犯罪之角色與任務

　　依現行《刑事訴訟法》之規定，警察得逕行調查犯罪嫌疑人之犯罪情形及蒐集證據。但檢察官仍是唯一之偵查主體，此為檢警機關產生嫌隙之最大癥結所在。若單純以檢察官為偵查主體，要求其每件案件應親自偵查，事實上不可能，因此，刑事偵查案件，檢警間事實上之分工，誠屬必要。未來宜建

立雙偵查主體制,修正《刑事訴訟法》第二百二十八條,重新將司法警察定位為主要的、初期的偵查主體,檢察官則改為審查的、後續的偵查主體。換言之,司法警察有偵查職責,檢察官仍有主動偵查權力而無偵查義務,此不但與實務運作相符,且一方面可加重司法警察偵查責任,另一方面可疏減檢察官所有刑事案件事事參與偵查之勞費,俾集中心力於司法警察不便或無法偵辦之重大刑案。偵查之報告及指揮,因採雙偵查主體,故偵查之發動及進行內容,各向渠上級長官報告,各受渠上級長官之指揮監督;但檢察官主動偵查時,得指揮調度司法警察人員,且檢察長對於不服指揮之司法警察人員有建議懲戒權。關於偵查終結權方面,可參酌日本《刑事訴訟法》第二百四十六條但書微罪處分之規定,修法就偵查中之微罪案件,於檢察官授權範圍內,司法警察機關得不移送檢察官偵辦,逕行報結,僅需事後向檢察官報備即可,以疏減偵查案源,減輕檢察官處理案件之負擔,同時有利於犯罪嫌疑人儘早脫離刑事程序。

第三款　偵查中強制處分交由法官審查

如何提昇整體的偵查效率、打擊犯罪,同時防止偵查機關侵害人權之弊端,是思考如何強化檢察體系,提昇犯罪偵防能力時應有的座標。首先,就如何防止偵查機關不當或違法實施偵查處分之觀點而言,目前《刑事訴訟法》除羈押處分外,偵查中之拘提、逮捕、搜索及扣押等強制處分之決定仍由檢察官為之,在性質上,檢察官雖具有司法官之色彩,但檢察官畢竟負有偵查犯罪之職責,其本質與司法警察機關相同,是屬於偵查機關殆無疑義。偵查機關本身若具有決定強制處分得否實施之權限,則實施強制處分時,將難免會流於偏見及擅斷。另一方面,制度上檢察官雖負有客觀義務,偵查中對於被告有利、不利事項均需一律注意,但實際上,由於角色扮演之衝突,要求一個以偵查犯罪為職責之檢察官,同時亦要負起保障被告權益之責任,其期待可能性顯然偏低。況且,檢察官若繼續擁有強制處分之決定權,不僅與當事人主義反映於偵查程序,強調武器對等之精神不符,大小案件亦必須接受司法警察機關之聲請或移送而進行處理之勞費,致無法善盡到庭實行公訴,反而承受更大之壓力。從而,基於《憲法》第八條正當法律程序之精神,防止權限濫用,從比較法觀點,偵查中強制處分之決定應透過法院之司法審查為

之。而由於檢察官仍有聲請權、執行權，故不會造成偵查之障礙，反而有助於提昇偵查品質。

第四款　儘速制定檢察官法

檢察官行使檢察事務之權限為檢察權，在台灣地區檢察官代表國家，負追訴犯罪之責，其職權內容除偵查犯罪、提起公訴外，尚須出庭實行公訴、協助自訴、擔當自訴、審核法院裁判是否適當合法，對錯誤之裁判予以救濟，使法律得以正確適用，必至執行完畢，方使完成責任。是以在現行刑事訴訟體制下，檢察官雖為公訴案件之原告，但與自訴人不同，其實施偵查提起公訴之目的，並非在於求得犯罪之補償，或對犯罪人施以報復，而係在維持社會之秩序與刑事司法正義之實現，故檢察官在具體刑事審判過程中，雖居於原告地位，實際上則帶有「公益代表人」色彩，也因其代表國家行使偵查權，本質上係為維護國家統治權而存在，故法律授與檢察官前述許多自訴人所不能擁有之權限，使成為一擁有龐大人力、物力或設備之強權機關。

然而檢察官之任務究與法院不同，法官之職責在於維持法秩序，而檢察官之任務則在維護社會秩序，是故，法院以法之安定性為指導原則，檢察機關則以配合國家政策，打擊犯罪，合於目的性為優先考量[⑫]，為此，大多數民主國家如法國之檢察機關，隸屬於行政權系統，但與其他行政機關隔絕，其檢察官亦與政府各部門保持獨立，並擁有與司法警察官相同之權限，而被視為「近於司法官之行政權官員」[⑬]，惟也因其身為行政權官員，因而在具體案件中，產生階級服從、檢察一體性，使檢察官必須聽從行政權安排，甚而免職、轉任亦決定於行政長官意思之現象。在德國將檢察官視為司法官之想法相當強烈，不過，通說仍認為檢察官固非單純行使行政權之官員，亦非行使審判權之官員，而係居於兩者間之獨立司法機關，為「行政與審判權之調停者」，對此，誠如其刑事訴訟法學者格倫(Eduard Kern)教授所謂的：「檢察官並非屬於與被告相對立之一方當事人地位；其處理案件應站在公正且客觀立場，而係為世界上最有客觀立場之官員」[⑭]，亦將檢察官界定為非屬純粹之行政官署，而係司法官署，在執行職務時，檢察官並不「行政」，而是奮力於判決之途，與法院分工合作，也擁有司法官之性質；不過在檢察機關內部組織上，個別檢察官不具有如法官之獨立性，需服從上級長官之職務指示，且上

級法院之檢察首長對所屬檢察官，更有職務移轉及職務接管等權限。在台灣地區，檢察官之地位，與德國相近，民國六十九年《法院組織法》修改，雖將檢察機關歸屬於行政權之法務部，但傳統上在考訓合一、審檢得互調下，將檢察官視為司法官之觀念確大有人在。對於檢察官職權之行使，除有管轄區域劃分外，在「檢察一體」原則下，檢察官須服從監督長官之命令，而且檢察首長對受其監督之檢察官擁有「填補之權能」，即檢察長官得親自處理所屬檢察官之檢察事務與行政事務，此為「職務收取權」，並得將所屬檢察官之檢察事務與行政事務移轉於所屬其他檢察官處理，此為「職務移轉權」，由上述構造，而使檢察官與一般行政官類似，在檢察體系中形成上下服從關係。

如前所述，檢察官所代表者為國家統治權力量，而國家刑事政策制定與執行成敗，是由統治者直接對人民而非由檢察官負成敗之責。檢察一體之設計，乃具有維護統治者權責相符之政治責任功能與目的，並含有節制檢察官可能濫用偵查手段致侵害人權之考量，因此檢察一體制度本身並無不妥，且為目前各國仍普遍存在之制度。當然檢察一體實際運作結果，可能存在若干問題，例如當統治者本身成為偵查目標時，或統治者本於不正原因而不發動偵查權時，或因政治原因而濫用檢察一體等，其結果可能會如美國Morris Ploscowe教授所言：「凡能控制檢察官者，他必能控制刑事司法之執行，使刑事司法之營運，為符合自己利益之運作」，或者如Sheldon Glueck教授所稱：「敗德企業家與暴力團體的流氓，運用其社會影響力而享有免於被追訴的特權」⑨，使刑事司法正義為符合自己利益而運作。

由於對檢察官之屬性不明，藉檢察一體實際干涉具體案件時有所聞，加以正在審議中之法官法將檢察官完全排除，致引發民國八十七年五月間風起雲湧之檢察機構改革風潮，甫成立之檢察官改革協會，主張人事制度公開民主化、檢察一體制度透明化及檢察首長評鑑制度，吾人均樂觀其成，至其主張檢察官應具有司法官之屬性，進而法官法應準用於檢察官，本書則認為值得商榷。關於前者，即檢察官是否應具有司法官之屬性，根據前開法、德立法例，以及我國《刑事訴訟法》第二十六條第一項將法官迴避之規定，準用於檢察官；第七十七條第三項、第八十五條第三項使檢察官擁有與法官相同之強制處分權等規定，均使檢察官之司法官色彩相當濃厚；且自目的性及功能

性角度觀察，我國檢察官扮演代表國家及社會公益者角色，行使國家所賦予之重要職權，不以追求被告有罪判決為目的，而是幫助並監督法院形成合乎真實及正義之判決，此種性格已遠超乎一般行政官員之性質，而為獨立自主之監督審判權正確行使之角色，若稱之為與審判權共同一體之司法權表現，實無不可，與英美法系國家之檢察官原則上是公訴官之角色完全不同，更非單純行政官所可比擬⑯。反之，如檢察機關非司法機關，檢察官被視為行政官，須服從行政部門一切合法命令，則一切須獨立行使之司法權皆無由行使，顯非制憲者或立法者之原意。而最近司法院大法官釋字第三九二號解釋，更明白表示「代表國家從事偵查、追訴、執行之檢察機關，其行使職權目的，既亦在於達成刑事司法之任務，則在此一範圍內之國家作用，當屬廣義司法權之一」、「憲法第八條第一項所規定之司法機關，自非僅指同法第七十七條所規定之司法機關而言，而係包括檢察機關在內之廣義司法機關」，故檢察官定位為司法官及社會公益之代表人，應無疑義⑰。國內學者陳志龍教授亦認為：「為人民權利之保障，關於刑事司法機關之認定，寧願採取多數的刑事司法機關，而不應該採取法官為唯一的司法機關；否則在法治史上就不必另外再設檢察官體制，也不必再作審檢的分隸。」⑱惟因檢察官之職權、任務與法官均不相同，在現行體制上又隸屬於行政機關。受檢察一體原則支配，難認有檢察獨立之概念存在，自不宜列入法官法中，為符合現行憲政精義，似宜仿照大陸法制，將法官法與檢察官法分別立法，考訓分離，始能切合需要，完善刑事司法運作程序。

第五款　建立檢察一體原則之制度化及透明化

依據現行《法院組織法》第六十三條、六十四條之規定，檢察官須受所屬或上級檢察長之指揮監督，檢察總長或檢察長必要時，可親自處理其所指揮監督之檢察官事務（職務承繼權），並可將該事務移轉於其所指揮監督之其他檢察官處理（職務移轉權），以避免產生檢察官濫權之弊端。但過去多年來，實務上對「檢察一體」之運作，偶會出現問題，不時引起檢察體系內部之爭執及外界之疑慮，其結果不但減損檢察機關整體之偵查能力及公信力，更無法有效落實內部之監督。為使「檢察一體」健全運作，以達成有效指揮監督，充分發揮檢察功能、避免不當干涉；及維護檢察官辦案之獨立性，有必要將檢

察一體原則予以制度化、透明化並釐清檢察官協同辦案之內涵及建立檢察事務分配之原則,一方面使檢察官辦案在法律之基礎上更具自主性及獨立性;另一方面也可使檢察長之指揮監督更明確化、透明化。至其具體作法,可於《檢察官法》中明定檢察(總)長行使指揮監督權、職務收取權或移轉權之實體、程序要件及檢察官之異議程序。檢察(總)長之具體指揮監督權之行使,應以書面附具理由為之。檢察(總)長之職務收取權或移轉權之行使,僅得於下列情形之一始得行使:(一)為統一法律之適用或追訴之標準而有必要時;(二)有事實足認該檢察官執行職務違背法令或顯有不當者;(三)有事實足認該檢察官無法勝任其所處理之事務,而移轉與其他檢察官處理或親自處理,有利於該事務之進行時;(四)檢察官有應迴避之事由而不迴避,或受迴避之聲請為有理由時;(五)因案件之性質,有移轉給專業檢察官處理之必要時;(六)檢察官聲明異議後,主動請求移轉時。且檢察(總)長行使職務收取權或移轉權時,亦應以書面附具理由為之;檢察官對於上級之指示或核定有疑義,得以書面陳述意見,如檢察(總)長維持或更正原指示或核定,仍應以書面為之,檢察官應即接受,但得向最高檢察署人事審議委員會依法提出異議,最高檢察署人事審議委員會如認為該異議成立,則檢察長應受拘束而更正原指示、核定或命令。

第六款 加強運用檢察官發回補查證據制度

為妥適運用民國八十六年十二月間新修正之《刑事訴訟法》第二百三十一條之一有關檢察官發回卷證命司法警察補查證據之規定,以提昇司法警察機關之辦案品質,並減輕檢察官之偵查負荷,台灣高等法院檢察署已訂定「檢察官發回(交)卷證命司法警察(官)補查證據應行注意要點」報請法務部於八十七年四月二十九日核定後,通令所屬各地檢署遵行。其要點如下:

一、為妥適運用《刑事訴訟法》第二百三十一條之一有關檢察官發回或發交卷證命司法警察補足調查之規定,特訂定本要點。

二、各地方法院檢察署就司法警察機關移送或報告之案件,於分案前得由檢察長或檢察長所指定之主任檢察官或檢察官就案件之調查或蒐證已否完備,先行審查。

三、審查人員審查結果,如認有發回或發交卷證補足證據或調查之必要

者，除人犯在押之案件外，應即以書面敘明應補足及調查之部分，並指定期間，將原卷之全部或一部發回或發交司法警察依限辦理。該發回或發交之案件經司法警察補足或調查後重行移送或報告時，於經原審查人員審核，認其已補足或調查已完備者，再行分案辦理。

四、人犯隨案移送經命具保、責付、限制住居之案件，依第三點規定發回或發交補足調查之期間，最長不得逾二月，並以一次為限。

五、司法警察機關移送或報告之案件，經審查後已經分案者，承辦檢察官如認有必要，仍得將卷證之全部或一部發回或發交司法警察(官)補足或調查，但不得暫行報結，仍依原偵查案號列管。

六、發回或發交司法警察(官)補足或調查者，應指明調查不足部分，一次命補足，並注意稽催，以免案件延宕。

七、各地方法院檢察署應定期將司法警察(官)辦理檢察官發回、發交補足或調查案件之情形，提出於各地區檢警聯席會議，以作為檢討改進檢警偵查業務及司法警察機關績效考核之參考。

目前，各地方法院檢察署均已指定主任檢察官或檢察官負責審查司法警察機關移送之案件，且退回補查證據之公函副本均送警政署作績效考核，自民國八十七年五月一日至八十八年二月二十九日為止之統計數據，全國二十個地檢署經審核司法警察機關移送之案件退回補查證據者，計1,860件(含核退、核退續字)，警政署並已依據各檢察署函送之副本所載各項退回補查之事由，予以統計分析，作成「各警察機關偵辦刑案應注意改進事項」，函送各警察機關作為改進辦案之參考，此對於警方辦案品質之提昇極有助益。

第七款　提昇檢警科學辦案能力

第一線之檢、警、調人員是否具備充分之科學辦案能力與配備，能否於辦案之初即充分以科學精神及科學方法蒐集並保全證據，將係刑事訴訟能否發現真實之重要關鍵，故應全面檢討並提昇檢、警、調單位科學辦案能力，加強檢、警、調人員科學辦案之在職訓練，並充實科學辦案所必要之相關研究與配備。其具體作法建議如下：

一、於行政院下設法醫中心，亦即將現行法務部法醫研究所層級提昇至直屬行政院，以有效延攬法醫人才，強化法醫訓練，檢討法醫待遇並健全法

醫工作環境。

　　二、於行政院下設鑑識中心，工作人員可分為研究人員及技術人員兩類。研究人員之任用、待遇比照學術研究機構人員或大學教師，區分為研究員、副研究員、助理研究員、研究助理，技術人員則應經國家考試及格，依文官任用制度區分職等。另地方級鑑識單位分設於各警察局，但應獨立於偵查單位之外，其待遇、升遷亦自成一系。

　　三、定期舉辦檢、警、調人員科學辦案能力之在職訓練。

　　四、充實科學辦案所必要之相關配備。

第二項　大陸地區偵查程序之完善

第一款　落實刑事偵查之法律監督

　　偵查監督是指人民檢察院對於公安機關之偵查活動是否合法所實行之監督，為人民檢察院之一項重要職權，其內容包括審查批捕、審查起訴及對偵查活動之全程監督。從本質上論，國家權力之行使符合人民之意志和利益，但國家工作人員具體行使權力時，由於受主客觀因素之影響，也可能濫用權力和不正當行使權力，故在大陸地區，權力制約是社會主義政治制度之應有涵義。在刑事訴訟中，偵查人員之素質，傳統司法文化觀念和有罪證明、控制犯罪之心理趨勢，是導致大陸偵查權力不當使用之重要原因。防止和糾正權力不當使用現象，不能單純依靠偵查機關之自我約束，必須加強外在偵查控制，首先應擴大偵查控制範圍，對直接關係到公民人身自由和其他權利之重大強制措施，包括搜查、扣押、電子監控等，除緊急情況外均應交檢察機關審查批准，偵查機關不得自行決定之，如此，檢察機關才能真正介入偵查過程，監督偵查權力之正確行使。其次，加強偵查控制之嚴格化，一方面應規定採取重大偵查手段之適當標準，改變過去多數訴訟手段無適用標準之狀況，要求偵查手段之目的性應明確，且採取手段後能確實發現證據，查獲罪犯，使發生一定法律效果；同時偵查活動，應注意不能造成其他法益更大之損害等情事。再者，人民檢察院在全面落實刑事偵查監督時，務須嚴格偵查手段之適用程序，重大案件之偵查手段採取事前報批原則，只有緊急情況下始允許事後報批。無論事前或事後報批，偵查機關申請時必須提出可信之理

由，證明採取措施之必要性，檢察機關應予嚴格審查。在具體實施時，偵查人員應在檢察機關許可之範圍內開展活動，除特殊情況，不得隨意擴大適用範圍，檢察機關有權派人直接臨場監督[59]。由於全面加強人民檢察院對公安機關之偵查監督，在現階段中共之法制建設是相當重要的，我們期盼大陸地區之檢查部門能積極落實。

第二款　強化檢察機關上下級領導

加強檢察機關上下級間領導，對於保證檢察系統之整體性，和維護社會主義法制之統一性有重要作用。從實踐來看，檢察機關上下級間領導，由於立法、制度方面原因，仍顯不足。本書認為應採取以下作法予以加強：首先，在立法上為保障檢察機關上下級領導關係的實現，應從程序上作出規定，現行《人民檢察院組織法》尚無明文，因而在執行中就出現一些混亂情況。從上級來看，有領導不力及不敢領導問題，例如上級對下級的指示有時只提參考意見，不敢理直氣壯地實施領導；以下級來說，有時對上級的決定也有不予理睬情況。今後可在《人民檢察院組織法》中增訂「下級人民檢察院服從上級人民檢察院的決定，地方各級人民檢察院和專門人民檢察院服從最高人民檢察院的決定」；「上級人民檢察院可以向下級人民檢察院交辦案件，對下級人民檢察院的請示作出指示，對其在行使檢察權中作出的各項決定予以支持、撤銷或變更。」從立法上根本保障檢察機關上下級領導關係的實現[60]。其次，在制度上要逐步改變由地方黨委和政府管理檢察機關人事、經費狀況，如在幹部管理方面，可將現行的地方黨委管理，改為檢察機關管理為主，逐步過渡到由檢察系統自行管理；在經費開支方面，應在中央和地方財政預算中單列，且按國家經濟的發展狀況和檢察機關的需要，每年有一定的比例，列入國家和地方預算，並給最高人民檢察院掌握一定數量的經費以機動使用；在物質方面，為加快檢察機關現代化建設，應按編制配備各種車輛、偵查技術設備、辦公設備及場所等，以建立全國檢察系統的長途電信網。只有上級檢察機關對下級檢察機關的人、財、物方面有決定和指揮的權力，才能使檢察機關上下級之間的領導關係建立在堅實的基礎上，發揮偵查功能[61]。

第三款　提昇公安機關之偵查水平

中共自取得政權後，即以馬列主義之「階級鬥爭論」、「暴力革命論」、「無產階級專政論」為其政府之指針，創建所謂的「人民法治」，在刑事訴訟程序上，由公、檢、法三者一系列之職責與內部制約，用以與被告及辯護人的權利義務相對立，並依循分工合作、相互制約原則，以達到刑事訴訟保證《刑法》正確實施懲罰犯罪、保護人民安全與合法權益之目的。惟此與一般民主國家基於司法體制所設計的刑事訴訟制度中關於法院、檢察機關的角色大異其趣，尤以公安制度，採取中央集權，賦予公安警察對刑事案件之偵查、拘留、預審等權限，惟其本質上仍兼具暴力性、工具性、特務性、隱密性等特質，致使中共公安人員之職權高漲，在執法過程中造成濫權行事、敗壞風紀、侵犯人權等情事，而為人民所詬病，或許此乃中共立於社會主義背景下，其刑事訴訟所發展出的特殊現象。面對新修正之《刑事訴訟法》，公安機關執行人員應更新執法觀念，尊重犯罪嫌疑人之人權；樹立新型證據觀念，務須以合法手段，運用現代科學方法辦案，不得再有刑求、逼供、違法拘捕、搜索等情事。對於偵查程序，偵查部門應重視初查，將調查形式，轉變為偵查形式；而預審部門則應注意對被告或犯罪嫌疑人之訊問，及取保候審、監視住居之作用；同時應配合律師工作，確保律師提前介入，使公安工作更為公開化、制度化[82]。

第四款　加速檢察官法之全面踐履

面對二十一世紀，中國大陸正處於改革洪流中，經濟體制之變更方興未艾，政治組織體系之大幅裁撤，在西元1998年3月間亦已開始進行，而檢察制度之完善和檢察工作之開展，對於促進法治建設，影響甚鉅，然檢察制度需改革之事項甚多，其中1995年2月28日中共第八屆全國人民代表大會常務委員會通過之《檢察官法》，是中共建國以來第一部規範、管理檢察官之法律；該法之實施，是建設有中國特色社會主義檢察官制度的一個重要里程碑，也是大陸地區民主法制建設之一件大事。該法明確規定有關檢察官之職責、權利義務、任免、考核、培訓、獎懲、工資保險福利、辭職辭退等內容，對於科學地實行檢察官管理規範和約束檢察官行為，提高檢察官之素質及執法水平，保障檢察官依法履行職責，不受外界干擾，維護國家之統一正確實施，

有著極其重要之意義，將來如能確實落實，將產生二大效果：（一）有利於提高執法效能：《檢察官法》之制定，建立了適合檢察機關特點之管理制度，有助於調整檢察官隊伍之結構，提高檢察官之政治與業務素質，強化執法效能，以適應社會主義民主法制和社會主義市場經濟體制建設之需要。（二）有助於加強廉政建治：蓋廉政建設之核心是提高人員素質，加強建設，《檢察官法》正是從這二方面為廉政建設提供保障機制。如通過規定擔任檢察官之條件，舉行考試、培訓等嚴格管理措施，提升檢察官素質，通過義務權利、迴避、獎懲等制度，保證和促進檢察官依法履行職責，公正廉明執行職務。（三）有利於檢察官管理之科學化、法制化：《檢察官法》對檢察官管理之各個環節進行較為完整規定，形成了一套較為週延之管理體制，此種立法無疑為檢察官管理有法可依，逐步走上科學化、法制化之軌道，提供了法律依據[63]。

第五款　積極保障公民之合法權益

偵查是整個刑事訴訟中之第一道程序，是刑事訴訟之開始。在偵查程序中，享有偵查權之機關和人員擔負著收集、審查證據，揭露犯罪事實，為起訴和審判作準備之任務，故偵查程序之犯罪控制功能一直受到法學家們之重視。長期以來，偵查程序以不公開為原則，犯罪嫌疑人在偵查程序中被視為消極之訴訟主體，所享有之訴訟權利較為有限。但是，隨著刑事訴訟制度之發展，加強偵查程序中之人權保障，日益受到各國學者重視，提高犯罪嫌疑人在偵查程序中之地位，已成為一種世界性趨勢，依大陸新修正之《刑事訴訟法》第九十六條規定：「犯罪嫌疑人在被偵查機關第一次訊問後或者採取強制措施之日起，可以聘請律師為其提供法律諮詢、代理申訴、控告。犯罪嫌疑人被逮捕的，聘請的律師可以為其申請取保候審」。該規定之意義主要有二：其一，通過律師之工作，可以及時發現錯誤之拘捕，並促使偵查機關及時糾正錯誤，保證無罪之人不受刑事追究。其二，可以監督偵查機關依法執行，有助於減少刑訊逼供等違法行為之發生[64]。為切實保障這一權利之實現，應當在法律上明確規定偵查機關之告知義務，偵查機關尤其公安人員在面對律師提前介入偵查程序時，應尊重和切實保障其依法所享有之訴訟權利，不得任意妨礙；且偵查機關在處理與律師之業務往來，一切應以刑事訴訟法確定之訴訟權利為準則，妥適處理偵查工作。而律師在提前介入偵查活動中，

亦須以法定三項權能為範圍，即(一)有權向偵查機關了解犯罪嫌疑人涉嫌之罪名，(二)可以會見在押之犯罪嫌疑人，(三)向犯罪嫌疑人了解有關案件情況，以期共同保障公民權益，維護刑事訴訟程序之公正。

註釋：

① 黃東熊，《刑事訴訟法論》，(台北：三民書局，民國84年2月)，頁133~136。
② 蔡墩銘，《刑事訴訟法論》，(台北：五南圖書出版公司，民國82年6月)，頁283~284。
③ 吳磊主編，《中國司法制度》，(北京：中國人民大學出版社，1997年5月)，頁185~188。
④ 魯明健主編，《中國司法制度教程》，(北京：中國法院出版社，1991年6月)，頁187~188。
⑤ 小野清一郎，〈刑事訴訟法の基礎理論〉，《刑事法講座》第五卷，(日本：刑事法學會，1982年)，頁906。
⑥ 王建今，〈三十六年來之檢察業務〉，《軍法專刊》，第32卷第11期，(台北：軍法專刊社，民國75年11月)，頁9。
⑦ 魯明健主編，《中國司法制度教程》，(北京：中國政法大學出版社，1996年3月)，頁177~180。
⑧ 王傳道主編，《刑事偵查學》，(北京：中國政法大學出版社，1996年10月)，頁18~19。
⑨ 吳磊主編，《中國司法制度》，前揭書，頁191。
⑩ 褚劍鴻，《刑事訴訟法論(上冊)》，(台北：台灣商務印書館，民國82年2月)，頁292~293。
⑪ 王樹鳴主編，《認識大陸司法環境》，(台北：永然文化出版股份有限公司，民國84年2月)，頁9~10。
⑫ 呂丁旺，《法院組織法》，(台北：月旦出版社，民國83年10月)，頁68~69。
⑬ 江平等編，《中國司法大辭典》，(長春：吉林人民出版社，1991年2月)，頁25~27。
⑭ 吳磊，《中國司法制度》，前揭書，頁230~231。
⑮ 王然翼，《中國司法制度》，前揭書，頁200~201。
⑯ 楊建華、陳月端，〈海峽兩岸司法制度比較與分析〉，《華岡社科學報》第十二期，(台北：中國文化大學法學院，民國86年8月)，頁22。
⑰ 曾有田，〈台灣檢察體系與制度之研究〉，《華岡法粹》第24期，(台北：中國文化大學法學院，民國85年10月)，頁270。

⑱ 參見《刑事訴訟法》第四百六十五條至第四百六十七條。

⑲ 張文政，《海峽兩岸檢察制度比較研究》，(台北：士林地方法院檢察署，民國82年7月)，頁40~43。

⑳ 喬偉主編，《新編法學詞典》，(山東：山東人民出版社，1985年12月)，頁894~896。

㉑ 楊開煌、魏艾，《中國大陸研究概論》，(台北：國立空中大學，民國84年6月)，頁106~107。

㉒ 王泰銓，《當前兩岸法律問題分析》，(台北：五南圖書出版公司，民國84年6月)，頁53~54。

㉓ 大陸地區之逮捕，係依法限制人犯人身自由並予以羈押之強制方法，其目的在於防止人犯逃逸、湮滅證據及繼續犯罪，對於主要犯罪事實已經查清，可能判處徒刑以上刑罰之人犯，採取取保候審、監視居住等方法，尚不足以防止發生社會危險性，而有逮捕必要者，即應依法逮捕。逮捕人犯應填具「逮捕人犯審批表」，經檢察長或檢察委員會決定，通知公安機關制作「逮捕證」執行，必要時人民檢察院得派員協助，同時報上級人民檢察院備案。

㉔ 袁紅兵、孫曉寧，《中國司法制度》，(北京：北京大學出版社，1988年12月)，頁84~85。

㉕ 李士英主編，《當代中國的檢察制度》，(北京：中國社會科學出版社，1988年12月)，頁483~484。

㉖ 海棠小組主編，《大陸司法制度》，(台北：博遠出版有限公司，民國80年11月)，頁69~70。

㉗ 楊建華等，《香港、澳門、大陸地區司法制度考察報告》，(台北：司法院行政廳，民國83年8月)，頁24。

㉘ 王樹鳴主編，《認識大陸司法環境》，(台北：永然文化出版社，民國84年2月)，頁39。

㉙ 魯明健主編，《中國司法制度教程》，前揭書，頁153~154。

㉚ 蔡庭榕，〈中共人民警察任務與職權之探討〉，《警政學報》，第8期，(桃園：中央警官學校，民國74年12月)，頁166~167。

㉛ 陳立中，《警察行政法》，(台北：中國文化大學城區部市政學系出版，民國73年6月)，頁355~357。

㉜ 鄭正忠，〈海峽兩岸司法制度之比較研究〉，《空大行政學報》第7期，(台北：國立空中大學公共行政系，民國86年5月)，頁123~124。

㉝ 楊錫銘，《中共公安工作研究-中共人民武裝警察部隊解析》，(台北：國立政治大學東亞研究所碩士論文，民國82年6月)，頁11~14。

㉞ 梁恒昌，《刑法總論》，(台北：作者自行出版，民國75年1月)，頁204～205。

㉟ 王傳道主編，《刑事偵查學》，前揭書，頁56～57。

㊱ 楊建華等著，《香港、澳門、大陸地區司法制度考察報告》，前揭書，頁127～

128。

㊲ 張文政，《海峽兩岸檢察制度之比較研究》，（台北：士林法院檢察署，民國82年7月），頁24。

㊳ 胡康生，《中華人民共和國刑事訴訟法釋義》，（北京：法律出版社，1997年10月），頁112～115。

㊴ 吳磊，《中國司法制度》，前揭書，頁209。

㊵ 趙秉志、王新清、甄貞，《刑事訴訟法》，（台北：月旦出版公司，民國82年12月），頁155～156。

㊶ 周道鸞、張泗漢主編，《刑事訴訟法的修改與適用》，（北京：人民法院出版社，1996年6月），頁45。

㊷ 魯明健、熊先覺、張慫編，《中國司法制度教程》，（北京：人民法院出版社，1991年8月），頁157。

㊸ 林山田主持，《大陸地區刑事程序法規之研究》，（台北：行政院大陸委員會，民國82年7月），頁51～54。

㊹ 楊建華等著，《香港、澳門、大陸地區司法制度考察報告》，前揭書，頁129～130。

㊺ 鄭正忠，〈海峽兩岸檢察制度之比較評析與改革建議〉，《刑事法雜誌》，第43卷第1期，（台北：刑事法雜誌社，民國88年2月），頁19～24。

㊻ 如近年台灣地區在86年4月間所發生之知名藝人白冰冰女兒白曉燕被撕票案件，以及85年9月間所發生之桃園縣長劉邦友官邸血案等，均由檢察官直接指揮刑事警察局偵辦。

㊼ 范清銘，〈立案審查制度之研究－以現行刑事訴訟法架構下為前提〉，《法務通訊》，第1690期，（台北：法務部，民國83年9月1日），第3版。

㊽ 程榮斌主編，《中國刑事訴訟法教程》，（北京：中國人民大學出版社，1997年11月），頁421～425。

㊾ 謝瑞智主編，《警政改革建議書》，（桃園：中央警察大學，民國88年1月），頁2。

㊿ 法務部，《檢察改革白皮書》，（台北：法務部檢察司，民國88年3月），頁71～73。

○51 謝瑞智主編，《警政改革建議書》，前揭書，頁2～4。

○52 黃東熊：《刑事訴訟法論》，前揭書，頁98～101。

○53 朱朝亮，〈從檢察官之地位論刑事追訴權之行使〉，載於《法務研究選輯》，（台北：法務通訊雜誌社，民國78年6月），頁744～746。

○54 黃東熊，〈各國檢察官地位之比較〉，《中興法學》，第21期，（台北：中興大學法律系，民國74年3月），頁97。

○55 轉引自出射義夫，〈二元主義檢察〉，載於《檢察、裁判、辯護》，（日本：有斐閣株式會社，1973年），頁134～148；及朱朝亮，〈從檢察官之地位論刑事追訴

權之行使〉，前揭文，頁733。

㊋ 法務部檢察司，〈法務部對於檢察機關是司法機關，及檢察官得行使羈押等強制處分權釋憲聲請案之基本立場〉，《律師通訊》，85年第1期，（台北：台北律師公會，民國85年1月15日），頁16～19。

㊌ 日本《檢察廳法》第四條亦明定檢察官係基於公益代表之角色而行使此等職權，條文內容為「檢察官對於刑事行使訴訟，請求裁判所為法之正當適用，且監督裁判之執行，又對於裁判權限之其他事項，於職務上認為必要時，得向裁判所請求通知或向之陳述意見，並為公益之代表者而行使其他法令所定屬其權限之事務」，較諸我《法院組織法》第六十條之規定，更為明確完備。

㊍ 陳志龍，〈兩岸檢察官的地位與走向〉，《律師雜誌》，第226期，（台北：台北律師公會，民國87年7月15），頁27。

㊎ 蔡杰，〈關於偵查監督的幾個問題〉，《訴訟法學、司法制度》，1998年第2期，（北京：中國人民大學，1998年3月），頁53～57。

㊏ 張雪姐，〈論中國檢察制度的特色〉，載於《訴訟法理論與實踐》，（北京：中國政法大學出版社，1997年10月），頁38～39。

㊐ 王然冀主編，《當代中國檢察學》，（北京：法律出版社，1989年12月），頁176～180。

㊑ 馬鵬飛，〈挑戰與轉型：對刑事訴訟法修改後公安工作的思考〉，載於《訴訟法理論與實踐》，（北京：中國政法大學出版社，1997年10月），頁343～344。

㊒ 梁國慶主編，《中華人民共和國檢察官法實用問題解析》，（北京：中國計劃出版社，1995年7月），，頁14～16。

㊓ 熊秋紅，〈偵查程序的辯護制度之探討〉，載於《訴訟法理論與實踐》，（北京：中國政法大學出版社，1997年10月），頁170～173。

第十四章　兩岸之刑事審判制度

第一節　刑事審判之意義

　　審判制度，是關於國家審判機關性質、組織結構、職能和審判程序等制度之總稱。審判程序不僅是一國法律制度整體重要組成要素，同時也是國家司法制度之主要內容。從宏觀立場來看，審判制度與行政、立法制度共同構成國家體制完整內容，是國家行政、立法、司法權能在不同制度下之反映。在三權分立國家或五權分立之臺灣地區，司法與審判常為同一概念，司法審判權統一由法院行使，狹義之司法制度即指審判制度。在社會主義之大陸地區，實行統一而不可分割之國家權力機關領導體系，由人民政府和司法機關分別掌握行政權和司法權，與三權分立國家固有區別，其司法機關亦非專指法院，但人民法院作為國家審判機關之性質，則仍與各國由法院代表國家統一行使審判權之概念，並無差異①，如其《憲法》第一百二十三條所規定「中華人民共和國人民法院是國家的審判機關」，是以儘管在不同意識形態下，有不同政治結構體系差異存在，但審判權完全交由法院代表國家行使，卻是相同的。

　　所謂審判，乃國家審判機關運用法律，審理和裁判訴訟案件之活動總稱；所以審判主體是法院，其他任何國家機關或社會團體都無權進行審判，非由法院依法定程序所為之審判，乃為悖離法治之現象。審判對象為訴訟案件，即依法由當事人向法院提出之訴訟案件；審判之程序包括審理與裁判兩項，審理是審查案情、發現事實真相；裁判是根據事實，依照法律作出判決或裁定；法院在裁判時不僅要參照實體法，還要符合程序法規定，對於確定之判決和裁定，國家不應任意變更，並以強制力保證其執行，以使發生裁判之羈束力、確定力和執行力②。

　　國內刑事訴訟學者陳樸生教授，將刑事審判區分為廣狹二義，狹義審判，專指在審判期日所為之審理、辯論及宣示判決之程序，凡於審判期日，法院集合訴訟當事人及關係人，開審判庭實施之各項程序，如訊問被告、調查證據與辯護人之辯論及法院對案件所為裁判之宣示等；廣義審判，除前述

狹義審判程序外，並兼指法院開庭前所為之一切審判準備程序，諸如指定審判期日、期日前訊問被告及蒐集或調查證據等③。本書採廣義審判之定義，經綜合歸納，所謂刑事審判，乃對於原告起訴(或自訴)之被告，及犯罪事實，由法院認定刑罰權之有無及其範圍所實施之訴訟程序。分析言之，審判者，為法院所實施之訴訟程序，警察、檢察機關所實施之偵查、檢察程序，不得謂為審判；其次，本於不告不理原則，法院之審判，僅限於原告起訴之被告及犯罪事實，法院不得就未經告訴或起訴之人加以判決；再者，審判者以判斷刑罰權之有無及其範圍為鵠的，法院應就已符合刑事程序要件之被告，為有罪、無罪或應如何科刑之判決，以維護社會秩序，確保個人權益。

第二節　刑事審判之法院組織與迴避制度

第一項　刑事審判之組織

在刑事審判中，審判組織是指代表法院對刑事案件行使審判權，進行審理和裁判之組織形式，亦即國家賦予司法機關審判權，通過審判組織對刑事案件之具體審判活動，如此始能達成確定被告刑罰權有無存在之任務。對於海峽兩岸之刑事審判組織，說明如後：

台灣地區刑事審判組織，與民事審判相同，分為獨任制與合議制，在地方法院除重大刑案得合議外，以法官一人獨任審判；高等法院以法官三人組成合議庭，審判長有指揮訴訟進行，訊問當事人，指定辯護人及宣示裁判之權；最高法院通常則以五人合議審判案件。

大陸之刑事審判組織，為法院審判案件之內部機構。根據《人民法院組織法》與《刑事訴訟法》規定，審判組織有下列三種：獨任審判、合議庭、審判委員會。依《刑事訴訟法》第一百四十七條規定，基層人民法院、中級人民法院審判第一審案件，應當由審判員三人或者由審判員和人民陪審員共三人組成合議庭進行，但是基層人民法院適用簡易程序的案件可以由審判員一人獨任審判。高級人民法院、最高人民法院審判第一審案件，應當由審判員三人至七人或者由審判員和人民陪審員共三人至七人組成合議庭進行。人民法院審判上訴和抗訴案件，則由審判員三人至五人組成合議庭進行。故合議庭成員必為單數，在合議審判時，由院長或者庭長指定審判員一人擔任審判長，

院長或庭長參加案件時，自己擔任審判長。

合議庭進行評議時，如果意見分歧，依《刑事訴訟法》第一百四十八條規定，應當按多數人意見作出決定，但是少數人意見應當寫入筆錄，評議筆錄由合議庭組成人員簽名。在合議庭審理並且評議後，應當儘速作出判決，對於疑難、複雜、重大案件，合議庭認為難以作出決定的，由合議庭依同法第一百四十九條規定，提請院長決定提交審判委員會討論決定，審判委員會之決定，合議庭應當執行④。

第二項　迴避制度

公平之法院與司法權獨立，乃發揮司法功能之有效途徑，為實現公平之法院，在刑事審判中，乃設有法官迴避制度。台灣地區於《刑事訴訟法》第十七條、第十八條、第二十四條將迴避分為三種情形：

一、自行迴避：凡法官有下列八種情形，應自行迴避。

(一)法官為被害人者。

(二)法官現為或曾為被告或被害人之配偶、八親等內之血親、五親等內之姻親或家長、家屬者。

(三)法官與被告或被害人訂有婚約者。

(四)法官現為或曾為被告或被害人之法定代理人者。

(五)法官曾為被告之代理人、辯護人、輔佐人或曾為自訴人、附帶民事訴訟當事人之代理人、輔佐人者。

(六)法官曾為告訴人、告發人、證人或鑑定人者。

(七)法官曾執行檢察官或司法警察官之職務者。

(八)法官曾參與前審之裁判者。

二、聲請迴避：當事人遇有下列情形之一者，得聲請法官迴避。

(一)法官有前條情形而不自行迴避者。

(二)法官有前條以外情形，足認其執行職務有偏頗之虞者。

三、職權迴避：該管聲請迴避之法院或院長，如認法官有應自行迴避之原因者，應依職權為迴避之裁定。此項裁定，毋庸送達。

法官如有前述應自行迴避之原因者，無待於當事人聲請，及法院裁定，

即得自行停止職務,將案件簽請院長移交其他法官辦理。對於聲請迴避,應由當事人以書狀舉出原因,向法官所屬法院為之;但於審判期日,或受訊問時,得以言詞為之。法官迴避之聲請,依《刑事訴訟法》第二十一條規定,由該法官所屬之法院以合議裁定之,其因不足法定人數不能合議者,由院長裁定之;如並不能由院長裁定者,由直接上級法院裁定之。前項裁定,被聲請迴避之法官不得參與;被聲請迴避之法官,以該聲請為有理由者,毋庸裁定,即應迴避⑤。

根據大陸《刑事訴訟法》第二十八條和第二十九條規定,其迴避之方式亦分為兩種:

一、自行迴避:凡審判人員有下列情形時,應自行迴避。

(一)是本案的當事人或者是當事人的近親屬的。

(二)本人或者他的近親屬和本案有利害關係的。

(三)擔任過本案的證人、鑑定人、辯護人、訴訟代理人的。

(四)與本案當事人有其他關係,可能影響公正處理案件的。

二、申請迴避:

(一)當事人及其法定代理人,認為審判人員有前述法定原因時,亦可申請迴避。

(二)審判人員接受當事人、委託人之請客送禮,或違反規定會見當事人時,當事人及其法定人有權要求其迴避。

迴避之提出,無論是自行迴避或申請迴避,均可以口頭或書面提出,並說明理由。對於審判人員之迴避,應由院長決定;院長之迴避,由本院審判委員會決定⑥。當事人對駁回申請迴避之決定,得申請複議,但以一次為限(第三十條第三款)。

第三節　刑事審判之證據制度

第一項　證據種類

刑事審判以認定事實、適用法律、科處刑罰為其內容。而法律之適用,刑罰之科處,則以一定犯罪事實存在為前提,對於事實之認定與判斷,則有待相關資料之證明,此足以證明事實之資料,謂為證據。台灣《刑事訴訟法》

於第一編第十二章，設有證據專章，分為通則、人證，鑑定、通譯和勘驗，但證據種類並無限制規定，故證人證言、鑑定人之鑑定、被告之自白、共犯陳述、被害人陳述、物件狀態、文書內容等，均可作為證據種類。

大陸地區則認為「審判是運用證據之藝術」，故證據在其刑事審判中，占有重要地位，依其《刑事訴訟法》第四十二條第一款所列舉之證據有七種：(1).物證、書證，(2)證人證言，(3)被害人陳述，(4)犯罪嫌疑人、被告人供述和辯解，(5)鑑定結論，(6)勘驗、檢查筆錄，(7)視聽資料。其中物證、書證、鑑定結論、視聽資料其意義，均可參見本書第八章兩岸民事第一審訴訟制度之說明。其中應補充者，即證人證言，依同法第四十七條規定，必須在法庭上經過公訴人、被害人和被告、辯護人雙方訊問、質證，聽取各方證人的證言並經過查實後，才能作為定案根據，法庭查明證人有意作偽證或者隱匿罪證時，應當依《刑法》偽證或隱匿罪證處罰⑦。關於證人資格，除生理上、精神上或年幼者，不能辨別是非，無法正確表達之人外，凡知道案件情況之人，都有作證義務(第四十八條)。

第二項 舉證責任

刑事訴訟舉證責任應由何人承擔，在採當事人主義之英美法系國家，以訴訟之主張及舉證責任，由控告被告有罪之原告(如檢察官)承擔，法官僅就原告所主張之舉證加以判斷，在判斷過程對控告之證據產生懷疑或認為不充分時，控方如無法再提出新證據，即應宣告被告無罪，故被告通常沒有舉證責任。但在採職權主義之大陸法系國家，則證據之調查，本屬法院之職責，並不待於當事人之舉證，故法院應盡其職權蒐集證據，非調查途徑已窮，不得遽為事實之認定。台灣刑事訴訟採職權進行主義，本應由法院依職權而為證據之調查，不生當事人舉證責任問題，但在修法後，為求得裁判正確，並增強檢察官訴追責任，而斟酌當事人進行主義精神，於《刑事訴訟法》第一百六十一條規定，檢察官就被告犯罪事實有舉證責任。至被害人或被告為協助法院達成訴訟目的，雖有提出證據責任，但不得即認為負有舉證責任，渠縱未提出相當證據或於訊問時，拒絕陳述、保持緘默(第一百五十六條第三項)，法院不得遽為不利該當事人之判決，致令負舉證責任⑧。

　　大陸地區認為刑事訴訟並非以法院之審判為中心，而是將公、檢、法機關視為一體，都是代表國家揭露、證實、懲罰犯罪，故公、檢、法機關在刑事訴訟中分別行使偵查權、檢察權與審判權，僅為職責之分工，在不同階段自應分別承擔舉證責任。其《刑事訴訟法》第四十三條規定：「審判人員、檢察人員、偵查人員必須依照法定程序，收集能夠證實犯罪嫌疑人，被告人有罪或者無罪，犯罪情節輕重的各種證據」，在這種情況下，舉證責任在刑事審判階段，由法院承擔，而被告則始終無法取得與控方相對等之地位。在自訴程序，依同法第一百七十一條第一款第二項規定，對於缺乏罪證之自訴案件，如自訴人提不出補充證據，經人民法院調查又未能收集到必要證據，則應說服自訴人撤回自訴，或裁定駁回自訴，可見自訴人對於自訴案件有舉證責任；惟法庭審理過程中，審判人員對於證據有疑問時，仍得依法調查核實。至於被告，則不負有舉證責任，即被告不承擔證明自己有罪或無罪，犯罪情節輕重之責任。但在訴訟過程中、被告有權進行辯論，這裡所體現者為辯護權而非義務，法院不得因其未提出對自己有利之證據，而為有罪或重罪之判決[9]。

第三項　證據判斷

　　證據之判斷，有自由心證主義與法定證據主義之別，台灣地區採行自由心證主義，已如前述，是證據證明力之強弱，究否可採，由法官本於心證自由判定，但依《刑事訴訟法》第一百五十五條第二項規定，「無證據能力，未經合法調查，顯與事理有違，或與認定事實不符之證據，不得作為判斷之依據」；又同法第一百五十六條第一、二項規定，「被告之自白，非出於強暴、脅迫、利誘、詐欺、違法羈押或其他不正當之方法，且與事實相符者，得為證據。被告之自白，不得作為有罪判決之唯一證據，仍應調查其他必要之證據，以察其是否與事實相符」，均為對法官自由心證、取捨證據之限制。

　　大陸地區《刑事訴訟法》並未賦予法官可以自由判斷證據之權力，而是強調法官須實事求是，判斷證據。該證據是否有效力，取決於證據本身。而不能由法律事先規定(法定證據主義)，也不能由法官自由心證。多數學者也都反對自由心證，認為這不符合以事實為根據原則。有些學者將大陸證據之判斷

稱為客觀驗證制度，認為證據證明力在於它本身之真實性及與案件相關性，而證據真實性及與案件相關性只能通過其他證據及案件事實加以驗證。因此，大陸法律規定，任何證據必須經過查證屬實以後，才能作為定案根據⑩。

第四節　刑事第一審程序

第一項　公訴程序

　　台灣地區刑事案件之公訴程序，是從偵查開始，經檢察官偵查終結，提起公訴後，即進入第一審程序。檢察官提起公訴時，應檢送起訴書，載明被告之姓名、年籍、住居所或其他足資辨別之特徵，及犯罪事實證據、所犯法條等，以供法院斟酌。起訴之效力，依《刑事訴訟法》第二百六十八條規定，不及於檢察官所指被告以外之人，且檢察官就犯罪事實一部起訴者，效力及於全部；法院不得就未經起訴之犯罪加以審判，以合乎不告不理原則⑪。對於公訴之審判程序，本書分就審判之準備、審理之程序、審判之停止三方面說明。

一、審判之準備

　　法院於審判期日前，可先實施準備程序，以使審判順利進行，依《刑事訴訟法》規定，在第一次審判期日前，可先行訊問被告，並通知檢察官及被告、辯護人到場。在審判前法院也可以傳喚證人或鑑定人，調取有關證物；傳喚證人或鑑定人時，法院亦應通知當事人及辯護人到場。如果法院預料證人在開庭之日不能到場，可於開庭審判前，訊問該證人。法院認為必要，還可以在審判前進行有關搜索、扣押和勘驗活動。當事人或辯護人也有權在審判之前向法院提出證據，並有權要求法院在審判前傳喚證人、鑑定人，以調取有關證據(第二百七十四條至二百七十六條)。

二、審判之程序

　　法院開庭審判，依《刑事訴訟法》第二百七十二條規定，至遲應於七日前送達傳票，但對於《刑法》第六十一條規定之案件，則在五日前送達傳票即可。審判期日以朗讀案由為始(第二百八十五條)，並由審判長就被告之姓名、年籍查驗有無錯誤；接著由檢察官陳述起訴要旨，提出對被告犯罪事實之認定及指控其所犯罪名。對於檢察官所指控之被告犯罪事實，再由審判長逐一

訊問被告，並調查證據。調查證據完畢，即進入法院辯論階段，其次序先由檢察官，繼由被告，再由被告辯護人就事實和法律方面陳述辯護意見。辯論終結前，被告有最後陳述權。另外法院在辯論終結後，認為必要，依法得命再開言詞辯論(第二百八十五條至二百九十一條)。

三、審判之停止

審判開始前或開始後，因具有法定原因，而停止其程序為審判之停止，依《刑事訴訟法》規定，其情形有四：(一)被告因心神喪失或因疾病不能到庭，應於其回復或能到庭以前停止審判(第二百九十四條)。(二)犯罪是否成立以他罪為斷，而他罪已經起訴者，得於其判決確定前，停止本罪之審判(第二百九十五條)。(三)被告犯有他罪已經起訴應受重刑之判決，法院認為本罪科刑於應執行之刑無重大關係者，得於他罪判決確定前停止本罪之審判(第二百九十六條)。(四)犯罪是否成立或刑罰應否免除，以民事法律關係為斷，而民事已經起訴者，得於其程序終結前停止審判(第二百九十七條)。凡具有以上原因之一者，法院應即停止對被告之審判，但停止原因消失後，法院應續行進行審理，當事人亦得聲請法院繼續審判。

大陸刑事第一審公訴程序，係由立案、偵查、起訴，再進入審判程序。而審判乃人民法院行使國家所賦予之審判權，通過法庭審理方式來裁判案件。所謂法庭審判指法院以開庭方式，在公訴人、當事人以及其他訴訟參與人參加下，對案件進行實體審理，查核證據，認清事實，聽取各方對案件事實和定罪量刑意見，確定被告是否應負刑事責任，並作出裁判之活動。法庭審判程序可分為宣布開庭、法庭調查、法庭辯論等階段，分述如後。

一、宣布開庭

此為法庭審判之開始，依《刑事訴訟法》第一百五十四條規定，審判長宣布開庭後，應查明當事人是否到庭，並問清當事人姓名、年齡、職業、住址等身分情況；宣布案由及合議庭組成人員、書記員、公訴人、辯護人、鑑定人、翻譯人員名單；告知當事人有權對合議庭組成人員、書記員等申請迴避。如果當事人申請迴避，應按迴避有關規定作出處理；告知被告享有之訴訟權利，如有權根據事實和法律，進行無罪辯解；經審判長允許可以向證人、鑑定人發問；申請證人到庭、調取新證據、參加法庭辯論以及作最後陳

述；對於不公開審理的案件，審判長當庭宣布不公開審理之理由[12]。

二、法庭調查

法庭調查是指在公訴人、當事人和其他訴訟參與人參加下，當庭對案件事實和證據進行審查核實之訴訟活動。乃案件進入實體審理之重要階段，為法庭審判中心環節，法庭調查依刑事訴訟法規定，應按下列程序進行：

(一)審判長宣布開始法庭調查。

(二)公訴人宣讀起訴書。

(三)訊問被告：對被告之審問權屬合議庭人員，且審問時應以審判長為主；公訴人經審判長允許可以訊問被告，被害人、附帶民事訴訟原告以及辯護人，經審判長允許，也可以向被告發問(第一百五十五條)。

(四)詢問證人、鑑定人：審判人員可以詢問證人、鑑定人，以查核證言及鑑定之真實性，在證人作證時，審判人員應當告知他要如實地提供證言和有意作偽證或者隱匿罪證要負的法律責任。公訴人、當事人和辯護人、訴訟代理人經審判長許可，可以對證人、鑑定人發問。審判長認為發問內容與案件無關的時候，應當制止(第一百五十六條)。

(五)出示物證、宣讀證人證言、勘驗、檢查筆錄等文書證據資料(第一百五十七條)。

三、法庭辯論

法庭辯論是在法庭調查基礎上，控訴人與辯護人就被告行為是否構成犯罪，罪責輕重，以及如何適用刑罰等問題進行爭辯和反駁之訴訟活動。法庭辯論由合議庭審判長主持，辯論時，依序由公訴人、被害人發言，繼由被告陳述和辯解，辯護人進行辯護，並且可以互相辯論。法庭辯論中，如果發現新犯罪事實，須要進一步查清，審判長可以宣布暫停辯論，恢復法庭調查。如果雙方意見均已闡明，審判長可宣布辯論終結[13]。辯論終結後，被告有最後陳述權(第一百六十條)。

四、延期審理

在法庭審理過程中，遇有下列情形之一者，依《刑事訴訟法》第一百六十五條規定，法院可以延期審理：

(一)須要通知新的證人到庭，調取新的物證，重新鑑定或者勘驗的；

(二)檢察人員發現提起公訴的案件需要補充偵查，提出建議的；

(三)由於當事人申請迴避而不能進行審判的。

第二項　自訴程序

自訴者，乃犯罪之被害人，直接向法院請求確定被告刑罰權有無，及其範圍之程序。自訴之主體，稱為自訴人，台灣地區依《刑事訴訟法》第三百十九條規定，犯罪之被害人得提起自訴，但無行為能力或限制行為能力或死亡者，得由其法定代理人、直系血親或配偶為之。提起自訴，應向管轄法院提出自訴狀為之，自訴狀內應記載被告之姓名、年籍、住居所或其他足資辨別特徵，犯罪事實及證據，並按被告人數提出繕本；但自訴人不能提出自訴狀者，得以言詞提起，由書記官制作筆錄，如被告不到場者，應將筆錄送達被告[⑭]。

台灣《刑事訴訟法》，除採取國家追訴主義外，兼採私人訴追主義，凡犯罪被害人，不經檢察官偵查程序，得逕提起自訴，但仍受有下列限制：(一)對於直系尊親屬或配偶，不得提起自訴(第三百二十一條)。(二)告訴或請求乃論之罪，已不得為告訴或請求者，不得再行自訴(第三百二十二條)。(三)同一案件經檢察官終結偵查者，不得再行自訴。在偵查終結前檢察官知有自訴者，應即停止偵查，將案件移送法院。但遇有急迫情形，檢察官仍應為必要之處分(第三百二十三條)。在自訴之程序與裁判方面，依《刑事訴訟法》第三百四十三條規定，自訴程序，除本章有特別規定外，準用第二百四十六條、第二百四十九條及前章第二節、第三節關於公訴之規定。故在自訴案件審判中，自訴人可以從事與檢察官在公訴案件審判時相當之行為。又法院在審理自訴案件前，得通知檢察官；開庭審判時，檢察官可出庭陳述意見。對於某些在審判過程中自訴人未能到庭或未能正常陳述之案件，如法院認為必要，可通知檢察官擔當訴訟。此外，法院對某項自訴案件作出不受理判決或管轄錯誤判決後，檢察機關認為對該項案件應提起公訴的，即可開始進行偵查(第三百四十六條)。

大陸之刑事審判，亦兼採被害人追訴主義，而有自訴案件之規定[⑮]，根據《刑事訴訟法》第一百七十條規定，自訴案件包括下列三類案件：(一)告訴才

處理的案件。(二)被害人有證據證明的輕微刑事案件。(三)被害人有證據證明對被告人侵犯自己人身、財產權利的行為應當依法追究刑事責任，而公安機關或者人民檢察院不予追究被告人刑事責任的案件。自訴案件之提起，由被害人或其法定代理人具狀或以口頭向法院起訴。人民法院對於自訴案件進行審查後，認為犯罪事實清楚，有足夠證據之案件，應當開庭審判；認為缺乏罪證之自訴案件，如果自訴人提不出補充證據，應當說服自訴人撤回自訴，或者裁定駁回。如自訴人經兩次依法傳喚，無正當理由拒不出庭的，或者未經法庭許可中途退庭的，按撤訴處理。在法庭審理過程中，審判人員對證據有疑問，須要調查核實的，可以宣布休庭，對該證據進行勘驗、檢查、扣押、鑑定或查詢、凍結等程序(第一百七十一條)。此外，大陸之刑事自訴程序，還具有以下特點：(一)人民法院對自訴案件，可以進行調解。(二)自訴人在宣告判決前，可以同被告人自行和解或者撤回自訴(第一百七十二條)。(三)在訴訟過程中，被告可以提起反訴，其要件、程序，適用自訴之規定(第一百七十三條)。

第三項　刑事判決

台灣地區刑事判決根據處理結果不同，可分為下列五種：

一、有罪判決

被告犯罪已經證明者，依《刑事訴訟法》第二百九十九條第一項前段，應為科刑判決。但法律規定應免除其刑者，則諭知免刑判決，如依《刑法》第六十一條規定，為前項免刑判決前，並得斟酌情形經告訴人或自訴人同意，命被告為左列各款事項：(一)向被害人道歉。(二)立悔過書。(三)向被害人支付相當數額之慰撫金。

二、無罪判決

不能證明被告犯罪或其行為不罰者，依《刑事訴訟法》第三百零一條規定，應諭知無罪之判決。因未滿十四歲或心神喪失而其行為不罰，認為有諭知保安處分之必要者，並應諭知其處分及期間。

三、免訴判決

案件有下列情形之一者，依《刑事訴訟法》第三百零二條，應諭知免訴之

判決：(一)曾經判決確定者。(二)時效已完成者。(三)曾經大赦者。(四)犯罪後之法律已廢止其刑罰者。

四、不受理判決

　　案件有下列情形之一者，依《刑事訴訟法》第三百零三條，應諭知不受理之判決：(一)起訴之程序違背規定者。(二)已經提起公訴或自訴之案件在同一法院重行起訴者。(三)告訴或請求乃論之罪，未經告訴、請求或其告訴、請求經撤回或已逾告訴期間者。(四)曾為不起訴處分或撤回起訴，而違背第二百六十條之規定再行起訴者。(五)被告死亡者。(六)對於被告無審判權者。(七)依第八條之規定不得為審判者。

五、管轄錯誤判決

　　無管轄權之案件，依《刑事訴訟法》第三百零四條，應諭知管轄錯誤之判決，並同時諭知移送於管轄法院。

　　大陸地區在法庭審判階段結束後，除獨任庭外，應進行評議，無論是公開審判或不公開審判之案件，合議庭之評議，均應秘密進行，其決議依「民主集中制」，以少數服從多數，下級服從上級來達成。刑事裁判，分為判決、裁定和決定，是法庭審理案件過程中或審理結束時，根據事實和法律，對當事人及其他訴訟參與人所作的具有約束力之決定。判決是解決案件實體問題所作決定，可分為有罪判決和無罪判決⑯，有罪判決又可分為有罪科刑判決和有罪免刑判決兩種，依《刑事訴訟法》第一百六十二條規定：

　　一、案件事實清楚，證據確實、充分，依據法律認定被告人有罪的，應當作出有罪判決。

　　二、依據法律認定被告人無罪的，應當作出無罪判決⑰。

　　三、證據不足，不能認定被告人有罪的，應當作出證據不足、指控的犯罪不能成立的無罪判決。

第五節　刑事上訴程序

台 灣 地 區

　　法院之刑事審判，在於認定案件事實，並據此事實適用法律，作出裁判，以確認被告刑罰權有無之程序。惟由於主客觀因素影響，第一審判決

難以均達到實體正確、程序公正之地步，為此有必要設立上訴制度來加以救濟。台灣於《刑事訴訟法》第三編設有「上訴」專編，分為「通則」、「第二審」、「第三審」共三章，主要內容如下：

一、上訴之對象

按當事人及其他有上訴權人，不服下級審法院未確定之判決，於法定期間內，上訴於管轄之高等法院或最高法院，稱為上訴，可見上訴之對象，限於判決並不包括裁定，且此項判決須尚未確定。對於上訴範圍，當事人可就判決之一部上訴，未聲明為一部者，依《刑事訴訟法》第三百四十八條規定，視為全部上訴，對於判決之一部上訴者，其有關係之部分亦視為上訴⑱。又下列各罪之案件，經第二審判決者，不得上訴於第三審法院：

1. 最重本刑為三年以下有期徒刑、拘役或專科罰金之罪。
2. 《刑法》第三百二十條、第三百二十一條之竊盜罪。
3. 《刑法》第三百三十五條、第三百三十六條第二項之侵占罪。
4. 《刑法》第三百三十九條、第三百四十一條之詐欺罪。
5. 《刑法》第三百四十二條之背信罪。
6. 《刑法》第三百四十六條之恐嚇罪。
7. 《刑法》第三百四十九條第二項之贓物罪。

二、上訴之程序要件

上訴之主體，即具有上訴權人，依《刑事訴訟法》第三百四十四條至第三百四十七條規定，有上訴權者，除訴訟之當事人(檢察官、自訴人、被告)外，尚有被告之法定代理人、辯護人、配偶，均得為被告之利益，獨立上訴。被告原審之代理人、辯護人，不與被告明示之意思相反，亦得為被告之利益而上訴。刑事上訴期間為十日，與民事上訴為二十日者不同，該期間自送達判決後起算，但判決宣示後送達前上訴，亦有效力(第三百四十九條)。提起上訴，應以書狀表明理由，提出於原審法院為之，並按他造當事人之人數提出繕本。在監獄或看守所之被告，於上訴期間內向監所長官提出上訴書狀者，視為上訴期間內之上訴。被告不能自作上訴書狀者，監所公務員應為之代作。監所長官接受上訴書狀後，應附記接受之年、月、日、時，送交原審法院。原審法院書記官，應速將上訴書狀之繕本，送達於他造當事人。又當事

人得向原審法院表示捨棄其上訴權；亦得於法院判決前撤回上訴，但為被告之利益而撤回上訴者，非得被告同意，不得撤回(第三百五十三條、第三百五十四條)。

在上訴之理由方面，可分為事實上理由，與法律上理由兩種，台灣在刑事第二審上訴程序，採複審制⑲，就被告案件經上訴部分，為完全重複之審理，並於事實之認定，法律之適用，及刑罰之裁量，與第一審同其職權。第三審係以審查原審判決有無違背法令為其職責，即所謂法律審。基此，對於第二審上訴，上訴權人得以事實上或法律上理由為原因，提起上訴。至第三審既為法律審，則其提起上訴，非以判決違背法令為理由，不得為之⑳，凡判決不適用法則或適用法則不當者，為違背法令，另依《刑事訴訟法》第三百七十九條規定，有下列情形之一者，其判決當然違背法令，得為上訴理由：

1.法院之組織不合法者。

2.依法律或裁判應迴避之法官參與審判者。

3.禁止審判公開非依法律之規定者。

4.法院所認管轄之有無係不當者。

5.法院受理訴訟或不受理訴訟係不當者。

6.除有特別規定外，被告未於審判期日到庭而逕行審判者。

7.依本法應用辯護人之案件或已經指定辯護人之案件，辯護人未經到庭辯護而逕行審判者。

8.除有特別規定外，未經檢察官或自訴人到庭陳述而為審判者。

9.依本法應停止或更新審判而未經停止或更新者。

10.依本法應於審判期日調查之證據而未予調查者。

11.未與被告以最後陳述之機會者。

12.除本法有特別規定外，已受請求之事項未予判決，或未受請求之事項予以判決者。

13.未經參與審理之法官參與判決者。

14.判決不載理由或所載理由矛盾者。

三、原審法院之處理

在第二審上訴程序，原審法院認為上訴不合法律上之程序或法律上不應

准許或其上訴權已經喪失者，應以裁定駁回之。但其不合法律上之程序可補正者，應定期間先命補正。除前條情形外，原審法院應速將該案卷宗及證物送交第二審法院。被告在看守所或監獄而不在第二審法院所在地者，原審法院應命將被告解送第二審法院所在地之看守所或監獄，並通知第二審法院(第三百六十二條、第三百六十三條)。

在第三審上訴，原審法院對於不合法之上訴，亦得依《刑事訴訟法》第三百八十四條，分別以裁定駁回，或命其補正。除前條情形外，原審法院於期間已滿後，應速將該案卷宗及證物送交第三審法院之檢察官。第三審法院之檢察官接受卷宗及證物後，應於七日內添具意見書送交第三審法院。但於原審法院檢察官提出之上訴書或答辯書外無他意見者，毋庸添具意見書。無檢察官為當事人之上訴案件，原審法院應將卷宗及證物逕送交第三審法院。

四、上訴案件之審理

依《刑事訴訟法》第三百六十七條規定，第二審法院認為上訴有不合法律上程式或法律上不應准許或其上訴權已經喪失者，應以判決駁回之。但其情形可以補正而未經原審法院命其補正者，審判長應定期間先命補正。又依同法第三百九十五條規定，對於不合法之上訴，第三審法院亦得以判決駁回，無庸再先命補正。對於合法之上訴，第二審上訴法院之審理，有下列特別規定：

1.應合議審理。

2.審判長訊問被告後，應命上訴人陳述上訴要旨。

3.被告經合法傳喚，無正當之理由不到庭者，得不待其陳述，逕行判決(第三百七十一條)。

4.由被告上訴或為被告之利益而上訴者，第二審法院不得諭知較重於原審判決之刑。但因原審判決適用法條不當而撤銷之者，不在此限(第三百七十條)。

在第三審上訴，係以調查原審判決有無違背法令為主，原則上採書面審理主義，與第二審不同，至其審理方式和範圍說明如下：

1.審理方式：第三審判決，不經言詞辯論為之，但法院認為有必要，得命辯論，前項辯論，非以律師充任之代理人或辯護人，不得行之。第三審法院

於命辯論之案件，得以庭員一人為受命法官，調查上訴及答辯之要旨，制作報告書(第三百九十條)。審判期日，受命法官應於辯論前，朗讀報告書；檢察官或代理人、辯護人應先陳述上訴之意旨，再行辯論(第三百九十一條)。審判期日，被告或自訴人無代理人、辯護人到庭者，應由檢察官或他造當事人之代理人、辯護人陳述後，即行判決。被告及自訴人均無代理人、辯護人到庭者，得不行辯論，而逕為判決。

2.審理範圍：第三審法院之調查，以上訴理由所指摘之事項為限。但下列事項，得依職權調查之：

(1)第三百七十九條各款所列之情形。

(2)免訴事由之有無。

(3)對於確定事實援用法令之當否。

(4)原審判決後刑罰之廢止、變更或免除。

(5)原審判決之赦免或被告死亡。

五、上訴審法院之裁判

第二審法院對於合法之上訴，經審查後依《刑事訴訟法》規定，得為下列判決：

1.上訴為無理由之判決(第三百六十八條)。

2.自為判決：第二審法院認為上訴有理由，或上訴雖無理由，而原判不當或違法者，應將原審判決經上訴之部分撤銷，就該案件自為判決。但因原審判決諭知管轄錯誤、免訴、不受理係不當而撤銷之者，得以判決將該案件發回原審法院(第三百六十九條第一項)。

3.發回之判決：第二審法院因原審判決未諭知管轄錯誤係不當而撤銷之者，如第二審法院有第一審管轄權，應為第一審之判決(第三百六十九條第二項)。

至於第三審法院，對於合法之上訴，其判決種類分為：

1.上訴為無理由之判決(第三百九十六條)。

2.自為判決(第三百九十八條)。

3.發回更審之判決(第三百九十九條)。

4.發交審判之判決(第四百條)。

5.發回或發交審判之判決(第四百零一條)。

大 陸 地 區

由於大陸刑事訴訟實行二審終結制，故上訴審也就是第二審，其具體規定分述如下：

一、上訴之對象

在大陸享有上訴權人，於法定期限內，不服地方各級人民法院第一審判決或裁定，都允許提出上訴。亦即上訴之對象包括一審判決和裁定。

二、上訴之程序要件

上訴之主體，依《刑事訴訟法》第一百八十條規定，被告人、自訴人或其法定代理人，不服地方各級人民法院第一審判決、裁定，有權用書狀或口頭向上一級人民法院上訴。被告之辯護人和近親屬，經被告同意，可以提出上訴。附帶民事訴訟當事人和其法定代理人，可以對地方各級人民法院第一審判決、裁定中之附帶民事訴訟部分，提出上訴。又地方各級人民檢察院認為本級人民法院第一審判決、裁定確有錯誤時，亦有權利向上一級人民法院提出抗訴。

不服判決上訴和抗訴之期限為十日，不服裁定之上訴和抗訴期限為五日，從接到判決書、裁定書第二日起算。被害人及其法定代理人不服地方各級人民法院第一審判決時，自收到判決書五日內，有權請求人民檢察院提出抗訴。人民檢察院自收到被害人及其法定代理人請求後五日內，應當作出是否抗訴決定並答覆請求人(第一百八十二條)。

三、法院之處理

依《刑事訴訟法》第一百八十四條規定，被告人、自訴、附帶民事訴訟的原告和被告，通過原審人民法院提出上訴時，原審人民法院應於三日內將上訴狀連同案卷、證據移送上一級人民法院，同時將上訴狀副本送交同級人民檢察院和對方當事人。被告、自訴人、附帶民事訴訟原告和被告，直接向第二審人民法院提出上訴時，第二審人民法院應於三日內將上訴狀交原審人民法院送交同級人民檢察院和對方當事人。如為地方各級人民檢察院對同級人民法院第一審判決、裁定之抗訴，應當通過原審人民法院提出抗訴書，並將

抗訴書抄送上一級人民檢察院；原審人民法院應當將抗訴書連同案卷、證據移送上一級人民法院，並且將抗訴狀副本送交當事人；上級人民檢察院如認為抗訴不當，可以向同級人民法院撤回抗訴，並且通知下級人民檢察院(第一百八十五條)。

第二審人民法院應當就第一審判決認定之事實和適用法律進行全面審查，不受上訴或者抗訴範圍限制，共同犯罪案件只有部分被告上訴時，應對全案進行審查，一併處理。在審理方式上，第二審人民法院對上訴案件，應組成合議庭，開庭審理。合議庭經過閱卷、訊問被告、聽取其他當事人、辯護人、訴訟代理人意見，對事實清楚的，可不開庭審理。至人民檢察院抗訴之案件，第二審人民法院應當開庭審理。為便利人民訴訟，第二審人民法院開庭審理上訴、抗訴案件，可到案件發生地或原審人民法院所在地進行。

四、上訴審法院之裁判

根據大陸《刑事訴訟法》第一百八十九條和第一百九十一條規定，第二審人民法院對不服第一審判決之上訴、抗訴案件，經審理後，應當按照下列情形分別處理：

1.原判決認定事實和適用法律正確、量刑適當的，應當裁定駁回上訴或者抗訴，維持原判。

2.原判決認定事實沒有錯誤，但適用法律有錯誤或者量刑不適當的，應當改判。

3.原判決事實不清楚或者證據不足的，可以在查清事實後改判；亦可以裁定撤銷原判，發回原審人民法院重新審判。

4.第二審人民法院發現第一審人民法院之審理，有違反下列法律規定訴訟程序情形之一者，應當裁定撤銷原判，發回原審人民法院重新審判：

(1)違反本法有關公開審判之規定者。

(2)違反迴避制度者。

(3)剝奪或限制當事人的法定訴訟權利，可能影響公正審判者。

(4)審判組織之組成不合法者。

(5)其他違反法律規定訴訟程序，可能影響公正審判者[21]。

第六節　刑事再審程序
台 灣 地 區

再審程序，乃有再審權人，對於確定判決，以認定事實不當為理由，請求原審法院，重新審判，撤銷或變更原判決之救濟方法。關於再審之原因，依《刑事訴訟法》第四百二十條規定，有下列情形之一者，為受判決人之利益，得以書狀聲請再審：

1.原判決所憑之證物已證明其為偽造或變造者。

2.原判決所憑之證言、鑑定或通譯已證明其為虛偽者。

3.受有罪判決之人，已證明其係被誣告者。

4.原判決所憑之通常法院或特別法院之裁判已經確定裁判變更者。

5.參與原判決或前審判決或判決前所行調查之法官，或參與偵查或起訴之檢察官，因該案件犯職務上之罪已經證明者，或因該案違法失職已受懲戒處分，足以影響原判決者。

6.因發現確實之新證據，足認受有罪判決之人應受無罪、免訴、免刑或輕於原判決所認罪名之判決者。

不得上訴於第三審法院之案件，除前條規定外，其經第二審確定之有罪判決，如就足生影響於判決之重要證據漏未審酌者，亦得為受判決人之利益，聲請再審(第四百二十一條)。聲請再審之案件，並不以受判決人之利益為限，對於被告有罪、無罪、免訴或不受理之判決確定後，有《刑事訴訟法》第四百二十二條所列原因之一者，為受判決人之不利益，亦得聲請再審。

聲請再審，一般均無時間限制，即使於刑罰執行完畢後，或已不執行時，亦得為之；但對於不得上訴於第三審之案件，因其情節輕微，宜於速結，避免拖延，故《刑事訴訟法》第四百二十四條規定，因重要證據漏未審酌而聲請再審者，應於送達判決後二十日內為之。另為保護受判決人，同法另規定為受判決人之不利益聲請再審，於判決確定後，經過《刑法》第八十條第一項期間二分之一者，不得為之。再審案件由原審法院管轄為原則，如有《刑事訴訟法》第四百二十六條第二、三項情形時，則例外由第二審法院管轄。再審之提起，雖使案件重新發生訴訟拘束之效力，但無停止刑罰執行之效力。

再審之判決，分為再審聲請之裁判及再審案件之裁判兩種：

一、再審聲請之裁判

1.聲請不合法時，應以裁定駁回(第四百三十三條)。

2.聲請無理由時，應以裁定駁回(第四百三十四條第一項)。

3.聲請有理由時，應為開始再審之裁定(第四百三十五條)。

二、再審案件之裁判

開始再審之裁定確定後，法院應依其審級之通常程序，更為審判(第四百三十六條)，所謂依其審級之通常程序，即視其係向第一審、第二審、第三審提起，而各適用其審判程序之規定。又為受判決人不利益聲請再審之案件，受判決人於再審判決前死亡者，其再審之聲請及關於再審之裁定失其效力⑳，應予注意。

大 陸 地 區

將刑事再審程序，稱為審判監督程序，乃法院對已經發生法律效力之判決、裁定，依法重新審理之一種特別程序(制度)，分述如下：

一、申請再審之主體

刑事再審程序之開始，有基於法院職權而開始，亦有基於當事人申請或人民檢察院之抗訴而再審，其申請之主體如下：

1.基於法院職權而開始

(1)原法院提起再審：大陸《刑事訴訟法》第二百零五條第一款規定：「各級人民法院院長對本院已經發生法律效力的判決、裁定如果發現認定事實上或者在適用法律上確有錯誤，必須提交審判委員會處理。」就上述法律規定觀察，人民法院院長僅有再審提交權，並無決定權，應否再審，仍由審判委員會決定㉒。

(2)最高人民法院或其他上級人民法院提起再審：同法第二百零五條第二款規定：「最高人民法院對各級人民法院已經發生法律效力的判決、裁定，上級人民法院對下級人民法院已經發生法律效力的判決、裁定，發現確有錯誤，有權提審或者指令下級人民法院再審。」惟最高人民法院或上級人民法院決定提審或再審時應以裁定為之。

2.基於當事人申請決定再審

大陸《刑事訴訟法》第二百零三條規定：「當事人及其法定代理人、近親屬對已經發生法律效力的判決、裁定，可以向人民法院或人民檢察院提出申訴，但不停止判決、裁定的執行。」可見申請再審是當事人重要訴訟權利，法條訂定申請再審制度其目的，在於糾正法院確有錯誤之生效裁判，維護當事人合法權益。

3.基於人民檢察院之抗訴而再審

大陸《刑事訴訟法》第第二百零五條第三款規定：「最高人民檢察院對各級人民法院已經發生法律效力的判決和裁定，上級人民檢察院對下級人民法院已經發生法律效力的判決和裁定，如果發現確有錯誤，有權按照審判監督程序向同級人民法院提出抗訴。考大陸之所以有上開規定，或係基於其《憲法》第一百二十九條所規定「人民檢察院是國家法律的監督機關」⑳所致。

二、申請再審之原因

依《刑事訴訟法》第二百零四條規定，當事人及其法定代理人、近親屬的申訴符合下列情形之一的，人民法院應當重新審判：

1.有新的證據證明原判決、裁定認定的事實確有錯誤的；

2.據以定罪量刑的證據不確實、不充分或者證明案件事實的主要證據之間存在矛盾的；

3.原判決、裁定適用法律確有錯誤的；

4.審判人員在審理該案件的時候，有貪污受賄，徇私舞弊，枉法裁判行為的。

三、再審之期間

大陸刑事訴訟法對申請再審之時間未設限制，因此無論何時，判決是否正在執行，或已經執行完畢，只要發現生效判決、裁定在認定事實或適用法律上確有錯誤，都隨時可以向人民法院(或人民檢察院)提出再審申請，要求糾正錯誤裁判。

四、再審之管轄

根據《刑事訴訟法》第二百零五條規定，重新審判的法院，可能是最高人民法院，也可能是地方各級人民法院；而當事人申請再審，既可向任一級人

民法院為之，也可以向任一級人民檢察院為之。而人民法院自身又可以提起再審，人民檢察院也可以向人民法院提出抗訴而引起再審。可見，對於申請再審之管轄，法律上並未明確規定和具體限制。正因如此，在大陸對當事人申請再審案件，基本上常以「申訴」稱之[25]。

五、再審之審理及裁判

對於再審案件之審理，依《刑事訴訟法》第二百零六條規定：「人民法院按照審判監督程序重新審判的案件，應當另行組成合議庭進行。如果原來是第一審案件，應當依照第一審程序進行審判，所作的判決、裁定，可以上訴、抗訴；如果原來是第二審案件，或者是上級人民法院提審的案件，應當依照第二審程序進行審判，所作的判決、裁定，是終審的判決、裁定」。法條要求另組合議庭，目的在於防止審判人員先入為主觀念，同時也可以避免當事人之疑慮。又對於重新審判之期限，同法第二百零七條規定，人民法院按照審判監督程序重新審判的案件，應當在作出提審、再審決定之日起三個月以內審結，須要延長期限的，不得超過六個月。接受抗訴的人民法院按照審判監督程序審判抗訴的案件，審理期限適用前款規定；對須要指令下級人民法院再審的，應當自接受抗訴之日起一個月以內作出決定，下級人民法院審理案件的期限適用前款規定。

人民法院依照審判監督程序重新審理案件後，可以分別情形作出如下決定：

1.原判決、裁定認定事實和適用法律正確，量刑適當者，應當駁回申訴或抗訴。

2.原判決、裁定認定事實沒有錯誤，但適用法律錯誤或量刑不當者，應當改判。

3.應當對被告實行數罪併罰之案件，原判決、裁定未分別量刑時，應撤銷重新審判或指定有管轄權人民法院依第一審程序，重新審判。

4.原判決、裁定事實不清，證據不足的，經過再審查清事實者，應當依法作出判決。

5.原判決、裁定事實不清，證據不足的，應當作出證據不足，指控的犯罪不能成立之無罪判決[26]。

第七節 兩岸刑事審判制度之比較與評析

第一項 刑事審判制度整體之比較

海峽兩岸《刑事訴訟法》都在第一編總則中，規定許多具體之刑事訴訟制度，包括管轄制度、迴避制度、辯護和代理制度、證據制度、期間和送達等。但從整體來看，海峽兩岸規定之訴訟制度有下列區別：(一)大陸《刑事訴訟法》規定之兩審終審制，依靠群眾原則，公、檢、法三機關分工負責、互相配合和互相制約原則等，與台灣刑事訴訟制度不盡相符；同樣，台灣《刑事訴訟法》規定之輔佐制度、公設辯護制度，大陸《刑事訴訟法》也無相應之規定。(二)兩岸在刑事訴訟程序中，許多制度名稱雖不相同，但實際上意義卻是一致的，例如對被告採取傳喚、拘提、逮捕與羈押之措施，在台灣地區稱為「對人之強制處分」，大陸地區則改稱為「強制措施」。(三)由於大陸《刑事訴訟法》遲至西元1979年7月1日始正式立法通過，在實施十六年後，於1996年3月17日作了重大修改，但全部條文仍僅有二百二十五條，且不少是概括性或原則性規定[20]；不若台灣地區之《刑事訴訟法》，共計五百二十條，在歷經許多次修正後，內容具體、詳細，著重於解決司法實務中之具體問題。

第二項 刑事迴避制度之比較

刑事審判中之迴避，是指與案件或案件當事人有某種利害關係之司法人員，不得參加對該案件處理之一種制度，旨在保證刑事訴訟之客觀和公正進行。迴避之對象，即適用迴避之人員，在台灣包括法官、檢察官、書記官及通譯。在大陸地區依其《刑事訴訟法》第二十八條及第三十一條規定，則兼及於翻譯人員及鑑定人，範圍較廣。在迴避原因方面，台灣《刑事訴訟法》第十七條規定，法官為被害人、與被告或被害人訂有婚約、現為或曾為被告或被害人之法定代理人等八種具體原因時，應即迴避。大陸地區則只限於(1)是本案當事人或者當事人之近親屬；(2)本人或者他的近親屬和本案有利害關係；(3)擔任過本案的證人、鑑定人、辯護人或者附帶民事訴訟當事人的代理人；(4)與本案當事人有其他關係，可能影響公正處理案件；(5)審判人員、檢察人員、偵察人員接受當事人及其委託人之請客送禮或者違反規定會見當事人及其委

託人等。比較起來，大陸之《刑事訴訟法》較為抽象，並略嫌不足，不便於實踐中有效執行迴避制度。

在迴避之方式上，大陸《刑事訴訟法》只規定自行迴避和申請迴避兩種，台灣地區則在前述兩種迴避外，尚有職權迴避，由管轄聲請迴避之法院或院長，得依職權為司法人員迴避之裁定，以昭公平，樹立司法威信。在實踐上因大陸無類似規定，致經常遇有偵查、檢察、審判等人員，雖具有法定迴避情形，但其因某種緣故不主動提請迴避，當事人亦不知悉其有應予迴避情形，而未提出申請，對此情形，最高人民法院雖曾於西元1994年3月21日通過《關於審理刑事案件程序的具體規定》第二十四條，率先對審判人員規定「應當迴避之人員，本人沒有自行迴避，當事人和其法定代理人也沒有申請迴避的，院長或者審判委員會可以決定他迴避。」但該規定在法位階上究不能視為法律，適用對象，僅限於審判人員，不及於檢察官、書記官，範圍過窄，且條文引用「可以決定他迴避」，而非「應當決定他迴避」，用語亦頗值得斟酌⑳，故未來不妨增訂職權迴避，以全面貫徹迴避制度。

第三項　刑事證據制度之比較

關於證據之種類，在大陸地區依其《刑事訴訟法》第四十二條第一款所列舉之證據有七種：(1)物證、書證，(2)證人證言，(3)被害人陳述，(4)犯罪嫌疑人、被告人供述和辯解，(5)鑑定結論，(6)勘驗、檢查筆錄，(7)視聽資料。台灣《刑事訴訟法》於第一編第十二章，雖設有證據專章，分為通則、人證，鑑定、通譯和勘驗，但證據種類並無限制規定，故證人證言、鑑定人之鑑定、被告之自白、共犯陳述、被害人陳述、物件狀態、文書內容等，均可作為證據種類。對於刑事訴訟舉證責任之承擔方面，台灣刑事訴訟採職權進行主義，本應由法院依職權而為證據之調查，不生當事人舉證責任問題，但在修法後，為求得裁判正確，並增強檢察官訴追責任，而斟酌當事人進行主義精神，於《刑事訴訟法》第一百六十一條規定，檢察官就被告犯罪事實有舉證責任。至被害人或被告為協助法院達成訴訟目的，雖有提出證據責任，但不得即認為負有舉證責任，渠縱未提出相當證據或於訊問時，拒絕陳述、保持緘默(第一百五十六條第三項)，法院不得遽為不利該當事人之判決，致令負舉證

責任㉔。大陸地區則認為刑事訴訟並非以法院之審判為中心，而是將公、檢、法機關視為一體，都是代表國家揭露、證實、懲罰犯罪，故公、檢、法機關在刑事訴訟中分別行使偵查權、檢察權與審判權，僅為職能之分工，在不同階段自應分別承擔舉證責任。其《刑事訴訟法》第四十三條規定：「審判人員、檢察人員、偵查人員必須依照法定程序，收集能夠證實犯罪嫌疑人、被告人有罪或者無罪，犯罪情節輕重的各種證據。」在這種情況下，舉證責任在刑事審判階段，由法院承擔，而被告則始終無法取得與控方相對等之地位。

　　至證據之判斷，台灣地區採行自由心證主義，該證據證明力之強弱，究否可採，由法官本於心證自由判定，但依《刑事訴訟法》第一百五十五條第二項規定，「無證據能力，未經合法調查，顯與事理有違，或與認定事實不符之證據，不得作為判斷之依據」；又同法第一百五十六條第一、二項規定，「被告之自白，非出於強暴、脅迫、利誘、詐欺、違法羈押或其他不正當之方法，且與事實相符者，得為證據。被告之自白，不得作為有罪判決之唯一證據，仍應調查其他必要之證據，以察其是否與事實相符。」均為對法官自由心證、取捨證據之限制。大陸地區《刑事訴訟法》則未賦予法官自由判斷證據之權力，實務上要求法官須實事求是，判斷證據。該證據是否有效力，取決於證據本身，而不能由法律事先規定，也不能由法官以自由心證為之㉚。

第四項　刑事第一審程序之比較

　　從整體來說，台灣刑事訴訟程序，係以審判程序為中心㉛，大陸地區則將偵查、起訴與審判立於同樣重要地位，所以在法條編排上，台灣《刑事訴訟法》，偵查與起訴未作獨立一編與審判對應規定，而將其規定於第二編之「第一審程序」中，此與大陸《刑事訴訟法》，偵查和起訴規定於第二編，審判規定於第三編，使偵查、起訴獨立於審判之外而為一完整之訴訟階段，一方面符合刑事訴訟活動之精神，另方面有助於偵查權、檢察權、審判權之公、檢、法等機關，在法律規範下，能相互配合，相互制約，促進訴訟程序之公正，確有其特色。

　　在刑事第一審程序中，兩岸均有公訴案件和自訴案件之分類，對於公訴案件審判程序之進行，大抵均分為審理前準備、開庭審理，審判之停止(或延

期審理)以及法院之裁判等幾個部分,其中開庭審理步驟,都包括被告人別、事實、證據調查、法庭辯論、被告最後陳述以及宣示裁判等階段。惟長期以來,大陸人民法院在法庭調查或辯論等刑事審判過程中,過分強調職權主義與糾問式審判,忽略法官與當事人雙方三方面之審判結構,偏重檢方或法院間之配合,以致於產生法官取代控方,甚至使法官與被告處於對立地位,而無法採取客觀立場,保護被告人權等現象;加以舊《刑事訴訟法》所確立之庭審方式,過分重視庭前調查、庭下調查,使開庭審判流於形式;辯護職能低落,訴訟中缺乏辯護制度,證人、鑑定人極少出庭作證,使法律規定之質證活動無法進行,加以合議庭權力有限,造成下級法院常須請示上級等現象,其刑事審判制度,顯不如台灣地區在發揮職權進行主義功能中,為確保當事人之訴訟利益,酌採當事人進行主義,使檢察官負舉證責任、賦予當事人調查證據請求權、詢問權及辯論證據證明力之機會,以糾正過分職權化之缺點[32]。為改革和完善其刑事庭審方式,自西元1994年以來,已陸續成為大陸《刑事訴訟法》學界一個熱門話題和討論重點,在1996年之修法中,新《刑事訴訟法》著力於將開庭前對案件進行實體審查,改為只進行程序審查;由控方承擔證明被告有罪責任,將法庭調查與辯論階段相融合,擴大合議庭權限,使控辯雙方能展開對證人、鑑定人之詢問,另對於自訴程序也作了部分修正[33],惟其成效如何?仍有待於日後之積極實踐,如同英國洛克在《政府論》中所寫道「如果法律不能被執行,那就等於沒有法律」,此一觀點確值得我們深思。

第五項　刑事上訴和再審程序之比較

刑事訴訟案件,依台灣現制,係採三級三審制為原則,三級二審制為例外,而依司法改革委員會之建議,將擴大簡易程序,並改設簡易法院於地方法院之下,未來亦有可能使刑事訴訟改採四級三審之制度[34]。至大陸地區,依《刑事訴訟法》第十條則明定「人民法院審判案件,實行兩審終審制」,因其法院分為四級,故審級制度顯係採行四級二審制。基此訴訟體制之差異,所以大陸在上訴審程序方面,僅有第二審程序上訴,而無第三審程序之上訴;台灣《刑事訴訟法》規定之上訴,除第二審程序上訴外,尚有第三審程序上訴。對於上訴案件之審查,大陸《刑事訴訟法》規定之第二審程序,實行全面審查

原則；而台灣《刑事訴訟法》規定之上訴審程序，在第二審程序實行複審制，即僅就原審判決經上訴之部分為重複調查，對該部分不僅得提出新證據以供調查，就第一審已調查完畢者，認有必要時並得重新認定事實而為判決。至第三審程序為法律審，上訴於第三審法院，非以判決違背法令為理由，不得為之。大陸地區《刑事訴訟法》規定之上訴審程序，包括對原審判決上訴、抗訴，以及對部分裁定上訴和抗訴；台灣《刑事訴訟法》規定之上訴審程序，只是對原審判決之上訴，不包括對原審裁定上訴，當事人如對於一審、二審程序之裁定不服，應依抗告程序解決，此亦為兩者之分野。

　　至於再審程序，原本即為糾正錯誤確定(或生效)判決之一種特殊審判程序，大陸《刑事訴訟法》從上下級法院間監督與被監督關係考慮，將此程序定名為審判監督程序。該審判監督程序，依第二百零四條之規定，不僅可糾正確定判決、裁定在認定事實上出現之錯誤，也可糾正在適用法律之錯誤⑥。而台灣《刑事訴訟法》規定之「再審程序」，僅糾正生效判決在認定事實上發生之錯誤，而不能糾正適用法律錯誤之生效判決，如果生效判決違背法令，祇能通過非常上訴程序解決。其次，對於再審理由，大陸《刑事訴訟法》對於當事人及其法定代理人，限於有新證據足以證明原判決、裁定認定事實確有錯誤，或據以定罪量刑之證據不確實、不充分，或者原判決裁定適用法律確有錯誤等四個原因，始可提出，顯不如台灣地區於《刑事訴訟法》第四百二十條至第四百二十二條分就為受判決人利益或不利益作為再審理由，來得週延。對於再審之期間，申請再審之效力及方式，對開始再審之裁定等，大陸在此次《刑事訴訟法》修改中，均未見明文，相信台灣地區再審程序之上開規定，亦可供其未來補充立法之參考。

第八節　兩岸刑事審判制度之優化

第一項　台灣地區刑事審判制度之完善

第一款　研採當事人進行主義

　　台灣現行刑事訴訟制度係以職權進行主義為基本原則，實務運作之結果，在調查證據方面，其訴訟程序過分職權化，法官、檢察官、被告之三方面關係失衡，迫使法官同時扮演糾問者及裁判者本質上矛盾之角色，造成人

民難以信賴司法，殷殷期望改革。而《憲法》是人民權利之保障書，《刑事訴訟法》則係《憲法》基本人權保障的具體實現，有如活動的憲法，在刑事訴訟程序中基本人權及正當法律程序，如何得以確保，即為衡量一國人權狀況之指標。民國八十八年七月上旬所舉辦之全國司法改革會議中，司法院體認職權調查主義實施多年，人民仍無法信賴司法，亟須從制度上徹底改採當事人進行主義，使具體刑事案件在檢察官起訴後，刑事訴訟程序的進行，法官不再絕對主導，法庭活動改由當事人扮演積極主動之重要角色，以當事人間互為攻擊、防禦的型態為基本原則，從而提供證據之義務，應由當事人(檢察官及被告)負擔，法官不再負蒐集證據之義務，而係立於超然、公正之立場，指揮訴訟程序之進行，並為發現真實，而就當事人所提出之證據為評價之地位，依「聽訟」之結果，在經驗法則及論理法則之指導下，綜合證據而為裁判。由於當事人於審判程序中能各盡其法庭攻防之能事，充分詰問、辯論，基於「無罪推定」之原則，若檢察官不能提出證據以證明被告犯罪成立，法官即應為被告無罪之諭知[36]。對於上開刑事訴訟制度之重大變革，本書亦採肯定見解，未來在當事人主義進行下，檢察官應善盡舉證責任，追訴犯罪，切實實行公訴，而透過詰問、辯論過程，被告之防禦權亦受充分之保障，辯護人之功能得以適切發揮，法官則中立、超然、客觀地指揮法庭之訴訟程序進行，自法庭活動中獲得心證，專司於事實之認定及法律之適用，於例外之情形，為發現真實，彌補被告之法律知識不足，基於當事人對等之精神，補充性地得依職權調查證據。如此，正當法律程序、基本人權得以確保，整個訴訟程序中法官、檢察官、被告的三方關係將得到調整，法庭活動活潑、健全而富人性，從而建立符合人民期待的公平法院形象。

第二款　建立金字塔型訴訟制度

在刑事審判方面，現行法採事實審二審制，由於檢察官未能善盡舉證之責，第二審又採複審制，致第一審不受重視，案件常在第二、三審中一再進行，二審法官苦不堪言，整個訴訟制度之審級結構呈現直筒型之不合理現象，此均導因於第一審事實審之功能不彰，自有檢討必要。對於第二審之審理，實務上不若日本採事後審制，而採複審制，就第一審所審認之事實，經上訴部分，第二審再為重複之調查，以致案件大量上訴，程序重複，事實上

此時再為調整，證據已非鮮明，更難保無湮滅、勾串之情事，不但妨礙事實之發現，增加第二審法院工作之負擔，且違反訴訟經濟之原則，使第一審成為司法資源之浪費，而有輕忽第一審判決之嫌，影響人民對司法之信賴。復就現行司法實務以觀，人民不服第二審判決而提起第三審上訴之案件，約占得上訴第三審案件之50%，致最高法院案件量至為繁重；又由於現行制度第二審係採複審制，第二審重複為事實之調查結果，往往予被告湮滅、偽造、變造證據、勾串共犯之機會，最高法院不得不將案件發回第二審，於是案件常在二、三審間擺盪不定，司法正義無法獲得即時之伸張，是故目前第三審之設計，亦有檢討改進之必要。因此本書認為在以當事人進行主義為原則之訴訟設計下，以第一審為堅實之事實審，第二審則改採事後審查制，將可避免前述實務之困境，並能確保當事人訴訟權益，減輕法官之辦案負擔，提高裁判品質，使公平正義早日實現進而維護司法威信。配合改造第一審為堅實之事實審，第二審為事後審制後，第三審改採嚴格之法律審，將合理分配有限之司法資源，重新分配各審級之任務，發揮各審級之功能，使第三審法院能深入研究法律問題，建立金字塔型之理想訴訟制度[30]。

第三款　加強檢察官之舉證責任

按刑事訴訟之目的，一方面在發現實體之真實，實現國家刑罰權，以維護社會秩序；另方面亦重視程序進行之公正，以保障被告之人權。台灣地區現行《刑事訴訟法》，就證據之蒐集與調查，兼採職權主義與當事人主義，除賦予檢察官以舉證被告犯罪事實之責任，亦認法官應依職權調查證據以發現真實，固為符合世界潮流之進步立法，惟由於該法第一百六十一條僅強調檢察官負有舉證責任，並未明定應為何種程度之舉證，法院於檢察官舉證不足時，得否命其繼續舉證或補提證據，乃生疑義。實務上許多刑事案件，檢察官僅於偵查程序發揮功能，於起訴後將調查證據之責任委諸法院續行，其結果導致審判者需扮演質問被告之角色，跳脫中立地位，與被告形成對立局面，渠對法院之判決自難心服。為求公平審判，使檢察官確實負起舉證責任，宜參酌德國《刑事訴訟法》第二百零二條規定，於現行法第一百六十一條增訂：「檢察官所舉證據，不足使法院對被告之犯罪事實獲得明確心證者，法院得定期命檢察官補充舉證；檢察官逾期未舉證責任時，法院應為被告不受

理之判決」，俾減少社會對司法審判不公之質疑[38]。

第四款　嚴謹適用證據法則

審判實務上，關於《刑事訴訟法》第一百五十九條直接審理主義之適用，僅止於強調法官之直接審理，而不重視直接證據主義，偵查卷證大量於法庭中使用，法官之審判偏重以被告自白筆錄為主之書面審查，忽視被告及其辯護人之請求調查證據及賦予詰問證人或辯護證據證明力之機會。再者，第一百五十九條究係直接審理主義之規定抑傳聞法則之規定，於學理上向有爭論，為杜爭議，並確實保障當事人交互詰問之權利，實有必要將重視法官對證據之直接審理主義，朝向著重當事人與證據關係之傳聞法則修正[39]。其次，基於以正當之法律程序保障被告人權和維護司法之廉潔性理論基礎，以及抑制偵查機關違法偵查之政策上理由，對於違法蒐集取得之證據，原則上應予排除，是美日等國早已確立多時之法則，在德國基於尊重人性尊嚴及公平正義觀點，亦有證據禁止理論之適用。我國《刑事訴訟法》第一百五十六條第一項對於被告非任意性之自白設證據排除之規定，基本上亦出於相同之概念，惟對於其他違反法定程序取得之證據，是否應予排除，因乏明文規定，致使法院對偵查機關蒐證程序的適法性未能為積極司法審查。惟依大法官會議釋字第三八四號、第三九六號及第四一八號解釋，足見保障人權、公平法院、正當法律程序及司法之廉潔性乃我國《憲法》所揭示刑事程序之基本精神，從而容忍違法取得之證據，作為認定有罪之依據，即違反上述《憲法》所揭示之基本精神，自有必要於《刑事訴訟法》中明定違法取得證據之排除法則，此外，基於當事人進行主義為原則之修法精神，為扭轉過去司法實務上調查證據程序過分職權化之現象，有關當事人請求調查證據之權力，及檢察官之舉證責任均應予明定，務須要求其提出積極具體證據，證明被告有罪，以促其慎重起訴並善盡實行公訴之職責。

第五款　增訂無罪推定原則

無罪推定，係自拉丁文Praesumptio一詞而來，其意義是指「在未經確定有罪判決之前，對任何人都不允許視其為有罪」，在證據判斷時，無罪推定體現在「疑異有利於被告」原則中。由於無罪推定與刑事訴訟程序中，被告之地位、司法機關之職權、強制措施乃至證據制度相關，因而受到世界多數國

家之重視，許多國家將其列為憲法原則，如美國憲法修正案第五條、意大利憲法第二十七條、葡萄牙憲法第三十二條第二項、泰國憲法第二十七條、菲律賓憲法第十四條第二項⑩；除憲法規定外，不少國家是在《刑事訴訟法》中加以明定，如匈牙利《刑事訴訟法》第三節、捷克斯洛伐克《刑事訴訟法》第二部分第二節、波蘭《刑事訴訟法》第二節第三條等，都明確規定了無罪推定原則；大陸地區在西元1996年修正之《刑事訴訟法》第十二條亦明確規定：「未經人民法院依法判決，對任何人都不得確定為有罪」，以保護被告或犯罪嫌疑人之權益。另在國際公約方面，1948年12月10日聯合國大會通過《世界人權宣言》，確認無罪推定原則，明定：「凡受刑事控訴者，在未終獲得辯護上所需之一切保證公開審判，而依法證實有罪前，有權被視為無罪」，從而為國際公約提供第一個無罪推定原則之典範。聯合國大會1966年12月16日通過之《公民權利和政治權利國際公約》第十四條第二款規定：「凡受刑事控訴者，在未經依法證實有罪前，有權被視為無罪」。隨後一些地區性法律文件，也對無罪推定原則作了規定，如1995年11月4日在羅馬簽訂之《歐洲人權公約》第六條第二款確認：「凡受刑事罪之控訴者，在未經依法證實有罪前，應被假定為無罪」；另在巴西世界刑法學會第十五屆代表大會上通過之《關於刑事訴訟法中之人權問題決議》，也強調：「被告人在直到判決生效為止之整個訴訟程序中，享有無罪假定之待遇」⑪。可以說，在目前，無罪推定原則不僅是法治國家之訴訟原則，且已成為具有世界性普遍意義，對刑事訴訟法制發展有深遠影響之法律文化現象，值得採行。因此，我國將來修正《刑事訴訟法》時，允宜增訂無罪推定原則，顯現貫徹國際公約之精神，同時也藉此加重檢察官之舉證責任，檢察官必須充分舉證，方能推翻被告無罪之推定。

第六款　採行卷證不併送制度

　　長期以來，我國之刑事審判，由於起訴程式採行卷證併送，法院承繼檢察官之心證，繼續發現真實，而在檢察官期待法官協助發現真實之情結下，可能造成檢察官輕率起訴，以及怠於到庭實行公訴之缺失。在原告之檢察官未到庭實行公訴之情形下，已對被告形成先入為主偏見之法官，取代未到庭之檢察官追究被告犯罪之結果，刑事審判淪為審判者之法官與被告對決之場面，且審判流於書面審查，忽視被告之防禦權益，審判實務已愈形糾問化、

職權化及官僚化，成為偵查之延長。而在沉重之審理案件負荷下，上開問題惡性循環之結果，我國刑事審判，已嚴重偏離了憲法及刑事訴訟法所要求之公平審判理念，刑事司法公信力低落。因此如何重建公平之審判，同時採取相關之配套方案，以有效解決審理刑事案件之負擔，是刑事訴訟改革之不二法門。而改革之關鍵乃在如何防止審判者事先接觸卷證，排除預斷，嚴格其客觀第三者之角色，而以空白之心證蒞臨公判庭，期符合公平法院之理念與貫徹無罪推定之原則。基此，作者贊同刑事訴訟制度，改採「卷證不併送制度」，修正《刑事訴訟法》第二百六十四條第三項，規定起訴時不得將卷宗及證物一併送交法院，同時要求檢察官對於起訴書內犯罪事實之記載，應盡可能載明日時、處所及方法，以明示構成犯罪之特定事實，不得引用足使法院產生預斷之虞之書類或其他物件之內容。

第七款　推動刑事審判集中化制度

以當事人進行主義為訴訟結構之基本原則，與保障基本人權之現代思潮相符，有關刑事被告權利之保護，尤其是防禦權之設計規定，向為社會大眾所重視。然而，被告請求迅速審判之權，其時亦應給予同等之關注；蓋審判之遲延，將因證人之死亡或遷移、記憶減退或證物滅失等原因，而妨礙實體真實之發現，並造成被告在精神及物質上雙重之負擔。目前刑事審判尚未採集中審理制，使得檢察官無法連續到庭，實行公訴困難，同時法官也因審判期日間隔過久，心證中斷，而過度依賴筆錄內容為裁判，有違直接審理、言詞審理之精神。因此，如能採集中審理制，不僅使檢察官到庭實施公訴之時間較為經濟，亦可使法官在心證最鮮明之情況下，為迅速而正確之判斷，並減輕訴訟關係人往返法院之負擔，提昇刑事審判之品質與效率。

第八款　減輕法官案件負荷

案件膨脹是社會多元化之必然結果，二次大戰後，訴訟案件持續增加是一個普遍而不爭之事實，且為大多數國家司法所面臨之難題，而案件之快速累積，除了法官不堪負荷外，當事人亦蒙受其害。誠如德國聯邦憲法院前任院長 Roman Herzog 幾年前就曾以：「我們已經滅頂」來形容德國聯邦憲法法院所面臨之案件膨脹情形，而歐洲人權公約第六條第一項明定：「當民事權利義務或受刑事控訴必須加以裁決時，人民有權在合理期間內受依法設置之獨

立公平法院所作公平、公開之審判。」德國因為案件遲延之情形嚴重，曾幾度遭歐洲人權法院指摘違反受及時司法保障之人權[42]。以台灣地區法官之整體負荷而言，在台灣高等法院暨其分院部分，民國八十七年刑事案件中法官平均終結一件所需日數為 78.76 日，較七十八年之 51.37 日增加 27.39 日，資料顯示，近十年來終結案件中平均一件所需日數，自七十八年以來呈現逐年增加之趨勢，尤以八十七年之 78.76 日最高。而八十七年平均每位法官每月辦結件數為 35.12 件，較七十八年之 32.54 件增加 2.58 件，較上年之 36.35 件減少 1.23 件。地方法院部分，八十七年刑事案件中法官平均終結一件所需日數為 92.72 日，較七十八年之 48.04 日增加 44.68 日，較上年之 74.84 日增加 17.88 日；而八十七年地方法院刑事案件平均每位法官每月辦結件數為 65.23 件，較七十八年之 64.96 件增加 0.27 件[43]。由以上統計數字可知案件之結案速度，各級法院均有愈來愈慢之趨勢，而平均每位法官每月辦結案件之增加則有趨緩之勢。

　　當然，依統計學上之分析，造成案件量膨脹之因素固然很多（例如：人口增加、經濟發展、法令變更等），但刑事司法整體負荷過重，對於案件累積，無異雪上加霜。況且我台灣地區法官與國民總數之比例迄民國八十八年二月止，約為1：17204（人口總數21,951,677，法官總數1,276），甚至低於十年前之美國（各州約1：8577）、英國（1；1677）、法國（1：12524），也比西元1996年之德國1：3901相差甚遠（人口總數81,922,000，法官總數20,999）。在案件量逐年不斷增加，我台灣地區法官人數較外國偏低之情形下，刑事司法整體負荷過重，為不爭之事實。是以，從法經濟學角度觀察，如何合理、有效利用有限之司法資源，提高裁判品質，維護程序及實質之正義，為司法改革所面臨之急迫性問題。因此透過嚴格之篩選，增加法官員額，建立法官助理制度，遴選非訟法務官參與辦案等，對疏解法官工作負荷，應有相當幫助；但長期來看，為有效而釜底抽薪地解決此一問題，非賴前述訴訟制度之徹底革新，難以奏效。吾人深信有關減輕刑事司法負擔之問題，不僅僅係減輕法官之工作負荷而已，更宏觀的看，它關係到人民受正確而迅速審判之基本人權，實為司法改革所無法迴避之課題。

第二項 大陸地區刑事訴訟制度之改進

第一款 更新刑事審判之觀念

西元1996年3月17日，大陸第八屆全國人民代表大會通過《關於修改刑事訴訟法的決定》，並公布修改後之《刑事訴訟法》。新刑事訴訟法典一經頒布，即在國內外產生強烈之迴響。輿論普遍認為，新刑事訴訟法是立足於中國之現實情況，適應改革開放和社會主義市場經濟發展之須要，在總結大陸司法實踐經驗之基礎上，順應世界刑事訴訟發展變革之潮流，適當借鑑他國之有益經驗，對原有刑事訴訟制度和程序作出重大改革。此次修改對完善大陸刑事司法制度，推動民主與法治建設，具有積極作用。惟徒法不足以自行，要將條文中之法律制度變成實踐中之法治，務須先從更新刑事審判之觀念做起。當前大陸迫切須要更新之司法觀念如下：（一）更新單一之懲罰犯罪觀念，樹立懲罰犯罪與保障人權並重之訴訟觀念。（二）更新重實體、輕程序之傳統觀念，樹立全面貫徹執行法律之整體觀念。（三）克服特權思想，排除以權壓法、以言代法之干擾，樹立司法機關獨立行使國家審判權、檢察權、偵查權之觀念。（四）革除疑罪從有、被告有罪推定之觀念，樹立未經法院依法判決，對任何人不得確定有罪之無罪推定、疑罪從無之新觀念。（五）更新制約不足、監督不力、偵審權責不明，不相配合之辦案觀念，樹立分工負責、相互配合、相互制約之新觀念，（六）轉變重司法權力，輕訴訟程序之執法觀念，樹立司法權力必須在有效之監督制約機制中，才能正確行使之新觀念。（七）轉變重案件事實，輕訴訟公正之錯誤觀念，注重程序運作中公開性、平等性、對抗性、民主性等特點之有效發揮，樹立尋求實體真實與堅持公平程序相統一之新觀念[44]，以期新刑事訴訟法在新觀念指導下，得以全面正確地實施。

第二款 調整職權進行主義色彩

大陸刑事司法工作，在實施「犯罪真實之發現」理念下，刑事訴訟規定，常只具有程序工具主義之價值觀念，目的在使偵查與審判機關查明事實真相，有效懲治犯罪與維護社會秩序。故人民法院在審判過程，恆以職權主義與糾問式審判為主，忽略法官與當事人雙方三方面之審判結構，偏重檢方與

法院間之配合，甚至由法官取代控方地位，導致法官與被告立於直接對立地位，難以保持斷案之客觀公正，使辯護功能難以發揮㊺。未來允宜調整過度職權進行主義色彩，適度引進當事人主義模式，減少法官干預範圍，保障被告地位，誠如大陸著名法學家陳光中教授所云：「審判結構之改革，應包括三項基本原則，即辯護與控訴平等對抗，控訴與審判分離及審判職能之中立性」㊻，吾人相信適度調整訴訟結構上，現存過分強調職權進行主義之缺失，必將有助於大陸刑事司法制度之改革與發展。

<h3 style="text-align:center">第三款　完善刑事審判方式</h3>

在刑事訴訟法修正前，大陸地區在刑事審判方式，長期存在許多弊端，首先，只有在犯罪事件清楚，證據充分之案件，才能決定開庭審理，這種作法很容易使法官形成先入為主之偏見，使其後之開庭審判程序流於形式。其次，對於合議庭之權限也不明確，因此，凡屬重大疑難案件都由「審判委員會」討論決定後，再交付審判，即所謂「先定後審」，使得開庭審判成為走馬看花；最後，在進行審判時，由法官包攬訊問被告、出示犯罪證據和宣讀未出庭證人證言等職責，形成由法官代替檢察官承擔指控被告犯罪之舉證責任，這種審檢不分之情況，其實就是「糾問主義」㊼。針對上述問題，此次修法，對第一審之審判方式作了一系列之改革，修正之內容包含取消開庭前之實質審查制度，賦予合議庭有真正審判權，改進開庭審理方式，將法官出示證據改由控、辯雙方舉證，明確規定法官對罪證不足案件應作成無罪判決等。惟不可否認的，由於受經濟、政治、國家體制、文化傳統、司法水平等因素影響，修改後之刑事訴訟法在強調庭審中控、辯雙方舉證、質證，增加審判方式辯護色彩，規定律師可以提前介入刑事訴訟之同時，並沒有賦予律師在偵查程序中，亦享有與檢控等司法人員同等之調查取證等權利㊽；甚至在偵查人員訊問時不能在場，接見被告與犯罪嫌疑人時須受到偵查人員之監督。其次，指定辯護之範圍已擴充至「死刑案件」及「被告為盲、聾、啞或未成年人之案件」，但是，對於一般重大案件（例如，最輕本刑為三年以上有期徒刑之案件），如被告無力聘請律師時，並無指定公設辯護人之規定，使被告無法獲得辯護律師之協助。而且，由於修正後刑事訴訟法沒有規定證人不出庭作證，法院可以強制其到庭，容易發生採用傳聞證據，使被告無法實施訊

問之情形；再者，在沒有明確規定直接審理原則與言詞辯論原則下，都會使
被告在審判時難以充分防禦自己之權利，凡此值得儘速研議和修正[49]。

第四款　改革法官選用制度

大陸地區自西元1977年恢復高考制度後，幾乎每年都有大批法律院校畢業
生、碩士生被分配到各級司法審判機關，司法審判機關也不斷鼓勵和幫助在
職幹部提高審判業務水平。經過二十餘年努力，司法審判機關絕大多數法
官，雖已經達到大專以上專業水準，但如具體分析司法審判機關之專業養
成，不難發現法官隊伍中仍然以非法律院校之畢業生為主；更值得注意者，
近年來正規高等教育畢業生，特別是碩士生、博士生難以進入高級以上之審
判機關，已進入司法審判機關為數不多之高學歷人才，也因各種因素難以久
留。這種高等教育與實際須要相脫節之情況，如不能得到改善，將會阻礙其
司法審判水平之提高，和國家法制建設之進步。改革法官選用制度，首先應
當保證法律院校之高材生，能夠順利進入各級司法審判機關；其次，在法官
等級制度方面，應該儘量減少每一審級審判機關內部之法官等差，初到司法
審判機關工作者，工作滿五年可向上升一級，促使司法審判機關實行垂直領
導，從下一級司法審判機關中提拔優秀法官，擔任上一級司法審判機關之法
官，使法官隊伍成為由低向高之合理流動，相信對於刑事審判公正執法之水
平，必能有效提高。

第五款　強化律師辯護功能

新修正之《刑事訴訟法》重新規定辯論人介入訴訟之期間，擴大指定辯護
之範圍，增加律師及其他辯護人之訴訟權利，設置刑事案件委託訴訟代理人
制度，這些改革和突破既符合國際通行作法和趨勢，積極的保護犯罪嫌疑
人，使被告享有充分辯護之權利。鑑此，律師應具備良好之業務素質和職業
道德，才能正確行使新刑事訴訟法所賦予之各項訴訟權利，認真履行訴訟義
務，在堅持以真實為根據，以法律為準繩之基礎上，盡責的為犯罪嫌疑人、
被告進行辯護；同時律師應當嚴守職業道德和職業紀律，樹立良好之職業形
象，以促進刑事辯護水平之提高，保障刑事訴訟活動之順利推行[50]。

註釋：

① 章武生、左衛民主編，《司法制度導論》，（北京：法律出版社，1994年11月），頁11~12。

② 姚瑞光，《民事訴訟法論》，（台北：作者自行出版，民國84年7月），頁442~456。

③ 陳樸生，《刑事訴訟法實務》，（台北：作者自行出版，民國82年9月），頁402~403。

④ 熊先覺，《中國司法制度》，（北京：中國政法大學出版社，1986年12月），頁157~160。

⑤ 蔡墩銘，《刑事訴訟法概要》，（台北：三民書局，民國87年4月），頁52~54。

⑥ 程榮斌主編，《中國刑事訴訟法教程》，（北京：中國人民大學出版社，1997年11月），頁182~185。

⑦ 張仲麟主編，《刑事訴訟法新論》，（北京：中國人民大學出版社，1993年5月），頁259~262。

⑧ 陳樸生，《刑事證據法》，（台北：作者自行出版，民國80年10月），頁306~310。

⑨ 雷金書，《中共人民法院審判制度之研究》，（台北：文化大學中國大陸研究所碩士論文，民國84年6月），頁148～149。

⑩ 薛景元主編，《海峽兩岸法律制度比較─訴訟法》，（福建：廈門大學出版社，1994年11月），頁294～295。

⑪ 黃東熊，《刑事訴訟法論》，（台北：三民書局，民國84年2月），頁256～264。

⑫ 郝雙祿主編，《刑事訴訟法教程》，（北京：法律出版社，1993年8月），頁188～189。

⑬ 郎勝主編，《關於修改刑事訴訟法的決定釋義》，（北京：中國法制出版社，1996年5月），頁195～196。

⑭ 褚劍鴻，《刑事訴訟法論)(下冊)，（台北：台灣商務印書館，民國81年4月），頁475～476。

⑮ 程榮斌主編，《中國刑事訴訟法教程》，前揭書，頁487～490。

⑯ 周道鸞、張泗漢主編，《刑事訴訟法的修改與適用》，（北京：人民法院出版社，1996年6月），頁280～281。

⑰ 參見大陸《刑事訴訟法》第十五條所規定之六種情形，人民法院亦應為無罪之宣告：

(一)情節顯著輕微、危害不大，不認為是犯罪的；

(二)犯罪已過追訴時效期限的；

(三)經特赦令免除刑罰的；

(四)依照刑法告訴才處理的犯罪，沒有告訴或者撤回告訴的；

(五)犯罪嫌疑人、被告人死亡的；

(六)其他法院規定免予追究刑事責任的。

⑱ 陳世雄、林勝木、吳光陸,《民刑事訴訟法大意》,(台北:五南圖書出版公司,民國84年8月),頁306～309。

⑲ 按第二審上訴之審級構造,立法例有三:

(一)複審制:即以第二審為複審,為完全重複之審理。

(二)續審制:即繼續第一審之審判,以第一審審理之結果為前提,繼續其審判。

(三)事後審查制:即以事後審查第一審判決事實及法律有無違誤之程序。

⑳ 陳樸生,《刑事訴訟法實務》,前揭書,頁487～488。

㉑ 蔡墩銘主編,《兩岸比較刑事訴訟法》,(台北:五南圖書出版公司,民國85年9月),頁384～385。

㉒ 褚劍鴻,《刑事訴訟法論》(下冊),前揭書,頁626～628。

㉓ 李宏錦、廖平生,《中共憲法概論》,(台北:法務部,民國80年6月),頁52。

㉔ 陳衛東、嚴軍興,《刑事訴訟法通論》,(北京:法律出版社,1996年4月),頁391～393。

㉕ 武延平主編,《中國刑事訴訟法教程》,(北京:中國政法大學出版社,1997年6月),頁327。

㉖ 程榮斌主編,《中國刑事訴訟法教程》,前揭書,頁557～558。

㉗ 劉學斌,《刑事訴訟法理論與適用》,(北京:法律出版社,1996年5月),頁3～4。

㉘ 姜小川,〈關於完善我國刑事迴避制度的探討〉,《法學月刊》,1995年第7期,(北京:中國人民大學書報資料中心,1995年7月),頁25～27。

㉙ 蔡碧玉,〈新修正刑事訴訟法簡介〉,《法務通訊》,第1866期,(台北:司法院,民國87年2月12日),第三版。

㉚ 趙秉志、王新清、甄貞,《大陸六法精要(4)刑事訴訟法》,(台北:月旦出版社,民國82年12月),頁326～327。

㉛ 陳樸生,《刑事訴訟法實務》,前揭書,頁7～8。

㉜ 王俊民,〈論當前影響刑事審判方式轉型的若干問題〉,《訴訟法學、司法制度》,1998年第1期,(北京:中國人民大學書報資料中心,1998年2月),頁18～21。

㉝ 趙秉志、甄貞,〈中國大陸新刑事訴訟法典述評〉,《華岡法粹》,第24期,(台北:文化大學法律系,民國85年10月),頁87。

㉞ 蔡墩銘主編,《兩岸比較刑事訴訟法》,前揭書,頁364～369。

㉟ 楊克佃,《刑事審判監督程序的理論與實踐》,(北京:人民法院出版社,1993年4月),頁24～29。

㊱ 參見司法院,《司法院對刑事訴訟制度研採當事人進行主義為原則之說帖》,民國88年6月,頁12~14。

㊲ 蔡炯燉,〈由訴訟制度之變革及司法人力之資源談金字塔訴訟制度之建立〉,《

法官協會雜誌》，第一卷第1期，(台北：法官協會，民國88年6月)，頁145~149。

㊳ 鐘啟煒，《檢察官舉證責任與法院依職權調查證據之研究》，司法研究年報87年度第19輯，(台北：司法院，民國88年6月)，頁162~168。

㊴ 黃東熊，《刑事訴訟法論》，前揭書，頁411~419。

㊵ 姜士林、陳瑋主編，《世界憲法大全》，(北京：中國廣播電視出版社，1989年6月)，頁105~117。

㊶ 陳建國主編，《刑事訴訟制度之改革與完善》，(北京：紅旗出版社，1997年2月)，頁13~14。

㊷ 參見司法院，《司法院對刑事訴訟制度研採當事人進行主義為原則之說帖》，民國88年6月，頁10。

㊸ 參見司法院，《司法院對刑事訴訟制度研採當事人進行主義為原則之說帖》，民國88年6月，頁8~9。

㊹ 趙秉志、甄貞，〈中國大陸新刑事訴訟法典述評〉，前揭文，頁87。

㊺ 雷金書，《中共人民法院審判制度之研究》，前揭書，頁230～231。

㊻ 陳光中，〈刑事審判結構之研究〉，《法學月刊》，1994年第2期，(北京：法學月刊雜誌社，1994年4月)，頁126～127。

㊼ 張麗卿，〈論大陸刑事訴訟法的修正〉，《台大法學論叢》，第26卷第3期，(台北：台大法律系，民國86年4月)，頁318～319。

㊽ 王俊民，〈論當前影響刑事審判方式轉型之若干問題〉，《訴訟法學、司法制度》，1998年第1期，(北京：中國人民大學，1998年2月)，頁18～19。

㊾ 席小俐，〈對我國審判制度的幾點思考〉，《法學家》，1998年第2期，(北京：中國人民大學，1998年4月)，頁115～116。

㊿ 甄貞，〈促進新刑事訴訟法正確實施之建言〉，《法學家》，1998年第2期，(北京：中國人民大學，1998年4月)，頁104。

結論－兩岸司法改革之未來取向與作法

第一節　兩岸司法改革之意願

第一項　台灣地區司法改革之推動

　　近年來台灣地區司法改革、司法再造之呼聲不斷，吾人從若干不同機關團體之民意調查中，發現人民對於司法之滿意度偏低，根據一項由學者、專家主辦之法社會學研究報告中指出，民國七十四年間台北市民對於法官的印象還是正面略高於負面，但至八十四年台灣地區受訪者對法官之主要印象，已經是負面(50.2%)高於正面(33.4%)；人民對於司法制度普遍存在著疏離、冷漠之感覺，儘管司法同仁力求革新，卻仍不能滿足人民之需求，而法官案牘勞形、夙夜匪懈亦未能贏得人民應有之信賴與認同。原因固然很多，但最主要之關鍵在於以往之司法改革，大都從法律人之角度觀察問題，而較少以人民之立場及訴訟當事人權益為取向觀察。因此，司法體系內部雖已進行改革，但人民仍感受不到司法之進步。再者，司法程序複雜冗長、欠缺效率，人民之權益未獲得即時之保障，而且由於目前訴訟程序過於職權化，未能保持法官、檢察官、被告三方關係之均衡，致引發人民質疑裁判之公正性，而無法信賴法官之判斷。是以，能否實現司法為民之理想，建立公平、正義之訴訟制度，為司法改革能否成功之重點所在，亦為國家是否能長治久安之基礎。

　　如本書第二章所述，我國司法制度之現代化雖肇端於清末之變法，迨國父建立民國，始奠初基。而民國初年，以內戰頻繁，軍閥割據，雖有法院之設置，實則司法尚未脫離行政而獨立。至國民政府奠都南京，始能致力於現代化的司法建制，訓政開始，司法院成立後，乃更積極從事司法建設[①]。抗戰爆發，政府本一面抗戰一面建國之決策，於司法方面，仍多建樹，機構屢有改進，法制日益完備，司法獨立之精神與保障人民權益之功能，亦日益發揮，而能自民國三十二年起，與各國簽訂平等新約，恢復司法權之完整。抗戰前，司法院曾於民國二十四年九月舉行首次全國司法會議，於宣言中列

舉：(一)司法經費之獨立，(二)法規研究機構之創設，(三)法院組織之健全，(四)法律教育之改進，(五)領事裁判權之撤廢等五項為努力目標，至抗戰勝利，此五項目標均已達成，亦為司法制度確立鞏固基礎②。行憲後，我國司法以建立憲政之司法制度為首要任務，以推行法治、弘揚憲政為其努力鵠的。雖因中共全面叛亂橫生阻礙，但政府仍毅然在復興基地積極加強司法建設，經五十年之不斷努力，無論民刑訴訟、行政訴訟、公務員懲戒及憲法與法令之解釋，以及各級法院與監獄之增設擴建、司法人事之健全、辦案績效之提高等各項業務，均有改進，為司法建立新的形象，對人民權益之維護與民主法治之增進，貢獻實多。惟不可諱言的，由於司法公信力不彰，司法院定位不明，司法風氣不良或裁判不公現象時有所聞，其他如開庭不準時、調查證據草率、案件久懸不結、人犯羈押欠慎，重大案件量刑欠當等③，凡此均為現行司法制度亟應檢討改進之處，對於前開缺失，司法院自民國八十三年十月起，積極推動司法改革，從全民立場出發，以落實公平的司法審判，保障基本人權，增進審判工作之清廉與效率為重點，積極從事改進司法工作。

司法院司法改革工作，分兩部分推動，(一)為無涉制度變更，不待研議即可推動部分，諸如加強維繫審判獨立、改善司法風紀等事宜，均已積極採行各項措施加強辦理，並見初步成效；(二)為具有原則性爭議之重要問題，有待多方面審慎研議，檢討得失，以建立共識俾利推行部分，諸如涉及司法制度、訴訟程序或其他院部職掌之事宜，則分階段進行改革工作。第一階段先成立司法改革委員會，邀請學有專精之學者、專家、社會人士(律師)及司法界代表等共同組成，分組定期集會，討論司法院定位、加強司法院大法官功能、改進各項訴訟制度、維護司法獨立、法學教育等司法人員之養成及相關議題，經時一年，共決議研提多項改革建議案。嗣接續進入第二階段，全力檢討落實司法改革委員會研議通過之各項改革方案，其需修法配合者，由各法律研究修正委員會積極研擬修正法案，其涉及其他機關職掌者，則積極協調共識，加強推動④。

第二項　大陸地區訴訟法制之改進

大陸地區司法制度，早期深受蘇區經驗及「蘇維埃模式」法制之重要影

響，自西元1921年至1949年，為司法制度「萌芽時期」，依時間順序可分為工農民主政權時期、抗日民主政權時期和人民民主政權時期，在此二十餘年之變革發展，已設置法院、檢察機構，而初步建立起大陸司法制度之雛形。嗣自1949年10月至1956年為「創建時期」，成立最高人民法院、最高人民檢察署，將法院分為最高、高級、中級、基層人民法院四級，採四級二審制，設相對的檢察機關⑤；於法院內部設有「審判委員會」，針對具體案件，更設有軍事法院、鐵路運輸法院、海事法院等專門人民法院⑥。迨1957年至1965年則為「停滯時期」，由於司法人員及法學專家在「大鳴大放」、「百花齊放」運動中，大肆批評中共法制的不完備及司法弊病，致被劃歸為左派分子，甚而遭勞動改造，在1957年中共發動「反右派鬥爭」後，許多重要的法律制度、律師制度、檢察制度等都受到無情的批判和抨擊，導致大陸的司法制度在此八年間無法獲得正常發展⑦。從1966年至1976年間則為「破壞時期」，中共司法制度自1957年後停滯不前，已如上述，旋即「文化大革命」於1966年5月接踵而至，根據江青「徹底砸爛公、檢、法」口號下，使得檢察機關全部被取消，由公安機關取代，人民法院審判、辯護等制度，全部癱瘓，嚴重破壞司法制度、踐踏人權⑧。及至1977年以後迄今為「重建時期」，尤其1978年12月召開的十一屆三中全會，明確提出健全社會主義民主和加強社會主義法制建設綱要後，恢復法院制度，重建檢察機關，同時修正相關《人民法院組織法》，《人民檢察院組織法》、《律師暫行條例》、《公證暫行條例》等法律，而使司法制度有如前述之規模。

惟由於中共在本質上採行社會主義法制，使共產黨居於最高領導地位，一切政治權力，集中於共產黨手中，其全國人民代表大會，位居國家機構之最高權力機關地位，管理國家事務和社會事務、經濟、文化事業⑨。故各級司法機關，均需向各級人代會負責，法律之合憲性與否，不受司法部門監督，人民法院並無司法審查權，審判員獨立審判不被承認，法律最高解釋權歸由最高權力機關(人民代表大會常務委員會)行使，黨不僅在形式上領導國家政策，更於實質上統治國家，致使公安部、人民檢察院、人民法院及司法部等一般習稱之公、檢、法、司等體系，均淪為統治者的工具，凡此黨政不分、黨監控司法之情況似非大陸廣大民眾之福⑩。

其次，總結大陸地區司法制度之歷史發展經驗，我們發現其人民司法制度是在徹底摧毀舊司法制度之基礎上建立起來的；且隨著革命鬥爭和國家建設之需要而逐步茁壯，雖然在演進過程中經歷長期曲折道路，但大體來說，已發展出具有社會主義特色之司法制度。近年來，中共不斷加強司法制度之改革，在1992年10月舉行之中共第十四屆全國代表大會中，通過修定之黨章，明定走向社會主義市場經濟之新體制，要求司法機關嚴格執法，樹立社會主義法制之權威，防止和糾正「以言代法、以權壓法」，干擾執法之現象，俾能因應時代需要。而在1996年3月17日第八屆全國人民代表大會第四次會議所通過之「中華人民共和國國民經濟和社會發展九五計劃和2010年遠景目標綱要」中，更明顯浮現司法改革之目標，及「公、檢、法」機關未來之取向，該綱要中提出「依法治國」理念，作為建設社會主義法制國家之治國方略⑪。為期依法治國之達成，該「綱要」要求，國家務須落實立法、司法、執法、普法工作；堅持改革、發展與法制建設緊密結合，繼續制定實施與經濟社會發展相適應之法律法規；同時應積極完善司法、行政執法及執法監督工作；堅決糾正有法不依、執法不嚴、違法不究、濫用職權等現象，建立對執法違法之追究制度和賠償制度；尤應以廉政工作、整頓紀律、嚴肅執法為重點，加強司法執法隊伍建設，全面提高政治和專業素質，繼續深入開展法制宣傳教育，提高全民族之法律意識和法治觀念，以促進社會主義建設之到來。

西元1997年底召開中國共產黨第十五次全國代表大會，江澤民總書記在〈高舉鄧小平理論偉大旗幟，把建設有中國特色社會主義事業全面推向二十一世紀—在中國共產黨第十五次全國代表大會上的報告〉中，宣示要「進一步擴大社會主義民主，健全社會主義法治，依法治國，建設社會主義法治國家」，並且在依法治國的總體治國方略下，強調要「推動司法改革」，要求「從制度上保證司法機關依法獨立公正地行使審判權和檢察權，建立冤案、錯案責任追究制度」⑫，以上所述，可見中共已有推動司法改革之意願，並成為其貫徹社會主義法治之首要工作。

第二節 兩岸司法改革之具體作法

第一項 台灣地區司法改革之目標與進度

民國八十六年十一月一日，司法院為彰顯政府重視司法改革之決心，再揭櫫以「建立廉能公正的司法，實現公平正義的社會」為司法改革目標，至其具體作法，則從下列五方面，尋求改進：

第一款 確保獨立公正的司法

一、健全司法組織體系

(一)司法院以審判為中心，淡化行政色彩：為避免司法行政權凌駕審判權而有行政干涉審判之虞，司法院於民國八十三年十二月十日以(八三)院台廳民一字第二二二四六號通函各級法院自八十四年一月一日起，法律釋示權改由審判系統接辦；並於八十五年一月十四日以(八五)院台廳刑二字第〇〇八四一號函知台灣高等法院自八十五年一月一日起，民、刑事業務視導委由該院辦理。

(二)研議司法院朝審判機關化方向辦理：司法院目前設大法官掌理解釋憲法與統一解釋法律及命令，並組成憲法法庭，合議審理政黨違憲解散案件。其所掌理該部分之司法權，已具審判機關性質。惟現制大法官解釋案件係以會議議決方式為之，與審判機關法庭化有別，致生司法院非審判機關之質疑。而有論者以為，憲法明文規定司法院為國家最高司法機關，是司法院應同時為最高審判機關，司法院之組織有必要朝最高審判機關調整⑬。經司法院邀集學者、專家先後組成司法改革委員會、司法院定位委員會積極研議相關議題，嗣於八十六年四月二十六日經委員多數決選定以「多元化多軌制合併現制改良案」為司法院定位方案，惟社會上論者仍有不同聲音，以為如此未符司法院審判機關化精神⑭；為此司法院仍繼續努力，廣納不同意見，溝通歧異，為司法院審判機關化作最妥適之定位。

(三)修正法院組織法及有關法規，並調整其組織：現制解釋憲法與統一解釋法律及命令、民事訴訟、刑事訴訟、行政訴訟及公務員懲戒，係由司法院大法官、各級法院、行政法院及公務員懲戒委員會分別掌理，有關司法(審判)機關組織，分別規定於司法院組織法、法院組織法、行政法院組織法及公務

員懲戒委員會組織法,若司法院審判機關定位確定後,各司法權職掌機關有變動者,相關組織法當配合調整修正。換言之,司法機關組織法務需配合司法院審判機關化定位修正調整,落實司法院審判機關之定位,以杜司法行政凌駕審判之質疑。

二、落實司法行政民主化

(一)司法決策民主化:司法院院務以司法院院長決策定之,雖另有司法院院會提供法律案相關意見,惟現制院會參與者均係司法行政系統官員、終審審判機關首長及大法官等,思慮觀點、層面或受限制,較無法自其他層面另闢宏觀。為集思廣益,擴大司法院院會參與層面,廣納各方意見,俾司法決策民主化,司法院已研議擴大司法院院會的參與層面,增加分別代表審判實務界的法官及法律學界、學者參與院會,期自不同層面、不同角度集思廣益,使司法決策更趨周延,確實落實司法決策民主化。

(二)法官調動民主化:

1.司法院人審會之運作方式採公平、公正、公開之民主程序。

2.增加法官代表參加司法院人審會的名額。

3.司法院為暢通各級法院法官升遷管道,有關法官遷調係將符合擬調任職務任用資格的法官,依院頒「法院院長、庭長、法官、評事、委員遴選試辦要點」之規定,依審級職務之不同,或由所屬法院及所屬上級審法院辦理票選,按得票數高低排名列冊推荐,而由司法院提出建議名單送請司法院人事審議委員會(其委員人數為法定委員十一人,票選法官代表十人)審議,獲通過後予以遴任,實施以來,成效尚稱良好。

4.為使法官之遷調更具民主化,司法院於民國八十七年三月三十一日以院台人一字第○七三號函修正發布「法院院長、庭長、法官、評事、委員遴選試辦要點」,除原規定一、二審庭長之遴選,應由冊列人員所屬法院及直接上級審法院辦理票選外,新增加「並送所屬法院院長及經司法院指定試辦之所在地律師公會辦理推荐」等有關規定,以期遴選出最適當人員。

5.為促進司法人事新陳代謝,司法院已於八十四年五月五日以院台人一字第○八七八七號函發布「高等法院以下各級法院及其分院法官兼庭長職期調任實施要點」,明訂高等法院以下各級法院庭長之任期及連任之限制等規定,以

期落實建立一、二審庭長任期制度。

(三)成立諮詢委員會：司法院院務係以司法院院長決策定之，雖另有司法院院會提供院務意見，惟現制限於司法法律案，其他重要院務行政尚不包括，有廣徵各方意見以為改進司法院務行政參考之必要。是研議成立司法院院務諮詢委員會，延攬律師及學者參與，定期集會，討論司法院重要院務事宜，供作司法院相關行政業務的參考，使司法行政更趨周延，並落實司法行政民主化。

三、建立完善的法官制度

(一)完成法官法立法：為貫徹憲法第八十條規定「法官需超出黨派之外，依據法律獨立審判」之精神，應對法官之身分、地位、任免予以法制化之保障，已研議制訂法官法，送立法院審議中。

(二)確立法官保障制度：司法人員人事條例雖已就法官之保障設有專章規定，惟隨著社會進步，經濟繁榮，現行法律有關法官之保障規定部分已不合時宜，為此應將現行法官保障制度重新檢討，並於法官法草案中設立法官保障之專章規定，以維護法官獨立審判，落實保障其職務為原則。

(三)健全法官休假進修制度：現階段法官因工作負荷過重，且無制度化的在職進修辦法，法官之思想、學養易停滯不前，有害裁判品質的提昇。故特於法官法中將法官在職進修制度化，使法官之思想觀念與時俱進，提高裁判品質。

(四)提高法官待遇，減緩法官人才之流失：因法官的薪資與其工作負荷不成比例，致有經驗之法官大量離職，使人民無法普獲成熟、幹練法官之審判，且國家需不斷支出巨額費用以訓練新進人員，既不符經濟原則，亦無法提昇裁判品質，解決之道應使法官的待遇與其工作付出能成正比，始能留住人才，以開啟減輕法官工作負荷、提昇裁判品質的良性循環。司法院目前除積極協調考試院及人事行政局，爭取調高法官待遇外，並於法官法草案中將法官的專業加給，為一般同級公務員專業加給之三至五倍，予以法制化。

四、法官應超出黨派，依法獨立審判

(一)法官應退出政黨：為確保法官超出黨派獨立審判，不受其所屬政黨之影響，以增進人民對司法的信賴，司法院特將法官應超出黨派之精神法制

化，納入法官法草案中，明定「法官於任職期間不得參加政黨，任職前已參加者，應退出政黨」。

(二)法官不參加政黨活動：

1.為確保司法的獨立形象，全國最高司法行政首長率先辭去執政黨之重要黨職，退出執政黨之決策核心，及辭去民意代表之職位，不參與一切政黨活動，以為全國法官的示範。

2.為維護司法威信，司法院已於八十一年四月十四日以(八一)院台廳四字第四○五五八七號函知所屬各級法院法官不得於任職期間參加任何政黨活動。

3.法官若有意參加公職人員選舉，不免因經營選舉相關事務或活動，而無心於工作，致積壓、延宕承辦案件，影響人民權益及司法信譽，是於法官法草案中規定，法官若決意參選，即當離職，並應於各該公職人員任期或規定之日屆滿一年以前為之。

(三)公布關說案件者名單：司法院為貫徹審判獨立，避免違法不當之請託關說，以維護司法信譽，特訂定「司法院暨所屬機關定期公布請託關說司法案件者名單實施要點」乙種，並於八十六年四月十四日以(八六)台政字第○五四七三號函知所屬機關辦理。

五、改進法曹考、訓、用制度

(一)建立法官、檢察官、律師考試合一制度：司法人員素質之良窳，攸關改革大業的成敗，現有法曹之考訓制度，因事權分散，未能精確掌握實際需要，致司法人員素質參差，無法提高⑥，爰研議將法官、檢察官及律師合一考選，並由司法院設司法人員研習所負責規劃。法官、檢察官、律師之考選及養成教育事涉行政院、考試院職掌，經協調後，該二院同意考試合一，惟關於由司法院設司法人員研習所規劃部分，仍有相歧意見，三院尚未能達成共識，司法院仍在積極協調中。

(二)改進考試科目及方式：為因應社會生活之多樣化、快速化、資訊化、專業化及國際化的變遷需要，並兼顧考試權及司法權之獨立性，促進法治建設，使法官、檢察官、律師之考試科目及方式與前揭考試合一制度得以前呼後應，除通識科目外，需選列各種特殊專業性的法律學科為選考科目，考試科目應予以統一，並以三試行之，俾測知考生基礎學科的認知程度及考生理

解力等遂行職務所必要的能力，並針對第二試的結果為綜合考察。此外，應進一步由相關單位和團體共同組成「司法人員考選委員會」來決定合一考選的基本政策、考試科目及方式等相關事宜。經司法院邀集考試院、行政院代表協商後，三院咸認為考試科目及方式應予改進，惟如何改進尚無共識，仍繼續協調研議中。

(三)研究法官、檢察官、律師訓練合一之可行性：法官、檢察官、律師工作的專業領域各有不同，雖司法官和律師的訓練方式有別，然同為司法體系中不可或缺者，其訓練方式仍無法滿足三者彼此間實際上需要，有待研究改進。如按照日本、韓國或其他先進國家作法⑯，及銜接前述考試合一制度、考試科目及方式的基本精神，法官、檢察官、律師，應有共同研習審判、檢察及辯護事務等課程必要，如此可使三者在共同研習過程中，非但可以相互了解各該領域的專業法律課程及業務分工，甚至足以促使三者日後對於整體司法業務之榮辱及使命感凝聚共識⑰。目前三者合併訓練，因囿於現行法令無法配合及訓練課程的安排，有其難以兼顧或達到專業化要求的實際困難，因此司法院應積極研議和其他機關協調，期能付諸實行。

六、善用司法預算、減輕法官負擔、提高裁判品質

(一)增加法官員額、設置法官助理、落實候補制度：

1.增加法官員額：積極增加法官辦案人力，可有效紓解法官辦案負擔，司法院除建議考試院增加舉辦司法特考次數及增加司法官錄取名額外，另積極爭取增加法官預算員額，期能逐年增員。

2.設置法官助理：為避免法官浪費太多時間，從事繁瑣而無需專業知識之事務性工作，而能投注更多心力於審判，各方咸認有設置法官助理的必要，以協辦訴訟案件程序之審查、法律問題之分析及資料蒐集等事項。

3.落實候補制度：為提高裁判品質、落實候補制度，增加候補法官歷練，充實其辦案經驗，司法院自民國八十五年一月一日起實施候補第一年法官不獨任辦案之制度，嗣因現有法官人力資源短缺，及工作量負荷過重，現調整為候補前六個月不獨任辦案，未來將逐年檢討得失改進，修正法官候補規則。

(二)延攬律師、教授擔任法官：為因應審理日益增加且複雜多元化案件之

需要，亟待增加法官辦案人力。惟目前，律師或教授、副教授、講師未具有薦任職或簡任職公務人員任用資格者佔多數，而依現行《司法人員人事條例》第九條及第十二條規定，上述人員申請轉任法官，必須具有薦任職任用資格，因本項規定，以致無法吸收更多的律師、教授轉任法官。改進之道，為取消或放寬任用資格限制。最近司法院於民國八十七年六月十一日訂頒《司法院遴選律師、教授、副教授、講師充任法院法官審查辦法》、《司法院推動律師充任法官作業要點》及《司法院遴選律師充任法院法官職前訓練計劃》，並同時廢止《遴選律師、教授、副教授、講師充任法院法官審查要點》在案，期以吸收優良律師充任法官，該計劃已在民國八十八年六月完成第一波優秀律師轉任法官工作。

(三)設置法務官：近年來台灣地區工商發達，社會轉型，法院受理之訴訟事件與非訟事件逐年遞增。各地方法院辦理民事事件的法官，每人每月平均結案折計件數均達高標準件數，且除超額辦理一般民事事件外，並長期負擔鉅額之非訟事件，龐大的工作負荷，不僅損耗法官精力，同時影響裁判的效率及品質。司法院鑑於合理分配使用有限的司法資源，以落實憲法保障人民訴訟權意旨，乃參酌德、奧兩國的法務官制度，研議將部分較具事務性的非訟事件及民事強制執行、財務執行案件，交由法務官處理，期於該制度施行後，能使法官專心致力於審判業務，以提昇辦案績效。

(四)研議廢除法官辦案成績、合理放寬管考制度：為公平考查法官之辦案成績，司法院於民國七十年三月六日訂定「法院法官辦案成績考查實施要點」，施行迄今十餘年，其中經過五次修正，規定共二十六條，就法官辦案成績之計算方式，規定甚為詳盡。惟因各法官主觀態度及案件區域性之差別，尚無法透過法官的辦案成績而正確反應出辦案品質，以達到本要點訂定之目的。是司法院於八十六年七月四日起先予取消法官考績甲等之限制，回歸考績法之規定，並訂定《司法院所屬各級法院法官民國八十六年度年終考績(成)評定參考要點》；又於八十六年十二月十六日發布廢除「法院法官辦案成績考查實施要點」，以合理放寬法官管考制度。

(五)加強裁判書類事後審閱功能：實任、試署法官裁判書類原採事後送閱制，為避免院長、庭長藉審閱制度干涉審判之疑慮，司法院業已廢除。惟為

提高裁判品質及經驗傳承，改採判決正本寄發當事人後送庭長、院長研閱制。候補法官裁判書類原採事前送閱，為杜干涉審判疑慮並兼顧裁判品質，爰折衷採判決書宣判後再行送閱。

(六)增進法庭及其他硬體設施：

1.為使集中審理制度得以落實，確保人民於訴訟中得以充分行使權利，需有足夠的法庭，俾供法官得隨時開庭利用。司法院將以地方法院二‧五位法官配置一法庭為原則，逐年完成法庭增建。

2.長期以來法官的工作環境不良，為提供合理工作環境及維護法官尊嚴，期使每一法官有獨立的辦公空間，爰逐年編列經費擴建法院辦公廳室。

第二款　維護清明廉能的司法

一、強化司法院人事審議委員會的功能

(一)確實審議各項人事案：司法院人事審議委員會依法審議各級法院法官、行政法院評事、公務員懲戒委員會委員之任免、轉任、遷調、考核、獎懲等事項。對於法官有對主管業務之推進或革新具有成效、執行緊急或重要任務能依限完成妥善處理、拒受賄絡或拒絕關說案情，足以增進司法信譽、或清理積案著有績效、或有其他優良事蹟者，均適時審議予以獎勵，並作為他日遷調職務的參考；而對於怠忽職務，違反有關法令禁止事項者予以行政處分，尤其對於破壞司法風紀，有違法事證者一律移送法辦；有不良風評者，予以行政調動，實施以來，確已發揮獎優汰劣、拔擢賢能等考核目的及維護司法清明廉能的功能。

(二)研修司法院組織法相關規定，調整人審會組織成員：在現行人事審議委員會審議程序上，未來票選委員人數如能相當於當然委員人數，並另增加代表社會從專業角度提供意見的法學教授、律師共同參與審議，將可使審議過程更趨開明民主，及客觀公平。

二、各法院成立法官自律委員會

(一)訂定法官守則，要求法官自律：社會對法官之期望甚殷，法官應以自律為先，司法院特制訂《法官守則》，作為法官的行為指標。

(二)成立法官自律委員會：法官自律與他律應並重，除以法官評鑑辦法的發布試辦法官評鑑外，尚期盼藉法官團體之自我監督作用，使法官自清、自

重與自律。司法院已訂定《法官自律委員會試辦要點》，要求各級法院自民國八十六年十二月一日起試辦，各自成立法官自律委員會，由全體法官或法官代表組成，監督所轄法院法官的行為，遇有法官行為不當應予糾正，得由法官自律委員會議決督促法官改正或建議法院行政監督長官依法院組織法第一百十二條、第一百十三條處理，或送法官評鑑。

三、以職務法庭方式實施法官個案評鑑

(一)試辦法官評鑑：為使品德、操守不佳或嚴重不遵守辦案程序事項之法官知所警惕，並端正司法風氣，司法院已訂定「法官評鑑辦法」，自八十五年二月一日開始施行。

(二)將法官評鑑法制化，納入法官法草案規定：法官評鑑制度已納入法官法草案中專章規定，而法官評鑑的組織及程序，未來將循「法官職務法庭」模式辦理。

四、淘汰不適任法官

不適任法官的淘汰，應法制化，以維法官的整體素質。爰納入法官法草案中明定，相關內容有：

1.學習成績不良的淘汰。

2.試署成績審查不及格的淘汰。

3.評鑑為不適任法官的淘汰。

4.考績丁等法官的淘汰。

五、加強維護司法風紀

(一)有違法事證者，一律移送法辦：查辦貪瀆不法，不僅係維護優良司法風紀之目的，且係必要手段。將機關內害群之馬一一揪出，最終目標是要維持一個乾淨清廉的審判環境，使司法人員能安於執行人民所託付重責，建立國家法治之根基。司法院除訂頒各種相關規定外，並責成各機關首長以身作則，表率所屬，本毋枉毋縱精神，發現員工涉有貪瀆不法具體事證者，一律移送法辦，絕不縱容包庇。另加強各機關貪瀆不法案件之發掘及查察，以糾害群之馬，並惕勵司法人員廉潔操持。自八十三年九月迄八十七年底為止，因涉案而被偵辦的司法人員共有四十三人，其中法官有十三人。

(二)有不良風評者，予以行政調動：對於有不良風評，但尚無貪瀆不法實

據之司法人員，司法院本於「防患於未然」之考量，均予以行政調動，以改變環境，並促使警惕。八十四年一月以來，司法院依《司法人員人事條例》第三十五條第六款基於不適任原因而予行政調動者共計二十五人，大致上均能收到一定的效果。

(三)辦案不力或缺失者，予以懲處：司法院依《司法院暨所屬各機關人員獎懲案件處理要點》等有關規定，對於辦案不力或有缺失的司法人員，均予適當的懲處，八十三年九月迄今，因違反有關規定經簽辦議處者共計100人，其中受記過以上處分者14人。

第三款　強化保障人權的司法

一、加強大法官釋憲功能

(一)放寬釋憲聲請要件：對於職司審判業務，適用法令範圍至廣，關係人民權利義務最密切之各級審判機關法官得否聲請解釋，法律規定付之闕如。司法院大法官於民國八十四年一月二十日作成之釋字第三七一號解釋揭示，法官於審理案件時，對於應適用之法律，依其合理之確信，認為有牴觸憲法之疑義者，得聲請大法官解釋。爰依前揭解釋意旨，司法院經研議完成《司法院大法官審理案件法》修正草案，於相關法條中增訂各級審判機關法官均得依法聲請解釋，藉以放寬聲請解釋之要件。

(二)大法官釋憲法庭化：大法官解釋案件本具司法性質，形式上之法庭化僅表彰其司法性質之一端，如何使釋憲程序更司法程序化，實為相關改進之重點。爰修正「司法院大法官審理案件法」之相關法條如下：

1.明白揭示大法官審理案件以書面審理為原則，但得依聲請或依職權行言詞辯論(第十八條第一項)。

2.增訂言詞辯論應於公開法庭行之，以符合公開審理原則(第三十一條第二項)。

3.增訂聲請不合程序補正之規定(第十二條第三項)。

4.明定對於大法官釋憲案件行使調查權之程序準用行政訴訟法規定(第十七條第二項)。

5.明定釋憲案件相關文書之送達準用行政訴訟法之規定(第二十四條)。

(三)加強保障軍人人權：近年來司法院大法官解釋與軍人人權有關者計

有：

1.合理放寬對軍人訴訟權限制而言：

(1)民國七十九年七月六日公布之釋字第二六二號解釋：認監察院對軍人所提之彈劾案，不應再由軍事機關處理，應移送司法體系之公務員懲戒委員會審議，方符憲法第七十七條司法院為國家最高司法機關之意旨。

(2)民國八十六年六月六日公布之釋字第四三〇號解釋：認軍人為廣義之公務員，與國家間具有公法上之職務關係，影響軍人身分存續之行政處分，係損及憲法所保障服公職之權利，該受行政處分之軍人自得循訴願及行政訴訟尋求救濟。

2.以軍事審判制度的司法化而言：

(1)民國八十六年十月三日公布之釋字第四三六號解釋，宣告現行隸屬於國防行政體系下的軍事審判制度違背法治國家權力分立、司法獨立之憲政精神。並揭示：

①軍事審判必須符合正當法律程序之最低要求，包括獨立、公正之審判機關與程序。

②規定軍事審判程序之法律涉及軍人權利之限制者，亦應遵守憲法第二十三條之比例原則。

③在平時經終審軍事審判機關宣告有期徒刑以上之案件，應許被告直接向普通法院以判決違背法令為理由請求救濟。

(2)大法官於釋字第四三六號解釋中明示，《軍事審判法》第十一條，第一百三十三條第一項、第二項，第一百五十八條及其他不許被告逕向普通法院以判決違背法令為理由請求救濟部分，至遲於八十八年十月二日失其效力，行政、立法等相關機關應依本號解釋意旨儘速完成修法工作，使軍人人權之保障早日落實。

(四)加強人民身體自由：近年來司法院大法官解釋與人身自由有關者，計有：

1.民國七十九年一月十九日公布之釋字第二五一號解釋：認為《違警罰法》中所規定由警察官署裁決之拘留、罰役及送交相當處所施以矯正或令學習生活技能之處分，均限制人民身體自由，應改由法院依法定程序為之。八

十年六月二十九日制定公布之《社會秩序維護法》，已取代舊《違警罰法》，以更縝密週詳的規定，確保人民身體自由。

2.民國八十一年七月十七日公布之釋字第三○○號解釋：認為《破產法》第七十一條第二項但書，對破產人之羈押展期次數未加適當限制，與憲法保障人民身體自由之本旨不合。八十二年七月三十日，《破產法》第七十一條經修正公布，將對破產人之羈押改以管收為之，並明定管收期間不得超過三個月，展期亦以三個月為限，俾充分保障人身自由。

3.民國八十四年七月二十八日公布之釋字第三八四號解釋：宣告《檢肅流氓條例》第六、七、十二、二十一條條文不符正當法律程序之要求，違背《憲法》保障人身自由之意旨。八十五年十二月三十日《檢肅流氓條例》經修正公布，針對前開各違憲條文，作重點修正，使檢肅流氓案件之處理程序更具正當性。

4.民國八十四年十二月二十二日公布之釋字第三九二號解釋：明白揭示《刑事訴訟法》中賦予檢察官羈押刑事被告之權限及《提審法》第一條，聲請提審以遭非法逮捕拘禁為條件，均與憲法保障人身自由意旨不合。因此《刑事訴訟法》賦予檢察官羈押被告權限之相關規定，應於八十六年十二月二十二日失效，並於同日起改向法院聲請核辦。

二、便利人民使用司法制度保護私權

(一)落實訴訟救助制度：為落實訴訟救助制度之功能，避免當事人因支出訴訟費用致生活陷於困窘，甚而放棄使用訴訟制度，而研修相關民事訴訟法規。

(二)裁判費分級遞減徵收：為使大額訴訟費用負擔合理化，貫徹憲法保障人民平等權、財產權及訴訟權之精神，爰參考外國立法，研修相關法規。目前該部分修正條文已完成，送立法院審議中。

三、實踐程序正義

(一)羈押改由法官慎重決定：為保障人權，避免濫行羈押，司法院於民國八十四年十一月二十四日通函各級法院重申對於刑事被告應慎重羈押，不得違反人權。另依大法官釋字第三九二號解釋，修正《刑事訴訟法》相關規定明定法官、檢察官應即時訊問因拘提或逮捕到場之被告或犯罪嫌疑人，並增訂

檢察官訊問後認有羈押被告之必要者，需自拘提或逮捕之時起二十四小時內聲請該法官核辦。

(二)從嚴規定拘提、搜索、監聽之要件：現行《刑事訴訟法》對於何種情形得為拘提、拘票應為如何記載、如何執行拘提、搜索之客體、搜索票之記載、扣押物之處理等均設有明文規定，實施以來雖尚無窒礙之處，但為確實保障人權，使訴訟程序之進行益加慎重，仍應從嚴規定拘提、搜索之要件，並就現行規定不足之處予以增訂，以應需要。目前部分條文已併同羈押條文修正案，於八十六年十二月二十二日起實施，其餘部分則正徵詢行政院意見中；至關於法務部職掌部分已於八十四年十一月二十五日函請該部參考。

(三)加強檢察官舉證責任：檢察官係立於原告之地位，其對被告之犯罪事由，本負有舉證之責任，為使其切實實踐行此項義務，司法院爰將《刑事訴訟法》第一百六十一條擬議修正為：「檢察官應就被告犯罪事實，指出證明之方法。法院因檢察官指出之證明方法不足認為被告顯有成立犯罪之可能時，應以裁定定期通知檢察官補提，逾期未補提者，得逕行諭知不受理之判決」，使舉證義務具體化，以強化檢察官實行公訴之職責。

四、擴大公務員違法或公權力不當行使的救濟途逕

(一)行政訴訟改採二級二審制、增加行政訴訟的種類：《行政訴訟法》修正草案」採二級二審制，增訂確認訴訟及給付訴訟，以擴大行政訴訟的功能；另除權利外，就法律保護之利益，亦得提起行政訴訟，俾符合法治國家的要求，該草案已於民國八十二年二月二十八日函送立法院審議，並於八十七年十月二十八日修正公布施行。

(二)公務員懲戒委員會法庭化及懲戒程序改採一級二審制：為確保被付懲戒人之程序正義並使其得選任辯護人輔助其答辯，以保障公務員權益，司法院已組成公務員懲戒制度研究修正委員會，積極研擬相關法規之修正，目前已完成《公務員懲戒法》修正草案初稿，正作逐條檢視中。

第四款　推展有效率的司法

一、充分準備、準時開庭、懇切問案、認真辦案

為提高審判品質，增進人民對法院的信賴，已將法官審案時應充分準備、準時開庭、懇切問案、認真辦案等，納入《法院便民禮民實施要點》及《

加強第一、二審法院認定事實功能注意事項》中加強規範。

二、推動金字塔型的訴訟制度

(一)以第一審為事實審、第二審為事後審、第三審為法律審：

1.打破一、二、三審法官官等之限制，強化一審法官之陣容，提昇一審法官認事用法之能力。

2.司法院依《民事訴訟法》第四百六十六條第二項之授權，於民國八十五年十二月二十四日以行政命令提高得上訴第三審之金額為逾新台幣四十五萬元，並自八十六年一月一日起施行；嗣於八十八年二月三日修正公布《民事訴訟法》，於第四百六十六條第一項，將上訴第三審訴訟標的金額或價額修正為新台幣六十萬元以上。

(二)擴大民、刑事簡易訴訟案件範圍：國家訴訟資源有限，應為合理分配，爭議較低或訴訟標的金額較小的案件(事件)，應提供人民便捷、快速之訴訟程序，以保障民權。司法院爰研議擴大簡易程序之適用範圍，以疏減適用通常審判程序之案件，達到訴訟經濟目的。

(三)增加小額訴訟程序：將給付之訴其訴訟標的金(價)額在新台幣十萬元以下的案件，採較簡易更快速、便捷之程序及例稿式書類處理，供人民快速保障私權。

(四)加強仲裁及鄉鎮調解功能：仲裁業務與鄉鎮市調解業務現均由法務部主管，惟該二業務之績效提高，將有助於疏減訟源，司法院將繼續致力於相關資料之蒐集，並適時舉辦相關業務座談會，期提昇法官制作裁判之品質。

三、推動民事訴訟集中審理制度

為求訴訟經濟，避免當事人勞費奔波，迅速定紛止爭，應實行集中審理制度[18]，目前司法院已於八十六年七月八日訂頒《加強民事事件審理集中化參考要點》促請一、二審法官參考[19]。

四、推動刑事訴訟當事人進行主義

現行《刑事訴訟法》第一百六十一條，雖規定檢察官就被告犯罪事實，有舉證責任。但又於第一百六十三條第一項規定，法院因發現真實之必要應依職權調查證據。因之，檢察官之舉證，縱顯然不足以證明被告犯罪，法院務須從各方面進行調查，若非調查途徑已窮，仍不能證明被告犯罪，不得遽為

無罪之判決，導致檢察官之舉證常流於形式，對同為當事人之被告，殊不公平。鑑於前揭缺失，司法院《刑事訴訟法》研究修正委員會已決議予以變革，適度增加刑事訴訟之當事人進行主義色彩，修正第一百六十一條，明定法院因檢察官指出之證明方法，不足認為被告有成立犯罪之可能時，應以裁定定期通知檢察官補提，逾期未補提者，得逕行諭知不受理之判決。使舉證義務具體化，以強化檢察官實行公訴之職權。

五、擴大實施律師訴訟主義

(一)實施刑事自訴律師強制代理制度：自訴人大多不具法律上專業能力，對證據資料的蒐集與整理，有一定程度之困難。實務上亦常見因誤解法律，而提起自訴；或就民事爭議提起自訴情事，徒然耗費司法資源，且使被告承受不必要之訟累，而有研擬改進必要。司法院刑事訴訟法研究修正委員會已決議予以變革，修正《刑事訴訟法》第三十七條，明定提起自訴應委任律師為代理人；復修正第三百二十九條，對提起自訴而未委任律師為代理人者，法院應定期間命為補正，逾期仍未委任者，逕為不受理之判決。

(二)實施二審行政訴訟律師強制代理制度：

現行行政訴訟制度，僅在《行政訴訟法》第七條規定當事人得委任代理人代理訴訟，惟代理人法學素養之高低，常影響訴訟程序之進行，甚至因而無法發現真實，妨礙法院判決的正確性。爰仿法治先進國家，規定行政訴訟應以律師強制代理為原則，若有非律師為代理人者，行政法院認為不適當時，得以裁定禁止之，司法院研議該制度在修正《行政訴訟法》公布實施後，應配合辦理。

(三)實施三審民、刑事訴訟律師強制代理制度：為貫徹第三審為法律審功能，並保護當事人權益，於第三審上訴有採用律師強制代理制度之必要。在《刑事訴訟法》相關條文修正草案，宜增訂第四百六十六條之五、第四百六十六條之六、第四百六十六條之七，明定第三審上訴，原則上採律師強制代理制度，及因應第三審上訴採律師強制代理制度的相關措施規定。

六、簡化裁判書類

為減輕法官工作負擔，及使裁判書類成為人人易懂之文書，並推廣法律教育，司法院已於民國八十二年十一月二十七日、八十三年一月二十四日、

八十四年十月十四日、八十五年一月九日先後函頒裁判書類簡化格式供一、二審法院參用。

第五款　建立全民化的司法

一、建立法院與人民的直接溝通管道，解決人民困難

(一)各法院首長定期接見民眾：為溝通民眾對司法的意見，促進民眾對司法的信賴，提昇民眾對司法的滿意度，自八十六年十二月一日起試辦法院長接見民眾措施，此項意見溝通係以維護審判獨立為先決條件，其範圍僅限於司法行政事項，不涉及具體個案的實體問題。

(二)法官、檢察官與律師定期集會，溝通意見：法官、檢察官與律師固同為廣義的司法人員，惟因工作本質、立場迥異，致非但具體訴訟案件的法律見解常生爭執，即使一般司法業務亦常有看法相左情形，司法院為提昇服務品質，已於八十一年三月十三日發布《地方法院舉辦法官與律師座談會實施要點》，以加強法官與律師間對於相關業務之溝通，共同維護司法信譽，實施以來迄今七年，成效卓著。惟外界認為仍有不足，應予加強並擴大。司法院遂於八十七年一月十二日修正發布上開要點，並更名為《高等法院以下各級法院舉辦法官與轄區律師座談會實施要點》，要求二審法院亦應每年擇期舉行是項集會。

(三)設置為民服務電子信箱：為增進與民眾溝通，業於八十七年五月十九日訂頒《司法院暨所屬各機關為民服務電子信箱設置及管理要點》，並自八十七年七月一日起設置，接受民眾電子信件請求及建言，並由各法院訴訟輔導科及時於線上答復，暢通與民眾之交流管道。

二、司法業務電腦化

(一)一、二、三審裁判書類公開上網：為使法院判決接受全民監督、公評，滿足全民知的權利，落實國民主權理論，並提昇裁判品質，司法院正積極執行此方案中。

(二)建立各項檢索系統：為提供法官更多的審判參考資料，提昇裁判品質，並滿足一般民眾知的權利，司法院運用最新之網路科技，將法學資料利用WEB技術，透過單一的瀏覽器介面，提供院內法官及一般民眾檢索，簡化軟體教育學習過程，免除自行開發應用程式之負擔。

(三)審判紀錄電腦化。

(四)便民服務櫃台一元化及電腦化：

1.研修《法院便民禮民實施要點》相關規定：為提高法院的服務效率，使前來法院洽公民眾，縮短洽詢、排隊、等待之時程，並改善法院接觸民眾之第一線軟、硬體設施，使民眾真正感受司法行政革新之效益，業採用法院事務性服務一元化及電腦化措施。

2.試驗辦理單一窗口之便民措施。

3.建立電腦語音服務系統。

4.民事執行處拍賣公告、民刑事主文公告、法院庭期等與民眾關係密切之資訊上網路。

5.編印法院服務處代撰書狀範例，並上網路。

6.使各法院之法律服務處與各大學法律服務社團合作，共同提供當事人法律諮詢。

7.於當事人休息室內設置該樓層各法庭開庭之號數現況設備，並提供法庭教育、司法業務簡介之電視。

三、裁判書類通俗化

法院裁判書類的某些用語，係出以文言文的語體或沿襲古制，難免晦澀艱深，常人不易瞭解，使收到判決書之當事人不懂裁判內容，無形中造成對司法之不信賴，司法院鑑於此，特成立「司法院裁判書類通俗化研究小組」，以二年為期，推動裁判書類用語通俗化，以通俗的文字及明確語意，清楚表達判決內容和事實、理由。

四、其他

(一)結合社會資源，改革少年觀護制度：即研議少年觀護之區域聯防措施，以社區為單位，結合社區及地方政府各方力量，建立由法院少年法庭觀護人為主導之觀護、聯防網路，真正落實觀護制度。

(二)於法庭大樓之各樓層，增闢當事人休息室：使等候開庭之當事人有足夠的休息空間，並藉以宣導法律教育及法庭需知，增進當事人對司法之認識，兼收預防不法情事之發生。若法院大樓空間許可，未來宜比照律師休息室增闢當事人休息室，如空間不許可，以各法院服務處作為提供當事人休

息，並宣導法治教育的處所[20]。

第二項　大陸地區司法改革工作之重點

　　依中共國務院法制局青鋒副局長之觀點，認為司法改革，是「依法治國的重要內容，也是建設有中國特色社會主義法治國家的必然要求，同時適乎現實環境的迫切需要」，甚至與鄧小平所提的「三個有利於」主張，即「有利於發展社會主義社會的生產力、有利於社會主義國家的綜合國力、有利於提高人民的生活水平」等判斷標準，相互符合[21]。不可否認的，隨著大陸地區改革開放之深化，各種利益關係日趨複雜、各項矛盾日漸錯綜，儘管已有諸多法律來調整這些關係，但是要將法律的規定落實，按國家的意志實現，還必須有完善司法體制，合理司法程序，以規範司法行為，使充足司法力量，化解和調解各項矛盾，從而有效地保護公民、法人和其他組織之合法權益。

　　至於司法改革之具體作法，依北京市清華大學法律系馬俊駒教授看法，除從制度上保證司法機關依法獨立公正地行使審判權和檢察權，革新監督機制，確保司法公正，改進現行財政體制和人事制度，以防止司法權之地方化，及建立冤案、錯案責任追究制度外[22]，本書認為如何淡化黨對司法機關之領導、提高司法隊伍的整體素質，建立相關法制訴訟措施，均為司法改革應通盤深思之問題。茲就大陸地區改革開放以來，人民法院、人民檢察院、司法行政部門等之改革工作重點說明於後。

第一款　人民法院之司法改革工作

一、法院審判工作之擴展

　　中共黨的十一屆三中全會以來的二十年，是大陸改革開放和社會主義現代化建設取得歷史性成就的二十年。在這段時期中，人民法院審判工作得到了巨大發展，審判工作由原來的刑事、民事審判，擴展為刑事、民事、經濟、行政、海事審判。全國現有四級各類法院3,556個，其中地方各級人民法院3,282個，軍事和武警法院88個，鐵路法院73個，林業法院64個，海事法院10個，農墾、礦區、油田等法院48個。全國還有基層人民法院的派出人民法庭15,000餘個，人民法院共受理各類一審案件4,775萬餘件。從西元1978年的44萬餘件，增加到1997年的528萬件，平均每年遞增13.88%。人民法院通過審判活

動，依法打擊犯罪活動，維護社會治安和經濟秩序；依法保護公民民主權利
和其他合法權益，教育公民遵守法律；依法調節經濟關係，保障經濟建設，
促進生產力之發展。人民法院審判工作，目前正與改革開放和現代化建設同
步發展中⑳。

二、民刑審判方式之改革

中共建國後因法律制定較遲，人民法律涵養不足，以致法院在辦案時，
形成一套「先定後審」、「先清後審」模式，即基本上先查清案件事實、分清
是非責任，經調解無法達成協議，才於確定判決結果後開庭，以致於開庭審
理幾乎流於形式。雖然此種審理方式，在當時歷史背景形式下，確曾審結許
多案件；惟該方式既不符法律規定，效率又低，不但未能保障當事人訴權之
行使，且難以保證裁判之公正，為此，加速改革和完善審判方式，已為當務
之急，西元1996年7月15日最高人民法院在北京召開全國法院審判方式改革工
作會議時，曾提出「三個強化」㉔，以期提高辦案品質和保證裁判公正：

(一)強化庭審功能：以公開審判為重心，改變「先定後審」為「先審後定」
方式，將訴訟活動的重心移到法庭上，把以往大量庭外活動轉向法庭審判，
事實查證和分清是非責任都在法庭，為法官的公正裁判提供程序保障。

(二)強化當事人舉證責任：法官的職責不是在全面性收集證據，而是在庭
審中指揮雙方當事人及其訴訟代理人進行質證，對於當事人不能自行收集或
人民法院認為審理案件有需要時，始依職權蒐集。在庭審中，法官於引導當
事人舉證時，要注意焦點鮮明，突出重點、分清層次。

(三)強化合議庭職責：大陸之民、刑事審判，其合議庭是審判案件之組
織，係審理除簡單民事案件、輕微刑事案件和法律另有規定以外案件之審判
組織。為強化合議庭職能，應建立並完善合議庭成員在審理案件中之分工負
責制度。另方面適當放權到合議庭，使合議庭「又審又判」，有利於提高辦案
效率，保證辦案質量。

三、加強審判監督和業務指導

近年來，大陸地區逐漸重視審判監督和對下級法院之業務指導工作，以
西元1997年而言，最高人民法院直接審理二審、再審刑事、經濟、民事、行政
案件和國家賠償案件4,095件，比上年度上升26.74%；針對審判工作中出現的

新情況和如何具體應用法律問題，作出有關新實施的法律和司法解釋30件，以
規範司法活動，強化業務指導。各級人民法院進一步加強處理告訴、申訴工
作，共處理告訴、申訴信函520餘萬件(人)次。對告訴、申訴有理的，依法即
時立案，決定再審或者提審；對其中原判決確有錯誤者，按照「有錯必糾」原
則，依法予以改判。當年全國法院審結檢察機關按照二審程序提起抗訴的刑
事案件2,248件，按審判監督程序提起抗訴之刑事案件167件，共計2,415件。其
中，抗訴有理，原判決確有錯誤依法改判的有683件；原判決正確，抗訴事由
不能成立，維持原判有1,089件；撤回抗訴、發回重審或作其他處理的有643
件。與此同時，還審理了一批檢察機關按照審判監督程序提起抗訴的民事、
經濟和行政案件。

四、改進和嚴格執法工作

對人民法院生效的判決和裁定，大多數當事人能夠自覺履行，但也確有
一部分當事人拒不履行裁判確定之義務。為推動執行工作的進一步開展，各
級人民法院普遍實行審執分開，健全執行機構，強化執行措施，加大執行力
度，對人民法院作出的已經發生法律效力的判決堅決執行，以維護法律尊
嚴。執行人員以對國家和人民負責態度，排除干擾，根據當事人申請，在1997
年全年共執行人民法院裁判的民事、經濟、行政案件計1,374,012件，執行金額
578億元；執行行政機關申請執行的行政決定計252,538件，對保護當事人之合
法權益，支持行政機關依法行使職權，維護社會穩定，起積極作用⑩。同時，
最高人民法院還針對一些法院違法執行、濫用強制措施、非法扣押當事人等
現象，頒行《關於必須嚴格控制對被執行人採取拘捕措施的通知》，強調執行
工作必須依法進行，絕不允許無管轄權辦案，不允許過度查封當事人財產，
不允許隨意執行案外人或者第三人財產，不允許以抓人促執行，嚴肅查處執
行違法行為，明確規範了執行秩序。

五、頒布施行法官法

西元1997年中共所頒布施行之《法官法》，是對現行法官制度之重大變
革，對於保障法官履行職責，提高司法隊伍之整體素質，實現對法官之科學
化、法制化管理，具有重要指標意義。最高人民法院基此要求各級法院認真
貫徹執行法官法，並採取下列各項措施，以全面加強司法改革工作：

(一)加強思想政治工作，教育廣大工作人員樹立正確世界觀、人生觀和價值觀，對於表現優良之司法工作者，授予全國法院模範和全國先進工作者稱號。

(二)抓緊制定法官法之配套實施辦法，各級人民法院相繼成立法官考評委員會，最高人民法院舉行首次出任審判員、助理審判員之全國統一考試。

(三)加強教育培訓，針對法官隊伍之專業結構、業務素質與法官法要求，各地法院普遍加強對法官教育培訓工作；繼續抓緊學歷教育與專業證書教育。目前全國法院法官中具有法律大專以上水平的已達到80% 以上。同時，加強對法官的崗位培訓，及時學習和掌握新頒布之法律法規，不斷更新知識。

(四)加強廉政建設，各級人民法院緊密聯繫本單位，實際組織廣大工作人員戮力執行中央關於廉潔自律之有關規定，和法官法有關紀律、懲戒要求，把思想、作風、紀律整頓作為廉政建設重點來抓，嚴肅查處違紀違法問題，對觸犯刑律的，堅決依法懲辦，決不姑息護短，在1997年大陸地區共處理違紀、違法工作人員有962人，其中受刑事處分的有72人，內有審判人員61人。

第二款　人民檢察院之司法改革工作

一、全面開展執法監督工作

為維護國家法律的統一正確實施，保證司法公正，檢察機關大力加強執行監督工作。就偵查監督方面，重點在糾正有案不立、有罪不究、以罰代刑問題；刑事審判監督方面，主要在監督重罪輕判、有罪判無罪以及輕罪重判問題，對認為有錯誤的刑事判決、裁定，依法提出抗訴；對監獄、看守所、勞教所執法活動監督工作中，著重於監督未按法律規定交付執行以及辦理減刑、假釋、保外就醫中以錢抵刑等違法問題；對民事審判和行政訴訟之監督，找出確有錯誤之判決、裁定，提起抗訴工作。同時，結合執法監督工作，查辦多批司法人員和行政執法人員貪贓枉法、徇私舞弊等執法犯法犯罪案件。檢察機關重建二十年來，在實踐中不斷摸索和總結適應改革開放，建立社會主義市場經濟體制經驗，創造性地開展檢察工作，為發展和完善有中國特色的社會主義檢察制度作出新貢獻。

二、建立辦案責任制度

為加強上級檢察院對下級檢察院領導，和檢察機關內部業務上監督和制

約，各級人民檢察院不斷完善偵查工作與審查決定逮捕、審查起訴工作分開之內部制約制度，健全和落實辦案責任制、錯案追究制和刑事賠償制。做好申訴案件之複查工作，依法改變確有錯誤之批捕、免訴、撤案等決定；並認真執行國家賠償法，如1997年即依法受理刑事賠償案379件，已辦結110件，決定給予賠償44件㉘。

三、堅持「從嚴治檢」原則

自西元1992年起，檢察系統嚴肅認真開展思想紀律作風整頓，重點在解決違法亂紀和作風簡單粗暴等問題，對照黨紀、黨政和檢察工作制度，開展自查自糾，廣泛徵求社會各界之批評意見，健全偵檢制度，加強自身廉政建設，堅決糾正不良風氣，認真查處不依法辦案、以案謀私、以權謀私等違法亂紀問題。至其「從嚴治檢」之對象，除一般檢察人員外，亦兼及查辦黨政領導機關、行政執法機關、司法機關和經濟管理部門發生之犯罪案件，特別是縣處級以上領導幹部犯罪要案；司法人員、行政執法人員貪贓枉法、徇私舞弊等犯罪案件；國有企事業單位領導幹部損公捆私，造成國有資產大量流失之犯罪案件；鄉鎮幹部濫用職權，貪污賄賂等犯罪案件，務期查辦到底，以消弭腐敗現象。

四、加速檢察官法之落實

西元1995年2月28日中共第八屆全國人民代表大會常務委員會通過之《檢察官法》，是中共建國以來第一部規範、管理檢察官之法律，該法之實施，是建設有中國特色社會主義檢察官制度的一個重要里程碑，也是大陸地區民主法制建設之一件大事。該法明確規定有關檢察官之職責、權利義務、任免、考核、培訓、獎懲、工資保險福利、辭職辭退等內容，對於科學地實行檢察官管理規範和約束檢察官行為，提高檢察官之素質及執法水平，保障檢察官依法履行職責，不受外界干擾，維護國家之統一正確實施，有著極其重要之意義，將來如能確實落實，將產生三大效果：

(一)有利於提高執法效能：

《檢察官法》之制定，建立了適合檢察機關特點之管理制度，有助於調整檢察官隊伍之結構，提高檢察官之政治與業務素質，強化執法效能，以適應社會主義民主法制和社會主義市場經濟體制建設之需要。

　　(二)有助於加強廉政建設：

　　蓋廉政建設之核心是提高人員素質，檢察官法正是從這方面為廉政建設提供保障機制。如通過規定擔任檢察官之條件，舉行考試、培訓等嚴格管理措施，提升檢察官素質，通過義務權利、迴避、獎懲等制度，保證和促進檢察官依法履行職責，公正廉明執行職務。

　　(三)有利於檢察官管理之科學化、法制化：

　　《檢察官法》對檢察官管理之各個環節進行較為完整規定，形成了一套較為週延之管理體制，此種立法無疑為檢察官管理有法可依，逐步走上科學化、法制化之軌道，提供了法律依據⑳。

第三款　司法行政機關之司法改革工作

一、提高監獄、勞改工作水平

　　為徹底解決長期以來，獄改及勞改工作殘酷、野蠻、不符現代化要求之缺失，中共於1994年1月在全國司法廳(局)長會議中，確立今後監獄、勞教工作之目標，是「逐步將監獄、勞教所建設成現代化文明監獄和勞教所」，此項工作得到黨和政府之重視和支持後，逐漸克服警力不足及經費短缺等困難，各監獄、勞教單位以提高改造質量為中心，不斷深化改革，強化監(所)管理措施，落實各項制度，保持教育改造秩序之穩定。根據新時期犯人特點，監獄系統有計劃、有系統地對犯人進行政治、法制、技術和文化教育，實行分押、分管、分教之試點，廣泛開展各種形式之獄政教化活動，二十年來，刑滿釋放人員重新犯罪率一直保持在6-8% 以下。勞教工作堅持教育、感化方針，開展創辦勞教特色活動，挽救一大批失足違法人員。目前監獄、勞教工作正在根據形勢需要，加快建設現代化文明監獄、勞教所，朝向現代化、高水平目標邁進。

二、推動律師制度之深化

　　大陸地區《律師法》雖已於1997年1月1日起正式施行，為了配合律師法公布，司法部曾先後頒布《律師事務所在國外設立分支機構暫行管理辦法》、《關於反對律師進行行業不正當競爭行為的若干辦法》、《律師事務所名稱管理辦法》等，以供適用，期能確實達成律師法「完善律師制度，保障律師依法執行業務，維護當事人合法權益，維護法律正確實施，發揮律師在社會主義法

制建設中之積極作用」等精神，使律師制度能在穩定中成長㉘。為進一步深化
律師工作改革，加快建立符合社會主義市場經濟體制要求，和律師執業規律
之律師管理體制，亦為當務之急。對此中共司法部門正依新公布之《律師
法》，擬召開全國律師代表大會，修改律師協會章程，使符合《律師法》規
定，並朝向自律性組織邁進。另外在律師資格問題上，改革和完善律師資格
考試、錄取制度，是保證中共律師素質良窳之主要關鍵，在1995年，大陸地區
曾進行兩項重大改革，即一方面實行全國統一分數標準之錄取方式，另一方
面對律師資格考試之試卷評分工作實行大區集中、交叉評卷辦法，有效地提
高評卷質量，其成效相當良好㉙。此外在改進律師收費制度、建立律師養成訓
練、允許自主經營、盈餘歸私，使中共律師能徹底改變「國家法律工作者」本
質，朝向「自由職業者」一般的自主、自治和自律方面發展。

三、開展普法依法治理工作

　　普法依法治理，是大陸社會主義民主和法治建設的重要基礎性工作，是
實行依法治國的重要途徑。鄧小平曾指出：「加強法治重要的是要進行教育，
根本問題是教育人」、「法治教育要從娃娃作起」，這就深刻地闡明法制宣導
教育工作的重要地位和作用。司法行政機關重建以後，始終把法制宣導作為
一項重要任務，努力實現四個轉變：(一)是由單一法制宣導教育方式，朝向多
樣化法制宣導教育方式轉變，實現大眾傳播媒介和專門法制宣導教育機構的
有機結合；(二)是由統一法制教育內容，朝向因人、因需劃定法制宣導教育內
容的轉變，提高法制宣導教育工作的針對性和宣導教育效果；(三)是改變等待
式法制宣導教育，為跟蹤式法制宣導教育，突出加強重點群體(如青少年、流
動人口、刑釋人員和輕微違法人員)法制宣導教育；(四)是法制宣導教育工作必
須滲透到社會各方面，如通過法制宣導教育，改變一些企業單位負責人因不
懂法而不能適應社會主義市場經濟發展情況，幫助企業運用法律手段搞好經
營、組織生產、協調勞資、確立社會保障制度。

四、推進法學教育改革工作

　　司法行政機關重建後，恢復重建5所全國普通高等政法院校，招收培養法
律博士生、碩士生和本專科生。各院校不斷改革管理體制和課程設置，以適
應改革開放的需要。1979年至1993年，共培養普通本專科法律畢業生、研究生

3萬多名，為改革開放和發展市場經濟增加一大批法律人才；同時，政法幹部培訓工作也穩定發展中。目前，大陸中央和省級政法管理幹部學院已達28所，縣市政法幹部學校41所，每年培訓政法幹部8萬多名，促進了政法隊伍素質改善和提高㉚。此外司法部還加強成人教育和對政法幹警崗位培訓，為促進法學教育深層次改革與發展，部屬及各地政法院校正從以下幾個方面進一步努力：(一)要以加快培養適應市場經濟需要的法律人才為導向，擴大辦學規模，加快改革辦學體制和培養模式；(二)積極推進崗位培訓和繼續教育；(三)深化教學領域改革，進行各種形式辦學；(四)深化法學函授教育改革，加快培養法律服務人才步伐。

第三節　探索兩岸司法改革之路

第一項　台灣地區之全國司法改革會議

第一款　全國司法改革會議之召開

在台灣地區，回顧過去數年，全體司法人員、在野律師、學者專家積極參與司法改革，對於相關制度之建立及具體個案之處理，已有具體成效，逐漸獲得國人之認同。尤其大法官加強其釋憲功能，作出多號保障人民權利，維護憲政運作之解釋，對於司法制度之改革，善盡其憲法守護神之角色，贏得各界肯定；而各級法院成立自律委員會，以職務法庭方式實施法官個案評鑑，淘汰不適任法官，廢除裁判書送閱制度及合理放寬各種管考規定，使法官在承辦民、刑案件時，已能獨立行使職權，凡此固為值得欣慰之處。

惟在即將邁入二十一世紀的時刻，政府施政一切都講求以民意為依歸，作為政府一環的司法，也應體認司法是為人民而存在，法院是為訴訟當事人而設立之觀念，務需以「全民的司法」作為考量重點，基此，審判獨立與風紀維護固然是從事司法工作之要務，提高裁判品質與增進國民信任亦為努力之方向，整個司法改革之目標，應積極朝向「建立廉能公正的司法，實現公平正義的社會」邁進。

然不可否認者，人民對司法信賴程度普遍不佳，無論民意調查或各項人權指標或報告㉛，司法迄為最受質疑的一環，甚至國家競爭力之排行，亦屢屢因為司法正義不彰而落後，無論司法界、律師界、學界乃至於民間團體，無

不以司法改革為要務。依台灣師範大學社會教育系教授羊憶蓉之分析，認為台灣地區司法改革運動，主要沿著三條主線在發展。第一條是由司法院主導的官方版本改革，第二條改革的主線由「體制內的異議者」所組成。民國八十二年首先由台中地方法院發起「還我法官自治權」運動；「改革派」的司法人員並曾在參加司法院司改委員會時有過數次退席抗議的記錄；民國八十六年修憲期間，由各級法院法官組成的「中華民國法官協會」繼續請願修憲。在檢察官方面，則有「檢察官改革協會」組成運作，這些司法體系內第一線工作的「異議者」，所揭露的司法問題多能切中體制內弊病，而引起社會重視。至於第三條路線則是標舉「民間」色彩的體制外改革者，從最初的「司法改造運動」，到民國七十九年以台北律師公會為主的「司法改革運動聯盟」，演變至八十四年的「民間司法改革基金會」。民間司改運動的主力軍多為對司法議題有興趣的專業人士，包括律師、學者為主，並且和上述第二改革路線之體制內的改革者互為呼應，輿論描述為對司法改革形成「風起雲湧、裡應外合」之勢[32]。

　　另在司法改革運動中，司法院雖在體制內不斷努力革新，但進度過於緩慢，外界常批評流於形式化，而未能明顯發揮成效，使司法公信力仍一再遭受各界質疑和批評[33]。八十八年初，翁岳生大法官與法務部城仲模部長分別繼任司法院正、副院長後，經半年之籌劃，於八十八年七月間舉辦全國司法改革會議，為擴大改革範圍，使該會議之召開兼具全國性、跨院性、決策性功能，並符合李登輝總統所揭櫫司法改革三大方向「建立公正廉能、親和而有效率、兼顧人權與社會安全之司法」[34]，在司法院主導下，不但參與會議之成員兼及立法院、司法院在職在野法曹、律師、學者專家，而且議題涵蓋各司法改革之重要內容，相當具體，符合時代需要。

第二款　會議討論之議題內容

　　此次全國司法改革會議，議題分為三組，其內容如下：

一、第一組討論之議題

　　(一)司法院定位、司法行政權之分配與歸屬。

　　(二)落實人民訴訟權之保障：

　　1.建立辯護權為刑事被告基本人權之具體制度。

　　(1)強化辯護人之功能。

(2)全面檢討公設辯護制度。

2.強化法律扶助。

(三)研採建立人民參與司法審判之制度：

1.人民對司法審判之參與。

2.人民監督檢察官職權之行使。

3.人民對民事事件得否合意選擇法官。

(四)民事訴訟制度之改革：

1.推行民事事件審理集中化，強化第一審之事實審功能，使第一審成為事實審審判中心。

2.第二審採事後審或嚴格限制的續審制，第三審採嚴格法律審並採上訴許可制。

3.除小額訴訟及簡易訴訟程序外，第一審應採行合議制。

(五)合議制度之落實。

二、第二組討論之議題

(一)刑事訴訟制度之改革：

1.探討增強當事人進行主義及其配套措施：

(1)研採起訴卷證不併送制度。

(2)採行訴因制度。

(3)確立當事人調查證據之主導權及法院依職權調查證據之補充性格。

(4)確立檢察官之實質舉證責任。

(5)配合採行當事人進行主義應有之配套措施。

2.強化第一審之事實審功能，以第一審為事實審審判中心，第二審採行事後審，第三審採行嚴格法律審並採上訴許可制：

(1)嚴謹證據法則。

(2)落實及強化交互詰問之要求。

(3)限制訊問被告及調查被告自白之時期。

(4)區分認定事實與量刑程序。

(5)除簡易案件外，第一審應採行合議制。

(6)修正自訴制度，確定以公訴為主，自訴為輔之訴訟架構。

(7)第二審研採「事後審查制」。

(8)第三審研採嚴格法律審或併採上訴許可制。

(9)適度修正非常上訴制度。

(10)禁止為受判決人之不利益聲請再審。

(二)刑事法庭席位之改造。

(三)強化檢察體系,提昇犯罪偵防功能:

1.增加檢察官員額及其輔助人力,以期院檢資源平衡,減輕檢察官之偵查事務負荷,俾能擔負新制度下之重大責任。

2.推動修正憲法第八條第二項之規定,以解決檢、警共用二十四小時留置期間之偵查困境。

3.偵察中強制處分之決定是否由法院為司法審查。

4.重新定位檢警關係,調整檢察官公訴任務與偵查任務之分工,確立以檢察官為偵查主導者的檢警合作模式。

5.提昇檢、警、調之科學辦案能力。

三、第三組討論之議題

(一)法官之人事改革:

1.法官的資格與任用。

2.司法官訓練所應否改隸司法院。

3.探討法官之公務員屬性及其俸給。

4.如何強化法官自治。

5.法官專業化之要求。

(二)檢察官之人事改革:

1.以法律明定檢察官之司法官地位,並確立檢察官之公益代表人身分,以執行法院組織法所賦與之任務。

2.制定檢察官法,並明定檢察官之身分保障。

3.檢討現行法曹之考訓、養成過程,及加強法曹在職教育,以提昇法曹素質,保障人民之權益。

4.檢討檢察體系之組織及人員配置,以有效運用檢察人力,並貫徹檢察體系外部獨立。

5.檢察一體原則之制度化與透明化。

6.是否廢除高等法院檢察署之層級。

7.增設地方法院檢察署簡易分署。

(三)探討法官與檢察官之評鑑、監督與淘汰：

1.建立法官評鑑制度。

2.建立檢察官評鑑制度。

3.法官之職務監督。

4.建立法官之淘汰制度。

5.立法明定檢察官之淘汰制度。

(四)律師制度之改革：

1.建立律師評鑑制度。

2.健全律師懲戒制度。

3.強化律師自治。

4.廢除律師登錄地區之限制。

第三款　全國司法改革會議之成效

自民國八十八年七月六日至八日，歷經三天之激烈討論，全國司法改革會議已於日前閉幕，在這三天中我們觀察到幾個特殊現象，首先，司法改革確實是國人心目中極其關切之大事，總統、副總統、五院院長均與會致詞，表達殷殷望治之期盼，參與會議人員包括審、檢、辯、學、民意代表、社會賢達，絕大多數都全程出席，熱烈討論；主要的傳播媒體，亦對全國司法改革會議不吝篇幅，以顯著地位加以報導，足見此次司法改革會議，確實凝聚了高度之社會共識。其次，討論議題雖涵蓋範圍很廣，但都十分具體，切中時弊；會期中輿論批評議題缺乏反制黑金問題，與會代表亦能迅速通過「落實司法獨立，反特權、反貪污、反黑金、反干預」等相關提案，顯示出司法改革與社會脈動，可以即時呼應；更令人欣慰者，龐雜之議題，在司法院預先縝密規劃下，卻也能環環相扣，首尾兼顧展現頗具可行性之司法藍圖，使得國人對政府司法改革之決心，燃起希望㊸。再者，與會人員討論許多專業議題，透過媒體報導，頗能引起社會共鳴，尤其有53項革新方案獲得共識或結論，更令人感到欣慰。

經綜合整理全國司法改革會議所達成之結論，有下列重要內容：

一、第一組議題

有共識並成為大會結論者十二提案，其中「司法院定位」部分，在分組會議無法形成共識，嗣於大會中經全體會議人員三分之二同意，表決贊成一元多軌制為近程目標，一元單軌制為終極目標。無共識部分有二個提案，即強化辯護人偵查功能及人民監督檢察官職權之行使二案。茲說明具體結論如下：

（一）司法院審判機關化，掌理民、刑、行政訴訟、公務員懲戒、憲法解釋及政黨違憲解散權。

（二）強化法律扶助，建立無資力被告得請求義務辯護。

（三）廢除公設辯護人制度。

（四）試行專家參審制。

（五）民事案件經兩造當事人同意可合意選擇法官審理案件。

（六）民事案件採集中審理，強化第一審之事實審功能。

（七）民事案件第二審採事後審，第三審採嚴格法律審。

（八）除小額訴訟及簡易訴訟程序外，第一審應採行合議制。

（九）合議庭評議紀錄宣判後可閱覽，最高法院判決書可附記不同意見。

二、第二組議題

有共識並成為大會結論者二十一案，其中三案在分組會議無法形成共識，經全體會議結論整合小組協商後達成共識，並經全體會議三分之二同意者如下：

（一）加強檢察官實質舉證責任，增訂無罪推定原則。

（二）對貧困無資力被告，推行國家補助費用之國選律師制度。

（三）採行緩起訴制度。

（四）推動刑事審判集中審理制度，第一審除簡易案件外，應採行合議制。

（五）擴大簡易訴訟程序之適用。

（六）採嚴格證據法則，除法律規定外，排除傳聞證據、違法證據。

（七）增加檢察官員額及其輔助人力。

（八）確立以檢察官為偵查主導者的檢警合作模式。

（九）提昇檢、警、調之科學辦案能力。

三、第三組議題

有共識並成為大會結論者二十案，舉其要者如下：

（一）法官、檢察官、律師實施三合一考選制度。

（二）設專業法院或專業法庭，依個案需要聘請專家參與案件審理。

（三）明定檢察官之司法官地位，並保障其待遇和身分同法官。

（四）檢察一體原則之制度化與透明化，並貫徹外部獨立。

（五）建立法官、檢察官、律師之評鑑與淘汰制度。

（六）落實司法獨立，反特權、反貪污、反黑金、反干預，儘速公佈涉案起訴立委等民代名單，限制黑道參選。

第四款　對全國司法會議之檢討與期待

客觀分析此次全國司法改革會議之召開，有下列值得檢討之處：第一、全國司法會議之程序，不改過去國是會議、國發會議之模式，由應受改革者擔綱，讓來自司法院、各級法院及法務部、各級檢察機關代表，佔較高比率，並以議事規則來左右並推出預定結論，雖找來少數改革者參與背書，令國人有口惠不實或只作有限改革之遺憾；尤其與會院、部代表，在著眼其權益之本位主義下，對法學界、或社會各界代表所提出之改革建議，往往加以辯駁或排拒，未能冷靜檢討、虛心接受，誠為美中不足之處。第二、在此次會議之議事規則中，設定對未能最後協議出共識之問題，會議主席與副主席等五人，可以行使否決權將之擱置，致使其中成員能一再行使此種職權，使與會代表大多數贊成之「刑事訴訟改採訴因制度」、「強化辯護人偵查功能」、「設立檢察官審議委員會，監督檢察官可能之濫權」、「研採起訴卷證不併送制度」等相關議題，均胎死腹中，未能作成結論㊻。第三、刑事訴訟程序係實現國家對犯罪人行使刑罰權之程序規定，亦即國家透過法定程序，以強制力剝奪人民財產權、自由權乃至於生命權之訴訟程序，而現行刑事訴訟法自制定施行以來，在採行職權進行主義為基本原則下，使法官、檢察官、被告三方關係失衡，迫使法官同時扮演糾問者及裁判者本質上矛盾之角色，造成人民難以信賴司法，此次司法改革會議中，「刑事訴訟改採當事人進行主義」，

雖然有三分之二的與會代表贊同，但仍因為法務部反對而未能作成結論，對司法改革之成效，亦無疑大打折扣⑩。

　　民國八十八年七月二十七日司法院公布全國司法改革會議結論具體措施時間表，揭示司法院依據司法改革會議結論，推動司法改革之初步方針，距離司法改革會議之結束，相隔僅兩週，劍及履及之決心，令人振奮。依據該時間表，為不牴觸憲法保障法官終身職之規定，將分兩階段建立法官淘汰制度，在八十九年三月三十一日以前，透過行政措施訂定《司法官候補規則及司法官試署服務成績考查辦法》，據以淘汰不適任候補法官；第二階段預定於八十九年六月三十日制定《法官法》，據以淘汰不適任法官。另外，為建立法官無大小觀念及強化一、二審法院為堅實事實審之功能，司法院將於八十九年六月三十日前擬定具體方案，讓一、二審法官也能與三審法官同享逐步晉升到最高職等俸點，吸引資深法官留任一、二審法院。同時自司法官訓練所法官班第三十九期結業開始，候補法官一年內不得獨任審判，自四十期結業開始，三年內不得獨任審判，這一連串之改革，目的在提高法官素質，讓人民滿意裁判品質。在「專家參審制」方面，以近程採專家諮詢，遠程採專家參與審判之兩階段方式進行；預定民國九十年元旦以後，法院類似少年、家事、勞工、智慧財產權、醫療或重大刑案等特殊案件時，受聘專家可以與法官同坐法庭之上，提供諮詢，未來再視諮詢成效，逐步採行專家實際參與審判制度。至於「司法院定位」之改革工程，則分三階段進行，在民國八十八年底前成立推動小組，於九十二年十二月三十一日完成研修相關法律，及調整組織架構之工作；九十六年十二月三十一日前廢除最高法院、行政法院及公務員懲戒委員會，並在司法院內設憲法法庭，逐步縮減設於司法院之民、刑、行政訴訟庭為一庭。第三階段於民國一百年元旦以前完成，司法院將展現全新風貌，在司法院將設置大法官十三至十五人，掌理憲法法庭、民事、刑事、行政訴訟及公務員懲戒。

　　按司法本身是一廣泛而永恆之問題，時代演進，則問題隨之發生，世無一成不變之法，故近年來之司法改革雖略見成效，但司法改革工作應是永無止境的，我們期盼對全國司法會議結論之落實，以及未來之司法革新，均能站在人民的立場，強化法治精神，落實司法公平性，使人民權益與社會正義

在法院得到伸張，充分保障憲法規定之基本人權，以符國人之殷切期盼。

第二項　大陸地區之發展社會主義國家法制

　　大陸地區在改革開放以來，政府部門即十分重視法制建設，重要法律、法規陸續頒布，終於告別「無法可依」的年代，二十年來在司法機關廣大幹警、審判人員、檢察員等努力下，確為改革開放作出鉅大貢獻。但毋庸諱言，其司法制度尚有許多缺失出現，如同前任最高人民法院院長任建新在西元1997年3月11日，中共第八屆全國人民代表大會第五次會議上所作《最高人民法院工作報告》中所指出的：「一些案件審判質量不高，特別是少數經濟、民事案件裁判不公；有些案件久拖不決，超過審限；在自身廉政方面還有薄弱環節，少數工作人員違法亂紀；法官隊伍整體素質和司法水平尚不適應形勢發展的需要」；同時指出，1997年人民法院的工作任務之一是「深化審判方式改革，大力加強隊伍建設，進一步提高法官隊伍素質，努力提高司法水平」⑱。另中共江澤民總書記在黨的十五大報告中一再強調「依法治國，發展社會主義民主政治」、「發揚民主，健全法制，建設社會主義法制國家」、「堅持有法可依、有法必依、執法必嚴、違法必究，是黨和國家事業順利發展的必然要求」、「推進司法改革，從制度上保證司法機關依法獨立公正地行使審判權和檢察權，建立冤案、錯案責任追究制度，加強執法和司法隊伍建設」⑲，這些重要指示，明確指明大陸未來推行司法改革之方向。

　　另在尋求司法改革之同時，依據北京大學法律系武樹臣教授(現任北京第二中級人民法院副院長)之見解，認其常遵循以下四大原則：(一)一切從國情出發，實事求是；(二)解放思想，善於思考，勇於實踐；(三)注意吸收借鑑中國歷史和外國優秀法律文化成果；(四)司法改革應在現行憲法和法律範圍內有組織、有計劃、有次序地進行⑳。此四項指導原則，為吾等在探索中共司法改革之路時，務需瞭解之重點，如此方能針對需要，提出可行之建言，供其學理或實務之參考。

　　事實上為了解決司法制度滯後問題，大陸司法界過去也曾採取許多有效的改進措施，例如：(一)加強司法隊伍建設，提高廣大幹警的政治思想和業務水平；(二)堅決糾正不正之風，嚴肅查處違法違紀行為，對徇私枉法、貪贓枉

法者堅決依法嚴懲；(三)完善內部監督機制，廣開監督渠道；(四)制定和貫徹一系列內部管理制度，規範司法人員的行為。目前，司法改革的主要內容有兩方面：一是以刑事審判方式改革為重點，繼而全面推進民事、經濟、海事、行政審判方式的改革⑪；二是推行錯案責任追究制度，採行審執分開、立審分開等。上述改革措施，雖已吹響了司法改革之號角，然具體觀察，仍侷限於治標層面，依本書見解，未來司法改革治本之道，建議可從維護司法機關獨立地位，改進審判組織結構，改善民、刑審判方式，推動律師制度之深化，淡化人民陪審制度，提高司法人員整體素質做起，以逐步實現其「依法治國」方略，使法制建設在推向二十一世紀之時，能穩健發展，減少衝突、確保兩岸人民之權益。

註釋：

① 鄭正忠，〈海峽兩岸司法制度之沿革與未來取向(下)〉，《法律評論》，第65卷第1～3期合刊，(台北：朝陽大學法律評論社，民國88年3月)，頁26～27。

② 黃少谷，〈建國七十年來之司法〉，民國70年10月10日司法集會講詞。

③ 連宜芳，〈論司法的現代任務〉，《法務通訊》，第1760期，(台北：法務部，民國85年1月11日)，第6版。

④ 施啟揚，〈司法院司法改革工作報告〉，《司法院公報》，第39卷第8期，(台北：司法院秘書處，民國86年8月)，頁1～2。

⑤ 李喜準，《中共社會主義法制改革之研究》，(台北：政治大學東亞研究所碩士論文，民國85年7月)，頁43～47。

⑥ 劉清波，〈中共四十年來的法治變遷及其意識型態〉，《中國大陸法治研究計劃學術研討會輯要》，(台北：政治大學法制研究計劃執行小組編，民國78年6月)，頁11～13。

⑦ 藍全普編，《三十年來我國法規沿革概況》，(北京：群眾出版社，1982年11月)，頁5。

⑧ 張鑫，《大陸法制之現狀問題》，(台北：蔚理法律出版社，民國77年11月)，頁171～172。

⑨ 熊先覺，《中國司法制度》，(北京：中國政法大學出版社，1986年12月)，頁39～43。

⑩ Albert D. Melone, " Judicial Independence in contemporary China", Judicature, *The Journal of the America Judicature Society*, Vol. 81, No. 6, pp.259-261.

⑪ 孫琬鍾主編，《1997中國法律年鑑》，(北京：中國法律年鑑社，1997年8月)，頁28。

⑫ 任建新，〈大力加強法學研究，推進依法治國的進程〉，《中國法學》，第1998年第1期，(北京：中國法學會，1998年2月)，頁3～4。

⑬ 蔣次寧，〈司法改革的方向與實踐〉，載於《司法改革委員會會議實錄(上輯)》，(台北：司法院大法官書記處，民國85年5月)，頁39～40。

⑭ 中國時報，民國86年9月30日，第一版。

⑮ 鄭正忠，〈兩岸司法制度改革之方向與展望(三)〉，《法務通訊》，第1936期，民國88年6月24日，第五版。

⑯ 參見日本《司法試驗法》第五條第一項規定：「第二次試驗は、裁判官、檢察官又は辯護士となろうとする者に必要な學識及びその應用能力を有するかどうかを判定することをもってその目的とし、次條に定めるところによって、短答式及び論文式による筆記並びに口述の方法により行う」。

⑰ 笠井之彦，〈司法試驗法及び裁判所法の改正について〉，《ジュリスト》，第1138期，(日本：有斐閣，1998年7月)頁36～39。堀嗣亞貴，〈平成九年度司法試驗第二次試驗の結果について—合格體制實施二年目の試驗〉，《ジュリスト》，第1131期，(日本：有斐閣，1998年4月)，頁69～79。

⑱ 廖宏明，〈加強民事案件集中審理之措施〉，《律師雜誌》，第224期，(台北：台北律師公會，民國87年5月)，頁18～23。

⑲ 張劍男，〈共同積極推動民事案件審理集中化〉，《司法周刊》，第867期，(台北：司法院，民國87年3月4日)，第二版。另鄭傑夫，〈司法院加強民事案件審理集中化例稿說明〉，《律師雜誌》，第224期，(台北：台北律師公會，民國87年5月)，頁28～37。

⑳ 司法院編，《司法改革目標及改革進度》，(台北：司法院，民國87年7月)，頁7～72。

㉑ 青鋒，〈高舉鄧小平理論的偉大旗幟，推進中國的司法改革〉，《法學家》，第1998年第一期，(北京：法學家雜誌社，1998年2月)，頁100～101。

㉒ 馬俊駒，〈建設社會主義法治國家—中國司法制度改革〉，《法學家》，第1998年第一期，(北京：法學家雜誌社，1998年2月)，頁104～106。

㉓ 孫琬鍾主編，《1998中國法律年鑑》，(北京：中國法律年鑑社，1998年8月)，頁70。

㉔ 王懷安，〈審判方式改革是我國民主和法制建設在審判領域的重大發展〉，《走向法庭》，(北京：法律出版社，1997年12月)，頁23～24。

㉕ 孫琬鍾主編，《1998中國法律年鑑》，前揭書，頁32。

㉖ 孫琬鍾主編，《1997中國法律年鑑》，前揭書，頁51～55。

㉗ 梁國慶主編，《中華人民共和國檢察法官實用問題解析》，(北京：中國計劃出版社，1995年7月)，頁14～16。

㉘ 譚世貴主編，《律師法學》，(北京：法律出版社，1997年6月)，頁26～28。

㉙ 李喜準，《中共社會主義法制改革之研究》，前揭書，頁114～115。

㉚ 孫琬鍾主編，《1998中國法律年鑑》，前揭書，頁75～76。

㉛ 美國國務院發表之1996年世界各國人權報告，尚將司法風紀等相關問題列為我國人權之重要弊端，司法院為此特別撰文澄清，參見《司法周刊》，民國86年5月7日，第825期第一版。

㉜ 羊憶蓉，〈司法改革如其分，有助提昇人民基本權利意識〉，《中國時報》，民國88年7月4日第15版。

㉝ 陳傳岳、范曉玲，〈談對全國司法改革會議召開之期待〉，《全國律師》，(台北：中華民國律師公會全國聯合會，民國87年12月)，1998年12月號，頁4～11。

㉞ 參見民國88年6月24日，《聯合報》，第2版。

㉟ 參見民國88年7月9日，《中國時報》，社論〈司法改革站在全新的起點〉，第3版。

㊱ 李鴻禧，〈全國司改會的光與影〉，《中國時報》，民國88年7月13日，第15版。

㊲ 參見司法院，《司法院對刑事訴訟制度研採當事人進行主義為原則之說帖》，民國88年6月。

㊳ 任建新，〈最高人民法院工作報告〉，孫琬鍾主編，《1998年中國法律年鑑》，(北京：中國法律年鑑出版社，1998年8月)，頁29～34。

㊴ 江澤民，〈高舉鄧小平理論偉大旗幟，把建設有中國特色的社會主義事業全面推向二十一世紀〉，孫琬鍾主編，《1998年中國法律年鑑》，(北京：中國法律年鑑出版社，1998年8月)，頁6～14。

㊵ 武樹臣，〈啟動裁判自律工程，探索司法改革之路〉，載於《武樹臣法學文集》，(北京：光明日報出版社，1998年9月)，頁560～561。

㊶ 羅德銀、況繼明，〈論刑事審判方式改革〉，《訴訟法理論與實踐》，(北京：中國政法大學出版社，1997年10月)，頁303～305。

參考書目

壹、中文部分

一、台灣地區

（一）書籍

1. 王甲乙、楊建華、鄭健才，《民事訴訟法新論》，台北：三民書局，民國86年9月。

2. 王振興，《中共刑法原理》，台北：佳音印刷公司，民國80年6月。

3. 王泰銓，《當前兩岸法律問題分析》，台北：五南圖書出版公司，民國86年6月。

4. 王樹鳴，《認識大陸司法環境》，台北：永然文化出版公司，民國84年2月。

5. 丘宏達主編，《現代國際法》，台北：三民書局，民國82年8月。

6. 尤英夫，《中外律師制度》，台北：中央文物供應社，民國74年3月。

7. 台灣高等法院編，《台灣司法二十年》，台北：宏德印刷廠，民國54年12月。

8. 司法院，《八十六年度司法案件分析》，台北；司法院秘書處，民國87年6月。

9. 司法院，《八十五年度司法案件分析》，台北；司法院秘書處，民國86年6月。

10. 司法院，《八十四年度司法案件分析》，台北；司法院秘書處，民國85年6月。

11. 司法院，《八十三年度司法案件分析》，台北；司法院秘書處，民國84年6月。

12. 司法院，《司法改革委員會會議實錄》(上、中、下)，台北；司法院大法官書記處，民國85年5月。

13. 白文漳，《司法革新與革心》，台北：其澤有限公司，民國86年11月。

14. 石志泉原著，楊建華增訂，《民事訴訟法釋義》，台北：三民書局，民國81年10月。

15. 朱石炎，《中共檢察制度之研究》，刑事法第三類，台北：法務部，民國80年6月。

16. 朱言明，《中共改革開放與民生主義》，台北：黎明文化事業公司，民國83年7月。

17. 朱言明，《共產主義在中國及其變革》，台北：黎明文化事業公司，民國85年3月。

18. 朱諶，《中華民國憲法理論與制度》，台北：五南圖書出版公司，民國84年8月。

19. 沈克勤，《國際法》，台北：台灣學生書局，民國80年6月。

20. 呂丁旺，《法院組織法論》，台北：月旦出版社，民國83年10月。

21. 李國增，《民事訴訟審理集中化之研究》，司法院研究年報第19輯，台北：司法院，民國88年6月。

22. 李炳南，《憲政改革與國民大會》，台北：月旦出版社，民國83年6月。

23. 李大維，《台灣關係法立法過程──美國總統與國會間之制衡》，台北：洞察出版社，民國77年7月。

24. 沈朝江，《大陸法律概要》，台中：中庸出版社，民國81年9月。

25. 林紀東，《法律辭典》，台北：國立編譯館中華叢書編審委員會，民國68年2月。

26. 林紀東，《中華民國憲法釋論》，台北：大中國圖書公司，民國81年10月。

27. 林詩輝，《孫中山先生與中國現代化之研究》，台北：正中書局，民國81年5月。

28. 林咏榮，《中國法制史》，台北：三民書局，民國81年9月。

29. 林山田等，《大陸地區刑事程序法規之研究》，台北：行政院大陸委員會，民國82年7月。

30. 林洋港，《司法革新實況簡報》，台北：司法院，民國79年8月。

31. 林國賢，《五權憲法與現行憲法》，台北：文笙書局，民國75年7月。

32. 邱聯恭，《司法之現代化與程序法》，台北：台大法律學系法學叢書編輯委員會，民國81年4月。

33. 涂子麟，《國父思想》，台北：三民書局，民國79年9月。

34. 施茂林、劉清景，《最新常用六法全書》，台北：大偉書局，民國88年6月。

35. 城仲模，《行政法之基礎理論》，台北：三民書局，民國84年10月。

36. 姚瑞光，《民事訴訟法論》，台北：作者自行出版，民國85年7月。

37. 展恆舉，《中國近代法制史》，台北：台灣商務印書館，民國62年7月。

38. 徐道鄰，《中國法制史論集》，台北：志文出版社，民國64年8月。

39. 桂裕，《司法制度之檢討及改進》，台北：中國國民黨中央委員會設計考核委員會，民國51年6月。

40. 海棠小組，《大陸司法制度》，台北：博遠出版有限公司，民國80年11月。

41. 翁岳生，《行政法與法治國家》，台北：台灣大學法學叢書編輯委員會，民國76年10月。

42. 荊知仁，《美國憲法與憲政》，台北：三民書局，民國73年8月。

43. 高孔廉，《國統綱領與兩岸關係》台北：行政院大陸委員會，民國81年11月。

44. 《國父全集》，第一至十二集，台北：近代中國出版社，民國78年11月。

45. 陶百川、王澤鑑、劉宗榮、葛克昌，《最新綜合六法全書》，台北：三民書局，民國87年4月。

46. 張文伯，《龐德學述》，台北：中華大典編印會，民國56年11月。

47. 張文政，《海峽兩岸檢察制度之比較研究》，台北：士林地方法院檢察署，民國82年2月。

48. 張金鑑，《中國現行人事行政制度》，台北：台灣商務印書館，民國67年7月。

49. 張金鑑，《政治學概論》，台北：三民書局，民國80年2月。

50. 張晉藩，《中國法制史》，台北：五南圖書出版公司，民國81年9月。

51. 張鏡影，《比較憲法》(上、下)，台北：黎明文化事業公司，民國72年7月。

52. 張鑫，《大陸法制之現狀、問題》，台北：蔚理法律出版社，民國77年11月。

53. 許光泰，《中共法制論》，台北：台灣商務印書館，民國78年3月。

54. 許濱松，《各國人事制度》，台北：中華電視公司教學部，民國82年8月。

55. 郭介恆等著，《司法制度概論》，台北：國立空中大學，民國85年1月。

56. 陳志龍主持，《檢察官之偵查與檢察制度》，台北：法務部編印，民國87年3月。

57. 陳世雄等著，《民刑事訴訟法大義》，台北：五南圖書出版公司，民國75年8月。

58. 陳奇猷，《韓非子集釋》，台北：河洛圖書出版社，民國63年9月。
59. 陳計男，《民事訴訟法論》(上、下)，台北：三民書局，民國83年9月。
60. 陳顧遠，《中國法制史概要》，台北：三民書局，民國55年8月。
61. 陳榮傑，《引渡之理論與實踐》，台北：三民書局，民國74年1月。
62. 陳治世，《國際法》，台北：台灣商務印書館，民國79年9月。
63. 陳樸生，《刑事訴訟法實務》，台北：作者自行出版，民國69年9月。
64. 黃茂榮，《大陸地區財經法規之研究》，台北：行政院大陸委員會，民國82年7月。
65. 黃城，《五院相互關係之研究》，台北：正中書局，民國76年1月。
66. 黃一鑫，《法官人事制度之比較研究》，台北：台灣高等法院研究發展項目研究報告，民國78年7月。
67. 黃東熊，《刑事訴訟法》，台北：三民書局，民國86年2月。
68. 黃東熊，《中外檢察制度之比較》，台北：中央文物供應社，民國75年4月。
69. 楊建華，《大陸民事訴訟法比較與評析》，台北：三民書局，民國80年7月。
70. 楊建華，《民事訴訟法要論》，台北：三民書局，民國83年4月。
71. 楊建華，《民事訴訟法問題研析》(一)，台北：三民書局，民國84年5月。
72. 楊建華，《法制現代化之回顧與前瞻》，台北：月旦出版公司，民國86年8月。
73. 楊建華，《海峽兩岸民事程序法論》，台北：月旦出版公司，民國86年2月。
74. 楊建華等合著，《香港、澳門、大陸地區司法制度考察報告》，台北：司法院行政廳，民國84年2月。
75. 楊與齡等，《憲政及司法制度考察報告—蘇、匈、捷、南、西、美、香港等》，台北：司法院秘書處，民國81年6月。
76. 楊仁壽，《法學方法論》，台北：三民書局，民國75年11月。
77. 楊開煌、魏艾，《中國大陸研究概論》，台北：國立空中大學，民國84年6月。
78. 董翔飛，《中國憲法與政府》，台北：先鋒打字印刷公司，民國80年4月。
79. 鄒文海，《政治學》，台北：三民書局，民國80年7月。
80. 鄒忠科，《中德司法制度之比較研究》，台北：文笙書局，民國68年12月。

81. 雷萬來，《中共司法制度之研究》，台北：中興大學法學叢書編輯委員會，民國78年11月。

82. 廖與人，《中華民國現行司法制度》(上、下)，台北：黎明文化事業公司，民國71年1月。

83. 管歐，《中華民國憲法論》，台北：三民書局，民國80年2月。

84. 管歐，《法院組織法》，台北：三民書局，民國79年12月。

85. 褚劍鴻，《刑事訴訟法論》(上、下)，台北：台灣商務印書館，民國84年4月。

86. 劉清波，《中共司法論》，台北：三民書局，民國63年3月。

87. 劉清波，《中國大陸司法制度》，台北：華泰書局，民國84年10月。

88. 劉清波，《社會主義國家法制》，台北：黎明文化事業公司，民國81年2月。

89. 劉清波，《現代法學思潮》，台北：黎明文化事業公司，民國75年5月。

90. 蔣次寧編，《我們的法院》，台北：司法行政部，民國68年10月。

91. 蔡玉玲，《法官人事制度與司法預算》，台北：台灣士林地方法院78年度研究報告，民國78年7月。

92. 蔡蔭恩，《中美司法制度之比較》，台北：中華大典編印會，民國60年4月。

93. 蔡墩銘，《刑事證據法論》，台北：五南圖書出版公司，民國86年12月。

94. 蔡墩銘主編，《兩岸比較刑事訴訟法》，台北：五南圖書出版公司，民國85年9月。

95. 葛義才，《非訟事件處理法》，台北：三民書局，民國82年1月。

96. 鄭正忠，《社會秩序維護法》，台北：書泉出版社，民國86年12月。

97. 鄭玉波，《法學緒論》，台北：三民書局，民國67年3月。

98. 鄭玉波譯解，《法諺》(一)，台北：三民書局，民國73年8月。

99. 鄭競毅，《法律大詞書》，台北：商務印書館，民國72年10月。

100. 錢國成，《破產法要義》，台北：三民書局，民國70年8月。

101. 儲有德、唐淑，《各國法律之比較與作用》，台北：永然文化出版公司，民國83年12月。

102. 戴炎輝，《中國法制史》，台北：三民書局，民國80年2月。

103. 鍾兆民，《中華民國現行法院組織法》，台北：中國文化大學出版社，民國

72年4月。

104. 鍾義均主編，《中華民國考選制度》，台北：正中書局，民國82年6月。

105. 韓忠謨，《法學緒論》，台北：國立台灣大學法律系，民國81年11月。

106. 韓象乾、鄭學林，《大陸六法精要(二)─民事訴訟法》，台北：月旦出版公司，民國83年2月。

107. 蘇嘉宏，《增修中華民國憲法要義》，台北：東華書局，民國85年1月。

(二) 期刊

1. 王玉成，〈我國現行之法科教育與考用制度〉，《華岡法科學報》，第4期，民國70年11月。

2. 王廷懋，〈公懲制度改革重點〉，《司法周刊》，第870期，民國87年3月25日。

3. 王志文，〈海峽兩岸之管轄界線〉，《法令月刊》，第45卷第3期，民國83年3月1日。

4. 王澤鑑，〈法學教育的目的及其改進之道〉，《中國論壇》，第16卷第1期，民國72年4月10日。

5. 王建今，〈三十六年來之檢察業務〉，《軍法專刊》，第32卷第11期，民國75年11月。

6. 方庭諧，〈我國彈劾制度的結構、功能與改進〉，《公共行政學報》，第1期，民國74年11月。

7. 白文漳，〈法官自治與自律〉，《華岡法粹》，第23期，民國84年10月。

8. 史尚寬，〈司法權與法官的涵意之演進〉，《法學叢刊》，民國57年7月。

9. 史錫恩，〈司法院掌理審判之研究〉，《律師通訊》，第169期，民國82年10月15日。

10. 朱石炎，〈淺談大陸地區法制〉，《軍法專刊》，第39卷第2期，民國82年2月1日。

11. 朱柏松，〈日本之大學法學教育與司法考試〉，《法學叢刊》，第155期，民國83年7月。

12. 朱楠，〈檢察官擁有強制處分權之剖析〉，《華岡法粹》，第23期，民國84

年10月。

13. 朱朝亮,〈檢察權之制衡〉,《律師雜誌》,第236期,民國88年5月。

14. 吳庚,〈憲法法庭的起源〉,《司法周刊》,第644期,民國82年10月22日。

15. 吳東都,〈檢察人事民主化〉,《律師雜誌》,第236期,民國88年5月。

16. 吳明軒,楊秉鉞,〈關於民事訴訟上訴制度之研究〉,《司法周刊》,第671期,民國83年5月4日。

17. 李秋男,〈國會調查權、司法行政監督權與法官獨立審判權之關係及其分際〉,《輔仁法學》,第6期,民國76年5月。

18. 李忠雄,〈法律事務所之經營〉,《全國律師》,五月號,民國86年5月15日。

19. 李鴻禧,〈立憲主義與司法制度〉,《中國論壇》,第5卷第6期,民國66年12月。

20. 李模,〈法律教育現況論評〉,《律師通訊》,第160期,民國82年1月5日。

21. 阮毅成,〈中國古代之法律與法官〉,《法令月刊》,第34卷第11期,民國72年11月。

22. 林子儀,〈人身自由與檢察官之羈押權〉,《月旦法學》,第6期,民國84年10月15日。

23. 林麗瑩,〈論檢察一體〉,《律師雜誌》,第236期,民國88年5月。

24. 林宗翰,〈中華人民共和國律師法簡介〉,《全國法律》,六月號,民國86年6月15日。

25. 林紀東,〈論司法官的訓練〉,《法律評論》,第49卷第12期,民國72年12月1日。

26. 林國賢,〈刑事訴訟法之受告知選任辯護人權〉,《法令月刊》,第37卷第8期,民國75年8月。

27. 林騰鷂,〈海峽兩岸之法律教育〉,《東海大學法學研究》,第7期,民國82年2月15日。

28. 法務部檢察司,〈法務部對於檢察機關是司法機關,及檢察官得行使羈押等強制處分權釋憲聲請案之基本立場〉,《律師通訊》,85年第1期,民國85年1月15日。

29. 查良鑑，〈法律教育與法律生活化〉，《華岡法科學報》，第4期，民國71年11月。

30. 施啟揚，〈建立廉能公正的司法〉，《司法院公報》，第40卷第1期，民國87年1月。

31. 洪力生，〈我國法律教育的幾個重要問題〉，《司法通訊》，第444期，民國59年5月1日。

32. 范光群，〈大陸與台灣商務調解及仲裁制度之比較與研究〉，《中興法學》，第34期，民國81年11月。

33. 范光群，〈司法應提昇保障人權的功能〉，《全國律師》，1998年1月號，民國87年1月15日。

34. 范清銘，〈立案審查制度之研究——以現行刑事訴訟法架構下為前提〉，《法務通訊》，第169期，民國83年9月。

35. 師連舫，〈論鄉鎮調解條例〉，《法律評論》，第21卷第5期，民國44年5月。

36. 耿雲卿，〈中美憲法關於人權自由保障之比較〉，《華岡法科學報》，第3期，民國69年7月。

37. 桂成，〈從大學聯招熱門科系論當前之法律教育〉，《法律評論》，第57卷第11期，民國82年11月1日。

38. 翁岳生，〈憲法法庭設立之經過及其意義〉，《司法周刊》，第644期，民國82年10月22日。

39. 翁岳生，〈論命令違法之審查〉，《憲政思潮》，第30期，民國64年5月。

40. 馬漢寶，〈法律教育之前瞻與基礎法學〉，《律師通訊》，第160期，民國82年1月5日。

41. 高瑞錚，〈走過從前，邁向未來—兼評新律師法〉，《律師通訊》，第160期，民國82年1月5日。

42. 張旦平，〈二十年來律師制度與瞻往思來〉，《法令月刊》，第21卷第10期，民國59年10月1日。

43. 張鏡影，〈法律教育的芻議〉，《文藝復興》，第9期，民國59年9月。

44. 許志雄，〈權力分立之理論〉，《憲政時代》，第8卷第2期，民國71年10

月。

45. 許光泰，〈中共律師制度改革之研析〉，《中國大陸研究》，第37卷第10期，民國83年10月。

46. 連宜芳，〈論司法的現代任務〉，《法務通訊》，第1760期，民國85年1月11日。

47. 陳煥文，〈海峽兩岸仲裁制度之比較與發展趨向〉，《軍法專刊》，第38卷第2期，民國81年2月。

48. 陳毓鈞，〈美國憲法與美國的民主〉，《華岡法科學報》，第9期，民國78年7月。

49. 章瑞卿，〈我國司法院憲法法庭未來的角色〉（上），《軍法專刊》，第39卷第10期，民國82年10月10日。

50. 莊春山，〈檢察制度獨立可行性〉，《改革司法》，民國79年4月。

51. 黃東熊，〈各國檢察官地位之比較〉，《中興法學》，第21期，民國74年3月。

52. 黃瑞明，〈由海峽兩岸律師倫理規範之比較看兩岸社會力之趨勢〉，《律師通訊》，第192期，民國84年9月15日。

53. 曾繁康，〈略論司法權之意義與特點及國人對司法應有之認識〉，《法律評論》，第39卷第9期，民國62年9月。

54. 曾有田，〈台灣檢察體系與制度之研究〉，《華岡法粹》，第24期，民國85年10月。

55. 湯德宗，〈對第二屆國民大會臨時會修憲之評價與展望〉，《法律評論》，第58卷第10期，民國83年3月。

56. 程遠，〈大陸司法制度簡介〉，《司法周刊》，第672期，民國83年5月11日。

57. 楊日然，〈法學教育現代角色的反省與展望〉，《中國論壇》，第16卷第1期，民國72年4月10日。

58. 楊建華，〈大陸的司法〉，《司法周刊》，第647期，民國82年11月10日。

59. 楊建華、陳月瑞，〈海峽兩岸司法制度比較與分析〉，《華岡社科學報》，第12期，民國86年8月。

60. 管歐,〈積極培養法務人才加強現職專業訓練之研究〉,《法律評論》,第53卷第2期,民國76年2月1日。

61. 劉清波,〈中共法制的意識型態與司法制度〉,《軍法專刊》,第38卷第8期,民國81年9月。

62. 劉清波,〈中國大陸之法學教育〉,《政大法學評論》,第39期,民國78年6月。

63. 劉鴻儒,〈海峽兩岸檢察制度之比較研究〉,《法令月刊》,第46卷第8期,民國84年8月。

64. 劉勝驥,〈大陸高等教育之改革〉,《中國大陸法研究》,第36卷第11期,民國82年11月。

65. 蔡蔭恩,〈法律教育之研究發展〉,《司法通訊》第444期,民國59年5月1日。

66. 鄭玉波,〈論司法獨立〉,《憲政時代》,第5卷第1期,民國68年1月。

67. 鄭正忠,〈海峽兩岸司法制度之比較研究〉,《空大行政學報》,第7期,民國86年5月。

68. 鄭正忠,〈由律師之社會使命論律師資格之取得〉(上、下),《法律知識》,第7、8期,民國71年1月1日、2月1日。

69. 鄭正忠,〈海峽兩岸審判制度之比較〉(一~三),《司法周刊》,第824~826期,民國86年4月30日、5月7日、5月14日。

70. 鄭正忠,〈海峽兩岸民事上訴及再審程序之比較研究〉(一~四),《司法周刊》,第719至722期,民國84年4月12日、4月19日、4月26日、5月3日。

71. 鄭正忠,〈審判獨立之真締〉(上、下),《法務通訊》第1760、1761期,民國85年1月11日、1月18日。

72. 鄭正忠,〈監察院對司法權之監督與行使之分際〉(一~三),《司法周刊》,第761~763期,民國85年1月31日、2月7日、2月14日。

73. 鄭正忠,〈海峽兩岸司法制度之意涵與任務比較研究〉,《法令月刊》,第49卷第9期,民國87年9月。

74. 鄭正忠,〈海峽兩岸調解制度之比較研究〉(上、下),《法令月刊》,第50卷第5、6期,民國88年5、6月。

75. 鄭正忠,〈海峽兩岸司法制度理論淵源與基本原則之比較研究〉,《法學叢刊》,第175期,民國88年7月。

76. 鄭正忠,〈兩岸司法制度改革之方向與展望〉(一～五),《法務通訊》,第1934～1939期,民國88年6月10日～7月15日。

77. 鄭正忠,〈海峽兩岸法學教育與法官養成訓練比較〉,《軍法專刊》,第44卷第8期,民國87年8月。

78. 鄭正忠,〈海峽兩岸司法制度之沿革與未來取向〉(上、下),《法律評論》,第64卷第10～12期、第65卷第1～3期,民國87年12月、88年3月。

79. 鄭正忠,〈海峽兩岸檢察制度之比較評析與改革建議〉,《刑事法雜誌》,第43卷第1期,民國88年2月。

80. 鄭正忠,〈海峽兩岸律師制度之比較研究〉,《東吳法律學報》,第11卷第2期,民國88年5月。

81. 鄭逸哲,〈檢察官與法治國〉,《華岡法粹》,第24期,民國85年10月。

82. 駱永家,〈第三人及訴訟標的外法律關係之和解〉,《軍法專刊》,第29卷第7期,民國72年6月。

83. 駱永家,〈訴訟上和解與既判力〉,《台大法學論叢》,第4卷第2期,民國64年4月。

84. 謝冠生,〈法律教育研討會開會辭〉,《司法通訊》,第447期,民國59年5月22日。

(三)專論

1. 王志文,《自由時報》,民國82年12月6日。

2. 王志文,〈管轄問題與國家主權宜分開看待〉,《中國時報》,民國80年11月5日。

3. 尤英夫,〈律師檢覈不能開後門〉,《聯合報》,民國70年11月18日。

4. 尤英夫,〈台灣律師制度簡介〉,《兩岸法律適用之理論與實務》,台北:蔚理法律出版有限公司,民國81年9月。

5. 尤英夫,〈律師檢覈之路應予封閉〉,《中國時報》,民國70年11月18日。

6. 成永裕,〈淺談當前台灣地區專門法學教育〉,《中國法制比較研究論文集》,

台北：東吳大學法律研究所，民國82年8月。

7. 朱石炎，〈大陸司法制度之研究〉，《兩岸法律論文集》第一輯，台北：財團法人海峽交流基金會，民國83年10月。

8. 朱朝亮，〈從檢察官之地位論刑事追訴權之行使〉，《法務研究選輯》，台北：法務通訊雜誌社，民國78年6月。

9. 李後政，〈涉及台灣地區與大陸地區之民事事件準據法之決定〉，《中國大陸法制研究》，第六輯，台北：司法院，民國85年6月。

10. 李宏仁，《兩岸憲法法理基礎的比較研究》，台北：師範大學三民主義研究所博士論文，民國86年6月。

11. 李勝雄，〈檢察獨立與司法獨立之關係〉，《民間司法改革白皮書》，台北：國家政策研究中心，民國86年7月。

12. 李模，〈法律教育的研究〉，《第二屆海峽兩岸法學學術研討會論文集》，台北：東吳大學法學院，民國84年3月。

13. 李喜準，《中共社會主義法制改革之研究》，台北：政治大學東亞研究所碩士論文，民國85年7月。

14. 吳庚，〈論憲法之基本精神〉，《司法院大法官釋憲四十週年紀念論文集》，台北：司法院秘書處，民國77年9月。

15. 吳天惠，《我國公務員懲戒制度之研究》，台北：文化大學中山學術研究所博士論文，民國86年6月。

16. 沈白路，〈海峽兩岸律師實務協作的現狀及發展〉，《兩岸法律適用之理論與實務》，台北：蔚理法律出版有限公司，民國81年9月。

17. 林建宏，《大陸地區仲裁制度之研究》，台北：文化大學中國大陸研究所碩士論文，民國86年6月。

18. 林俊益，〈論中共之仲裁制度〉，《中國大陸法制研究》（第一輯），台北：司法院第四廳，民國79年10月。

19. 林山田，〈制度比誰都重要〉，《自立晚報》，民國78年9月22日。

20. 林永謀，〈審判獨立之檢討〉，《改革司法》，台北：財團法人張榮發基金會，民國79年4月10日。

21. 林樹埔，〈鄉鎮市調解條例之研究〉，《司法研究年報》，（第五輯下冊），

台北：司法院第四廳，民國74年3月。

22. 林朝榮，《檢察制度民主化之研究》，台北：政治大學法律研究所博士論文，民國82年6月。

23. 涂懷瑩，〈國父法律思想的實踐〉，《國父法律思想論集》，台北：文化大學法律研究所，民國54年11月。

24. 唐建國，〈律師檢覈制度還有其他後門〉，《聯合報》，民國70年11月22日。

25. 翁岳生，〈大法官功能演變之探討〉，《法治國家之行政法與司法》，台北：月旦出版社，民國86年4月。

26. 翁岳生，〈司法權發展之趨勢〉，《法治國家之行政法與司法》，台北：月旦出版社，民國86年4月。

27. 許惠祐，〈兩岸交流法制之建立〉，《中國大陸法制研究》，第六輯，台北：司法院，民國85年6月。

28. 許志雄，〈憲法與司法〉，《民間司法改革白皮書》，台北：業強出版社，民國86年7月。

29. 陳光中，〈中國大陸的法學教育〉，《中國法制比較研究論文集》，台北：東吳大學法律研究所，民國82年8月。

30. 陳卓，〈中國大陸律師制度簡介〉，《兩岸法律適用理論與實務》，台北：蔚理法律出版有限公司，民國81年9月。

31. 張麟徵，〈務實外交的理論基礎——雙重承認理論之建構〉，《台灣經驗新階段——持續與創新》，台北：公共政策研討會論文，民國79年2月。

32. 張文伯等，〈發揮懲戒制度功能之研究〉，《司法研究年報》，第三輯（上冊），台北：司法院，民國72年7月。

33. 張聖斌，《海峽兩岸對海上犯罪管轄權問題之研究》，台北：政治大學外交研究所碩士論文，民國83年6月。

34. 張錕盛，《從權力分立論司法對行政行為之審查密度》，台北：中興大學法律研究所碩士論文，民國85年7月。

35. 彭昇平，《海峽兩岸民事調解、和解制度之比較研究》，台北：文化大學中國大陸究所碩士論文，民國84年12月。

36. 曾蘭淑，《論海峽兩岸的法院制度》，台北：政治大學中山人文社會科學研究

所碩士論文，民國84年6月。

37. 黃少谷，〈建國七十年來之司法〉，《竭誠盡忠負責，勿使民眾失望》，台北：司法院秘書處，民國75年6月1日。

38. 黃東熊，〈檢察一體與指揮權〉，《中國時報》，民國84年1月3日。

39. 程春益，《法官之職務獨立與職務監督》，台北：政大法律研究所碩士論文，民國77年6月。

40. 楊仁壽，〈也談律師檢覈不能開後門〉，《聯合報》，民國70年11月19日。

41. 楊錫銘，《中共公安工作研究─中共人民武裝警察部隊解析》，台北：政治大學東亞研究所碩士論文，民國82年6月。

42. 雷金書，《中共人民法院審判制度之研究─以初審程序為中心》，台北：文化大學大陸研究所碩士論文，民國84年6月。

43. 葉雪鵬，〈大陸新刑事訴訟法總則的研究〉，《中國大陸法制研究》，（第七輯），台北：司法院，民國86年6月。

44. 管歐，〈司法院解釋權的研討〉，《司法院大法官釋憲四十週年紀念論文集》，台北：司法院秘書處，民國77年9月。

45. 劉清波，〈中共四十年來的法制變遷及其意識形態〉，《中國大陸法制研究計劃學術研討會輯要》，台北：政治大學中國大陸法治研究計劃執行小組，民國78年6月。

46. 劉清波，〈中國大陸法制發展概觀〉，《透視大陸》，民國79年4月。

47. 劉瑞村，〈中共的人民法院〉，《中國大陸制研究》，第二輯，台北：司法院，民國80年8月。

48. 劉德勳，〈大陸地區法學教育之現況研究〉，《中國大陸法制研究》，第六輯，台北：司法院，民國85年6月。

49. 劉慶瑞，〈西德聯邦憲法法庭〉，《比較憲法論文集》，台北：作者自行出版，民國51年6月。

50. 蔡志芳，〈海峽兩岸行政訴訟制度的比較研究〉，《中國法制比較研究論文集》，台北：東吳大學法學院，民國84年9月。

51. 蔡志芳，《從權利保護功能之強化，論我國行政訴訟制度應有之取向》，台北：台灣大學法律研究所博士論文，民國77年6月。

52. 蔡志芳，《法治國家中司法之任務》，台北：台灣大學法律研究所碩士論文，民國70年6月。

53. 蔡文育，《調解制度之研究》，台北：台大法律研究所碩士論文，民國83年6月。

54. 蔣次寧，〈司法改革的方向與實踐〉，《司法改革委員會會議實錄(上輯)》，台北：司法院大法官書記處，民國85年5月。

55. 蔡章麟，〈論調解制度〉，《民事訴訟法論文選輯)(下)，台北：五南圖書出版公司，民國73年7月。

56. 鍾鳳玲，《從西德法官法論我國法官身分保障應有之取向》，台北：政治大學法律研究所碩士論文，民國78年6月。

57. 鄭彥棻，〈國父法律思想的認識〉，《國父法律思想論集》，台北：文化大學法律研究所，民國54年11月。

二、大陸地區

(一)書籍

1. 王懷安等主編，《中華人民共和國法律全書)(1996)，長春：吉林人民出版社，1997年5月。

2. 王懷安等主編，《中華人民共和國法律全書)(1995)，長春：吉林人民出版社，1996年6月。

3. 王懷安主編，《中國民事訴訟法教程》，北京：人民法院出版社，1992年12月。

4. 王然冀主編，《當代中國檢察學》，北京：法律出版社，1989年12月。

5. 王哲主編，《中國司法制度》，北京：北京大學出版社，1986年8月。

6. 《毛澤東選集》，北京：人民法院出版社，1996年9月。

7. 《外國律師法規選編》，北京：法律出版社，1992年11月。

8. 朱慶芳、初尊賢主編，《公務員法概要》，北京：法律出版社，1992年8月。

9. 江平等編，《中國司法大辭典》，長春：吉林人民出版社，1991年2月。

10. 江偉、楊榮新，《人民調解學概論》，北京：法律出版社，1990年6月。

11. 江偉主編，《中國民事訴訟法教程》，北京：中國人民大學出版社，1990年

3月。

12. 吳磊，《中國司法制度》，北京：中國人民大學出版社，1997年5月。

13. 吳磊，《我國的律師制度》，北京：中國人民大學出版社，1981年8月。

14. 谷春德主編，《中國法律制度》，香港：中港法律研究股份有限公司，1988年3月。

15. 宋峻主編，《我國大陸與台灣三大訴訟法律制度比較》，北京：中國紡織出版社，1994年5月。

16. 李士英主編，《當代中國檢察制度》，北京：中國社會科學出版社，1989年12月。

17. 李鐵映，《社會主義現代化建設的奠基工程》，北京：人民日報，1993年3月3日。

18. 肖永清主編，《中國法治史教程》，北京：法律出版社，1996年9月。

19. 肖勝喜等編，《律師職業道德與執業紀律》，北京：中國政法大學出版社，1995年5月。

20. 周道鸞主編，《民事訴訟法教程》，北京：法律出版社，1993年5月。

21. 唐瓊瑤，《中國法律十八講》，香港：商務印書館，1995年3月。

22. 徐矛，《中華民國政治制度史》，上海：上海人民出版社，1992年7月。

23. 武彪，《司法制度和律師制度》，上海：知識出版社，1981年12月。

24. 武樹臣、李力，《法家思想與法家精神》，北京：中國廣播電視出版社，1998年3月。

25. 武延平主編，《中國刑事訴訟法教程》，北京：中國政法大學出版社，1997年6月。

26. 金葆瑤，《公證律師制度講義》，北京：中國政法大學民事訴訟法教研室，1985年3月。

27. 胡康生、李福成主編，《中華人民共和國刑事訴訟法釋義》，北京：法律出版社，1997年10月。

28. 柴發邦，《民事訴訟法學》，北京：北京大學出版社，1994年4月。

29. 袁紅兵、孫曉寧，《中共司法制度》，北京：北京大學出版社，1988年12月。

30. 孫琬鍾等主編，《中華人民共和國法律釋義全書》，北京：中國言實出版社，

1996年7月。

31. 孫琬鍾，《一九九三年中國法律年鑑》，北京：中國法律年鑑社，1993年10月。

32. 孫琬鍾，《一九九四年中國法律年鑑》，北京：中國法律年鑑社，1994年10月。

33. 孫琬鍾，《一九九五年中國法律年鑑》，北京：中國法律年鑑社，1995年10月。

34. 孫琬鍾，《一九九六年中國法律年鑑》，北京：中國法律年鑑社、1996年8月。

35. 孫琬鍾，《一九九七年中國法律年鑑》，北京：中國法律年鑑社，1997年8月。

36. 郝雙祿主編，《刑事訴訟法教程》，北京：法律出版社，1988年。

37. 馬克思、恩格斯，《馬克思、恩格斯全集》，第四卷，北京：人民出版社，1995年6月。

38. 馬原主編，《中國民法教程》，北京：人民法院出版社，1993年8月。

39. 常怡主編，《中國調解制度》，重慶：重慶出版社，1990年5月。

40. 常怡主編，《民事訴訟法學》，北京：中國政法大學出版社，1994年3月。

41. 梁國慶主編，《中華人民共和國檢察官法實用問題解析》，北京：中國計劃出版社，1995年7月。

42. 章武生、左衛民主編，《中國司法制度導論》，北京：法律出版社，1994年11月。

43. 張友漁主編，《中國法學四十年》，上海：上海人民出版社，1989年8月。

44. 張晉紅，《中國民事訴訟法》，北京：中國政法大學出版社，1996年8月。

45. 張晉藩，《中國古代法律制度》，北京：中國廣播電視出版社，1992年12月。

46. 張曉陵、楊春福，《律師與公證實務》，南京：南京大學出版社，1995年3月。

47. 張鑫，《中國法律—解說與實務》，香港：中文大學出版社，1994年7月。

48. 張鑫，《中國法制之現狀及改革》，香港：明報出版社，1998年4月。

49. 張仲麟主編，《刑事訴訟法新論》，北京：中國人民大學出版社，1993年5

月。

50. 許崇德主編，《中國憲法》，北京：中國人民大學出版社，1994年2月。

51. 陳守一，《新中國法學三十年的回顧》，北京：法學研究，1980年。

52. 陳桂明，《訴訟公正與程序保障》，北京：中國法制出版社，1996年6月。

53. 陳衛東、王福家，《中國律師學》，北京：中國人民大學出版社，1994年2月。

54. 陳衛東、嚴軍興主編，《新刑事訴訟法通論》，北京：法律出版社，1996年4月。

55. 陳瑞華，《刑事審判原理論》，北京：北京大學出版社，1997年2月。

56. 陳寶權主編，《中外律師制度比較研究》，北京；法律出版社，

57. 陶髦主編，《律師制度比較研究》，北京：中國政法大學出版社，1995年12月。

58. 喬偉主編，《新編法學詞典》，山東：山東人民出版社，1985年12月。

59. 程榮斌主編，《海峽兩岸交往中的訴訟法律與業務》，北京：中國工人出版社，1997年6月。

60. 程榮斌主編，《中國刑事訴訟法教程》，北京：中國人民大學出版社，1997年11月。

61. 楊一凡、陳寒楓，《中華人民共和國法治史》，哈爾濱：黑龍江人民出版社，1997年11月。

62. 楊大文主編，《婚姻法學》，北京：中國人民大學出版社，1991年3月。

63. 楊和鈺，《中國法制史教程》，北京：中國政法大學出版社，1994年8月。

64. 楊榮新，《民事訴訟法教程》，北京：中國政法大學出版社，1991年12月。

65. 楊柄芝、李春霖主編，《中國訴訟制度法律全書》，北京：法律出版社，1993年4月。

66. 楊柄芝等主編，《中華人民共和國法律集注》，北京：法律出版社，1994年3月。

67. 蒲堅主編，《中國法制史》，北京：光明日報出版社，1992年12月。

68. 熊先覺，《中國司法制度》，北京：中國政法大學出版社，1986年12月。

69. 熊先覺，《中國司法制度簡史》，北京：人民出版社，1986年5月。

70. 趙震江，《中國法制四十年》，北京：北京大學出版社，1990年1月。

71. 齊樹潔主編，《海峽兩岸法律制度比較─訴訟法》，福建：廈門大學出版社，1994年11月。

72. 劉志濤，《人民調解實用大全》，吉林：吉林人民出版社，1990年2月。

73. 劉學斌，《中華人民共和國刑事訴訟法理論與適用》，北京：法律出版社，1996年5月。

74. 劉家興主編，《民事訴訟法學教程》，北京：北京大學出版社，1996年5月。

75. 蔡彥敏主編，《民事訴訟法學》，廣州：中山大學出版社，1994年10月。

76. 鄧小平，《建設有中國特色的社會主義》，北京：人民出版社，1984年12月。

77. 魯明健、熊先覺、張敏編，《中國司法制度教程》，北京：人民法院出版社，1991年8月。

78. 魯明健主編，《中國司法制度》，北京：中國人民大學出版社，1996年3月。

79. 薛景元主編，《海峽兩岸法律制度比較─訴訟法》，廈門：廈門大學出版社，1994年11月。

80. 藍全普編，《三十年來我國法規沿革概況》，北京：群眾出版社，1982年。

81. 魏定仁、甘蔣春，《中華人民共和國憲法教程》，北京：光明日報社，1988年。

82. 龔祥瑞、羅豪才、吳擷英，《西方國家的司法制度》，北京：北京大學出版社，1980年11月。

83. 《新編中華人民共和國常用法律法規全書》，北京：中國法制出版社，1996年1月。

(二)期刊、專論

1. 王琰，〈中國司法解釋發展之回顧〉，《人民司法》，1998年第3期，1998年3月5日。

2. 王鳳岐，〈依法保障犯罪嫌疑人、被告人訴訟權利的思考〉，《訴訟法學、司法制度》，1998年第2期，1998年3月。

3. 王宗玉，〈關於民事及經濟訴訟制度改革的幾個問題〉，《法學家》，1998年第2期，1998年4月。

4. 王愛平、段衛東,〈法院副院長扣銬律師,執法違法官司終打輸〉,《文匯報》,香港,1986年9月21日。

5. 王懷安,〈審判方式改革是我國民主和法制建設在審判領域的重大發展〉,《走向法庭》,北京:法律出版社,1997年12月。

6. 王俊民,〈論當前影響刑事審判方式轉型的若干問題〉,《訴訟法學、司法制度》,1998年第1期,1998年2月。

7. 王利明,〈法治的社會需要司法公正〉,《人民司法》,1998年第2期,1998年2月。

8. 文平,〈發生在法庭上的違法事件〉,《人民日報》,北京,1985年2月18日,第4版。

9. 江偉,〈一九九七年民事訴訟法學研究的回顧與展望〉,《法學家》,1998年第1期,1998年2月。

10. 谷國文,〈現代刑事審判模式評析〉,《訴訟法學、司法制度》,1998年第4期,1998年5月。

11. 李文健,〈刑事訴訟效率論〉,《訴訟法學、司法制度》,1998年第4期,1998年4月。

12. 肖永真,〈中國解決涉外經濟糾紛的法律根據及方式〉,《法學研究》,1991年第2期,1991年4月23日。

13. 吳炯,〈司法改革的思考〉,《法學家》,1998年第1期,1998年2月15日。

14. 宋爐安,〈司法權辯析—法律監督是司法權?〉,《研究生法學》,1996年,第3期,1996年9月。

15. 呂世倫、賀曉榮,〈論程序正義在司法公正中的地位和價值〉,《法學家》,1998年第1期,1998年2月。

16. 李運昌,〈關於中華人民共和國律師暫行條例的幾點說明〉,《新華月報》,第430期,1980年9月30日。

17. 沈德永,〈為中國司法體制問診切脈〉,《中國律師》,1997年第7期,1997年7月。

18. 社論,〈建立和健全我國的律師制度〉,《人民日報》,北京:1979年6月19日,第3版。

19. 林義全，〈新中國人民調解研究綜述〉，《法學研究》，第54期，1988年1月。

20. 宗學軍，〈關於民事訴訟當事人舉證責任和舉證制度的思考〉，《訴訟法學、司法制度》，1998年第3期，1998年4月。

21. 范愉，〈世界司法改革的潮流、趨勢與中國的民事審判方式改革〉，《法學家》，1998年第2期，1998年4月。

22. 洪道德，〈管轄的修改與完善〉，《法學月刊》，第7期，1995年7月。

23. 姜小川，〈關於完善我國刑事迴避制度的探討〉，《法學月刊》，第7期，1995年7月。

24. 唐浩文，〈中國司法體制的症病何在〉，《中國律師》，1997年第1期，1997年10月。

25. 唐德華，〈民事訴訟法修改情況介紹〉，《民事訴訟法講座》，北京：法律出版社，1991年9月。

26. 席小例，〈對我國審判制度改革的幾點思考〉，《法學家》，1998年第2期，1998年4月。

27. 馬俊駒，〈建設社會主義法治國家—中國司法制度改革〉，《法學家雜誌社》，1998年第1期，1998年2月15日。

28. 郝克明，〈法學教育的層次結構應當適應我國法制建設的實際需要〉，《中國高等教育結構研究》，北京：人民教育出版社，1987年1月。

29. 賀劍強，〈人民調解協議書應具有法律效力〉，《法學雜誌》，第45期，1987年6月。

30. 賀衛方，〈司法：走向清廉之路〉，《法學家》，1998年第1期，1998年2月。

31. 程榮斌，〈一九九七年刑事訴訟法學研究的回顧與展望〉，《法學家》，1998年第1期，1998年2月。

32. 程味秋、周士敏，〈論審判公開〉，《訴訟法學、司法制度》，1998年第9期，1998年10月。

33. 曾憲義，〈我國法學高層次人才培養規劃的必要調整〉，《法學家》，1997年第5期，1997年10月。

34. 楊建順，〈建設法治國家與行政訴訟制度的完善〉，《法學家》，1998年第1期，1998年2月。

35. 董有淦，〈中華人民共和國對外經濟、貿易和海事仲裁的現狀和發展〉，《中國國際法年刊一九八三》，北京：中國對外翻譯出版公司，1983年。

36. 董皞，〈我國司法機關多重職能現狀改革之思考〉，《判例與研究》，1997年第3期，1997年7月。

37. 甄貞，〈促進新刑事訴訟法正確實施之建言〉，《法學家》，1998年第2期，1998年4月。

38. 齊樹潔、鍾勝榮，〈論民事審判方式改革對我國證據制度的影響〉，《訴訟法學、司法制度》，1998年第9期，1998年10月。

39. 趙秉志，〈略談刑事司法改革的意義和原則〉，《法學家》，1998年第2期，1998年4月。

40. 趙中孚，〈健全民商法制，提高審判質量〉，《法學家》，1998年第2期，1998年4月。

41. 劉海年，〈略論社會主義法治原則〉，《中國法學》，第81期，1998年9月。

42. 蔣立山，〈馬克思的法學思想〉，《法學月刊》，1994年第7期，1994年7月。

43. 蔣惠岭，〈司法權力地方化之利弊與改革〉，《人民司法》，1998年第2期，1998年2月。

44. 蔣惠岭，〈我國實現獨立審判的條件與出路〉，《人民司法》，1998年第3期，1998年3月。

45. 蔣根思、李福順，〈科學認識律師社會屬性，深化律師工作改革〉，《法制日報》，北京：1988年6月29日。

46. 鄧小平，〈論民主法制建設〉，《社會主義法制建設基本知識》，北京：法律出版社，1996年10月。

47. 衛平，〈論人民調解委員會組織條例的立法依據及特點〉，《法學雜誌》，第110期，1989年10月。

48. 錢衛清，〈建議取消陪審制度〉，《法學雜誌》，第5期，1987年5月。

49. 蕭蔚雲、魏定仁，〈切實保障被告人的辯護權〉，《人民日報》，1979年2

月17日。

50. 嚴軍興，〈健全法律援助制度與推展司法改革〉，《法學家》，1998年第2期，1998年4月。

貳、日文部分

(一)書籍

1. 小山昇、中野貞一郎、竹下守夫，《演習民事訴訟法》，日本：青林書院，1987年(昭和62年)6月20日。

2. 小田中聰樹，《現代司法の構造と思想》，日本：日本評論社，1979年(昭和54年)10月。

3. 小室直人編，《民事訴訟法要義》，日本：法律文化社，1990年3月20日。

4. 三ケ月章，《民事訴訟法研究》，第一至十卷，日本：有斐閣，1989年10月。

5. 三ケ月章，《日本民事訴訟法》，台北：五南圖書出版有限公司，1995年8月。

6. 上田徹一郎，《民事訴訟法》，日本：法學書院，1990年5月。

7. 山木戶克己，《民事訴訟理論の基礎的研究》，日本：有斐閣，1988年(昭和63年)8月。

8. 中村英郎，《民事訴訟法》，日本：成文堂，1990年3月。

9. 石川明編，《民事訴訟法》，日本：同文館，1980年(昭和55年)7月10日。

10. 石川良雄，《フランスの司法制度》，日本：司法研修所，1962年(昭和37年)8月。

11. 平井彥三郎，《檢察制度論(上、下卷)》，日本：廣文社，1930年6月(昭和5年)6月。

12. 出射義夫，《檢察制度の研究》，日本：司法省調查部，1938年(昭和13年)10月。

13. 永井憲一、室井力、利谷信義、宮阪富之助、籾井常喜、宮澤浩一，《三省堂新六法》，日本：三省堂，1994年5月。

14. 伊東乾，《辯論主義》，日本：學陽書房，1975年(昭和50年)3月。

15. 佐藤幸治，《現代國家と司法權》，日本：有斐閣，1990年2月。

16. 岩松三郎，《民事裁判の研究》，日本：弘文堂，1961年(昭和36年)9月。

17. 星野英一、松尾浩也，《六法全書》，日本：有斐閣，1993年10月。

18. 家永三郎，《司法權獨立の歷史的考察》，日本：日本評論社，1967年(昭和42年)11月。

19. 兼子一，《新修民事訴訟法體系》，日本：酒井書店，1965年(昭和40年)8月。

20. 菊井維大，《民事訴訟法(上、下)》，日本：青林出版社，1960年(昭和35年)9月。

21. 渥美東洋編，《刑事訴訟法》，日本：同文館，1981年(昭和56年)2月。

22. 新堂幸司，《民事訴訟法》，日本：筑摩書房，1974年(昭和49年)6月。

23. 萩原金美，《スウエーデンの司法》，日本：弘文堂，1986年12月(昭和61年)10月。

24. 齋藤秀夫，《民事訴訟法概論》，日本：有斐閣，1969年(昭和44年)7月。

(二)期刊、專論

1. 小野清一郎，〈刑事訴訟法的基礎理論〉，《刑事法講座》第5卷，日本：刑事法學會，1982年10月。

2. 小島武司，〈法律扶助制度研究會報告書の評價〉，《ジリスト》，第1137期，日本：有斐閣，1998年7月。

3. 小寺彰，〈法曹養成と國際法—現代社會における國際法の意味〉，《ジリスト》，第1131期，日本：有斐閣，1998年4月。

4. 三井誠，〈自由心証主義〉，《法學教室》，第212期，日本：有斐閣，1998年5月。

5. 工藤達朗，〈國家の地位と任務〉，《法學教室》，第212期，日本：有斐閣，1998年5月。

6. 出射義夫，〈二元主義檢察〉，《檢察、裁判、辯護》，日本：有斐閣，1973年。

7. 伊藤真、小林元治、酒井邦彥、永盛敦郎、長谷部由起子，〈法律扶助制度研究會報告書をめぐって〉，《ジリスト》，第1137期，日本：有斐閣，1998年7月。

8. 佐川孝志，〈新しい法律扶助への制度設計〉，《ジリスト》，第1137期，日

本：有斐閣，1998年7月。

9. 佐藤鐵男，〈司法試驗、法選廢止を考える〉，《ジュリスト》，第1131期，日本：有斐閣，1998年4月。

10. 坂原正夫，〈辯論主義〉，《法學教室》，第208期，日本：有斐閣，1998年1月。

11. 岩井昇二，〈フランスにおける刑事訴追(一)、(二)〉，《警察研究》，第35卷第12號，1964年連載。

12. 松尾浩也，〈西ドイツ刑事司法における檢察官の地位〉，《法學協會雜誌》，第84卷第10號，1967年(昭和42年)10月。

13. 芹田健太郎，〈台灣の國際的地位と法治の主張〉，《ジュリスト》，第1138期，日本：有斐閣，1998年7月。

14. 岡部泰昌，〈起訴狀一本主義〉，鴨良弼編，《刑事訴訟法重要問題の解說》，日本：法學書院，1977年(昭和52年)5月。

15. 吳天惠，〈司法院の位置付け〉，《華岡法科學報》，第11期，台北：中國文化大學法學院，1995年12月。

16. 日本：法務省，〈司法試驗等の試驗科目の變遷〉、〈司法試驗制度と法曹養成制度に關する合意〉，《ジュリスト》，第1131期，日本：有斐閣，1998年4月。

17. 青山善充，〈是ガ非か、今次司法試驗法改正〉，《ジュリスト》，第1131期，日本：有斐閣，1998年4月。

18. 阿部泰隆，〈司法試驗行政法廢止は法治國家の危機〉，《ジュリスト》，第1128期，日本：有斐閣，1998年2月。

19. 野隆二，〈法律扶助制度研究會報告書の概要につabout いて〉，《ジュリスト》，第1137期，日本：有斐閣，1998年7月。

20. 淺井正，〈中國辯護士法制の特色と課題〉，《比較法研究》，第59期，日本：有斐閣，1997年(平成10年)2月。

21. 宮澤浩一，〈司法試驗、法律選擇科目の廢止—刑事政策について〉，《ジュリスト》，第1132期，日本：有斐閣，1998年4月。

22. 高橋和之，〈立法、行政、司法の觀念の再檢討〉，《ジュリスト》，第1133

期，日本：有斐閣，1998年5月。

23. 笠井之彥，〈司法試驗法及び裁判所法の改正について〉，《ジュリスト》，第1138期，日本：有斐閣，1998年7月。

24. 堀嗣亞貴，〈平成九年度司法試驗第二次試驗の結果について―合格體制實施二年目の試驗〉，《ジュリスト》，第1132期，日本：有斐閣，1998年4月。

25. 釜田泰介，〈憲法の世紀、憲法の課題〉，《法學教室》，第211期，日本：有斐閣，1998年4月。

26. 浦邊衛，〈陪審制の參審制〉，團藤重光等編，《犯罪と刑罰(下)》，日本：有斐閣，1969年(昭和44年)3月。

27. 清水隆雄，〈獨立法務官法の改正論議〉，《ジュリスト》，第1129期，日本：有斐閣，1998年3月。

28. 笹田榮司，〈憲法裁判の在り方〉，《ジュリスト》，第1133期，日本：有斐閣，1998年5月。

29. 遠藤直哉，〈法曹一元を伴う研修辯護士制度創設に向けて〉，《ジュリスト》，第1129期，日本：有斐閣，1998年3月。

30. 稻葉馨，〈司法試驗法改正と行政法教育の課題〉，《ジュリスト》，第1131期，日本：有斐閣，1998年4月。

31. 龜井時子、前田俊房，〈新しい法律扶助制度と辯護士、辯護士會の課題〉，《ジュリスト》，第1137期，日本：有斐閣，1998年7月。

參、英文部分

1. Alan O. Ebenstein, William Ebennstein, Edwin Fogelman *Today's Isms：Socialism, Capitalism, Fascism, Communism*, 10 th ed., (New Jersey：Prentice-Hall, Inc. A. Paramount Communications Company, Englewood cliff. 1994).

2. Allann Farnsworth, *An Introduction to the legal systems of the United States*, Oceana Publication, Inc. New York, (1983).

3. Andres Andersson, Sweden：Judicial Independence ed. In Shetrect, S. & Deschenes,

J., *Judicial Independence.* Martinus Nijhoff Publishers, Neththerlands. (1985).

4. Allan E. Fransworth, *An Introduction to the Legal System of The United States*, second edition, (New York：Columbia University Press, 1985).

5. Albert P. Melone, Judicial Independence in contemporary China, Judicature, *The Journal of the American Judicature Society*, Vol. 81, No. 6, May-June 1998.

6. Basia Carolyn Miller and Harold Samuel Satone, *The Spirit of the Laws*, Book Ⅱ, (Cambridge University Press,1989).

7. *Blackwell Encyclopaedia of Political Thought* and *Blackwell Encyclopaedia of Political Institutions* 鄧正來等譯,《布萊克維爾政治百科全書》,北京：中國政法大學出版社,1992年6月。

8. Benjamin Kaplan," Trial by Jury", Compiled in, Harold J. Berman, *Talks on American Law*, (Washington：United States Information Agency, 1972).

9. Bernard Schwartz, *American Constitional Law, Institute of Comparative law*, New York University (1955).

10. Calamandrei Piero, *Procedure and Democracy* (Washington Square： New York University Press,1956).

11. Chung-Sen Yong, *Carrer Judiciary in the Republic of China*,《政大法學評論》,第2期,1970。

12. Derk Bodde and Clarence Morris, *Law in Imperial China*, (Cambridge, Mass：University Press, 1973).

13. Deutsch, Karl W., etal., *Political Community and the North Altantic Area：International Organization in the Light of Historcial Experience.* (Princeton：Princeton University Press, 1957).

14. Dhavan, Rajeev, Sadarshan, R.,and Khurshid, Salman, *Judges and the Judicial Power*, (London： Sweet & Maxwell, 1985).

15. Franz Schurmann , *Indeology and Organization in Communist China*,"(Los Angeles: University of California Press,1973).

16. Friedrich, Carl J. , *Constitutional Goverrment and Democracy：Theory and Practice in Europe and America*, fourth edition. (Waltham, Mass：Blaisdell Publishing

Co. , 1986).

17. Glenn. R. Winters, American Courts and Justice, *The American Judicature Society*, Chicago, (1976).

18. Garrith D. Perrine, *Adminidtration of Justice : Principles and Procedures*, (Minnesota : West Publishing, Co. 1980).

19. George F. Cole, *The American System of Criminal Justice*, fourth edition, 1986.

20. Gerald Gunther, *Cases and Materials on Constitution Law*, tenth edition, (Mineda, N.Y. : The Fundation Press, Inc., 1980).

21. Han Depei and Stephen Lcanter, Legal Education in China, *The America Journal of Comparative Law* (Vol.32, 1984).

22. Harold J. Berman, *Talks on Aamerican Law*, (Washington, United States Information Agency 1972).

23. Harry Kalven, Jr. & Hans Zeisel, *The American Jury*, (Chicago, The University of Chicago Press 1971).

24. John Spain, *The Grand Jury, Past and Present : A Survey* 2 American Criminal Law Quarterly, (1964).

25. Leo Strauss and Joseph Cropsey,*History of Political Philosophy*, (Rand Mcnally & Company, 1972).

26. Mauro Cappelletti, *Who Waches the Watchmen ? A Comparative Study Judicial Responsibility*, ed. In Shetrect & Deschenes (eds.) Judicial Independence (1985).

27. Maurice H. Nadjari, New York State's Office of the Special Prosecutor : A Creation Born of Necessity, *2 Hofstra Law Review* (1974).

28. Mcwhinney, Edward. *Supreme Court and Judicial Law-making : Constitutional Tribunals and Constitutional Review.*(Dordrecht : Martinus Nighoff Publishers, 1986).

29. Montesquieu, *The Spirit of Laws*. (David Wallace Carrithers, 1977).

30. New Ministry of Justice Interviewed, *Beijing Review*, Vol.22, No.42, Oct. 19. 1979.

31. Nadjari, *New York State's Office of the Special Prosecutor:A Creation Born of*

32. Peter Schlosser and Walther Habscheid, *Federal Republic of Germany ： Judicial Independence*, ed. In Shetrect &Deschennce (eds.) *Judicial Independence* (1985).

33. Roscoe Pound: *The Lawyer From Antiquity to Modern Times*, 1968.

34. Ruey Jeng Kao,*The Changing Role and Function of Lawyers and the Bar Association*,《律師雜誌》,第213期,民國86年6月15日。

35. Rogers M. Smith, *Liberalism and America Constitutional Law*, 1990.

36. Richard H. Soloman, *The China Faction*, (New Jersey ： Prentice Hall Press, 1981).

37. Stanley Rosen, Nationalism and Neoconservatism in China in the 1990 , *Chinese Law and Government*, Vol. 30, No. 6, November-December 1997.

38. Stephen B. Bright, Political Attacks on the Judiciary, *Judicature, The Journal of American Judicature Society*, Vol. 80, No. 4, January-February 1997.

39. Shimon Shetreet, The Administration of Justice: Practical Problems ,Value Conflicts and Changing Concepts,(*University of British Columbia Law Review*, 1979).

40. Silver, Isidore, *Public Employee Discharge and Discipline* (New York ： Wiley Law Publications, 1989).

41. Theberge, Leonard J. *The Judiciary in a Democratic Society*, (Lexington, Mass. ： Lexington Books, 1979).

42. Victor Li, Law without Lawyers A Comparative View of Law in China and the United States,*The Journal of Asian Studies* (Vol.39,No.4 1980), Stanford Alumni Association.

43. W. Friedmann 原著,楊日然等合譯,《法理學》,台北:司法週刊社,民國76年10月。

44. *The Universal Declaration on the Independence of Justice* , Unanimously adopted at the final plenary session of the First World Conference on the Independence of Justice held at Montreal (Quebec , Canada) of June tenth, 1983.

附　　錄

壹、大陸地區之民事訴訟法

1991年4月9日第七屆全國人民代表大會第四次會議通過
1991年4月9日中華人民共和國主席令第四十四號公布
1991年4月9日起施行

第一編　總　　則

第一章　任務、適用範圍和基本原則

第一條　中華人民共和國民事訴訟法以憲法為根據，結合我國民事審判工作
　　　　的經驗和實際情況制定。

第二條　中華人民共和國民事訴訟法的任務，是保護當事人行使訴訟權利，
　　　　保證人民法院查明事實，分清是非，正確適用法律，及時審理民事
　　　　案件，確認民事權利義務關係，制裁民事違法行為，保護當事人的
　　　　合法權益，教育公民自覺遵守法律，維護社會秩序、經濟秩序，保
　　　　障社會主義建設事業順利進行。

第三條　人民法院受理公民之間、法人之間、其他組織之間以及他們相互之
　　　　間因財產關係和人身關係提起的民事訴訟，適用本法的規定。

第四條　凡在中華人民共和國領域內進行民事訴訟，必須遵守本法。

第五條　外國人、無國籍人、外國企業和組織在人民法院起訴、應訴，同中
　　　　華人民共和國公民、法人和其他組織有同等的訴訟權利義務。

　　　　外國法院對中華人民共和國公民、法人和其他組織的民事訴訟權利
　　　　加以限制的，中華人民共和國人民法院對該國公民、企業和組織的
　　　　民事訴訟權利，實行對等原則。

第六條　民事案件的審判權由人民法院行使。

　　　　人民法院依照法律規定對民事案件獨立進行審判，不受行政機關、
　　　　社會團體和個人的干涉。

第七條　人民法院審理民事案件，必須以事實為根據，以法律為準繩。

第八條　民事訴訟當事人有平等的訴訟權利。人民法院審理民事案件，應當保障和便利當事人行使訴訟權利，對當事人在適用法律上一律平等。

第九條　人民法院審理民事案件，應當根據自願和合法的原則進行調解；調解不成的，應當及時判決。

第十條　人民法院審理民事案件，依照法律規定實行合議、迴避、公開審判和兩審終審制度。

第十一條　各民族公民都有用本民族語言、文字進行民事訴訟的權利。

　　　　　在少數民族聚居或者多民族共同居住的地區，人民法院應當用當地民族通用的語言、文字進行審理和發布法律文書。

　　　　　人民法院應當對不通曉當地民族通用的語言、文字的訴訟參與人提供翻譯。

第十二條　人民法院審理民事案件時，當事人有權進行辯論。

第十三條　當事人有權在法律規定的範圍內處分自己的民事權利和訴訟權利。

第十四條　人民檢察院有權對民事審判活動實行法律監督。

第十五條　機關、社會團體、企業事業單位對損害國家、集體或者個人民事權益的行為，可以支持受損害的單位或者個人向人民法院起訴。

第十六條　人民調解委員會是在基層人民政府和基層人民法院指導下，調解民間糾紛的群眾性組織。

　　　　　人民調解委員會依照法律規定，根據自願原則進行調解。當事人對調解達成的協議應當履行；不願調解、調解不成或者反悔的，可以向人民法院起訴。

　　　　　人民調解委員會調解民間糾紛，如有違背法律的，人民法院應當予以糾正。

第十七條　民族自治地方的人民代表大會根據憲法和本法的原則，結合當地民族的具體情況，可以制定變通或者補充的規定。自治區的規定，報全國人民代表大會常務委員會批准。自治州、自治縣的規定，報

省或者自治區的人民代表大會常務委員會批准，並報全國人民代表大會常務委員會備案。

第二章　管　轄

第一節　級別管轄

第十八條　基層人民法院管轄第一審民事案件，但本法另有規定的除外。

第十九條　中級人民法院管轄下列第一審民事案件：

　　㈠重大涉外案件；

　　㈡在本轄區有重大影響的案件；

　　㈢最高人民法院確定由中級人民法院管轄的案件。

第二十條　高級人民法院管轄在本轄區有重大影響的第一審民事案件。

第二十一條　最高人民法院管轄下列第一審民事案件：

　　㈠在全國有重大影響的案件；

　　㈡認為應當由本院審理的案件。

第二節　地域管轄

第二十二條　對公民提起的民事訴訟，由被告住所地人民法院管轄；被告住所地與經常居住地不一致的，由經常居住地人民法院管轄。

　　對法人或者其他組織提起的民事訴訟，由被告住所地人民法院管轄。

　　同一訴訟的幾個被告住所地、經常居住地在兩個以上人民法院轄區的，各該人民法院都有管轄權。

第二十三條　下列民事訴訟，由原告住所地人民法院管轄；原告住所地與經常居住地不一致的，由原告經常居住地人民法院管轄：

　　㈠對不在中華人民共和國領域內居住的人提起的有關身分關係的訴訟；

　　㈡對下落不明或者宣告失蹤的人提起的有關身份關係的訴訟；

　　㈢對被勞動教養的人提起的訴訟；

　　㈣對被監禁的人提起的訴訟。

第二十四條　因合同糾紛提起的訴訟，由被告住所地或者合同履行地人民法

院管轄。

第二十五條　合同的雙方當事人可以在書面合同中協議選擇被告住所地、合同 履行地、合同簽訂地、原告住所地、標的物所在地人民法院管轄，但不得違反本法對級別管轄和專屬管轄的規定。

第二十六條　因保險合同糾紛提起的訴訟，由被告住所地或者保險標的物所在地人民法院管轄。

第二十七條　因票據糾紛提起的訴訟，由票據支付地或者被告住所地人民法院管轄。

第二十八條　因鐵路、公路、水上、航空運輸和聯合運輸合同糾紛提起的訴訟，由運輸始發地、目的地或者被告住所地人民法院管轄。

第二十九條　因侵權行為提起的訴訟，由侵權行為地或者被告住所地人民法院管轄。

第三十條　因鐵路、公路、水上和航空事故請求損害賠償提起的訴訟，由事故發生地或者車輛、船舶最先到達地、航空器最先降落地或者被告住所地人民法院管轄。

第三十一條　因船舶碰撞或者其他海事損害事故請求損害賠償提起的訴訟，由碰撞發生地、碰撞船舶最先到達地、加害船舶被扣留地或者被告住所地人民法院管轄。

第三十二條　因海難救助費用提起的訴訟，由救助地或者被救助船舶最先到達地人民法院管轄。

第三十三條　因共同海損提起的訴訟，由船舶最先到達地、共同海損理算地或者航程終止地的人民法院管轄。

第三十四條　下列案件，由本條規定的人民法院專屬管轄：

　　㈠因不動產糾紛提起的訴訟，由不動產所在地人民法院管轄；

　　㈡因港口作業中發生糾紛提起的訴訟，由港口所在地人民法院管轄；

　　㈢因繼承遺產糾紛提起的訴訟，由被繼承人死亡時住所地或者主要遺產所在地人民法院管轄。

第三十五條　兩個以上人民法院都有管轄權的訴訟，原告可以向其中一個人

民法院起訴；原告向兩個以上有管轄權的人民法院起訴的，由最先立案的人民法院管轄。

第三節　移送管轄和指定管轄

第三十六條　人民法院發現受理的案件不屬於本院管轄的，應當移送有管轄權的人民法院，受移送的人民法院應當受理。受移送的人民法院認為受移送的案件依照規定不屬於本院管轄的，應當報請上級人民法院指定管轄，不得再自行移送。

第三十七條　有管轄權的人民法院由於特殊原因，不能行使管轄權的，由上級人民法院指定管轄。

人民法院之間因管轄權發生爭議，由爭議雙方協商解決；協商解決不了的，報請它們的共同上級人民法院指定管轄。

第三十八條　人民法院受理案件後，當事人對管轄權有異議的，應當在提交答辯狀期間提出。人民法院對當事人提出的異議，應當審查。異議成立的，裁定將案件移送有管轄權的人民法院；異議不成立的，裁定駁回。

第三十九條　上級人民法院有權審理下級人民法院管轄的第一審民事案件，也可以把本院管轄的第一審民事案件交下級人民法院審理。

下級人民法院對它所管轄的第一審民事案件，認為需要由上級人民法院審理的，可以報請上級人民法院審理。

第三章　審判組織

第四十條　人民法院審理第一審民事案件，由審判員、陪審員共同組成合議庭或者由審判員組成合議庭。合議庭的成員人數，必須是單數。

適用簡易程序審理的民事案件，由審判員一人獨任審理。

陪審員在執行陪審職務時，與審判員有同等的權利義務。

第四十一條　人民法院審理第二審民事案件，由審判員組成合議庭。合議庭的成員人數，必須是單數。

發回重審的案件，原審人民法院應當按照第一審程序另行組成合議庭。

審理再審案件，原來是第一審的，按照第一審程序另行組成合議庭；原來是第二審的或者是上級人民法院提審的，按照第二審程序另行組成合議庭。

第四十二條　合議庭的審判長由院長或者庭長指定審判員一人擔任；院長或者庭長參加審判的，由院長或者庭長擔任。

第四十三條　合議庭評議案件，實行少數服從多數的原則。評議應當制作筆錄，由合議庭成員簽名。評議中的不同意見，必須如實記入筆錄。

第四十四條　審判人員應當依法秉公辦案。

審判人員不得接受當事人及其訴訟代理人請客送禮。

審判人員有貪污受賄，徇私舞弊，枉法裁判行為的，應當追究法律責任；構成犯罪的，依法追究刑事責任。

第四章　迴　避

第四十五條　審判人員有下列情形之一的，必須迴避，當事人有權用口頭或者書面方式申請他們迴避：

㈠是本案當事人或者當事人、訴訟代理人的近親屬；

㈡與本案有利害關係；

㈢與本案當事人有其他關係，可能影響對案件公正審理的。

前款規定，適用於書記員、翻譯人員、鑑定人、勘驗人。

第四十六條　當事人提出迴避申請，應當說明理由，在案件開始審理時提出；迴避事由在案件開始審理後知道的，也可以在法庭辯論終結前提出。

被申請迴避的人員在人民法院作出是否迴避的決定前，應當暫停參與本案的工作，但案件需要採取緊急措施的除外。

第四十七條　院長擔任審判長時的迴避，由審判委員會決定；審判人員的迴避，由院長決定；其他人員的迴避，由審判長決定。

第四十八條　人民法院對當事人提出的迴避申請，應當在申請提出的三日內，以口頭或者書面形式作出決定。申請人對決定不服的，可以在接到決定時申請複議一次。複議期間，被申請迴避的人員，不停止

參與本案的工作。人民法院對複議申請，應當在三日內作出覆負議決定，並通知複議申請人。

第五章　訴訟參加人

第一節　當事人

第四十九條　公民、法人和其他組織可以作為民事訴訟的當事人。

法人由其法定代表人進行訴訟。其他組織由其主要負責人進行訴訟。

第五十條　當事人有權委託代理人，提出迴避申請，收集、提供證據，進行辯論，請求調解，提起上訴，申請執行。

當事人可以查閱本案有關材料，並可以複製本案有關材料和法律文書。查閱、複製本案有關材料的範圍和辦法由最高人民法院規定。

當事人必須依法行使訴訟權利，遵守訴訟秩序，履行發生法律效力的判決書、裁定書和調解書。

第五十一條　雙方當事人可以自行和解。

第五十二條　原告可以放棄或者變更訴訟請求。被告可以承認或者反駁訴訟請求，有權提起反訴。

第五十三條　當事人一方或者雙方為二人以上，其訴訟標的是共同的，或者訴訟標的是同一種類、人民法院認為可以合併審理並經當事人同意的，為共同訴訟。

共同訴訟的一方當事人對訴訟標的有共同權利義務的，其中一人的訴訟行為經其他共同訴訟人承認，對其他共同訴訟人發生效力；對訴訟標的沒有共同權利義務的，其中一人的訴訟行為對其他共同訴訟人不發生效力。

第五十四條　當事人一方人數眾多的共同訴訟，可以由當事人推選代表人進行訴訟。代表人的訴訟行為對其所代表的當事人發生效力，但代表人變更、放棄訴訟請求或者承認對方當事人的訴訟請求，進行和解，必須經被代表的當事人同意。

第五十五條　訴訟標的是同一種類、當事人一方人數眾多在起訴時人數尚未

確定的，人民法院可以發出公告，說明案件情況和訴訟請求，通知權利人在一定期間向人民法院登記。

向人民法院登記的權利人可以推選代表人進行訴訟；推選不出代表人的，人民法院可以與參加登記的權利人商定代表人。

代表人的訴訟行為對其所代表的當事人發生效力，但代表人變更、放棄訴訟請求或者承認對方當事人的訴訟請求，進行和解，必須經被代表的當事人同意。

人民法院作出的判決、裁定，對參加登記的全體權利人發生效力。未參加登記的權利人在訴訟時效期間提起訴訟的，適用該判決、裁定。

第五十六條　對當事人雙方的訴訟標的，第三人認為有獨立請求權的，有權提起訴訟。

對當事人雙方的訴訟標的，第三人雖然沒有獨立請求權，但案件處理結果同他有法律上的利害關係的，可以申請參加訴訟，或者由人民法院通知他參加訴訟。人民法院判決承擔民事責任的第三人，有當事人的訴訟權利義務。

第二節　訴訟代理人

第五十七條　無訴訟行為能力人由他的監護人作為法定代理人代為訴訟。法定代理人之間互相推諉代理責任的，由人民法院指定其中一人代為訴訟。

第五十八條　當事人、法定代理人可以委託一至二人作為訴訟代理人。

律師、當事人的近親屬、有關的社會團體或者所在單位推薦的人、經人民法院許可的其他公民，都可以被委託為訴訟代理人。

第五十九條　委託他人代為訴訟，必須向人民法院提交由委託人簽名或者蓋章的授權委託書。

授權委託書必須記明委託事項和權限。訴訟代理人代為承認、放棄、變更訴訟請求，進行和解，提起反訴或者上訴，必須有委託人的特別授權。

僑居在國外的中華人民共和國公民從國外寄交或者託交的授權委託

書，必須經中華人民共和國駐該國的使領館證明；沒有使領館的，由與中華人民共和國有外交關係的第三國駐該國的使領館證明，再轉由中華人民共和國駐該第三國使領館證明，或者由當地的愛國華僑團體證明。

第六十條　訴訟代理人的權限如果變更或者解除，當事人應當書面告知人民法院，並由人民法院通知對方當事人。

第六十一條　代理訴訟的律師和其他訴訟代理人有權調查收集證據，可以查閱本案有關材料。查閱本案有關材料的範圍和辦法由最高人民法院規定。

第六十二條　離婚案件有訴訟代理人的，本人除不能表達意志的以外，仍應出庭；確因特殊情況無法出庭的，必須向人民法院提交書面意見。

第六章　證　據

第六十三條　證據有下列幾種：

　　㈠書證；

　　㈡物證；

　　㈢視聽資料；

　　㈣證人證言；

　　㈤當事人的陳述；

　　㈥鑑定結論；

　　㈦勘驗筆錄。

　　以上證據必須查證屬實，才能作為認定事實的根據。

第六十四條　當事人對自己提出的主張，有責任提供證據。

　　當事人及其訴訟代理人因客觀原因不能自行收集的證據，或者人民法院認為審理案件需要的證據，人民法院應當調查收集。

　　人民法院應當按照法定程序，全面地、客觀地審查核實證據。

第六十五條　人民法院有權向有關單位和個人調查取證，有關單位和個人不得拒絕。

　　人民法院對有關單位和個人提出的證明文書，應當辨別真偽，審查

確定其效力。

第六十六條　證據應當在法庭上出示，並由當事人互相質證。對涉及國家秘密、商業秘密和個人隱私的證據應當保密，需要在法庭出示的，不得在公開開庭時出示。

第六十七條　經過法定程序公證證明的法律行為、法律事實和文書，人民法院應當作為認定事實的根據。但有相反證據足以推翻公證證明的除外。

第六十八條　書證應當提交原件。物證應當提交原物。提交原件或者原物確有困難的，可以提交複製品、照片、副本、節錄本。

提交外文書證，必須附有中文譯本。

第六十九條　人民法院對視聽資料，應當辨別真偽，並結合本案的其他證據，審查確定能否作為認定事實的根據。

第七十條　凡是知道案件情況的單位和個人，都有義務出庭作證。有關單位的負責人應當支持證人作證。證人確有困難不能出庭的，經人民法院許可，可以提交書面證言。

不能正確表達意志的人，不能作證。

第七十一條　人民法院對當事人的陳述，應當結合本案的其他證據，審查確定能否作為認定事實的根據。

當事人拒絕陳述的，不影響人民法院根據證據認定案件事實。

第七十二條　人民法院對專門性問題認為需要鑑定的，應當交由法定鑑定部門鑑定；沒有法定鑑定部門的，由人民法院指定的鑑定部門鑑定。

鑑定部門及其指定的鑑定人有權了解進行鑑定所需要的案件材料，必要時可以詢問當事人、證人。

鑑定部門和鑑定人應當提出書面鑑定結論，在鑑定書上簽名或者蓋章。鑑定人鑑定的，應當由鑑定人所在單位加蓋印章，證明鑑定人身分。

第七十三條　勘驗物證或者現場，勘驗人必須出示人民法院的證件，並邀請當地基層組織或者當事人所在單位派人參加。當事人或者當事人的成年家屬應當到場，拒不到場的，不影響勘驗的進行。

有關單位和個人根據人民法院的通知，有義務保護現場，協助勘驗工作。

勘驗人應當將勘驗情況和結果制作筆錄，由勘驗人、當事人和被邀參加人簽名或者蓋章。

第七十四條　在證據可能滅失或者以後難以取得的情況下，訴訟參加人可以向人民法院申請保全證據，人民法院也可以主動採取保全措施。

第七章　期間、送達

第一節　期　間

第七十五條　期間包括法定期間和人民法院指定的期間。

期間以時、日、月、年計算。期間開始的時和日，不計算在期間內。

期間屆滿的最後一日是節假日的，以節假日後的第一日為期間屆滿的日期。

期間不包括在途時間，訴訟文書在期滿前交郵的，不算過期。

第七十六條　當事人因不可抗拒的事由或者其他正當理由耽誤期限的，在障礙消除後的十日內，可以申請順延期限，是否准許，由人民法院決定。

第二節　送　達

第七十七條　送達訴訟文書必須有送達回證，由受送達人在送達回證上記明收到日期，簽名或者蓋章。

受送達人在送達回證上的簽收日期為送達日期。

第七十八條　送達訴訟文書，應當直接送交受送達人。受送達人是公民的，本人不在交他的同住成年家屬簽收；受送達人是法人或者其他組織的，應當由法人的法定代表人、其他組織的主要負責人或者該法人、組織負責收件的人簽收；受送達人有訴訟代理人的，可以送交其代理人簽收；受送達人已向人民法院指定代收人的，送交代收人簽收。

受送達人的同住成年家屬，法人或者其他組織的負責收件的人，訴

訟代理人或者代收人在送達回證上簽收的日期為送達日期。

第七十九條　受送達人或者他的同住成年家屬拒絕接收訴訟文書的，送達人應當邀請有關基層組織或者所在單位的代表到場，說明情況，在送達回證上記明拒收事由和日期，由送達人、見證人簽名或者蓋章，把訴訟文書留在受送達人的住所，即視為送達。

第八十條　直接送達訴訟文書有困難的，可以委託其他人民法院代為送達，或者郵寄送達。郵寄送達的，以回執上註明的收件日期為送達日期。

第八十一條　受送達人是軍人的，通過其所在部隊團以上單位的政治機關轉交。

第八十二條　受送達人是被監禁的，通過其所在監所或者勞動改造單位轉交。

受送達人是被勞動教養的，通過其所在勞動教養單位轉交。

第八十三條　代為轉交的機關、單位收到訴訟文書後，必須立即交受送達人簽收，以在送達回證上的簽收日期，為送達日期。

第八十四條　受送達人下落不明，或者用本節規定的其他方式無法送達的，公告送達。自發出公告之日起，經過六十日，即視為送達。

公告送達，應當在案卷中記明原因和經過。

第八章　調　解

第八十五條　人民法院審理民事案件，根據當事人自願的原則，在事實清楚的基礎上，分清是非，進行調解。

第八十六條　人民法院進行調解，可以由審判員一人主持，也可以由合議庭主持，並儘可能就地進行。

人民法院進行調解，可以用簡便方式通知當事人、證人到庭。

第八十七條　人民法院進行調解，可以邀請有關單位和個人協助。被邀請的單位和個人，應當協助人民法院進行調解。

第八十八條　調解達成協議，必須雙方自願，不得強迫。調解協議的內容不得違反法律規定。

第八十九條　調解達成協議，人民法院應當制作調解書。調解書應當寫明訴訟請求、案件的事實和調解結果。

調解書由審判人員、書記員署名，加蓋人民法院印章，送達雙方當事人。

調解書經雙方當事人簽收後，即具有法律效力。

第九十條　下列案件調解達成協議，人民法院可以不制作調解書：

　　㈠調解和好的離婚案件；

　　㈡調解維持收養關係的案件；

　　㈢能夠即時履行的案件；

　　㈣其他不需要制作調解書的案件。

對不需要制作調解書的協議，應當記入筆錄，由雙方當事人、審判人員、書記員簽名或者蓋章後，即具有法律效力。

第九十一條　調解未達成協議或者調解書送達前一方反悔的，人民法院應當及時判決。

第九章　財產保全和先予執行

第九十二條　人民法院對於可能因當事人一方的行為或者其他原因，使判決不能執行或者難以執行的案件，可以根據對方當事人的申請，作出財產保全的裁定；當事人沒有提出申請的，人民法院在必要時也可以裁定採取財產保全措施。

人民法院採取財產保全措施，可以責令申請人提供擔保；申請人不提供擔保的，駁回申請。

人民法院接受申請後，對情況緊急的，必須在四十八小時內作出裁定；裁定採取財產保全措施的，應當立即開始執行。

第九十三條　利害關係人因情況緊急，不立即申請財產保全將會使其合法權益受到難以彌補的損害的，可以在起訴前向人民法院申請採取財產保全措施。申請人應當提供擔保，不提供擔保的，駁回申請。

人民法院接受申請後，必須在四十八小時內作出裁定；裁定採取財產保全措施的，應當立即開始執行。

申請人在人民法院採取保全措施後十五日內不起訴的，人民法院應當解除財產保全。

第九十四條　財產保全限於請求的範圍，或者與本案有關的財物。

財產保全採取查封、扣押、凍結或者法律規定的其他方法。

人民法院凍結財產後，應當立即通知被凍結財產的人。

財產已被查封、凍結的，不得重複查封、凍結。

第九十五條　被申請人提供擔保的，人民法院應當解除財產保全。

第九十六條　申請有錯誤的，申請人應當賠償被申請人因財產保全所遭受的損失。

第九十七條　人民法院對下列案件，根據當事人的申請，可以裁定先予執行：

　　㈠追索贍養費、扶養費、撫育費、撫恤金、醫療費用的；

　　㈡追索勞動報酬的；

　　㈢因情況緊急需要先予執行的。

第九十八條　人民法院裁定先予執行的，應當符合下列條件：

　　㈠當事人之間權利義務關係明確，不先予執行將嚴重影響申請人的生活或者生產經營的；

　　㈡被申請人有履行能力。

人民法院可以責令申請人提供擔保，申請人不提供擔保的，駁回申請。申請人敗訴的，應當賠償被申請人因先予執行遭受的財產損失。

第九十九條　當事人對財產保全或者先予執行的裁定不服的，可以申請複議一次。複議期間不停止裁定的執行。

第十章　對妨害民事訴訟的強制措施

第一百條　人民法院對必須到庭的被告，經兩次傳票傳喚，無正當理由拒不到庭的，可以拘傳。

第一百零一條　訴訟參與人和其他人應當遵守法庭規則。

人民法院對違反法庭規則的人，可以予以訓誡，責令退出法庭或者予以罰款、拘留。

人民法院對哄鬧、衝擊法庭，侮辱、誹謗、威脅、毆打審判人員，嚴重擾亂法庭秩序的人，依法追究刑事責任；情節較輕的，予以罰款、拘留。

第一百零二條　訴訟參與人或者其他人有下列行為之一的，人民法院可以根據情節輕重予以罰款、拘留；構成犯罪的，依法追究刑事責任：

㈠偽造、毀滅重要證據，妨礙人民法院審理案件的；

㈡以暴力、威脅、賄買方法阻止證人作證或者指使、賄買、脅迫他人作偽證的；

㈢隱藏、轉移、變賣、毀損已被查封、扣押的財產，或者已被清點並責令其保管的財產，轉移已被凍結的財產的；

㈣對司法工作人員、訴訟參加人、證人、翻譯人員、鑑定人、勘驗人、協助執行的人，進行侮辱、誹謗、誣陷、毆打或者打擊報復的；

㈤以暴力、威脅或者其他方法阻礙司法工作人員執行職務的；

㈥拒不履行人民法院已經發生法律效力的判決、裁定的。

人民法院對有前款規定的行為之一的單位，可以對其主要負責人或者直接責任人員予以罰款、拘留；構成犯罪的，依法追究刑事責任。

第一百零三條　有義務協助調查、執行的單位有下列行為之一的，人民法院除責令其履行協助義務外，並可以予以罰款：

㈠有關單位拒絕或者妨礙人民法院調查取證的；

㈡銀行、信用合作社和其他有儲蓄業務的單位接到人民法院協助執行通知書後，拒不協助查詢、凍結或者劃撥存款的；

㈢有關單位接到人民法院協助執行通知書後，拒不協助扣留被執行人的收入、辦理有關財產權證照轉移手續、轉交有關票證、證照或者其他財產的；

㈣其他拒絕協助執行的。

人民法院對有前款規定的行為之一的單位，可以對其主要負責人或者直接責任人員予以罰款；還可以向監察機關或者有關機關提出予

以紀律處分的司法建議。

第一百零四條　對個人的罰款金額，為人民幣一千元以下。對單位的罰款金額，為人民幣一千元以上三萬元以下。

拘留的期限，為十五日以下。

被拘留的人，由人民法院交公安機關看管。在拘留期間，被拘留人承認並改正錯誤的，人民法院可以決定提前解除拘留。

第一百零五條　拘傳、罰款、拘留必須經院長批准。

拘傳應當發拘傳票。

罰款、拘留應當用決定書。對決定不服的，可以向上一級人民法院申請複議一次。複議期間不停止執行。

第一百零六條　採取對妨害民事訴訟的強制措施必須由人民法院決定。任何單位和個人採取非法拘禁他人或者非法私自扣押他人財產追索債務的，應當依法追究刑事責任，或者予以拘留、罰款。

第十一章　訴訟費用

第一百零七條　當事人進行民事訴訟，應當按照規定交納案件受理費。財產案件除交納案件受理費外，並按照規定交納其他訴訟費用。

當事人交納訴訟費用確有困難的，可以按照規定向人民法院申請緩交、減交或者免交。

收取訴訟費用的辦法另行制定。

第二編　審判程序

第十二章　第一審普通程序

第一節　起訴和受理

第一百零八條　起訴必須符合下列條件：

㈠原告是與本案有直接利害關係的公民、法人和其他組織；

㈡有明確的被告；

㈢有具體的訴訟請求和事實、理由；

㈣屬於人民法院受理民事訴訟的範圍和受訴人民法院管轄。

第一百零九條　起訴應當向人民法院遞交起訴狀，並按照被告人數提出副本。

　　書寫起訴狀確有困難的，可以口頭起訴，由人民法院記入筆錄，並告知對方當事人。

第一百一十條　起訴狀應當記明下列事項：

　　㈠當事人的姓名、性別、年齡、民族、職業、工作單位和住所，法人或者其他組織的名稱、住所和法定代表人或者主要負責人的姓名、職務；

　　㈡訴訟請求和所根據的事實與理由；

　　㈢證據和證據來源，證人姓名和住所。

第一百一十一條　人民法院對符合本法第一百零八條的起訴，必須受理；對下列起訴，分別情形，予以處理：

　　㈠依照行政訴訟法的規定，屬於行政訴訟受案範圍的，告知原告提起行政訴訟；

　　㈡依照法律規定，雙方當事人對合同糾紛自願達成書面仲裁協議向仲裁機構申請仲裁、不得向人民法院起訴的，告知原告向仲裁機構申請仲裁；

　　㈢依照法律規定，應當由其他機關處理的爭議，告知原告向有關機關申請解決；

　　㈣對不屬於本院管轄的案件，告知原告向有管轄權的人民法院起訴；

　　㈤對判決、裁定已經發生法律效力的案件，當事人又起訴的，告知原告按照申訴處理，但人民法院准許撤訴的裁定除外；

　　㈥依照法律規定，在一定期限內不得起訴的案件，在不得起訴的期限內起訴的，不予受理；

　　㈦判決不准離婚和調解和好的離婚案件，判決、調解維持收養關係的案件，沒有新情況、新理由，原告在六個月內又起訴的，不予受理。

第一百一十二條　人民法院收到起訴狀或者口頭起訴，經審查，認為符合起

訴條件的，應當在七日內立案，並通知當事人；認為不符合起訴條件的，應當在七日內裁定不予受理；原告對裁定不服的，可以提起上訴。

第二節　審理前的準備

第一百一十三條　人民法院應當在立案之日起五日內將起訴狀副本發送被告，被告在收到之日起十五日內提出答辯狀。

被告提出答辯狀的，人民法院應當在收到之日起五日內將答辯狀副本發送原告。被告不提出答辯狀的，不影響人民法院審理。

第一百一十四條　人民法院對決定受理的案件，應當在受理案件通知書和應訴通知書中向當事人告知有關的訴訟權利義務，或者口頭告知。

第一百一十五條　合議庭組成人員確定後，應當在三日內告知當事人。

第一百一十六條　審判人員必須認真審核訴訟材料，調查收集必要的證據。

第一百一十七條　人民法院派出人員進行調查時，應當向被調查人出示證件。

調查筆錄經被調查人校閱後，由被調查人、調查人簽名或者蓋章。

第一百一十八條　人民法院在必要時可以委託外地人民法院調查。

委託調查，必須提出明確的項目和要求。受委託人民法院可以主動補充調查。

受委託人民法院收到委託書後，應當在三十日內完成調查。因故不能完成的，應當在上述期限內函告委託人民法院。

第一百一十九條　必須共同進行訴訟的當事人沒有參加訴訟的，人民法院應當通知其參加訴訟。

第三節　開庭審理

第一百二十條　人民法院審理民事案件，除涉及國家秘密、個人隱私或者法律另有規定的以外，應當公開進行。

離婚案件，涉及商業秘密的案件，當事人申請不公開審理的，可以不公開審理。

第一百二十一條　人民法院審理民事案件，根據需要進行巡迴審理，就地辦案。

第一百二十二條　人民法院審理民事案件，應當在開庭三日前通知當事人和
　　　　　　其他訴訟參與人。公開審理的，應當公告當事人姓名、案由和開庭
　　　　　　的時間、地點。

第一百二十三條　開庭審理前，書記員應當查明當事人和其他訴訟參與人是
　　　　　　否到庭，宣布法庭紀律。
　　　　　　開庭審理時，由審判長核對當事人，宣布案由，宣布審判人員、書
　　　　　　記員名單，告知當事人有關的訴訟權利義務，詢問當事人是否提出
　　　　　　迴避申請。

第一百二十四條　法庭調查按照下列順序進行：
　　　　　　㈠當事人陳述；
　　　　　　㈡告知證人的權利義務，證人作證，宣讀未到庭的證人證言；
　　　　　　㈢出示書證、物證和視聽資料；
　　　　　　㈣宣讀鑑定結論；
　　　　　　㈤宣讀勘驗筆錄。

第一百二十五條　當事人在法庭上可以提出新的證據。
　　　　　　當事人經法庭許可，可以向證人、鑑定人、勘驗人發問。
　　　　　　當事人要求重新進行調查、鑑定或者勘驗的，是否准許，由人民法
　　　　　　院決定。

第一百二十六條　原告增加訴訟請求，被告提出反訴，第三人提出與本案有
　　　　　　關的訴訟請求，可以合併審理。

第一百二十七條　法庭辯論按照下列順序進行：
　　　　　　㈠原告及其訴訟代理人發言；
　　　　　　㈡被告及其訴訟代理人答辯；
　　　　　　㈢第三人及其訴訟代理人發言或者答辯；
　　　　　　㈣互相辯論。
　　　　　　法庭辯論終結，由審判長按照原告、被告、第三人的先後順序徵詢
　　　　　　各方最後意見。

第一百二十八條　法庭辯論終結，應當依法作出判決。判決前能夠調解的，
　　　　　　還可以進行調解，調解不成的，應當及時判決。

第一百二十九條　原告經傳票傳喚，無正當理由拒不到庭的，或者未經法庭
　　　　　　　許可中途退庭的，可以按撤訴處理；被告反訴的，可以缺席判決。

第一百三十條　被告經傳票傳喚，無正當理由拒不到庭的，或者未經法庭許
　　　　　　　可中途退庭的，可以缺席判決。

第一百三十一條　宣判前，原告申請撤訴的，是否准許，由人民法院裁定。
　　　　　　　人民法院裁定不准許撤訴的，原告經傳票傳喚，無正當理由拒不到
　　　　　　　庭的，可以缺席判決。

第一百三十二條　有下列情形之一的，可以延期開庭審理：
　　　　　　　㈠必須到庭的當事人和其他訴訟參與人有正當理由沒有到庭的；
　　　　　　　㈡當事人臨時提出迴避申請的；
　　　　　　　㈢需要通知新的證人到庭，調取新的證據，重新鑑定、勘驗，或者
　　　　　　　　需要補充調查的；
　　　　　　　㈣其他應當延期的情形。

第一百三十三條　書記員應當將法庭審理的全部活動記入筆錄，由審判人員
　　　　　　　和書記員簽名。
　　　　　　　法庭筆錄應當當庭宣讀，也可以告知當事人和其他訴訟參與人當庭
　　　　　　　或者在五日內閱讀。當事人和其他訴訟參與人認為對自己的陳述記
　　　　　　　錄有遺漏或者差錯的，有權申請補正。如果不予補正，應當將申請
　　　　　　　記錄在案。
　　　　　　　法庭筆錄由當事人和其他訴訟參與人簽名或者蓋章。拒絕簽名蓋章
　　　　　　　的，記明情況附卷。

第一百三十四條　人民法院對公開審理或者不公開審理的案件，一律公開宣
　　　　　　　告判決。
　　　　　　　當庭宣判的，應當在十日內發送判決書；定期宣判的，宣判後立即
　　　　　　　發給判決書。
　　　　　　　宣告判決時，必須告知當事人上訴權利、上訴期限和上訴的法院。
　　　　　　　宣告離婚判決，必須告知當事人在判決發生法律效力前不得另行結
　　　　　　　婚。

第一百三十五條　人民法院適用普通程序審理的案件，應當在立案之日起六

個月內審結。有特殊情況需要延長的，由本院院長批准，可以延長六個月；還需要延長的，報請上級人民法院批准。

第四節　訴訟中止和終結

第一百三十六條　有下列情形之一的，中止訴訟：

㈠一方當事人死亡，需要等待繼承人表明是否參加訴訟的；

㈡一方當事人喪失訴訟行為能力，尚未確定法定代理人的；

㈢作為一方當事人的法人或者其他組織終止，尚未確定權利義務承受人的；

㈣一方當事人因不可抗拒的事由，不能參加訴訟的；

㈤本案必須以另一案的審理結果為依據，而另一案尚未審結的；

㈥其他應當中止訴訟的情形。

中止訴訟的原因消除後，恢復訴訟。

第一百三十七條　有下列情形之一的，終結訴訟：

㈠原告死亡，沒有繼承人，或者繼承人放棄訴訟權利的；

㈡被告死亡，沒有遺產，也沒有應當承擔義務的人的；

㈢離婚案件一方當事人死亡的；

㈣追索贍養費、扶養費、撫育費以及解除收養關係案件的一方當事人死亡的。

第五節　判決和裁定

第一百三十八條　判決書應當寫明：

㈠案由、訴訟請求、爭議的事實和理由；

㈡判決認定的事實、理由和適用的法律依據；

㈢判決結果和訴訟費用的負擔；

㈣上訴期間和上訴的法院。

判決書由審判人員、書記員署名，加蓋人民法院印章。

第一百三十九條　人民法院審理案件，其中一部分事實已經清楚，可以就該部分先行判決。

第一百四十條　裁定適用於下列範圍：

㈠不予受理；

　　　　㈢對管轄權有異議的；

　　　　㈣駁回起訴；

　　　　㈣財產保全和先予執行；

　　　　㈤准許或者不准許撤訴；

　　　　㈥中止或者終結訴訟；

　　　　㈦補正判決書中的筆誤；

　　　　㈧中止或者終結執行；

　　　　㈨不予執行仲裁裁決；

　　　　㈩不予執行公證機關賦予強制執行效力的債權文書；

　　　　㈡其他需要裁定解決的事項。

　　　　對前款第㈠、㈡、㈢項裁定，可以上訴。

　　　　裁定書由審判人員、書記員署名，加蓋人民法院印章。口頭裁定
　　　　的，記入筆錄。

第一百四十一條　最高人民法院的判決、裁定，以及依法不准上訴或者超過
　　　　上訴期沒有上訴的判決、裁定，是發生法律效力的判決、裁定。

第十三章　簡易程序

第一百四十二條　基層人民法院和它派出的法庭審理事實清楚、權利義務關
　　　　係明確、爭議不大的簡單的民事案件，適用本章規定。

第一百四十三條　對簡單的民事案件，原告可以口頭起訴。

　　　　當事人雙方可以同時到基層人民法院或者它派出的法庭，請求解決
　　　　糾紛。基層人民法院或者它派出的法庭可以當即審理，也可以另定
　　　　日期審理。

第一百四十四條　基層人民法院和它派出的法庭審理簡單的民事案件，可以
　　　　用簡便方式隨時傳喚當事人、證人。

第一百四十五條　簡單的民事案件由審判員一人獨任審理，並不受本法第一
　　　　百二十二條、第一百二十四條、第一百二十七條規定的限制。

第一百四十六條　人民法院適用簡易程序審理案件，應當在立案之日起三個
　　　　月內審結。

第十四章　第二審程序

第一百四十七條　當事人不服地方人民法院第一審判決的，有權在判決書送達之日起十五日內向上一級人民法院提起上訴。

當事人不服地方人民法院第一審裁定的，有權在裁定書送達之日起十日內向上一級人民法院提起上訴。

第一百四十八條　上訴應當遞交上訴狀。上訴狀的內容，應當包括當事人的姓名，法人的名稱及其法定代表人的姓名或者其他組織的名稱及其主要負責人的姓名；原審人民法院名稱、案件的編號和案由；上訴的請求和理由。

第一百四十九條　上訴狀應當通過原審人民法院提出，並按照對方當事人或者代表人的人數提出副本。

當事人直接向第二審人民法院上訴的，第二審人民法院應當在五日內將上訴狀移交原審人民法院。

第一百五十條　原審人民法院收到上訴狀，應當在五日內將上訴狀副本送達對方當事人，對方當事人在收到之日起十五日內提出答辯狀。人民法院應當在收到答辯狀之日起五日內將副本送達上訴人。對方當事人不提出答辯狀的，不影響人民法院審理。

原審人民法院收到上訴狀、答辯狀，應當在五日內連同全部案卷和證據，報送第二審人民法院。

第一百五十一條　第二審人民法院應當對上訴請求的有關事實和適用法律進行審查。

第一百五十二條　第二審人民法院對上訴案件，應當組成合議庭，開庭審理。經過閱卷和調查，詢問當事人，在事實核對清楚後，合議庭認為不需要開庭審理的，也可以逕行判決、裁定。

第二審人民法院審理上訴案件，可以在本院進行，也可以到案件發生地或者原審人民法院所在地進行。

第一百五十三條　第二審人民法院對上訴案件，經過審理，按照下列情形，分別處理：

㈠原判決認定事實清楚，適用法律正確的，判決駁回上訴，維持原判決；

㈡原判決適用法律錯誤的，依法改判；

㈢原判決認定事實錯誤，或者原判決認定事實不清，證據不足，裁定撤銷原判決，發回原審人民法院重審，或者查清事實後改判；

㈣原判決違反法定程序，可能影響案件正確判決的，裁定撤銷原判決，發回原審人民法院重審。

當事人對重審案件的判決、裁定，可以上訴。

第一百五十四條　第二審人民法院對不服第一審人民法院裁定的上訴案件的處理，一律使用裁定。

第一百五十五條　第二審人民法院審理上訴案件，可以進行調解。調解達成協議，應當制作調解書，由審判人員、書記員署名，加蓋人民法院印章。調解書送達後，原審人民法院的判決即視為撤銷。

第一百五十六條　第二審人民法院判決宣告前，上訴人申請撤回上訴的，是否准許，由第二審人民法院裁定。

第一百五十七條　第二審人民法院審理上訴案件，除依照本章規定外，適用第一審普通程序。

第一百五十八條　第二審人民法院的判決、裁定，是終審的判決、裁定。

第一百五十九條　人民法院審理對判決的上訴案件，應當在第二審立案之日起三個月內審結。有特殊情況需要延長的，由本院院長批准。

人民法院審理對裁定的上訴案件，應當在第二審立案之日起三十日內作出終審裁定。

第十五章　特別程序

第一節　一般規定

第一百六十條　人民法院審理選民資格案件、宣告失蹤或者宣告死亡案件、認定公民無民事行為能力或者限制民事行為能力案件和認定財產無主案件，適用本章規定。本章沒有規定的，適用本法和其他法律的有關規定。

第一百六十一條　依照本章程序審理的案件，實行一審終審。選民資格案件或者重大、疑難的案件，由審判員組成合議庭審理；其他案件由審判員一人獨任審理。

第一百六十二條　人民法院在依照本章程序審理案件的過程中，發現本案屬於民事權益爭議的，應當裁定終結特別程序，並告知利害關係人可以另行起訴。

第一百六十三條　人民法院適用特別程序審理的案件，應當在立案之日起三十日內或者公告期滿後三十日內審結。有特殊情況需要延長的，由本院院長批准。但審理選民資格的案件除外。

第二節　選民資格案件

第一百六十四條　公民不服選舉委員會對選民資格的申訴所作的處理決定，可以在選舉日的五日以前向選區所在地基層人民法院起訴。

第一百六十五條　人民法院受理選民資格案件後，必須在選舉日前審結。

審理時，起訴人、選舉委員會的代表和有關公民必須參加。

人民法院的判決書，應當在選舉日前送達選舉委員會和起訴人，並通知有關公民。

第三節　宣告失蹤、宣告死亡案件

第一百六十六條　公民下落不明滿二年，利害關係人申請宣告其失蹤的，向下落不明人住所地基層人民法院提出。

申請書應當寫明失蹤的事實、時間和請求，並附有公安機關或者其他有關機關關於該公民下落不明的書面證明。

第一百六十七條　公民下落不明滿四年，或者因意外事故下落不明滿二年，或者因意外事故下落不明，經有關機關證明該公民不可能生存，利害關係人申請宣告其死亡的，向下落不明人住所地基層人民法院提出。

申請書應當寫明下落不明的事實、時間和請求，並附有公安機關或者其他有關機關關於該公民下落不明的書面證明。

第一百六十八條　人民法院受理宣告失蹤、宣告死亡案件後，應當發出尋找下落不明人的公告。宣告失蹤的公告期間為三個月，宣告死亡的公

　　　告期間為一年。因意外事故下落不明，經有關機關證明該公民不可
　　　能生存的，宣告死亡的公告期間為三個月。
　　　公告期間屆滿，人民法院應當根據被宣告失蹤、宣告死亡的事實是
　　　否得到確認，作出宣告失蹤、宣告死亡的判決或者駁回申請的判
　　　決。
第一百六十九條　被宣告失蹤、宣告死亡的公民重新出現，經本人或者利害
　　　關系人申請，人民法院應當作出新判決，撤銷原判決。
　　第四節　認定公民無民事行為能力、限制民事行為能力案件
第一百七十條　申請認定公民無民事行為能力或者限制民事行為能力，由其
　　　近親屬或者其他利害關係人向該公民住所地基層人民法院提出。
　　　申請書應當寫明該公民無民事行為能力或者限制民事行為能力的事
　　　實和根據。
第一百七十一條　人民法院受理申請後，必要時應當對被請求認定為無民事
　　　行為能力或者限制民事行為能力的公民進行鑑定。申請人已提供鑑
　　　定結論的，應當對鑑定結論進行審查。
第一百七十二條　人民法院審理認定公民無民事行為能力或者限制民事行為
　　　能力的案件，應當由該公民的近親屬為代理人，但申請人除外。近
　　　親屬互相推諉的，由人民法院指定其中一人為代理人。該公民健康
　　　情況許可的，還應當詢問本人的意見。
　　　人民法院經審理認定申請有事實根據的，判決該公民為無民事行為
　　　能力或者限制民事行為能力人；認定申請沒有事實根據的，應當判
　　　決予以駁回。
第一百七十三條　人民法院根據被認定為無民事行為能力人、限制民事行為
　　　能力人或者他的監護人的申請，證實該公民無民事行為能力或者限
　　　制民事行為能力的原因已經消除的，應當作出新判決，撤銷原判
　　　決。
　　　　　　　第五節　認定財產無主案件
第一百七十四條　申請認定財產無主，由公民、法人或者其他組織向財產所
　　　在地基層人民法院提出。

　　　　　申請書應當寫明財產的種類、數量以及要求認定財產無主的根據。

第一百七十五條　人民法院受理申請後，經審查核實，應當發出財產認領公
　　　　　告。公告滿一年無人認領的，判決認定財產無主，收歸國家或者集
　　　　　體所有。

第一百七十六條　判決認定財產無主後，原財產所有人或者繼承人出現，在
　　　　　民法通則規定的訴訟時效期間可以對財產提出請求，人民法院審查
　　　　　屬實後，應當作出新判決，撤銷原判決。

第十六章　審判監督程序

第一百七十七條　各級人民法院院長對本院已經發生法律效力的判決、裁
　　　　　定，發現確有錯誤，認為需要再審的，應當提交審判委員會討論決
　　　　　定。

　　　　　最高人民法院對地方各級人民法院已經發生法律效力的判決、裁
　　　　　定，上級人民法院對下級人民法院已經發生法律效力的判決、裁
　　　　　定，發現確有錯誤的，有權提審或者指令下級人民法院再審。

第一百七十八條　當事人對已經發生法律效力的判決、裁定，認為有錯誤
　　　　　的，可以向原審人民法院或者上一級人民法院申請再審，但不停止
　　　　　判決、裁定的執行。

第一百七十九條　當事人的申請符合下列情形之一的，人民法院應當再審：
　　　　　㈠有新的證據，足以推翻原判決、裁定的；
　　　　　㈡原判決、裁定認定事實的主要證據不足的；
　　　　　㈢原判決、裁定適用法律確有錯誤的；
　　　　　㈣人民法院違反法定程序，可能影響案件正確判決、裁定的；
　　　　　㈤審判人員在審理該案件時有貪污受賄，徇私舞弊，枉法裁判行為
　　　　　　的。

　　　　　人民法院對不符合前款規定的申請，予以駁回。

第一百八十條　當事人對已經發生法律效力的調解書，提出證據證明調解違
　　　　　反自願原則或者調解協議的內容違反法律的，可以申請再審。經人
　　　　　民法院審查屬實的，應當再審。

第一百八十一條　當事人對已經發生法律效力的解除婚姻關係的判決,不得申請再審。

第一百八十二條　當事人申請再審,應當在判決、裁定發生法律效力後二年內提出。

第一百八十三條　按照審判監督程序決定再審的案件,裁定中止原判決的執行。裁定由院長署名,加蓋人民法院印章。

第一百八十四條　人民法院按照審判監督程序再審的案件,發生法律效力的判決、裁定是由第一審法院作出的,按照第一審程序審理,所作的判決、裁定,當事人可以上訴;發生法律效力的判決、裁定是由第二審法院作出的,按照第二審程序審理,所作的判決、裁定,是發生法律效力的判決、裁定;上級人民法院按照審判監督程序提審的,按照第二審程序審理,所作的判決、裁定是發生法律效力的判決、裁定。

人民法院審理再審案件,應當另行組成合議庭。

第一百八十五條　最高人民檢察院對各級人民法院已經發生法律效力的判決、裁定,上級人民檢察院對下級人民法院已經發生法律效力的判決、裁定,發現有下列情形之一的,應當按照審判監督程序提出抗訴:

㈠原判決、裁定認定事實的主要證據不足的;

㈡原判決、裁定適用法律確有錯誤的;

㈢人民法院違反法定程序,可能影響案件正確判決、裁定的;

㈣審判人員在審理該案件時有貪污受賄,徇私舞弊,枉法裁判行為的。

地方各級人民檢察院對同級人民法院已經發生法律效力的判決、裁定,發現有前款規定情形之一的,應當提請上級人民檢察院按照審判監督程序提出抗訴。

第一百八十六條　人民檢察院提出抗訴的案件,人民法院應當再審。

第一百八十七條　人民檢察院決定對人民法院的判決、裁定提出抗訴的,應當制作抗訴書。

第一百八十八條　人民檢察院提出抗訴的案件，人民法院再審時，應當通知人民檢察院派員出席法庭。

第十七章　督促程序

第一百八十九條　債權人請求債務人給付金錢、有價證券，符合下列條件的，可以向有管轄權的基層人民法院申請支付令：

㈠債權人與債務人沒有其他債務糾紛的；

㈡支付令能夠送達債務人的。

申請書應當寫明請求給付金錢或者有價證券的數量和所根據的事實、證據。

第一百九十條　債權人提出申請後，人民法院應當在五日內通知債權人是否受理。

第一百九十一條　人民法院受理申請後，經審查債權人提供的事實、證據，對債權債務關係明確、合法的，應當在受理之日起十五日內向債務人發出支付令；申請不成立的，裁定予以駁回。

債務人應當自收到支付令之日起十五日內清償債務，或者向人民法院提出書面異議。

債務人在前款規定的期間不提出異議又不履行支付令的，債權人可以向人民法院申請執行。

第一百九十二條　人民法院收到債務人提出的書面異議後，應當裁定終結督促程序，支付令自行失效，債權人可以起訴。

第十八章　公示催告程序

第一百九十三條　按照規定可以背書轉讓的票據持有人，因票據被盜、遺失或者滅失，可以向票據支付地的基層人民法院申請公示催告。依照法律規定可以申請公示催告的其他事項，適用本章規定。

申請人應當向人民法院遞交申請書，寫明票面金額、發票人、持票人、背書人等票據主要內容和申請的理由、事實。

第一百九十四條　人民法院決定受理申請，應當同時通知支付人停止支付，

並在三日內發出公告，催促利害關係人申報權利。公示催告的期間，由人民法院根據情況決定，但不得少於六十日。

第一百九十五條 支付人收到人民法院停止支付的通知，應當停止支付，至公示催告程序終結。

公示催告期間，轉讓票據權利的行為無效。

第一百九十六條 利害關係人應當在公示催告期間向人民法院申報。

人民法院收到利害關係人的申報後，應當裁定終結公示催告程序，並通知申請人和支付人。

申請人或者申報人可以向人民法院起訴。

第一百九十七條 沒有人申報的，人民法院應當根據申請人的申請，作出判決，宣告票據無效。判決應當公告，並通知支付人。自判決公告之日起，申請人有權向支付人請求支付。

第一百九十八條 利害關係人因正當理由不能在判決前向人民法院申報的，自知道或者應當知道判決公告之日起一年內，可以向作出判決的人民法院起訴。

第十九章　企業法人破產還債程序

第一百九十九條 企業法人因嚴重虧損，無力清償到期債務，債權人可以向人民法院申請宣告債務人破產還債，債務人也可以向人民法院申請宣告破產還債。

第二百條 人民法院裁定宣告進入破產還債程序後，應當在十日內通知債務人和已知的債權人，並發出公告。

債權人應當在收到通知後三十日內，未收到通知的債權人應當自公告之日起三個月內，向人民法院申報債權。逾期未申報債權的，視為放棄債權。

債權人可以組成債權人會議，討論通過破產財產的處理和分配方案或者和解協議。

第二百零一條 人民法院可以組織有關機關和有關人員成立清算組織。清算組織負責破產財產的保管、清理、估價、處理和分配。清算組織可

　　　　　以依法進行必要的民事活動。

　　　　　清算組織對人民法院負責並報告工作。

第二百零二條　企業法人與債權人會議達成和解協議的，經人民法院認可後，由人民法院發布公告，中止破產還債程序。和解協議自公告之日起具有法律效力。

第二百零三條　已作為銀行貸款等債權的抵押物或者其他擔保物的財產，銀行和其他債權人享有就該抵押物或者其他擔保物優先受償的權利。

　　　　　抵押物或者其他擔保物的價款超過其所擔保的債務數額的，超過部分屬於破產還債的財產。

第二百零四條　破產財產優先撥付破產費用後，按照下列順序清償：

　　　　　㈠破產企業所欠職工工資和勞動保險費用；

　　　　　㈡破產企業所欠稅款；

　　　　　㈢破產債權。

　　　　　破產財產不足清償同一順序的清償要求的，按照比例分配。

第二百零五條　企業法人破產還債，由該企業法人住所地的人民法院管轄。

第二百零六條　全民所有制企業的破產還債程序適用中華人民共和國企業破產法的規定。

　　　　　不是法人的企業、個體工商戶、農村承包經營戶、個人合夥，不適用本章規定。

第三編　執行程序

第二十章　一般規定

第二百零七條　發生法律效力的民事判決、裁定，以及刑事判決、裁定中的財產部分，由第一審人民法院執行。

　　　　　法律規定由人民法院執行的其他法律文書，由被執行人住所地或者被執行的財產所在地人民法院執行。

第二百零八條　執行過程中，案外人對執行標的提出異議的，執行員應當按照法定程序進行審查。理由不成立的，予以駁回；理由成立的，由院長批准中止執行。如果發現判決、裁定確有錯誤，按照審判監督

程序處理。

第二百零九條 執行工作由執行員進行。

採取強制執行措施時,執行員應當出示證件。執行完畢後,應當將執行情況制作筆錄,由在場的有關人員簽名或者蓋章。基層人民法院、中級人民法院根據需要,可以設立執行機構。執行機構的職責由最高人民法院規定。

第二百一十條 被執行人或者被執行的財產在外地的,可以委託當地人民法院代為執行。受委託人民法院收到委託函件後,必須在十五日內開始執行,不得拒絕。執行完畢後,應當將執行結果及時函復委託人民法院;在三十日內如果還未執行完畢,也應當將執行情況函告委託人民法院。

受委託人民法院自收到委託函件之日起十五日內不執行的,委託人民法院可以請求受委託人民法院的上級人民法院指令受委託人民法院執行。

第二百一十一條 在執行中,雙方當事人自行和解達成協議的,執行員應當將協議內容記入筆錄,由雙方當事人簽名或者蓋章。

一方當事人不履行和解協議的,人民法院可以根據對方當事人的申請,恢復對原生效法律文書的執行。

第二百一十二條 在執行中,被執行人向人民法院提供擔保,並經申請執行人同意的,人民法院可以決定暫緩執行及暫緩執行的期限。被執行人逾期仍不履行的,人民法院有權執行被執行人的擔保財產或者擔保人的財產。

第二百一十三條 作為被執行人的公民死亡的,以其遺產償還債務。作為被執行人的法人或者其他組織終止的,由其權利義務承受人履行義務。

第二百一十四條 執行完畢後,據以執行的判決、裁定和其他法律文書確有錯誤,被人民法院撤銷的,對已被執行的財產,人民法院應當作出裁定,責令取得財產的人返還;拒不返還的,強制執行。

第二百一十五條 人民法院制作的調解書的執行,適用本編的規定。

第二十一章　執行的申請和移送

第二百一十六條　發生法律效力的民事判決、裁定，當事人必須履行。一方拒絕履行的，對方當事人可以向人民法院申請執行，也可以由審判員移送執行員執行。

調解書和其他應當由人民法院執行的法律文書，當事人必須履行。一方拒絕履行的，對方當事人可以向人民法院申請執行。

第二百一十七條　對依法設立的仲裁機構的裁決，一方當事人不履行的，對方當事人可以向有管轄權的人民法院申請執行。受申請的人民法院應當執行。

被申請人提出證據證明仲裁裁決有下列情形之一的，經人民法院組成合議庭審查核實，裁定不予執行：

㈠當事人在合同中沒有訂有仲裁條款或者事後沒有達成書面仲裁協議的；

㈡裁決的事項不屬於仲裁協議的範圍或者仲裁機構無權仲裁的；

㈢仲裁庭的組成或者仲裁的程序違反法定程序的；

㈣認定事實的主要證據不足的；

㈤適用法律確有錯誤的；

㈥仲裁員在仲裁該案時有貪污受賄，徇私舞弊，枉法裁決行為的。

人民法院認定執行該裁決違背社會公共利益的，裁定不予執行。

裁定書應當送達雙方當事人和仲裁機構。

仲裁裁決被人民法院裁定不予執行的，當事人可以根據雙方達成的書面仲裁協議重新申請仲裁，也可以向人民法院起訴。

第二百一十八條　對公證機關依法賦予強制執行效力的債權文書，一方當事人不履行的，對方當事人可以向有管轄權的人民法院申請執行，受申請的人民法院應當執行。

公證債權文書確有錯誤的，人民法院裁定不予執行，並將裁定書送達雙方當事人和公證機關。

第二百一十九條　申請執行的期限，雙方或者一方當事人是公民的為一年，

雙方是法人或者其他組織的為六個月。

前款規定的期限，從法律文書規定履行期間的最後一日起計算；法律文書規定分期履行的，從規定的每次履行期間的最後一日起計算。

第二百二十條　執行員接到申請執行書或者移交執行書，應當向被執行人發出執行通知，責令其在指定的期間履行，逾期不履行的，強制執行。

第二十二章　執行措施

第二百二十一條　被執行人未按執行通知履行法律文書確定的義務，人民法院有權向銀行、信用合作社和其他有儲蓄業務的單位查詢被執行人的存款情況，有權凍結、劃撥被執行人的存款，但查詢、凍結、劃撥存款不得超出被執行人應當履行義務的範圍。

人民法院決定凍結、劃撥存款，應當作出裁定，並發出協助執行通知書，銀行、信用合作社和其他有儲蓄業務的單位必須辦理。

第二百二十二條　被執行人未按執行通知履行法律文書確定的義務，人民法院有權扣留、提取被執行人應當履行義務部分的收入。但應當保留被執行人及其所扶養家屬的生活必須費用。

人民法院扣留、提取收入時，應當作出裁定，並發出協助執行通知書，被執行人所在單位、銀行、信用合作社和其他有儲蓄業務的單位必須辦理。

第二百二十三條　被執行人未按執行通知履行法律文書確定的義務，人民法院有權查封、扣押、凍結、拍賣、變賣被執行人應當履行義務部分的財產。但應當保留被執行人及其所扶養家屬的生活必須品。

採取前款措施，人民法院應當作出裁定。

第二百二十四條　人民法院查封、扣押財產時，被執行人是公民的，應當通知被執行人或者他的成年家屬到場；被執行人是法人或者其他組織的，應當通知其法定代表人或者主要負責人到場。拒不到場的，不影響執行。被執行人是公民的，其工作單位或者財產所在地的基層

　　組織應當派人參加。

　　對被查封、扣押的財產，執行員必須造具清單，由在場人簽名或者蓋章後，交被執行人一份。被執行人是公民的，也可以交他的成年家屬一份。

第二百二十五條　被查封的財產，執行員可以指定被執行人負責保管。因被執行人的過錯造成的損失，由被執行人承擔。

第二百二十六條　財產被查封、扣押後，執行員應當責令被執行人在指定期間履行法律文書確定的義務。被執行人逾期不履行的，人民法院可以按照規定交有關單位拍賣或者變賣被查封、扣押的財產。國家禁止自由買賣的物品，交有關單位按照國家規定的價格收購。

第二百二十七條　被執行人不履行法律文書確定的義務，並隱匿財產的，人民法院有權發出搜查令，對被執行人及其住所或者財產隱匿地進行搜查。

　　採取前款措施，由院長簽發搜查令。

第二百二十八條　法律文書指定交付的財物或者票證，由執行員傳喚雙方當事人當面交付，或者由執行員轉交，並由被交付人簽收。

　　有關單位持有該項財物或者票證的，應當根據人民法院的協助執行通知書轉交，並由被交付人簽收。

　　有關公民持有該項財物或者票證的，人民法院通知其交出。拒不交出的，強制執行。

第二百二十九條　強制遷出房屋或者強制退出土地，由院長簽發公告，責令被執行人在指定期間履行。被執行人逾期不履行的，由執行員強制執行。

　　強制執行時，被執行人是公民的，應當通知被執行人或者他的成年家屬到場；被執行人是法人或者其他組織的，應當通知其法定代表人或者主要負責人到場。拒不到場的，不影響執行。被執行人是公民的，其工作單位或者房屋、土地所在地的基層組織應當派人參加。執行員應當將強制執行情況記入筆錄，由在場人簽名或者蓋章。

　　　　　　強制遷出房屋被搬出的財物,由人民法院派人運至指定處所,交給
　　　　　　被執行人。被執行人是公民的,也可以交給他的成年家屬。因拒絕
　　　　　　接收而造成的損失,由被執行人承擔。

第二百三十條　在執行中,需要辦理有關財產權證照轉移手續的,人民法院
　　　　　　可以向有關單位發出協助執行通知書,有關單位必須辦理。

第二百三十一條　對判決、裁定和其他法律文書指定的行為,被執行人未按
　　　　　　執行通知履行的,人民法院可以強制執行或者委託有關單位或者其
　　　　　　他人完成,費用由被執行人承擔。

第二百三十二條　被執行人未按判決、裁定和其他法律文書指定的期間履行
　　　　　　給付金錢義務的,應當加倍支付遲延履行期間的債務利息。被執行
　　　　　　人未按判決、裁定和其他法律文書指定的期間履行其他義務的,應
　　　　　　當支付遲延履行金。

第二百三十三條　人民法院採取本法第二百二十一條、第二百二十二條、第
　　　　　　二百二十三條規定的執行措施後,被執行人仍不能償還債務的,應
　　　　　　當繼續履行義務。債權人發現被執行人有其他財產的,可以隨時請
　　　　　　求人民法院執行。

第二十三章　執行中止和終結

第二百三十四條　有下列情形之一的,人民法院應當裁定中止執行:
　　　　　　㈠申請人表示可以延期執行的;
　　　　　　㈡案外人對執行標的提出確有理由的異議的;
　　　　　　㈢作為一方當事人的公民死亡,需要等待繼承人繼承權利或者承擔
　　　　　　　義務的;
　　　　　　㈣作為一方當事人的法人或者其他組織終止,尚未確定權利義務承
　　　　　　　受人的;
　　　　　　㈤人民法院認為應當中止執行的其他情形。
　　　　　　中止的情形消失後,恢復執行。

第二百三十五條　有下列情形之一的,人民法院裁定終結執行:
　　　　　　㈠申請人撤銷申請的;

㈡據以執行的法律文書被撤銷的；

㈢作為被執行人的公民死亡，無遺產可供執行，又無義務承擔人的；

㈣追索贍養費、扶養費、撫育費案件的權利人死亡的；

㈤作為被執行人的公民因生活困難無力償還借款，無收入來源，又喪失勞動能力的；

㈥人民法院認為應當終結執行的其他情形。

第二百三十六條　中止和終結執行的裁定，送達當事人後立即生效。

第四編　涉外民事訴訟程序的特別規定

第二十四章　一般原則

第二百三十七條　在中華人民共和國領域內進行涉外民事訴訟，適用本編規定。本編沒有規定的，適用本法其他有關規定。

第二百三十八條　中華人民共和國締結或者參加的國際條約同本法有不同規定的，適用該國際條約的規定，但中華人民共和國聲明保留的條款除外。

第二百三十九條　對享有外交特權與豁免的外國人、外國組織或者國際組織提起的民事訴訟，應當依照中華人民共和國有關法律和中華人民共和國締結或者參加的國際條約的規定辦理。

第二百四十條　人民法院審理涉外民事案件，應當使用中華人民共和國通用的語言、文字。當事人要求提供翻譯的，可以提供，費用由當事人承擔。

第二百四十一條　外國人、無國籍人、外國企業和組織在人民法院起訴、應訴，需要委託律師代理訴訟的，必須委託中華人民共和國的律師。

第二百四十二條　在中華人民共和國領域內沒有住所的外國人、無國籍人、外國企業和組織委託中華人民共和國律師或者其他人代理訴訟，從中華人民共和國領域外寄交或者託交的授權委託書，應當經所在國公證機關證明，並經中華人民共和國駐該國使領館認證，或者履行

中華人民共和國與該所在國訂立的有關條約中規定的證明手續後，才具有效力。

第二十五章　管　轄

第二百四十三條　因合同糾紛或者其他財產權益糾紛，對在中華人民共和國領域內沒有住所的被告提起的訴訟，如果合同在中華人民共和國領域內簽訂或者履行，或者訴訟標的物在中華人民共和國領域內，或者被告在中華人民共和國領域內有可供扣押的財產，或者被告在中華人民共和國領域內設有代表機構，可以由合同簽訂地、合同履行地、訴訟標的物所在地、可供扣押財產所在地、侵權行為地或者代表機構住所地人民法院管轄。

第二百四十四條　涉外合同或者涉外財產權益糾紛的當事人，可以用書面協議選擇與爭議有實際聯繫的地點的法院管轄。選擇中華人民共和國人民法院管轄的，不得違反本法關於級別管轄和專屬管轄的規定。

第二百四十五條　涉外民事訴訟的被告對人民法院管轄不提出異議，並應訴答辯的，視為承認該人民法院為有管轄權的法院。

第二百四十六條　因在中華人民共和國履行中外合資經營企業合同、中外合作經營企業合同、中外合作勘探開發自然資源合同發生糾紛提起的訴訟，由中華人民共和國人民法院管轄。

第二十六章　送達、期間

第二百四十七條　人民法院對在中華人民共和國領域內沒有住所的當事人送達訴訟文書，可以採用下列方式：

　㈠依照受送達人所在國與中華人民共和國締結或者共同參加的國際條約中規定的方式送達；

　㈡通過外交途徑送達；

　㈢對具有中華人民共和國國籍的受送達人，可以委託中華人民共和國駐受送達人所在國的使領館代為送達；

　㈣向受送達人委託的有權代其接受送達的訴訟代理人送達；

(五)向受送達人在中華人民共和國領域內設立的代表機構或者有權接受送達的分支機構、業務代辦人送達；

(六)受送達人所在國的法律允許郵寄送達的，可以郵寄送達，自郵寄之日起滿六個月，送達回證沒有退回，但根據各種情況足以認定已經送達的，期間屆滿之日視為送達；

(七)不能用上述方式送達的，公告送達，自公告之日起滿六個月，即視為送達。

第二百四十八條　被告在中華人民共和國領域內沒有住所的，人民法院應當將起訴狀副本送達被告，並通知被告在收到起訴狀副本後三十日內提出答辯狀。被告申請延期的，是否准許，由人民法院決定。

第二百四十九條　在中華人民共和國領域內沒有住所的當事人，不服第一審人民法院判決、裁定的，有權在判決書、裁定書送達之日起三十日內提起上訴。被上訴人在收到上訴狀副本後，應當在三十日內提出答辯狀。當事人不能在法定期間提起上訴或者提出答辯狀，申請延期的，是否准許，由人民法院決定。

第二百五十條　人民法院審理涉外民事案件的期間，不受本法第一百三十五條、第一百五十九條規定的限制。

第二十七章　財產保全

第二百五十一條　當事人依照本法第九十二條的規定可以向人民法院申請財產保全。

利害關係人依照本法第九十三條的規定可以在起訴前向人民法院申請財產保全。

第二百五十二條　人民法院裁定准許訴前財產保全後，申請人應當在三十日內提起訴訟。逾期不起訴的，人民法院應當解除財產保全。

第二百五十三條　人民法院裁定准許財產保全後，被申請人提供擔保的，人民法院應當解除財產保全。

第二百五十四條　申請有錯誤的，申請人應當賠償被申請人因財產保全所遭受的損失。

第二百五十五條　人民法院決定保全的財產需要監督的，應當通知有關單位
　　　　　　　　負責監督，費用由被申請人承擔。
第二百五十六條　人民法院解除財產保全的命令由執行員執行。

第二十八章　仲裁

第二百五十七條　涉外經濟貿易、運輸和海軍中發生的糾紛，當事人在合同
　　　　　　　　中訂有仲裁條款或者事後達成書面仲裁協議，提交中華人民共和國
　　　　　　　　涉外仲裁機構或者其他仲裁機構仲裁的，當事人不得向人民法院起
　　　　　　　　訴。
　　　　　　　　當事人在合同中沒有訂有仲裁條款或者事後沒有達成書面仲裁協議
　　　　　　　　的，可以向人民法院起訴。
第二百五十八條　當事人申請採取財產保全的，中華人民共和國的涉外仲裁
　　　　　　　　機構應當將當事人的申請，提交被申請人住所地或者財產所在地的
　　　　　　　　中級人民法院裁定。
第二百五十九條　經中華人民共和國涉外仲裁機構裁決的，當事人不得向人
　　　　　　　　民法院起訴。一方當事人不履行仲裁裁決的，對方當事人可以向被
　　　　　　　　申請人住所地或者財產所在地的中級人民法院申請執行。
第二百六十條　對中華人民共和國涉外仲裁機構作出的裁決，被申請人提出證
　　　　　　　　據證明仲裁裁決有下列情形之一的，經人民法院組成合議庭審查核
　　　　　　　　實，裁定不予執行：
　　　　　　　　㈠當事人在合同中沒有訂有仲裁條款或者事後沒有達成書面仲裁協
　　　　　　　　　議的；
　　　　　　　　㈡被申請人沒有得到指定仲裁員或者進行仲裁程序的通知，或者由
　　　　　　　　　於其他不屬於被申請人負責的原因未能陳述意見的；
　　　　　　　　㈢仲裁庭的組成或者仲裁的程序與仲裁規則不符的；
　　　　　　　　㈣裁決的事項不屬於仲裁協議的範圍或者仲裁機構無權仲裁的。
　　　　　　　　人民法院認定執行該裁決違背社會公共利益的，裁決不予執行。
第二百六十一條　仲裁裁決被人民法院裁定不予執行的，當事人可以根據雙
　　　　　　　　方達成的書面仲裁協議重新申請仲裁，也可以向人民法院起訴。

第二十九章　司法協助

第二百六十二條　根據中華人民共和國締結或者參加的國際條約，或者按照
　　　　互惠原則，人民法院和外國法院可以相互請求，代為送達文書、調
　　　　查取證以及進行其他訴訟行為。

　　　　外國法院請求協助的事項有損於中華人民共和國的主權、安全或者
　　　　社會公共利益的，人民法院不予執行。

第二百六十三條　請求和提供司法協助，應當依照中華人民共和國締結或者
　　　　參加的國際條約所規定的途徑進行；沒有條約關係的，通過外交途
　　　　徑進行。

　　　　外國駐中華人民共和國的使領館可以向該國公民送達文書和調查取
　　　　證，但不得違反中華人民共和國的法律，並不得採取強制措施。

　　　　除前款規定的情況外，未經中華人民共和國主管機關准許，任何外
　　　　國機關或者個人不得在中華人民共和國領域內送達文書、調查取
　　　　證。

第二百六十四條　外國法院請求人民法院提供司法協助的請求書及其所附文
　　　　件，應當附有中文譯本或者國際條約規定的其他文字文本。

　　　　人民法院請求外國法院提供司法協助的請求書及其他所附文件。應
　　　　當附有該國文字譯本或者國際條約規定的其他文字文本。

第二百六十五條　人民法院提供司法協助，依照中華人民共和國法律規定的
　　　　程序進行。外國法院請求採用特殊方式的，也可以按照其請求的特
　　　　殊方式進行，但請求採用的特殊方式不得違反中華人民共和國法
　　　　律。

第二百六十六條　人民法院作出的發生法律效力的判決、裁定，如果被執行
　　　　人或者其財產不在中華人民共和國領域內，當事人請求執行的，可
　　　　以由當事人直接向有管轄權的外國法院申請承認和執行，也可以由
　　　　人民法院依照中華人民共和國締結或者參加的國際條約的規定，或
　　　　者按照互惠原則，請求外國法院承認和執行。

　　　　中華人民共和國涉外仲裁機構作出的發生法律效力的仲裁裁決，當

事人請求執行的，如果被執行人或者其財產不在中華人民共和國領域內，應當由當事人直接向有管轄權的外國法院申請承認和執行。

第二百六十七條　外國法院作出的發生法律效力的判決、裁定，需要中華人民共和國人民法院承認和執行的，可以由當事人直接向中華人民共和國有管轄權的中級人民法院申請承認和執行，也可以由外國法院依照該國與中華人民共和國締結或者參加的國際條約的規定，或者按照互惠原則，請求人民法院承認和執行。

第二百六十八條　人民法院對申請或者請求承認和執行的外國法院作出的發生法律效力的判決、裁定，依照中華人民共和國締結或者參加的國際條約，或者按照互惠原則進行審查後，認為不違反中華人民共和國法律的基本原則或者國家主權、安全、社會公共利益的，裁定承認其效力，需要執行的，發出執行令，依照本法的有關規定執行。違反中華人民共和國法律的基本原則或者國家主權、安全、社會公共利益的，不予承認和執行。

第二百六十九條　國外仲裁機構的裁決，需要中華人民共和國人民法院承認和執行的，應當由當事人直接向被執行人住所地或者其財產所在地的中級人民法院申請，人民法院應當依照中華人民共和國締結或者參加的國際條約，或者按照互惠原則辦理。

第二百七十條　本法自公布之日起施行，《中華人民共和國民事訴訟法（試行）》同時廢止。

貳、大陸地區之刑事訴訟法

1996年3月17日第八屆全國人民代表大會第四次會議通過
1996年3月17日中華人民共和國主席令第六十四號公佈
1997年1月1日起施行

第一編　總　則

第一章　任務和基本原則

第一條　為了保證刑法的正確實施，懲罰犯罪，保護人民，保障國家安全和
　　　　社會公共安全，維護社會主義社會秩序，根據憲法，制定本法。

第二條　中華人民共和國刑事訴訟法的任務，是保證準確、及時地查明犯罪
　　　　事實，正確應用法律，懲罰犯罪分子，保障無罪的人不受刑事追
　　　　究，教育公民自覺遵守法律，積極同犯罪行為作鬥爭，以維護社會
　　　　主義法制，保護公民的人身權利、財產權利、民主權利和其他權
　　　　利，保障社會主義建設事業的順利進行。

第三條　對刑事案件的偵查、拘留、執行逮捕、預審，由公安機關負責。檢
　　　　察、批准逮捕和檢察機關直接受理的案件的偵查、提起公訴，由人
　　　　民檢察院負責。審判由人民法院負責。除法律特別規定的以外，其
　　　　他任何機關、團體和個人都無權行使這些權力。
　　　　人民法院、人民檢察院和公安機關進行刑事訴訟，必須嚴格遵守本
　　　　法和其他法律的有關規定。

第四條　國家安全機關依照法律規定，辦理危害國家安全的刑事案件，行使
　　　　與公安機關相同的職權。

第五條　人民法院依照法律規定獨立行使審判權，人民檢察院依照法律規定
　　　　獨立行使檢察權，不受行政機關、社會團體和個人的干涉。

第六條　人民法院、人民檢察院和公安機關進行刑事訴訟，必須依靠群眾，
　　　　必須以事實為根據，以法律為準繩。對於一切公民，在適用法律上
　　　　一律平等，在法律面前，不允許有任何特權。

第七條　人民法院、人民檢察院和公安機關進行刑事訴訟，應當分工負責，
　　　　互相配合，互相制約，以保證準確有效地執行法律。

第八條　人民檢察院依法對刑事訴訟實行法律監督。

第九條　各民族公民都有用本民族語言文字進行訴訟的權利。人民法院、人
　　　　民察院和公安機關對於不通曉當地通用的語言文字的訴訟參與人，
　　　　應當為他們翻譯。

　　　　在少數民族聚居或者多民族雜居的地區，應當用當地通用的語言進
　　　　行審訊，用當地通用的文字發布判決書、布告和其他文件。

第十條　人民法院審判案件，實行兩審終審制。

第十一條　人民法院審判案件，除本法另有規定的以外，一律公開進行。被
　　　　　告人有權獲得辯護，人民法院有義務保證被告人獲得辯護。

第十二條　未經人民法院依法判決，對任何人都不得確定有罪。

第十三條　人民法院審判案件，依照本法實行人民陪審員陪審的制度。

第十四條　人民法院、人民檢察院和公安機關應當保障訴訟參與人依法享有
　　　　　的訴訟權利。

　　　　　對於不滿十八歲的未成年人犯罪的案件，在訊問和審判時，可以通
　　　　　知犯罪嫌疑人、被告人的法定代理人到場。

　　　　　訴訟參與人對於審判人員、檢察人員和偵查人員侵犯公民訴訟權利
　　　　　和人身侮辱的行為，有權提出控告。

第十五條　有下列情形之一的，不追究刑事責任，已經追究的，應當撤銷案
　　　　　件，或者不起訴，或者終止審理，或者宣告無罪：
　　　　　㈠情節顯著輕微、危害不大，不認為是犯罪的；
　　　　　㈡犯罪已過追訴時效期限的；
　　　　　㈢經特赦令免除刑罰的；
　　　　　㈣依照刑法告訴才處理的犯罪，沒有告訴或者撤回告訴的；
　　　　　㈤犯罪嫌疑人、被告人死亡的；
　　　　　㈥其他法律、法令規定免予追究刑事責任的。

第十六條　對於外國人犯罪應當追究刑事責任的，適用本法的規定。

　　　　　對於享有外交特權和豁免權的外國人犯罪應當追究刑事責任的，通

過外交途徑解決。

第十七條　根據中華人民共和國締結或者參加的國際條約，或者按照互惠原則，我國司法機關和外國司法機關可以相互請求刑事司法協助。

第二章　管　轄

第十八條　刑事案件的偵查由公安機關進行，法律另有規定的除外。

貪污賄賂犯罪，國家工作人員的瀆職犯罪，國家機關工作人員利用職權實施的非法拘禁、刑訊逼供、報復陷害、非法搜查的侵犯公民人身的犯罪以及侵犯公民民主權利的犯罪，由人民檢察院立案偵查。對於國家機關工作人員利用職權實施的其他重大的犯罪案件，需要由人民檢察院直接受理的時候，經省級以上人民檢察院決定，可以由人民檢察院立案偵查。

自訴案件，由人民法院直接受理。

第十九條　基層人民法院管轄第一審普通刑事案件，但是依照本法由上級人民法院管轄的除外。

第二十條　中級人民法院管轄下列第一審刑事案件：

　　㈠反革命案件、危害國家安全案件；

　　㈡可能判處無期徒刑、死刑的普通刑事案件；

　　㈢外國人犯罪的刑事案件。

第二十一條　高級人民法院管轄的第一審刑事案件，是全省（自治區、直轄市）性的重大刑事案件。

第二十二條　最高人民法院管轄的第一審刑事案件，是全國性的重大刑事案件。

第二十三條　上級人民法院在必要的時候，可以審判下級人民法院管轄的第一審刑事案件；下級人民法院認為案情重大、複雜需要由上級人民法院審判的第一審刑事案件，可以請求移送上一級人民法院審判。

第二十四條　刑事案件由犯罪地的人民法院管轄。如果由被告人居住地的人民法院審判更為適宜的，可以由被告人居住地的人民法院管轄。

第二十五條　幾個同級人民法院都有權管轄的案件，由最初受理的人民法院

審判。在必要的時候，可以移送主要犯罪地的人民法院審判。

第二十六條　上級人民法院可以指定下級人民法院審判管轄不明的案件，也可以指定下級人民法院將案件移送其他人民法院審判。

第二十七條　專門人民法院案件的管轄另行規定。

第三章　迴　避

第二十八條　審判人員、檢察人員、偵查人員有下列情形之一的，應當自行迴避，當事人及其法定代理人也有權要求他們迴避：

　　㈠是本案的當事人或者是當事人的近親屬的；

　　㈡本人或者他的近親屬和本案有利害關係的；

　　㈢擔任過本案的證人、鑑定人、辯護人、訴訟代理人的；

　　㈣與本案當事人有其他關係，可能影響公正處理案件的。

第二十九條　審判人員、檢察人員、偵查人員不得接受當事人及其委託的人的請客送禮，不得違反規定會見當事人及其委託的人。

　　審判人員、檢察人員、偵查人員違反前款規定的，應當依法追究法律責任。當事人及其法定代理人有權要求他們迴避。

第三十條　審判人員、檢察人員、偵查人員的迴避，應當分別由院長、檢察長、公安機關負責人決定；院長的迴避，由本院審判委員會決定；檢察長和公安機關負責人的迴避，由同級人民檢察院檢察委員會決定。

　　對偵查人員的迴避作出決定前，偵查人員不能停止對案件的偵查。

　　對駁回申請迴避的決定，當事人及其法定代理人可以申請複議一次。

第三十一條　本法第二十八條、第二十九條、第三十條的規定也適用於書記員、翻譯人員和鑑定人。

第四章　辯護與代理

第三十二條　犯罪嫌疑人、被告人除自己行使辯護權以外，還可以委託一至二人作辯護人。下列的人可以被委託為辯護人：

㈠律師；

㈡人民團體或者犯罪嫌疑人、被告人所在單位推薦的人；

㈢犯罪嫌疑人、被告人的監護人、親友。

正在被執行刑罰或者依法被剝奪、限制人身自由的人，不得擔任辯護人。

第三十三條　公訴案件自案件移送審查起訴之日起，犯罪嫌疑人有權委託辯護人。自訴案件的被告人有權隨時委託辯護人。

人民檢察院自收到移送審查起訴的案件材料之日起三日以內，應當告知犯罪嫌疑人有權委託辯護人。人民法院自受理自訴案件之日起三日以內，應當告知被告人有權委託辯護人。

第三十四條　公訴人出庭公訴的案件，被告人因經濟困難或其他原因沒有委託辯護人的，人民法院可以指定承擔法律援助義務的律師為其提供辯護。

被告人是盲、聾、啞或者未成年人而沒有委託辯護人的，人民法院應當指定承擔法律援助義務的律師為其提供辯護。

被告人可能被判處死刑而沒有委託辯護人的，人民法院應當指定承擔法律援助義務的律師為其提供辯護。

第三十五條　辯護人的責任是根據事實和法律，提出證明犯罪嫌疑人、被告人無罪、罪輕或者減輕、免除其刑事責任的材料和意見，維護犯罪嫌疑人、被告人的合法權益。

第三十六條　辯護律師自人民檢察院對案件審查起訴之日起，可以查閱、摘抄、複製本案的訴訟文件、技術性鑑定材料，可以同在押的犯罪嫌疑人會見和通信。其他辯護人經人民法院許可，可以查閱、摘抄、複製上述材料，同在押的犯罪嫌疑人會見和通信。

辯護律師自人民法院受理案件之日起，可以查閱、摘抄、複製本案所指控的犯罪事實的材料，可以同在押的被告人會見和通信。其他辯護人經人民法院許可，也可以查閱、摘抄、複製上述材料，同在押的被告人會見和通信。

第三十七條　辯護律師經證人或者其他有關單位和個人同意，可以向他們收

集與本案有關的材料，也可以申請人民檢察院、人民法院收集、調取證據，或者申請人民法院通知證人出庭作證。

辯護律師經人民檢察院或者人民法院許可，並且經被害人或者其近親屬、被害人提供的證人同意，可以向他們收集與本案有關的材料。

第三十八條　辯護律師和其他辯護人，不得幫助犯罪嫌疑人、被告人隱匿、毀滅、偽造證據或者串供，不得威脅、引誘證人改變證言或者作偽造以及進行其他干擾司法機關訴訟活動的行為。

違反前款規定的，應當依法追究法律責任。

第三十九條　在審判過程中，被告人可以拒絕辯護人繼續為他辯護，也可以另行委託辯護人辯護。

第四十條　公訴案件的被害人及其法定代理人或者近親屬，附帶民事訴訟的當事人及其法定代理人，自案件移送審查起訴之日起，有權委託訴訟代理人。自訴案件的自訴人及其法定代理人，附帶民事訴訟的當事人及其法定代理人，有權隨時委託訴訟代理人。

人民檢察院自收到移送審查起訴的案件材料之日起三日以內，應當告知被害人及其法定代理人或者其近親屬、附帶民事訴訟的當事人及其法定代理人有權委託訴訟代理人。人民法院自受理自訴案件之日起三日以內，應當告知自訴人及其法定代理人、附帶民事訴訟的當事人及其法定代理人有權委託訴訟代理人。

第四十一條　委託訴訟代理人，參照本法第三十二條的規定執行。

第五章　證　據

第四十二條　證明案件真實情況的一切事實，都是證據。證據有下列七種：

（一）物證、書證；

（二）證人證言；

（三）被害人陳述；

（四）犯罪嫌疑人、被告人供述和辯解；

（五）鑑定結論；

㈥勘驗、檢查筆錄。

㈦視聽資料。

以上證據必須經過查證屬實，才能作為定案的根據。

第四十三條　審判人員、檢察人員、偵查人員必須依照法定程序，收集能夠證實犯罪嫌疑人、被告人有罪或者無罪、犯罪情節輕重的各種證據。嚴禁刑訊逼供和以威脅、引誘、欺騙以及其他非法的方法收集證據。必須保證一切與案件有關或者了解案情的公民，有客觀地充分地提供證據的條件，除特殊情況外，並且可以吸收他們協助調查。

第四十四條　公安機關提請批准逮捕書、人民檢察院起訴書、人民法院判決書，必須忠實於事實真象。故意隱瞞事實真象的，應當追究責任。

第四十五條　人民法院、人民檢察院和公安機關有權向有關單位和個人收集、調取證據。有關單位和個人應當如實提供證據。

對於涉及國家秘密的證據，應當保密。

凡是偽造證據、隱匿證據或者毀滅證據的，無論屬於何方，必須受法律追究。

第四十六條　對一切案件的判處都要重證據，重調查研究，不輕信口供。只有被告人供述，沒有其他證據的，不能認定被告人有罪和處以刑罰；沒有被告人供述，證據充分確實的，可以認定被告人有罪和處以刑罰。

第四十七條　證人證言必須在法庭上經過公訴人、被害人和被告人、辯護人雙方訊問、質證，聽取各方證人的證言並且經過查實以後，才能作為定案的根據。法庭查明證人有意作偽證或者隱匿罪證的時候，應當依法處理。

第四十八條　凡是知道案件情況的人，都有作證的義務。

生理上、精神上有缺陷或者年幼，不能辨別是非、不能正確表達的人，不能作證人。

第四十九條　人民法院、人民檢察院和公安機關應當保障證人及其近親屬的安全。對證人及其近親屬進行威脅、侮辱、毆打或者打算報復，構

成犯罪的，依法追究刑事責任；尚不夠刑事處罰的，依法給予治安管理處罰。

第六章　強制措施

第五十條　人民法院、人民檢察院和公安機關根據案件情況，對犯罪嫌疑人、被告人可以拘傳、取保候審或者監視居住。

第五十一條　人民法院、人民檢察院和公安機關對於有下列情形之一的犯罪嫌疑人、被告人，可以取保候審或者監視居住：

(一)可能判處管制、拘役或者獨立適用附加刑的；

(二)可能判處有期徒刑以上刑罰，採取取保候審、監視居住不致發生社會危險性的。

取保候審、監視居住由公安機關執行。

第五十二條　被羈押的犯罪嫌疑人、被告人及其法定代理人、近親屬有權申請取保候審。

第五十三條　人民法院、人民檢察院和公安機關決定對犯罪嫌疑人、被告人取保候審，應當責令犯罪嫌疑人、被告人提出保證人或者交納保證金。

第五十四條　保證人必須符合下列條件：

(一)與本案無牽連；

(二)有能力履行保證義務；

(三)享有政治權利、人身自由未受到限制；

(四)有固定的住處和收入。

第五十五條　保證人應當履行下列義務：

(一)監督被保證人遵守本法第五十六條的規定；

(二)發現被保證人可能發生或者已經發生違反本法第五十六條規定的，應當及時向執行機關報告。

被保證人有違反本法第五十六條的行為，保證人未及時報告的，對保證人處以罰款，構成犯罪的，依法追究刑事責任。

第五十六條　被取保候審的犯罪嫌疑人、被告人應當遵守以下規定：

㈠未經執行機關批准不得離開所居住的市、縣；

㈡在傳訊的時候及時到案；

㈢不得以任何形式干擾證人作證；

㈣不得毀滅、偽造證據或者串供。

被取保候審的犯罪嫌疑人、被告人違反前款規定，已交納保證金的，沒收保證金，並且區別情形，責令犯罪嫌疑人、被告人具結悔過，重新交納保證金、提出保證人或者監視居住、予以逮捕。犯罪嫌疑人、被告人在取保候審期間未違反前款規定的，取保候審結束的時候，應當退還保證金。

第五十七條　被監視居住的犯罪嫌疑人、被告人應當遵守以下規定：

㈠未經執行機關批准不得離開住處，無固定住處的，未經批准不得離開指定的居所；

㈡未經執行機關批准不得會見他人；

㈢在傳訊的時候及時到案；

㈣不得以任何形式干擾證人作證；

㈤不得毀滅、偽造證據或者串供。

被監視住居的犯罪嫌疑人、被告人違反前款規定，情節嚴重的，予以逮捕。

第五十八條　人民法院、人民檢察院和公安機關對犯罪嫌疑人、被告人取保候審最長不得超過十二個月，監視居住最長不得超過六個月。

在取保候審、監視居住期間，不得中斷對案件的審查、起訴和審理。對於發現不應當追究刑事責任或者取保候審、監視居住期限屆滿的，應當及時解除取保候審、監視居住。解除取保候審、監視住居應當及時通知被取保候審、監視居住人和有關單位。

第五十九條　逮捕犯罪嫌疑人、被告人，必須經過人民檢察院批准或者人民法院決定，由公安機關執行。

第六十條　對有證據證明有犯罪事實，可能判處徒刑以上刑罰的犯罪嫌疑人、被告人，採取取保候審、監視居住等方法，尚不足以防止發生社會危險性，而有逮捕必要的，應即依法逮捕。

對應當逮捕的犯罪嫌疑人、被告人，如果患有嚴重疾病，或者是正在懷孕、哺乳自己嬰兒的婦女，可以採用取保候審或者監視居住的辦法。

第六十一條　公安機關對於現行犯或者重大嫌疑分子，如果有下列情形之一的，可以先行拘留：

㈠正在預備犯罪、實行犯罪或者在犯罪後即時被發覺的；

㈡被害人或者在場親眼看見的人指認他犯罪的；

㈢在身邊或者住處發現有犯罪證據的；

㈣犯罪後企圖自殺、逃跑或者在逃的；

㈤有毀滅、偽造證據或者串供可能的；

㈥不講真實姓名、住址，身分不明的；

㈦有流竄作案、多次作案、結夥作案重大嫌疑的。

第六十二條　公安機關在異地執行拘留、逮捕的時候，應當通知被拘留、逮捕人所在地的公安機關，被拘留、逮捕人所在地的公安機關應當予以配合。

第六十三條　對於有下列情形的人，任何公民都可以立即扭送公安機關、人民檢察院或者人民法院處理：

㈠正在實行犯罪或者在犯罪後即時被發覺的；

㈡通緝在案的；

㈢越獄逃跑的；

㈣正在被追捕的。

第六十四條　公安機關拘留人的時候，必須出示拘留證。

拘留後，除有礙偵查或者無法通知的情形以外，應當把拘留的原因和羈押的處所，在二十四小時以內，通知被拘留人的家屬或者他的所在單位。

第六十五條　公安機關對於被拘留的人，應當在拘留後的二十四小時以內進行訊問。在發現不應當拘留的時候，必須立即釋放，發給釋放證明。對需要逮捕而證據還不充足的，可以取保候審或者監視居住。

第六十六條　公安機關要求逮捕人犯的時候，應當寫出提請批准逮捕書，連

同案卷材料、證據，一併移送同級人民檢察院審查批准。必要的時候，人民檢察院可以派人參加公安機關對於重大案件的討論。

第六十七條　人民檢察院審查批准逮捕犯罪嫌疑人由檢察長決定。重大案件應當提交檢察委員會討論決定。

第六十八條　人民檢察院對於公安機關提請批准逮捕的案件進行審查後，應當根據情況分別作出批准逮捕或者不批准逮捕的決定。對於批准逮捕的決定，公安機關應當立即執行，並且將執行情況及時通知人民檢察院。對於不批准逮捕的，人民檢察院應當說明理由，需要補充偵查的，應當同時通知公安機關。

第六十九條　公安機關對被拘留的人，認為需要逮捕的，應當在拘留後的三日以內，提請人民檢察院審查批准。在特殊情況下，提請審查批准的時間可以延長一日至四日。

對於流竄作案、多次作案、結夥作案的重大嫌疑分子，提請審查批准的時間可以延長至三十日。

人民檢察院應當自接到公安機關提請批准逮捕書後的七日以內，作出批准逮捕或者不批准逮捕的決定。人民檢察院不批准逮捕的，公安機關應當在接到通知後立即釋放，並且將執行情況及時通知人民檢察院。對於需要繼續偵查，並且符合取保候審、監視居住條件的，依法取保候審或者監視居住。

第七十條　公安機關對人民檢察院不批准逮捕的決定，認為有錯誤的時候，可以要求複議，但是必須將被拘留的人立即釋放。如果意見不被接受，可以向上一級人民檢察院提請複核，上級人民檢察院應當立即複核，作出是否變更的決定，通知下級人民檢察院和公安機關執行。

第七十一條　公安機關逮捕人的時候，必須出示逮捕證。

逮捕後，除有礙偵查或者無法通知的情形以外，應當把逮捕的原因和羈押的處所，在二十四小時以內通知被逮捕人的家屬或者他的所在單位。

第七十二條　人民法院、人民檢察院對於各自決定逮捕的人，公安機關對於

經人民檢察院批准逮捕的人，都必須在逮捕後的二十四小時以內進行訊問。在發現不應當逮捕的時候，必須立即釋放，發給釋放證明。

第七十三條　人民法院、人民檢察院和公安機關如果發現對犯罪嫌疑人、被告人採取強制措施不當的，應當及時撤銷或者變更。公安機關釋放被逮捕的人或者變更逮捕措施的，應當通知原批准的人民檢察院。

第七十四條　犯罪嫌疑人、被告人被羈押的案件，不能在本法規定的偵查羈押、審查起訴、一審、二審期限內終結，需要繼續查證、審理的，對犯罪嫌疑人、被告人可以取保候審或者監視居住。

第七十五條　犯罪嫌疑人、被告人及其法定代理人、近親屬或者犯罪嫌疑人、被告人委託的律師及其他辯護人對於人民法院、人民檢察院和公安機關採取強制措施超過法定期限的，有權要求解除強制措施。
人民法院、人民檢察院和公安機關對於被採取強制措施超過法定期限的犯罪嫌疑人、被告人應當予以釋放、解除取保候審、監視居住或者依法變更強制措施。

第七十六條　人民檢察院在審查批准逮捕工作中，如果發現公安機關的偵查活動有違法情況，應當通知公安機關予以糾正，公安機關應當將糾正情況通知人民檢察院。

第七章　附帶民事訴訟

第七十七條　被害人由於被告人的犯罪行為而遭受物質損失的，在刑事訴訟過程中，有權提起附帶民事訴訟。
如果是國家財產、集體財產遭受損失的，人民檢察院在提起公訴的時候，可以提起附帶民事訴訟。
人民法院在必要的時候，可以查封或者扣押被告人的財產。

第七十八條　附帶民事訴訟應當同刑事案件一併審判，只有為了防止刑事案件審判的過分遲延，才可以在刑事案件審判後，由同一審判組織繼續審理附帶民事訴訟。

第八章　期間、送達

第七十九條　期間以時、日、月計算。

　　　　　期間開始的時和日不算在期間以內。

　　　　　法定期間不包括路途上的時間。上訴狀或者其他文件在期滿前已經交郵的，不算過期。

第八十條　當事人由於不能抗拒的原因或者有其他正當理由而耽誤期限的，在障礙消除後五日以內，可以申請繼續進行應當在期滿以前完成的訴訟活動。

　　　　　前款申請是否准許，由人民法院裁定。

第八十一條　送達傳票、通知書和其他訴訟文件應當交給收件人本人；如果本人不在，可以交給他的成年家屬或者所在單位的負責人員代收。

　　　　　收件人本人或者代收人拒絕接收或者拒絕簽名、蓋章的時候，送達人可以邀請他的鄰居或者其他見證人到場，說明情況，把文件留在他的住處，在送達證上記明拒絕的事由、送達的日期，由送達人簽名，即認為已經送達。

第九章　其他規定

第八十二條　本法下列用語的含意是：

　　　　　㈠"偵查"是指公安機關、人民檢察院在辦理案件過程中，依照法律進行的專門調查工作和有關的強制性措施；

　　　　　㈡"當事人"是指被害人、自訴人、犯罪嫌疑人、被告人、附帶民事訴訟的原告人和被告人；

　　　　　㈢"法定代理人"是指被代理人的父母、養父母、監護人和負有保護責任的機關、團體的代表；

　　　　　㈣"訴訟參與人"是指當事人、法定代理人、訴訟代理人、辯護人、證人、鑑定人和翻譯人員；

　　　　　㈤"訴訟代理人"是指公訴案件的被害人及其法定代理人或者近親屬、自訴案件的自訴人及其法定代理人委託代為參加訴訟的人和

　　附帶民事訴訟的當事人及其法定代理人委託代為參加訴訟的人；

　㈥"近親屬"是指夫、妻、父、母、子、女、同胞兄弟姊妹。

第二編　立案、偵查和提起公訴

第一章　立　案

第八十三條　公安機關或者人民檢察院發現有犯罪事實或者犯罪嫌疑人，應
　　　當按照管轄範圍，立案偵查。

第八十四條　任何單位和個人發現有犯罪事實或者犯罪嫌疑人，有權利也有
　　　義務向公安機關、人民檢察院或者人民法院報案或者舉報。

　　　被害人對侵犯其人身、財產權利的犯罪事實或者犯罪嫌疑人，有權
　　　向公安機關、人民檢察院或者人民法院報案或者控告。

　　　公安機關、人民檢察院或者人民法院對於報案、控告、舉報，都應
　　　當接受。對於不屬於自己管轄的，應當移送主管機關處理，並且通
　　　知報案人、控告人、舉報人；對於不屬於自己管轄而又必須採取緊
　　　急措施的，應當先採取緊急措施，然後移送主管機關。

　　　犯罪人向公安機關、人民檢察院或者人民法院自首的，適用第三款
　　　規定。

第八十五條　報案、控告、舉報可以用書面或者口頭提出。接受口頭報案、
　　　控告、舉報的工作人員，應當寫成筆錄，經宣讀無誤後，由報案
　　　人、控告人、舉報人簽名或者蓋章。

　　　接受控告、舉報的工作人員，應當向控告人、舉報人說明誣告應負
　　　的法律責任。但是，只要不是捏造事實，偽造證據，即使控告、舉
　　　報的事實有出入，甚至是錯告的，也要和誣告嚴格加以區別。

　　　公安機關、人民檢察院或者人民法院應當保障報案人、控告人、舉
　　　報人及其近親屬的安全。報案人、控告人、舉報人如果不願公開自
　　　己的姓名和報案、控告、舉報的行為，應當為他保守秘密。

第八十六條　人民法院、人民檢察院或者公安機關對於報案、控告、舉報和
　　　自首的材料，應當按照管轄範圍，迅速進行審查，認為有犯罪事實
　　　需要追究刑事責任的時候，應當立案；認為沒有犯罪事實，或者犯

罪事實顯著輕微，不需要追究刑事責任的時候，不予立案，並且將不立案的原因通知控告人。控告人如果不服，可以申請複議。

第八十七條　人民檢察院認為公安機關對應當立案偵查的案件而不立案偵查的，或者被害人認為公安機關對應當立案偵查的案件而不立案偵查，向人民檢察院提出的，人民檢察院應當要求公安機關說明不立案的理由。人民檢察院認為公安機關不立案理由不能成立的，應當通知公安機關立案，公安機關接到通知後應當立案。

第八十八條　對於自訴案件，被害人有權向人民法院直接起訴。被害人死亡或者喪失行為能力的，被害人的法定代理人、近親屬有權向人民法院起訴。人民法院應當依法受理。

第二章　偵　查

第一節　一般規定

第八十九條　公安機關對已經立案的刑事案件，應當進行偵查，收集、調取犯罪嫌疑人有罪或者無罪、罪輕或者罪重的證據材料。對現行犯或者重大嫌疑分子可以依法先行拘留，對符合逮捕條件的犯罪嫌疑人，應當依法逮捕。

第九十條　公安機關經過偵查，對有證據證明有犯罪事實的案件，應當進行預審，對收集、調取的證據材料予以核實。

第二節　訊問犯罪嫌疑人

第九十一條　訊問犯罪嫌疑人必須由人民檢察院或者公安機關的偵查人員負責進行。訊問的時候，偵查人員不得少於二人。

第九十二條　對於不需要逮捕、拘留的犯罪嫌疑人，可以傳喚到犯罪嫌疑人所在市、縣內的指定地點或者到他的住處進行訊問，但是應當出示人民檢察院或者公安機關的證明文件。

傳喚、拘傳持續的時間最長不得超過十二小時。不得以連續傳喚、拘傳的形式變相拘禁犯罪嫌疑人。

第九十三條　偵查人員在訊問犯罪嫌疑人的時候，應當首先訊問犯罪嫌疑人是否有犯罪行為，讓他陳述有罪的情節或者無罪的辯解，然後向他

提出問題。犯罪嫌疑人對偵查人員的提問，應當如實回答。但是對與本案無關的問題，有拒絕回答的權利。

第九十四條　訊問聾、啞的犯罪嫌疑人，應當有通曉聾、啞手勢的人參加，並且將這種情況記明筆錄。

第九十五條　訊問筆錄應當交犯罪嫌疑人核對，對於沒有閱讀能力的，應當向他宣讀。如果記載有遺漏或者差錯，犯罪嫌疑人可以提出補充或者改正。犯罪嫌疑人承認筆錄沒有錯誤後，應當簽名或者蓋章。偵查人員也應當在筆錄上簽名。犯罪嫌疑人請求自行書寫供述的，應當准許。必要的時候，偵查人員也可以要犯罪嫌疑人親筆書寫供詞。

第九十六條　犯罪嫌疑人在被偵查機關第一次訊問後或者採取強制措施之日起，可以聘請律師為其提供法律諮詢、代理申訴、控告。犯罪嫌疑人被逮捕的，聘請的律師可以為其申請取保候審。涉及國家秘密的案件，犯罪嫌疑人聘請律師，應當經偵查機關批准。

受委託的律師有權向偵查機關了解犯罪嫌疑人涉嫌的罪名，可以會見在押的犯罪嫌疑人，向犯罪嫌疑人了解有關案件情況。律師會見在押的犯罪嫌疑人，偵查機關根據案件情況和需要可以派員在場。涉及國家秘密的案件，律師會見在押的犯罪嫌疑人，應當經偵查機關批准。

第三節　詢問證人

第九十七條　偵查人員詢問證人，可以到證人的所在單位或者住處進行，但是必須出示人民檢察院或者公安機關的證明文件。在必要的時候，也可以通知證人到人民檢察院或者公安機關提供證言。

詢問證人應當個別進行。

第九十八條　詢問證人，應當告知他應當如實地提供證據、證言和有意作偽證或者隱匿罪證要負的法律責任。

詢問不滿十八歲的證人，可以通知其法定代理人到場。

第九十九條　本法第九十五條的規定，也適用於詢問證人。

第一百條　詢問被害人，適用本節各條規定。

第四節　勘驗、檢查

第一百零一條　偵查人員對於與犯罪有關的場所、物品、人身、屍體應當進行勘驗或者檢查。在必要的時候，可以指派或者聘請具有專門知識的人，在偵查人員的主持下進行勘驗、檢查。

第一百零二條　任何單位和個人，都有義務保護犯罪現場，並且立即通知公安機關派員勘驗。

第一百零三條　偵查人員執行勘驗、檢查，必須持有人民檢察院或者公安機關的證明文件。

第一百零四條　對於死因不明的屍體，公安機關有權決定解剖，並通知死者家屬到場。

第一百零五條　為了確定被害人、犯罪嫌疑人的某些特徵、傷害情況或者生理狀態，可以對人身進行檢查。

　　犯罪嫌疑人如果拒絕檢查，偵查人員認為必要的時候，可以強制檢查。

　　檢查婦女的身體，應當由女工作人員或者醫師進行。

第一百零六條　勘驗、檢查的情況應當寫成筆錄，由參加勘驗、檢查的人和見證人簽名或者蓋章。

第一百零七條　人民檢察院審查案件的時候，對公安機關的勘驗、檢查，認為需要複驗、複查時，可以要求公安機關複驗、複查，並且可以派檢察人員參加。

第一百零八條　為了查明案情，在必要的時候，經公安局長批准，可以進行偵查實驗。

　　偵查實驗，禁止一切足以造成危險、侮辱人格或者有傷風化的行為。

第五節　搜　查

第一百零九條　為了收集犯罪證據、查獲犯罪人，偵查人員可以對犯罪嫌疑人以及可能隱藏罪犯或者犯罪證據的人的身體、物品、住處和其他有關的地方進行搜查。

第一百一十條　任何單位和個人，有義務按照人民檢察院和公安機關的要

求，交出可以證明犯罪嫌疑人有罪或者無罪的物證、書證、視聽資料。

第一百一十一條　進行搜查，必須向被搜查人出示搜查證。

在執行逮捕、拘留的時候，遇有緊急情況，不另用搜查證也可以進行搜查。

第一百一十二條　在搜查的時候，應當有被搜查人或者他的家屬，鄰居或者其他見證人在場。

搜查婦女的身體，應當由女工作人員進行。

第一百一十三條　搜查的情況應當寫成筆錄，由偵查人員和被搜查人或者他的家屬，鄰居或者其他見證人簽名或者蓋章。如果被搜查人或者他的家屬在逃或者拒絕簽名、蓋章，應當在筆錄上註明。

第六節　扣押物證、書證

第一百一十四條　在勘驗、搜查中發現的可用以證明犯罪嫌疑人有罪或者無罪的各種物品和文件，應當扣押；與案件無關的物品、文件，不得扣押。

對於扣押的物品、文件，要妥善保管或者封存，不得使用或者損毀。

第一百一十五條　對於扣押的物品和文件，應當會同在場見證人和被扣押物品持有人查點清楚，當場開列清單一式二份，由偵查人員、見證人和持有人簽名或者蓋章，一份交給持有人，另一份附卷備查。

第一百一十六條　偵查人員認為需要扣押犯罪嫌疑人的郵件、電報的時候，經公安機關或者人民檢察院批准，即可通知郵電機關將有關的郵件、電報檢交扣押。

不需要繼續扣押的時候，應即通知郵電機關。

第一百一十七條　人民檢察院、公安機關根據偵查犯罪的需要，可以依照規定查詢、凍結犯罪嫌疑人的存款、匯款。

犯罪嫌疑人的存款、匯款已被凍結的，不得重複凍結。

第一百一十八條　對於扣押的物品、文件、郵件、電報或者凍結的存款、匯款，經查明確實與案件無關的，應當在三日以內解除扣押、凍結，

　　退還原主或者原郵電機關。

第七節　鑑　定

第一百一十九條　為了查明案情，需要解決案件中某些專門性問題的時候，
　　　　　　　　應當指派、聘請有專門知識的人進行鑑定。

第一百二十條　鑑定人進行鑑定後，應當寫出鑑定結論，並且簽名。
　　　　　　　對人身傷害的醫學鑑定有爭議需要重新鑑定或者對精神病的醫學鑑
　　　　　　　定，由省級人民政府指定的醫院進行。鑑定人進行鑑定後，應當寫
　　　　　　　出鑑定結論，並且由鑑定人簽名，醫院加蓋公章。
　　　　　　　鑑定人故意作虛假鑑定的，應當承擔法律責任。

第一百二十一條　偵查機關應當將用作證據的鑑定結論告知犯罪嫌疑人、被
　　　　　　　　害人。如果犯罪嫌疑人、被告人提出申請，可以補充鑑定或者重新
　　　　　　　　鑑定。

第一百二十二條　對犯罪嫌疑人作精神病鑑定的期間不計入辦案期限。

第八節　通　緝

第一百二十三條　應當逮捕的犯罪嫌疑人如果在逃，公安機關可以發布通緝
　　　　　　　　令，採取有效措施，追捕歸案。
　　　　　　　　各級公安機關在自己管轄的地區以內，可以直接發布通緝令；超出
　　　　　　　　自己管轄的地區，應當報請有權決定的上級機關發布。

第九節　偵查終結

第一百二十四條　對犯罪嫌疑人逮捕後的羈押期限不得超過二個月。案情複
　　　　　　　　雜、期限屆滿不能終結的案件，可以經上一級人民檢察院批准延長
　　　　　　　　一個月。

第一百二十五條　因為特殊原因，在較長時間內不宜交付審判的特別重大複
　　　　　　　　雜的案件，由最高人民檢察院報請全國人民代表大會常務委員會批
　　　　　　　　准延期審理。

第一百二十六條　下列案件在本法第一百二十四條規定的期限屆滿不能偵查
　　　　　　　　終結的，經省、自治區、直轄市人民檢察院批准或者決定，可以延
　　　　　　　　長兩個月：
　　　　　　　　㈠交通十分不便的邊遠地區的重大複雜案件；

㈡重大的犯罪集團案件；

㈢流竄作案的重大複雜案件；

㈣犯罪涉及面廣，取證困難的重大複雜案件。

第一百二十七條　對犯罪嫌疑人可能判處十年有期徒刑以上刑罰，依照本法第一百二十六條規定延長期限屆滿，仍不能偵查終結的，經省、自治區、直轄市人民檢察院批准或者決定，可以再延長二個月。

第一百二十八條　在偵查期間，發現犯罪嫌疑人另有重要罪行的，自發現之日起依照本法第一百二十四條的規定重新計算偵查羈押期限。

犯罪嫌疑人不講真實姓名、住址，身分不明的，偵查羈押期限自查清其身分之日起計算，但是不得停止對其犯罪行為的偵查取證。對於犯罪事實清楚，證據確實、充分的，也可以按其自報的姓名移送人民檢察院審查起訴。

第一百二十九條　公安機關偵查終結的案件，應當做到犯罪事實清楚，證據確實、充分，並且寫出起訴意見書，連同案卷材料、證據，一併移送同級人民檢察院審查決定。

第一百三十條　在偵查過程中，發現不應對犯罪嫌疑人追究刑事責任的，應當撤銷案件；犯罪嫌疑人已被逮捕的，應當立即釋放，發給釋放證明，並且通知原批准逮捕的人民檢察院。

第十節　人民檢察院對直接受理的案件的偵查

第一百三十一條　人民檢察院對直接受理的案件的偵查適用本章規定。

第一百三十二條　人民檢察院直接受理的案件中符合本法第六十條、第六十一條第四項、第五項規定情形，需要逮捕、拘留犯罪嫌疑人的，由人民檢察院作出決定，由公安機關執行。

第一百三十三條　人民檢察院對直接受理的案件中被拘留的人，應當在拘留後的二十四條小時以內進行訊問。在發現不應當拘留的時候，必須立即釋放，發給釋放證明。對需要逮捕而證據還不充足的，可以取保候審或者監視居住。

第一百三十四條　人民檢察院對直接受理的案件中被拘留的人，認為需要逮捕的，應當在十日以內作出決定。在特殊情況下，決定逮捕的時間

可以延長一日至四日。對不需要逮捕的，應當立即釋放，對於需要繼續偵查，並且符合取保候審、監視居住條件的，依法取保候審或者監視居住。

第一百三十五條　人民檢察院偵查終結的案件，應當作出提起公訴、不起訴或者撤銷案件的決定。

第三章　提起公訴

第一百三十六條　凡需要提起公訴的案件，一律由人民檢察院審查決定。

第一百三十七條　人民檢察院審查案件的時候，必須查明：

㈠犯罪事實、情節是否清楚，證據是否確實、充分，犯罪性質和罪名的認定是否正確；

㈡有無遺漏罪行和其他應當追究刑事責任的人；

㈢是否屬於不應追究刑事責任的；

㈣有無附帶民事訴訟；

㈤偵查活動是否合法。

第一百三十八條　人民檢察院對於公安機關移送起訴的案件，應當在一個月以內作出決定，重大、複雜的案件，可以延長半個月。

人民檢察院審查起訴的案件，改變管轄的，從改變後的人民檢察院收到案件之日起計算審查起訴期限。

第一百三十九條　人民檢察院審查案件，應當訊問犯罪嫌疑人，聽取被害人和犯罪嫌疑人、被害人委託的人的意見。

第一百四十條　人民檢察院審查案件，可以要求公安機關提供法庭審判所必須的證據材料。

人民檢察院審查案件，對於需要補充偵查的，可以退回公安機關補充偵查，也可以自行偵查。

對於補充偵查的案件，應當在一個月以內補充偵查完畢。補充偵查以二次為限。補充偵查完畢移送人民檢察院後，人民檢察院重新計算審查起訴期限。

對於補充偵查的案件，人民檢察院認為證據不足，不符合起訴條件

的，可以作出不起訴的決定。

第一百四十一條　人民檢察院認為犯罪嫌疑人的犯罪事實已經查清，證據確實、充分，依法應當追究刑事責任的，應當作出起訴決定，按照審判管轄的規定，向人民法院提起公訴。

第一百四十二條　犯罪嫌疑人有本法第十五條規定的情形之一的，人民檢察院應當作出不起訴決定。

對於犯罪情節輕微，依照刑法規定不需要判處刑罰或者免除刑罰的，人民檢察院可以作出不起訴決定。

人民檢察院決定不起訴的案件，應當同時對偵查中扣押、凍結的財物解除扣押、凍結。對被不起訴人需要給予行政處罰、行政處分或者需要沒收其違法所得的，人民檢察院應當提出檢察意見，移送有關主管機關處理。有關主管機關應當將處理結果及時通知人民檢察院。

第一百四十三條　不起訴的決定，應當公開宣佈，並且將不起訴決定書送達被不起訴人和他的所在單位。如果被不起訴人在押，應當立即釋放。

第一百四十四條　對於公安機關移送起訴的案件，人民檢察院決定不起訴的，應當將不起訴決定書送達公安機關。公安機關認為不起訴的決定有錯誤的時候，可以要求複議，如果意見不被接受，可以向上一級人民檢察院提請複核。

第一百四十五條　對於有被害人的案件，決定不起訴的，人民檢察院應當將不起訴決定書送達被害人。被害人如果不服，可以在收到後七日以內向上一級人民檢察院申訴，請求提起公訴。人民檢察院應當將複查結果告知被害人。對於人民檢察院維持不起訴決定的，被害人可以向人民法院起訴。被害人也可以不經申訴，直接向人民法院起訴。人民法院受理案件後，人民檢察院應當將有關案件材料移送人民法院。

第一百四十六條　對於人民檢察院依照本法第一百四十二條第二款規定作出的不起訴決定，被不起訴人如果不服，可以自收到決定書後七日以

內向人民檢察院申訴。人民檢察院應當作出複查決定，通知被不起訴的人，同時抄送公安機關。

第三編　審　判

第一章　審判組織

第一百四十七條　基層人民法院、中級人民法院審判第一審案件，應當由審判員三人或者由審判員和人民陪審員共三人組成合議庭進行，但是基層人民法院適用簡易程序的案件可以由審判員一人獨任審判。

高級人民法院、最高人民法院審判第一審案件，應當由審判員三人至七人或者由審判員和人民陪審員共三人至七人組成合議庭進行。

人民陪審員在人民法院執行職務，同審判員有同等的權利。

人民法院審判上訴和抗訴案件，由審判員三人至五人組成合議庭進行。

合議庭的成員人數應當是單數。

合議庭由院長或者庭長指定審判員一人擔任審判長。院長或者庭長參加審判案件的時候，自己擔任審判長。

第一百四十八條　合議庭進行評議的時候，如果意見分歧，應當按多數人的意見作出決定，但是少數人的意見應當寫入筆錄。評議筆錄由合議庭的組成人員簽名。

第一百四十九條　合議庭開庭審理並且評議後，應當作出判決。對於疑難、複雜、重大的案件，合議庭認為難以作出決定的，由合議庭提請院長提交審判委員會討論決定。審判委員會的決定，合議庭應當執行。

第二章　第一審程序

第一節　公訴案件

第一百五十條　人民法院對提起公訴的案件進行審查後，對於起訴書中有明確的指控犯罪事實並且附有證據目錄、證人名單和主要證據複印件或者照片的，應當決定開庭審判。

第一百五十一條　人民法院決定開庭審判後，應當進行下列工作：

　　　　㈠確定合議庭的組成人員；

　　　　㈡將人民檢察院的起訴書副本至遲在開庭十日以前送達被告人，對於被告人未委託辯護人的，告知被告人可以委託辯護人，或者在必要的時候指定承擔法律援助義務的律師為其提供辯護；

　　　　㈢將開庭的時間、地點在開庭三日以前通知人民檢察院；

　　　　㈣傳喚當事人，通知辯護人、訴訟代理人、證人、鑑定人和翻譯人員，傳票和通知書至遲在開庭三日以前送達；

　　　　㈤公開審判的案件，在開庭三日以前先期公布案由、被告人姓名、開庭時間和地點。

　　　　上述活動情形應當寫入筆錄，由審判人員和書記員簽名。

第一百五十二條　人民法院審判第一審案件應當公開進行。但是有關國家機密或者個人隱私的案件，不公開審理。

　　　　十四歲以上不滿十六歲未成年人犯罪的案件，一律不公開審理。十六歲以上不 滿十八歲未成年人犯罪的案件，一般也不公開審理。

　　　　對於不公開審理的案件，應當當庭宣布不公開審理的理由。

第一百五十三條　人民法院審判公訴案件，人民檢察院應當派員出席法庭支持公訴，但是依照本法第一百七十五條的規定適用簡易程序的，人民檢察院可以不派員出席法庭。

第一百五十四條　開庭的時候，審判長查明當事人是否到庭，宣布案由；宣布合議庭的組成人員、書記員、公訴人、辯護人、訴訟代理人、鑑定人和翻譯人員的名單；告知當事人有權對合議庭組成人員、書記員、公訴人、鑑定人和翻譯人員申請迴避；告知被告 人享有辯護權利。

第一百五十五條　公訴人在法庭上宣讀起訴書後，被告人、被害人可以就起訴書指控的犯罪進行陳述，公訴人可以訊問被告人。

　　　　被害人、附帶民事訴訟的原告人和辯護人、訴訟代理人，經審判長許可，可以向被告人發問。

　　　　審判人員可以訊問被告人。

第一百五十六條　證人作證，審判人員應當告知他要如實地提供證言和有意作偽證或者隱匿罪證要負的法律責任。公訴人、當事人和辯護人、訴訟代理人經審判長許可，可以對證人、鑑定人發問。審判長認為發問的內容與案件無關的時候，應當制止。

　　　　審判人員可以訊問證人、鑑定人。

第一百五十七條　公訴人、辯護人應當向被告人出示物證，讓當事人辨認；對未到庭的證人的證言筆錄、鑑定人的鑑定結論、勘驗筆錄和其他作為證據的文書，應當當庭宣讀。審判人員應當聽取公訴人、當事人和辯護人、訴訟代理人的意見。

第一百五十八條　法庭審理過程中，合議庭對證據有疑問的，可以宣佈休庭，對證據進行調查核實。

　　　　人民法院調查核實證據，可以進行勘驗、檢查、扣押、鑑定和查詢、凍結。

第一百五十九條　法院審理過程中，當事人和辯護人、訴訟代理人有權申請通知新的證人到庭，調取新的物證，申請重新鑑定或者勘驗。

　　　　法庭對於上述申請，應當作出是否同意的決定。

第一百六十條　經審判長認可，公訴人、當事人和辯護人、訴訟代理人可以對證據和案件情況發表意見並且可以互相辯論。審判長在宣布辯論終結後，被告人有最後陳述的權利。

第一百六十一條　在法庭審判過程中，如果訴訟參與人或者旁聽人員違反法庭秩序，審判長應當警告制止。對不聽制止的，可以強制帶出法庭；情節嚴重的，處以一千元以下的罰款或者十五日以下的拘留。罰款、拘留必須經院長批准。被處罰人對罰款、拘留的決定不服的，可以向上一級人民法院申請複議。複議期間不停止執行。

　　　　對聚眾哄鬧、衝擊法庭或者侮辱、誹謗、威脅、毆打司法工作人員或者訴訟參與人，嚴重擾亂法庭秩序，構成犯罪的，依法追究刑事責任。

第一百六十二條　在被告人最後陳述後，審判長宣布休庭，合議庭進行評議，根據已經查明的事實、證據和有關的法律規定，分別作出以下

判決：

㈠案件事實清楚，證據確實、充分，依據法律認定被告人有罪的，
應當作出有罪判決；

㈡依據法律認定被告人無罪的，應當作出無罪判決；

㈢證據不足，不能認定被告人有罪的，應當作出證據不足、指控的
犯罪不能成立的無罪判決。

第一百六十三條　宣告判決，一律公開進行。

當庭宣告判決的，應當在五日以內將判決書送達當事人和提起公訴
的人民檢察院；定期宣告判決的，應當在宣告後立即將判決書送達
當事人和提起公訴的人民檢察院。

第一百六十四條　判決書應當由合議庭的組成人員和書記員署名，並且寫明
上訴的期限和上訴的法院。

第一百六十五條　在法庭審判過程中，遇有下列情形之一，影響審判進行
的，可以延期審理：

㈠需要通知新的證人到庭，調取新的物證，重新鑑定或者勘驗的；

㈡檢察人員發現提起公訴的案件需要補充偵查，提出建議的；

㈢由於當事人申請迴避而不能進行審判的。

第一百六十六條　依照本法第一百六十五條第二項的規定延期審理的案件，
人民檢察院應當在一個月以內補充偵查完畢。

第一百六十七條　法庭審判的全部活動，應當由書記員寫成筆錄，經審判長
審閱後，由審判長和書記員簽名。

法庭筆錄中的證人證言部分，應當當庭宣讀或者交給證人閱讀。證
人在承認沒有錯誤後，應當簽名或者蓋章。

法庭筆錄應當交給當事人閱讀或者向他宣讀。當事人認為記載有遺
漏或者差錯的，可以請求補充或者改正。當事人承認沒有錯誤後，
應當簽名或者蓋章。

第一百六十八條　人民法院審理公訴案件，應當在受理後一個月以內宣判，
至遲不得超過一個半月。有本法第一百二十六條規定情形之一的，
經省、自治區、直轄市高級人民法院批准或者決定，可以再延長一

個月。

人民法院改變管轄的案件,從改變後的人民法院收到案件之日起計算審理期限。

人民檢察院補充偵查的案件,補充偵查完畢移送人民法院後,人民法院重新計算審理期限。

第一百六十九條　人民檢察院發現人民法院審理案件違反法律規定的訴訟程序,有權向人民法院提出糾正意見。

第二節　自訴案件

第一百七十條　自訴案件包括下列案件:

　　㈠告訴才處理的案件;

　　㈡被害人有證據證明的輕微刑事案件;

　　㈢被害人有證據證明對被告人侵犯自己人身、財產權利的行為應當依法追究刑事責任,而公安機關或者人民檢察院不予追究被告人刑事責任的案件。

第一百七十一條　人民法院對於自訴案件進行審查後,按照下列情形分別處理:

　　㈠犯罪事實清楚,有足夠證據的案件,應當開庭審判;

　　㈡缺乏罪證的自訴案件,如果自訴人提不出補充證據,應當說服自訴人撤回自訴,或者裁定駁回。

　　自訴人經兩次依法傳喚,無正當理由拒不到庭的,或者未經法庭許可中途退庭的,按撤訴處理。

　　法庭審理過程中,審判人員對證據有疑問,需要調查核實的,適用本法第一百五十八條的規定。

第一百七十二條　人民法院對自訴案件,可以進行調解;自訴人在宣告判決前,可以同被告人自行和解或者撤回自訴。本法第一百七十條第三項規定的案件不適用調解。

第一百七十三條　自訴案件的被告人在訴訟過程中,可以對自訴人提起反訴。反訴適用自訴的規定。

第三節　簡易程序

第一百七十四條　人民法院對於下列案件，可以適用簡易程序，由審判員一人獨任審判：

　　㈠對依法可能判處三年以下有期徒刑、拘役、管制、單處罰金的公訴案件，事實清楚、證據充分，人民檢察院建議或者同意適用簡易程序的；

　　㈡告訴才處理的案件；

　　㈢被害人起訴的有證據證明的輕微刑事案件。

第一百七十五條　適用簡易程序審理公訴案件，人民檢察院可以不派員出席法庭。被告人可以就起訴書指控的犯罪進行陳述和辯護。人民檢察院派員出席法庭的，經審判人員許可，被告人及其辯護人可以同公訴人互相辯論。

第一百七十六條　適用簡易程序審理自訴案件，宣讀起訴書後，經審判人員許可，被告人及其辯護人可以同自訴人及其訴訟代理人互相辯論。

第一百七十七條　適用簡易程序審理案件，不受本章第一節關於訊問被告人、詢問證人、鑑定人、出示證據、法庭辯論程序規定的限制。但在判決宣告前應當聽取被告人的最後陳述意見。

第一百七十八條　適用簡易程序審理案件，人民法院應當在受理後二十日以內審結。

第一百七十九條　人民法院在審理過程中，發現不宜適用簡易程序的，應當按照本章第一節或者第二節的規定重新審理。

第三章　第二審程序

第一百八十條　被告人、自訴人和他們的法定代理人，不服地方各級人民法院第一審的判決、裁定，有權用書狀或者口頭向上一級人民法院上訴。被告人的辯護人和 近親屬，經被告人同意，可以提出上訴。
　　附帶民事訴訟的當事人和他們的法定代理人，可以對地方各級人民法院第一審 的判決、裁定中的附帶民事訴訟部分，提出上訴。
　　對被告人的上訴權，不得以任何藉口加以剝奪。

第一百八十一條　地方各級人民檢察院認為本級人民法院第一審的判決、裁

　　　定確有錯誤的時候，應當向上一級人民法院提出抗訴。

第一百八十二條　被害人及其法定代理人不服地方各級人民法院第一審的判決的，自收到判決書後五日以內，有權請求人民檢察院提出抗訴。人民檢察院自收到被害人及其法定代理人的請求後五日以內，應當作出是否抗訴的決定並且答覆請求人。

第一百八十三條　不服判決的上訴和抗訴的期限為十日，不服裁定的上訴和抗訴的期限為五日，從接到判決書、裁定書的第二日起算。

第一百八十四條　被告人、自訴人、附帶民事訴訟的原告人和被告人通過原審人民法院提出上訴的，原審人民法院應當在三日以內將上訴狀連同案卷、證據移送上一級人民法院，同時將上訴狀副本送交同級人民檢察院和對方當事人。

　　　被告人、自訴人、附帶民事訴訟的原告人和被告人直接向第二審人民法院提出上訴的，第二審人民法院應當在三日以內將上訴狀交原審人民法院送交同級人民檢察院和對方當事人。

第一百八十五條　地方各級人民檢察院對同級人民法院第一審判決、裁定的抗訴，應當通過原審人民法院提出抗訴書，並且將抗訴書抄送上一級人民檢察院。原審人民法院應當將抗訴書連同案卷、證據移送上一級人民法院，並且將抗訴書副本送交當事人。

　　　上級人民檢察院如果認為抗訴不當，可以向同級人民法院撤回抗訴，並且通知下級人民檢察院。

第一百八十六條　第二審人民法院應當就第一審判決認定的事實和適用法律進行全面審查，不受上訴或者抗訴範圍的限制。

　　　共同犯罪的案件只有部分被告人上訴的，應當對全案進行審查，一併處理。

第一百八十七條　第二審人民法院對上訴案件，應當組成合議庭，開庭審理。合議庭經過閱卷，訊問被告人、聽取其他當事人、辯護人、訴訟代理人的意見，對事實清楚的，可以不開庭審理。對人民檢察院抗訴的案件，第二審人民法院應當開庭審理。

　　　第二審人民法院開庭審理上訴、抗訴案件，可以到案件發生地或者

原審人民法院所在地進行。

第一百八十八條　人民檢察院提出抗訴的案件或者第二審人民法院開庭審理的公訴案件，同級人民檢察院都應當派員出庭。第二審人民法院必須在開庭十日以前通知人民檢察院查閱案卷。

第一百八十九條　第二審人民法院對不服第一審判決的上訴、抗訴案件，經過審理後，應當按照下列情形分別處理：

㈠原判決認定事實和適用法律正確、量刑適當的，應當裁定駁回上訴或者抗訴，維持原判；

㈡原判決認定事實沒有錯誤，但適用法律有錯誤，或者量刑不當的，應當改判；

㈢原判決事實不清楚或者證據不足的，可以在查清事實後改判；也可以裁定撤銷原判，發回原審人民法院重新審判。

第一百九十條　第二審人民法院審判被告人或者他的法定代理人、辯護人、近親屬上訴的案件，不得加重被告人的刑罰。

人民檢察院提出抗訴或者自訴人提出上訴的，不受前款規定的限制。

第一百九十一條　第二審人民法院發現第一審人民法院的審理有下列違反法律規定的訴訟程序的情形之一的，應當撤銷原判，發回原審人民法院重新審判：

㈠違反本法有關公開審判的規定的；

㈡違反迴避制度的；

㈢剝奪或者限制了當事人的法定訴訟權利，可能影響公正審判的；

㈣審判組織的組成不合法的；

㈤其他違反法律規定的訴訟程序，可能影響公正審判的。

第一百九十二條　原審人民法院對於發回重新審判的案件，應當另行組成合議庭，依照第一審程序進行審判。對於重新審判後的判決，依照本法第一百八十條、第一百八十一條、第一百八十二條的規定可以上訴，抗訴。

第一百九十三條　第二審人民法院對不服第一審裁定的上訴或者抗訴，經過

審查後，應當參照本法第一百八十九條、第一百九十一條和第一百
九十二條的規定，分別情形用裁定駁回上訴、抗訴，或者撤銷、變
更原裁定。

第一百九十四條　第二審人民法院發回原審人民法院重新審判的案件，原審
人民法院從收到發回的案件之日起，重新計算審理期限。

第一百九十五條　第二審人民法院審判上訴或者抗訴案件的程序，除本章已
有規定的以外，參照第一審程序的規定進行。

第一百九十六條　第二審人民法院受理上訴、抗訴案件，應當在一個月以內
審結，至遲不得超過一個半月。有本法第一百二十六條規定情形之
一的，經省、自治區、直轄市高級人民法院批准或者決定，可以再
延長一個月，但是最高人民法院受理的上訴、抗訴案件，由最高人
民法院決定。

第一百九十七條　第二審的判決、裁定和最高人民法院的判決、裁定，都是
終審的判決、裁定。

第一百九十八條　公安機關、人民檢察院和人民法院對於扣押、凍結犯罪嫌
疑人、被告人的財務及其孳息，應當妥善保管，以供核查。任何單
位和個人不得挪用或者自行處理。對被害人的合法財產，應當及時
返還。對違禁品或者不宜長期保存的物品，應當依照國家有關規定
處理。

對作為證據使用的實物應當隨案移送，對不宜移送的，應當將其清
單、照片或者其他證明文件隨案移送。

人民法院作出的判決生效以後，對被扣押、凍結的贓款及其孳息，
除依法返還被害人的以外，一律沒收，上繳國庫。

司法工作人員貪污、挪用或者私自處理被扣押、凍結的贓款贓物及
其孳息的，依法追究刑事責任；不構成犯罪的，給予處分。

第四章　死刑複核程序

第一百九十九條　死刑由最高人民法院核准。

第二百條　中級人民法院判處死刑的第一審案件，被告人不上訴的，應當由

　　　　　　高級人民法院複核後，報請最高人民法院核准。高級人民法院不同意判處死刑的，可以提審或者發回重新審判。

　　　　　　高級人民法院判處死刑的第一審案件被告人不上訴的，和判處死刑的第二審案件，都應當報請最高人民法院核准。

第二百零一條　中級人民法院判處死刑緩期二年執行的案件，由高級人民法院核准。

第二百零二條　最高人民法院複核死刑案件，高級人民法院複核死刑緩期執行的案件，應當由審判員三人組成合議庭進行。

第五章　審判監督程序

第二百零三條　當事人及其法定代理人、近親屬，對已經發生法律效力的判決、裁定，可以向人民法院或者人民檢察院提出申訴，但不能停止判決、裁定的執行。

第二百零四條　當事人及其法定代理人、近親屬的申訴符合下列情形之一的，人民法院應當重新審判：

　　　　　　㈠有新的證據證明原判決、裁定認定的事實確有錯誤的；

　　　　　　㈡據以定罪量刑的證據不確實、不充分或者證明案件事實的主要證據之間存在矛盾的；

　　　　　　㈢原判決、裁定適用法律確有錯誤的；

　　　　　　㈣審判人員在審理該案件的時候，有貪污受賄，徇私舞弊，枉法裁判行為的。

第二百零五條　各級人民法院院長對本院已經發生法律效力的判決和裁定，如果發現在認定事實上或者在適用法律上確有錯誤，必須提交審判委員會處理。

　　　　　　最高人民法院對各級人民法院已經發生法律效力的判決和裁定，上級人民法院對下級人民法院已經發生法律效力的判決和裁定，如果發現確有錯誤，有權提審或者指令下級人民法院再審。

　　　　　　最高人民檢察院對各級人民法院已經發生法律效力的判決和裁定，上級人民檢察院對下級人民法院已經發生法律效力的判決和裁定，

如果發現確有錯誤，有權按照審判監督程序提出抗訴。

人民檢察院抗訴的案件，接受抗訴的人民法院應當組成合議庭重新審理，對於原判決事實不清楚或者證據不足的，可以指令下級人民法院再審。

第二百零六條　人民法院按照審判監督程序重新審判的案件，應當另行組成合議庭進行。如果原來是第一審案件，應當依照第一審程序進行審判，所作的判決、裁定，可以上訴、抗訴；如果原來是第二審案件，或者是上級人民法院提審的案件，應當依照第二審程序進行審判，所作的判決、裁定，是終審的判決、裁定。

第二百零七條　人民法院按照審判監督程序重新審判的案件，應當在作出提審、再審決定之日起三個月以內審結，需要延長期限的，不得超過六個月。

接受抗訴的人民法院按照審判監督程序審判抗訴的案件，審理期限適用前款規定；對需要指令下級人民法院再審的，應當自接受抗訴之日起一個月以內作出決定，下級人民法院審理案件的期限適用前款規定。

第四編　執　行

第二百零八條　判決和裁定在發生法律效力後執行。

下列判決和裁定是發生法律效力的判決和裁定：

㈠已過法定期限沒有上訴、抗訴的判決和裁定；

㈡終審的判決和裁定；

㈢最高人民法院核准的死刑的判決和高級人民法院核准的死刑緩期二年執行的判決。

第二百零九條　第一審人民法院判決被告人無罪、免除刑事處罰的，如果被告人在押，在宣判後應當立即釋放。

第二百一十條　最高人民法院判處和核准的死刑立即執行的判決，應當由最高人民法院院長簽發執行死刑的命令。

被判處死刑緩期二年執行的罪犯，在死刑緩期執行期間，如果沒有

　　　　　故意犯罪，死刑緩期執行滿期，應當予以減刑，由執行機關提出書面意見，報請當地高級人民法院裁定；如果故意犯罪，查證屬實，應當執行死刑，由高級人民法院報請最高人民法院核准。

第二百一十一條　下級人民法院接到最高人民法院執行死刑的命令後，應當在七日以內交付執行。但是發現有下列情形之一的，應當停止執行，並且立即報告最高人民法院，由最高人民法院作出裁定：

　　　　　㈠在執行前發現判決可能有錯誤的；

　　　　　㈡在執行前罪犯揭發重大犯罪事實或者有其他重大立功表現，可能需要改判的；

　　　　　㈢罪犯正在懷孕。

　　　　　前款第一項、第二項停止執行的原因消失後，必須報請最高人民法院院長再簽發執行死刑的命令才能執行；由於前款第三項原因停止執行的，應當報請最高人民法院依法改判。

第二百一十二條　人民法院在交付執行死刑前，應當通知同級人民檢察院派員臨場監督。

　　　　　死刑採用槍決或者注射的方法執行。

　　　　　死刑可以在刑場或者指定的羈押場所內執行。

　　　　　指揮執行的審判人員，對罪犯應當驗明正身，訊問有無遺言、信札，然後交付執行人員執行死刑。在執行前，如果發現可能有錯誤，應當暫停執行，報請最高人民法院裁定。

　　　　　執行死刑應當公布，不應示眾。

　　　　　執行死刑後，在場書記員應當寫成筆錄。交付執行的人民法院應當將執行死刑情況報告最高人民法院。

　　　　　執行死刑後，交付執行的人民法院應當通知罪犯家屬。

第二百一十三條　罪犯被交付執行刑罰的時候，應當由交付執行的人民法院將有關的法律文書送達監獄或者其他執行機關。

　　　　　對於被判處死刑緩期二年執行、無期徒刑、有期徒刑的罪犯，由公安機關依法將該罪犯送交監獄執行刑罰。對於被判處有期徒刑的罪犯，在被交付執行刑罰前，剩餘刑期在一年以下的，由看守所代為

執行。對於被判處拘役的罪犯,由公安機關執行。

對未成年犯應當在未成年犯管教所執行刑罰。

執行機關應當將罪犯及時收押,並且通知罪犯家屬。

判處有期徒刑、拘役的罪犯,執行期滿,應當由執行機關發給刑滿釋放證明書。

第二百一十四條　對於被判處有期徒刑或者拘役的罪犯,有下列情形之一的,可以暫予監外執行:

㈠有嚴重疾病需要保外就醫的;

㈡懷孕或者正在哺乳自己嬰兒的婦女。

對於適用保外就醫可能有社會危險性的罪犯,或者自傷自殘的罪犯,不得保外就醫。

對於罪犯確有嚴重疾病,必須保外就醫的,由省級人民政府指定的醫院並具證明文件,依照法律規定的程序審批。發現被保外就醫的罪犯不符合保外就醫條件的,或者嚴重違反有關保外就醫的規定的,應當及時收監。

對於被判處有期徒刑、拘役,生活不能自理,適用暫予監外執行不致危害社會的罪犯,可以暫予監外執行。

對於監外執行的罪犯,由居住地公安機關執行,執行機關應當對其嚴格管理監督,基層組織或者罪犯的原所在單位協助進行監督。

第二百一十五條　批准暫予監外執行的機關應當將批准的決定抄送人民檢察院。人民檢察院認為暫予監外執行不當的,應當自接到通知之日起一個月以內將書面意見送交批准暫予監外執行的機關,批准暫予監外執行的機關接到人民檢察院的書面意見後,應當立即對該決定進行重新核查。

第二百一十六條　暫予監外執行的情形消失後,罪犯刑期未滿的,應當及時收監。

罪犯在暫予監外執行期間死亡的,應當及時通知監獄。

第二百一十七條　對於被判處徒刑緩刑的罪犯,由公安機關交所在單位或者基層組織予以考察。

對於被假釋的罪犯，在假釋考驗期限內，由公安機關予以監督。

第二百一十八條　對於被判處管制、剝奪政治權利的罪犯，由公安機關執行。

執行期滿，應當由執行機關通知本人，並向有關群眾公開宣布解除管制或者恢復政治權利。

第二百一十九條　被判處罰金的罪犯，期滿不繳納的，人民法院應當強制繳納；

如果由於遭遇不能抗拒的災禍繳納確實有困難的，可以裁定減少或者免除。

第二百二十條　沒收財產的判決，無論附加適用或者獨立適用，都由人民法院執行；在必要的時候，可以會同公安機關執行。

第二百二十一條　罪犯在服刑期間又犯罪的，或者發現了判決的時候所沒有發現的罪行，由執行機關移送人民檢察院處理。

被判處管制、拘役、有期徒刑或者無期徒刑的罪犯，在執行期間確有悔改或者立功表現，應當依法予以減刑、假釋的時候，由執行機關提出建議書，報請人民法院審核裁定。

第二百二十二條　人民檢察院認為人民法院減刑、假釋的裁定不當，應當在收到裁定書副本後二十日以內，向人民法院提出書面糾正意見。人民法院應當在收到糾正意見後一個月以內重新組成合議庭進行審理，作出最終裁定。

第二百二十三條　監獄和其他執行機關在刑罰執行中，如果認為判決有錯誤或者罪犯提出申訴，應當轉請人民檢察院或者原判人民法院處理。

第二百二十四條　人民檢察院對執行機關執行刑罰的活動是否合法實行監督。如果發現有違法的情況，應當通知執行機關糾正。

附　則

第二百二十五條　軍隊保衛部門對軍隊內部發生的刑事案件行使偵查權。

對罪犯在監獄內犯罪的案件由監獄進行偵查。

軍隊保衛部門、監獄辦理刑事案件，適用本法的有關規定。

海峽兩岸訴訟法制之理論與實務 ／ 鄭正忠著.
- 初版. -- 臺北市：臺灣商務，2000〔民89〕
面 ； 公分.
參考書目：面
ISBN 957-05-1638-0（平裝）

1. 訴訟法 - 中國　2. 兩岸關係 - 法律

586.92　　　　　　　　　　88018552

海峽兩岸訴訟法制之理論與實務

定價新臺幣 500 元

著　作　者	鄭　正　忠
責 任 編 輯	梁　永　麗
封 面 設 計	謝　富　智
出　版　者	臺灣商務印書館股份有限公司
印　刷　所	

臺北市重慶南路 1 段 37 號
電話：（02）23116118 · 23115538
傳眞：（02）23710274
讀者服務專線：080056196
E-mail ： cptw ＠ ms12.hinet.net
郵政劃撥：0000165－1 號
出版事業　局版北市業字第 993 號
登 記 證

• 2000 年 2 月初版第一次印刷

版權所有 · 翻印必究

ISBN　957-05-1638-0（平裝）　　　　　　32120000